Berthold



Vollständige Ausgabe

# SEINER PREDIGTEN

BAND I

Elibron Classics
www.elibron.com

Elibron Classics series.



ISBN 0-543-83262-7 (paperback)
ISBN 0-543-83261-9 (hardcover)

This Elibron Classics Replica Edition is an unabridged facsimile of the edition published in 1862 by Wilhelm Braumüller, Wien.

# BERTHOLD VON REGENSBURG.

VOLLSTÄNDIGE AUSGABE

## SEINER PREDIGTEN

MIT

ANMERKUNGEN UND WÖRTERBUCH

VON

DR. FRANZ PFEIFFER

O. Ö. PROFESSOR DER DEUTSCHEN SPRACHE UND LITTERATUR AN DER UNIVERSITÄT ZU WIEN, DER KAIS. AKADEMIE DER WISSENSCHAFTEN WIRKLICHEM, DER KÖN. BAYER. AKADEMIE AUSWÄRTIGEM MITGLIEDE.

ERSTER BAND.

WIEN, 1862.

WILHELM BRAUMÜLLER

K. K. HOFBUCHHÄNDLER.

# BERTHOLD VON REGENSBURG.

VOLLSTÄNDIGE AUSGABE

## SEINER PREDIGTEN

MIT

ANMERKUNGEN UND WÖRTERBUCH

VON

DR. FRANZ PFEIFFER

O. Ö. PROFESSOR DER DEUTSCHEN SPRACHE UND LITTERATUR AN DER UNIVERSITÄT ZU WIEN, DER KAIS. AKADEMIE DER WISSENSCHAFTEN WIRKLICHEM, DER KÖN. BAYER. AKADEMIE AUSWÄRTIGEM MITGLIEDE.

ERSTER BAND.

WIEN, 1862.

WILHELM BRAUMÜLLER

K. K. HOFBUCHHÄNDLER.

AN

## JACOB GRIMM.

Es ist mir ein Bedürfniss des Herzens, Ihnen, hochverehrter Freund, von der Liebe und Verehrung, womit ich Ihnen zugethan bin, noch einmal ein öffentliches Zeichen zu geben. Nicht von ungefähr geschieht es, dass ich hiezu das vorliegende Buch gewählt habe; bin ich doch überzeugt, dass ich Ihnen kaum eine willkommenere Gabe bieten könnte, als die Gesammtausgabe der Schriften jenes unvergleichlichen Redners, auf dessen hohe Bedeutung für unsere Sprache und Litteratur Sie zuerst mit nachdrücklichen Worten hingewiesen haben und zu dem Sie seit langem eine tiefe Sehnsucht fort und fort erfüllt.

Gleich Ihnen ist auch mir, wie Sie wissen, der Bruder Berthold so zu sagen an's Herz gewachsen. Meine erste Beschäftigung mit ihm fiel in den Beginn meiner altdeutschen Studien, in die Jahre 1838/39. Damals war es, dass ich in München, noch als Student, unter der fördernden Theilnahme meines Lehrers und väterlichen Freundes Massmann zu einer vollständigen Ausgabe mit Lust und Eifer das Material zusammen trug. In schwierigster Lebenslage gereichte mir diese Arbeit vielfach zum Trost und zur Erhebung, und der Eindruck, den diese Predigten damals auf das jugendliche Gemüt machten, ist noch heute unvergessen.

Es ist also eine alte, eine Jugendliebe, die mich mit Berthold verbindet. Und „alte Liebe rostet nicht" sagt das Sprichwort, das auch in diesem Falle sich bewährt hat. Denn mitten unter den manigfalten Arbeiten, die mich seit jener Zeit vollauf beschäftigten, vergass ich doch nie des geliebten Predigers, und der Gedanke, ihm durch eine sorgfältige Ausgabe ein seiner würdiges Denkmal zu setzen, stand als eine der schönsten Aufgaben meines Lebens unverrückt vor meiner Seele.

Nicht länger damit zu zögern und der deutschen Litteratur ein Werk vorzuenthalten, das ihr ein Schmuck und eine Zierde sein wird, dazu trieb mich zunächst der während meines vorjährigen Besuches bei Ihnen in Berlin lebhaft erwachte Wunsch, Ihnen eine Freude zu bereiten und bei dieser Gelegenheit öffentlich zu sagen, wie sehr ich Sie verehre und wie hoch mich Ihre Freundschaft beglückt. Es freut mich, Ihnen heute schon, gerade ein Jahr seit jenem Besuche, den ersten Band hier überreichen zu können. Der zweite wird, so Gott will, übers Jahr ebenfalls in Ihren Händen sein.

Möge die treue Hingebung, womit Ihnen, als unserm Meister und unerreichtem Vorbild, mein und noch vieler Anderer Herz entgegen schlägt, einigen Ersatz bieten für Manches, was Sie, am einsamen Lebensabende, drückt und betrübt, und möge Ihr Geist noch lange in ungeschwächter Kraft über unserer Wissenschaft, die Ihr Werk ist, leuchten und wachen.

WIEN, am 4. Juli 1862. FRANZ PFEIFFER.

# EINLEITUNG.

Acht und dreissig Jahre sind es, seit Christian Friedrich Kling auf Neanders Betrieb das Andenken des grossen Predigers wieder unter uns erweckte, dessen Wort einst in den hochdeutschen Landen wie eine Fackel leuchtete und dessen Name in dem Gedächtniss des Volkes, dem er in schwerer Zeit ein Helfer und ein Tröster war, Jahrhunderte lang fortlebte: des Franciskanerbruders Berthold von Regensburg *). Diese Predigten, die hoch über Allem stehen, was im Gebiete der deutschen Homiletik des Mittelalters bekannt geworden ist, haben nicht verfehlt, die Aufmerksamkeit Derjenigen, die für das Geistesleben der Vorzeit Sinn und Verständniss haben, auf sich zu ziehen und dauernd zu fesseln. Welch mächtigen Eindruck sie in gelehrten Kreisen hervorbrachten, erhellt am deutlichsten aus der musterhaften Recension, die J. Grimm der Kling'schen Ausgabe **) widmete, und aus den begeisterten Worten, womit er das Erscheinen derselben begrüsste und ihre Bedeutung für deutsche Sprache, Cultur und Sitte ins Licht stellte. Dies Urtheil ist das massgebende geworden und geblieben und seitdem sind Philologen wie Theologen, Katholiken und Protestanten darin einig, dass die Predigten des Bruder Berthold zum Vorzüglichsten gehören, was die deutsche Beredsamkeit alter und neuer Zeit aufzuweisen hat.

Unter diesen Umständen glaube ich auf allgemeine Theilnahme rechnen zu dürfen, wenn ich — nicht unberufen hoff' ich,

---

*) Berthold des Franciskaners deutsche Predigten, theils vollständig, theils in Auszügen. Mit einem Vorwort von Dr. A. Neander. Berlin 1824. Kling, damals Repetent in Tübingen, ward später Professor der Theologie in Marburg und Bonn und starb am 8. März dieses Jahres als Decan in Marbach am Neckar.

**) Jahrbücher der Literatur. 32. Bd. Wien 1825. S. 194—257.

jedesfalls nicht unvorbereitet — ins Werk setze, was schon längst Wunsch und Verlangen Vieler ist: eine Gesammtausgabe der Bertholdischen Predigten. Für das praktische Bedürfniss seiner Standesgenossen und für Leser, denen nur der Inhalt von Werth, die Form dagegen gleichgiltig ist, hat zwar durch eine Übersetzung des grösseren Theiles der Predigten bereits vor mehreren Jahren Franz Göbel gesorgt*); nicht ohne Beifall und Erfolg, wie die bald nöthig gewordene zweite Auflage beweist. Diese Übersetzung, die, ohne gerade misslungen zu sein, doch manches zu wünschen übrig lässt, war aber bei Vielen weit mehr geeignet, das Verlangen nach dem Originaltext zu wecken als zu stillen, und enthielt zugleich eine laute Mahnung an die Pflicht der deutschen Philologie, den grössten Redner unseres Volkes in der ursprünglichen Fülle und Kraft und dem wunderbaren Wohlklang seiner Rede wieder erstehen zu lassen. Indem ich diese Pflicht und das vor Jahren gegebene Versprechen hiemit erfülle, hege ich keinen lebhaftern Wunsch, als dass das Buch, das ich zu diesem Zwecke mit allen Mitteln des Verständnisses ausrüsten werde, über den Kreis meiner Fachgenossen hinaus diejenige Aufnahme und Beachtung finde, deren es, als eines der werthvollsten Denkmäler unserer Litteratur, gewiss in hohem Grade würdig ist. Jeder ernste Sinn wird sich für die Mühe und Schwierigkeit, die ihm beim Beginn der Lectüre die ungewohnten Laute und Sprachformen etwa machen werden, reichlich belohnt finden.

Der vorliegende erste Band umfasst den Inhalt der grossen, auf Kosten der Pfalzgräfin bei Rhein und Herzogin in Baiern, Elisabeth, im Jahre 1370 geschriebenen Sammlung (Cod. Palat. Nro. 24 auf der Heidelberger Bibliothek), so weit er dem Bruder Berthold wirklich angehört. Dass dies bei einem nicht unbeträchtlichen Theile der in dieser Handschrift befindlichen Predigten und kleinern Stücke nicht der Fall ist, hat in der zweiten Auflage seiner Übersetzung schon F. Göbel erkannt. Ich werde sie, falls sich Raum dazu findet, im zweiten Bande, sonst aber gelegentlich

*) Die Predigten des Franciskaners Berthold von Regensburg. Übersetzt und vollständig herausgegeben von F. Göbel, Priester. Mit einem Vorwort von Alban Stolz. 2 Bände. Schaffhausen 1850—51. Die zweite vermehrte Auflage erschien mit dem veränderten Titel: Missionspredigten etc. in einem Bande zu Regensburg 1857.

in meiner Zeitschrift abdrucken lassen. Von Erheblichkeit ist, ausser dem schon im ersten Bande meiner Mystiker berührten Bruchstück aus dem Spiegel der Tugend von David von Augsburg (s. S. XXXV. XXXVI), nichts darunter.

Der zweite Band wird die in der jüngern Heidelberger Handschrift vom J. 1439 (Cod. Palat. Nr. 35) enthaltenen neunzehn Predigten bringen, die sich zwar mit den im vorliegenden ersten Bande gedruckten vielfach berühren, jedoch deutlich nicht bloss auf anderer Aufzeichnung beruhen, sondern verschiedene Ausführungen der nämlichen Themata sind. Daran werden sich die Predigten schliessen, die mir eine Reihe von Münchner Handschriften, eine Klosterneuburger und eine Wiener gewährt haben. Von grossem Belang sind die zuletzt genannten, was ich, etwaigen Erwartungen vorbeugend, jetzt schon bemerken will, nicht; es sind mehr nur die äussern Umrisse, denen die volle lebenswarme Ausführung und Färbung fehlt. Zwischen ihnen und den Predigten des Cod. 24 halten in dieser Beziehung die der zweiten Heidelberger Handschrift etwa die Mitte. Doch darauf werde ich noch im zweiten Bande zu reden kommen und dort auch über die handschriftlichen Quellen, ihre Benutzung und Bearbeitung ausführlich Rechenschaft geben. Die Anmerkungen sollen nicht bloss Lesarten, sondern, so weit es nöthig scheint, einen Commentar bringen, der das erklären wird, wozu das Wörterbuch nicht der Ort ist. Dieses wird den Schluss bilden und den bedeutenden Vorrath an schönen und seltenen Wörtern in möglichster Vollständigkeit verzeichnen.

Überdies ist es meine Absicht, eine erschöpfende Charakteristik Berthold's und seiner Beredsamkeit zu geben, die das in den Predigten Zerstreute zu einem Gesammtbilde zusammenfassen soll. Da aber dies, schon der Verweisungen halber, nur auf Grundlage des vollständig im Drucke vorliegenden Textes geschehen kann, so muss ich mich hier auf einen äussern Lebensabriss Berthold's um so mehr beschränken, als der bereits sehr ansehnliche Umfang des ersten Bandes eine grössere Ausdehnung ohnehin verbieten würde.

Es gibt nur wenige deutsche Schriftsteller des Mittelalters, deren Name von den Geschichtschreibern ihrer und der nächstfolgenden Zeit öfter und mit mehr Auszeichnung aufgezeichnet und genannt wäre. Gleichwohl ist der Ertrag dieser Zeugnisse, die ich zu meiner und der Leser Bequemlichkeit wie auch der bessern Übersicht halber im Anhang zusammenstelle, nur ein überaus dürftiger. Die meisten begnügen sich, die Zeit seines ersten Auftretens in den verschiedenen Gegenden Deutschlands zu bezeichnen und von der gewaltigen Kraft und den ungeheuren Erfolgen seiner Beredsamkeit und seinem Ruhme kurz zu berichten; nur wenige, und dann nicht einmal gleichzeitige, enthalten ausführlichere und genauere Angaben. Über das was zu erfahren für uns das wichtigste wäre und öfter von weit minder bedeutenden Männern überliefert ist, über seine Persönlichkeit, seine Herkunft, seine Lebensverhältnisse und Schicksale gewähren sie jedoch nur geringen Aufschluss. Sogar über seinen Geburtsort herrscht keine volle Sicherheit. Zwar hat man uns dargethan, dass Berthold dem in der Scheerengasse zu Regensburg wohnhaften, bis ins 16. Jahrhundert blühenden Rathsgeschlechte, welches den Zunamen Lech führte, angehört habe (s. J. R. Schuegraf im Anhang zu K. Roth's altd. Predigten S. 80 ff.), und in Folge dessen findet man ihn häufig in litt. Handbüchern als Berthold Lech aufgeführt. Aber selbst wenn dieser genealogische Nachweis auf besserer Grundlage ruhte, als es wirklich der Fall ist, würde doch die Stammtafel, da sie über Berthold und dessen Schwester Elisabeth nicht zurückreicht, noch keineswegs beweisen, dass Berthold ein geborner Regensburger ist, indem es, um eines andern, noch zu berührenden Punktes zu geschweigen, doch leicht der Fall sein könnte, dass die Schwester und andere seiner Geschwister, von dem Rufe des Bruders angezogen, erst später von auswärts dorthin übersiedelt wären. Eine solche Annahme ist indess nicht einmal nöthig, da der Stammbaum, soweit er den Berthold und seine Angehörigen betrifft, ein Luftschloss ist, das ich gründlich zu zerstreuen in der Lage bin.

Schuegrafs Stammtafel stützt sich lediglich auf die in Gemeiner's regensburgischer Chronik 1, 396 (Reg. 1800. 4.) aus einem „Necrologium fr. minorum ms. in bibliotheca Ratisp.“ mitgetheilte Grabschrift: „6. Idus Junii (8. Juni) obiit Elisabet Lechsin soror f. Berchtoldi a. 1293.“ Danach lautet also der Name von Bertholds Schwester Lechs, nicht Lech, und schon dies hätte zur Vorsicht mahnen und eine Vermischung von Lechs mit Lech verhindern sollen, wie der Name jenes Rathsgeschlechtes unabänderlich geschrieben wird. Die Grabschrift war schon früher einem andern Regensburger Gelehrten, J. C. Paricius, bekannt, der in seiner Beschreibung Regensburgs (1753) S. 452 folgendes berichtet: „ihm (Berthold) folgte den 8. Juni 1292 seine nicht minder im Rufe der grössten Frömmigkeit gestandene Schwester Elisabetha Sechin.“ Wie man bemerkt weicht diese Nachricht im Namen und der Jahrzahl von obiger ab. Paricius muss daher aus einer andern Quelle als dem Necrologium geschöpft haben, wahrscheinlich vom Grabstein selbst; aber auch er hat gleich jenem den Namen nicht richtig gelesen. Der Grabstein war in der an die Minoritenkirche angebauten Kapelle des hl. Onophrius zu Ende des vorigen Jahrhunderts noch vorhanden und ist in genauer Abschrift erhalten in der Sammlung sämmtlicher Epitaphien in den Kirchen und Klöstern Regensburgs, welche der letzte Prior von St. Emmeram P. Romanus Zirngibl in den Jahren 1785 und 1786 veranstaltet hat. Sein Manuscript liegt auf der dortigen Stadtbibliothek und ist bezeichnet „R. Ep. et el. Nro. 409.“ Darin finden sich nachstehende, für unsere Frage wichtige Grabschriften. I. „Nro. 332. Anno domini 1282. Θ. Ulricus filius Merchelini Saxonis.“ — II. „Nro. 333. Anno domini 1291. 5. Idus Octobris. Θ. Merchlinus Saxo, maritus sororis d. f. Bertholdi. Auf dem Steine ein grosses Kreuz.“ — III. „Anno domini 1292. 6. Idus Junii. Θ. Elisabeth Sächsin, soror d. f. Bertholdi.“ Alle drei Steine waren im „Sacellum S. Onophrii prope sacristeiam in peristylo“ *).

Also nicht Lechsin hiess die Schwester Bertholds, sondern Sächsin, und nicht ihr angeborner Name war es, sondern der ihres Mannes, Merklinus Saxo (Sachse) **). Bemerken will ich übrigens, dass Lechsin kein Schreib- oder Lesefehler Gemeiner's, sondern schon des von ihm citierten Necrologiums ist; dies scheint mir wenigstens aus dem Document Z. Nr. 32 zu erhellen, wo wir unsern Prediger bereits als Berthold Lechs aufgeführt finden.

Bertholds Geschlechts- und Familienname liegt also für uns im Dunkeln. Dieser Nachweis wird jedoch, wie die Erfahrung lehrt, kaum verhindern können, dass der alte Irrthum sich noch lange von Buch zu Buch forterbt. Es wird damit gehen, wie mit

---

*) Mittheilung des Herrn C. W. Neumann, k. b. Oberlieutenant zu Regensburg, dessen zuvorkommender Güte ich diese und nicht wenige andere werthvolle Notizen zu danken habe.

**) Nach einer Mittheilung Herrn Neumann's erscheint ein Marquardus Saxo, Bürger von Regensburg, 1252 als Zeuge der Gebrüder Otto und Albert von Straubing. In Ried's Cod. dipl. dagegen findet sich kein Träger dieses Namens.

der von W. Wackernagel (Verdienste der Schweizer um die deutsche Litteratur. Basel 1833. S. 14. 35. 36) aufgebrachten Nachricht, dass Berthold von Winterthur gebürtig sei. Obwohl W. diese, durch eine confuse Stelle in Hottingers helvet. Kirchengeschichten 2, 60 veranlasste unrichtige Angabe längst widerrufen und berichtigt hat (Litt.-Gesch. S. 324), so spukt sie doch immer noch in manchen Büchern, z. B. Vilmar's Litt.-Geschichte, einem Buche freilich, das in seinen verschiedenen, angeblich verbesserten neuen Auflagen recht deutlich zur Schau trägt, dass seinem Verfasser die Wissenschaft und ihr Fortschritt nichts gilt.

Dass Regensburg Bertholds Geburtsort ist, lässt sich zwar durch ein gleichzeitiges Zeugniss nicht erweisen; gleichwohl steht dieser Annahme kein ernstliches Bedenken entgegen. „De domo Ratisponensi“ nennt ihn der gleichzeitige Hermann von Altaich (Nr. 2, vergl. 3); und, was im nämlichen Sinne, d. h. als dem dortigen Ordenshause angehörig, verstanden werden kann, „de Ratispona“ Agnes Blannbekin († 1313. Nr. 34), die von Rader gebrauchten hs. Chroniken (Nr. 19, 26) und die sächs. Chronik (Nr. 29), von denen man nicht weiss, welcher Zeit sie angehören, „von Regensburg“ die unter Nr. 4 angeführten Chroniken des 15. Jahrhunderts. Der erste der Berthold einen gebornen Regensburger nennt, aber bloss dem Vernehmen nach, ist der im Jahre 1340 schreibende Johannes von Winterthur: „Ratispona, in qua, ut fertur, natus et alitus erat“ (Nr. 17). Ohne diesen Vorbehalt, nämlich als „natione Ratisponensis“, bezeichnen ihn der Regensburger Priester Andreas (Nr. 6), Ulrich Ohnsorg (Nr. 5) aus dem 15., und der unbekannte Verfasser der Regensburger Geschichten (Nr. 8) aus dem 16. Jahrhundert. Endlich „Reginoburgio ortus“ nennt ihn Aventin (Nr. 7) und „civis Ratisponensis“ das Instrument vom Jahre 1692 (Nr. 32).

Lässt sich auch aus diesen Quellen volle Gewissheit nicht gewinnen, so ist doch die Wahrscheinlichkeit gross, dass Berthold wirklich in der alten berühmten Reichsstadt geboren ist. Jedesfalls ist er dort erzogen und gebildet.

Das Minoritenkloster zu Regensburg war eine der ersten Gründungen dieses Ordens in Deutschland. Nach manchen erfolglosen Versuchen, ihn nach Deutschland zu verpflanzen, und nach den entmuthigenden Erfahrungen, welche die ersten italienischen Sendboten dort gemacht hatten, suchte man in Italien lebende

Deutsche für die Zwecke des Ordens zu gewinnen und sie zur Verbreitung desselben in ihrer Heimat zu gebrauchen. Dieser Versuch glückte. Schon im Jahre 1221, also zwei Jahre vor der förmlichen Bestätigung des Ordens durch Honorius III. (1223) und drei Jahre vor dem Tode des Ordensstifters (Franciscus starb am 4. October 1224), gelang es dem ersten Meister der deutschen Ordensprovinz, Caesarius von Speier, der mit zwölf Brüdern nach Deutschland gekommen war, durch vier derselben in Regensburg festen Fuss zu fassen. Anfänglich dort nur geduldet, wussten sie sich durch ihre Predigten und ihren Wandel bald allgemein in Achtung und Ansehen zu setzen und fünf Jahre später (1226) wurden ihnen von Bischof Konrad III., unter förmlicher Anerkennung und in Begleitung von allerlei Schenkungen behufs der Errichtung eines Klosters, die damals ausser Gebrauch stehende S. Salvatorskapelle als Eigenthum angewiesen und eingeräumt (die Urkunde bei Ried, Cod. dipl. 1, Nro. 364. Greiderer, Germ. franciscana 2, 470). Im Jahre 1233 traten von Seiten des Grafen Albrecht von Bogen und seines Stiefbruders Herzogs Otto des Erlauchten noch weitere Schenkungen hinzu (Ried 1, Nro. 389).

Ob unter jenen vier Brüdern, die Caesarius von Speier mit sich nach Deutschland genommen und von Augsburg aus nach Regensburg geschickt hat, auch der Bruder David sich befand, oder ob er erst später in das dortige Ordenshaus eintrat, lässt sich, da von denselben nur Einer, Bruder Joseph, mit Namen genannt ist, nicht mit Sicherheit sagen. Doch vermuthe ich Ersteres, weil es mir nicht wahrscheinlich ist, dass er sich in Deutschland die gelehrte Bildung erworben hat, die ihn als Novizenmeister und Professor der Theologie zur Leitung des Unterrichts in dem neu errichteten, rasch aufblühenden Kloster befähigte. Unter den ersten, seiner Zucht und Pflege anvertrauten Zöglingen befand sich Berthold. Wann dies geschah und wie alt er beim Eintritt ins Kloster war, bleibt ungewiss; doch glaube ich, dass er nach der Sitte damaliger Zeit schon in zartem Alter zum Lehrjünger Christi sich geweiht hat. Was der mit ungewöhnlichen Fähigkeiten ausgerüstete Knabe oder Jüngling der Lehre des ausgezeichneten Mannes zu danken hat, wie herrlich unter dessen Leitung sein angebornes ungemeines Talent sich entwickelte und mit welcher Innigkeit Beide sich für's ganze übrige Leben zugethan blieben, habe ich in der Einleitung zu David's deutschen Schriften (deutsche

Mystiker 1, XXVI ff.) darzulegen gesucht, auf die ich, um nicht Selbstgesagtes zu wiederholen, hier verweise.

Auch das Jahr, in welchem Berthold aus dem Noviziat entlassen und Bruder ward, lässt sich nur annähernd bestimmen. Dass es jedenfalls schon vor 1246 geschah, lehrt uns die unter Z. Nr. 1 mitgetheilte Urkunde des päpstlichen Legaten Philipp, in welcher wir, für ihr gegenseitiges Verhältniss bezeichnend genug, die „fratres Bertoldum et David de ordine minorum" neben einander aufgeführt finden. Das ehrende Vertrauen, das in der Übertragung der Visitation des berühmten Frauenstiftes Niedermünster zumal für den jüngern Berthold deutlich ausgesprochen liegt, gibt der Vermuthung Raum, dass er schon geraume Zeit vor diesem Jahre ins praktische Leben getreten und durch seine segensreiche Wirksamkeit bereits zu Ehre und Ansehen gelangt war. Nehmen wir an, dass Berthold's Austritt aus dem Noviziat in den Anfang der vierziger Jahre fiel und dass er damals im zwanzigsten Lebensjahre stand, so ergibt sich als die Zeit seiner Geburt ungefähr das Jahr 1220.

Das Jahrzehend von 1240—1250 dürfen wir somit als die Zeit der Übung und Vorbereitung auf seinen grossen Beruf betrachten. Die ersten Proben seiner Beredsamkeit hat er natürlich in Regensburg selbst abgelegt. Um das Jahr 1250 trat er, den engen Raum des Klosters verlassend, über das städtische Weichbild hinaus in die Welt und begann seinen Siegeslauf als Lehrer des ganzen Volkes, als Apostel der hochdeutschen Lande. Das genannte Jahr als der Beginn seiner weitern öffentlichen Wirksamkeit steht fest. Zwar schwanken die Quellenangaben um ein paar Jahre, indem ihn Einige erst im Jahre 1251 (Z. Nr. 5. 6), Andere erst 1252 (Z. Nr. 7. 8) zu predigen anfangen lassen. Doch ist es gerade der gleichzeitige und darum glaubwürdigere Hermann von Altaich, der sein erstes Auftreten als Volksredner in das Jahr 1250 setzt (Z. Nr. 2. 3 und 4).

Der erste und nächste Schauplatz seiner Thätigkeit war nicht Alamannien, wie man durch ungenaue Angaben verleitet vielfach behauptet hat, sondern, was schon an sich glaublicher, Niederbaiern; von daher stammen auch alle die genannten Zeugnisse. Im November des Jahres 1253 erblicken wir den schon berühmt Gewordenen predigend in Landshut. Er verweilte auf dem Schlosse daselbst in der unmittelbaren Nähe des wenige Tage später (29. November 1253) vom jähen Tode ereilten Herzogs Otto des Erlauchten, zu welchem er mit der ausgesprochenen Absicht gekommen war, ihn durch die Macht seiner Rede zum Gehorsam der Kirche zurückzuführen und seinen Unmuth gegen Kirche und Geistlichkeit zu sänftigen (Z. Nr. 9. 10).

Im nächstfolgenden Jahre überschritt Berthold die Grenzen Baierns und drang bis zum Rheine vor. An der Octave von Mariä Himmelfahrt (22. August) 1254 predigte er zum ersten Male in Speier bei der ausserhalb der Stadt gelegenen St. Germanskirche (Z. Nr. 11); vier Monate später, zu Anfang 1255, kehrte er dahin zurück und predigte am Erscheinungsfeste (6. Januar), diesmal, da die Jahreszeit das Predigen im Freien von selbst verbot, innerhalb der Stadt (Z. Nr. 12).

Von Speier zog er rheinaufwärts durchs Elsass über Colmar (Z. Nr. 13) nach der Schweiz, wo er in verschiedenen Orten und Städten des Aargau's und Thurgau's, in Klingnau, Wyl und Zürich*) wiederholendlich predigte (Z. Nr. 17). Nach Winterthur zu kommen weigerte er sich, wie uns der von dort gebürtige Chronist Johannes erzählt, trotz der inständigsten Bitten und Einladungen der Bürger jener Stadt, weil sie einen ungerechten Zoll und dessen drückende Erhebung nicht auflassen wollten (s. ebend.). In diesem Jahre predigte er auch zum ersten Male in Constanz (Z. Nr. 14. 15). Wann er zum zweiten Male dorthin kam, ist aus den erhaltenen Zeugnissen nicht ersichtlich. Doch vermuthe ich, dass das schon im folgenden Jahre geschah, und dann steckt der Fehler des Beleges Nr. 16 nicht in der Jahrszahl 1256, sondern in den Worten „zem ersten", statt dessen es „zem andern male" heissen müsste. Dass Berthold die oberen Lande zu öfteren Malen durchzog, berichtet Johannes von Winterthur: „qui circumeundo et perambulando frequenter Alamanniam ipsam mirabiliter illustravit" (Z. Nr. 17), und bei diesem zweiten Besuche im Jahre 1256 wird es gewesen sein, dass er, durch das Toggenburg und Sargans nach Graubündten vordringend, durch eine seiner Predigten, die gegen Ungerechtigkeit und den Besitz ungerechten Gutes gerichtet war, auf den Ritter Albrecht von Sax einen solchen Eindruck machte, dass der-

*) In Zürich ist die XXXI. Predigt: „von der Messe" (S. 488 ff.), wenn auch nicht gerade in der hier überlieferten Gestalt, die auf Regensburg weist, gehalten: „Dis sint die bezeichenunge der heiligen messe, die bruoder Berchtolt von Regensburg der barfuos hat gepredigt, da es manig tusent mensch hort, ze Zürich vor der stat" (Wackernagel Litt.-Gesch. S. 324, Anmerkung 15).

selbe das widerrechtlich innehabende Schloss Wartenstein und die Vogtei an das Kloster Pfäfers zurückgab (Z. Nr. 20).

Dies ist das erste, urkundlich beglaubigte, wichtige Zeugniss von der überwältigenden Kraft seiner Rede und deren tief und unmittelbar ins wirkliche Leben einschneidenden Wirkung. Die Übergabe erfolgte 1257 zu Reichenau bei Chur in Gegenwart zahlreicher rhätischer Ritter und Edlen. Die betreffende Urkunde steht nun abgedruckt in Mohr's Cod. dipl. 1, 347—49. Nr. 231. Die Veranlassung dazu erzählt uns der ehemals dem Kloster Pfäfers gehörige, nun dem St. Galler Archiv einverleibte, s. g. „Liber aureus", eine aus verschiedenen Stücken bestehende kleine Chronik, die in ihrem zweiten Theil den „Modus constructionis, ablationis et emptionis castri Wartenstein et vocatia" enthält. Zum ersten Male hier, so weit er unsern Berthold angeht, den Wortlaut mittheilen zu können, setzt mich die Güte des Herrn Dr. Hermann Wartmann, Rathschreiber zu St. Gallen, in den Stand. Über den Hergang selbst haben nämlich aus derselben Quelle früher schon erst Caspar Brusch (chronologia monasteriorum Germaniae. Sulzbach 1682. 4°. S. 185), dann Ildefons von Arx (Geschichte von St. Gallen 1, 387. 88) getreu und mit richtiger Angabe der Jahrszahl berichtet. Aus Brusch hat später Martin Crusius geschöpft (Annal. Suev. P. III. Lib. II. cap. XII) und durch einen aus Missverständniss gemachten Zusatz allerlei Verwirrung gestiftet.

Eine Vergleichung der betreffenden Stellen wird das deutlich machen. Bei Brusch a. a. O. lesen wir: „Successit huic Hugoni Abbati Rudolfus a Bernang. Hujus temporibus venit minorita quidam Bertholdus Fabarium. Is atrocissimam habens concionem omnis generis peccata et injurias, graviter etiam de certissima dei vindicta loquutus ita movit animum Alberti junioris de Saxen, ut castrum certis quibusdam conditionibus abbati sese restituere velle polliceretur. Emit itaque Rudolfus iste de Bernang anno dom. 1257 ab Alberto, barone Saxensi, eiusque fratribus, Henrico et Ulrico, quinquaginta argenti marcis castrum Wartinsteinense" u. s. w. Daraus hat Crusius Folgendes gemacht: „Bruschius in Fabariensi monasterio scribit: 'sub Rudolfo a Bernang, eius loci abbate, venisse eo minoritam quemdam, Bertholdum nomine, tempore quo adhuc vixerit imp. Fridericus II., quem 1250 anno mortuum esse supra didicimus. Hunc minoritam habuisse concionem contra omnis generis peccata et injurias atrocissimam ac de vindicta dei in eas certissima gravissimam. Qua oratione animum Alberti junioris ita permotum esse, ut Wartensteinense castrum — se restituturum polliceretur" u. s. w. Wie man sieht, ist das Jahr 1250 und die Angabe, dass Berthold noch bei Lebzeiten Kaiser Friedrich's II. in Pfäfers gepredigt habe, lediglich eine Erfindung des Martin Crusius, eine Erfindung, die schon Jacob Grimm (Jahrbücher der Litt. 32, 196) irre geführt hat, und auf die neuerlich kühne Hypothesen sind gebaut worden *).

Über Berthold's Aufenthalt in den beiden folgenden Jahren 1257 und 1258 fehlt uns jede Andeutung. Möglich, dass er während dieser Zeit, theilweise wenigstens, bei seinem geliebten Lehrer in Augsburg verweilt und dort und in Schwaben sein Predigtamt ausgeübt hat. Es ist auffallend, dass uns über seine Wirksamkeit daselbst kein Zeugniss Kunde gibt: nur aus seinen eigenen Äusserungen wissen wir, dass er die sechste, achte und zwanzigste Predigt in Augsburg gehalten hat (s. 79, 10. 110, 8. 12. 290, 2. 7).

Gegen Ende des Jahres 1259 finden wir ihn wiederum in der Nähe des Rheins, zu Pforzheim, wo die Beredsamkeit dieses „Lieblings Gottes und der Menschen", wie die Urkunde (Z. Nr. 21) ihn nennt, abermals einen segensreichen Erfolg aufzuweisen hat, indem sie den Ritter Ludwig von Liebenzell vermochte, einen lang-

*) Durch Dr. Paul Laband (Beiträge zur Kunde des Schwabenspiegels. Berlin 1861), der in jener Angabe einen erwünschten Anhalt für seine Vermuthung findet, dass Berthold der Verfasser des Schwabenspiegels sei. Auf diese Vermuthung kommt er zunächst durch die zahlreichen mit dem Schwabenspiegel stimmenden Stellen in Bertholds Predigten. Der Verfasser des Rechtsbuches zeige Kenntnisse im canonischen und römischen Recht; diese Kenntnisse werde er sich in Italien erworben haben. Da nun Berthold schon vor seinem Auftreten in Deutschland noch bei Lebzeiten Friedrichs, also spätestens 1250, in Graubündten gepredigt habe, so sei es wahrscheinlich, dass dies auf seiner Rückreise aus Italien, wo er Vorlesungen über canonisches und römisches Recht gehört habe, geschehen sei. Ich werde auf diese Hypothese, die ich, noch aus andern Gründen, für unhaltbar erachte, im zweiten Bande zurückkommen. Hier nur so viel dass ich meine im 9. Bande der Zeitschrift f. d. Alterthum aufgestellte Vermuthung, dass Bruder David der Verfasser des Schwabenspiegels sei, noch nicht aufgegeben habe, ja gerade in Labands Hypothese eine neue Stütze dafür finde. Dass David aus Italien nach Deutschland kam, habe ich oben S. XIII. wahrscheinlich zu machen gesucht, und bei dem gelehrten Novizenmeister und Prof. der Theologie wird man juristische Kenntnisse weit eher voraussetzen dürfen, als bei Berthold, dem deutschen Volksredner.

wierigen Streit mit der Markgräfin Irmingard von Baden auf gütlichem, friedlichem Wege zu schlichten.

Mit diesem Jahre hörte, so weit wir sie an der Hand der Geschichte verfolgen können, Berthold's Lehrthätigkeit im südwestlichen Deutschland, dem er die schönste Zeit seiner aufsteigenden Manneskraft gewidmet hatte, auf, und er wandte sich nach den östlichen Ländern, nach Oesterreich, Mähren, Böhmen, Schlesien, um auch hier in die Herzen der Völker deutscher und slavischer Zunge den Samen des wahren lautern Christenthums zu streuen, die verstockten Gemüther durch sein gewaltiges Wort zu erschüttern, die Verirrten auf den Pfad der Tugend zurückzuführen. Dies geschah in den Jahren 1261 und 1262 (s. Z. Nr. 22. 23. vgl. 24). Zuerst betrat er Oesterreich, von da zog er weiter nach Mähren und Böhmen. Selbst nach Ungarn scheint er bei dieser Gelegenheit gedrungen zu sein; wenigstens erzählt uns der offenbar gut unterrichtete Chronist (Z. Nr. 26. vgl. 8), dass er Viele durch die Verführung der Kumanen vom rechten Glauben abgefallene Ungarn bekehrt habe, und nach dem Zeugnisse Aventins (Z. Nr. 7) wallfahrteten noch zu seiner Zeit die Ungarn in Verehrung zu Berthold's Grab.

In Böhmen, wohl auch in Mähren und Ungarn, vor Zuhörern, die des Deutschen unkundig waren, pflegte er sich, wie einst auch die irischen Glaubensboten in Deutschland gethan, eines Dollmetsches zu bedienen. In Glaz hatte er hiezu einen Ordensbruder, Namens Oderinc (Oderich?), der dort auch begraben liegt (Z. Nr. 26).

Über die Zeit seines Besuches in Thüringen (Z. Nr. 26. vgl. Nro. 8. 29) liegen bestimmte Angaben nicht vor, doch könnte es leicht sein, dass er auf seiner Rückreise aus Böhmen und Schlesien dorthin gekommen wäre. Dass er auch in Franken gepredigt, dürfte selbst ohne ausdrückliches Zeugniss vorausgesetzt werden; er sagt es uns aber selbst: die XXXVI. Predigt ist dort gehalten, wie es scheint innerhalb einer Stadt (571, 4. 6. 8.).

In den letzten Jahren seines Lebens scheint Berthold keine grösseren Reisen mehr gemacht, sondern seinen Wirkungskreis auf Baiern beschränkt zu haben. In Baiern ist die vierte Predigt (vgl. 54, 15), in Regensburg die erste (vgl. 3, 1. 2), die XXXI. (vgl. 492, 23) und die XXXIII. (vgl. 532, 38. 39.) gehalten, zu welcher Zeit ist freilich nicht ersichtlich.

Im November des Jahres 1271, als er gerade zu Regensburg predigte, ward ihm die Todesstunde seines geliebten Lehrers David († zu Augsburg am 16. November 1271) geoffenbart und er empfahl ihn dem versammelten Volke, indem er aus einem lateinischen Hymnus einen Vers zu seinem Lob hersagte (Z. Nr. 26). Berthold selbst überlebte den Tod seines väterlichen Freundes nicht lange; nicht viel über ein Jahr später, am Tage der heiligen Lucia (13. December 1272), starb auch er; wenn meine obige Wahrscheinlichkeitsberechnung richtig ist, im kräftigsten Mannesalter, als angehender Fünfziger. Der Todestag, „XIX. kal. Jan. in festo s. Luciae", ist durch eine Reihe übereinstimmender Zeugnisse (vgl. Z. Nr. 5. 26. 27. 30. 31), worunter das Necrologium des Klosters Seligenthal und die im Erhebungsinstrumente enthaltene Abschrift des Grabsteins die erste Stelle einnehmen, sicher gestellt. Allerdings stimmen die XIX. kal. Jan. und der Lucientag nicht genau, indem letzterer auf die Iden (13. Dec.), erstere auf den 14. Dec. fallen; indess versichert mir mein Freund und College Dr. Theodor Sickel, dass derlei Vorwärtszählungen der nach den Kalenden genannten Tage oft vorkommen, und der Terminus a quo sehr häufig nicht mitgezählt werde. — Diese kleine Differenz von einem Tage macht also keine Schwierigkeit. Die Angabe Waddings aber („IX. kal. Jan."), der den Rader ausschrieb, beruht auf einem Druckfehler, und was der Presbyter Andreas (Z. Nr. 30) auf dem Grabstein gelesen haben will: „Hic sepultus. Luciae virginis", wird eigene Zuthat sein, die durch die authentische Überlieferung der Grabschrift (Z. Nr. 31) Berichtigung findet.

Berthold wurde in der Minoritenkirche hinter der Neusässischen Kapelle (Z. Nr. 30): „juxta murum versus ambitum" (Z. Nr. 26) begraben. Dort lag er ungestört bis zum Anfang des 17. Jahrhunderts.

Obschon uns keines der erhaltenen Zeugnisse ausdrücklich den Eindruck meldet, den die Nachricht von Berthold's Tode in Deutschland gemacht hat, dürfen wir doch annehmen, dass er ein tiefer und nachhaltiger war. Denn noch lange lebte das Andenken des unvergleichlichen Predigers in der Erinnerung des Volkes fort, für dessen Lage und Leiden, für dessen geistige und materielle Wohlfahrt niemals ein Herz treuer und wärmer geschlagen hat. Mit welcher Liebe und Begeisterung die ihn einst zu hören das Glück hatten, siebzig Jahre nach seinem Tode seiner noch gedachten, davon gibt die lebenswarme, anschauliche, gewiss wahrheitsgetreue Erzählung des Johannes von Winterthur (Z. Nr. 17) ein schönes Zeugniss. Noch im 15. und 16. Jahrhundert besuchte, nach Aventin's Versicherung, das Volk nicht bloss aus Regensburgs Umgebung, sondern von fern her, selbst aus Ungarn, die Ruhestätte des guten seligen Landpredigers wie das Grab eines Heiligen.

Heilig wurde der Bruder Berthold nun freilich nicht gesprochen — er war ja ein Deutscher, deutsch in seinem Denken und Wesen, deutsch in Gesinnung und Sprache —; aber was sonst nur Heiligen und Fürsten zu geschehen pflegt und wohl keinem zweiten deutschen Schriftsteller der Vorzeit begegnet ist, das ist ihm zu Theil geworden: seine irdischen Überreste sind, sorgsam aufbewahrt, zum grössern Theile noch jetzt in Regensburg vorhanden. Beim Beginne des dreissigjährigen Krieges (etwa 1626) auf Befehl des Bischof Albrecht IV. (1613—1649) aus dem Grabe erhoben und in eine Truhe gelegt, während der Kriegswirren bald dahin bald dorthin geflüchtet, später über dem Grabe selbst eingemauert, zuletzt besser verwahrt und wie schon früher in der Minoritenkirche den Gläubigen zur Verehrung ausgesetzt, gelangte der in Gold und Silber gefasste Reliquienschrein nach Aufhebung des Klosters oder noch vorher in das Domarchiv, wo er im Jahre 1838 wieder aufgefunden und der Schatzkammer des Domes einverleibt wurde.

Dieser die Gebeine Berthold's umschliessende Schrein, der sein Dasein dem frommen, vielleicht nicht ganz uneigennützigen Sinn seiner Ordensgenossen verdankt, ist gegenwärtig das einzige sichtbare Zeichen, das die Bewohner seiner Vaterstadt an ihren grossen Mitbürger erinnert: ein Gegenstand wohl öfter der müssigen Neugier als der Verehrung. In die prächtige Halle, die unweit der Stadt den Gipfel des Berges krönt, auf dem Berthold wohl manchmal geweilt, hat er keinen Zugang gefunden; nicht einmal eine jener Gedenktafeln ist ihm zu Theil geworden, womit im vergangenen Jahre der Magistrat von Regensburg freigebig die ehmaligen Wohnungen von Männern geschmückt hat, deren keiner an weitgreifender Wirksamkeit und verdientem Ruhme ihm entfernt gleich kommt. Man war in Verlegenheit, heisst es, wo man den Denkstein anbringen sollte; als ob die Aussenseite der Kirche, wo er einst gepredigt und die Ruhestätte fand, nicht ein vollkommen geeigneter Ort hiezu wäre!

Doch der anspruchslose mindere Bruder bedarf solcher Auszeichnungen nicht: er kann nach seinem Tode entbehren, wonach er während seines Lebens nie gestrebt hat. Für seinen Nachruhm hat er selbst gesorgt und in seinen Werken ein Denkmal, dauernder als Erz und Marmor, hinterlassen. Möchten auch seine Gebeine gleich denen so vieler grosser Männer vor und nach ihm zu Staub verfallen und mit den Winden verweht sein, sein besseres unsterbliches Theil nennte die Nachwelt gleichwohl und für immer ihr Eigenthum: aus seinen Reden weht sein Geist uns entgegen und schlägt sein Wort an unser Ohr mit all der Gedankenfülle und Gemüthstiefe, mit all der frischen, belebenden und ergreifenden Kraft, die vor sechshundert Jahren Deutschland mit Bewunderung und Entzücken erfüllten.

WIEN, im Juli 1862. FRANZ PFEIFFER.

# HISTORISCHE ZEUGNISSE.

1.

1246. „Philippus, apostolica gratia Ferrariensis electus, apostolice sedis legatus, religiosis et honestis mulieribus ..... abbatisse et conventui Inferioris Monasterii in Ratispona in vero salutari salutem etc. Nos itaque, piis vestris supplicationibus inclinati, saluti animarum vestrarum et vestris conscientiis consulere cupientes, per viros providos et fideles, Heinricum, decanum Ratisponensem, Ulricum de Dornberch, eiusdem ecclesie canonicum, fratres Bertoldum et David de ordine minorum super statu vestri Monasterii ac libertatibus et suprascriptis consuetudinibus apud vos ab antiquo diutius observatis inquisitione habita diligenti, prescriptas vobis libertates ac consuetudines, que vobis longis temporibus remanserunt, auctoritate qua fungimur confirmantes, supermemoratis consuetudinibus paterne vobis dispensationis beneficium exhibemus. Datum Nurinberch, pridie kal. Januarii, pontificatus domini Innocentii pape IIII$^{ti}$ anno IIII$^{to}$" (= 31. Dec. 1246, vom Pabst Innocenz am 11. Nov. 1247 bestätigt. Im k. Reichsarchiv zu München aus dem Reichsstift Niedermünster in Regensburg. Vgl. Lang's Regesten 2, 378. Zeitschrift für das Alterthum 9, 6).

2.

1250. „Hiis diebus quidam frater Bertoldus de ordine minorum de domo Ratisponensi tantam gratiam habuit predicandi, ut sepe ad eum audiendum plus quam XL millia hominum convenirent." (Hermannus Altahensis: Böhmer, fontes 2, 507, vgl. Joh. Steindelii chron. Öfele, Script. 1, 576$^{a}$).

3.

1250. „Bertholdus minor de Ratispona declamator insignis XL millia auditorum habuisse fertur." (Hermannus Altah.: Öfele 1, 675$^{b}$).

4.

1250. „Nach gotes gepurt 1250 do prediget pruoder Perchtolt von Regenspurg." (1. Cod. germ. Monac. 316. v. J. 1435. Bl. 93$^{c}$. — 2. ebd. 379. 15. Jhd. Bl. 210$^{b}$).

5.

1251. „Frater Bertholdus natione Ratisponensis, ordinis minorum, predicare cepit, et dicitur sepius confluxisse ad predicationem suam centum millia hominum. Obiit anno 1272. Lucie. (Ulr. Onsorg, chronicon Bavariæ usque ad a. 1422: Öfele 1, 362[b]).

6.

1251. „Anno d. MCCLI frater Bertholdus natione Ratisponensis, ordinis fratrum min., predicare cepit, ad cujus predicationem dicuntur aliquando centum millia hominum confluxisse.“ (Andreas presb. Ratisp. de Monasteriis Bavariæ: Rader, Bavaria sancta p. 154. Wadding, Annales 4, 364).

7.

1252—54. „Berchtoldus tum, Franciscanus, Reginoburgio ortus, clarus integritate vitæ atque christianæ eloquentiæ orator insignis fuit, sexaginta amplius millia hominum ejus conciones frequentasse literis proditur; ejus sepulcrum adhuc non solum incolis, sed et Ugris venerabile Reginoburgio in templo Franciscanorum ostenditur.“ (Aventin, Annales Bojor. L. VII.).

8.

1252. „Hoc anno prædicare cœpit frater Berchtoldus de ordine minorum. Legitur denique quod ad ejus sermonem aliquotiens duodecim millia imo mille centum homines confluere solebant. Sepultus in monasterio fratrum minorum Ratisponæ. Hujus multa mira in ejus gestis narrantur et fuit natione Ratisbonensis. Multos gentes Hungrorum convertit ad fidem. Super hujus caput in Thuringia a fide dignis religiosis utriusque sexus in cursu sermonis plures coronæ fulgidæ videbantur. Hic cum semel contra peccatum quoddam (contra vitium luxuriæ: Wadding) prædicaret valde detestando et gravitatem elevando, quædam mulier, quæ tale peccatum commiserat (mulier quædam prostituta: Wadding), audiens verbi spiculo ex arcu tantæ virtutis et efficaciæ prosiliente percussa tanto dolore compungitur, quod spiritum exhalavit. Tunc populo super hoc tumulante frater Berchtoldus silentium impetravit et omnibus injunxit ut orarent, quod dominus super hoc beneplacitum suum revelaret. Ipso igitur et aliis orantibus mulier illa mortua resurrexit et dixit quod ad divinum judicium evocata propter compunctionem magnam fuerat ab æterna pœna liberata. Sed ut confiteretur peccatum perpetratum nec confessori intimatum fuerat, propterea a mortuis revocata. Et inter cætera manifestavit quod eadem hora qua obierat LX millia hominum fuerant in diversis partibus orbis ex seculo evocata, de quibus tantum tres purgatorium intraverunt, cæteri in infernum sepulti, excepto uno fratre ord. minorum, qui per purgatorium transiens subito acceptis secum duabus animabus, quæ sibi erant confessæ, inde cum eis paradisum ascendit.“ (Anonymi farrago hist. rerum Ratisponensium ab anno 508 — 1519; Öfele 2, 504[b] — 505[a]. Cf. Wadding, Annales 4, 361. 62).

9.

1253. „Otto igitur dux, in principio sui regiminis severus judex et princeps mansuetus, postea propter favorem, quem impendere videbatur Friderico quondam imperatori et Chunrado filio ejus, ab Innocentio papa IV. et episcopis tam diu et sepe excommunicatus, persequi cepit clerum, et mala malis addens in vigilia S. Andreæ apost. (29. Nov.), cum in sero cum uxore et familiaribus suis valde jocundus fuisset, presentem vitam subitanea morte finit. Eodem tempore, mense scilicet novembri, famosus ille predicator frater Berchtoldus in Lantshut predicationis officium exercebat et morabatur in castro cum duce predicto, cupiens eum inducere ad obedientiam ecclesie et suum erga ecclesias et clerum animum mitigare. Tunc supervenit quidam pauper rusticellus, asserens se in nocte preterita festi sancti Michaelis raptum et ductum ad tribunal judicii cujusdam, ubi audivisset et vidisset, quod ad querimonium sanctorum sententia mortis data esset in Ottonem ducem et ceteros principes pacis turbatores et ecclesiarum ac pauperum vastatores. Asserabat etiam, quod sub pena mortis a sanctis ex parte dei sibi esset injunctum, ut hec duci et aliis principibus nuntiare deberet; quod si non admitteretur, deberet aliis propalare. Is igitur homullus, cum non fuisset admissus ad presentiam ducis, predicto fratri Berchtoldo et aliis quibusdam talia propalavit. Sed ex sexto die ante obitum ducis idem homo venit ad monasterium Altahense et dixit Hermanno abbati et Alberto abbati de Metem ex parte illius judicii, quod quia non admitteretur talia manifestare, dicti abbates cum Heinrico abbate de Ebersperch deberent intimare duci prenotato, quod nisi citius monetam novam destrueret et resipisceret a vexatione pauperum et ecclesiarum, mortis esset in brevi subiturus. Cuius visionis efficatiam sepedictus dux, Innocentius papa, Chunradus rex et alii principes per mortem insperatam tunc, proh dolor! sunt experti." (Hermannus Altahensis: Böhmer, fontes 2, 509).

10.

1253. „Zu disen zeiten prediget pruoder Berchtolt und hette grosse gnaden in seinen predigen." (Cod. Monac. germ. 213. Bl. 208ª und Cod. 570. Bl. 84ᵇ: enth. Sigm. Münsterleins Augsb. Chronik bis 1481).

11.

1254. „Eodem eciam anno (1254) predicavit frater Bertoldus*) Spire extra civitatem apud s. Germanum infra octavam assumptionis beate virginis. Anno

12.

1255. „reversus est frater Bertoldus Spire et predicavit in civitate circa epiphaniam domini." (Annales Spirenses: Böhmer, fontes 2, 157),

13.

— „Anno 1255 frater Bertholdus de ordine minorum solemniter predicat." (Annales Colmarienses edd. Gérard et Liblin. Colmar 1854. pr. 18. Böhmer, fontes 2, 3.

*) Bei Böhmer: Bertolfus.

14.

— „Anno 1255 dô wandlôt bruoder Berchtold, der guot sêlig landprediger, in dem land und predigôt in disem jâr zem êrsten mâl ze Costenz.“ (Die beiden ältesten Jahrbücher der Stadt Zürich. ed. L. Ettmüller S. 53, vgl. Tschudi, Chron. 1, 150b).

15.

— „Anno 1255 dô predigôt bruoder Berchtolt (der guot prediger) zuo dem êrsten mâl ze Costenz. (Mone's Quellensammlung 1, 313a).

16.

[1256. „Anno 1256 brediet bruoder Berchtold ze Costenz zem ersten.“ (Mone's bad. Archiv 2, 193 und Quellensammlung 1, 302. vgl. Grieshaber, Vaterländisches S. 41).]

17.

— „Circiter ista tempora (1255) floruit frater Bertoldus ordinis fratrum minorum in Alamannia, egregius predicator, qui circumeundo et perambulando frequenter Alamanniam ipsam mirabiliter illustravit et peccatores innumeros verbo et exemplo pariter ad Dominum convertebat. Cujus memoria in benedictione est et adhuc recentissima meo tempore perseverat in hominibus. In campis sepius solebat predicare et tunc populus ex omnibus partibus finitimis et locis circumjacentibus in maxima multitudine confluebat. Qui solitus erat, cum anbonem in camporum planicie sibi constructum ibidem sermonicaturus ascenderat, quod per pennam filo appensam et in aerem protensam flatum venti, a qua parte veniret, perpendebat et versus illam partem populum persuadebat consedere. Ipse fuit lingue diserte, vite sancte, magne litterature, sicut adhuc evidenter apparet et patet in diversis voluminibus ab eo compilatis sermonum, quos rusticanos appellari voluit. In suis predicationibus peccatores inveterati obstinati ac sceleratissimi surrexerunt, aperte peccata sua confitentes et vitam turpem preteritam abdicantes veniamque postulantes et satisfactionem ac emendam dignam promittentes. Hic ab hominibus adhuc presenti tempore, scilicet anno Domini MCCCXL, superextantibus qui sepe suis sermonibus interfuerant, mihi et aliis hoc narrantibus, asseritur habuisse spiritum prophetie; nam multa et diversa predixerat, secundum relata eorum, que nostris temporibus adimpleta. Hic nunquam in oppido, de quo oriundus sum, dicto Wintertur, sito in pago nuncupato Turgow, seminare verbum Dei voluit propter quoddam theloneum pessimum, immo exactionem nefandissimum, que illic in pauperibus huc usque acta est, et quia burgenses illius oppidi illud theloneum noluerunt intuitu divine pietatis et ob precum suarum instantiam deserere. Ideo ad eos declinare sprevit, dissimulans immo repellens precamina eorum assidua et obnixa, ut ad eos divertere dignaretur, licet loca circumposita causa predicationis ibidem faciende, sicut oppidum vocatum Wil et oppidum nominatum Klingnow et civitatem Thuregum nomine, sepius visitaret. Inter cetera autem facta miranda sua unum ponam, in quo patebit ipsum tam peccatores convertisse quam eciam spiritum prophecie habuisse.

In quodam enim sermone suo meretrix publica conpuncta surrexit et suam vitam fedam et turpem abnegavit. Cum autem frater Bertoldus in turba copiosa sedente coram eo de eminenti loco suo in quo stabat proclamarat: si ibi vir aliquis esset, qui filiam suam peccatricem, per eum conversam et renatam, in uxorem traducere vellet ob respectum amoris divini? nam ipsam sibi daret et in super dotaret; quod dum surgens quidam de multitudine faceret, sibi pro dote X libras se donaturum repromisit. Quas ut promtas de turba, cum alias non haberet, colligeret, viros aliquot turmas populi compressi pre multitudine preambulare mendicando ortatur et singillatim ab hominibus poscendo elemosinam, quousque summa X librarum denariorum cenpleatur. Qui cum partem hominum petendo suffragium dotis percurrissent et pars magna hominum adhuc restaret petenda, clamavit alta voce pater sanctus in anbone: „sufficit! nos habemus peccuniam quam optamus.“ Illi, sicut prius monitis suis obtemperantes, ab incepto destiterunt et revertentes ad eum elemosynam petendo quesitam dinumeraverunt et inventa est precise summa pretaxata, nec plus nec minus, nec pauciores nec plures denarii quam X libre sunt reperti, quos incontinenti dari jussit illi viro, qui desponsaverat prefatam peccatricem, sibi eam fideliter recommendans. Quis sibi revelavit et suggessit hanc occultam et inscrutabilem veritatem? nemo alius nisi Spiritus Sanctus qui cor ipsius habundanter inhabitando illustraverat. Humana enim racio hoc archanum et ab humanis sensibus remotum et alienum capere non sufficit.

Post mortem suam in civitate Bawarie dicta Ratispona, in qua ut fertur natus et alitus erat, multis multo tempore coruscavit miraculis in loco fratrum Minorum, ubi sepultus est.“ (Joh. Vitodurani Chronicon ed. G. v. Wyss. Zürich 1856. (= Archiv f. schweizerische Gesch. 11. Band. 15—17).

18.

1255. „Der minner prüeder orden het einen man erzogen, dem het got getân gnâden genuog. an pfefleicher chunst war er chluog. man jach auch, daz er wær ain gar guot predigær christenleicher lêr; und waz an seiner predig er chünftiger dinge sait, dar an hât man die wârhait seit genzleichen funden. Dô man nâch Christes gepurt der jârzal spurt zwelfhundert jâr und fünfundfünfzig für wâr,*) dô fuor er hie durch deu lant. pruoder Perchtolt was er genant. von dem ich hân vernomen, do er hinz Pêheim was chomen, dô truog gewaltigleich in demselben chünigreich wol unde schône zepter unde chrône der chünig mit dem ainen augen. An seiner predig sunder laugen der selbe pruoder jach: ‘wê dir, Pêheim, und ach! dîn êr und dîn gewalt. wirt noch ab gezalt, untrew ew daz erwirbt, wenn diser chünig stirbt, sô wirt ain chünig drât, der vil gewaltes hât erworben, sô daz er ze lesten in seinen wirden den besten verleuset den leip. doch gepirt im sein weip ainen sun fruot, der allez daz tuot, daz pilleich behait got und der christenhait, und werdent dem selben man vil lande undertân. des leip hôchchlunger**) stirbt auch alsô

*) Die Jahrzahl ist unrichtig und muss 1261, 62 oder 63 heissen.

**) hôchchlunger] auch chlunger die Hs., vgl. mhd. WB. 1, 614.

junger sô wê dir, Pêheim, wê! dar nâch gewinnest du nimmer mê gewaltiger chünig dhain: chünigleine klain gewinnet nâch dem zil Pêheimlant vil, der gwalt und chraft für die frist churz und unwerhaft ist.'" (Ottokar's Chronik. Cap. 774: Pez, Script. 3, 770).

19.

1256. „His temporibus frater Bertholdus de Ratispona, ordinis nostri eximius predicator', exequens injunctum sibi predicationis officium, tantum profecit universitati tam populi quam cleri, ut omnium in cordibus et auribus fuerit admirandus." ('Ex cartis mss. conventus Monacensis': Rader, Bavaria sancta. Mon. 1615. 1, 294).

20.

1256/7. — „mortuus est dominus Albertus prenotatus, cui successerunt tres filii, videlicet dominus Heinricus, dominus Albertus et dominus Uolricus, fratres dicti de Sax, quorum consangineus et amicus extiterat vir nobilis dominus Heinricus dictus de Wildenberg, qui post eorundem patris obitum antedictam advocaciam a memorato de Valckenstain, qui eam nomine pignoris tenebat, pro LXX marcis argenti consueti ponderis redemit et ipsam ad manus sui nepotis domini Heinrici predicti, qui senior inter predictos fratres extiterat, consignavit. Hic et gratia et jure senectutis suorum fratrum prenominatorum super omnibus possessionibus fuerat advocatus, qui scilicet Heinricus prelibatus cum omnia in manu sua tenuisset et gubernasset, residentiam sicut ceteri predecessores sui in prelibato castro contra justitiam habuit, donec ad terminum, quo universas hereditates suas inter se funiculo eque divisionis distribuerant. Qui cum partiti essent mobilia et immobilia, domino Uolrico predicto cessit in partem castrum dictum Sax cum omnibus pertinentiis suis, domino Heinrico vero castrum dictum Clanx*) cum atinentiis suis universis cessit in partem; sed domino Alberto advocacia montis et planitiei prenotata cessit in partem, qui etiam sua potentia contra justitiam predictum castrum tenuit et possedit. *Et cum in eo donec in adventum fratris Bertholdi de ordine fratrum minorum resedisset, die quadam fratre Bertholdo sermonem faciente ad populum de injuria, injustitia et aliis plurimis casibus diversis, prenotatus dominus Albertus divina gratia inspirante contricione devotissima conpunctus super injuria et injustitia, quam sepius et interim prenotato monasterio intulit et inferret, ipsum castrum dictum Warlenstain, quod se contra justitiam sensit possidere, venerabili domino Ruodolfo, dicto de Bernank, qui tunc temporis abbas fuerat et predictis successit abbatibus, videlicet domino Ludwico et domino Hugone quiescentibus in Christo, in regimine abbatie quasi proprium pro L marcis argenti rationabiliter vendidit.*

Conparato itaque castro per se, ut dictum est, pro L. marcis predictus dominus Ruodolfus dictum castrum ad manus suas nomine monasterii prefati postulaverat resignari, cui prenominatus Albertus respondebat in hec verba: „nisi conparaveritis advocaciam memoratam, quam vendere propono, dictum castrum ad manus vestras nullatenus resignabo." Commotus et conturbatus

*) Clanx, zerstörte Burg, Cant. Appenzell.

valde prelibatus dominus Ruodolfus consuluit suos confratres, qui pro tempore fuerant et amicos, qui ut ipsam emerat advocaciam consuluerunt. Emit itaque ex eorum consilio dictam advocaciam rite et rationabiliter et per se pro CCL marcis argenti ponderis soliti et consueti a domino Alberto memorato. Emptis equidem domo seu castro et dicta advocacia uno quoque specialiter et per se, ut dictum est, ipsa domus seu castrum sepe sepius memoratum et advocacia ad manus domini Ruodolfi prenotati nomine monasterii divina volente gratia et prestante virgine Maria et annuente extiterant libere consignata et consignatio generavit hominibus monasterii gaudium in terris et angelis in celis.“ (Hierauf folgen noch die Zeugen für den Akt der Übergabe und die Nachricht, dass der Kaiser die Vogtei des Klosters an das Reich genommen habe. Damit schliesst die ganze Erzählung. Liber aureus, Perg. Hs. 13. Jhd. in dem Archiv zu St. Gallen; vgl. vorn S. . . .).

21.

1259. „Que ad perpetuam ordinata sunt utilitatem merito scripture testimonio commendentur, ne per lapsum temporis ulla possint refragatione turbari, proinde siquidem tenore presentium ego Ludewicus de Libencelle universorum noticie cupio declarari, quod cum bone memorie frater meus Reinhardus et ego precellentem dominam meam Irmingardim, relictam principis illustris Hermanni quondam marchionis in Baden, traxerimus in causam coram judicibus Spirensibus super duali parte decimarum in Uffensheim, quam ad nos pertinere contendebamus, sed ab ipsa domina marchionissa titulo pignoris detineri, tandem mediantibus bonis viris eadem causa spe pacis et concordie conportande de die in diem, de tempore ad tempus extitit protelata tandiu, donec prefatus frater meus R. viam universe carnis fuit ingressus, verumtamen ego L. superstes tam nomine meo quam filiorum dicti fratris mei, quorum legitimus eram tutor, prefatam dominam meam illustrem sollicitavi sepius et instanter super exhibenda nobis justicia vel amicitia super decimationibus memoratis, demum fratre Bertholdo, deo et hominibus dilecto, predicationis officium exercente in Phorzheim, seque super premissis interponente negotiis, ipsius inductu convenimus in arbitros“ etc. (Mone's Zeitschrift für Geschichte des Oberrheins. 7, 95—99).

22.

1261. „Eodem anno frater Bertholdus ordinis fratrum minorum venit de Ratispona in Austriam et Moraviam predicando divina. (Cod. Monac. membr. Nr. 47 [alte Bezeichnung], 13. Jhd. Bl. 337b. Mittheilung Massmanns).

23.

1262. „Anno 1262 frater Bertoldus ordinis fratrum minorum venit in Austriam et Moraviam predicando, juxta cujus sermonem quandoque 200,000 hominum cernebantur: qui nonnisi in campis et silvis super eminentia propugnacula voluit sermonicare. (Anonymi Leobiensis chronicon: Pez, Script. 1, 827).

24.

1263. „His diebus frater Bertholdus ordinis minorum in Austriam ingreditur, predicando ibidem, pariter et Moraviam, quem ad ducenta millia hominum secuta est ubi a simplicibus ut propheta de futuris eventibus arbitrabatur. Quem mei progenitores ferebant predicasse: dum Roma ante fores domus veniet, videatis periculosa tempora adesse. Hinc et in silvis, campis aut altis propugnaculis predicabat anno domini 1263.“ (Thom. Ebendorfer de Hasselbach [† 1464] chronicon Austriæ: Pez, Script. 2. 732).

25.

1266. „His temporibus quidam frater ordinis minorum nomine Bertholdus in Suevia claruit, qui in declamandis ad populum sermonibus omnium sua ætate fuit opinione celeberrimus. Magnus eo prædicante hominum concursus fiebat, et sæpius ad ducenta millia plebis ad audiendum loquentem etiam de remotioribus locis confluebant. Unde et in campis potius quam in templis maluit prædicare. Et primo prædicavit in Suevia, deinde Bawaria, postremo in Austria, et multos incitavit ad meliora.“ (Trithemius, Annales Hirsaug. ad annum 1266. 2, 11).

26.

„Anno 1271. XVII. kal. Dec. obiit reverendus et religiosissimus pater frater David, in Augusta sepultus, socius fratris Bertholdi de Ratispona. — Hora obdormitionis ejus revelata fuit fratri Bertholdo, actu Ratispone predicanti, qui recommendans eum populo hunc versum

qui pius, prudens, humilis, pudicus,
sobrius, castus fuit et quietus,
vita dum presens vegetavit ejus
corporis artus,

in ejus laudem dixit et sequenti anno 1272 in festo s. Lucie obiit etiam feliciter ipse frater Bertholdus de Ratispona, predicator magnus, in diversis provinciis, videlicet in Thuringia, in Bohemia, ubi habuit interpretem fratrem cognomento Oderincium, sepultum in Glaz, et ibidem predicavit frater Bertholdus in campo, sub tilia, que usque hodie dicitur Bertholdi, quam ego oculis meis vidi prope Glaz. Hujus predicatoris verba utilia et magnifica facta, ut alterius Helie peccatores convertentia ad dominum fuerunt, nam multos Ungaros convertit, cum infideles Cumani multos seduxissent; verbum ejus quasi facula ardebat. Posuit enim Deus os ejus quasi gladium acutum. Super caput ipsius in Thuringia a fide dignis religiosis utriusque sexus, cum secundum morem sermonem faceret, plures corone fulgide videbantur. Hic sepultus jacet in ecclesia fratrum minorum Ratispone, juxta murum versus ambitum et pluribus miraculis a die transitus sui claruit, sicut latius continetur in majori chronica.“ ('ex chartis mss. conventus Monacensis': Matth. Raderus, Bavaria sancta. Monaci 1615. 1, 294).

27.

„XIX. kal. Jan. obiit Bertholdus magnus predicator.“ (Necrologium Monasterii Seligenthal bei Landshut: Mon. Boica XV, 547).

28.

1272. „Anno MCCLXXII frater Bertholdus de ordine fratrum minorum egregius predicator obiit.“ (Annales Scheftlarienses: Quellen und Erörterungen zur bayer. und deutschen Geschichte. 1, 404).

29.

— „Obiit hoc anno MCCLXXII frater Bertholdus de Ratispona, prædicator magnus, qui quasi in spiritu Heliæ, verbis tanquam facula ardentibus, obcœcata peccatorum corda transverberans, innumeros a viis pravis ad salutarem vitæ emendationem perduxit. Super caput ejus, cum in Thuringia aliquando sermonem facerat, a fide dignis utriusque sexus religiosis plures coronæ fulgidæ volitare videbantur.“ (Ex chronica Saxonica ms. Wadding, Annales minorum 4, 359).

30.

— „Hic (Bertholdus) sepultus est Ratisponæ ad fratres minores, hoc habens epitaphium: MCCLXXII. XIX. kal. Jan. obiit frater Bertholdus magnus predicator, hic sepultus. Lucie virginis.“ (Andreas presb. Ratisp. de monasteriis Bavariæ: Rader, Bavaria sancta 1, 154).

31.

„*Requisitio super lustratione reliquiarum B. Bertholdi Franciscani.*

Der hochwürdige fürst und herr, herr Albrecht bischof zu Regenspurg erscheindt in der herrn Franciskaner kürchen ad Sanctum Salvatorem allhier ungefehrlich umb 10 uhr vormittag und zaigt mir, wie auch hernach benennenden zweyen gezeugen ein eröffnetes grab hinder der Neusässischen capelln, daraus kurz verwichenen tagen, als den 3. dieß, corpus beati Bertholdi quondam prædicatoris ordinis fratrum minorum auf befehl ihrer fürstlichen gnaden etc. durch herrn patrem Guardianum Melchiorem Perreuter, patrem sive guardianum und andere conventuales præsente domino Georgio Miller, canonico et seniore ad vet. capellam, fördist aber ihrer hochwürdten herrn weihbischofen Ott Heinrich Pachmayr (ut ex relatione eorundem intellexi) erhebt, die reliquien in ein trüchel gelegt und durch ihr hochwürdten obsignirt in die unter sacristey getragen worden, dahin sich dann auch ihre fürstliche gnaden verfügt und mich als publicam personam requirirt in beiseyn ermeltes herrn Millers und herrn Mathiä Reindl chorherrn zu St. Joann und fürstlichen herrn hoffcaplans, als hierzu erbetner gezeugen, die dann alles, was aniezo fürgangen und noch fürgehen werdte, ingedenkh zu seyn, mir durch gegebnen handtstreich versprochen, darauff vorgemeltes trüchel, so auf dem altar gestanden, nach beschehener recognition der sigillen eröffnet, die reliquien herauß auf den altar auf ein schön weisses tuch gelegt, durch ihro fürstlichen gnaden und hrn. weichbischofen fein ordentlich zusammengericht, in absonderliche bogen papier eingewickhelt und mit 3 sigillis, also ihrer fürstlichen gnaden, hrn. weichbischofns und hrn. patris guardiani, mit auffgezogener doppelter schnur obsignirt und wider auf den altar in die sacristei gesetzt worden; allda sich neben etlichen partikuln von der sarg fürnemblich nachfolgendte stückh befunden, als erstlich 2 schinbein, deren eines ganz, das andere an einem ort etwas verwesen, zwei obere röhrer ganz, ein schulderblath, ein hufftbein, die hürnschall in etlichen stücklein ungefärlich halb, die khinbainer auch in unterschiedlichen stückhen, darinnen noch ziemlich viel zanen, etliche rippen und spündl, so auch nit ganz, dan underschiedliche vill particuln vom ruckhgradt, articuln etc., die ich nit zu nennen gewust. Nach beschehener diser beschreibung hab ich mich mit den herrn gezeugen widerumben zum grab verfügt, den grabstein besichtigt, darauf sich ein eingehautes bilt eines religiosen, Franciscaner ordens, befunden, und am ranfft dise uberschrift:

ANNO DOMINI MCCLXXII. XIX. KAL. JAN. Θ FR. BERTHOLDVS PREDICATOR ORDINIS FRATRVM MINORVM.

Sunsten seindt bei solcher lustration auch gewest dominus cancellarius dominus dr. Winckhelmayr, hr. Pernatschli und andere bischöfl. diener, wie auch etliche religiosen.“ (das Original verloren; nach einer Abschrift ‘ex tomo Wassenbergii’ mitgetheilt von Hrn. c. W. Neumann).

32.

„Nos Albertus Ernestus dei et apostolicæ sedis gratia episcopus Laodicensis, episcopatus Ratisbonensis in pontificalibus vicarius generalis — comes de Warttenberg etc. Cum nobis itaque a rev$^{dis}$ patribus conventualibus ord. S. Francisci ad S. Salvatorem Ratisbonæ expositum fuerit, corpus B. Bertholdi Lechs civis Ratisb., filii quondam ejusdem conventus, qui S. Francisci tempore vixit et hujus monasterii initia promovit, eximii prædicatoris cathedralis ecclesiæ Ratisbon., dono prophetiæ et miraculis clari, ab illustr.° et rev.° d. d. Alberto episcopo et S. R. J. principe Ratisb. auctoritate ordinar. de terra levatum, cujus extat notariatus instrumentum patribus consignatum, et cultui fidelium expositum, ingruentibus bellorum calamitatibus nunc huc nunc illuc delatum, tandem supra ejus sepulchrum obmuratum fuisse, multorum piorum desiderio iterum expositum, hinc piis precibus rev. patrum inclinati illud aperiri curavimus, quod inclusum duplici cista sigillo p. prov. munitum invenimus, quod reserantes ita invenimus, prout in præfato instrumento latius continetur. Quod reverenter iterum sublatum decentiori loculo inclusum iterum patribus iisdem ad proponendum priori cultui ad majorem dei gloriam ejusdemque beatissimi viri extradidimus. In quorum fidem præsentes nostras manus propriæ inscriptione roboratas sigillo nostro pontificali jussimus communiri. Dabantur ex residentia nostra canonicali Ratisbon. die 11. mensis augusti anno MDCXCII. Albertus Ernestus episcopus Laodicensis.“*) (Mittheilung des Herrn c. W. Neumann. Im Innern des Reliquienschreines ist eine kleine 4½″ lange, 3″ breite blecherne Tafel angebracht, mit der Inschrift; „Corpus et de tumba Beati Bertholdi Minoritæ, a S. Francisco Ratisbonam missi, insignis prædicatoris ecclesiae cathedralis, dono prophetiæ et miraculis per

*) Am linken unteren Rande befindet sich folgende characteristische Notiz: „NB. Rv.us Albertus sustulit unum dentem b. Bertholdi et aliquas paucissimas miculas. Ita P. Rudolph Guardianus.“

totam superiorem Germaniam celebris ab Alberto episc. Ratisb. e tumulo translati.")

33.

„Swaz bruoder Berhtolt ie gesprach vor manegem jâr,
deist allez wâr;
wan ie ze disen zîten
siht man die werelt strîten
wider daz reht ze aller stunt in den landen wîten.
ez sint niht künige und fürsten mêr, die fride und suone machen.
Der herren kriec der wil diu lant verderben gar.
nu nemet war,
wie sich die nu welnt stellen,
die veigen gesellen.
der tiuvel schende iren lîp, die anders niht enwellen.
ach herre got, daz klage ich dir, diu welt wil sêre swachen.
Swie hie ûf erde der lîp gevar,
her vater, nim der sêle war.
diu werlt ist gar
an triuwen bar.
iedoch sô suln wir sorgen dar:
vor gotes geriht dâ stênt zwô schar,
diu ein hât grôzez leit und wil diu ander in fröuden lachen.

Bruoder Berhtolde tet ê got grôz wunder kunt:
durch sînen munt
rett got von himelrîche.
er sprach sô wirdiclîche:
'diu dinc, die vor geschehen sint, geschehent noch tegelîche:
diu welt diu nimt an triuwen abe und treit ein valsch gemüete.'
Er sprach: 'diu swert diu werdent wider einander gân,
man siht ûf stân
daz niemen volget mêre
vater noch muoter lêre.
die alten sint der jungen spot, swar ich der lande wêre,
diu werlt diu solte versinken gar: sô nert uns gotes güete.
Meineider der ist worden vil.
nu merke, waz ich dir sagen wil:
roub noch enstil,
du niht verhil,
du sage dem priester ûf ein zil,
wan ez ist niht ein kindes spil:
swer sîner schult ze bîhte kumt, den fliuht der helle glüete!

Man vindet brüeder niht als bruoder Berhtolt was.
nît unde haz

den tragent ouch die pfaffen.
füllen unde laffen
des pflegent sie ze aller aller zît, wir sîn wan ir affen.
si tragent uns bœsiu bilde vor, war nâch suln wir uns rihten?
'Niht sehet an ir were, ir sehet an ir wort:
diu sint der hort,
si tuon ouch swaz sie wellen.'
vinden wirs zer hellen,
daz überwind wir niemer mêr. dar nâch suln wir uns stellen,
wir suln verdienen, daz wir komen ze gotes angesihte.
Du hilf uns, himelkünigîn,
du milter gnâde ein voller schrîn,
ach, bit daz dîn
trûtkindelîn,
daz ez uns tuo sîn helfe schîn.
in helle grunde ist sêre pîn:
Marîâ, ûzerwelte fruht, du solt uns zuo dir pflihten.
(Frauenlob ed. Ettmüller. S. 42. 43).

34.

„De s. Ambrosio dixit, quod, quia tanto zelo amavit justitiam, ideo magnus est in gloria. Et adjecit, quod frater Berchtoldus de Ratispona non minor eo esset propter gratiam doctrinæ, qua docuit, et quia austerus in se extitit. Dixit enim, quod austeritas vitæ magni meriti est apud deum.“ (Vita et revelationes Agnetis Blannbekin [† 1313 zu Wien] ed. Bernh. Pez. 1731. cap. XX. pag. 16).

35.

*a)* „Pruoder Perchtolt gesprochen hât:
'aus den wälden flieht und gât.'

*b)* Pruoder Perchtolt sait für wâr,
wenn die newen sit der gwant
und die kurzen röck auf stânt,
sô hat die wârhait abegang.“

(Heinrich der Teichner von Th. G. v. Karajan S. 26 (= 108).

36.

„Sanctus Anthonius nacione Hispanicus (de Padua) famosissimus predicator per totam Italiam extitit, sed et frater Bertoldus per Alemanniam, quem summus pontifex archam testamenti nuncupavit solempne; volumen sermonum dominicalium et de sanctis per annum compilavit.“ (Leipziger Papierhs. 15. Jhd. Leyser, Predigten S. XVI.)

37.

„Unam atque alteram rem prodigiosam de viro hoc (Bertholdo) narrat Marianus noster (aus Florenz, 15/16. Jhd.), quæ sanctitatem ejus maxime confirmant. Pontificis auctoritate post expletos sermones quorundam dierum indulgentias populo circumstanti elargiri solebat. Datis aliquando decem dierum accessit ad eum honesta sed paupercula mulier, consilium et auxilium petitura. Erat illa in urbe quidam campsor, qui hujusmodi indulgentias irridebat. Hunc lucrari et mulieri opitulari volens vir dei: 'abi, inquit, ad talem campsorem et quas tibi in concione hodierna distribui decem dierum indulgentias offer illi ad stateræ pondus venales.' Fecit candide mulier, sed ejus merces campsor irrisit. Assumpta tamen ad ludibrium libra, 'in hac lance, inquit mulier a concionatore edocta, appono ego indulgentias meas verbotenus: tu e regione denarios appone.' Fecit irrisorie, sed uni atque alteri numo valde præponderarunt indulgentiæ, donec cum admiratione et stupore tot addidit, quos bona illa fœmina pro urgenti relevanda inopia opus habebat. Quo miraculo vir incredulus deinceps fidem adhibuit indulgentiarum virtuti, et inopis fœminæ necessitati fuit plene provisum. Licet vir pius et doctus probe noverit, non esse vendendas res sacras nec lucro temporali exponendas, voluit tamen dei instinctu patulo hoc experimento probare, quanti sint habenda ecclesiasticæ indulgentiæ, easque divitiis perituris præponderare.

Mulier altera, ob diuturnam viri in partibus transmarinis absentiam superinduxit alterum, judicans primum obiisse. Post aliquot vero annos supervenit, qui mortuus credebatur. Nolens petulantissima fœmina secundum dimittere primum occidit, dissuadente scelus hoc altero viro. Re cognita vocatur uterque ad judicium, et parum abfuit, quin innocens hic homicidium lueret, donec allato trunco corpore in medium frater Bertholdus precepit occiso, ut homicidam indicaret. Abscissum caput in mulierem insiluit et dentibus in pectore sontem arripuit. Ultimo afficiendæ supplicio, ut ignosceretur, Bertholdus obtinuit, imposita tamen diuturna et gravi pœnitentia.“ (Wadding, Annales minorum 4, 362. 63).

# INHALT DES ERSTEN BANDES.

# PREDIGTEN.

# I.

## DAZ ETELÎCHE JEHENT: TUO DAZ GUOTE UND LÂ DAZ ÜBELE.

Ez sprichet der guote herre sanctus Paulus in der heiigen episteln: 'ir sult wîse sîn, daz iu iht geschehe alse unvîsen liuten' (*Eph.* 5, 15).

Diu oberste wîsheit, die diu werlt ie gewan oder iemer nê gewinnen kan, daz ist diu wîsheit, dâ mite man die sêle behüetet vor houbetsünden; wan swer die sêle behüetet vor houetsünden, der hât sie behalten vor dem tiuvel unde vor sînen isten, wan die tiuvel hânt sô vil grôzer liste, daz er gar sælig st der sich vor ir listen gehüeten kan, unde dâ von sprichet anctus Paulus hiute, daz man wîslîche werbe. Sô ist daz diu berste wîsheit der die sêle behalten kan vor des tiuvels lâge nde vor sînen listen: wan sie kêrent alle ir liste zuo, wie sie ns kristenliuten die freude unde die wünne verliesen, die sie erworht hânt, und in genüeget niht mit allen den listen, die ie sît anegenge der werlt ie funden hânt: sie vindent noch alle age ir niuwen fünde. Unde dâ von sult ir werben wîslîchen, az ir iuch von ir manicvaltigen listen behüeten künnet. Von isen worten hân ich willen ze sprechen. Bitet alle unsern erren etc.

Diu oberste wîsheit diu ist der sîne sêle behelt: daz ist iu aller beste wîsheit, diu ie wart oder iemer wirt oder weren mac. Unde dâ habent die heiligen ir kunst, ir wîsheit an eleit, wie man die sêle behalten sol. Sît der tiuvel stricke und ir liste sô vil ist, dar umbe habent sie alle ir kunst und ir witze dar an geleit, wie wir kristenliute die sêle behalten sullen, wan ir leider dannoch ze vil ist, die den tiuveln werdent âne kristenliute: jüden, heiden, ketzer: die werdent in âne strît vorteiles, die wellent der wîsheit niht lernen noch künnen, und dâ von werdent sie gefüeret in die verdampnisse des tiuvels. Und dâ von sprichet der guote herre sanctus Paulus, daz wir wîslîchen werben alsô, daz uns iht geschehe als den unwîsen liuten, die dâ vervarn in dem dienste des tiuvels und vervarn sîn sît anegênde der werlte. Und dâ von hânt die heiligen ir kunst und ir wîsheit dar an geleit, daz wir kristenliute die sêle behalten. Dar umbe hât sanctus Augustînus tûsent buoch gemachet und sant Bernhart und sanctus Gregorius und sant Dyonisius und der andern ein michel teil: die hânt ir kunst und ir wîsheit dar an geleit, dem almehtigen gote ze lobe und den liuten ze nutze unde ze sælden. Sô hât man ez dâ für daz die kristenheit zehen tûsent buoch habe, diu die heiligen kristenheit angehœren; wan diu kunst ist vil und manigerleie. Ez künnent etelîche meister von den sternen, sô künnent etelîche von den wurzen, welhe kraft sie haben an dem sâmen und an dem krûte und an der würze smac und an andern kreften. Sô künnent aber ander meister von der edeln steine kraft und von ir varwe. Sô künnent die diz, sô künnent die daz. Ez sî disiu kunst oder jeniu kunst, swaz sie künnen in aller der werlte, und enkünnent sie dér kunst niht dâ mit man die sêle behalten mac, sô sint sie îtel tôren und affen irre sêle. Er lese hôhe oder nider von der sternen loufe, und enkünnent sie der kunst niht dâ mite man die sêle behalten mac, sô sint sie toren, als der wîse man sprichet: 'dirre werlte wîsheit ist vor gote ein tôrheit'. Unde wænen doch daz sie wîse sîn, und sint doch îtel tôren. Sô dunket sich maniger wîse, der einen buochstaben niht gelesen kan noch geschrîben. Sô etelîcher sprichet: 'wol dan, gevater, und gên wir zuo der predige', sô sprichet der ander: 'ich wil dar niht'. — 'wâ von?' sprichet aber der ander. 'Ich weiz wol allez daz er predigen wil: ez ist anders niht wan: lâz daz übel und tuo daz guote'. Daz ist wol wâr: ez ist der rehte wec zem himelrîche. Kanst dû aber dich niht baz dar ûz gerihten, sô maht dû dannoch wol irre werden. Im ist reht als dû spræchest: 'welhen wec gên ich rehte gegen

Regenspurc?' Sô sprich ich: 'dâ ganc alle die wege die rehte gegen Regenspurc gênt und lâz alle die unrehte dar gênt': dannoch möhte ein man wol irre werden, der in niht anders an wîsete ûf die rehten strâzen. Ich wæne des wol, dû müezest für baz frâgen, ob dû niht irre werden wilt. Wan ze glîcher wîse stêt ez umbe alle die, die alsô sprechent: 'ich weiz wol waz er predigen wil: tuo daz guote unde lâz daz übel'. Geloube mir: der ist manic tûsent dâ ze helle, die des wænen wolten, daz sie daz guote tæten und daz übel liezen, dâ von daz sie niht für baz wizzen wolten und sie wânden daz sie wæren wîse, und wâren doch îtel tôren. Seht, nû hân wir zehen tûsent buoch in der kristenheit, und wirt uns der aller samt niht über, wie man daz guote getuo unde daz übel gelâze mit bescheidenheit: wande dû maht daz guote alsô getuon und daz übel lâzen, daz dîn niemer rât wirt. Und daz ist ouch diu wîsheit, dâ die heiligen ir kunst habent an geleit, wie ein ieglich kristenmensche daz guote sol tuon und daz übel lâzen, daz diu arbeit bewant sî. Als einer ze sant Jâcob vert oder über mer oder gein Rôme, oder ein guot an ein goteshûs gît, sô wil er wænen, er sî halben wec, und wil doch êbrecher oder ein fürköufer sîn oder ein satzunger oder ein trügener oder ein nîder, daz dû dannoch haz unde nît in dîme herzen tragen wilt: sô hâst dû der kunst niht, die zuo dem himelrîche gehœret, dâ diu sêle behalten ist. Dû muost die wîsheit haben daz dû die sêle behaltest, oder ez ist alliu wîsheit verlorn. Wan ez ist manic tûsent sêle dâ zer helle, die des himelrîches gewis wânden sîn dô sie lebten, die vil gar guoter dinge tâten mit gebete, mit almuosen, mit vasten, mit messefrumen und mit vil andern guoten dingen und mit gotesverten: und sint doch zer helle und müezent als lange dâ sîn, als lange got ein herre in dem himelrîche ist. Sô sprechent ouch sümelîche die sich gar wîse dunkent und sint doch îtel tôren: 'war umbe solte ich zuo der predige gân? Ich hôrte lîhte eteswaz dâ, daz ich doch niht gelâzen möhte: daz wære mir danne sünder dann ob ich es niht enwiste'. Sich, rehter tôre, sô wæren jüden, heiden, ketzer alle behalten: wan die enwizzent niht der rehten wîsheit, wie man die sêle behalten sol. Dû bist dâ mite niht ledic, ob dû den rehten wec zuo dem himelrîche niht weist: wan dar umbe hât dir got fünf sinne gegeben, daz dû lernen solt daz dir nôt ist ze lîbe und ze sêle, und ze der kirchen gên solt und messe hœren solt und predige. Wan dû tuost grôze sünde umbe daz, daz dû daz gotes wort fliuhest wenne dû ez wol gehœren maht vor êhafter nôt. Und dar über sprichet der guote sant Augustîn: ‘ich wil iuch frâgen, ir sult mirs antwurten: weder minner gesündet habe, der daz gotes wort versmæhet oder der den götlîchen namen smæhet?’ Wan alle die gnâde und alle die sælikeit und alle die wirde die wir von got enphâhen suln, die müezen wir des êrsten enphâhen von dem gotes worte: wan wir möhten niht wizzen waz got wære, würde ez uns niht kunt getân mit dem gotes worte. Sô möhten wir ouch niht gewizzen, waz got wære und waz die engel wæren, noch enwisten niht, mit welhen dingen wir got liebe oder leide tæten. Dâ von sô sprichet der guote sante Augustîn, und hât ez alsô hôch gewegen, der daz gotes wort versmæhet oder smæhet. Nû sich, wie dîn kunst sî gein der heiligen kunst. Sô seite ich dir daz von êrste, daz man zehen tûsent buoch hât in der kristenheit, und der kanst dû kûme ein halbez blat und wilt dâ mit wænen, daz dû ez allez künnest. Dû bist betrogen mit dîner kunst, dû muost die kunst lernen daz dû die sêle behalten künnest. Nû sprichest dû doch, dû wizzest selber wol: tuo daz guote und fliuch daz übel. Fliuhest dû danne daz gotes wort, sô tuost dû daz übel und læzest daz guote. ‘Bruoder Berhtolt, wie geschiht nû dem, der weder guot noch übel tuot?’ Sich, dâ wirt sîn niemer rât. Wie liep wære dir der allez daz von dir hæte des er bedorfte, unde dir niemer keinen dienst dar umb erbüte noch keine êre? dû slüegest im einz an sîn wangen. Dû muost daz übel gar und gar lâzen unde daz guote tuon. Der denne gote niht dienet, der tuot ouch niht daz guote, und wer daz übel lâzen wil der muoz alle tœtlîche sünde lâzen, oder er vert mit aller sîner güete zer helle, daz sîn niemer rât wirt. ‘Bruoder Berhtolt, sô wil ich als mære daz übel tuon alse daz guote und wil niht guotes tuon, die wîle ez mich niht hilfet sô ich in sünden bin, wan ich wil sünde über ein niht lâzen ze disen zîten: ich enweiz wie für baz’. Daz soltû über ein niht tuon. Ob dû die sünde niemer gelâzen wilt, dannoch solt dû daz beste tuon daz dû maht: wan ez ist dir zuo vier grôzen dingen guot. Daz eine: daz dir dîn dinc in dirre werlte deste gelücklîcher gêt. Daz ander: ob dû der liute bist die bekêrt suln werden, daz dich got deste ê bekêrt von dînen sünden. Daz dritte: daz dich der tiuvel deste minner mag geziehen zuo sünden. Wan wie vil der mensche sünden hât, dar an benüeget den tiuvel niht, er verleite in dannoch gerne in mêr sünde, allez daz dar umbe, daz er deste sicherr an im sî. Tuost dû danne guotiu ding in den sünden, sô mac dich der tiuvel deste minner verleiten. Daz vierde ist: ob dû von den sünden niemer bekêrt wirst unde des kein rât ist dû varst gein helle (wan daz ist als gewis als der tôt, und wirst dû niht bekêrt von dînen sünden, dû müezest gein der helle und müezest dâ als lange sîn, als got ein herre in dem himel ist), sô lîdest dû deste minre marter in der helle. Dâ von soltû daz beste tuon daz dû maht unde der sünden tuon sô dû minneste maht.

Nû seht, ir hêrschaft alle samt, daz ist diu wîsheit unde diu kunst, dâ mite man die sêle behalten mac. Und dâ von sult ir gerne zuo predigen gên, daz ir der heiligen kunst dâ hœret, dâ von ir wîsliche werben künnet, als der guote sanctus Paulus sprichet: ‘daz iu iht geschehe als unwîsen liuten’. Ich sage iu lîhte der zehen tûsent buoche vier bleter oder sehsiu, und gehœrest ie etewaz daz dû vor nie gehôrt hâst. Dû bist mit der kunst betrogen ‘tuo daz guote und lâz daz übel’, kanst dû dich anders drûz niht verrihten.

Wellet ir mir nû volgen, sô wil ich iuch lêren drîerleie wîsheit, die mag iu lieber sîn danne alle die wîsheit die alle meister kunnent, si enkünnen danne die selben drîe wîsheit. Sô mac sie iu lieber sîn danne alle die wîsheit die alle sternenseher künnent oder alle die von wurzen oder von sternen künnent. Si ist iu ouch nützer danne aller der meister kunst die ze Parîs sint oder ze Orlense oder ze Montpaselier oder ze Salerne oder ze Padowe oder ze Bonônie, sie enkünnen danne die drîe wîsheit, die ich iuch hie lêren wil. Und alle die kunst die sie künnent, diu ist nihtes wert, sie künnen danne die selben drîe künste und daz sis ie danne an in selben üebeten: wan wer die drîe künste kan und si niht üebet unde behelt an im selber, der wirt aber ze einem tôren bî aller sîner kunst. Und den worten daz ir dise drîe künste lernet, sô wil ich iu sie nennen. Und als ir si gelernet, daz ir sie unz an iuwern tôt behaltet mit der volge, sô werdet ir alle ze wîsen liuten und kan iuch niemer unwîsliche geschehen.

Unde daz êrste daz dir lieber sîn mac danne Salomônes wîsheit, daz ist, daz dû niemer kein endehaft dinc getuon solt dan mit râte. Waz dû tuon wilt daz dir an êren oder an guote oder an lîbe oder an sêle geschaden mag oder gefrumen, daz soltû niemer getuon dan mit râte. Unde solt drîer hande râtgeben an dînem râte haben. Dû solt von êrste frâgen dîn selbes herze. Dunket dich danne daz ez dir ze guote kume, sô frâge ze dem andern mâle ander liute danne dich selber; wan swaz der mensche mit râte tuot, daz ist dar zuo guot, daz im nieman itewîzet, obe im dar an misselinget. Dû solt ouch niht tuon als jener, daz ein sieche den andern frâge umb erzenîe, wande er spâte gesunt werden mag swer den siechen arzât frâget umbe gesuntheit. Alsô stêt ez umbe râtgeben: wenne ein tôre den andern frâget, sô gelinget in selten wol; als Roboam, hern Salomônes sun: dô der sîns vater râtgeben frâgte umbe eine sache, dô sprâchen sie gar wîslîche zuo im und rieten im wol unde wîslîchen. Und hæte er in gevolget, sô wære ez im niht als übel ergangen als ez im ergienc. Und Absalôn hete ouch râtgeben, die im lîp unde sêle verrieten. Als ir frouwen, ir habent einerleie râtgeben, die heizent trüllerin: die verrâtent iu sêle und êre: wan daz der tiuvel in vier jâren oder in sehs jâren niht geschaffen mac noch gerâten, daz râtent si in vier wochen oder lîhte ê; und man solte die selben râtgeben mit hunden ûz der stat hetzen. Unde swenne ir frouwen die selben râtgeben ze hûse ladet, sô ist iuwer êre verlorn und iuwer sêle. Ir soltet sie der sunnen haz heizen strîchen, woltet ir iuwer êre behalten und iuwer sêle. Dâ von ist daz der drîer wîsheit einiu. Wan wær ein dinc daz ir wîse liute woltet frâgen, sô künde ez iu niemer missegân an lîbe noch an sêle noch an iuwern êren. Daz selbe spriche ich umbe alle die sache, die der mensche ze tuonne hât oder tuon wil daz endehaft ist. Unde dâ von hüete sich alle diu werlt, daz sie mit disen râtgeben iht haben ze tuonne, oder iu geschiht als Absalône unde Roboam. Wan Absalôn volgte den bœsen râtgeben unde tet sôgetân dinc wider sînen vater, dâ mit er lîp unde sêle verworhte; dâ verlôs Robôâm êre unde guot. Alsô verliuset noch maniger êre unde guot, etelîcher lîp unde sêle, von ungetriuwen râtgeben, der in volget. — Ze dem dritten mâle sol er frâgen den almehtigen got, als der guote künic her Josaphât. Dô er gein den heiden solte strîten, dô sprach er: 'nû enkünnen wir anders niht getuon, wan daz wir frâgen den almehtigen got: wan âne sînen rât enkünnen wir niht gestrîten'. Und er gesigete mit gotes râte. Alsô solt dû tuon: dû solt hin ze gote sehen mit dem herzen unde mit den ougen unde solt in an ruofen, daz er dir daz beste und daz wægeste gebe ze tuonne: sô enkan dir niemer misselingen.

Daz ander daz dû lernen solt, dâ von dû wîse solt werden, daz ist, daz dû kein dinc ûf solt schieben daz dir ze muote wirt, ob ez gote lobelich und êrlich ist unde dir selber nütze an der sêle, ez sî almuosen ze geben, oder ob dû gedenkest: ich wil gên mîn gebet tuon, oder ich wil daz guot niht lenger ûf mir hân: ich wil ez gelten unde widergeben. Sô dir daz der heilige geist in den gedank gesendet, sô solt dû ez zehant tuon ê daz dir der tiuvel ein anderz gerâte. Unde swaz ez sî in aller der werlte, daz gote lobelich sî unde dîner sêlen nütze, daz soltû niht ûf schieben lenger, dû solt ez zehant mit den werken vollebringen: wan ez ist dir ze drin grôzen dingen guot ob dû ez zehant tuost. — Daz eine: daz ez dem almehtigen gote aller liebest ist. Swenne dir guoter dinge ze willen wirt, sô wirt ez gote niemer sô liep danne ob dû ez zehânt tuost. Ez ist im hiute lieber denne morne; tuost dû ez morne, ez ist gote vil lieber denne ob dû ez ûf schiubest unz an den dritten tac; aber an dem dritten tage vil lieber denne über eine wochen. Sô dû ez ie schierer tuost, sô ez gote aller liebeste ist unde wirt. — Daz ander dâ ez dir zuo guot ist, ob dû guotiu dinc der dir ze muote wirt zehant tuost, daz ist, daz sich dîn lôn alle tage dâ von mêret unde dîn sælde wehset vor gote die wîle dû lebest: wan guottæte wehset vor gote alle tage die wîle dû dich an guoten werken üebest. — Sô ist daz dritte, daz dîn sêle unde dîn gemüete gefreuwet wirt dâ von. Wan swenne dû ein guot dinc getuost daz got an gehœret unde dîner sêle sælikeit, sô gewinnet dîn gemüete einen trôst dar abe und eine freude: daz ist, daz sich dîne sêle in dînem lîbe dar abe freuwet, wan sie danne sicher ist, daz dû der guottæte niht erwendet maht werden. Unde dâ von freuwet sich dîn gemüete, wan ez ist des menschen leben zwîvellich: wan lebest dû hiute, dû enweist niht ob dû morne lebest. Und daz ez dir alsô nütze unde guot sî, daz daz wâr sî, daz hât uns got selbe erziuget in dem heiligen êwangeliô, daz man dâ liset von den zehen megeden. Der wâren fünfe snel unde brâhten iriu lieht, diu wâren wol bereitet: dô der herre der briutegom quam, dô brunnen sie schône. Aber die fünfe, die sich versûmet heten, die muosten bestên vor der porten. Wiltû ze lange sîn mit der guottæte, dû maht dich vil lîhte versûmen, daz dû die êwigen porte niemer innerhalp beschouwest. Unde dâ von sult ir niht ze lange slâfen, daz ir daz êwige lieht iht verslâfet. Wellet ir êrste nâch dem olei loufen sô ez wol halbes solte sîn verbrunnen oder sô man ez ûf zünden solte, sô versperret der wâre briutegom die porten des himels zuo unde sprichet alsô: 'wærlîche daz ich niht enweiz wer ir sît noch wizzen wil'. Owê des! sô habt ir übele gevarn, sô irz dar zuo lâzet komen. Dâ beschirme uns vor der almehtige got alle samt! Und dar umbe sol ein ieglich mensche snel unde wacker sîn unde niht træge an gotes dienste: wan daz ist ouch der selben houbetlaster einez. Man sol gote rîlîchen dienen unde frumeclîchen unde frôlîchen, unde niht slæferlîchen. Wellet ir mir des volgen, sô sît ir wîse liute; wellet ir des niht, sô mac iu wol geschehen als unwîsen liuten.

Daz dritte daz ir lernen sult, dâ von ir wîse liute werden müget, daz ist, daz ir niemer kein dinc tuon sult âne rât oder mit râte, ir sult vor gar wol betrahten, welich ende ez neme und waz endes dran gesîn müge. Daz ist gar ein ringez dinc ze tuonne und ist aller wîsheit diu beste. Wan hæte her Kâîn baz ûf daz ende gesehen, sô hæte er sînen bruoder niht ermordet und er wære sô manic hundert jâr ze helle niht gebrunnen; und ist noch nihtes niht gein dem daz er noch brinnen muoz. Und her Kâîn der spötter, unde her Êsau der frâz, der durch einen kleinen hunger alle sîne sælikeit fraz, und hæte er baz ûf daz ende gesehen waz im dar nâch künftic wart, er wære vor hunger ê tôt gelegen, ê danne er hæte gezzen daz rôte muoz durch des kleinen hungers gir. Owê wie vil manig tûsent sich übersehent durch eine kranke girheit, daz ir niemer rât wirt, dâ von daz sie niht ûf daz ende sehent flîzeclîchen! Und hæte her Sampsôn ûf daz ende baz gesehen, sô wæren im sîniu ougen niht ûz gestochen unde hæte sînen lîp niht verlorn noch alle sîne êre. Ir sult tuon als der edel Dâvîd. Der hete wider got eine kleine schult getân, und im enbôt unser herre got bî einem wîssagen (der hiez Gad), daz er im drîer buoze eine næme, welhe er wolte: daz siben hungerjâr kæmen über alliu sîniu lant, oder daz er drîe mânôde flühtic müeste sîn vor urliuge unde vor sînen starken vîenden, oder daz drîe tage der liutesterbe in sînem lande über al solte sîn. Dô sprach er: ‘herre, gnâde! ich getuon ez niemer mêre, sie sint alle herte und übele ze nemenne’. Ez was eht kein rât, er muoste der drîer buoze eine nemen für die sünde. Er hete nihtes mêr getân her Dâvîd, wan daz er im sîn volk hiez zelen, wie vil er strîtbæres volkes hæte in zwein landen. Ist ieman hie der ie keine sünde habe getân, diu als grôz sî? Nû seht, waz uns dâ mite sî gemeinet! Wan swaz uns kristenliuten endehafter dinge künftic was an unsern sêlen, daz hât uns got allez erziuget in der alten ê an der liute leben, und alsô hât er uns ouch erziuget, daz ein ieglich kristenmensche daz gesündet nâch dem toufe, der muoz drîer buoze eine lîden. Der ist einiu herte und swær unde bitter unde sûr und als übermæzeclîchen griulich, daz ez niemer mensche vollesagen mac, und ist ze nihtiu guot. Sô ist diu ander ouch vil wunderlîchen swær unde herte und ist wan ze éinem dinge guot. Diu dritte ist senfte unde kurz und ist an zwein grôzen dingen guot.

Diu êrste buoze diu sô lange unde sô herte ist und als unmügelîchen lanc daz ir niemer ende wirt, diu ist uns bezeichent bî den siben hungerjâren. Waz aber diu siben hungerjâr bediuten, ieglîchez besunder, daz wære ze lanc ze sagene, wan dâ von ist ein besunder predige. Diu ander buoze ist daz vegefiwer, daz ein swæriu und ein hertiu buoze ist, und ist uns bezeichent bî den drin mânôden der flühte. Diu dritte buoze daz ist diu buoze ûf ertrîche, und ist bezeichent bî den drin tagen des liutesterben; wande die ûf ertrîche büezent die sint kûme gein drin tagen in der buoze wider den, die in dem vegefiure büezent: ich wil der gedagen die in der helle sint, wan die selben âne ende müezent brinnen in der buoze: daz ist ze nihtiu guot, wan sie gewinnent niemer ende. Daz vegefiur ist ze einem dinge guot, wan ez überhebet der helle. Buoze ûf ertrîche ist ze zwein dingen guot: ez überhebet helle unde vegefiures.

Unde dâ von sô sult ir grôze wîsheit merken an dem edeln Dâvîde, wan er nam daz wægeste unde sach mit flîze ûf daz ende unde mit rehter wîsheit: dâ von gelanc im wol. Er gedâhte in sînem muote 'nim ich die siben hungerjâr, sô verderbent alle mîne liute von mîner schulde die doch unschuldic sint: ich genæse etewie unde mîniu kint und wæren wan die aller unschuldigesten verlorn. Ich wil der buoze niht: herre, wis mir gnædic, ích bin der die sünde hât begangen: dû solt die buoze an mir ûz lâzen gên. Nim ich nû die drîe mânôde, sô hân ich guote bürge unde guotiu ros, unde mac mînen vîenden wol entrinnen ûf die guoten bürge, daz ich die drîe mânôde wol belîbe vor mînen vîenden. Aber alle mîne liute werdent mir verderbet, die gar unschuldic sint an mîner sünde. Gnâde, herre, ich wil ouch dér buoze niht: ich wil ûf dîne gnâde nemen liutesterben drîe tage: sô triffest dû den rehte schuldigen alsô schiere als den unschuldigen'. Unde dâ mite viel er ûf die erden unde rief got vil tiure an, daz er sich über in erbarmete unde daz unschuldige volk sîner schult niht entgelten lieze. Unde dô got sîne wîsheit sô rehte an sach unde sîne tugent, daz er ûf daz ende dirre sache sô genzlîchen hæte gesehen, dô liez got sînen zorn abe, unde daz drîe tage solte hân gewert, daz werte niwan des morgens eine wîle von prîmezît her ze sexte. Dâ sach got sîne wîsheit an unde sîne grôze bescheidenheit, wan er hete willeclîche ûf daz ende gesehen und kunde willeclîche daz guote getuon unde daz übel gelâzen. Und alsô sult ir ûf daz ende warten mit guotem flîze; ê daz geschehe, sô sult irz vor alle sament überdenken, swaz endes dran gesîn müge, als her Dâvîd tet, unde bedenket daz wægeste an der buoze. Sît wir alle dirre drîer buoze eine müezen nemen, sô nemt daz wægeste. Durch den almehtigen got kêret an die rehten buoze, diu nütze ist ze zwein dingen, unde gewinnet wâren riuwen, nâch dér kunst alse die heiligen dâ lêrent, unde kunet ze luterre bîhte unde buoze nâch gotes gnâden und nâch iuwern staten. Daz uns daz allen wider var, des helfe uns der vater unde der sun und der heilige geist. Âmen.

# II.

## VON DEN FÜNF PFUNDEN.

WEr ist der wîse kneht, der getriuwe kneht, dem sîn herre sîn guot enpfalch, und er im dâ mit getriuwelîche wirbet, sô sprichet er: 'nû wis frô, getriuwer kneht, dû bist getriuwe gewesen über ein wênic guotes, unde dar umbe wil ich dich nû setzen über allez mîn guot. Nû wis frô, getriuwer kneht! gang in die freude dînes herren' (*Matth.* 25, 14—30): wer ist nû dirre wîse kneht unde der getriuwe kneht? Den dürfen wir niht verre suochen: daz ist der guote sant Alexius, des tac man hiute an etelîcher stat begêt in der kristenheit. Wan er ist ein nôthelfer unde was eins fürsten sun von Rôme, ein rehter Rômære, und ez hete sîn vater grôze rîcheit, und er gab im eine gemahelen. Von der lief er und wolte gote dienen unde daz êwige leben erwerben. Und er lief von ir, ê danne er mit ir hete ze tuonne, unde lief in fremdiu lant unde was dâ als lange, unz daz er sich an gotes dienste verarbeite alsô sêre, unz daz er unkuntlich wart. Unde quam dô wider in sînes vaters hûs unde sprach alsô: 'herre, behalt mich durch dînes sunes willen, der wîlent von dir lief'; und er behielt in. Unde dô wart er siech; dô leite man in under eine stegen unz daz er gestarp. Unde dô er erstarp, dô lûten sich die glocken selber ze Rôme, sô grôziu heilikeit was an im, wan er gemach und êre liez durch die liebe unsers herren und leiţ grôze versmâcheit und arbeit durch got und ouch gebresten. Unde sîn marter hât nû ende, aber sîn freude hât niemer mêr kein ende: unser herre sprichet nû zuo im: 'nû wis frô, getriuwer kneht, nû gang in die freude dînes herren', alse man hiute liset in dem heiligen êwangeliô.

Ez hâte ein herre drîe knehte. Der bevalch dem ainen

ein pfunt, dem andern zwei, dem dritten fünfiu. Der herre bezeichent unsern herren, den almehtigen got. Der êrste kneht, dem unser herre daz eine pfunt bevolhen hât, daz sint diu ungetouften kint. Der ander kneht, dem er diu zwei pfunt bevolhen hât, daz sint diu getouften kint. Der dritte kneht, dem er diu fünf pfunt bevolhen hât, daz sint alle, die ze ir tagen komen sint: den sint fünf pfunt bevolhen. Dem er daz eine bevolhen hât unde diu zwei, daz gêt uns gewahsen liute niht ane, die zuo ir tagen komen sint: ich wil von den sagen, den diu fünf pfunt bevolhen sint. Von den hân ich willen ze sprechen. Bitet alle unsern herren etc.

Alle die zuo ir tagen komen sint, den hât unser herre fünf pfunt bevolhen unde hât uns diu an geschriben, daz wir ir niemer vergezzen mügen, wan er des niht enbern wil von dekeinem menschen der ze sînen tagen komen ist, er müeze unserm herren diu fünf pfunt widergeben, er sî rîch oder arm, gelêrt oder ungelêrt, frouwe oder man, edel oder unedel: die müezent eht alle unserm herren diu selben fünf pfunt widergeben unde widerreiten. Unde wer si gote niht kan wider gereiten als er sie im bevolhen hât, der muoz êwiclîchen verlorn sîn (buoze lâz ich alle zît vor ûz). Unde wer sie im wider gereiten mac, als der guote sante Alexius unde die andern alle samt die daz himelrîche besezzen hânt, zuo dem sprichet unser herre: ‘nû wis frô, getriuwer kneht, ganc in die freude dînes herren! dû bist getriuwe gewesen über ein wênic guotes: nû wil ich dich setzen über allez mîn guot. Nû wis frô, getriuwer kneht, ganc in die freude dînes herren!’ Dâ von hât der almehtige got diu selben fünf pfunt geschriben an unseriu lider. An die hende fünf vinger, an die füeze fünf zêhen, an die fünf sinne, die wir von gote hân, daz wir deste baz dran gedenken und ir deste minner vergezzen. Als wir unser hende ansehen sô suln wir gedenken, wie wir disiu fünf pfunt wider gereiten, daz unser herre spreche: ‘nû wis frô, getriuwer kneht, ganc in die freude dînes herren’. — Unde disiu fünf pfunt müezen wir zwivalt widerreiten, ieglich pfunt zwivalt. Der stücke sint zeheniu, diu wir dem almehtigen gote müezen widerreiten; und ist, daz uns niwan einez an der rechenunge gebristet, sô müezen wir êweclîche verlorn sîn.

Daz êrste pfunt daz ist unser eigen lîp, unser eigeniu

persône, wan er uns nâch im gebildet hât unde geedelt mit der frîen willeküre die er uns gegeben hât, der edele unde der frîe herre. Von diu suln wir zwivalt widerreiten von unserm lîbe. Daz êrste daz wir widerreiten müezen von unserm lîbe, daz ist, daz wir uns innen an dem herzen suln üeben mit guoten gedenken unde mit guoter andâht gein unserm herren, unde suln löbelîcher dinge von im gedenken: daz er eine gewaltic ist des himels unde der erden unde daz er allez geschaffen hât unde iegelîchem sîn ordenunge gegeben hât unde daz er uns hât geschaffen nâch im selben unde mit der edeln frîen willekür geedelt unde gefrîet hât: wan der ohse unde der esel müezent den wagen unde den pfluoc ziehen unde den sac tragen, sie tuon ez gerne oder ungerne. Alsô wolte uns unser herre niht twingen unde binden an unser willekür. Er hât uns ze wizzen geben übel unde guot, kalt unde warm, sûr unde süeze an unsern fünf sinnen: fiur unde wazzer, grîf in welhez dû wilt. Sît er uns sô genzlîchen z'erkennen gegeben hât übel unde guot, sô wil er, daz wir unser frîen willekür selber binden zuo den guoten unde zuo den reinen gedenken, unde die unreinen lâzen varn. Wir suln uns sô getâner gedenke flîzen, wie wir got gedanken sô manicvalter êren unde gnâden die er an uns begangen hât, unde wie wir daz umbe in verdienen, unde suln gedenken, wie manigerleie gnâde er an uns begangen und erzeiget hât, unde wie manigerleie tugende wir dâ wider tuon suln die gote lobelich und êrlich sîn. Daz ander teil des êrsten pfundes daz wir von unserm lîbe müezen widerreiten, daz ist, daz wir die guoten unde die reinen gedenke, die wir mit tugenden unde mit andâht innen an dem herzen üeben süllen, daz wir die mit den werken an dem lîbe ûzen getriuwelîche vollebringen süllen, mit gebete, mit almuosen, mit kirchgange, mit vasten unde mit allen guoten dingen. Wellet ir daz tuon, sô habet ir daz êrste pfunt an der rechenunge. Dannoch sô müezet ir vieriu haben, oder iuwer wirt niemer rât.

Daz ander pfunt ist daz ander gelit. Swenne dû daz ane sihst, sô soltû gedenken, daz dû gote des andern pfundes schuldic bist wider ze reiten. Daz ist dîn amt, daz dir got verlihen hât. Wan unser herre hât eime ieglîchen menschen ein amt verlihen, er hât nieman ze müezekeit geschaffen, wir müezen uns alle eteswes underwinden, dâ mite wir genesen.

Ich hân ouch ein amt: predigen ist mîn amt. Wan unser herre alliu dinc mit wîsheit geordent hât, dâ von hât er ouch dem menschen sîn leben geordent unde geschaffen, als ér wil und niht als wír wellen. Wan ez wolte etelîcher gerne ein grâve sîn, sô muoz er ein schuohsuter sîn; sô woltest dû gerne ein ritter sîn, sô muost dû ein gebûre sîn unde muost uns bûwen korn unde wîn. Wer solte uns den acker bûwen, ob ir alle herren wæret? Oder wer wolte uns die schuohe machen, ob dû wærest als dû woltest? Dû muost sîn als got wil. Sô hât er den geschaffen daz er bâbest sî; sô sol der ein keiser sîn oder ein künic oder ein bischof oder ein ritter oder ein grâve oder diz oder daz. Unde swelherleie amt dû hâst, ez sî hôch oder nider, von dem muost dû gote reiten zwivalt.

Des êrsten, daz dû dîn amt üeben solt durch got. Daz ist alsô gesprochen: ob dû ein niderez amt hâst, daz dû niht solt murmeln in dînem herzen noch mit dînem munde: 'owê, herre got, war umbe hâst dû mir ein als arbeitsamez leben gegeben, unde manigem sô grôze êre unde guot geben hâst?' Des solt dû niht tuon. Dû solt sprechen: 'herre, wis gelobet aller dîner gnâden, die dû mir erzeiget hâst unde noch erzeigen solt'. Wan wolte er dir ein hœher amt hân gegeben, daz hæte er getân. Sît er dir nû ein niderez hât gegeben, sô soltû dich ouch nideren unde dêmüeten durch got mit dînem amte, sô wil er dir oben ûf dem himel ein vil hôhez amt geben. Dâ von soltû ez durch got üeben alsô daz dû ez mit triuwen unde mit gerehtikeit üebest. Dâ von sprichet der guote sant Johannes: 'wis getriuwe unz an dînen tôt, sô gît dir got die krône des lebens'. Dû solt dînem amte rehte tuon, oder dû solt dich sîn abe tuon: daz ist, daz dû ez mit triuwen üebest. Swer sîn amt mit triuwen niht üebet, der tuot im niht rehte. Unde dâ von spriche ich, ir sult iuwerm amte rehte tuon, oder tuot iuch sîn abe. Ob im alsô ist, daz dû im rehte maht getuon, sô soltû im rehte tuon, oder tuo dich sîn abe. Wan ez ist etelich amt, dem dû niemer rehte getuon maht; des solt dû dich abe tuon: als würfeler und schappeler unde die diu langen mezzer slahent, dâ manic mensche mit ermordet wirt. Wande die würfeler die mügent ir amte niemer rehte getuon, sie geben wênic oder vil umb einen pfenninc. Dû kanst im niemer rehte getuon, dâ von tuo dich sîn abe, oder dîner sêle wirt niemer rât: wan ez geschiht manic tûsent sünde von würfelspil, die sus niemer geschæhen: manic tûsent lîp unde sêle werdent verlorn, die sus niemer würden verlorn, der niht würfel machte. Dâ kumt von mort unde diepstâl, nît, zorn unde haz unde trâkheit an gotes dienste. Ich wil halt gotes dienstes geswîgen: sie werdent halt got schelten unde die hôchgelobten küniginne Marîam. Dû maht ír niht geschelten, dû verfluochest dích in den êwigen tôt, wan dar umbe sluoc ein engel ahtzic tûsent unde hundert tûsent menschen ze tôde in éiner naht durch éines menschen schulde der got schalt. Nû sich, würfeler, wie vil unsælden von dînem verfluochten amte kümt! Dû muost dich sîn abe tuon, oder dû muost dich des himelrîches erwegen. Daz selbe spriche ich zuo den, die dâ langiu mezzer slahent, unde zuo den, die dâ geschütze machent.

Sô sint etelîchiu amt, den man wol rehte unde wol möhte getuon, der ez gerne tæte. Man wil ez aber niht tuon. Daz sint rehter unde zöller. Daz aber niuwe zölle und ungelt sîn, die niht von rehte gesetzet sîn, die möhte alliu diu werlt niht reht gemachen. Dû muost dich sîn abe tuon, oder dîner sêle wirt niemer rât. Herre, her rihter, ir müget iuwerm amte wol rehte tuon ob ir wellet. Sô rihtet dem armen als dem rîchen, dem fremden als dem kunden, dem lantman als dem mâge, weder durch liep noch durch leit noch durch guotes miete noch durch kein dinc wan nâch dem rehten; noch nemet von niemen kein guot wan iuwer rehte buoze; die selbe dannoch nâch gnâden. Swer mit rehte von iu überkomen wirt daz er der werlte schedelîche lebende ist, dâ gib ich iu keine buoze für, ob ir ze rehte urteil über in gebet. Unde welt ir des niht tuon, sô tuot iuch iuwers amtes abe, wan iu bezzer ist, daz ir mit eime niederen amte gein himele vart, danne mit einem grôzen zer helle; als got selbe sprichet in dem heiligen êwangeliô: 'dir ist bezzer mit eime ougen ze himele varn, danne mit zwein zer helle'. Daz ist alsô gesprochen: ob dû ein ouge hâst, daz dich des himelrîches irret, daz soltû ûz brechen. Dir ist bezzer mit eime ougen ze himelrîche varn, danne mit zwein zer helle. Alsô ist ez ouch umbe die hant unde den fuoz, der dich des himelrîches irret: dir ist wæger tûsent stunt, daz dû mit eime gein himele kumest, danne mit zwein zer helle. Alsô ist ez ouch umbe dîn amt. Hâst dû ein amt, dem dû niht rehte getuon maht, dir ist bezzer, daz dû âne daz amt zem himelrîche kümest, danne mit dem amte zer helle. Wie, gîtiger, war wiltû mit dîme amte? Ez ist aber kein amt, dû hâst dirz ze einer verdampnisse genomen. Wuocher unde fürkouf, dingesgeben, satzunge unde trügenheit, roup unde diepheit daz mac kein amt gesîn. Dû muost dich sîn abe tuon, oder dîn wirt niemer rât.

Sô næme ich für guot, daz der sînem amte rehte tæte, der ein wol geordentez amt hât; wan ez ist nû liegen unde triegen als gemeine worden, daz sich sîn nieman schemen wil. Sô ist der ein trügener an sînem koufe, der gît wazzer für wîn, der verkouft luft für brôt unde machet ez mit gerwen, daz ez innen hol wirt: sô er wænet, er habe ein broseme drinne, sô ist ez hol und ist ein læriu rinde. Sô gît der siuwîn für bergîn fleisch; daz mac ein frouwe in eime kintbette oder einez in eime âderlâzen oder in anderre krankeit ezzen, daz er den tôt dâ von nimet; oder unzîtic kalpfleisch. Dû trügener, dû mörder, dû wirst schuldic an den liuten! Sô hât der unrehtez gewiht in sînem krâme, der habet sus die wâge einhalp, sô daz sie gein dem koufschatze sleht, unde jenez wænet ez habe, sô enhât ez niht; unde wendet sie mit der hant rehte. Wie sol ich dich trügenheit lêren? Sô kanst dû ir selber ze vil der trügenheit. Sô hât der ein unrechtez elmez; sô hât der daz wahs gevelschet, der daz olei. Wê dir, manteler, dû kanst ouch dînem amte niemer rehte getuon! Dû machest einen alten hadern, der fûl ist und ungenæme unde dâ mite man billîcher eine want verstieze, wan ez zuo anders iht nütze sî: daz vernâdelt er und machet ez dicke mit sterke unde gît ez einem armen knehte ze koufe. Der hât vil lîhte ein halbez jâr dar umbe gedienet, und als erz angeleit, sô wert ez in niht vier wochen, ê daz er aber ein anderz muoz koufen. Dû trügener, dû velscher! dû muost dich dînes amtes abe tuon, oder dîner sêle wirt niemer rât, wan dû maht im niemer rehte getuon. Sô sint gebûre als wol trügener sumelîche als die in der stat. Füeret er ein holz dar în, er leget daz krumbeste ze mittels în unde daz slehte ûzen unde verkouft den luft für holz. Sô leget der daz höu ungetruckent in den wagen unde verkouft ouch luft für höu. Dû rehter trügener unde velscher! Dû möhtest dînem amte lîhte rehte getuon, daz dû dâ mite behalten würdest. Ir pfragener und ir pfragenerinne, ir tuot iuwerm amte selten rehte: ir velschent daz olei, ir velschent daz unslit; sô ir niht mêr zuo valscheit müget getuon, sô kêret ir dem apfel unde der birn daz fûle hin under unde daz schœne her ûz. Nû seht, wie manigerleie trügenheit man erdenket! Müller, dû tuost dînem amte ouch unrehte, dû hâst ouch manigerleie trügene unde diepheit. Dar zuo ouch die tagewürken: die wirkent ouch gar guot die wîle ez der meister siht; zehant aber sô er den rücke bekêret, sô stêt er wol halben wec müezic. Dû bist ein rehter trügener!

Dû schuohewürke, dû brennest die solen und ouch die flecken, unde sprichest: 'seht, wie dicke!' sô sie herte sint; sô er sie danne tragen wirt, sô gêt er kûme eine wochen dar ûffe. Dû trügener! dû triugest manigen armen menschen, wan die rîchen getarst dû niht effen. Dû zapfenzieher, dû tuost dînem amt ouch selten rehte: dû giuzest eteswenne wazzer in den wîn oder fûlen wîn in den guoten, daz ein mensche eteswenne grôzen siechtuom dar an trinken mac. Dû bist ein diep, wan dû gibst der rehten mâze niht: wan swaz dû im dar an behabest daz hâst dû im verstoln, unde dîner sêle wirt niemer rât, dû engeltest danne unde gebest im wider, ob dû ez maht geleisten. Ir hêrschaft! lât ez iuch erbarmen, daz sich got über iuch erbarme, daz sô manigerleie trügenheit ûf ertrîche ist und iuch anders niht fürtreit, wan daz ir iuch dâ mite verdampnet. Wan swaz der krâmer gewinnet mit sîner unrehten wâge, daz verstilt im der wînman, der zapfenære, her wider an dem wîne, unde der snîder unde sîn kneht an dem gewande; wan sô er sîn gewant vor den ougen snîdet, sô verstilt erz im vor den ougen: wan er leget die gêren lang an den rok unde snîdet danne daz breite abe unden an dem gêren: sô dû wænest dû habest ez wol bewart, sô hât er dirz gestoln, dû enweist hiute wie; unde sô dû wænest dû habest ein wîtez gewant, sô hâst dû sîn niht. Dû diep unde dû velscher! Daz selbe tuot der belzer an dînen væhen belgen: zele sie hin und zele sie her, er stilt dir dannoch dâ von. Mit welhen listen er daz tuot, daz weiz er unde sîn herre, der tiuvel, wol: wie solte ich etlîchen diepheit lêren! Sô gelêret dich einer dîn genôz vil wol. Alsô stilt der dem, sô stilt er dir morgen her wider mit sînes amtes trügenheit. Unde dâ von künnet ir niemer tiurre werden; wan diu sünde nimet an iu ûf. Wæret ir danne alle getriuwe unde wæren iuwer gewinne reine, und ob ir ein almuosen dâ von gæbet, daz kæme iu ze staten an der sælikeit lîbes unde sêle. War umbe verunreinest dû dîn guot mit trügenheit oder mit diepheit mit dîme amte an dînen bruodern, daz ist an dînen næhsten? wan wir solten alle einander gebrüeder sîn in gote. Sô verunreinet er sich an dir; alsam tuost dû her wider, unde triugest dû in, sô triuget er dich her wider; oder dû stilst im, sô stilt er dir her wider. Sô habet ir bêde übele gewehselt. Unde dâ von hât iu got daz pfunt vil hôhe enpfolhen, daz ir ez im widergereiten künnet, wand ez manic tûsent sêle bringet zer helle, daz ir niemer mêre rât wirt, daz in des pfundes gebristet.

Und alsô sult ir ouch daz ander pfunt widerreiten zwivalt. Wan man muoz ein ieglich pfunt zwivalt widerreiten. Des êrsten, daz dû dîn amt mit triuwen solt üeben durch got; zem andern mâle sult ir iuwer amt üeben durch des lônes willen, der iu dâ von gebürt; wan ir möhtet sîn umbe sus niht erziugen, wan ir müezet iuch dâ von begên spîse unde gewandes. Daz selbe enmöhten ouch ander, prediger unde bîhtiger, sie sîn geistlich oder werltlich: hæten sie niht kirchen oder pfrüende, oder daz in nieman opfer gæbe, sie möhten die kristenheit niht berihten. Alsô müezent geistlîche liute des almuosen leben. Wir suln unser amt durch got üeben und ouch durch daz almuosen. Daz selbe suln ouch die rihter unde die herren, den der almehtige got geriht unde gewalt hât verlihen ûf ertrîche, wan daz ist ir amt, daz sie reht gerihte haben unde witewen unde weisen suln schirmen durch got. Zem andern mâle durch die dienste, die iu die armen liute dienen müezent. Nemet aber ir ze vil dienstes, sô wirt iu gebrestende an dem pfunde, und ob ir sie ze rehte niht schirmet als ir sult und als iu got daz pfunt unde daz amt bevalch, dô man iu daz swert segente. Daz selbe tuot der antwerkman. Swaz im ze lône gevellet, daz hât er mit rehte, ob erz mit triuwen wirket. Unde der koufman: swaz im ze gewinne gevellet an dem koufe, daz er durch gewin koufet âne geværde (daz mein ich: daz er niht für hât gekoufet ûf die lenge der zît, ûf daz næher, unde niht gedinges gît ûf daz jâr umbe daz tiurre), oder dâ mite dû nieman betriugest, daz hâstû mit rehte, wan man dînes amtes in keine wîse gerâten mac. Wir möhten der koufliute niemer enbern, wan sie füerent ûz einem lande in daz ander daz wir bedürfen, wan ez ist in einem lande dáz wolveile, sô ist in einem andern lande jenz wolveile; unde dâ von sullent sie diz hin füeren und jenz her, dâ von sullent sie ir lôn ze rehte haben: daz ist ir gewin, den sie ze rehte gewinnent.

Daz dritte pfunt des sult ir gedenken bî dem dritten lide an der hant oder an dem fuoze oder an den fünf sinnen, wan er hât ez iu allenthalben an den lîp geschriben, daz ir sîn deste minner vergezzet. Wan ez ist der zweier buoche einez, als ich iu jenes tages sagte, wie uns der almehtige got hât geben zwei grôziu buoch, dâ wir an lesen unde lernen. Und iu leien hât ouch geben unser herre zwei grôziu buoch. Daz ein ist der himel, daz ander diu erde. Dâ von seite ich iu jenes tages eine letzen, die sult ir an dem himel lesen an den siben sternen. Sô sult ir die hiute an der erden lesen, an iu selben; wan wir niht dan ein erde sîn. Und alsô hât uns got die selben letze an uns geschriben, disiu fünf pfunt. Und ir sult daz dritte pfunt lesen an dem dritten gelide. Daz ist diu zît, die iu got ze lebenne hât geben, der wil got niht enbern: er wil wizzen, wie wir sie vertrîben, alse wênic got des niht enbern wil, wâ daz minneste hâr sî, daz er dir verlihen hât, wie dû es âne worden bist. Wande wir niht haben an lîbe noch an sêle noch an guote wan daz wir von gote haben, sô enwil er ouch niht enbern, wir müezen im ez widerreiten; als wênic wil er enbern, man müeze im die minnesten zît widerreiten, die er dem menschen ze lebenne hât geben, von dem daz er ze tagen ist kumen. Unde wir müezen zwivalt widerreiten von unser zît. Unser herre hât uns ûf ertrîche die zît die wir leben sullen ze zwein dingen gegeben. Daz ein ist, daz wir die zît die wir leben müezen niemer anders suln vertrîben wan ze rehter nôtdurft, daz wir erarbeiten sullen des der lîp darf ze ezzen unde ze trinken. Unde sô wir daz erarbeiten, sô müezen wir die zît haben daz wir ez ze rehter zît niezen und ze rehter wîse, unde trinken ze rehter wîse. Aber die trenker unde die frezzer, die dicke und oft und etelîche tac unde naht zem wîne ligent, die werdent leitlîchen ze der rechenunge stên umbe die zît, die sie als unnützelîchen unde süntlîchen an geleit habent, unde sie müezent daz ezzen unde daz trinken widerreiten, daz sie sô gar in undurften vertuont. Daz gehœret aber in daz vierde pfunt. Wir müezen die wîle ouch haben ze rehter nôtdurft, daz wir ze rehter wîse slâfen, und uns wermen swenne uns friuset, unde swes wir niht enbern mügen ze des lîbes nôtdurft. Aber swaz wir âne durft zît unde wîle vertrîben, die müezen wir gote wider reiten mit grôzen sorgen. Swer sîne zît verballet unde vertanzet unde vertopelt und vermærsaget oder verspotet oder verswert oder verschiltet oder verfluochet, der wirt jâmeric stên an der reitunge; oder swie dû sie anders anleist wan ze rehter nôtdurft. Pfî, gîtiger, wie legest dû dîne zît an! wie wirdest dû stên an der reitunge! wie gar dir verschaffen ist vor allen den sünden die diu werlt ie gewan oder iemer gewinnet! Wan dîn zît gêt dir niht alleine unnützelîchen hin, sie gêt dir halt unnützelîchen unde schentlîchen unde süntlîchen hin. Alle die andern sünden lânt got etelîche zît geruowen wan dû unde dîn zît: wan diu gêt aller tegelîchen hin mit sünden âne underlâz. Unde dâ von sprichet got selber, — dû wuocherer unde fürköufer unde satzunger unde dingesgeber inz jâr, wan dû got sîn zît verkoufest, sô sprichet got selber zuo dir ein wort, daz ich drîzic pfunt niht ennæme, daz ich alsô vor disen liuten spræche unde vor disen engeln als got selber zuo dir sprichet, wan ez würden alle die liute und alle dise engel dâ von betrüebet ob ich iezuo spræche als got selber sprichet zuo dir —: er sprichet alsô durch den wissagen: 'dû rehte bœse hût!' unde sprichet alsô für sich hin: 'dû rehte bœse hût, dû læst mich niemer geruowen. Die von Sodomâ und Gomorâ unde von Samariâ, die lânt mich etewenne geruowen, aber dû læzest mich niemer geruowen. Sie getâten mir nie als dû mir tuost, wan sie lânt mich etelîche zît geruowen mit ir sünden: sô mac ich dekeiner zît geniezen gein dir tac noch naht'. Daz ist wâr. Nû sich, gîtiger! sît ich hiute anhuob ze predigen, sît bist dû vil lîhte sehs pfenninge rîcher worden an dînem wuocher oder an dîner satzunge oder an dînem fürkoufe oder an dînem dingesgeben in daz jâr ûf daz tiurre. Ir êbrecher, ir brechet iezuo mit nieman iuwer ê. Ir morder, ir mordent iezuo nieman, ir sitzet iezuo mit guoten zühten hie. Daz selbe tuont die topeler; die trenker die dürstet iezuo vil übele, und müezent sich lâzen dürsten. Alsô müezent ouch die tenzeler iezuo ungetanzet sîn unde die spöter ungespotet. Ir rouber, ir sît hie vor mir iezuo âne roub und âne brennen unde tornei und ân ander hôhvart.

Ir schelter, ir fluocher, ir sitzet iezuo hie vor mir unde swîget vil stille. Daz tuot ir ouch, sô ir ze einer messe sît oder ze einer andern predige. Swie aber diu zît ist, sô geruowest dû, gîtiger, niemer. Dû gîtiger, gehabe dich wol! dû bist aber eines halben pfenninges rîcher worden sît ich iezuo von dir redende was. Dû sitzest verre unschedelîcher dînes guotes danne dise arme liute, wan die sûment sich iezuo unde gewinnent niht alse dû, wan dû gewinnest in der messe, in der predige, in der mettîn, an dem heiligen kristtage, an dem heiligen karfrîtage, an dem ôstertage, an dem pfingesttage, swie diu zît getân ist. 'Dû rehte bœse hût, dû læst mich niemer geruowen'. Nû sich, gîtiger, wie dû got die zît widerreiten wellest! Ir tiuvel, ir sît an dem jungesten tage vor gote an dem vorhtsamen gerihte mîne geziuge, daz ich gote sîne zît wider gevordert hân! Ir engele sît ouch mîne geziuge! Ir hêrschaft sît alle mîne geziuge! Nû sich, verköufer gotes zît, nû sitzest dû verhertet und hâst aller wâren riuwe niht sô vil als einigen tropfen. Ir andern sünder, durch den almehtigen got gewinnet alle wâre riuwe, swie sô ir die zît unnützelîchen an geleit habet, ez sî mit unkiusche oder mit verlâzenheit, ez sî mit tanzen unde mit topeln oder swâ mit ir sie verloren habet, wan ich schaffe an disen gîtigen liuten nihtes niht.

Daz ander, dâ von dû gote solt widerreiten sîne zît, daz ist, daz dû sie in gotes lobe vertrîben solt, mit gebete, mit kirchgange unde ze predigen unde ze antlâz unde ze siechen gên, ob dû maht vor êhafter nôt. Aber des vîgertages sô irret dich nieman, ez sîn danne die dâ heime müezen sîn unde hüeten der hiuser unde der kinde: die sint dér zît ledic wider ze reiten. Unde wir müezen ouch halt die selben zît verzehenden, die uns got ze leben gît. Die heiligen vierzic tage vor ôstern, die wir dâ vasten, mit den verzehenden wir die zît, die wir dâ leben. Alse liep hât der almehtige got die zît. Unde swer die zît nützelîchen anleget unde verzert, daz ist ze zwein dingen guot, ich meine in gotes dienste. Daz eine, daz er sînen lôn mêret in dem himele. Daz ander, daz sîn vegefiur deste minner wirt. Dû maht sie sô nützelîchen vertrîben in dem lobe und in dem dienste unsers herren, daz dû niemer kein vegefiur gesihst, als der guote sant Martîn. Dô der bœse geist sîner sêle warte, dô sprach er: 'var hin, bluotigez tier! dû vindest rehte nihtes niht an mir: ez ist rehte allez samet gebüezet'. Der hete sîne zît lobelîche angeleget. Daz hât ouch der guote sant Nicolaus und sant Uolrîch unde der andern ein michel teil. Nû seht, wie müget ir die zît sô gerne nützlîchen anlegen in gotes lobe! Wanne diu zît ûf ertrîche ze leben an einem teil ist bezzer danne ze himelrîche, sô ist daz himelrîche eines dinges bezzer danne diu lobelîche zît. Alle guote liute, die ir zît nützlîchen und lobelîchen lebent in unsers herren dienste, die habent ez an einem dinge wæger danne sant Pêter unde sant Nicolaus unde die andern heiligen in dem himelrîche. Sô habent ez die heiligen in dem himel eines dinges wæger danne die guoten liute ûf ertrîche. Die heiligen habent ez dar an wæger, daz sie sicherheit habent, daz sie daz himelrîche niht verliesen. Daz ist den guoten liuten ûf ertrîche niht: die wîle die lebent ûf ertrîche, sô mügent sie daz himelrîche wol verliesen. Sô habent ez die guoten liute ûf ertrîche dar an wæger, daz sie die zît ze leben habent, dâ mite sie ir lancleben mügen gemêren: ze ie der wîle unde ze ieglîcher stunde sô mac der guote mensche sînen lôn gemêren der âne sünde lebet. Hât aber er gesündet und ist ze wârer riuwe komen aller sîner sünden unde sie lûterlîchen bîhtet unde hât buoze enpfangen nâch der gnâden gotes unde nâch sînen staten, unde dar an stæte blîbet unz an sînen tôt: der minret sîn vegefiur alle stunde unde alle zît, als oft er einigez pater noster sprichet oder einigez ave Marîâ oder einige venje vellet oder einigez almuosen gibet. Ze ieglîchem trite den dû in gotes lobe tritest, ze ieglîchem worte daz dû in gotes lobe sprichest, dâ mite minrest dû dîn vegefiur, wan die zît, die dû ze brennen verdienet hâst, die sleht man dir alle samt abe an der zît, die dû vertrîbest in gotes lobe. Wan swenne dû dîne sünde ûf ertrîche gebüezest, daz ist gotes lop unde siht daz volleclîchen. Unde dâ von sprichet er: 'ich wil des sünders tôt niht, ich wil daz er sich bekêre unde sîne sünde büeze'. Alsô hât uns got die zît gegeben, daz wir sie sæliclîchen unde nützelîchen anlegen unde daz wir unser sünde büezen, unde die âne sünde sint, daz die ir lôn gemêren in himelrîche. Unde dâ von habent ez die guoten liute ûf ertrîche wæger die ir zît lobelîchen vertrîbent, wan des mügent die heiligen niht getuon. Sant Pêter habe im die freude unde den lôn, den er ûf ertrîche hât verdienet: wan er mac in niemer mêr grœzer gemachen. Unde dar umbe næme ich die wal, daz ich ein guot mensche wære unde des himelrîches sicher wære: sô wære mir dise zît hie ûf ertrîche lieber ze leben danne ze himelrîche. Ich wil ein grôz wort sprechen. Daz der herre sant Nicolaus eins einigen ave Marîâ mêr hæte gesprochen hie ûf ertrîche, daz wære im lieber dan alliu diu zeichen, diu got durch sînen willen ie getet ûf ertrîche. Unde dar umbe wære mir diu zît lieber danne in himelrîche, wære ich ein guot mensche unde daz ich des himelrîches sicher wære: wan als nütze ist diu zît, die uns got ze leben hât gegeben hie ûf ertrîche. Ô wol dir wart, daz dich dîn muoter ie getruoc an dise werlt, daz sîne zît hât als nützelîchen angeleit, dâ von sich sîn sælde mêret in himelrîche. Wan der aller lôn in himelrîche ist sô grôz, daz ez unsagelich ist ze prüeven unde ze sagen unde ze gedenken. Unde dâ von ist er sælic der in verdienen mac. Sô ist der aber sæliger der in grœzer gemachen mac. Und owê dem, der sîne zît alsô anleit, daz er mit dem tiuvel iemer brennen unde brâten muoz in der êwigen marter! Unde wê dem aber wirs, der sîne martel alle tage mêret mit der zît, die im got ze lebenne hât gegeben! Unde wê dem aller wirste, der sîne martel alle tage mêret mit der zît, unde der sîne zît alsô anleit, daz sîn martel nâch sîme tôde wahsènde wirt ze helle! Als den gîtigen liuten: den ist allenthalben zem bœsten verteilet und ze dem ungæbesten. Wan alse manige sêle mit dînem unrehten guote ververt zer helle, als ofte wirt dîn martel grœzer unde wehset, unz der jungeste dâ von gein helle vert, der von dînem unrehten guote verdampt wirt, wan eht alle die ez nâch dir erbent wizzentlîche unz an daz vierzigeste geslehte, die müezent alle die vart varn, die dû gevarn hâst unde bist, ob sie ez niht gelten unde widergeben.

Die andern, der marter ouch dâ ze helle wehset, daz sint alle die dâ niuwe fünde vindent ûf die sünde. Ez vindet der eine niuwe ketzerîe, sô vindet der eine niuwe schalkeit. Ein schalkhaft herze verstêt mich vil wol. Sô vindet der eine niuwe trügenheit an sîme koufe oder an sîme antwerke. Swer die sîn, die alsô niuwe fünde vindent, der marter wehset dâ ze helle alle die wîle man die selben niuwen fünde üebet nâch sîme tôde ûf ertrîche. Unde dar umbe durch den almehtigen got sô leget iuwer zît nützelîchen an, daz ir frôlîchen stêt sô ir daz dritte pfunt widerreiten müezet. Ir seht wol, wenne ein amtman sînem herren widerreiten sol, wie er sorclîche stêt unz er gesiht, wie ez im ergê an der reitunge. Unde sô im wol gelinget an der reitunge, sô wirt er herzeclîchen frô, ob er gar wider reitet daz im niht gebristet, alse dem getriuwen knehte, von dem man hiute liset in dem heiligen êwangeliô, von sant Alexiô und sante Nicolaô unde manic tûsent andern heiligen, die alsô widergereitet habent, daz sie die êwigen freude dar umbe hânt enpfangen, unde daz unser herre zuo in gesprochen hât: 'nû wis frô, getriuwer kneht! ganc in die freude dînes herren'.

Daz vierde pfunt daz iu der almehtige got enpfolhen hât unde niht enbern wil, ez müeze im daz selbe pfunt ein ieglich mensche widerreiten zwivalt, daz ir ouch merken sult an dem vierden glide, daz ist dîn guot, dîn irdenisch guot, daz dir got enpfolhen hât. Daz hât dir got durch zwei dinc enpfolhen. Als er dir disiu fünf pfunt alle hât enpfolhen, ieglîchez umbe zwei dinc, alsô hât er dir ouch dîn irdenisch guot enpfolhen umbe zwei dinc. Daz eine: daz dû ez niezen solt zuo dîner nôtdurft, swar dû sîn ze rehter nôt bedarft unde dîn hûsfrouwe unde dîn kint und ander dîn gesinde. Ez ist wol wâr, er hât eime vil mêr enpfolhen danne dem andern: der hât ouch im vil mêr wider ze reiten. Iedoch swie vil er dir bevolhen hât, dû maht alsô gewerben, daz dir an der reitunge vil mêre überwirt danne dir gebrichet. Er bevalch hern Davîde unde hern Constantînô unde keiser Heinrîche und künic Karle unde sant Oswalde unde künig Stephan von Ungern grôz guot; die sint alle heilic worden mit ir rîcheit. Hâst dû mêr dan ein anderz unde bedarft ouch mêr dan ein anderz, daz ist niht gîtikeit, ob dû ez mit rehte gewinnest oder gewunnen hâst, oder ob ez die mit rehte gewunnen hânt, die dirz gelâzen hânt. Weist dû aber ob sie ez mit unrehte gewunnen hânt die ez ûf dich geerbet hânt, unde wære sîn nimmêre dan aht pfenninge, unde hæte die selben aht pfenninge der êrste keiser Julius mit unrehte gewunnen, unde hæten sîn nâchkomen nâch im wizzentlîchen geerbet, und aber des selben nâchkomen unz an den jungesten keiser, unde sie ie einer nâch dem andern wizzentlîchen geerbet: die müesten alle samt niwan umbe die aht pfenninge als lange in der helle sîn als got in dem himele wære. Dir habe got vil oder wênic bevolhen, daz muost dû ie widerreiten unserm herren wie dû ez an hâst geleit. Swie dû es anders âne wirst danne mit ezzen oder mit trinken ze rehter wîse und umbe gewant dir unde dînem gesinde, swes eht dû bedarft ze rehter wîse, dar umbe wirst dû niht verlorn. Gîst aber dû ez den lotern unde den gumpelliuten durch lop oder durch ruom, dar unbe muostû gote antwürten. Alse wênic des got niht enbern wil, dû müezest im daz minneste hâr widerreiten, daz ûffe dîme houbete ist, und die minnesten wîle, als wênic wil er des enbern, dû müezest im den minnesten pfenninc widerreiten den dû ie gewünne oder er wil gar wol wizzen wie dû sîn âne worden sîst. Waz dû vertopelst oder ze unmuozen verluoderst oder verhôhvertest mit tornei oder gibest andern wîben, oder dû, frouwe, andern mannen, sô wirt dîner sêle niemer rât; oder gîst dû ez den zuotrîberinnen, oder gîst ez umbe kleider diu ze wæhe gesniten sint oder zuogenæwet unde gemachet, als ir frouwen pfleget ze tuon. Swer alsô guot unnützelîchen anleget, dem wirt gebresten an der sorcsamen reitunge des vierden pfundes. Habet ir ez aber nützelîchen angeleit, sô sît ir an dem einen teile ledic. Dannoch sult ir ez ze dem andern mâle widerreiten: daz ist, daz irz in gotes lobe niezen sult; wan dir got diu fünf pfunt alliu hât enpfolhen, daz dû sie im zwivalt muost widerreiten: daz ein ie dir selben, daz ander unserm herren. Dû muost disiu fünf pfunt ie mit im teilen, ieglich dir selben halbes unde daz ander teil unserm herren. Wan er hât dir sie durch gewin bevolhen, daz er müge gesprechen: ‘nû wis frô, getriuwer kneht, ganc in die freude dînes herren!’ Unde dâ von soltû gote widerreiten von disem vierden pfunde, daz dâ ist daz irdenische guot. Daz hât er dir dar umbe enpfolhen, daz dû in anderhalp dâ mite loben und êren solt. Dû solt durch got lîhen, almuosen geben, die hungerigen etzen, die durstigen trenken, die nacketen kleiden, die elenden herbergen. Alsô frâget er von disem pfunde an dem jungesten tage. Ir sult an goteshiuser, an spitâle geben, messe frumen. ‘Owê, bruoder Berhtolt, jâ gæbe etelîchez vil gerne: sô enhât ez sîn niht’. Hâst dû sîn niht, sich, sô bist dû vor gote ledic. Wiltû aber mir volgen, ich wil dich lêren, daz dû grôz almuosen dran tuost mit dem guote daz dû nie gewünne oder niemer mêre gewinnen maht, oder mit dem guote daz dû gewunnen hâst und ez verlorn hâst und ez niemer mê gewinnen maht.

Mit dem guote daz dû nie gewünne oder niemer mêr gewinnen maht, dâ mite soltû almuosen tuon, alsô daz dû willeclîche arm sîn solt. Unde dû solt alsô sprechen mit lûterm herzen unde mit ganzem ernste: 'herre, gnâde! und wære diu burc mîn unde diu gegene, daz wolte ich willeclîche lâzen durch dîn lop, unde durch dîne êre wolte ich mich sîn verzîhen unde wolte iemer arm sîn, als ich doch bin, umbe die êwigen rîcheit'. Daz gît dir got wider als dû ez im ûz dînen handen habest gegeben. Unde dâ von sprichet sant Pêter: 'herre, wir haben alliu dinc durch dînen willen verlâzen: waz suln wir dar umbe ze lône haben?' Nû waz hete er durch got sô grôzlîche gelâzen? ein netze und ein schiffelîn. Im was aber sô niht, er hete sô grôze liebe ze gote, unde hæte er alliu künicrîche gehabet, diu hæte er alliu gelâzen durch die liebe die er ze gote hete. Und alsô tuot der almehtige got hiute, der in mit rehtem herzen minnet unde sich genzlîche an in verlât: er nimt den willen für diu werc. Er bekante sant Pêters herze vil wol: alsô tuot er noch hiute aller menschen herze. Mit dem guote daz dû verlorn hâst unde niemer mêr gewinnen maht, sô sprich alse Job: 'herre got, dû gæbe mirz, dû nimest ez ouch wider'. Hât dirz aber ieman genomen âne got, daz solt dû im lûterlîche vergeben. Maht dû ez aber wider gewinnen, ez ist dir erloubet von gote. Ir sult ouch armen liuten lîhen, daz sît ir gote von iuwerm guote schuldic, wan dâ von werdet ir niemer deste ermer. Wan alse diu sunne aller der werlte ir schîn lîhet, des hât sie deste minner niht. Alsô sult ir lîhen daz iu got verlihen hât, wan ez helfent etewenne sehs pfenninge ein armez alsô wol, alse der sie im umbe sus gæbe. Ir sult aber dâ von nihtes niht nemen, weder ei noch sîn wert, wan daz wære rehter wuocher. 'Bruoder Berhtolt, nû wolter michs niht erlân'. Sô sende dû im alsô vil hin wider heim oder mêr, oder dir gît got nie mêr keinen lôn umbe dîn lîhen: ez ist dir halt ein verdampnisse. Weder dienest noch gâbe sult ir dar umbe nemen. Sendet er dir dar über kleine oder grôz, oder dienet er dir iht, daz solt dû im widerlegen, oder dîn wirt niemer rât mit lîhen. Ir tuot ez gerne oder ungerne, ir sît des armen liuten schuldic, daz ir in helfen sullet, als sanctus Johannes sprichet: 'gib dem hungerigen z'ezzen!' Unde gîst dû im niht, unde stirbet er alsô, dû bist an im schuldic. Ir müget aber gar wol guotiu pfant nemen, wan ez ist aber armuot leider oft untugenthaft, unde dâ von erloubet iu got wol daz ir guotiu pfant dar umbe nemet. Wan allez, daz ez den jüden die wîle müeste geben ze wuocher, daz gît dir got wider, als ob dû ez im ûz dîner hant hætest geben.

Daz fünfte pfunt daz ist: daz dû dînen næhsten minnen solt alse dich selben. Daz pfunt muost dû ouch zwivalt widerreiten, wan dû solt dînen næhsten zwivalteclîchen minnen. Einhalp solt dû in minnen in got, anderhalp soltû in minnen durch got. Des êrsten soltû dînen ebenkristen minnen in got. Daz ist alsô gesprochen, daz dû kein dinc tuon solt durch dekeinen dînen friunt daz wider got ist, weder roup noch brant, weder manslaht noch wunden noch nihtes niht in aller der werlt. Wan tætest duz durch dich selben, sô wærest dû dâ mite verlorn; tuost dû ez aber durch dînen friunt, sô bist dû noch baz verlorn. Dû solt im weder unkiusche noch keiner dinge die wider got sîn helfen. Sô gêt einer sô rinclîchen hin unde swert einen eit für einen sînen friunt. Und wære ez dîn eigen bruoder, dû soltest in ê ze tûsent stücken lâzen snîden, ob dû bekantest, wie grôz verdampnisse dran lît, ob dû einen meineit swerst; wan daz lant dâ dû inne bist daz ist deste unsæliger, unde diu stat unde daz dorf, dû verderbest uns den ertwuocher, wan dû gote widersagest alle sîne helfe, die er dir iemer solte getuon und aller sîner heiligen unde mîner frouwe sant Marîen. [Dâ gehœret diu rede her, diu in den zehen geboten stêt von den meineidigen.] Unde sô soltû dînen næhsten minnen alse dich selben in gote.

Ze dem andern mâle soltû dînen ebenkristen minnen durch got. Daz ist, daz dû im gunnen solt daz dû dir ganst êren unde guotes unde himelrîches, und im ergunnest daz dû dir selben ganst. [Daz stêt in dem sermône von den drin mûren: dâ stêt gar genzlîche inne geschriben, wie ein iegelich kristenmensche den andern minnen sol als sich selben. Diu selbe rede gehœret gar unde gar wol her, wie dû dînen næhsten minnen solt als dich selben durch got der dir niht getân hât.] Und ist ez halt, daz er dir grôz herzeleit getân hât, dannoch soltû in minnen, alles durch got, daz dû im durch got allez daz vergebest, daz er dir ie ze leide hât getân an lîbe oder an guote oder an dînen friunden oder an dînen êren oder an dekeinen dingen, daz solt dû im vergeben, den worten, daz dir got alle dîne sünde vergebe. Nû lât hiute alle samt nît unde haz ûz iuwerm herzen, unde vergebet allen den die iu ie leit getâten, und erbarmet iuch hiute über iuwer vînde, den worten, daz sich got über alle iuwer nôt erbarme. Nû vergap der almehtige got den die in an daz kriuze hiengen und den die im under sîn antlütze spîeten und in verspotten und in an die siule sluogen. Alsô sult ir hiute vergeben. Unde wol dan alle samt ze himelrîche!

Daz uns daz allen widervar daz wir dem almehtigen gote disiu fünf pfunt widerrechen unde reiten, des êrsten von unserm lîbe zwivalt: innen von reinen gedenken und ûzen von guoten werken; zem andern mâle von unserm amte, daz wir daz alsô durch got geüeben unde durch uns selben; und unser zît und unser guot alsô an gelegen, daz ez gote lobelich sî; und unsern ebenkristen alsô geminnen in gote und durch got; unde daz wir disiu fünf pfunt alle samt künnen widergereiten daz wir an dem jungesten tage frôlîche mit gote erstên, unde daz er zuo uns sprechende werde: ‘nû wis frô, getriuwer kneht! dû bist getriuwe gewesen über ein wênic guotes: nû wil ich dich setzen über allez mîn guot, ganc in die freude dînes herren!’: daz uns daz allen widervar, mir mit iu und iu mit mir, des êrsten an der sêle und an dem jungesten tage an dem lîbe und an der sêle, des helfe uns der vater unde der sun unde der heilige geist. Âmen.

# III.

## VON DRIN LÂGEN.

'*ANima nostra sicut passer erepta est de laqueo venantium* (*Ps.* 123, 7): Unser sêle sint enbunden von dem stricke der jagenden als der spar ûz dem netze.' Alsô liset man hiute in der heiligen messe von den heiligen mertelæren, die sich durch die liebe unsers herren liezen marteln, daz sie die êwigen freude besæzen. Unde hât ir martel nû ein ende, aber ir freude gewinnet niemer mêr kein ende, unde dâ von singent sie nû mit freuden: 'unser sêle sint enbunden von dem stricke der jagenden als der spar ûz dem netze.' Wan die wîle dô sie in dirre werlte wâren, dô muosten sie sorge haben, daz sie iht strûchten in die stricke der jagenden. Die jagenden daz sint die tiuvel, die heizent wol jager, wan sie jagent manic tûsent sêle daz ir niemer rât wirt, unde habent dar ûf alle ir liste gerihtet, wie sie den menschen verleiten, daz er die freude verwirke die sie verlorn habent, unde sie wolten halt deste gerner grœzer martel lîden, daz der mensche mit in der freude âne wære unde die selben martel müeste lîden, die sie dâ lîden müezent. Unde dar umbe sô habent sie uns ir stricke an sô manigen enden geleit, daz sich lützel ieman dar vor behüeten kan. Sie legent stricke unsern ougen, unsern füezen und unsern henden, unsern fünf sinnen, unsern worten, unsern werken; sie legent stricke an die strâze, an die ûzvart und an die învart, unserm ezzen, unserm trinken, unserm slâfen und unserm wachen. Wande sie habent anders niht ze schaffen: sie sorgent weder umbe spîse noch umbe gewant noch umbe himelrîche noch umbe niht dan wie sie den menschen verleiten. Unde wan ir stricke unde lâge vil sint, daz sich nieman mit der zal dar ûz verrihten mac, sô wil ich iu doch etelîche sagen, wan ir ist mêr danne stoubes in der sunnen. Unde dâ von wil ich iu von ir lâge sagen. Drîe lâge, die uns die tiuvel hânt geleget, daz sint die gemeinsten unde die schedelîchesten, dâ sie der werlte aller meiste mite vâhent. Unde dâ von hân ich willen ze sprechen. Bitet alle unsern herren got etc.

'Unser sêle sint enbunden ûz dem stricke der jagenden als der spar ûz dem netze.' Alsô liset man hiute von den martelæren, daz sie von der werlte stricke got selbe hât erlœset, wan sie sich dâ vor gerne behuoten mit maniger grôzen arbeit unde mit manigem grôzen widerstrîten unde mit maniger grôzen anevehtunge, die sie heten von den stricken des tiuvels. Unde hânt in allen angesiget unz daz ir sêle nû ist enbunden, und ir marter hât nû ein ende. Unde den worten, daz ir ouch enbunden werdet von allen den stricken und von allen den lâgen, die sie uns mit ir listen hânt geleit und alle tage legent..... — Alle ir stricke und ir lâge sint schedelich: aber dise drîe lâge sint die aller schedelîchesten die sie under allen ir lâgen habent.

Wie sie uns aber die selben drîe lâge legent, daz hât uns got erziuget in der alten ê. Dâ was ein stat, hiez Gâbâ; diu hete unmâzen grôze vîntschaft und ir vînde leiten in drîe lâge heimlîche, wan sie wâren in hezzelîchen vînt. Und alsô legent uns die tiuvel drîe lâge heimelîchen, wan wir sehen ir niender keinen unde hœren ouch ir keinen. Daz ist ouch der schade, der uns dar an wirret aller meist. Unde die selben drîe lâge legent sie uns ieglîche zwivalt.

Die êrste lâge legent sie uns sô wir in die werlt varn. Die andern sô wir durch die werlt varn. Die driten lâge sô wir ûz der werlte varn. Die êrste lâge sô wir in die werlt varn legent sie danne an zwein enden. Die êrsten vor der geburt, die andern nâch der kinde geburt. Als daz kint lebende wirt in sîner muoter lîbe, sô giuzet im der engel die sêle în (der almehtige got giuzet dem kinde die sêle mit dem engel în). Und als ez niwan als lange gelebet als ein hant mac umbe gekêret werden, sô muoz ez iemer und iemer leben als lange als got lebt, unde mac niemer ersterben an der sêle. Stirbet ez aber sâ zehant für daz im diu sêle în gegozzen wirt an dem fleische, sô muoz diu sêle doch iemer leben. Und als daz kint in der muoter lîbe lebende wirt unde die sêle enphæhet, sô ist der tiuvel sâ zehant iemer dâ mit sîner lâge, wie er daz erwende, daz ez an die werlt iemer kume lebende, daz ez daz minneclîche antlütze unsers herren iemer gesehende werde daz sie dâ verworht hânt. Unde sie legent alle ir liste wie sie geschaffen unde gefüegen, daz ez iht lebende an die werlt kume. Sie füegent, daz der wirt zornic wirt unde die hûsfrouwen etewenne sleht unz an die zît daz daz kindelîn sîn leben verliuset; wan allez daz niht getoufet wirt daz mac in daz himelrîche niht komen. Unde dar umbe legent sie uns die lâge sô wir in die werlt varn, daz wir den touf iht enphâhen; wan sie wizzent daz wol, wenne daz kint den touf enphæhet, daz im danne der himel offen stêt, wan swenne ez danne stürbe, sô füere ez gein himelrîche. Dar umbe schüefen sie gerne, daz ez zer werlte iht kæme lebende. Sie stürnt die frouwen, daz sie mit eteswem ringen oder springen oder ze balde loufen oder heben oder tragen. Unde dar umbe sult ir iuch iemer deste baz hüeten, beide frouwen unde man, daz ir dem kinde die grôze freude iht verwirket oder verlieset mit dekeiner unzuht oder mit dekeiner ungebærde, weder in schimpf noch in ernst. Sie schüpfent gar in manige wîse, wie sie zuobringen daz ir schuldic werdet an iuwern kinden und in grôze sünde vallet, alsô daz ir iemer müezet jâmeric sîn an iuwerm herzen, unde daz des kindes sêle iemer des himelrîches erwendet sî. Dâ von sult ir iuch hüeten vor tanzen in schimpfe und in ernste, daz ir iht schuldic werdet an iuwern kinden an ir sêle und an ir lîbe. Ist aber daz daz kint geborn wirt sunder ir danc, sô schüpfent sie iemer mêre, wie ez âne den touf blîbe und ungetoufet sterbe, sît sie des niht gefüegen mohten daz diu frouwe gestôzen würde die wîle sie daz kindelîn truoc, oder daz sie niht wart gedrungen ze kirchen oder ze markte, oder daz sie gevallen wære oder gestupfet. Unde dâ sult ir iuch alle samt wol behüeten, ir frouwen, für daz ir swanger worden sît. Unde sô ez ie næher umbe die geburt sî, sô ir iuch ie baz hüeten sult, unde sô daz kint geborn sî, sô sult irz niht lange ûf schieben, ir sult ez heizen toufen, ob ez ze priesters handen komen mac. Geschiht aber daz ez ze priesters handen niht komen mac, sô sol ez ein kneht oder ein dierne, frouwe oder man, die diu wort kunnent als sie in dem sermône stênt von den siben sacramenten: diu rede gehœret dâ her în wie man ez getoufen sol und waz schaden daz kint enphæhet daz ungetoufet blîbet oder daz niht getoufet wirt. Wan in ist niht wê: sie durstet niht, sie hungert niht, sie friuset niht, noch sie fürhtent den tiuvel niht. Ir marter heizet die marter des schaden, wande sie gotes antlitze niemer mêr gesehent. Unde dar umbe kêrent die tiuvel allen ir flîz und ir liste dar an, wie sie in die freude erwenden, dâ mit daz ez ungetoufet bestê und ungetoufet sterbe. Sô schaffent sie daz man ez ûf schiebe unz zuo dem toufe, allez: ob ez diu muoter die wîle iht erdrücke oder erlige sô sie ez söugen wil über naht oder in der naht, oder ein ander amme diu sîn pflegen sol, oder in ein fiwer valle, oder in ein wazzer und ertrinke, oder sus gæhelîche ersterbe, oder swie ez ersterbe âne touf. Sie stüpfent etewenne daz man beite unz ein gevater kume der daz kint heben sol. Ez wellent etelîche zwelf gevatern haben zuo einem kinde, etelîche niune, etelîche sibene, etelîche fünfe. An eime hâstû gar gnuoc, an zwein gar vil, an drîn gar unde gar ze vil. Ir herren und ir frouwen, ir tuot iu dicke grôzen schaden daz ir sô vil gevatern habet und gewinnet. Sô ir vil gevatern habet unde sô ir iuch danne gefriunden sult mit iuwerm kinde, sô mac ez ein gevaterschaft irren, daz ez iu iemer schadet an iuwerm kinde und künnet ez halt niemer sô wol bestaten als ir hie getân hætet, unde müezet ez etwenne verre von iu geben in ein ander gegene oder in ein ander lant: allez von gevaterschaft. Dâ von sult ir niht vil gevatern nemen. An eime gevateren ist sîn gar gnuoc zuo eime kinde, als ich iezuo sprach; aber an zwein ze vil; aber an drîn ist ir gar ein grôziu übermâze. Unde daz râtent die tiuvel mit ganzem flîze, daz man ez ûf schiebe unz daz niun gevatern dar zuo komen. Engelram und Burkart sô sol ez jâ nâch in heizen. Sô wil man ez ûf schieben unz daz man im einen westerhuot gemachet der gar wæhe sî. Gloube mir: in der wîle möhte ein schade geschehen, daz dû im daz minneclîche antlütze unsers herren verlürest, daz ez die freude und die êre diu got selber ist niemer mêr beschouwete unde dû des iemer jâmeric müestes sîn. Nû seht ir unde hœret daz wol: swenne ein priester ein kint toufen wil, sô stêt er unde liset und liset unde beswert und beswert unde segent und segent und segent. Unde daz ist allez samt nihtes, wan daz er den touf segent unde den tiuvel beswert daz er den touf iht irre, niwan die einigen wîle, unz er dâ zuo kome, daz man ez zehant toufen sol. Nû seht, wes ir iuch trœstet, daz ir eine wochen den touf ûf schiebet! Wie manigen enden mac er iuch nû geirren in einer wochen oder in zwein oder in vieren oder in zehenen! Nû seht, ob ir im des volgen wellet dem tiuvel, daz ir an iuwerem kinde schuldic werden wellet, swenne der priester vil gesegent den touf vor dem tiuvel, allez daz er den touf iht irre, unde beswert in mit manigen starken worten den tiuvel, daz er daz kint iht irre ê ez werde getoufet.

Ist aber daz ez getoufet wirt, sô legent sie im sâ zehant die andern lâge. Und als ez gênde wirt und redende, sô sint sie danne gar unmüezic dâ mite, daz sie im iemer mêre râtent und schüpfent dar zuo, daz ez bœsiu wort lerne unde schalkhaftiu wort spreche und schelte unde fluoche; unde schüpfent vater unde muoter ouch dar, daz sie im ez niht wern, und etewenne, daz sie ez schelten unde swern lêren unde daz in gar wol dâ mit ist unde sîn vaste lachen und ir goukel ist: ‘nû slach den unde schilt den!’ und gîst im ein holz in die hant unde lêrest ez daz übel sî unde daz ez übel tuo. Daz râtent im durch iuch die unsæligen tiuvel. Nû seht, wie gar bezîte sie an hebent mit ir stricken unde mit ir lâgen, für daz ein kint des aller êrsten leben unde sêle enpfæhet! Sô setzent sie im nû lâge unde legent im stricke und erzöugent ir verdampnisse, daz sie uns des himelrîches vergunnen. Unde dâ von sult ir iuch iemer baz hüeten vor ir stricken unde vor ir lâgen: wan dâ bî müget ir wol kiesen, daz sie uns herzeclîchen vînt sint und alle ir liste dar an kêrent, wie sie uns des himelrîches erwenden daz sie verlorn hânt. Und dar umbe legent sie lâge dem kinde, ê ez geborn wirt. Sô ez geborn wirt sô legent sie im lâge die unsæligen tiuvel unde werfent einen ûz, daz er von dem kinde niemer kome und im alle wege bœsiu dinc râte, unde der entwîchet im ouch niemer mêr unz an sînen tôt. Sô sendet der almehtige got sînen engel ouch dar, der sîn hüeten sol. Wand er uns harte hât erarnet und ouch uns hât geschaffen unde nâch im selben gebildet, sô lât er uns des geniezen unde gît eime ieglîchen menschen einen engel ze huote: wan der tiuvel bræche im abe den hals wenne ez die sünde getæte, als er tet den siben mannen, von den man liset in Thobîâ. Unde dâ von ist iu unnôt daz ir iuwer kint swern unde schelten lêret und iu daz ze eime spil nemet unde lêret ez zîtlîchen nennen waz frouwen unde man habent, unde lêret ez sprechen daz frouwen unde man tuont mit einander. Wer danne frœer danne der tiuvel, wenne erz dar zuo bringet, daz ir iuwer kint sô getâne bôsheit lêret unde schalkeit? 'Wie, bruoder Berhtolt, nû ist ez doch ein reinez kint unde weiz weder grôz noch klein umbe sô getâniu dinc unde weiz niht, ob ez übel oder guot ist: wie möhte der tiuvel danne als frô gesîn dâ von?' Sich, daz weiz er gar wol unde vil baz danne dû. Unde dâ von kunnent sie vil liste unde schalkeit; unde des dû wænest, daz er niht dar ûf ahte, dâ mit hât er dich gevangen unde dîn kint, daz ez vil verre an gote stên muoz, ob dû dich iemer mêr von im enbinden maht. Unde dâ von singet man von den martelæren: 'unser sêle sint enbunden als der spar von dem stricke der jagenden.' Unde dâ von sint sie gar frô, daz ir iuwer kint sô gar zîtlîchen lêret sô getâniu dinc. Daz sult ir alle merken, unde behaltet ez unz an iuwern tôt, wan sie habent manic tûsent sêle mit dem selben stricke gevangen und mit der lâge sô wir in die werlt varn, daz ir niemer rât wirt. Und dar umbe sint die tiuvel vil frô, daz ir iuwer kint sô gezîte bôsheit lêret beide sprechen und ouch tuon. Swaz mit dem êrsten in den niuwen haven kumt, dâ smacket er iemer gerne nâch. Unde dâ von, wer von êrste daz niuwe kint guotiu dinc lêret, dâ tuot ez iemer gerne nâch; unde wer ez bœsiu dinc lêret, dâ tuot ez iemer gerne nâch. Wan ir frouwen nemet sîn war sô ir niuwe heven koufet, sô beseht irz wol ob ez wâr ist. Wan ze glîcher wîse ist ez umbe diu kint: swes man diu kint des êrsten wenet, dem habent sie iemer mêr hant an. Lêret man ez von êrste zuht unde tugent unde gewizzenheit, sô habt ez iemer mêr hant an; lêret man ez aber leckerîe unde schalkeit, ez muoz iemer mêr sîn ein lecker und ein schalk. Und dar umbe gît man der hôhen herren kinden zuhtmeister, die alle zît bî in sint unde sie ze allen zîten zuht lêrent; unde den juncfrouwen eine zuhtmeisterin, diu sie alle zît zuht unde tugent lêret. Wande dés herren unde frouwen wol bedürfent, sô lêret man sie zîtlîche zuht und êre, daz sie sîn in gewonheit komen: wan 'swes daz kint gewont, daz selbe im nâch dont.' Daz ist ein alt gesprochen wort und ist ouch wâr. Sô habt ir armen liute iuwern kinden niht zuhtmeister als hôhe herren unde frouwen ir kinden, unde dâ von sult ir iuwer kint selber ziehen: wan iu und iuwern kinden des himelrîches als nôt ist, sô sult ir iuwer kinder selber ziehen, wan sîn in nieman sô wol schuldic ist als ir. Wan für die zît als ez êrste bœsiu wort sprichet, sô sult ir ein kleinez rüctelîn nemen bî iu, daz alle zît ob iu stecke in dem diln oder in der want, und als ez eine unzuht oder ein bœsez wort sprichet, sô sult ir im ein smitzelîn tuon an blôze hût; ir sult ez aber an blôzez houbet niht slahen mit der hant, wan ir möhtet ez wol ze einem tôren machen: niwan ein kleinez rîselîn: daz fürhtet ez unde wirt wol gezogen. Tuot ir des niht, sô müget ir leiden blic an im werden sehen, unde swâ sie ungerâten werdent von iuwern schulden, daz irz von kinde niht lêret zuht unde tugent und ez ziehet gein gote unde der werlte, sô müezet ir an dem jungesten tage antwürten für iuwer eigen kinder, als ein probest und ein apt und ein ieglich klôstermeister für sîne samenunge. Die aber ir kint unzuht lêrent, die müezent aber hœher antwürten vor gote. Ich wil geswîgen daz dû dîn kint niht unzuht lêrest unde bœsiu wort: dû bist halt des schuldic daz dû ez im wern solt. Unde tuost dû ez, sô wirst dû doch an sîner sêle schuldic und ouch an sînem lîbe: wan dû ziuhest ez etewenne nâch frâzheit, daz ein diep oder ein slûch oder ein aprecher dar ûz wirt, dar umbe er den lîp verliuset unde die sêle dar zuo. Dar an bist dû schuldic: wan manige liute trûwent, daz diu kint niemer gnuoc gewinnen, unde füllent im allen tac în. Gloube mir, im wære vil baz an der rehten mâze, an gesuntheit des lîbes und an lanclebene. Bringest dû dîn kint in die gewonheit der rehten mâze, ez ist iemer deste mæziger an ezzen und an trinken. ‘Swaz eht des êrsten in den haven kumet, dâ smacket er iemer mê gerne nâch.’ Dâ von sult ir iuwer kint ûf guotiu dinc wîsen, wan gewonheit ist etewenne rîcher danne diu natûre. Alsô ein kint mit dem êrsten lernet steln, daz ez eim andern kinde eteswaz nimt oder stilt, sâ zehant slahez mit einem rîse dar umbe, unde solt ez niht erlân, ez müeze ez an die selben stat hin wider tragen: sô kanst dû im ez mit nihtiu als gar erleiden, daz ez zuckens unde stelns iht gewone und unkiuschiu wort, wan dâ von kumt ez gar zîtlîche an diu werk. Man seite mir für wâr, daz ein diernlîn von ahte jâren mit einem hin wec gienge! Dâ von sult ir sie slahen swenne sie ihtes iht schalklîche von sô getânen dingen redent; unde sult sie von einander legen diu knehtelîn unde diu diernlîn, wan sie sint gar gezîte schalkeite vol. Dar zuo sint ouch die tiuvel flîzic, daz sie uns gezîte leiten zuo den sünden. 'Bruoder Berhtolt, wie alt solte ein kint sîn, ê ez houbetsünde müge getuon?' Gloube mir, des kan ich dir niht wol gesagen, wan dar nâch als ez schalkaft ist. Ez ist etewenne einez von ahte jâren schalkafter dan ein anderz von zwelf jâren; dâ von kan ich des niht wizzen, wan dar nâch als ez witze hât. Unde dâ von, ir hêrschaft alle samt, durch den almehtigen got sô ziehet iuweriu kint daz ir iht schuldic werdet an ir lîbe und an ir sêle. 'Owê, bruoder Berhtolt! jâ züge ich mîn kint vil gerne, sô wil ez mir niht volgen. Ich hân allez daz versuochet daz ich kunde oder mohte, unde kundez nie geziehen.' Sich, dû bist vor gote unde vor der werlte unschuldic an sîner missetât: wenne dû daz dîne getuost, sô bist dû unschuldic. Der wîse und der starke Adam der hete zwêne süne, der eine was wol gezogen, den andern kunde er nie geziehen. Her Nôê hete drî süne, der was einer wol gerâten, die andern kunder nie geziehen. Her Adam was als wîse daz er allen dingen namen gap, und in half alliu sîn wîsheit niht, sîn sun würde ein morder. Her Nôê, dich half alliu dîn heilikeit niht, dîn sun würde ein spöter. Her Abraham, dich half alliu dîn wîsheit niht, dîn sun würde ungerâten. Daz selbe spriche ich ouch zuo hern Îsââc, dem wîsen manne, daz sîn sun wart ein frâz. Her Davît, dich half niht dîn wîsheit, dîner kinde würde einez ungerâten, alsô daz dû vor etelîchem kûme dînen lîp behielte. Unde dâ von bist dû unschuldic, ob dir dîn kint niht volgen wil, ez sî sun oder tohter. Wilt dû sie aber niht ziehen vor liebe oder vor zartheit oder vor trâkheit oder vor unendehaftem muote, sô wirst dû schuldic an dînem kinde an sîner missetât unde muost gote dâ von antwurten, als ein klôstermeister von sîner samenunge. Und alsô legent uns die tiuvel die êrsten lâge zwivalt. Pfî, ir unsæligen tiuvel, wie gezîte ir an hebet mit iuwer verfluohten lâge, sô wir des êrsten in die werlt varn! Unde dâ von ist uns nôt, daz wir uns flîzeclîchen hüeten.

In der andern lâge (daz ist, sô wir ze unsern tagen komen), sô varn wir mit unserm leben durch die werlt unde haben daz leben erkant aller êrste, wie wir gein gote unde gein der werlte leben suln. Als der durch einen walt vert, der vindet von êrste kleine stûden, unde dar nâch vindet er aber baz gewahsen böume, und alsô wirt der walt ie baz und ie baz zuonemende, unz er in den rehten walt kumet; dâ stênt danne niwan einvaltige grôze böume, unde dar under vert er danne unz er durch den walt kumet unde jensît wider ûz vert. Und alsô legent ouch die vînde eine andere lâge dâ man in den walt vert, unde danne mitten in dem walde, unde dâ man wider ûz dem walde vert. Alsô stêt ez umbe die welt. Die wîle wir ze unsern tagen niht komen sîn, sô sîn wir die kleinen stiudelîn unde wahsen von tage ze tage unz wir ze unsern tagen komen. Sô varen wir danne ie mêr unde mêr durch die werlt die wîle wir leben, unde dâ legent üns die unsæligen tiuvel aber zwô lâge. Daz ist unrehtiu vorhte und unrehtiu liebe. Dâ vâhent die unsæligen tiuvel vil nâch alle die werlt mite, wan ir lützel ist die entrinnent. Unde daz daz wâr sî, daz in gar lützel liute entrinnent den tiuveln, sie vâhen sie mit disen zwein lâgen, mit unrehter vorhte unde mit unrehter liebe, daz hât uns got erzöuget in der alten ê: wan swaz uns endehafter dinge künftic was an unserm leben in der niuwen ê, daz hât uns got allez samt erzöuget in der alten ê an der liute lebene.

Ez was ein fürste in der alten ê, unde der pflac des israhêlischen volkes, unde hiez her Gêdeôn. Mit dem urliugeten die heiden, die hiezen die Philister; die heten einen künic, der hiez her Madiân. Unde der heiden was sô vil, daz sie daz lant fulten und ir nieman kein ahte wiste, hundert tûsent unde fünf und drîzicstunt tûsent. Her Gêdeôn unde sîn volk fluhen abe wege, wan ir gar lützel was gein den heiden. Unde her Gêdeôn verslouf sich selber abe wege, der der juden herzoge was. Und unser herre gestuont eht ie den sînen gerne unde quam für daz hol dâ her Gêdeôn inne was, unde rief im unde sprach alsô: ‘pfî, wie hâst dû dich versloffen! ganc her für unde samen dîn volk unde dîne liute alle samt unde var ze velde unde strît mit den heiden!’ ‘Owê, herre, nû ist ir gar ze vil!’ ‘Enruoche! ich wil mit dir sîn, unde volge mîner lêre, sô gesigest dû in an.’ Her Gêdeôn besamente sîne liute alle sament. Dô hete er zwei unde drîzic tûsent. Dô sprach er zuo unserm herren: ‘ir ist doch gar ze lützel.’ Dô sprach unser herre: ‘nein, ir ist halt gar unde gar ze vil: dû solt die selben niht alle füeren,' und ir was doch gar ze lützel gein den heiden, und unser herre sprach, ir wære gar ze vil. Dô sprach her Gêdeôn: 'wie sol ich danne tuon, herre?' Dô sprach er: 'heiz einen ruofer ûf stên unde heiz in daz her ruofen: alle die ein zagehaft herze haben, daz die widerkêren.' Gêdeôn tet alsô. Dô wâren dâ zwei und zweinzic tûsent, die dâ wider kêrten und zagehaft wâren, und ir wâren niwan zehen tûsent, die dâ manhaft wâren. Dô sprach unser herre: 'Gêdeôn, heiz die zagehaften alle widerkêren, wan der füeget einer niht ze mînem strîte.' 'Owê!' sprach her Gêdeôn: 'herre, ir ist nû gar ze wênic.' 'Nein!' sprach unser herre, 'ir ist noch gar ze vil.' 'Jâ, herre, wie sol ich nû tuon?' sprach her Gêdeôn. 'Dû solt für dich varn,' sprach unser herre, 'unz an diu wazzer diu fliezent ze den süezen rietichen unde ze den kalten brunnen, sô werdent sie alle trinken; und alle, die sich in daz wazzer legent als daz rint und als daz pfert, die stelle mir einhalp; und alle, die daz wazzer mit der hant in den munt werfent, die soltû mir ouch sunder ûz merken. Sô sage ich dir wol, welhe dû danne füeren solt. Und alsô füere sie ûz.' Unde dô sie quâmen zuo den wazzern, dô wurden sie trinkende. Unde der, die daz wazzer in den munt wurfen mit der hant, der wâren niht mêre danne driu hundert. Dô sprach unser herre: 'sich, die solt dû füeren! mit den gesigest dû den vînden an, unde die andern heiz alle samt widerkêren, wan die sint dir ze nihtiu nütze an dînem strîten.' Nû seht, under den zehen tûsent wâren niwan driu hundert, die daz wazzer mit der hant in den munt wurfen: die gevielen gote an sîme strîte. Die siben unde niunzic hundert kêrten alle wider: die gevielen gote an sîme strîte niht, dâ man dâ strîten solte umbe daz êwige leben.

Nû seht, ir hêrschaft alle samt, daz ist diu schale ûzen. Ich hân die schaln ûz geseit, als an dem mandelkerne, dâ ist ûzen ein schale, innen ein edeler wol gestalter kern. Alsô ist der geschihte. Swaz uns got erzöuget hât in der alten ê, daz ist diu schal'; die kan der jüde ouch: im ist aber der süeze kern gar tiure. Ir jüden, ir wizzet vil lützel, wie der edel süeze kern smecket: ir naget allez ûzen die schaln unde die dürren rinden. Der süeze kern wirt uns kristenliuten ze teil. Unde dar umbe sô legent uns die tiuvel sô an manigen enden lâge, daz wir die süezekeit des edeln kernes verwirken. Unde dâ vor wil ich hiute iuch warnen. Got helfe mir, daz ir iuch iemer deste baz hüetet vor ir stricken unde vor ir lâgen. Und ist daz, daz ir iuch vor disen zwein lâgen behüeten wellet, sô behüetet ir iuch vor allen ir lâgen deste baz, wan mit den zwein lâgen vâhent sie nâhen alle dise werlt mite. Nû seht, wie lützel der was die got gevielen an dem strîte, daz under zwein unde drîzic tûsent niwan driu hundert bliben, unde daz die andern alle muosten widerkêren von unrehter vorhte und von unrehter liebe. Die êrsten zwei unde zweinzic tûsent kêrten wider von unrehter vorhte: wan in got selbe gehiez, er wolte in helfen, dô wâren sie eht gar verzaget an dem herzen unde torsten sich an got niht gelâzen von unrehter zageheit unde von unrehter vorhte. Dô kêrten die andern wider von unrehter liebe, daz sie sich tiefe neigten in daz wazzer dô sie trinken solten; unde was under hunderten niwan einer der gote ze dem strîte geviel vor unrehter vorhte unde vor unrehter liebe unde gein der grôzen überkraft der vînde; der was eht sô vil, daz ez nieman kunde erahten. Dô sprach her Gêdeôn: ‘nû ist ir gar ze wênic.’ ‘Nein,’ sprach unser herre: ‘tuo als ich dich lêre, sô ist ir gar genuoc, unde dû gesigest in allen samt an. Ir sult nemen lieht in ampellen, und sult busûnen an den munt nemen unde sult blâsen. Sô ir die vînde an seht, sô sult ir die ampellen an einander slahen unde sult die busûnen blâsen: sô werdent die vînde alle fliehen und ir gesiget in allen an.’ —

Daz ist diu schale. Nû wil ich iu den kern unde die bediutunge sagen. Nû seht, wie ein slehtiu rede und ein glîchiu ebenmâze! Her Gêdeôn unde die sînen die bezeichent uns kristenliute. Die heiden aber, der sô vil was die mit in strîten wolten, bezeichent die tiuvel, die uns kristenliute stæteclîchen an vehtent mit ir râte unde mit ir schüpfunge. Alle die dâ sünde mîdent die habent den tiuveln angesigt an den zwein lâgen, wan ir ist sô vil der tiuvel, daz sie alliu disiu werlt niht möhte volle ahten, und ir stricke und ir lâge sint sô vil als stoubes in der sunnen. Unde dâ von sprichet ein heilige: ‘wê, herre, ist aber ieman der sich vor disen stricken allen müge behüeten?’ wan diu werlt ist alliu vol stricke. Nû seht, ob ir iuch wellet setzen ze wer, oder ob ir vor unrehter vorhte widerkêren wellet oder vor unrehter liebe. Wan als jene verzaget wâren vor unrehter vorhte unde widerkêrten von dem strîte unsers herren, alsô kêrent ouch manic tûsent wider, daz sie niemer hant ûf gehebent gein der anvehtunge des tiuvels, unde verzagent alle vor unrehter vorhte. Der læt im angesigen mit wuocher, der mit fürkoufe, der mit pfantunge, der mit dingesgeben unz inz jâr, der mit trügenheit an sîme koufe, der mit diepheit. Der læt im angesigen mit zorne, der mit vîntschaft, wan er fürhtet sich unde nimt im eine unrehte vorhte: ob er eim ein wort vertrüege oder ein ander schulde, daz man danne spræche: 'wê, wie maht dû daz vertragen? wie lîhteclîchen er daz vertragen hât!' Wiltû aber die unrehte vorhte niht lâzen diu dâ heizet vîntschaft, sô füegest dû gote niht an sînem strîte, dâ dû soltest strîten umbe daz êwige leben: dû muost schentlîchen unde lesterlîchen widerkêren gein dem apgründe der hellen, dâ dîn nimmer mêr rât wirt. Pfî, gîtiger! ir gîtigen liute ir gewinnet eine michele schar ûf der zagehaften widervart: wan dû hâst aller manheit eine niht. Wie wol dir got gelobet hât, daz er dich âne unreht guot welle nern, sô hâst dû eine unrehte vorhte, ob dû niht ein wuocherer wærest, daz er dich verderben lieze; und ouch niht satzunger wærest oder ein fürköufer umbe daz minner oder ein dingesgeber ûf daz tiurre, oder ob dû trügenheit liezest oder roup oder diepheit. Die werdent alle gevangen in der lâge, diu dâ heizet unrehtiu vorhte, unde swelicher leie sünde dû tuost durch guotes willen. Pfî iuch, her Pfenningprediger! ir sît verzaget an gotes miltekeit und an gotes erbermede. Unde dû, trüllerin, diu dâ gît drîe sêle kûme umbe zwêne schuohe oder umbe vier pfenninge. Dû wahtelbein des tiuvels, dâ mit er manige sêle væht, dû bist verworfen von dem volke, die dâ strîten suln umbe daz êwige leben, und alle die die gote niht getrûwent, daz er sie ernern welle âne unreht guot.

Daz ander teil der lâge daz ist unrehtiu liebe, wan mit unrehter liebe wirt manic tûsent sêle gevangen daz ir niemer mêr rât wirt. Daz ist unkiusche unde frâzheit. Der wirt gevangen mit unrehter liebe, die er zuo der frâzheit hât; der mit unrehter liebe zuo der unkiusche, der mit hôhvart, der mit senftem leben, daz er dem lîbe niht wil wê tuon unde grôze trâkheit hât ze gotes dienste durch des lîbes liebe. Unde die durch ir friunde willen meineide swernt, oder durch ir liebe einen wundent oder ze tôde slahent, oder brennent oder roubent, oder swélher leie sünde dû tuost durch deheinen dînen friunt oder durch deheinen dînen herren oder dîn kint, daz ist allez unrehtiu liebe. Wan wære ez von tûsent lîben dîn kint, sô soltest dû niht alle dise werlt nemen, daz dû eine sünde tætest, diu tœtlich heizet. Dû êbrecher unde dû nescher unde dû nescherin, dû hâst dich gar ze tief in die sünde geneiget, als die sich dâ leiten in daz wazzer sam daz rint unde daz pfert. Dir ist diu sünde gar süeze unde ze liep gewesen, dû hâst dich gar ze tief in die frâzheit gesenket und in die unkiusche und in die wollust des lîbes und an kleider, diu dir von hôhverte wegen verboten sint. Und alsô grôz sint die liste der tiuvel, daz sie alle sünde in diu zwei stücke flehtent, die alliu diu werlt getuon mac, und ist halt der sünden vil, dâ sie beide an ligent unrehtiu liebe und unrehtiu vorhte, als diu sünde diu dâ gîtikeit heizet. Pfî gîtiger, wie gar dir verteilt unde verschaffen ist diu helle vor allen den, die diu werlt ie gewan oder immer mêr gewinnen mac! Nû hœret, ir hêrschaft alle samt, wie maniger leie verdampnisse an dîner sünde lît. Dû bist in den zehen geboten in ir zwein, dû bist in den siben houbetsünden, dû bist der sünder einer, dem nieman keine gnâde tuot an der buoze. Allen sündern gît man buoze nâch gnâden, wan zweier slahte sündern gît man buoze nâch rehte, ân aller slahte gnâde. Sich, gîtiger, der bistû einer. Sô bist dû der sünder einer, vor dem got niemer ruowe gewinnet. Nû sich, gîtiger, wie maniger leie verdampnisse an dîner sünde lît! Sô bist dû ouch der sünder einer, des pîn unde marter sich von tage ze tage ze helle mêret unde wehset iemer mêre. Sô bist dû ouch der sünder einer, der sich niht alleine ze helle bringet, dû bringest ouch ander liute mit dir zer helle. Dû bist ouch der sünder einer, der dâ niuwe fünde vindet ûf die sünde. Dû bist ouch der sünder einer, der von unrehter vorhte unde von unrehter liebe verdampt wirt, von der grôzen liebe, die dû zuo dem unrehten guote hâst, wan dû den worten in der helle brennen wilt, daz dû unreht guot gewinnest. Dû hâst ouch unrehte vorhte, daz dû dem almehtigen gote niht getrûwest, daz er dich âne daz unrehte guot ernere; unde von der unrehten vorhte wiltû weder gelten noch widergeben. Swenne nû als manigiu verdampnisse lît an der gîtikeit, dar umbe durch den almehtigen got sô hüete sich alliu disiu werlt vor gîtikeit und vor unrehtem guote, die sîn noch niht haben; unde die sîn noch ein wênic haben, die komen dâ von, ê daz sie sîn ze vil gewinnen; wan jüden unde heiden bekêret man ê, ê daz man deheinen gîtigen bekêren müge, wan in hânt beide lâge gevangen, die tiuvel habent in mit beiden lâgen bestricket. Die hôhvertigen sint ouch mit beiden lâgen gevangen der unrehten liebe und üppiger êre unde der unrehten vorhte, daz sie gedenkent: ‘wie lieze ich nû die hôhvart? wan sô hât man mich für niht.’ Sich, daz rûnet dir der tiuvel allez zuo. Und alsô wirt diu werlt alliu gevangen mit disen zwein lâgen: mit unrehter vorhte oder mit unrehter liebe oder mit in beiden.

‘Owê, bruoder Berhtolt, wie sullen wir denne tuon?’ Daz künde ich dich wol gelêren. Dû solt tuon, als die driu hundert, die sich niht ze tiefe neigten in daz wazzer, dô sie trunken: sie huoben sich ûf unde wurfen daz wazzer mit der hant in den munt. Dû hâst dich gar ze tiefe geneiget in die sünde, in die unrehten liebe, unde bist ouch gar verzaget von der unrehten vorhte. Dâ von muost dû tuon als die driu hundert: die nâmen lieht in ir ampellen unde nâmen busûnen an den munt unde bliesen die unde sluogen die ampellen an ein ander. Dô daz die vînde hôrten unde diu lieht sâhen schînen ûz den ampeln, dô fluhen sie: wie wênic ir was unde wie vil der vînde was, sô getorsten sie doch niht ir erbîten. Dû solt wâre riuwe gewinnen umb alle dîne sünde unde solt lûterlîchen bîhten unde solt mit grôzer andâht got sîner gnâden biten, daz er sich über dich erbarme. Daz sint die busûnen. Sô ist daz diu buoze, daz dû solt die ampeln an einander slahen. Diu ampel daz ist dîn lîp: den solt dû slahen mit kestigunge, mit riuwe unde mit buoze unde mit allen guoten werken, dâ mite man die sünde gebüezet: mit vasten, mit gebete, mit almuosen, mit vigilien, mit allen guoten dingen: sô wirt diu heilige sêle (diu ist daz lieht) ûz der ampellen schînende. Als daz die tiuvel sehent, sô fliehent sie ir wec unde koment dir niemer mêr ze schaden.

Ist nû, daz ir durch zwô lâge kumet, sô ir in die werlt vart, sô ir durch die werlt vart, sô lâzent die tiuvel dannoch niht, sie legen uns zwô lâge, sô wir ûz der werlte varn, daz ist, sô wir an dem tôde ligen und sich sêle unde lîp müezent scheiden: sô setzent sie allen ir flîz wie sie uns mit zwein lâgen gevâhen, wan in der dritten lâge, sô wir ûz der werlte varn müezen, sô legent sie uns aber zwivalte lâge.

Des êrsten legent sie allen ir flîz dar an, daz sie uns den rehten gelouben an gewinnen. Dâ vor beschirme uns der almehtige got. Unde dâ von hât man des site, ez sîn frouwenklôster oder mannesklôster swâ convente sint: als einez zem tôde grîfende wirt, sô hât man des site, daz man an eine tâfeln sleht, sô koment alle die in dem klôster sint, die sprechent im den gelouben vor; unde swâ sie in dem klôster gênt unde alle die wîle und jenez ze tôde ziuhet, sô sprechent sie im den gelouben vor, allez dar umbe, daz jenez von dem gelouben iht scheide. Wan und wære ez alle sîne tage ein klôsener gewesen, unde mügent ez die tiuvel an dem ende von dem gelouben bringen, sô füerent sie ez dannoch in der lâge hin. ?Wænet ir hêrschaft, daz der kyrleise durch ein gestüppe erdâht sî, der dâ sprichet:

'Nû biten wir den heiligen geist
umb den rehten glouben aller meist,
daz er uns behüete an unserm ende,
sô wir heim suln varn ûz disem ellende
kyrieleis.'

Ez ist gar ein nütze sanc, ir sult in iemer deste gerner singen unde sult ez alle mit ganzer andâht unde mit innigem herzen hin ze gote singen unde ruofen. Ez was gar ein guot funt und ein nützer funt und er was ein wîser man der daz selbe liet von êrste vant, wan aller sælden grœstiu, der man unsern herren erbiten mac, daz ist diu, daz er uns behüete in der zît, sô unser sêle von unserm lîbe scheiden muoz an dem ende, sô wir heim sullen varn ûz disem ellende. Wir sîn gar ellende hie, unde dâ von solten wir wol smæhen diz leben unde solten heim gein lande ziehen, dâ wir iemer mêr mit freuden wæren. Unde dâ von sît des gewarnet, daz iu der rehte geloube an dem ende niht an gewunnen werde von disen unsæligen tiuveln. Wan die kêrent allen ir flîz dar an, daz sie uns den gelouben an gewinnen, dar umbe, daz wir daz himelrîche niemer beschouwen daz sie verlorn hânt. Unde dû maht dich gar lîhte verwarlôsen an dem gelouben, daz dû daz minneclîche antlütze unsers herren niemer mêr beschouwest, daz sie verlorn hânt.

'Owê, bruoder Berhtolt, wie suln wir uns dâ vor behüeten?' Daz kan ich dich wol gelêren, wiltû mir volgen. Dâ solt dû von kintlîcher jugent den gelouben kristenlîches lebens gar unde gar wol bevesten unde bestæten in dînem herzen. Dû solt in ûzen lêren ze tiusche: die ungelêrten liute die sulnt den gelouben in tiusche lernen unde die gelêrten in buochischem. Ez solten des kindes totten daz kint den gelouben und daz pater noster lêren, sô ez siben jâr alt würde, wan sie sint ez im schuldic, wan sie sint geistlîche vater unde muoter. Sie sullent sprechen ze sînem vater oder muoter: ‘gevater, ir sult mir mînen totten daz pater noster unde den gelouben lêren, oder ir lât in zuo mir gên: sô lêre ich ez.’ Künnent sie daz avê Marîâ dar zuo, daz ist vil wunderguot. Ist aber, daz daz kint sîn totte niht lêret, sô soltû ez selber lêren, wan welich mensche vierzehen jâr alt wirt unde kan ez des pater nosters niht, man sol ez an ein velt legen. Und dâ von soltû dîn kint guoter dinge wenen, sô wirt der geloube veste an sînem herzen. Ein ieglich mensche sol den gelouben zwirunt in dem tage sprechen: des morgens sô dû ûf stêst unde des nahtes sô dû nider gêst, unz an dînen tôt: sô dû danne an dem ende gelîst, unde dir der tiuvel dînen kristengelouben gerne an gewünne, daz er dir niht guot ze nemenne ist. Wiltû aber des gelouben niht lernen unde wilt niht in von kintheit ûf liep haben unde wilt gedenken: ‘wê, herre, wer mac reht haben, jüden, heiden oder ketzer? ich enweiz wie ez stêt oder wer ze rehte geloubet’: wiltû alsô wankel sîn und lâzen fliegen die gedanke, sô ist er dir vil schiere verstoln ûz dîmę herzen von ketzerlîcher lêre oder von des endekristes gewalt oder von der tiuvel lêre. Unde dâ sult ir iuch gein der lâge flîzeclîchen warnen. Dû enweist welichiu nôt dich wirt ane gên umbe den gelouben. Unde dâ von sol man in ûf guote gruntvesten bûwen. Wan swer ein hûs ûf eine bœse gruntvesten bûwet, daz nimt schiere ein ende, ob ez ein grôz wint bestêt oder ein regen oder ein güsse. Ze gelîcher wîse soltû den gelouben ûf eine guote gruntvesten bûwen: ob ein wint kome, daz dir in weder güsse noch wint noch regen benemen müge, daz ist, daz dîn herze als veste sol sîn als ein stein. Swer ein hûs ûf einen stein bûwet, daz mac der wint niht umb gestôzen noch der regen niht erweichen noch daz güsse niht undergraben. Unde dâ von sol dîn herze steinîn sîn, rehte herte als ein flins, daz dû dir dînen lîp liezest ê nemen denne kristengelouben; als der heiligen martelære gar vil, sant Pêter, sant

Paulus, sant Katherîn, sant Margrête: sô liez sich der ê schinden, der ê brâten, der ê radebrechen. Alsô soltû tuon. Dû solt dînen glouben von kintwesen veste machen in dînem herzen, ob der wint kome — daz ist der endekrist: wan der kumet mit gewalt als der wint mit sturme: sô sult ir iu ê drîzic martel lâzen tuon, ê daz ir verzaget an kristem glouben — oder die güsse komen — daz sint die ketzer mit ir valschen lêre, die slîchent als diu güsse —: wan unz dû ûf gesihst sô hât daz güsse daz hûs undergraben, daz ez sinket oder ze mâle vellet. Alsô tuot der ketzer. Ist dîn herze niht vesteclîchen gesteinet mit kristenlîchem gelouben, dir mag ein ketzer zuo komen, der dir dînen gelouben undergrebt mit ketzerîe, daz dû sîn kunde wirst, daz dû iemer kranc bist an kristenlîchem gelouben, oder aber ze mâle vellest in ketzerîe. Wan der schedelîcheste diep ist der ketzer den diu werlt ie gewan. Vil wunderlîchen balde hât er dir daz himelrîche verstoln, daz dû got niemer mêr gesihst in sînen freuden. Zem dritten mâle sol dîn geloube ûf ein steinîn herze gebûwen sîn, ob die regentropfen zuo sîgende werden. Daz ist nû aller nœtest, sô die tiuvel an dem ende în sîgende werden als die regentropfen, wan ir als vil als regentropfen ist, unde sie schüpfent und râtent und kêrent allen ir flîz dar an, wie sie iuch an dem ende von dem rehten gelouben bringen. Unde dâ von sult ir dicke mit guoter andâht singen:

Nû biten wir den heiligen geist
umb den rehten glouben aller meist etc.

Ze dem andern mâle in der dritten lâge — wan sie legent uns in ie der lâge zwivalte stricke, der sint alsô sehse; und ist, daz wir uns in den fünfen gar wol hüeten, dannoch lâzent sie niht, sie legen uns die sehsten lâge — diu ist halt der aller ungewärlîchesten lâgen einiu, die dise unsæligen tiuvel iendert habent. Sie nam gote der heiligesten manne einen, den er bî den zîten hete. Er was sô heilic, daz er grôziu zeichen tet: er hiez die tôten ûf stên durch sînen willen, unde müeste wir hiute sînen tac vîgern als des guoten sant Pêters und hæten in die tiuvel niht hin in der selben lâge. Unde diu selbe lâge heizet zwîvel. Den werfent die tiuvel den menschen an mit aller kraft unde mit allen ir listen die sie habent. Sie füerent dar alle die missetât, die der mensche ie begie von sînen kintlîchen tagen die er niht gebîhtet hât unde niht buoze dar umbe enpfangen hât. Hât aber er sie wol gebîhtet und hât daz âne riuwen getân unde hât sie willen aber ze tuonne, sô füerent si sie aber dar, ob er sie niht hât gebüezet. Und alsô füerent sie alle die sünde dar, die der mensche ie getete: sie füerent sie in fuoders wîse unde legent sie zuo einander über einen hûfen, daz eht der mensche verzage unde zwîvel an dem ende. Unde sie machent eht den grûsen grôz. Sie grînent sam die hunde und scherzent sam die kelber unde grisgramment sam die lewen, allez dar umbe, daz der mensche verzwîvel unde daz gedinge lâze, daz ein ieglich mensche gegen gote haben sol. Wan als flîzic sie des sint, daz sie dem menschen kristengelouben an gewinnen, als flîzic sint sie ouch, wie sie im daz gedinge an gewinnen. Ez heizet eteswâ gedinge, eteswâ zuoversiht, eteswâ hoffenunge, ez heizet in latîne spes. Unde dâ kêrent sie alle ir liste und ir flîz an, wie sie uns daz gedinge benemen mit grisgramen unde grûsen.

'Owê, bruoder Berhtolt, wie suln wir dar umbe getuon?' Daz kunde ich dich wol gelêren, woltest dû mir volgen. Dû solt des übeln wênic tuon unde des guoten vil. Wan als wênic des die tiuvel vergezzent sie bringen alle die sünde dar und ouch die minnesten missetât die dû ie begienge, als wênic vergezzent des die engele sie bringen ouch die minnesten guottæte dar die dû ie getæte mit almuosengeben, mit gebete, mit vasten, mit allen guoten dingen: des vergezzent sie niht hâres grôz die engele gotes unde legent daz ûf die wâge anderhalp. Unde dar umbe soltû des guoten vil tuon unde des bœsen lützel. Sô dû danne den hûfen der guottæte grôz sihst, sô gewinnest dû eine freude; sô ist danne dîn gedinge grœzer vil danne dîn zwîvel. Unde dem guoten sant Martîn dem leiten sie ouch die selben lâge unde den andern allen samt, swie guot sie wæren. Unde dô sie die selben lâge dem guoten sant Martîn leiten, seht, dô sprach er: 'var hin', bluotigez tier! ez ist allez samt gebüezet: dû vindest rehte nihtes niht an mir.' Und alsô sult ir ez schaffen, daz ir ez allez samt gebüezet unde der hûfe kleine sî der missetæte unde der guottæte vil sî. Sî ez aber alsô komen, daz der übeltæte mê sî denne der guottæte, dannoch sult ir niht verzwîveln: ir sult got an ruofen mit inneclîchem herzen, daz er iu ze helfe kome, wan er hât iuch vil harte erarnet. Unde müget irs niht gesprechen mit dem munde, sô gedenket sîn mit dem herzen, unde sît veste an dem gelouben und an dem gedinge, unde getrûwet dem almehtigen gote, Marîen der heiligen küniginne der erbermede, daz sie ir heiligez trûtkint für iuch bite und iu guot sî in iuwern nœten und engesten. Wan daz kan sie wol getuon unde mac ez wol getuon. Swie grôz der tiuvele grûse sî und ir vorhtsamiu drou, sô habet eht ir starkez gedinge unde vesten gelouben ze gote, unde ruofet in vaste mit gedenken an; wan ist der guottæte ze lützel, sô getrûwet dem almehtigen gote, daz er sînes bluotes dar zuo lege, des einiger tropfe mêr wiget danne himelrîche und ertrîche. Wande nû dirre lâge sô vil ist unde dirre stricke sô vil ist, die uns die tiuvel legent, sô sult ir iuch alsô vor in hüeten daz ir frœlîche gesprechen müget mit den heiligen martelæren: 'unser sêle sint enbunden von dem stricke der jagenden als der spar ûz dem netze.' Unde hüetet iuch vor den zwein lâgen, unrehter vorhte und unrehter liebe, sô mügent iu die tiuvel deste minner geschaden in den jungesten zwein lâgen. Unde gewinnet alle wâre riuwe unde kumet alle zuo lûterre bîhte unde zuo buoze nâch gotes gnâden unde nâch iuwern staten. Daz uns daz geschehe als den heiligen martelæren, daz wir enbunden werden von allen den engesten unde von allen den nœten, dâ wir mite gebunden sîn an lîbe und an sêle: daz uns daz allen widervar, mir mit iu und iu mit mir, daz verlîhe uns allen der vater unde der sun unde der heilige geist. Âmen.

---

# IV.

## VON DEN SIBEN PLANÊTEN.

DEr almehtige got hât uns geben zwei grôziu buoch uns pfaffen, dâ wir an lernen unde lesen unde singen. Alliu diu dinc der uns nôt ist zuo der sêle unde zuo dem lîbe, alle tugende der wir bedürfen ze gote unde zer werlte, wie wir got minnen süln unde wie wir in loben und êren süln unde wie wir die sünde lâzen unde fliehen süln unde die untugende und alle bôsheit lâzen unde smæhen süln: daz lesen wir pfaffen allez samt an zwein buochen. Daz ein ist von der alten ê unde daz ander von der niuwen ê, und einez lesen wir bî der naht unde daz ander. bî dem tage. Daz ist reht alse wîz unde swarz: diu alte ê ist diu naht, diu niuwe ê ist der tac. Und alsô hât uns got alle naht unde tac in sîner huote und in sînem schirme mit disen zwein buochen. Unde daz daz wâr sî, daz erzöuget uns got in der alten ê. Dô er daz israhêlsche volk fuorte durch die wüestenunge in daz geheizen lant, dô gap er in zweierleie wîsunge: des tages giengen wolken über in, des nahtes wîsete er sie mit dem liehte der sternen. *Et fuit illis in velamento diei et in luce stellarum nocte* (*Sap.* 10, 17). Unde alsô gab er in die wîsunge des tages unde des nahtes, wie sie in daz geheizen lant solten komen. Und alsô hât uns got disiu buoch gegeben ze wîsunge, wie wir in daz geheizen lant suln komen; daz ist daz himelrîche, daz er uns sît anegenge der werlte bereitet hât. Wan nû iu leien himelrîches alse nôt ist als uns pfaffen, dar umbe hât iu got zwei grôziu buoch gegeben, dâ ir an lernen unde lesen sullet alle die wîsheit der iu nôt ist unde die iuch in daz himelrîche wîsen sullen: daz ist der himel unde diu erde. Dar an sult ir lesen unde lernen allez daz iu nôt ist an lîbe und an sêle. An der erden bî dem tage, an dem himel bî der naht. Wan der almehtige got hât uns alliu dinc ze nutze und ouch ze guote geschaffen, einhalp zuo dem lîbe und anderhalp zuo der sêle. Und alsô sult ir daz ertrîche mezzen unde niezen zuo des lîbes nutze, alsô daz ir ez bûwen sullet mit korne und mit wîne unde mit allen dingen, diu ir ze des lîbes nôt bedürfet. Und alsô maniger leie tugent müget ir ouch dar an lernen unde lesen, diu iuch zuo dem himelrîche wîsen sol in daz geheizen lant, ob ir ez kundet, alse der guote sant Bernhart. Dô man den frâgte, wâ von er sô wîse wære, dô sprach er: 'ich lerne an den böumen.' Und alsô müget ir an den böumen grôze tugende lesen unde lernen, swenne ir gedenket in dem herzen: 'wol dir, lieber got, wie manicvalt dîn gnâde ist unde dîn gewalt, daz dû uns sô vil ze nutze unde ze guote hâst gegeben, daz die böume des winters sô dürre unde sô blôz sint unde nû gein dem sumer schœne blüete unde loup ûz werfent unde dar nâch edelez obz tragent daz sô guot unde wolgesmak dunket; unde daz die wînreben sô gar unahtbære sint unde daz sie doch sô guoten wîn gebent unde den liuten sô wol zement, unde die liute sô frô machet; unde daz dû, herre, sô maniger hande krût ûz der erden ûf trîbest, daz nieman weder bûwet noch sæwet, daz ie zuo eteswâ nütze unde guot ist. Sô ist diu wurze guot, sô ist der sâme guot, sô ist sîn krût guot, sô ist der bluome guot; sô gevar ist diu, sô ist jeniu sus gevar: diu rôt, diu gel, diu brûn, diu wîz, diu grôz, diu kleine, diu kurz, diu lanc, unde diu wurze für dén siechtuom guot ist unde disiu für einen andern.' Und alsô müget ir lîp unde sêle gesunt machen mit der geschepfede unsers herren. Swenne ir in alsô dar umbe lobet und in dar umbe êret mit gebete, mit lobe unde mit danken, sô machet irz iu zwivalt nütze: zem lîbe unde ze der sêle, wan unser herre wil daz man in lobe von allen sînen werken. Als ir frouwen dâ leset in dem salter des tages, sô sult ir des nahtes lesen an dem himel unde lernen: dâ hât got iu vil guoter letzen an geschriben. Wan ich des willen hân daz ich iu hiute eine letze welle sagen, die sult ir an dem himel lesen, an siben sternen. Bitet alle unsern herren, daz er mir gebe ze sprechenne, daz er gelobet werde oben ûf in dem himel, unde daz ir gesæliget werdet an lîbe und an sêle. Unde dar umbe spreche ein ieglîchez ein pater noster und ein avê Marîâ unserr frouwen.

Ez stênt siben sternen an dem himel, dar an sult ir lesen unde tugende lernen, wan unser herre hât uns alliu dinc ze nutze und ouch ze guote geschaffen, einhalp zuo dem lîbe und anderhalp zuo der sêle, als ich ê sprach. Und alsô hât unser herre die sternen ouch geschaffen, die habent gar grôze kraft über alliu dinc diu ûf erden sint under dem himel. Als er den steinen unde den wurzen unde den worten kraft hât gegeben, alsô hât er ouch den sternen kraft gegeben, daz sie über alliu dinc kraft hânt, ân über éin dinc. Sie habent kraft über böume und über wînwahs, über loup unde gras, über krût unde wurze, über korn und allez daz, daz sâme treit, über die vogel in den lüften und über diu tier in dem walde und über die vische in dem wâge und über die würme in der erden: über daz allez samt daz under dem himel ist, dar über hât unser herre den sternen kraft gegeben, wan über éin dinc: dâ hât nieman keine kraft über noch keine maht, weder sterne noch wurze noch wort noch steine noch engel noch tiuvel noch nieman wan got alleine; der wil sîn ouch niht tuon, der wil niht gewaltes drüber hân. Daz ist des menschen frîiu willekür: dâ hât nieman gewalt über danne dû selber. Wolte got gewalt haben über des menschen willen, sô würde unser deheinez niemer verlorn. Wande er den menschen nâch im selben gebildet hât der edele frîe herre, dâ wolte er im sîne willekür niht binden noch twingen, als dem esel: der muoz den sac tragen, er tuo ez gerne oder ungerne. Alsô muoz der ohse den wagen ziehen oder den pfluoc. Man bindet ein mensche wol swie man wil, aber sînen willen kan man niht gebinden noch betwingen. Swie grôze kraft die sternen haben über regen und über wint und über allez daz, daz under dem himel ist, sô hânt sie doch keinen gewalt über des menschen willen: der wille stêt an dir selben. Got der hât dir übel unde guot für geleit: tuo wederz dû wilt, daz stêt an dir, got hât ez dîner frîen willekür bevolhen. Der almehtige got der bewîse dich des besten durch alle sîne güete! ich gibe iu den wunsch: der almehtige got der gebe iu den willen: wan nieman deheinen gewalt enhât über iuwer willekür danne ir alleine, sô gebe iu got daz beste. Des bite ich got wol für iuch: ich mag aber iuwer niht betwingen; wan möhte ich iuch betwingen, sô lieze ich iuwer einez niemer keine sünde getuon. Nû hân ich deheinen gewalt dar über, noch die sternen, swie grôze kraft die sternen hânt über alliu dinc. Sie habent kraft über dîn selbes lîp und über dîne gesuntheit und über dîne kraft, und über dînen willen habent sie keinen gewalt. Sie habent halt sô grôze kraft über alliu dinc, unde die hât in got verlihen. Ob des allerminnesten sternen gebreste, der iendert an dem himel ist, sô möhte alliu diu werlt deste wirs an gesuntheit des lîbes krefte, an lancleben, und allez daz ûf erden lebt und allez daz ûf erden swebt, daz wære allez deste unberhafter unde deste touber an sîner frühte und an sînem sâmen. Seht, als wîslîche hât unser herre alliu dinc geschaffen und alliu dinc geordent! Unde dâ sprichet her Dâvît: 'herre, dû hâst alliu dinc mit wîsheit geschaffen.' Unde swie gar grôze kraft die sternen alle samt mit einander habent, doch habent die siben planêten sunder grôze kraft vor allen den sternen die an dem himel sint; unde doch habent sie keine kraft über die willekür. Unde bî den selben sternen sult ir siben tugende lernen, ob ir sie selbe niht enhabet. Wan swer ir niht enhât, der mac niemer komen in daz geheizen lant. Unde dar umbe hât iu got die selben siben tugende bewîset an den siben planêten, daz sie iuch ze dem himelrîche wîsen, wan dâ kan niemer mensche hin komen, ez habe danne die selben siben tugende, wan alle tugende sint ze nihte, dû enhabest danne die selben siben tugende, wan die habent alle die heiligen gehabt die ze himele sint. Wande die selben tugende als nütze sint, sô hât iu sie got an zwein enden erzöuget. Die siben tage der wochen sint geheizen nâch den siben sternen, unde die siben tugende sint dar nâch bezeichent: allez dar umbe, daz ir die siben tugende deste lieber habet unde deste ofter dar an gedenken sult. Als ir ie der sternen einen seht, sô sult ir ie an der siben tugende eine gedenken, unde sult sie lernen, daz ir sie an iu selben üebet, unde sult got mit allem flîze biten, daz er iu die selben tugende gebe ob ir sie niht enhabet, die nâch dem selben sternen ie sint geheizen. Unde daz selbe sult ir tuon swenne ie der siben tage einer kumt, der nâch dem selben sternen geheizen ist, der ie der tugende eine bezeichent. Wan der siben sternen der bekennent manige liute niht. Dâ von sint die siben tage dar nâch geheizen. In latîne und in welschen landen und in Frankrîche heizent die siben sternen als die siben tage, und ouch die siben tage sam die sternen. Hie ze tiutschem lande heizet man sie niht sô gar dar nâch als in latîne und in Frankrîche und in welscher zungen, und ist mir daz vil leit. Wan sô der suntac kumet, sô soltet ir an die tugent gedenken, diu nâch dem suntage ist bezeichent, und an dem mântage daz selbe, und alle tage nâch ordenunge sô sullet ir gedenken an die tugende.

Der êrste planête heizet Sol, daz ist diu sunne. Nâch dem selben planêten heizet der selbe tac suntac. Und als ir den selben planêten sehent und als der selbe tac kumet der suntac, sô sult ir an die tugent gedenken, die der selbe sterne bediutet diu sunne, unde sult got biten, daz er iuch die selben tugent vesteclîchen lêre unde sie stæte an iuwerm herzen mache; wan hætet ir alle die tugent die diu werlt hât, unde hætet der einigen tugende niht, sô gesehet ir got niemer in sînen freuden und in sînen êren. Unde heizet lûter kristengeloube. Wan swaz der mensche tuot, daz gevellet gote niht âne den rehten kristengelouben. Vaste als vil als Helyas, und erlîde als vil wêwetages als der guote Iob, unde wis geduldic als Iob, unde tuo allez daz dû kanst oder maht: dir gît got dehein himelrîche, wan daz gevellet gote allez niht âne den kristengelouben. Guotiu werc âne den gelouben sint vor gote tôt, unde guoter gloube âne diu werc ist vor gote alsam. Wan alse diu sunne liehter ist danne alle sternen und als diu sunne alliu dinc überliuhtet, alsô überliuhtet kristengeloube über alle glouben. Ketzergloube der stinket und ist fûl unde dunkel unde schînet niwan in der vinsternüsse ein wênic, als ein fûlez holz, daz niemer geschînet wan an der vinsternüsse in den winkeln. Ze glîcher wîse ist ez umbe den ketzergelouben: als man den ze liehte treit, sô schînet er niht, wan er ist fûl als daz fûle holz: sô man daz ze liehte treit, sô stinket ez und ist eht fûl. Dû unsæliger ketzer, mahtû den glouben dâ her ze mir an daz lieht tragen? Dû solt ouch einvelteclîche glouben waz dû ze rehte von gote glouben solt unde daz dir dîn kristengloube seit, dû solt niht ze vaste in die sunnen sehen, wan swer vaste in die sunnen siht, in den brehenden glast, der wirt eintweder von ougen sô bœse daz er ez niemer mêr überwindet, oder er erblindet gar unde gar, daz er niemer mêr gesiht. Ze glîcher wîse alsô stêt ez umbe den glouben: swer ze vaste in den heiligen kristenglouben siht, alsô daz in vil gewundert unde ze tiefe dar inne rumpelt mit gedenken, wie daz gesîn müge, daz der vater unde der sun unde der heilige geist éin got ungescheiden sint; unde wie daz gesîn müge, daz sich gewâr got unde wâr mensche verwandelt in ein brôt, unde daz ein maget ein kint gebar; unde wie daz gesîn müge, daz ein priester der selbe in sünden ist ein sündic mensche von sînen sünden mac enbinden. Der almehtige got, der alliu dinc wol mac getuon, als der guote sant Pêter dâ sprach, der mac ouch daz wol getuon. Dar umbe soltû niht trahten, wan ez ist den hôhen meistern gnuoc. Wirt eht ein guot mensche: als diu sêle ûz dem lîbe gêt, sô gesihst dû ez allez wol. Wiltû aber ze vil dar nâch grüebeln, sô maht dû eintweder sô kranc an dem gelouben werden, daz duz niemer mê überwindest, oder dû wirdest gar ze mâle ze eime ketzer. Unde dar umbe soltû vesteclîchen glouben âne wanken und âne wandern einveltecliche daz dir dîn kristengeloube seit, unde solt dich dan hüeten, daz er dir iht verstoln werde von ketzerlîcher lêre noch von keinem andern glouben.

Der ander sterne bezöuget dir die andern tugent. Der heizet der mâne, unde nâch dem selben sternen sol heizen der tac, der ander in der wochen, mântac. Als ir den mânen seht, sô sult ir an die andern tugent gedenken, und als ir an den mântac kümt, sô sullet ir got biten umbe die selben tugent, diu dâ heizet dêmüetekeit. Wan der mâne ist der aller niderste sterne der an dem himel ist; und als vil er niderre ist dan ander sternen, als vil sol sich der mensche dêmüetigen; und als der mensche ie hœher ist, ie sêrer sol er sich dêmüetigen. Daz sult ir an dem sternen merken unde lernen. Dû solt dich selbe niht ze hôhe setzen an die stat, dâ man die werden setzet, als unser herre in dem êwangeliô sprichet: 'swer sich selbe ze hôhe setzet, unde kumt der wirt, der wil vil lîhte einen andern dar setzen: sô muoz er lesterlîchen die stat rûmen unde muoz vil lîhte dort hinder der tür sitzen.' Unde dar umbe solt ir iuch dêmüetigen: sô heizet iuch der wirt êrbærlîchen an die stat sitzen, daz verre wæger unde bezzer ist, daz iuch der almehtige got hœhe, danne daz ir iuch selbe hœhet. Wan swer sich selbe erhœhet den nidert got, unde swer sich selben nidert den hœhet got. Unde wære unser frouwe sant Marîâ niht dêmüetic gewesen, der heilige geist wære nie zuo ir komen, swie vil sie anderr tugende hæte gehabt. Nû machet irz nœtlîche, ir frouwen, daz iuch nieman erlîden mac, sô mit gewande, sô mit vorgange zuo dem opfer, mit ebentiure, mit tüechelehen, mit gelwem gebende, mit sleigern unde mit wæhen næten. Sô næwet ir hie den schilt, hie den strik, hie den tôren, dâ den affen. Alsô ist dir diu tugent gar tiure diu dâ heizet dêmüete. Unde hâst dû anders niht danne löbelachen unde hôhvart, ach sô hâst dû weder hie noch dort niht. Ir man, ir trîbet ouch ze vil hôhvart, mit wæhen sniten an iuwerm gewande, mit niuwen sniten an hüeten und an anderm. Die habent der wîsunge unsers herren niht; dâ von kument sie niemer in daz geheizen lant.

Der dritte sterne heizet Mars. Der zeiget uns die dritte tugent, unde nâch dem selben sternen heizet der dritte tac in der wochen ein wênic niwan in dem lande hie ze Beigern. Der sterne der heizet Mars: sô heizet der tac ergetac. Wære niwan éin buochstabe mêr dâ, ein R, sô hieze er nâch dem sternen. Der bezeichent uns eine guote tugent: sterke des geistes heizet diu selbe tugent, und ist aller tugende beste. Ir sult sîn stark gein der untugende; swenne sie iuch ane vihtet, daz ist des fleisches gir unde der werlte süezekeit unde des tiuvels ræte, sô strît eht wider: sô gesigest dû den drin vînden an, als der guote sant Paulus dâ sprichet: 'arbeite als ein guot ritter unz daz dû begrîfest die krône des lebens. Ich hân einen guoten strît gestriten, mînen louf hân ich vollebrâht, den gelouben hân ich behalten.' (2. *Tim.* 2, 3.) Alsô sult ir arbeiten unde strîten wider die sünde. Als dû einer sünde gedenkest, sô strît eht wider unde wider, und nim in dînen muot: 'owê, herre! hilf mir, herre, daz ich dîn iht verliese mit keiner sünde;' unde nim in dînen muot daz diu sünde vil bezzer ist ze lâzen danne ze büezenne. Als dû einer unkiusche gedenkest, ez sî von des lîbes gelust oder von der werlte freude oder von des tiuvels ræten, sô strît eht wider. Wiltû einen slahen oder wunden vor zorne, daz dir rehte daz herze bulzende her ûz welle, sô strît eht wider und gedenke dar an, wie hôhe dû got und der werlte büezen müezest. Sô dû steln oder rouben wellest, sô strît eht wider. Sô dû topeln oder spiln wellest, sô strît eht wider. Sô dû eine vasten brechen wellest, sô strît eht wider; oder eine vîre von vrâzheit oder von gîtikeit nâch guote, sô strît eht wider. Pfî, gîtiger unde wuocherer unde fürköufer unde satzunger! dû bist sigelôs worden; des kumest dû niemer in daz rîche unsers herren, dû geltest danne unde gebest wider. Ir andern sünder, swâ ir sigelôs worden sît an iuwerm strîte, unde daz ir in sünde gevallen sît, sô gewinnet alle samt wâre riuwe unde tuot lûter bîhte und enpfâhet buoze nâch gnâden gotes unde nâch iuwern staten unde strîtet für baz iemer mêr mit der tugende, diu dâ heizet sterke des geistes. Swenne got iuwern ernst siht, sô hilfet er iu strîten daz ir gesiget an aller anvehtunge. Nû seht, ob ir strîten wellet oder sigelôs werden. Wellet ir daz iuch der tiuvel âne wer iht hin ziehe an den grunt der helle? Nû wizzet ir wol, daz ez ein schentlich wort ist, der ze einem andern sprichet: ‘dû bist ein rehter zage.’ Unde dâ von müget ir iuch herter schamen danne ander liute daz ir zagelîchen sigelôs werdet bî sô manigem endehaften werke diu uns got ze stiure hât gegeben in den strît wider die sünde: den heiligen touf, die heiligen firmunge, die siben heilikeit alle, daz heilige kriuze, den heiligen glouben. Swenne dû disiu wâfen zuo dir nemen woltest, daz dir gein dem strîte ernst wære, dir künde weder dîn selbes fleisch noch der werlte süeze noch die tiuvel mit allen ir ræten niht geschaden. Daz læst dû nihtwan von dîner frîen willekür, daz dû der were bî dir niht ûfheien wilt, die heiligen bîhte, sô nie niht bezzers für die sünde wart danne bîhte unde gebet unde der sich flîzeclîche gote enpfilhet mit dem heiligen kriuze. Unde gedenke, waz dû gote enthieze in dem heiligen toufe, dô dir der heilige kristengeloube bevolhen wart, unde dar zuo nim die heiligen minne, die dû ze gote haben solt, unde daz gedinge, daz dir got umbe dînen strît daz êwige leben geben wil. Swenne dû dise wer zuo dir nimest, sô wizze daz dû gesigest an allen sünden, die dich an vehtent.

Der vierde sterne heizet Mercurius, unde bezöuget uns die vierden tugent die uns zuo dem himelrîche wîset, in daz geheizen lant. Unde nâch dem selben sternen heizet ouch der selbe tac mittewoch oder mittich. Der sterne heizet Mercurius dâ von, daz er ein mitteler ist. Ez sint drîe vor im unde drîe nâch im. Alsô sint ouch drîe tage vor der mittewochen unde drîe tage dar nâch. Und als ir den selben sternen sehet oder hœret nennen, sô sult ir der selben tugende gedenken. Wenne ir alle den selben sternen niht erkennet, sô sult ir die selben tugent lernen bî dem tage, der dâ ist mitten in der wochen, und alsô sult ir mitteler sîn daz ir fride machen sult: under einander sult ir fride unde suone machen, wan daz ist ein grôziu tugent, der fride machet. Unde dar umbe sprichet got in dem heiligen êwangeliô: 'sælic sint alle die, die fride machent,' wan er quam selber von himelrîche durch den rehten fride. Durch drîer leie fride quam got von himelrîche her abe. Daz éin fride würde zwischen dem menschen unde dem menschen; der ander zwischen dem engel unde dem menschen; der dritte zwischen gote unde dem menschen. Den êrsten fride zwischen dem menschen unde dem menschen den sît ir rehte schuldic von gote ze machen, und ir herren und alle die, den der almehtige got geriht unde gewalt geben unde verlihen hât ûf ertrîche, daz ir verrihtet und versüenet allez daz, dâ von vîntschaft unde kriec kümet, und urliuge unde brant und ungenâde von komen mac: daz sult ir allez slihten und ouch süenen als verre als ir müget und als verre als ez iuch an gêt. Wande der almehtige got von himelrîche, dô er her abe quam umbe den rehten fride, sô was daz sîn gruoz ze sînen jüngern unde ze andern liuten: 'der fride sî mit iu!' Unde dar umb, ir herren, sult ir fride machen, oder ir müezet gote an dem jungesten tage antwurten für allen den schaden, der von unfride geschiht, den ir ze rehte süenen unde verrihten soltet. Ir armen liute, ir sult ouch under einander fride machen, niht einez zuo dem andern gên unde sagen bœsiu dinc unde gereizen unde gewerre machen: ir sult ein ieglich dinc ze dem besten kêren unde machen ze fride unde ze suone. Pfî, trüllerin! wie stêt ez umbe dînen fride, den dû an trühsest unde trüllest? Dîn fride heizet des tiuvels fride: des kan er dir vil wol gedanken, im zerrinne danne alles des fiures daz er iendert hât. — Der ander fride, durch den got ûf ertrîche quam, daz ist: ir sult fride machen zwischen dem menschen unde dem engel, daz ist, daz ir iuch vor allen tœtlîchen sünden sult hüeten. Wan als ir tœtlîche sünde getuot, sô werdent iuch die engele als vînt, daz sie iuch gerne ertœtten, die iuwer dâ hüetent, als man dâ liset in dem heiligen êwangeliô, dâ die hüeter sprâchen: 'herre, dîne vînde habent unkrût gesæwet in den edeln weizen: lâ daz unkrût uns ûz brechen.' 'Niht!' sprach der herre, 'lâ mirz mit einander wahsen, unz daz ez zîtic werde.' Der herre daz ist unser herre von himelrîche. Die engel daz sint die hüeter. Und alse der mensche die tœtlîchen sünde getuot, sâ zehant ist fride ûz zwischen dem engel unde dem menschen, wan die engele minnent got als vesteclîchen, unde dâ von werdent sie dem menschen als herzeclîchen vîent, daz ir wider got tuot, unde sie tœtten iuch vil wunderngerne. Unde dar umbe sult ir iuch hüeten vor allen tœtlîchen sünden, daz ein fride sî zwischen iu unde den heiligen engeln: sô behüetet er iuch deste baz vor allen übelen dingen, wan gotes segen ist alle über des rehten menschen houbet. — Der dritte fride, durch den der almehtige got ouch ûf ertrîche quam, daz ist der siben heilikeit einiu, daz ist: swâ ir unfride habet gemachet zwischen iu unde gote mit tœtlîchen sünden, sô sult ir zwischen iu und gote einen stæten fride machen mit der wâren riuwe unde mit der lûtern bîhte unde mit buoze nâch gotes gnâden unde nâch iuwern staten, unde sullet scharpfe pîne haben unde bitter leit umb alle iuwer sünde. Wan swenne dû bitter leit hâst, sô ist gotes fride an dir, unde dâ von sungen die engele über der kripfen, dô unser geborn wart: 'dîn êre in dem himel, got herre, unde guot fride ûf der erden allen den, die guotes willen sint.' Unde dar umbe sult ir ze allen dingen guoten willen haben mit der wâren riuwe. Hâst dû dich vor tœtlîchen sünden wol bewart, sô soltû aber guoten willen haben, daz dû dich unz an dînen tôt wellest behüeten vor allen tœtlîchen sünden. Die dâ guot sint, die werden bezzer; die dâ heilic sîn, die werden heiliger. Und alsô quam unser herre von himelrîche ûf ertrîche, daz er uns versuonte mit dem vater in himelrîche.

Der fünfte sterne zöuget uns die fünften tugent, diu uns ouch wîsunge gît in daz geheizen lant. Unde nâch dem selben sternen heizet ouch der fünfte tac in latînischer zungen oder sprâche und franzischer sprâche und in welscher sprâche. Hie ze lande heizet er niendert nâch dem sternen umb ein einigez hâr, wan der sterne heizet Jovis oder Jupiter. Jovis pater heizet ein helflich vater, unde dâ von zöuget er uns einer leie tugent, diu uns lêret helflich sîn gein unserm ebenkristen swâ dem der helfe nôt ist, und ist der edelsten tugende einiu, sie selbe sibende, diu under allen tugenden ist. Unde dâ von solte ouch der fünfte tac nâch dem fünften sternen heizen hie ze tiutschem lande als in andern landen: swenne der selbe tac quæme, daz ir an die selben tugent gedæhtet unde sie lernetet unde sie danne ouch an iu selben üebtet. Nû heizet er dunrestac oder phinztac. Wie gelîch daz ist Jovis oder Jupiter! Ich wæne diu tugende hie ze lande tiwer ist unde fremede, wan diu tugent heizet miltekeit, daz ir milte sult sîn mit dem daz iu got verlihen hat; als mîn frouwe sant Marîâ, diu was gar milte; unde sant Kunegunt unde sant Elsebêth unde sant Ôswalt unde sant Martîn unde der andern ein michel teil. Manic tûsent heiligen sint mit ir miltekeit ze himelrîche komen, unde dar umbe sô sult ir helflich sîn armen liuten. Pfî, gîtiger, wes hilfest dû disen armen gotes kindern? Dû hilfest in, daz sie vollen ze almuosenæren werden müezen. Wê dir und allen abbrechern und allen roubæren, wie tiure dir diu tugent ist! Ir rouber, ir abbrecher, unrehte vögte und unrehte rihter und ir gîtigen wuocherer, waz wellet ir gote ze antwürte geben an dem jungesten tage, sô disiu armen gotes kinder über iuch ruofent an dem jungesten tage? Wan der sitzet maniger vor mînen ougen, der iezuo hundert pfunt solte hân von sînen arbeiten, der hât sô vil niht, daz er sich des frostes müge ernern. Und ist maniger dâ her geloufen in disem kalten rîfen barfuoz in vil dünner wæte. Ô wol iuch wart, ir sæligen gotes kinder! lîdet iezuo güetlîche iuwer arbeit: diu nimet ende, iuwer armuot nimet schiere ein ende, aber iuwer freude und iuwer rîcheit diu nimet niemer ende. Und alsô wehselnt ouch die abbrecher, die dâ hie genuoc habent unde schône lebent mit dem roube, den sie an iu begênt mit unrehter stiure, mit unrehter vogtîe, mit herbergen, mit nôtbete, mit roube, mit brande, mit diepstâl, mit unrehtem gewalte, mit unrehtem gerihte, mit unrehten zöllen und ungelten unde mit trügenheit, mit wuocher, mit fürkoufe, mit dingesgebên. Nû seht, ir armen liute, wie maniger leie sie ûf iuwer arbeit setzent, unde dâ von habet ir sô wênic an und habet gelebt sô manigen übeln tac mit grôzer arbeit spât unde fruo, unde müezet eht allez daz arbeiten des diu werlt bedarf, unde des alles samt wirt iu kûmeclîche mit nœten als vil, daz ir niht vil baz gezzent danne iuwer swîn, unde hât ez got durch iuwern willen als wol geschaffen als durch den irn. Nû brechet irz in mit sô maniger valscheit abe, daz in niht blîben mac sô vil, daz sie ze rehte iemer oder iemer deheinen hunger oder frost gebüezen mügen, wan daz sie dâ ezzent, dâ solte sich kûme ein swîn von neren. Nû wizzet ir abbrecher niht wes ir iuch genœten müget, daz eht iuwerm lîbe wol sî unde sanft unde schône lebe. Sô weist dû niht, daz ez schiere ein ende nimt, aber iuwer marter nimt niemer mêr kein ende. Ir frouwen, ir machet sîn ouch ze vil und ein michel teil, daz iuwer wirte abbrecher sint mit sô manigen unrehten gewinnen, wan sô ir niht vierlei kleider habet oder sehslei, sô gelebent sie niemer guoten tac mit iu; unde daz er iemer mit ir übel lebe, sô wirt er ein abbrecher, in swelher leie wîse daz ist. Und alsô leget ir die schrîne vol unde henket die stangen vol unde lât ez ob einander fûlen ê daz ir einem nakcten dürftigen einen alten hadern gebet, den bœsten, den ir iendert habt. Unde hât ez iedoch got geschaffen durch ir willen alse wol als durch iuwern willen. Wan er alliu dinc mit wîsheit geschaffen hât, dâ von hât er mit wîsheit daz ouch geordent unde geschaffen, daz alliu disiu werlt gewant genuogez hât gehabet unde fleisches unde brôtes, ze trinken met unde wîn unde bier unde visch, wilt unde zam, des hât er alles samt glîch genuoc geschaffen über alle die werlt, reht als genuoc er die sternen an dem himel hât geschaffen, ob einiges sternen gebreste an dem himel, daz alliu diu werlt deste wirs möhte an gesuntheit und allen guoten dingen. Rehte als glîch als er die sternen geschaffen hât an dem himel, daz ir weder ze vil noch ze lützel ist, als glîche hât erz ûf ertrîche geschaffen, silber, golt, spîse unde gewant. 'Owê, bruoder Berhtolt, sô hât erz gar unglîche geteilt! Wan ich unde manic armez mensche enbîzen selten iemer daz dâ guot ist, ezzens oder trinkens, unde haben weder golt noch silber noch gewant.' Sich, dâ hât dirz der abbrecher abe gebrochen; der mit wuocher, der mit roube etc. Dâ von ist ouch diu gîtikeit ein sünde aller sünden wirste, wan sie brechent iu die selben armuot abe mit unrehte, daz iu mit rehte got beschaffen hât, und irz dan kûme erarbeitet mit iuwerm sweize, sô leget sîn einer über einander, daz sîn zehen genuoc hæten. Etslîcher leget mit gîtikeit über einander, ez hæten tûsent dar an gnuoc ze rehter wîse, wan er hât eht sîn alles gnuoc geschaffen unser herre, unde dâ von, daz ein ander, ein gîtiger, ze vil hât, des habent eteswâ hundert ze wênic, oder ez hât einer daz drîzic solten hân, unde læt ez ê ob im erfûlen, ê dan er ez den liuten lâze ze nutze werden. Pfî, hördeler, wie tiure dir diu tugent ist, diu dâ heizet miltekeit! Des wirdest dû ouch begraben an den grunt der helle, sam der rîche man. Man liset ez niht, daz er iendert einen pfenninc unrehtes guotes hete, wan daz er mit dem rehten guote als gîtic was unde der tugent niht hete diu heizet miltekeit. Pfî, gîtiger mit dem unrehtvertigen guote! wes wilt dû dich dâ bî trœsten? Ir armen liute, ir freuwet iuch âne nôt, ir wænet allez, sie wellen iu gelten unde widergeben durch mîner predige willen, oder ir wænet des, sie wellen milte werden. Des geschiht iu âne nôt. Jâ predigete got selbe einem gîtigen drithalb jâr unde half an im niht, unz daz er den prediger verkoufte umbe drîzic pfenninge. Er lieze ez ê zehenstunt erfûlen, ez sî daz korn oder wîn, ez sî fleisch oder kæse. Daz selbe tuot ir frouwen daz gewant in dem schrîne, ê daz ir eine miltekeit dâ von begienget. Unde dâ von sprichet ein heilige gar ein guot wort, unde sprichet alsô: ‘herre, wâ von sint die vögel alsô schœne und alsô veizt und enhabent weder diz noch daz unde sint alle müezic unde habent weder diz noch daz unde habent gar genuoc?’ Daz ist dâ von: sô einer gnuoc hât, sô lât er ouch den andern ezzen; als im einer gnuoc gizzet, sô læt er ouch den andern ezzen. Als danne ein gîtiger mensche hât dâ zweinzic an genuoc hæten, dannoch hæte er gerne mêr, dâ hundert an gnuoc hæten oder fünf hundert. Unde dâ von müezet ir armen liute sô wênic haben, wan ez hât got allez glîche genuoc geschaffen, und allen den gebresten, den wir in der werlte mügen gehaben, den haben wir allen von den abbrechern unde von disen gîtigen liuten. Wir hæten alle gnuoc der ez gelîche teilte, unde dar umb, ir sæligen gotes kinder, gehabet iuch vil wol. Habet ir ze lützel unde sie ze vil, sô habet ir dort gar genuoc, dâ sie gar wênic habent. Unde dâ von sprichet got selber: ‘sælic sint die armen, wan daz himelrîche ist ir.’ Unde dar umb, ir armen liute, sult ir gar frô sîn. Wellent sie des himelrîches iht die rîchen, sie müezent ez von iu koufen mit der tugende, diu dâ heizet miltekeit. Unde tuont sie des niht, sie gesehent daz himelrîche niemer mêr. Aber éiner hande milte ist gote vor aller der milte, die diu werlt ie gewan oder iemer mêr gewinnen mac: daz ist gelten unde widergeben. Ob dû allen tac drîe spende gæbest, daz wære gote niht alse liep, als ob dû einigen schillinc gelten soltest unde den widergæbest. Oder stifte alle tage ein klôster oder ein spitâl: daz wære gote als liep niht, als ob dû einen schillinc gelten solt; unde soltû einem halt niwan aht pfenninge unde giltest dû sie im niht, dîner sêle wirt niemer rât unde dû muost als lange dâ ze helle sîn, als got ein herre in dem himel ist.

Der sehste sterne zöuget uns die sehsten tugent, unde nâch dem selben sternen heizet ouch diu sehste tugent unde der sehste tac in der wochen ze latîne und in welscher zungen unde dannoch in Francrîche. In tiutscher zungen heizet er wênic dar nâch, wan der sterne heizet Vênus, sô heizet der sehste tac frîtac. Venretac solte er ze rehte heizen, wan als der selbe tac kumet, der dâ heizet frîtac, sô sult ir an die sehsten tugent gedenken, diu dâ heizet minne. Wan der almehtige got hât uns die græsten minne erzöuget an dem frîtage, dô er durch die rehten minne unde durch die rehten liebe gevangen wart unde für gefüeret wart als ein diep und als ein schæcher und angespîet wart unde an der siule bitterlîche gegeiselt unde geslagen wart und ein scharpfe dürnîne krône ûf sîn houbet gedrucket wart unde getwungen unde den galgen des kriuzes selber truoc, dar an er mit negelen geslagen wart unde dar an er starp an dem durste. Unde dar umbe sult ir an die tugent von rehte wol gedenken an dem frîtage. Ir sult iuch aber ze allen zîten selbe üeben an der tugende durch die wochen unde durch daz jâr, wan er uns mit grôzen triuwen geminnet hât. Er hât uns ouch an dem frîtage alleine niht geminnet: er hât uns von anegenge der werlte geminnet. Unde dâ von suln wir got minnen von allem unserm herzen unde von aller unser sêle, unde sullen unsern ebenkristen minnen als uns selber. Unser næhster daz ist unser ebenkriste. Dû solt unsern herren minnen von allem dînem herzen unde von aller dîner sêle, daz ist alsô: daz dû gotes ze keiner zît niemer vergezzen solt: dû solt dir iemer eteswaz guotes von im gedenken. Unde swaz dû guoter dinge tuon wilt, daz solt dû im tuon ze lobe unde ze êren. Dû solt im allewege ze dienste gedenken mit rehter andâht, unde niht durch glîchsenheit noch durch lop. Owê, waz dar umbe valscher pfenninge wirt geopfert und üppiger kirchgenge unde ze predigen durch glîchsenheit! Dâ hüete sich alliu diu werlt vor, wan dâ möhte ein lant deste unsæliger werden, daz ist daz: daz dû iemer getürrest leben, daz dû unsern herren nennest in houbetsünden durch glîchsenheit. Vor der glîchsenheit beschirme alle die werlt der vater unde der sun unde der heilige geist. Glîchsener unde glîchsenerin, dich bekennet der almehtige got vil wol, in swelher glîchsenheit dû dich erzeigest. Daz daz wâr sî, daz erzöuget uns got in der alten ê. Dâ gienc ein künigin in eines wârsagen hûs in fremeden kleidern, unde der wîssage was blint, und er sprach: 'ganc her în! dû bist des küniges Jeroboâmes hûsfrouwe: ich bekenne dich vil wol.' Alsô bekennet der almehtige got dîn herze vil wol. Dû bist in fremdem gewande her komen; dû maht got niht betriegen: der dir daz herze in dînen lîp hât beschaffen, der bekennet ez ouch wol. Dâ von sult ir in minnen von aller iuwer sêle und von allem iuwerm herzen unde von aller iuwer maht âne alle glîchsenheit und âne allen argen wân und âne kranken list; unde dînen næhsten als dich selben minnen. Dû solt dînem ebenkristen gunnen daz dû dir selber ganst, ob dû dir guotes ganst, wan der ist gar vil, die in selben niht guotes gunnent, als die nescher und die abbrecher, die gunnent in selben keines guotes noch keiner sælden. Swenne dû des willen hâst, daz dû dîne ê wellest brechen, unde dû dir der sünden ganst, der solt dû doch dar umbe nieman gunnen. Oder bist dû valsch an dîner minne, der dû dînem ebenkristen schuldic bist, daz dû im guotes gunnen solt; oder bist dû ein trügener an dînem hantwerke, des soltû nieman mêr gunnen, weder dir selben noch nieman anders, unde soltez nieman râten noch lêren, unde tuo dich sîn selber abe, oder dîn wirt niemer rât. Dû solt dir selben guoter dinge gunnen unde des selben dînem ebenkristen ouch gunnen, oder dû hâst der wâren minne keine, die der sterne bezeichent, der dâ heizet Vênus unde der heilige frîtac. Pfî, gîtiger! wie gar dû verteilt bist vor allen sünden! wan dû stêst ouch allenthalben an dem blate bî dem bœsten. Wie minnest dû dînen ebenkristen? Dû minnest den tiuvel verrer mêr danne got oder dînen næhsten, wan dû tuost des tiuvels willen ze allen zîten unde tuost wider got unde wider dînen ebenkristen, wan dû læst den lebendigen got niemer mê geruowen, als ich dô gester sprach. Sô gunnest dû dînem næhsten wol, daz er iemer ein dürftige sîn müeste, den worten, daz dû daz sîn armez güetel hætest zuo dem dînen guote, unde daz dû im daz an gewunnen hætest mit wuocher oder mit fürkoufe oder mit trügenheit oder mit andern dingen, diu wider gotes hulde sint. Dir gebristet dirre tugent niht einiu: dir gebrestent ir gar vil nâhen gar. Ir andern sünder, gewinnet alle hiute wâren riuwen unde wâre minne, daz ir got vor allen dingen minnet und alle sünde lât durch die liebe unsers herren und iuwern næhsten als iuch selben. Daz ist alsô gesprochen: daz ir durch keines menschen liebe ihtes iht tuot daz wider got sî, unde daz ir alle vîntschaft ûz iuwerm herzen lât unde gein niemanne weder haz noch nît traget.

Der sibende sterne heizet bî namen Saturnus. Der bezeichent iu die sibenden tugent. Daz ist als vil gesprochen: daz er gar vil jâr erkumet, in drîzic jâren niwan ze einem mâle, unde gêt niwan ein mâl umbe: sô træge ist er. Unde lêret iuch einer leie tugent, diu heizet stætikeit. Und als ir den sibenden sternen hœret nennen oder in seht, sô sult ir an die sibenden tugende gedenken unde sult got biten, daz er iu die selben tugent gebe diu dâ heizet stætikeit. Und ir müget den selben sternen wol erkennen: er gêt etewenne morgens ûf, sô heizet ir in den morgensternen. Sô gêt er etewenne ûf daz ir in sehet wider âbent: sô heizet ir in danne den âbentsternen. Unde dâ von daz er sô lange ist ê daz er umbe kome, sô siht man in niht in glîcher mâze als den mânen: den sieht man wider âbent, etewenne bî dem morgen, etewenne umbe mitte naht, etewenne umbe mitten tac gêt er ûf. Unde daz der mâne zwelfstunt umbe kumt in einem jâre, daz loufet dirre sterne in drîzic jâren, unde kumet niht danne einest umbe, unde hât grôze kraft, swenne er ûf gêt. Swelhes jâres der sterne mit im ûf gêt, der dâ heizet Mars, der urliuger unde der strîter (ich meine aber niht daz ir herren mit einander urliugen sult: ir sult strîten wider untugent), sô lêret iuch dirre sterne, daz ir dise sehs tugent, die ich iu hân genennet, iemer an iu selben üebet unde dâ mite stæte unz an iuwern tôt belîbet und ouch frumeclîche volle ûz hin loufet unz an daz zil iuwers lebens, daz ir danne frœlîchen gesprechen müget, als der guote sant Paulus sprichet: 'mînen louf hân ich vollebrâht, den gelouben hân ich behalten.' Seht, daz ist diu êrste tugent unde vellet zuo der jungesten, unde dar umbe müezet ir dise tugende alle sehse haben. Der die vier hât unde der zweier niht, des wirt niemer rât. Hâstû sie alle sehse unde der sibenden niht, diu dâ heizet stætikeit, dîn wirt niemer rât: dû muost die tugende alle sehse hân unde danne die sibenden dar zuo, daz dû mit disen sehs tugenden stæte blîbest als ein adamas, wan dér stein ist gar stæte mit sîner kraft. Unde der sibende tac der heizet gar rehte nâch im samztac, aber in latîne noch baz und in welscher zungen und in Francrîche. Unde swenne Mars unde Saturnus ûf gênt mit einander, sô kumt strît und urliuge unde sterben unde manslaht unde schelm unde hunger; sô ist nôt, daz sich got über iuch erbarme. Und alsô habent die sternen grôze kraft über alliu diu dinc diu ûf ertrîche sint, wan über des menschen frîe willekür. Sît nû über iuch nieman dekeine kraft noch gewalt enhât danne ir selber, sô helfe uns got durch alle sîne kraft, daz ir iuwer willekür zuo disen tugenden alsô gebindet und gebindet, daz ir stæte dar an blîbet unz an daz ende, dâ mit ir gewîset werdet in daz geheizen lant zuo den êwigen freuden. Wan swer mit guoten dingen stæte blîbet unz an daz ende, der wirt behalten. Daz uns daz widervar, des êrsten an der sêle und an dem jungesten tage an lîbe und an sêle, daz verlîhe uns allen samt, mir mit iu und iu mit mir, unser herre der almehtige got. Sprechet alle âmen.

# V.

## VON ZWEIN WEGEN, DER BUOZE UNDE DER UNSCHULDE.

'DEn rehten menschen wîset got die rehten wege' (*Sap.* 10, 10). Und alsô hât der almehtige got gewîset den grôzen herren unde den heiligen unde den gerehten unde den guoten sant Franciscum, des hôchgezît wir hiute begên. Unde er was unsers ordens ein bruoder, unde was gereht unde gewære mit allem sînem leben. Von der zît, daz er ordens began, dâ wîsete in unser herre alle sîne wege, die er menschlîche ûf erden gienc, an der kiusche und an der dêmüete unde an manigen andern tugenden. Unde dâ von fuogte im daz wol dem guoten sant Franciscô, alse der wîse man dâ sprichet: 'den rehten menschen wîset got die rehten wege.' Und alsô zeiget der almehtige got uns allen samt die rehten wege zuo dem himelrîche. Der sint zwêne zuo den êwigen freuden. Wande er die zal des zehenden kôrs erfüllen wil mit menslîchem geslehte, sô hât er uns zweier hande wege zuo dem himelrîche gewîset, dar umbe, daz unser deste mêr zuo dem himelrîche kome zuo den êwigen freuden, wan ûf den zwein wegen gêt doch vil mêr werlte zuo dem himelrîche dan ûf dem einen.

Des êrsten hete unser herre niwan einen wec: der gienc zuo dem himelrîche. Der wær ouch die rihte für sich dar gangen âne müewe und ân arbeit: dô er Adâmen und Êvam geschuof und in gebôt, wie daz sie leben solten, sô wære niht dan éin wec zuo dem himelrîche gewesen. Den hæten wir frœlîche für uns ûf gevarn, sô wir hie als lange hæten gelebet unz die zal vollenbrâht wære: sô wæren wir mit lîbe und mit sêle zuo dem himelrîche gevarn. Als Âdam und Êvâ daz gebot gebrâchen unsers herren, dô wart der wec geteilt, und alsô müezen wir zwêne wege zuo dem himelrîche gên. Unde daz selbe stêt an des menschen frîer willekür: swedern er dar gên wil den gêt er wol, wan sie gênt eht bêde in daz himelrîche. Unde swer der zweier wege niht einen gêt, der gêt dâ bî unde gêt in die helle, daz sîn niemer mêr rât wirt. Unde der almehtige got hât iu allen samt dise wege für geleit beide mit sîner wîsunge: swelher iuch nû wæger unde bezzer dunke, daz ir den gêt, wan eht nie dehein mensche zuo dem himelrîche quam noch niemer getuot, ez engê danne der zweier wege einen: er sî jung oder alt, arm oder rîch, edel oder unedel, gelêret oder ungelêret, frouwe oder man, sô enmac nieman zuo dem himelrîche komen wan der zweier wege einen. Unde swer der zweier wege niht einen gêt, der gêt· dâ bî unde gêt in die helle, daz′ sîn niemer mêr kan rât werden von êwen unz êwen. Der eine weg ist linde als pfeller, balmât und sîde und als rôsen, unde sleht als ein hermelîn, und als sleht als ein geliutert golt, und ist süeze und ouch gar senfte als zucker und honig und als balsem, und ist eht als gar süeze und senfte unde linde daz deheiner slahte müewe dran ist, er sî eben unde sleht unde rihtic, ân alle krümme. Sô ist der ander gar unde gar herte unde rûch und enge unde gar stickel unde müelich und ist vol dorne und stöcke unde steine und ist wunderlîche unrihtic. Nû seht, ir hêrschaft, wederre iu baz gevalle: wan des mac deheiner slahte rât gesîn, swer sô ze dem himelrîche wil, er müeze der zweier wege einen. Des helfe mir got, daz ir den wægesten nemet.

Der eine der heizet unschulde. Alle die ûf in niht haben houbethafter schulde, unde daz sie die gelübede haben behalten die sie got habent geheizen in dem heiligen toufe, unde sich für baz ie mêre reineclîche behüeten vor houbetsünden, die varnt den linden wec, den senften unde den süezen. Die aber houbetsünde getuon, die müezent den bittern unde den scharpfen unde den herten. Der heizet buoze. Alle die gesündent nâch dem toufe, die künnent ûf den wec niemer mêre komen der unschulde, der sô linde unde sô senfte unde sô süeze ist: sie müezent ûf den herten und ûf den scharpfen wec. Unde daz daz wâr sî daz hât uns got erzöuget in der alten ê: wan alle sache die uns kristenliuten künftic sint an unsern sêlen und endehaft unde nütze sint, daz hât uns got allez samt erzöuget in der alten ê an der liute leben. Und alsô hât uns got erzöuget zwêne wege in der alten ê. Dô er daz israhêlische volk fuorte durch daz bitter mer (wan daz mer ist bitter unde handig unde scharpf), dô fuorte er sie einen andern wec al durch den Jordân, al durch ein ander wazzer (daz was gar lûter unde süeze unde zimlich unde gesunt unde wolgesmac), unde fuoren doch durch bêdiu wazzer an éinem stade ûz. Und alsô fuorte sie der almehtige got die zwêne wege durch diu zwei wazzer in daz geheizen lant, und alsô müezent alle die zuo dem himelrîche wellent komen ûf dirre zweier wege einem dar, wan sie gênt beide an éinem stade ûz: zuo dem himelrîche. Daz süeze wazzer, dâ unser herre daz volk durch wîsete, daz was der Jordân; daz was wolgesmac unde gesunt unde linde unde süeze, unde daz bezeichent die unschuldikeit. Wol dich wart, daz dich dîn muoter ie getruoc, unschuldiger mensche, der sich noch gehüetet hât vor allen tœtlîchen sünden! dû gêst ûf rôsen unde pfeller und ûf sîden dâ zuo himelrîche: dû bist ûf dem linden wege, dem süezen unde dem senften, wan dû endarft niht grôzes riuwen unde schemelîcher bîhte tuon unde maniger herter buoze mit vasten und mit wachen und mit gebete und mit karîne ze nemenne, mit fruo ûf ze stênne noch Rômverte. Des mac dirre arme niht getuon: der muoz trûren iemer mêre als dû frô bist, und muoz siuften swenne dû lachest, und er muoz riuwesen swenne dû singest, und er muoz wachen swenne dû slæfest, unde vasten swenne dû izzest. Ist aber daz dû dise alle tuost, sô mit gebete sô mit vasten, unschuldiger mensche, sô bist dû doch mit vil grôzen freuden, wan dû niht tœtlîcher sünden ûf dir weist. Aber jener, der den knollen ûf im weiz, der muoz dicke siuften, sô man in an der predige herteclîche rüeret unde strâfet und im als übele geheizet: dise gîtigen liute umb ir gîtikeit, unde dise nescher und nescherin und êbrecher und êbrecherin, unde dise mörder und mörderin, die ir eigeniu kint mordent, unde meineider unde zouberer unde zoubererin, unde trügener unde trügenerin, unde mortbeter unde trüllerin, unde värwerin unde gilwerin unde nîder unde hazzer und fluocher unde zörner: swenne man die alsô rüeret an der predige und in daz himelrîche verseit, ob sie dar an funden würden, unde man in verseit daz liehte antlütze des lebendigen gotes, daz sie daz niemer mêre beschouwen, unde sie ouch alle ir guottæte niemer gehelfen die sie in tœtlîchen sünden getuont, daz in got dar umbe niemer kein himelrîche gegeben wil: nû seht, ir sæligen gotes kinder, swenne ir daz alsô hœret an predigen, sô mac iuwer herze wol frô sîn in iuwerm lîbe, daz ir des alles unschuldic sît, und allez daz ir guotez tuot, daz ir des gedinget mit grôzen freuden, daz iuch daz mit nutze ze grôzem lône wehset, unde habet der schricke niht, die der arme sünder haben muoz. Wan uns die zwêne wege sô gar nütze unde guot sint, und eht nieman ze dem himelrîche komen mac wan ûf disen zwein wegen, sô hât sie uns der almehtige got anderweide bezöuget in der alten ê. Dâ giengen zwô türe in die innern heilikeit, zuo der heilikeit aller heiligen; die wâren von oleiboum unde von golde, unde was bî der einen türe der aller beste smac der ie wart oder iemer mê werden mac, unde bî der andern türe was des niht. Nû seht, ir sæligen gotes kinder, daz ist aber iuwer wec den ir dâ gêt mit iuwer unschuldikeit aller tœtlîchen sünden: daz ist der, der bî der wolsmackenden tür ist der heilikeit, tætet ir als Iob dâ sprichet: 'die unschulde, die ich an gevangen hân, die wil ich vaste behalten.' Alsô sult ir unschuldigen liute tuon: haltet iuch in der gelübede, die ir dem almehtigen got entheizen habet in dem heiligen toufe, als der guote sante Niclaus unde sant Uolrîch und als sant Katherînâ unde sant Margarêtâ unde der andern ein michel teil. Und dâ von sprichet unser frouwe: 'gênt alle her die mîn begern: die werdent erfüllet von mîme geslehte.' Und dar umb, ir sæligen gotes kinder, sô sît stæte ûf iuwerm wege der unschulde. Ir hœret wol, wie maniger hande arbeit die armen sünder habent der ir über sît. 'Owê, bruoder Berhtolt! nû sihe ich wol daz maniger in grôzen sünden ist, unde gêt im sîn ding als rehte unde als wol, unde hât allez des sînen lîp lustet rehte genuoc; und ist manic guot mensche daz niemer sünde getuot noch nie sünde getet, unde gêt im sô gar übel, daz ez niemer guoten tac gelebet von hunger noch von durste noch von froste noch von maniger hande gebresten.' Sich, dû wænest des, daz manigem sünder wol sî, und im ist über ein niht wol, dar umb daz er vil guotes hât oder wollust an spîse und an wirtschaft und an ander wollust unde kurzewîle des lîbes, und im enist niht wol. Daz bewæret der wîse Salomôn: der schalt unde schalt der werlte wollust. Ez ist dem vil baz, der mit arbeit âne sünde lebt. Unde dâ von sprichet got selbe: ‘ich wil iuch entladen von allen iuwern arbeiten.’ Unde dâ von ist iu verre baz, wan diu bürde unsers herren ist gar ringe unde sîn joch ist süeze.

Der ander wec, der ouch zuo dem himelrîche gêt, der heizet buoze. Alle die dâ tœtlîche sünde tuont nâch dem toufe, die müezent buoze enpfâhen. Nû verzaget dar umbe niht die abe dem wege der unschulde sît gevallen. Ez ist manic tûsent dâ ze himel die ûf dem wege der buoze ze himel komen sint. Unde dar über sprichet der guote her Dâvît: ‘herre, durch diu wort dîner lefsen sô hân ich behuot die herten wege’ (*Ps.* 16, 4). Ez ist bezzer, daz man büeze als mîn frouwe sant Marîâ Magdalênâ unde der edel künic Dâvît unde Manasses unde der guote sante Pêter und als manige ander heiligen, die ûf dem wege der heiligen buoze ze dem himel komen sint: daz ist verre bezzer daz man riuwe unde buoze an sich neme, danne daz man iemer mê brenne mit dem tiuvel dâ ze helle; wan dem sünder in deheine wîse diu sünde niht vertragen wirt, er müeze râche drumbe lîden, entweder dort oder hie. Wenne ir ûf den linden wec niht müget komen, sô müezet ir ûf den herten wec komen. Unde daz daz wâr sî, daz hât uns got erzöuget in der alten ê. Dâ sprach unser herre zuo dem künige Dâvîde: ‘dû solt mir legen ze samen silber unde golt und ander ding unde gar grôzen hort ze samen legen: ich wil, daz man mir einen tempel mache, daz alliu diu werlt dâ von ze reden habe. Unde dû solt mir sîn niht machen: dû gewinnest einen sun, der sol in machen.’ Unde den selben tempel bûwete her Salomôn, hern Dâvîdes sun, und allez sament von lûterm golde innen unde von silber unde von zederboumen unde von cypressen unde von marmel unde wart gebûwet inner ahthalbem jâre, unde wart alsô gebûwen, daz man ze Jêrusalem nie slac dran gehôrte, unde wart als schœne und als rîch, daz man über alle die werlt dâ von ze sagenne hete. Dô wær ein künic dar komen von Kaldêâ und zebrach in allen samt. Dô muosten vier fürsten einen andern hin wider bûwen mit engesten unde mit nœten unde mit urliuge: sie muosten in mit gevazten schilten bûwen gein den vînden, unde wart gebûwet sehs unde vierzic jâr; unde der vorder niwan in ahtem halbem jâre und âne müewe und âne arbeit, unde was vil unde vil schœner. Unde dirre, der mit engesten unde mit nœten gebûwet wart, der wart niht alse schœne. Nû seht, welich ein glîch ebenmâze! Ein ieglich kristenmensche ist des almehtigen gotes tempel. Der êrste tempel, der schône âne müewe gebûwet wart, daz ist der unschuldige mensche. Sâ zehant sô der mensche tôtsünde getuot, sô ist dem almehtigen gote sîn tempel zebrochen. Unde swer des wirdic sîn wil, daz got in im wonhaft werde wider als ê, daz muoz mit arbeiten unde mit nœten geschehen. Unde dar umbe sô grîfet die heiligen buoze an, daz got wider zuo iuwer sêle kome. Wan ein iegelich kristenmensche muoz gote zwivalte buoze tuon: unserm herren nâch gnâden unde dînem næhsten nâch rehte. Der almehtige got was und ist ie bezzernhalp unde gert des niht daz man im nâch der rehtikeit iht gelte. Er wil dir gnâde unde grôz vorteil tuon an der buoze, sünder, an der buoze die dû büezen solt. Dû mörder, dû hâst dem almehtigen gote dînen bruoder ermort. Alsô wol dû daz behüeten solt, daz dû selbe dich iemer ermordest, alse wol soltest dû des hân gehüetet, daz dû im dînen bruoder iemer hætest ermordet. Dû rehter mörder! joch kam er got sô sanfte niht an dô er in lôste mit sînem tôde von der êwigen marter, unde wie getorstest dû daz ie geleben, daz dû im ertœtet hâst für den sich got selber tœten lie durch die minne unde durch die liebe, die er zuo im hete, und in nâch im selben gebildet hete? ‘Wâ ist dîn bruoder?’ sprach unser herre zuo Kâîn, ‘wâ ist dîn bruoder, dû mörder?’ Er sæze alse billîche hie vor mînen ougen unde hôrte daz gotes wort, als dû. Daz dich alle die böcke niht erfüllen mohten, die in der werlte sint, und alle die ohsen und alle die geize, dû habest menschenfleisch frezzen unde menschenbluot getrunken! Daz hât ze gote gerüefet unde rüefet iemer mêr und iemer mêr hin ze gote über dînen lîp und über dîne sêle alle die wîle dû in gote niht gebüezet hâst frümeclîche. Wan swie frümeclîche dû in got gebüezen maht, des wirt dir niht über: dannoch ist dir sîner gnâden nôt, wan soltest dû in wider lebendic machen! Des muotet got von dir niht, wan den gewalt hât nieman wan got alleine, unde dar umbe bist dû dînen næhsten niht schuldic nâch rehte ze büezen, wan dû maht in sînen friunden niemer mêr lebendic gemachen. Etewaz daz man wider tuon mac, des bist dû sînen næhsten schuldic ze büezen nâch dem rehten. Pfî, gîtiger, nû bist dû aber hie ze dem unwægesten! dû bist der dâ genzlîche büezen muoz nâch rehte ân aller slahte gnâde. Die mörder mügent die niht lebende gemachen die sie hânt ermordet. Er muoz aber ir friuntschaft gewinnen mit dienste oder mit bete oder mit guote oder mit gotesverten. Sie suln ez im aber lûterlîchen durch got vergeben, alse verre sô sie mügen. Ich meine: ob er sîn state hât, sô sol er in mit guote büezen sînen weisen; die überwindent in doch niemer. Swie ez aber ist, sô muoz er gote büezen unde den friunden nâch gnâden. Unde tuot er des niht, sô kumet er niemer in daz geheizen lant für die beschöuwede unsers herren unde wirt ouch niemer als alt sîner jâre. Swer einen menschen ertœtet, dem brichet got sîn leben abe hie unde dort: hie in dirre werlt, unde dort, wenne in got verdampt zuo der êwigen martel. Wan dû bist in der ruofenden sünden einer, diu selbe vierde ze allen zîten ruofet über sînen lîp und über sîne sêle, wan die selben vier sünden sint als grôz und alse schedelich, daz sie den menschen verdampnent an sêle und an lîbe. Got der wil ouch des niht enbern, die friunde müezen sîne friunde werden unde müezen im ez vergelten. Er ist dar umbe vor gote umbe ein hâr niht ledic. Unde dar umbe vil wunderlîchen balde in starke buoze, oder in den grunt der helle! Mörderin dîns eigen kindes, wie stêt ez umbe dîne buoze? Pfî! aspis, aller natern bœste unde wirste, diu tuot ditz niht daz dû tuost. Under ahtleie spinnen diu grüene spinne, aller spinnen wirste, diu mordet ir kint niht als dû. Pfî dich, daz ie dehein touf ûf dich kam! Wiltû der sünden unflât trîben unde der arbeit niht lîden mit den kinden? Wan dehein grôz dinc ist sô lîhte ze erwenden, sô daz ein frouwe daz erwendet. Vil wunderlîchen balde ûf den herten wec der scharpfen buoze, oder an den grunt der helle! Nû gêt ein rehter wolf, der von unreinekeit stinket, der gêt in den tôt durch sînes kindes willen! unde daz ein getoufter mensche ein mörderin wirt irs eigen kindes, daz wizze, daz dir nôt ist der gnâden unsers herren an der buoze. Ir nescher und ir nescherin, vil wunderlîchen balde in die rehten herten buoze und ûf den herten wec! wan dû hâst den senften wec verlorn: dâ kanst dû niemer ûf komen. Wiltû zuo dem himelrîche, dû muost den andern wec, oder dû muost in den grunt der helle, nû ze dem êrsten an der sêle, und an dem jungesten suntage an lîbe und an sêle. Daz selbe spriche ich zuo den zouberærinnen unde zuo den trüllerinnen, ez sî dise oder die: alle, die in tœtlîche sünde gevallent nâch dem toufe, die müezent ûf den andern wec, oder sie müezent an den grunt der helle. Dar umbe, ir herren und ir jungen priester (die alten wizzent ez selbe wol): alle die dem almehtigen gote büezen wellen, den gebt niwan buoze nâch gnâden. Wan solten sie nâch rehte gote büezen, sô möhten alle menschen eines einigen menschen sünde nâch rehte niht gebüezen. Unde daz daz wâr sî, daz hât uns got erzöuget in der alten ê. Daz her Âdam niuwan eine einige sünde tet, die buozte her Adam drîzic jâr, und er kunde sie dannoch niht ze rehte gebüezen: sie buozten alle sîn nâchkomen wol fünfzic hundert jâr unde zwei hundert jâr ân ein jâr, alles umbe die einigen sünde, unde mohte alliu diu werlt in allen den jâren die einigen sünde ze rehte nie gebüezen, unz daz sie got an dem hêren kriuze muoste büezen. Und er starp eines bittern tôdes umbe die selben sünde: dô wart sie alrêrst ze rehte gebüezet. Ist ieman hie, der ie deheine sünde sô grôz getete, als her Adam tet, daz er ein obez az wider gotes willen? Ir sünder alle samt, grîfet selber an die buoze, wan got der wil nû niemê umb iuwer sünde sterben: er wil aber iuwer buoze gnædeclîche enpfâhen. Daz was vor manigem heiligen manne tiure. Unde dar umbe, ir jungen priester, gebet allen den buoze nâch gnâden die gote wellent eht büezen, er sî mörder oder êbrecher oder der mit gotes lîchname gezoubert hât. Wan eht kein mensche sô übel nie getet, wil ez wider kêren mit dem wâren riuwen unde mit der lûtern bîhte, ez enpfæhet got mit gnædiclîcher buoze nâch sînen staten. Gît man dir wênic buoze, sô muost dû deste lenger brinnen in dem vegefiure. Sô ist ez doch vil bezzer ein jâr ze brinnen in dem vegefiure oder zwei oder zehen oder hundert, dan iemer und iemer brinnen mit dem tiuvel in der helle. Wan sô dû als lange gebrinnest und als manic tûsent jâr als tropfen in dem mer ist, sô gêt dîn martel êrst an ein angenge, und swenne dû als lange gebrinnest als manic tûsent jâr als stoubes in der sunnen ist, sô hebet sich dîn martel êrst an. Unde spriche noch mêr: swenne dû als manic tûsent jâr gebrinnest als manic hâr sît Adâmes zîten ûf menschen und ûf tieren und ûf vihe ie gewuohs sît anegenge der werlte, sô hebet sich dîn marter êrst an unde gewinnet niemer ende von êwen ze êwen. Unde dâ von ist diu heilige buoze der siben heilikeit einiu, wan sie der rehte wec zuo dem himelrîche ist, diu den menschen bringet zuo der heilikeit aller heiligen. Sô heizet diu helle ein verfluochetez hol. Wan swie grôz der mensche buoze lîdet umbe sîne sünde, unde swie lange der mensche gepîniget unde gemartert wirt, daz treit in umbe daz himelrîche niemer für gein einigem hâre. Wan sô dû ie langer gebrinnest, sô dir daz himelrîche ie fremeder ist. Swenne aber dû ie lenger in dem vegefiure gebrinnest, sô dû dem himelrîche ie næher bist.

Und alsô soltû dem almehtigen gote büezen nâch gnâden unde dînem næhsten nâch rehte. Wan er hie in dem ellende ist alse wol als dû, sô ist im nôt, daz dû im nâch rehte büezest. Unde dû muost drîerleie buoze nâch rehtikeit tuon. Daz eine ist: dû solt dînem næhsten, daz ist dînem ebenkristen, genzlîchen büezen, unde solt im schiere büezen, unde solt im genzlîchen unde frœlîchen büezen. Daz ist alsô gesprochen: swaz dû dînem næhsten ze leide tuost, daz dû im niht maht widertuon, daz soltû im nâch gnâden büezen. Swaz aber dû widertuon maht, daz soltû nâch rehte büezen. Daz ist: swenne dû dînem ebenkristen sîn guot wilt an gewinnen oder an gewunnen hâst ze unrehter wîse, mit wuocher oder mit satzunge oder mit fürkoufe, oder daz dû von ieman hâst gekoufet korn oder wîn, daz er dir aller êrste gap, dar nâch über ein halp jâr oder über sehszehen wochen oder lanc oder kurz, unde dû im die pfenninge drûf gæbe, daz er dir ze nâhe gap, dan man ez mitten in die hant gap, unde swie vil des ist, daz dû deheinen kouf næher hâst gekoufet: daz heizet fürkouf und ist unrehtvertic guot, unde dû muost ez gelten unde widergeben, oder dîn wirt niemer rât. Sô heizet einez dingen oder borgen in daz jâr umbe daz tiurre. Sô heizet einez trügenheit an koufe oder an dînem antwerke, oder rouben oder steln, oder mit brande, oder swie dû dînem næhsten ir guot an gewinnen maht mit unrehte, oder dû im ez verrætest mit unrehten zollen oder ungelte oder mit unrehtem gerihte, dû muost ez im allez samt gelten genzlîche unde widergeben. Daz ist alsô gesprochen: dû muost ez im unz an den jungesten pfenninc widergeben allez daz dû im ze schaden hâst getân, mark für mark, pfunt für pfunt, schillinc für schillinc, als verre alse dû ez geleisten maht unde dû die liute eht weist, den dû ez dâ gelten solt. Sô sprechent etelîche: 'bruoder Berhtolt, nû ich wolte gerne gelten unde widergeben, woltest dû mir helfen, daz sie ez doch halbez næmen oder doch daz dritteil: ich wirde ungerne gar ze bôsheit mit mînen kinden.' Sêh, welch der tiuvel hât dir den gewalt gegeben oder verlihen über sîn guot? Nû möhte dir der tiuvel noch der bâbest niht gehelfen. Wære halt ein dinc, daz er selbe zuo dir gienge, dem dû sîn guot ze unrehte abe genomen hâst, unde spræche er: 'herre, gebet mir mîn guot wider halbez oder daz dritteil, unde habet iu daz ander, daz ez iu got niemer zuo gesuoche': dâ mite wærest dû niht ledic, wan jener næme ez vil gerne gar unde genzlîche, als rehte wær unde billich. Unde dâ von redet er daz beste daz er mac unde daz dû gerne hœrest, daz er gedenket: 'mir ist bezzer ein wênic wan gar verlorn.' Wiltû niht genzlîchen gelten unde daz dû gerne sihst, daz man dir gnâde tuo, sô nim gereitez guot in dîne hant unde lege im daz für, reht als vil dû im gelten solt, unde sprich alsô: 'nû seht, diz guot bin ich iu schuldic: wellet ir mir daz widergeben, daz stê an iuwern gnâden.' Wenne dû ez im alsô für geleist âne hinderliste und âne twancsal: swaz ez dir sîn danne widergibet, daz hâst dû mit rehte, unde dir ez dannoch lûterlîche vergît. Ir herren, daz iu got lône! swenne ez alsô geschehe, sô nemet deste minre, den worten daz ir deste mêr werden die gelten unde widergeben. Unde daz daz wâr sî daz dû genzlîchen gelten unde widergeben muost, daz erzöuget uns got in der alten ê. Dô der heilige patriarche sîne süne in Egypten sante, und in ir bruoder Joseph daz silber in die secke hiez legen heimlîchen daz sie im dâ gâben umbe daz korn, unde sie daz selbe silber dâ heime funden in den secken, dô sprach ir vater Jacob: 'swer iu daz guot in die secke stiez, der hât iu daz durch dekeinen iuwern frumen getân.' Dô sie hin wider solten varn nâch korn, dô sprach der vater: 'nû bringet im nû zwirunt alse vil hin wider als er iu in die secke stiez, unde habet im dâ mite gebüezet.' Unde dâ mite hât uns got erzöuget, daz man zwivalt gelten solte, waz ein man dem andern ze unrehte ab genimet. Aber daz êwangelium saget, man solte viervalt gelten, als Zachêus. Nû sich, gîtiger, sô tuot dir got vil gnædeclîcher: er gert niht mê, wan daz dû einvalteclîche geltest unde widergebest, den worten daz dû deste gerner geltest unde widergebest. Owê, ir armen liute, ir fröuwet iuch âne nôt! wænet ir, daz sie dar umbe gelten unde widergeben wellent daz ich ez alsô rede, des enhabet deheinen muot. Sî aber daz ez geschehe, sô tuot in deste gnædeclîcher, daz sie deste gerner gelten unde widergeben, wan dô si daz guot widergâben herrn Jacobes süne des patriarchen, dô wolte sîn des herren scheffenære niht wider. Daz sage ich iu dar umbe niht: ir sullet ez ze rehte nemen unz an den jungesten pfenninc, ob er sîn eht state hât. Hât er sîn niht, sô vergebet ez im lûterlîche unde genzlîchen. Gewinnet ab er her nâch guot, er sol iu gelten unde widergeben alse von êrste. Unde hât aber er niht noch gewinnet niht, er sol ganzen willen hân, ob erz hæte, daz er gerne gülte. Sô sprichet er: ‘bruoder Berhtolt, woltest dû mir des helfen, daz er hiure ein wênic næme unde fürwert aber ein wênic, daz ich im alsô vier jâr oder fünfiu alsô nâch einander gülte, ie zem jâr ein wênic?’ Sê, welich der tiuvel hât mir den gewalt gegeben über sîn guot? — Joch soltû im schiere gelten: daz ist diu ander buoze an der gerehtikeit. Wan sô dû im genzlîche vergolten hâst, sô soltû in dannoch biten daz er dirz vergebe, daz dû in an sînem guote versûmet hâst: wand er hæte lîhte sînes dinges die wîle eteswaz dâ mite geschicket. — Zem dritten mâle sô soltû im frœlîchen büezen, daz dû im frœlîchen gelten unde widergeben solt, daz er dich mit geistlîchem oder mit werltlîchem gerihte niht dar zuo betwingen sol. Nû seht, ir gîtigen liute, ob ir iuwern næhsten alsô büezen wellet oder niht. Ist daz irz tuot, sô kumet ir ûf den andern wec ze dem himelrîche. Tuot ir des niht, sô wirt iuwer niemer rât. Unde dâ von hât man mir geseit, daz einer gestern spræche: ‘pfî, bruoder Berhtolt! dû bredigest sô griulîche von unrehtem guote, daz ich vil nâhe verzwîvelt bin.’ Sich, daz wære mir vil leit, daz dû iemer deheinen zwîvel gewünnest. Dû solt rehte des deheinen zwîvel hân: unde hâst dû niht mêr unrehtes guotes wan aht pfenninge wert, unde dû weist wol, wem dû sie gelten solt, unde wirst alsô funden daz dû ir niht giltest und widergibest, dû muost alse lange in der helle brinnen, als got ein herre in dem himelrîche ist. Dâ soltû rehte deheinen zwîvel an hân, wan ez ist diu rehte wârheit. Unde daz ich in daz seite hundert jâr nâch einander disen gîtigen liuten, daz hulfe als wênic als bî dem êrsten tage. Reht als wênic als man kupfer unde zin gescheiden mac, als wênic mac man den gîtigen menchen gescheiden von dem unrehten guote. Blî unde zin bringet man wol von einander, zin unde silber, zin unde golt, kupfer unde golt bringet man ouch von einander, kupfer unde silber: dehein erze ist sô getân, ein meister bringe sie wol von einander, wan eht zin unde kupfer. Wer danne frœer danne der tiuvel, wenne er zin unde kupfer zuo einander bringet? Daz ist guot glockenspîse, daz klinget nâch allem sînem willen, swenne erz dar zuo bringet daz der gîtige unde daz unrehte guot zuo einander kumt. Des tuo sich alliu diu werlt abe, daz diu zwei iemer gescheiden werden. Ir andern sünder, die ze dem himelrîche wellen, die grîfen an die heilige buoze die wîle sie den market vinden. Ô welhe maht riuwe unde buoze hânt! Sie tuont, daz dehein heilige getuon mac, weder marteler noch bîhtiger. Ich wil ein grôz wort sprechen: buoze tuot, daz dehein heilige getuon mac niemer, weder die zwelfboten, weder mîn frouwe sant Marîâ, noch dehein prophête, noch dehein patriarche, noch engel, noch heilige: die kunnent alle samt einen sünder, der nâch dem toufe gotes hulde mit tœtlîchen sünden verlorn hât, niemer gewinnen âne buoze. Unde swenne er an der rehten buoze funden wirt, sô mac im got sîne hulde niemer versagen, unde verseit im sîne hulde wol, ob alle heiligen für in bæten und alle die engel die in himelrîche sint: swenne buoze alleine sîn geleite für got ist, sô mac in dehein engel noch dehein heilige ûz getrîben. Buoze diu tuot alliu dinc wol grôz unde kleine, wan vieriu, diu mac ouch weder engel noch heilige getuon noch nieman, âne got alleine. Der mac alliu dinc wol getuon; er pfliget abe dirre vier dinge niht ze tuonde, unde disiu vier dinc mac weder buoze getuon noch nieman.

Daz eine, daz diu buoze niht getuon mac, ez selbe vierde, daz ist: daz sie nieman ûz der helle mac genemen. Daz enmac ouch weder engel noch heilige getuon. Daz ander: sie mac dir die zît niemer mêr gewinnen, die dû unnützlîchen an leist und unnützlîchen verlorn hâst, die mac dir diu buoze niemer mê wider gewinnen. Daz dritte: swaz dû guoter dinge getuost in houbetsünden, diu mac dir diu buoze niemer dar zuo bringen, daz dîn lôn in dem himelrîche deste grœzer werde,

Daz vierde ist: daz sie dir dînen magettuom niemer mê mac wider gewinnen. Disiu vier dinc mac diu buoze niht getuon, unde mac doch alliu dinc wol getuon, wan disiu vier. Sie tuot aber vier dinc wol, diu disen vier dingen nâhe glîch sint. Daz eine ist: daz sie dich von der helle niht genemen mac; sie nimet dich aber von der helle porten. Swenne dû in tœtlîche sünde bist gevallen, zehant bist dû in der helle porten: wan wirdest dû âne buoze funden, sô wirt diu porte ûf getân unde muost iemer mêr ze helle sîn. Unde swenne dû die rehten buoze getuost, sô nimet dich diu buoze alsô von der helle porten unde setzet dich an den wec des himelrîches. Nû seht, wie rehte nütze diu heilige buoze ist! — Daz ander daz ist, daz dir diu buoze diu guoten werc, diu dâ in tôtsünden geschehen sint, niht ze lône bringen mac. Sie bringet aber dich in die gemeinde der heiligen kristenheit, dar inne dû wol lôn verdienen maht. — Daz dritte ist: dir mac diu buoze den magetuom niht wider gewinnen. Dû maht aber mit der buoze verdienen, daz dû zuo als grôzem lône kumest alse etelîchiu maget, sant Marîâ Magdalênâ unde manic ander grôz heilige. — Daz vierde ist: dir mac diu buoze die zît niemer mêr wider gewinnen, die dû unnützelîche verlorn hâst. Sie tuot dir aber einez, daz disem vil nâhe gelîch ist: dû hâst vil lîhte verdienet, daz dû zehen jâr in dem vegefiure brinnen solt oder zweinzic oder vierzic oder hundert. Dû maht die buoze alse endehaft und als frumeclîchen an grîfen, daz dû dâ zehen jâr brinnen soltest, daz dû daz vil lîhte ein jâr brinnest, kûme oder joch niht vollen. Dû maht sie halt alsô an grîfen, daz dû in niemer kein vegefiure kumest.

Unde dar umbe, ir hêrschaft alle samt, durch den almehtigen got sô grîfet die vil heiligen buoze an! Und ir sæligen gotes kinder, die noch ûf dem wege der unschulde sint, lât iuch niht betrâgen: wan iuwer arbeit nimet schiere ein ende, aber iuwer freude genimet niemer ende. Swie heilic diu heilige buoze sî, sô ist diu unschulde tûsent stunt bezzer. Wan swaz dû guoter dinge tuost, diu wahsent dir ze lône, unde dû bist in freuden, sô dû sus in grôzen sorgen wærest. Und ir seht ouch wol, wie kûme sie die buoze an grîfent für daz sie in sünde gevallent. Man vindet ê hundert sünder, ê daz man einen vinde, der endelîchen büeze. Swie heilic diu buoze ist unde swie gar sie alliu dinc getuon mac, sô vindet man ê hundert sünder, ê man einen starken riuwer vinde. Dar umbe hüetet iuch vor sünden, ir junge werlt! Unde hæten iuwer vordern als grôzen schaden dâ von gehœret unde hæte man in alsô gepredigetet, sô hæten sie sich baz behuot vor sünden. Nû verzaget iedoch dar umbe niht unde gêt den wec der buoze mit der wâren riuwe unde mit der lûtern bîhte und enpfâhet die heiligen buoze nâch der gnâde gotes und ûf sîne grôze erbarmherzikeit. Ez ist doch vil bezzer riuwe unde buoze, danne iemer mêr mit dem tiuvel brinnen. Unde lât iuch des den tiuvel niht irren. Wan dâ von seite ich gestern, daz der tiuvel drîe ræte allen menschen râtet ze allen zîten. Daz eine: daz man sünde tuo; daz ander: daz man niemer wâren riuwen drumbe gewinne; daz dritte: daz man niemer alsô gebîhte noch gebüeze, daz ez gote lobelich sî oder nütze an der sêle, wan er wil iemer deste mêr unde deste grœzer martel lîden, daz ir mit im ze helle brinnet. Ir sæligen gotes kinder, lât iuch die tiuvel ab iuwerm wege niht werfen, der dâ sô linde und ouch sô senfte ist. Und ir sünder, lât iuch ouch von iuwerm herten wege niht wîsen, daz diu zal mit iu erfüllet werde, ir sünder. Daz uns daz allen widervar, des helfe uns unser herre gemeinlîchen allen sament. Âmen.

# VI.

## VON RUOFENDEN SÜNDEN.

'GOt ist wunderlich an sînen heiligen' (*Ps.* 67, 36). Alsô sprichet man hiute in dem heiligen amte, wan aller der wunder grœste, diu got ie gewunderte, daz ist daz wunder, swenne got einen sünder bekêret. Unde dâ von sprichet man alsô: 'got ist wunderlich an sînen heiligen.' Der guote sant Paulus wart wunderlîche bekêret; man liset ez niht, daz ie dehein heilige sô wunderlîche bekêret wurde, sô der guote sant Paulus wart unde sant Afer unde der andern ein michel teil. Aber mîn frouwe sant Afer was gar ein grôziu sünderin und erkante halt niht, wer got was; und unser herre hiez dort in verren landen santum Narciscum her ze Augesburc varn unde sprach alsô: 'var hin, Narcisce, gein einem lande, daz heizet daz Riez, dâ ist ein stat inne, diu heizet Augesburc, dâ inne ist ein frouwe, diu heizet Afrâ, die soltû mir bekêren: wan der gelüstet mich.' Und alsô wart sie bekêret mîn frouwe sant Afer diu hie hûs hât. Nû sprechent manige liute, die der endehaften gewizzen irre gênt; 'sê, herre, daz unser herre niht zeichen tuot unde daz wir niht schîmberlîcher zeichen sehen?' Nû seht, sô tuot er gar grôziu zeichen alle tage, und wil man ez niht für grôziu zeichen haben, sô sint ez doch grôziu wunder unde grôziu zeichen, wan daz sie gar gewonlich sint, daz irs dar für niht haben wellet. Diu sunne ist ein grôz zeichen, wan daz irs gewon sît. Daz man nû korn wirfet in die erde, unde daz got daz korn læt erfûlen in der erden daz daz zeichen deste grœzer sî, unde danne ander korn ûz dem fûlen korn wahsen lât, daz alliu diu werlt gespîset wirt, und über winter gefriuset und erfûlet! Sô læt er den edeln wolgesmaken wîn ûz sûrem wazzer werden, wan die wînreben die ziehent daz saf ûz der erden, unde versiuret in den reben; dâ machet er alle jâr edeln guoten wîn ûz. Nû seht, ob daz niht ein schœnez zeichen sî? Sô wellet eht irz dar für niht hân von der gewonheit. Sô wil ich iu iezuo ein grôz zeichen sagen, daz unser herre aller tegelîche tuot, wan er tuot disiu zeichen aller tegelîche: er tuot diz aller tegelîche, daz er alle die werlt enbor hât gehenket daz sie ûf nihte swebet: berge noch wazzer noch welde, und eht allez ertrîche daz swebet enbor ûf nihte. Sô sprechent sumelîche liute, ez sî ein werlt under uns. Des ist niht. *Nihil est in fundamento.* Wâ wart ie künic oder keiser sô gewaltic, der einigen pfenninc oder helbelinc möhte gehenken daz er in der lüfte swebte ûf nihte? Daz dunket sie allez niht zeichen. Der grœsten zeichen driu diu got ie getet oder iemer mêr getuon wil, daz ist der einez, daz er himel und erden ûz nihte machte und allez daz himel und erde begriffen hât: daz ist der grœsten wunder einez, daz got ie begienc. Sô ist daz ander, daz er einen sünder bekêret. Daz dritte wil er noch tuon vor dem jungesten tage. Wan ez alsô grôz wunder ist, daz er einen sünder bekêret, dâ von sô siht man ir alle tage sô manic tûsent ze helle varn der niemer rât wirt. Als der sünder in tœtlîche sünde gevellet, sô hât er verdienet daz er iemer mêre ze helle brinnen sol, und er stinket joch unsern herren sô griulîche an, daz dem stanke ûf ertrîche niht gelîch ist, swie manic hundert tûsent mîle von hinnen ze himelrîche ist. Unde dâ von læt er ir sô manigen unrehten tôt nemen, daz er des stankes niht erlîden mac, und er stôzet sie von im in daz apgründe der hellen. Swie verre von hinnen ze himelrîche sî, sô stôzet er die sünder aber für baz verre von im in die helle, daz eht sie verre von im sîn, wan er mac des stankes von ir sünden von in niht erlîden. Unde dâ von sô wirt der hiute erslagen, der morne erhangen; sô verbrinnet der in dem fiure, der wirt geradebrechet, der stirbet des gæhen tôdes; sô vellet der den hals abe, sô vellet der in ein wazzer und ertrinket; sô stirbet etelîcher ûf sînem bette rehtes tôdes unde vert doch an den grunt der hellen, daz sîn niemer mêr rât wirt. Unde sô ie næher bî dem ende der werlte, sô der werlte ie mê zer hellen vert. Reht als bî dem anegenge diu werlt mit wazzerflüete ze der hellen fuor, alsô wirt sie bî dem ende der werlt mit sündenflüete ze der hellen varn; wan swaz uns kristenliuten endehafter dinge was künftic an der sêlen, daz erzöuget uns allez der almehtige got in der alten ê an der liute leben. Und alsô hât er uns ouch erzöuget daz. Wande sie tâten wider got, dô sante in unser herre boten daz sie sich bezzerten, oder er wolte sie alle ertrenken in dem sintwâge. Daz was niht dan ir gespötte und ir goukel. 'Jâ', sprach der, 'ich weiz einen berc, der ist alle wîle, daz kein wazzer drûf gefliezen müge.' Sô sprach der: 'ich hân einen turn, ich bin iemer sicher dar ûf.' *Dicit glosa*: unde dô sie niht bezzer wolten werden, dô wart der schimpf ze einem ernste, unde gie wazzer zuo vierzic tage unde vierzic naht unde diu erde tet sich ûf unde giengen brunnen und beche unden ûf ûz der erde und oben her ze tal ûz den lüften, unde gie des wazzers fluot alsô von beidenthalben zuo, von erden und oben abe von den lüften, daz in der hœheste berc ze nider wart der iendert ûf ertrîche was, wan ez gie daz wazzer unde wart als grôz, daz ez über die hœhesten berge gienc die iendert in der werlt wâren fünfzehen klaftern, und ertrank unde verdarp allez daz ûf ertrîche was, wan daz in der arken was, und ein man, was in dem paradîse, der ist ouch dar inne; der ander kam nâch der sintflüete in daz paradîse. Und als diu werlt bî dem anegenge der werlte verdampnet wart mit wazzer an ir lîbe, alsô wirt nâhe alliu diu werlt verdampt an der sêle bî dem ende der werlt mit sünden, mit niunhande sünden. Der fliezent vier oben nider unde die fünfe niden ûf. Wan der nidern mêr ist danne der obern, sô wil ich iu von den nidern aller êrste sagen. Die brunnen die dâ niden ûf giengen, die bezeichent daz arme völkelîn. Sô bezeichent daz oben her abe dâ regente die rîchen unde die hôhen: die varnt alle ze der helle meistic mit den vier sünden, ander niht vil ist. Ir blîbent gar lützel der rîchen unde der armen, wan ez ist eht sâ zehant fride ûz zwischen dir und gote, man spræche anders niht: 'got ist wunderlich an sînen heiligen.' Wan ez ein sô grôz wunder ist, daz ein sünder bekêret wirt, dar umbe sô vert ir sô manic tûsent zer helle als ein sintfluot. Unde daz hât sich nû erhaben, unde merket alle samt wie vil der sî, die frî vor disen niun sünden sîn.

Die êrsten fünfe, dâ mite daz lîhte unde daz arme volk zer helle vert, der ist diu ein nît unde haz. Pfî, wie manic tûsent sêle dâ mite zer helle vert, der niemer rât wirt! Wer ist der nû niht nîdes unde hazzes habe? ist ieman hie, der weder haz noch nît habe? Ich hân ez dâ für, ir sî daz mêrre teil, ez sî halt arm oder rîch, die mit der êrsten sünde begriffen sîn. Joch ist ir noch ahte. Lât sehen, wer vor disen frî sî! Wan reht umbe sus hât einez haz und nît ûf daz ander. 'Sê, ez hât ez sus verdient.' Joch soltû weder haz noch nît ûf dînen næhsten tragen, wan wurdest dû alsô funden, dîner sêle wurde niemer rât. [In dem sermône von dem mantel stêt wol von hazzen und von nîden, wie man dâ von sprechen sol.]

Diu ander sünde ist eht unkiusche. Dâ mit vert vil nâhe alliu diu werlt zuo der hellen. Dâ sprichet Salomôn: '*propter spiritum mulieris multi perierunt.*' Sô sprichet der guote sant Paulus: 'alle die an der unkiusche werdent funden, die werdent verstôzen des erbeteiles unsers herren Jêsu Kristi: *fugite fornicationem.*' Daz ist als vil gesprochen: fliehet die unkiuschekeit, wan ez ist der schedelîchesten sünde einiu, die diu werlt ie gewan. Wan daz aller êrste ûz der schaln sliufet, daz bewillet sich nû mit der selben sünde: die dierne unde die knehte, die süne unde die töhter sint alles nescher unde nescherin, und ist halt als gewonlich diu selbe sünde und als gemeine worden, daz ir nû nieman ahtet und niht danne ein gespötte ist. Sô man in dâ von prediget, sô winket einer ûf den andern unde grüllet ûf in (jâ wâ wil dîn sêle hin?) unde trîbent alsô ir gespötte, als jene in der alten ê, unz in daz wazzer in den munt gêt. Alsô tuont dise êbrecher und dise nescher, unz in daz helsche fiwer in den munt wirt gênde. Sie hât sô gar obernhant genomen diu selbe sünde, daz sippebrechen unde gevaterschaft all ein ist. 'Jâ' sprichet er, 'ez ist ein wazzersippe,' unde trîbet sîn gespötte. Daz ist allez von der gewonheit. Pfî, nescher! wie gar ez dîn gespötte sî, ez möhte alliu diu werlt dîn martel niht erlîden, niuwan umb ein einigez naschen daz dû tuost. Sô dû dar umbe als lange brinnest, als manic tûsent jâr als tropfen in dem mer ist, sô hebet dîn martel alrêrst an, und als manic tûsent jâr als stoubes in der sunnen ist, und als manic tûsent jâr als loubes unde grases ûf erden ie gewahsen ist sît Adâmes zîten. Unde sprichet sant Augustînus ein schœne glîchnüsse, daz unser fiwer als toup sî ûf ertrîche bî dem fiwer daz man dâ mâlet an eine want: ‘alz heis unser fiwer ist wider dem gemâlten fiwer, als heiz ist daz fiwer dâ die sêlen inne brinnent wider unserm fiwer.’ Unde dâ von möhte alliu diu werlt dîne martel niht erlîden. Daz dû die martel sô schiere verdienet hâst mit einem kleinen geluste, dû soltest ê tûsent tôde lîden, ê daz dû dich der martel bewegest iemer ân ende ze lîden. Nû sich, ob dir niuwan ein einiger vinger læge in dem fiure, daz dâ wider jenem fiwer als kalt ist, dû wærest ê vier jâr ân unkiusche, ê daz dû in einen einigen tac liezest ligen in dem fiure. Swaz man in gesagen mac, ich und ander prediger, daz ist niht danne ir gespötte.

Diu dritte sünde, mit der diu meiste menige ouch ze der hellen vert, mit ir selbe fünfte, diu heizet üppikeit. Dâ gêt allez daz mit umbe daz dâ lebt unde nâch menschen ist gebildet, ez sî jung, ez sî alt, ez sî arm, ez sî rîch; unde sô ez niht mê mac fürbringen ze hôhverte, sô rücket daz den gürtel hœher, sô krümbet daz den huot ûf, sô hôhvertet daz sîne genge, daz sîne sprâche. Dâ von sprichet künic Salomôn: ‘diu üppikeit mit üppikeit! daz hât sich allez samt ûf üppikeit gerihtet.’ Armez hôhvertelîn! möhtest dû ez vollebringen, waz tætest dû danne? Sô verwet daz sich, sô gilwet daz sîn gewant, sô hôhvertet daz mit wolsingen, sô hôhvertet daz von nihte, wan ez diu üppikeit dar zuo bringet. Dem volkelîn unde den diernlech unde den knehtelech den vert daz herze alle zît gôlenzende, unde wirt manic tûsent menschen von hôhverten verlorn daz ir niemer mêre rât wirt, ich meine von grôzer, grimmiger hôhverte und von üppiger; aber von der kleinen vellet man an die grôzen.

Diu vierde sünde, diu ouch niden ûf wellet, diu ist aller sünden schedelîchestiu unde wirstiu, unde heizet übel zunge. Dâ wirt manic tûsent sêle von verlorn, wan ez ist sibenzehener leie bœser zungen. Daz ist schelten unde fluochen, unde nâchreden unde verrâten, unde liegen unde mortbeten, und îtelmacherinne, die ze samen trîbent unde die den tiuvel an betent, unde die dâ spotent unde giudent unde rüement unde swernt von gewonheit, unde scheltent unsern herren und unser frouwen. Dar umbe sluoc ein engel wol ahtzic tûsent unde hundert tûsent ze tôde in einer naht. [Daz stêt in den zehen geboten wol, wie man sprechen sol umbe meineide und umbe schelten unde fluochen.] Pfî, pfenninceprediger, wie stêt ez umbe dîne zunge, diu manic tûsent sêle zer hellen wîset, daz ir niemer mêr rât wirt? Dû pfenninceprediger, dû bist dem tiuvel ein der aller liebeste kneht, den er iendert hât. Unde trûbselerin, dû treist ouch der bœsten zungen eine, diu dem tiuvel ie dienst erbôt. Nû seht, wie maniger leie die zungen sint die dem tiuvel dienent, die alle in sintflüete wîse zer helle varnt! Lât ez iuch erbarmen, daz sich got über iuch erbarme. Daz dich alle böcke niht erfüllen möhten, dû habest menschenfleisch frezzen! Wan sô dû einen menschen von sînen êren seist, sô möhtest dû einen ohsen gerner frezzen an dem karfrîtage. Unde die liute verwerrent under einander, die von einem mensche übel redent wider daz ander und aber von disem wider hin ze jenem. Unde die dâ mortbetent über die andern. [Alle die rede, die in den zehen geboten stênt, die hœrent an die stat, wan er machet der rede unmâzen vil an der stat von der übeln zungen unde von ahte lügen, die sanctus Augustînus dâ schrîbet.]

Diu fünfte sünde ist sô gar ein sintfluot, daz sie vil nâhen alse vil zer helle bringet sam die andern alle samt. Dâ ist nôt daz ir got an ruofet, daz er iu gnædic sî mit der selben sintflüete, wan dâ kan sich borwol ieman vor behüeten. Ir behüetet iuch vil wol alle sament dâ vor, wellet irz tuon, wan sich manic heilige dâ vor behüetet hât, die dâ ze himelrîche sint. Aber nû bî dem ende der werlte wil sich lützel ieman dâ vor behüeten. Aber armes volkeleches ein michel teil und aller meist halt wirt mit der selben sünde verdampt. Unde heizet untriuwe. Der ist als vil sô knehte unde dierne, die stelnt ir hêrschefte alles des ein teil, dâ mite sie wandelnt und umbe gênt. Sie stelnt daz holz, sie stelnt daz smalz, sie stelnt daz korn, sie stelnt daz mel; sô stilt der daz, sô stilt der diz; sô stilt der brôt, sô stilt der kæse, sô daz fleisch, sô daz ei: sie stelnt eht allez daz, dâ mite sie umbe gênt, unde verdiubent daz unde vermarkent ez heimlîchen und ungetriuwelîchen ir hêrschaft, die in allez ir dinc bevelhent ûf ir triuwe und in dar zuo spîse unde lôn gebent. Unde dar umbe wirt ir sêle niemer rât, sie gelten ez danne unde geben ez wider; aber die diz wizzentlîchen koufent von in unde wol wizzent, daz sie ez mit unrehte gewinnen. Nû seht, wie manic tûsent der wirt, die mit der sünde ze der helle sint gevarn! Ez sîn diener oder tagewürhten, die dienent mit untriuwen unde mit grôzem unrehte. Als ez der meister siht wirkent sie die würhten gar balde; unde sô er sîn niht mêr siht unde den rücken wendet, sô rihtet ér den rucke ûf unde mærsaget unde lûwert, und ie zwêne oder drî wirkent etewanne eines tages ein tagewerk kûme. Daz selbe tuont dierne und knehte. Als diu katze ûz kumet, sô rîchsent die miuse: als ir hêrschaft ûz kumet, sô hebet sich grôz unzuht von iuwern êhalten unde grôz ringen unde scherzen. Als diu hêrschaft danne widerkümt, sô ist daz werk ungeworht, unde sint vil lîhte zwêne schaden oder drîe geschehen, die sie wol erwendet solten hân. Dû dienest mit untriuwen, dâ von wirt dîn niemer rât; wan sô dû dîner hêrschaft getriuwelîche soltest dienen und ir dinc besehen, sô trîbest dû eintweder dîne frîheit oder verlâzenheit, oder dû leist allen dînen flîz dar an, wie dû eteswaz dieplîchen vermûchen mügest, daz dû daz pfennincwert kûme umb einen helbelinc gibst. Den worten daz eht dû dîne untriuwe vollebringest, sô ganst dû ez einem wilden heiden baz wan dem dû triuwe unde wârheit leisten solt. Unde hebest des morgens an, sô dû dîe pater noster sprechen soltest unde gotes dienstes pflegen unde got an rüefen soltest, sô tuost dû vil gerne dieplîche mit dînen gesellen, unde begiezent ein kar vol brôtes unde giezent daz veizte ab dem fleische, und ez müezent die liute unde die hêrschaft ungesmake kost ezzen. Dû vil ungetriuwer leckespiz! joch heizest dû dar umb ein êhalte, daz dû dîne ê behalten solt mit triuwen, wan dû dîner hêrschaft mit triuwen soltest goumen und alles daz dir von in bevolhen ist in hûse oder in hove. Unde dâ gedenket man ze kirchen der, die getriuwelîchen dâ heime goument. Pfî, ungetriuwer leckespiz, wie gedenket man dîn danne, sô dû mit solicher untugent unde mit solichen untriuwen dîner hêrschaft goumest, ie mitten sô man daz heilige ambaht tuot, daz dû got an ruofen soltest daz dû aller der gnâden teihaft würdest, der man got ze erbiten hât über lîp und über sêle, unde daz dû des niht entuost! Dar umbe wirt dîn niemer rât, wan sich dîn hêrschaft vor dînen untriuwen ze allen zîten niht wol gehüeten enkan. Pfî, gîtiger, dû stêst eht allenthalben an dem blate! Dû wænest gar schœne sîn vor untriuwen? dû bist in der schar ouch: wuocher ist untriuwe, satzunge ist untriuwe, steln ist untriuwe, ez ist eht allez samt untriuwe. Der ist ungetriuwe an sînem antwerke, der gît zwêne hundîne schuohe für zwêne bökîne; sô gît der bœse für guote schuohe, ungerwetez leder fûlez für guotez unde zæhez, dünne soln, gebrennet daz sie herte sîn, für dicke. Dû trügener unde dû velscher maniges armen menschen! daz ez mit arbeiten unde mit nôt gewinnet, daz gewinnest dû im an mit dîner untriuwe. Dar umbe wirt dîner sêle niemer rât, wan dû betriugest niuwan die armen liute, die ez mit ir sweize kûme gewinnen unde mit ir arbeite: die rîchen unde die gewaltigen die getarst dû vil lützel betriegen. Unde dû manteler und dû hederer, dîner trügenheit gerâtent die rîchen ouch gar wol: ez sint niuwan arme liute die dû betriugest; des wirt ouch dîner verdampten sêle niemer rât. Ob dû halt einen jüden oder einen rouber betriugest, sô wirt dîn niemer rât. Betriugest dû halt einen grâven oder einen ritter oder einen fürsten, sô wirt dîn aber niemer rât. Swen dû betriugest in aller der werlte an dînem koufe oder an dînem antwerke, sô bist dû eht ein ungetriuwer trügener; unde dar umbe sô wirt dîn niemer rât. Sô gît der böckîn fleisch für schæffenz, der muoterînez für bergînez, der vinnigez für reinez. Dû rehter trügener ungetriuwer! dû beheltest eht dîn fleisch unz ez erfûlet under dem velle, sô blîbet ez gar wîz; die wîle daz vel drobe ist, sô wænet ein biderman ez sî gar guot unde frisch: sô ist ez fûl; er mac den tôt dran gezzen oder grôzen siechtuom. Dû trügener unde dû ungetriuwer mörder! Dar umbe solten die burger von der stat gebieten, swenne man in sumerigen zîten ein kalp oder ein lamp abnæme, daz man ez sâ zehant ville und im daz vel gar abe ziehe, unde daz zwêne biderbe man oder vier daz bewæren, daz ez zîtic sî daz sie dâ abe nement, unde daz ez gesunt sî; wan ez ist etelîcher als ungetriuwe gein gote unde gein sînem ebenkristen unde gein sîner eigenen sêle, daz er niht enruochet, wer dâ von stürbe oder siech würde, daz eht im ein kleiner gewin werde. Nû lât ez iuch erbarmen, daz sich got über iuch erbarme, daz diu werlt sô gar vol trügenheit unde valscheit und untriuwen ist.

[Ez stêt in dem sermône von den fünf pfunden, wie man untriuwe rüegen sol. Der krâmer unde der pfragener unde der snîder unde die wînliute, die wîn veil habent, und alle die man dâ rüeget in den fünf pfunden an koufe oder an hantwerke oder an swelher leie untriuwe oder unrehtem gewinne man sol rüegen, daz sol man in dém sermône michels mêrre unde grœzer machen danne hie.] Unde die die dâ wollen spinnent. Dû diebin, diu dâ wollen spinnet, dû stilst ie ein wênic her dan unde legest daz garn danne in eine fiuhte, daz ez swære sî ûf der wâge. Dû bist ungetriuwe unde muost mit armuot mit alle hin ze helle, daz dîn niemer rât wirt. Unde dû, sniterin, diu daz korn ab dem velde snîdet! dû alte diubin, dû hâst ein jungez diubelîn nâch dir gênde, unde dû truckest im eine hant vollen nâch der andern nider in die halme nider. Sô stelnt ez etelîche nahtes an dem velde, sô stelnt die holz, sô stelnt die gras, sô trîbet der sîn vihe ûf eines andern korn oder gras. Daz ist allez untriuwe, und ir aller sêle wirt niemer rât, die solichiu dinc üebent. Und aber der andern leie untriuwe daz sint glîchsener unde glîchsenerinne. Dû bist gote und ouch der werlte ungetriuwe unde dîner eigenen sêle! [Daz stêt hie vor in dem sermône ze næhest ân einen, wie man glîchsenære rüegen sol.]

Nû lât ez iuch erbarmen, daz sich got über iuch erbarme, daz sô manic tûsent sêle von untriuwen zer hellen vert, der niemer mê rât wirt. Daz sint die fünf sintflüete, die unden von der erden ûf wallent unde manic tûsent menschen verdampnent an dem lîbe, als in der alten ê: alsô verdampnent dise fünf sünde manic tûsent menschen an der sêle von êwen unz êwen. Unde daz ist anders niht danne ir gespötte. Als jene die verdampt wurden bî dem angênde der werlte mit wazzerflüete an dem lîbe, alsô trîbent dise ir gespötte, die dâ nû verdampt werden bî dem ende der werlte an der sêle von der nidern wazzerflüete. Nû giengen die wazzerflüete oben her nider ouch. Daz bezeichent, daz die hôhen unde die gewaltigen alle meistic ze der hellen varnt in sintflüete wîse, wanne sie wurden alle samt verdampnet mit dem wazzer, die armen unde die rîchen, die hôhen unde die nidern, bî dem angênde der werlte. Als werdent sie ouch verdampt bî dem ende der werlte mit vier sünden. Unde vor den vier sünden beschirme uns alle samt der vater unde der sun unde der heilige geist, wan die selben vier sünde heizent die ruofenden sünde, unde sint aller der sünde grœste unde wirste, die diu werlt ie gewan oder iemer mêr gewinnen mac. Unde wæren sie dannoch grœzer niht, sô wæren sie ouch die ruofenden sünde niht, wan sie ze allen zîten ruofent vor gote über ir lîp und über ir sêle aller der, die in der selben sünden einer sint. Unde reht ze glîcher wîse, als dâ vier hôhe fürsten sint, die vor einem rœmischen künige stênt, die gar grôziu dinc ze klagen hæten, und als man die vier fürsten vor dem künige müeste hœren vor aller diet, sô sie mit lûter stimme dâ ruoften, alsô ruofent die vier sünde vor dem almehtigen gote ze aller zît tac unde naht mit lûter stimme über sînen lîp und über sîne sêle, swer in der selben vier sünden einer ist. Unde dâ von genimet ir deheiner iemer oder selten rehten tôt, er grîfe denne vil wunderlîchen balde starke buoze an; unde gelebet selten iemer deheiner sîne zît oder sîniu rehten jâr, die in der selben vier sünden einer sint, wan sie ruofent alle zît vor gote über sînen lîp und über sîne sêle, daz sie niemer geswîgent. Unde dar umbe, durch den almehtigen got, sô hüete sich alliu diu werlt vor disen vier sünden. Unde wellet ir iuch durch die liebe unsers herren dâ vor niht hüeten, sô hüetet iuch aber durch iuwer sêle sælikeit. Wellet ir iuch aber durch iuwer sêlen sælikeit niht dâ vor behüeten, sô hüetet iuch doch dâ vor, daz ir deste langer lebet unde daz ir deste bezzer ende nemet. Wer ist nû der gerne lange lebe unde gerne reht ende neme, der hüete sich vor disen vier sünden, wan sie verdampnent den menschen an lîbe und an sêle. Unde wæren sie dannoch niht wirser unde griulîcher unde schedelîcher, sô wæren sie ouch die ruofenden sünde niht. Nû hüeten sich die armen unde die rîchen. Sô hüeten sich die rîchen ouch vor den nidern sünden, vor hazze und nîde; dâ sint die hôhen als vaste mit verworren als die armen, wan dâ kumt vîntschaft von unde manslaht und urliuge unde brant unde roup und unkiusche. Sie hât sich under die hôhen sêre gemenget, und übel zungen varnt ouch etewenne under den hôhen liuten. Seltsæne zungen habent sich nû sêre gemischet zuo den hôhen: die hebent ein ander ir liebsten friunde ûf; daz ist der zehen gebot einez, wan swenne dû ez im ûf hebest, sô hâst dû daz gebot zebrochen: wan got sprichet selbe: ‘êre vater unde muoter, sô lengest dû dîn leben ûf ertrîche.’ Dû solt ez wol gehüeten, daz dû ez dar zuo bringest, daz man dir dîne muoter beschelte oder dîne hûsfrouwen. Diu hôhvart ist aber die rîchen eigen unde der hôhen gar und gar eigen, unde diu gîtikeit. Und alsô habent die andern sünde zuo den hôhen liuten sich gemischet, und alsô mischent sich der hôhen sünde ouch etelîche zuo den armen liuten. Unde dar umbe hüeten sich die armen zuo den rîchen, wan sich wurden ouch die nidern wazzerflüete zuo den obern mischende, die dâ die liute verdampten in der alten ê an ir lîben. Die undern giengen ûf unde die obern nider, unde wart ein michel wâc, unz daz sie alle verdampt wurden an ir lîben. Alsô mischent sich ouch die obern sünde unde die nidern ze samene, unz ir gar lützel blîbent, die niht verdampt werdent an der sêle.

Diu êrste ruofende sünde, diu den menschen verdampt an lîbe und an sêle, diu ist geheizen unreht gewalt. Alle die dâ die andern verdrückent mit unrehtem gewalte, die sint in der vier ruofenden sünden einer, die den menschen verdamnent an lîbe und an sêle. Als der künic Pharâô, der die israhêlischen liute drukte mit unrehtem gewalte: dar umbe wart er verdamnet an des meres grunde mit lîbe und mit sêle und alle sîne mitvolger. Alexander der wart ouch verdampt an lîbe und an sêle: im wurden sîne tage und sîniu jâr des lebens abgesniten und abgebrochen, und er nam einen stinkenden tôt: er stank an sînem ende daz nieman bî im mohte. Daz selbe geschach Holoferni unde der andern eim micheln teil. Seht, wie der almehtige got die selben sünde gerochen hât sît anegenge der werlte! Einem heidenischen künige von Bâsân geschach alsam, und Achab, den Naboth versteinen hiez umbe sîn eigen guot. Dar umbe wart im ouch sîn leben abgebrochen und nam einen unrehten tôt. Unde dâ von seht ir der hôhen herren gar wênic ze rehte ir alter nemen unde rehtes tôdes sterben, wande sie manigen menschen verdruckent mit unrehtem gewalte. Sô verdruckent sie den an den êren, den an dem guote, den an dem lîbe, swie dû in verdruckest mit unrehtem gewalte den got alse wol geschaffen hât als dich, und in als wol nâch im gebildet hât als dich, und im als wol lîp unde sêle hât gegeben als dir, und in alse wol mit sîme tôde erlôst hât als dich. Dû wilt aber sîner lôsunge niht, swenne dû dînen ebenkristen mit unrehtem gewalte verdrückest. Unde wærez dannoch ein grœzer sünde niht, sô wærez ouch der vier ruofenden sünden einiu niht. Daz sol man wider ir ieglîchen eine sprechen:

vil wunderlîchen balde in starke buoze! unde geltet unde gebet wider, ir unrehten gewaltesære, sît ir niht enwizzet, wanne iu got iuwer leben abbrichet, unde dar zuo ein unreht ende nemet, unde daz iuch got verdampt, des êrsten an dem lîbe hie ûf ertrîche, unde dar nâch an dem jungesten tage an lîbe und an sêle.

Daz ander ist ein sünde, dâ sich die nidern als wol vor hüeten sullen als die hôhen, daz ist: alle die den andern ir gearneten lôn vor behabent über ir willen, die sint zehant in der ruofenden sünden einer, für daz dû in ir earnetez lôn niwan über naht vor beheltest über irs herzen willen, swie sô sie daz umbe dich verdienet hânt mit ir jârdienste als dierne unde knehte oder hirte mit sîme stabe oder tresche mit sîme flegel, ez sî der zimmerman, ez sî der smit, ez sî dirre oder der, swaz er umbe dich verdienet hât mit sînem lîbe oder mit sînen henden, unde dû im daz über naht vor behabest über sîns herzen willen, sâ zehant bist dû in der ruofenden sünden einer, wan sîn bluot unde sîn sweiz ruofet sâ zehant über dînen lîp und über dîne sêle. Wande er die liehte krône vor gote tragen sol — unde dar zuo hât er in geschaffen unde nâch im selben gebildet unde hât in erlœset mit sîme tôde, daz er die krône vor im tragen sol, unde hât in als hôhe geedelt als dich — unde dir der selbe lîp, den got sô hôhe unde sô wert geedelt hât, als vesteclîchen arbeiten muoz nâch ein wênic guotes, unde dû im daz selbe danne vor behaltest über sînen willen: dar umbe ruofet sîn sweiz unde sîn bluot über dich mit lûter stimme über dînen lîp und über dîne sêle. Wande er als edel ist als dû und er dir als swærlîche gedienet hât, sô gæbest dû im vil billîche daz kleine lôn, daz er umbe dich verdienet hât; wan swie gâhes dû ez im gibest, sô hâst dû im dannoch niht gelônet als hôhe als in got geedelt hât. Dâ hüete sich alliu diu werlt vor, daz ieman dem andern sîn gearnetez lôn iht vor behalte. Ez ist in etelîchen landen site: swer sich beklagen læt umb einen gearneten lôn und ez jenem niht engibet âne klage, der muoz dem rihter sehs schillinge ze buoze geben. Unde daz wære in allen landen ein guotiu gewonheit, wan ez vorhte maniger vil harter danne allez daz ruofen daz sîn bluot unde sîn sweiz vor gote über in getuon möhte. Unde sult in gar genuoc z'ezzen geben. Swenne sô ir wercliute habet unde diener unde dienerin unde die dir durch daz jâr dienent, den soltû grôze schüzzeln für setzen unde dar ûf gar genuoc legen, unde niht ein bein drûffe legen; wan dû sihst vil gerne daz si dir vaste wirken: sô soltû in gar genuoc geben. Sô setzest dû in eine schüzzeln für als einer katzen vaz. Gip dir selber ûf dîn katzenvaz oder dînen kinden oder dîner katzen! dû solt in grôze schüzzeln für setzen, unde dar ûf gar genuoc legen, unde niht ein bein drûffe legen als ez benagen sî; daz soltû dînem hunde dar werfen. Dû hortest ê vil gerne, dô ich sie hiez daz si dir getriuwe wæren unde gewære. Alsô soltû daz nû gar wol hœren unde merken, unde soltez ouch mit den werken vollebringen, unde soltû daz in gar genuoc geben. Sô sprichest dû: ‘ezzet vaste!’ Daz meinest dû niendert alsô, daz sie vaste unde genuoc ezzen: dû meinest ez alsô, daz sie balde von dem tische gâhen unde daz sie dir des brôtes unde der spîse deste mêr ûf dem tische lâzen ligen unde daz sie deste ê an daz werc komen. Unde swenne dû daz gerne sihst, daz sie vaste wirken, sô soltû sie gar müezeclîchen lâzen ezzen, unz daz sie genuoc haben. Ez mac dir niht gewirken, als ez hungeric gêt. Unde swenne ez dir gedienet daz jâr gar ûz, sô soltû im daz lôn gar geben des selben tages als ez von dir gêt, unde solt eht iemer etewaz mêr geben danne dû im geheizen hâst. Unde dâ hüete sich alliu diu werlt vor, daz ieman dem andern sîn gearnetez lôn vor behabe; wan swer daz tuot, der ist sâ zehant in der ruofenden sünde.

Diu dritte ruofende sünde ist aller sünden grœstiu unde wirstiu, sie selbe vierde, die diu werlt ie gewan oder iemer mêr gewinnen mac. Unde wære sie dannoch grœzer niht, sô wære sie ouch der vier ruofenden sünden einiu niht. Unde wirt ir noch sô vil vor dem jungesten tage, rehte glîch der sintflüete, unde sie heizet eht manslaht. Der wirt als vil bî dem ende der werlt, daz reht ein bluot in daz ander fliuzet, und als vil wirt der selben sünde, daz sô grôz urliuge unde strît wirt habende sich, daz sie sich sô sêre under einander slahent, daz ir beider bluot under einander fliuzet. Unde daz hât sich wol nû erhaben, dô der von Ungern unde der von Bêheim dâ striten, daz manic man den lîp verlôs. Unde der künic von Frankrîche, der ouch einen grôzen strît jensît mers tet; unde der grâve Pêter von Savoi unde grâve Ruodolf von Habichesburc, unde grâve Herman von Hennenberc unde der bischof von Wirzeburc, unde der künic Primze mit tiutschen liuten. Nû seht, diz ist allez in kurzen jâren geschehen, âne daz maniger den andern ze tôde sleht umb ein einigez wort oder umb einen einigen helbelinc ze dem biere oder ze dem wîne oder umb eine bürden gras oder umbe zehen epfel oder birn, sô ern in sînem boumgarten vindet oder an einem andern schaden. Pfî, bluottrinker, wâ ist dîn bruoder? jâ hât sîn bluot hin ze gote geruofet, unde ruofet alsô iemer mêr über dînen lîp und über dîne sêle, ez wære anders der ruofenden sünden einiu niht. Unde dar umbe vil wunderbalde in starke buoze! wan alle die wîle dû niht grôzen riuwen hâst gewunnen dar umbe unde lûterlîchen niht gebîhtet hâst unde frumeclîchen buoze niht enpfangen hâst unde die niht vesteclîchen willen hâst ze leisten, sô ruofet sîn bluot mit lûter stimme hin ze gote über dînen lîp und über dîne sêle unz an die zît daz dich got verdampt an lîbe und an sêle. [In den zehen geboten stêt wol wie man die manslaht wern sol, wan die sol man an deheiner stat sô swære machen als hie an dirre stat.]

Diu vierde ruofende sünde ist über alle die sache sündelich, über alle die sünde, die diu werlt ie gewan oder iemer mêr gewinnen mac. Und wære sie dannoch wirser niht, sô wære sie der ruofenden sünde einiu niht, und ist sô griuwelich unde sô schedelich unde sô schentlich, daz ir nieman keinen namen kan gegeben. Ir tiuvel, ir sît ie tiuvel unde meister aller sünden unde vater gewesen, unde getorstet ir nie keinen namen geben unde gevinden. Her Nimrôt und her Astarôt, ir kundet ir nie keinen namen geben. 'Wie, bruoder Berhtolt, wie sol ich mich vor der sünde behüeten?' Des helfe mir der almehtige got, daz dû mîn niht verstêst: aber ein schalkhaftez herze verstêt mich vil wol. Ich verbiute dir halt bî gote, daz dû niemer dar nâch gefrâgest! Und ir priester, ir sult niemer dar nâch gefrâgen in der bîhte, noch nieman den andern umb einigez wort. 'Bruoder Berhtolt, ob ich dran danne schuldic bin, wie sol ich dar umbe tuon?' Sich, dâ habe dû den schaden: selbe tete, selbe hete. Iedoch sô wil ich dir tuon einen rât. Dû solt in dînem herzen gedenken, ob dû ie deheine sünde getætest, der dû vor schame nie getorstest gebîhten: sich, daz ist ez vil lîhte. Daz soltû niemer in dîn herze lâzen komen, wie grôz dû die sünde ie getæte, daz dû dich iemer sô sêre geschamest, dû soltest ez bîhten. Übernamen hât sie vil diu verfluochte sünde: keinen rehten namen mohte ir weder mensche noch tiuvel nie gegeben. Sie heizet in übernamen diu rôte sünde. Pfech pfech! Sie heizet diu stumme sünde. Pfech pfech! etc. Daz dû wænest daz ist ez, unde dannoch mêr alle sîniu glîhtrîde; ein schalkaft herze verstêt mich vil wol. Wê daz ie dehein touf ûf dich quam! dîn hant ist niht wert daz sie iemer dehein holz an grîfen sülle (ich wil brôtes geswîgen), sie solte dekein gewant an grîfen, sie solte halt die galgen niemer an gegrîfen. Ich spriche halt mêr: sie solte halt die wirsten natern unde kroten niht an grîfen. Nû seht, in dem selben lande, dâ diu selbe sünde von in dô geschach, dâ gewuohs niemer mêr weder korn noch wîn noch niht daz man ie geniezen mohte. In dém lande wehset korn, in dem wîn, in dem obez, in dem dïz, in dem daz: in jenem verfluochten lande, dâ eht diu selbe sünde des êrsten inne geschach, dâ wehset niht, daz muoz ouch iemer mêr verfluochet sîn. Vil wunderlîchen balde in gar starke buoze! Sitzestû iendert vor mînen ougen hie, sô bite got vil tiure, daz er dich niwan iezuo von dirre stat lâze komen, unde tuo gar lûterlîche dîne bîhte unde habe starken riuwen und enpfâhe buoze ûf die erbermede unsers herren, oder balde hin an den grunt der hellen, nû des êrsten an der sêle und an dem jungesten suntage an lîbe und an sêle. Nû bitet alle samt den almehtigen got unde sîne reine muoter, mîne frouwe sant Marîam, daz sie bite ir vil heiligez trûtkint, daz er uns beschirme vor disen ruofenden sünden unde vor andern tôtsünden: ob sich ieman dran übersehen habe an dén sünden oder an andern sünden, daz er daz gnædeclîche verkiese und uns verlîhe wâre riuwe unde lûtere bîhte als genzlîchen, unde daz wir hiute erwerben sîne unde sîner muoter gnâde unde hulde. Âmen.

# VII.

## VON DEN ENGELN.

Wir begên hiute gemeinlîche über alle die heiligen kristenheit eine grôze hôchgezît der heiligen engele. Wande wir durch daz lange jâr maniges heiligen hôchgezît begên in der heiligen kristenheit, sô ist ez ouch wol billich unde reht, daz man den heiligen engeln ouch eine hochgezît begê, wan sie uns grôzlîchen dienent alle tage. Sie behüetent uns vor des tiuvels gewalt, unde der guote sant Michahêl der ist fürste über die selben engele, die unser dâ hüetent, unde dâ von hât er den namen der guote sant Michel. Unde wir solten in wol mêr hôchgezît begên in dem jâre dan eine, wan der kœre sint niune der fürsten. Der zehende ist gevallen und abtrünnic worden. Unde daz man den heiligen engeln niwan eine hôchgezît begêt in dem jâre in der kristenheit, daz ist dâ von, daz ich ie ze der selben hôchgezît von den heiligen engeln müese predigen. Sô ist als müelich von den engeln predigen und ouch ze sagen, daz man des vorhte hæte vor einvaltigen liuten, daz sich etewenne ein prediger verspræche, ob man den engeln vil hôchgezît begienge in dem jâre. Wan der almehtige got hât aller wunder grœste an die engel geleit, unde der ez den liuten möhte bediuten, daz sie ez gemerken möhten, sô hæte alliu diu werlt dran ze wundern iemer. Unde dâ von möhtet ir alle gerne ze dem himelrîche arbeiten, daz ir die grôzen gezierde unde die grôzen schônheit gesehet in himelrîche, die got an die wünneclîchen engel hât geleit. Wan got alse übergrôze êre unde sô grôze klârheit unde sô grôze freude an die heiligen engel geleit hât, daz ez niemer munt vollesagen mac, sô wære ez der grœsten tôrheit einiu an mir die diu werlt ie gewan, daz ich mich des annæme die heiligen engele ze loben.

Ir seht wol, daz sie alle samt sint alse junclîche gemâlet als ein kint, daz dâ fünf jâr alt ist, swâ man sie mâlet. Unde wâ von die engel sunderlîche namen hânt — die eine heizent die brinnenden engel, und aber ander die minnenden engel, und aber die andern die tugenthaften engel —, daz gêt uns niht gar grœzlîche an. Unde dar umbe suln wir uns tugende flîzen, daz wir der engel genôzen werden in himelrîche, wan der almehtige got geschuof die engel unde die menschen dar umbe, daz sie sîner freuden unde sîner gotlîchen êren teilhaftic wurden. Wande er âne anegenge gewesen ist an im selben in allen den êren und in allen den freuden und in allem dem gewalte den er noch hiute hât, dô gedâhter: 'ich wil zwô krêatiure machen, die mîner freuden teilhaftic werden.' Unde durch die grôze minne unde durch die grôze triuwe geschuof er die heiligen engel, der hôchgezît wir hiute begên, unde die menschen, daz er die grôze freude unde die wünne unde die êre, diu er selber ist, niht eine wolte niezen. Unde dar umbe haben wir got iemer vil ze lobenne, beide engel und menschen. Er endorfte unser niht, und er enhæte niemer freuden deste minner gehabet noch êren, wan daz er den menschen noch engel durch anders niht geschuof, wan durch die minne unde durch die triuwe, daz wir sîner übergrôzen êren unde sîner freuden teilhaftic würden. Swer dem andern grôze êre gît unde grôze gâbe, die er mit nihte verdienet hât noch verschuldet noch mit nihte vergolten hât, der gâben unde der êren sol man eht grœzlîchen danken; unde der sælige, der guottæte erkennen kan, der kan ir ouch gedanken. Unde dô der almehtige got menschen und engel gedâhte ze machen, dô geschuof er ein dinc, daz ist aller dinge beste under allen den dingen, diu got ie oder ie geschuof oder iemer geschaffen wil: sô geschuof er nie niht sô edels noch sô reines noch sô heiliges noch sô wünneclîches als ein dinc ist, daz got geschaffen hât. Swie gar edel unde swie wünneclich die heiligen engel sint unde swie heilic sie dâ sint, dannoch ist daz eine dinc wünneclîcher und edeler unde heiliger. Ez ist edeler danne sunne unde mâne, ez ist edeler danne silber unde golt, ez ist edeler danne allez edele gesteine, ez ist edeler danne alle wurze, ez ist edeler danne die elementen, ez ist bezzer und edeler danne die vogel in den lüften, ez ist edeler danne allez daz got ie geschuof, ez ist bezzer unde edeler danne alle sterne, ez ist bezzer danne der himel, ez wart sêle nie kein dinc als glîch als daz einige dinc, und hete ez got geschaffen ê dan er menschen oder engel ie geschüefe; wan daz die engel freude und êre hiute haben in himelrîche, daz habent sie alle von dem einigen dinge. Unde wære dannoch iht edeler unde bezzer unde heiliger dan daz selbe dinc dâ ist, sô wære ez ouch niht aller dinge beste, daz got ie geschuof. Unde den worten daz ir daz selbe dinc liep habet, sô wil ich ez iu nennen. Wan swie uns der almehtige got alliu dinc ze nutze hât geschaffen, sô ist uns allez daz sô nütze unde sô guot niht daz got ie geschuof, als daz eine dinc. Unde dâ von sult ir allen iuwern flîz dar an legen, wie ir daz selbe dinc gewinnet. Wan swer sîn niht hât, der gesiht got unde sîne heiligen engel niemer in ir freuden noch in ir êren. Unde den worten daz ir ez liep habet unz an iuwern tôt, sô wil ich ez iu nennen. Ez heizet tugent. Tugent, seht, heizet ez, wan der almehtige got alle tugende gewesen ist und engel unde menschen durch anders niht geschuof, wan daz wir sîner freuden und êren teilhaftic würden. Unde durch die tugende geschuof got engel unde menschen; wan er selbe anders niht enkan danne lûter tugent unde reine tugent, sô wolte er ouch, daz engel unde menschen tugenthaft wæren. Er meinet aber niht die tugent, daz etelîche liute tugent heizent. Sô einer eine botschaft hovelîchen gewerben kan oder eine schüzzel tragen kan oder einer einen becher hövelîchen gebieten kan unde die hende gezogenlîche gehaben kan oder für sich gelegen kan, sô sprechent etelîche liute: 'wech! welch ein wolgezogen kneht daz ist (oder man oder frouwe)! daz ist gar ein tugentlîcher mensche: wê wie tugentlîche er kan gebâren!' Sich, díu tugent ist vor gote ein gespötte und engevellet gote ze nihte. Sich, dér tugende ahtet got niht, wan alsô lêret man einen hunt wol, daz er die füeze für sich habet unde daz er schône gebâret. Daz ist ze nihte sô getâniu tugent vor gote, ez ist niwan ein lûter gespötte. Er wil deheiner tugende niht ahten, wan dâ mite man allen untugenden widerstrîten kan. Aber sunderlîche siben untugende sint, daz sint siben houbetsünden: swer den widerstrîtet, der ist tugenthaft unde der besitzet die wünne unde die freude unde die wirde unde die êre, die got selbe ist. Wan wære sant Michel eht niht tugenthaft gewesen des hôchgezît man hiute begêt, er wære von dem himelrîche verstôzen als Lucifer. Und wære Lucifer tugenthaft gewesen, er wære von dem himelrîche nie verstôzen. Dô er dô sô untugenthaft was, dô muoste er daz himelrîche rûmen und alle die mit im untugenthaft wâren. Ez enist eht niender dehein engel sô hôher noch sô gewaltiger in himelrîche, und wære er ouch untugenthaft gewesen als Lucifer, er müeste daz himelrîche haben gerûmet unde müeste die helle iemer mêre mit Lucifer gebûwet hân. Und wære unser frouwe niht tugenthaft gewesen, der heilige geist wære nie zuo ir komen unde got wære nie uns ze sælden von ir geborn. Ez wære nie heilige zem himelrîche komen danne mit tugenden. Nû hât der mensche frîe willekür, weder er tugenthaft welle sîn oder untugenthaft. Deshalben heten ouch die engel frîe willekür ê daz Lucifer verstôzen wart unde sîne genôzen. Dar umbe daz sie mit ir frîen willekür untugenthaft wurden und untugent für die edeln tugent kurn, dar umbe wurden sie verstôzen in daz apgründe der helle. Die aber dô bestuonden mit ir frîen willekür an der edeln tugent, die wurden dô sâ zehant gevestent mit gotes vestenunge, daz sie niemer mêre daz himelrîche verliesen mügent. Unde dâ von habent ez die heiligen in dem himelrîche eines dinges wæger danne tugenthafte liute ûf ertrîche: wan die heiligen sint nû gevestent sam die engele, daz sie nû himelrîche niemer mêr verliesen mügen; sô mügent die getouften liute himelrîche wol verliesen. Sô habent ez die tugenthaften liute ûf ertrîche eines dinges wæger danne die heiligen in dem himelrîche: wan die tugenthaften liute mügent wol lôn verdienen ûf ertrîche die wîle sie lebent; daz mügent die heiligen niht getuon. Sant Pêter habe im daz er habe: ez wirt im niemer mêre gebezzert. Daz selbe sprich ich zuo allen zwelfboten unde zuo den mertelæren unde zuo den bîhtigæren unde zuo den andern heiligen allen. Unde sant Nicolaus, hæte der einer stunden mêre ûf ertrîche tugentlîchen an geleit, daz er niwan eines ave Marîâs mêre hæte gesprochen die wîle daz er lebte ûf ertrîche, daz næme er für alliu diu zeichen, diu got durch sînen willen ie getete ûf ertrîche. Und ich wolte, daz ich sicher wære ûf disem ertrîche, daz ich himelrîche niemer verliesen möhte: sô wolte ich gerner ein tugenthaft mensche sîn ûf ertrîche danne ein heilige in dem himelrîche, wan sô wolte ich von wîle ze wîle, von tage ze tage, von jâre ze jâre ie heiliger unde heiliger werden. Nû seht, wie nütze unde wie edel tugent ist! Diu edelkeit aller engel diu wære ze nihtiu wan tugent. Ein tugenthafter mensche verdienet eines tages mêr lônes umbe got dan tûsent die niht tugende habent. Als ein edel saphîr, der ist einem vil lieber danne hundert kiselinge; als ist ein edeliu wurze von ir tugende vil werder unde lieber danne ander untugenthafter wurze ein fuoder oder ein michel teil. Alsô ist dem almehtigen got ein tugenthafter mensche lieber danne tûsent die niht tugende habent. Unde daz iuch got sô klâr unde sô edel an himelischer materien niht geschaffen hât als die engele, daz hât er âne sache niht getân. Wan daz er die engele als snel unde sô gar edel hât geschaffen, daz tet er dar umbe, daz die engele deste rinevertiger an ir geistlîchen lûterkeit wæren, daz sie die edeln unde die klâren gotheit deste lûterlîcher an gesehen möhten, unde daz sie zuo sîner götlîchen hœhe deste rinelîcher möhten gefliegen. Unde dar umbe daz sich der engel der grôzen schônheit überhuob in übermüete sô gar sêre, dar umbe gap er dem menschen irdenischen lîp, daz er sich deste minre überhüebe in deheiner hôhvart, unde daz den menschen ermante der horwige irdenische sac, daz er dêmüetic wære unde daz im niht geschæhe von hôhverte als dem hôhvertigen engel. Unde dar umbe daz der geist in den irdenischen lîp gestôzen wart, daz sich der mensche niht ze laster an næme, daz diu edele sêle sô smæhelîche wart gekleit mit dem irdenischen lîbe, dar umbe wolte der almehtige got den menschen ergetzen der selben smæhede mit manigen grôzen êren. Des êrsten: daz er die sêle im selben dar an gelîchet hete. Als er ein herre ist in der grôzen werlt gar an allen steten und allez daz ordinet unde rihtet und ûf habet und erqwicket unde zieret daz in der werlt ist, unde daz er doch dâ bî als unbekümbert ist und als gar âne müe ist, als ob er nie niht gedæhte ze schaffen unde ze machen: reht ze gelîcher wîse ist alsô ouch des menschen sêle in der kleinen werlt, daz ist in ir lîbe, und in allen glidern des lîbes ist diu sêle genzlich in ieglîchem glide, unde sie gît ieglîchem glide leben und enpfinden unde begern unde rüerunge unde döuwen unde varwe unde stimme unde maht, und ist doch bî dem allem samt diu sêle als frî swenne sie sich ze andern dingen kêret, als ob sie den lîp niht besorge. Dar zuo wil der almehtige got der sêle irn lîp widergeben, der ir iezuo ist ein halsberc unde berc ûf dem rücken unde der trüebe iezuo die sêle dunket unde swære und ungefüege und ungelenke und unbekêric und unbereit maniger sache (wan der lîp maniger dinge begert, daz der sêle wider ist und ir leit ist): den selben swæren lîp wil got der sêle widergeben an der jungesten urstende liehter danne der sunnenschîn, sneller danne der ougen blik unde vil gefüeger danne der luft, wan dâ mac sich niht für behüllen, er berüere alliu dinc. Ditz tuot allez unser herre der sêle ze einer ergetzunge der müe, der sie sich genietet hât hie ûf ertrîche mit dem irdenischen lîbe. Er wil ir ouch den unberâtenen lîp widergeben als vollekomen, alsô daz im nihtes gebristet unde daz er iemer wunsches gewalt hât unde rîcheit âne armuot unde jugent âne alter. Und alsô gît ir unser herre den lîp wider in sô maniger wirdikeit, der ir dô hie was ein smæher bœser widerwertiger sac, daz ir der dâ wirt ein sô edelez küniges kleit, daz sîn die himelfürsten wol gezimet an ze sehene. Daz hât er ir gegeben ze vorgâbe vor den liehten engeln. Wan sie got genidert hât hie mit dem irdenischen lîbe: der ir hie ûf ertrîche die bürde half tragen an den arbeiten, daz ist billich, daz sie dort mit im den überfluz der freuden teile. Die dâ gesellen sîn an dem ungemache, die sint ouch billîche gesellen an dem gemache und an dem trôste. Dar umbe minnet ir ietwederz daz ander als sînen geverten durch die frœlîche gemeinschaft, die sie mit einander haben suln her nâch ze der götlîchen wirtschaft der götlîchen angesiht. Dô der aptrünnige engel gesach, daz der irdenische mensche sîne stat besitzen solte, daz begunde er nîden unde sîne genôzen über ein, daz sie als gar unsælic solten sîn unde die menschen sô sælic: die kranc sint von nâtûren solten die freude besitzen, die er schentlîche verlorn hât. Unde dar umbe tet er daz gote ze leide unde ze laster, daz er gote den menschen verriet, daz er sich ouch wider got satzte und im ungehôrsam wart, dar umbe daz der mensche verstôzen würde als er verstôzen wart. Daz leit, daz er gote dar umbe tet, daz was des menschen schade, den er dar an nam. Dô was daz daz laster, daz er gote dar an tet: daz was alsô, daz sîn eigen knecht got dar versmâhte, daz er sînem vînde volgete wider sînem gebote. Owê leider! dô wurden wir beschalket unde mit rehtem urteile wurden wir dem tiuvel ze frône veste geantwurtet, dem wir uns lazlîchen heten undertænic gemachet mit den sünden. Iedoch sô hât uns unser herre Jêsus Kristus erlœset mit sînem heiligen tôde: ob wir tugenthaft wellen sîn, sô werden wir die freude besitzende, swie leit ez dem aptrünnigen engel ist, die er dâ verlorn hât mit untugenden. Unde dar umbe durch den almehtigen got sô lernet die siben tugende, dâ ir den siben untugenden mit an gestrîten sult, wan alle die heiligen die ze himelrîche sint die habent in allen an gestriten.

Diu êrste untugent heizet haz unde nît. Die wîseten den êrsten der ie ze helle quam in daz apgründe der helle unde manic tûsent sêle, die sît komen sint zer helle mit nîde unde mit hazze. Unde der selben untugende sult ir widerstên mit einer tugende, diu heizet diu wâre minne, die ein ieglich mensche gein gote haben sol, als die heiligen engel: die minneten got mit rehtem ernste. Wan er uns unde die engel durch rehte minne geschuof, dar umbe haben wir des reht, daz wir in als ernstlîchen minnen als die heiligen engel, der hôchgezît man hiute begêt, wan die minnent got als grôzlîchen und als ernstlîchen daz ez niemer munt gesagen kan. Unde swer got minnet, der minnet ouch allez daz, daz dâ got minnet. Der almehtige got der minnet die tugent vor allen dingen, wan er engel unde menschen durch tugende hât beschaffen unde daz engel unde menschen sîner freuden teilhaftic würden von tugenden. Sô ist diu tugent an manigen stücken; aber diu wâre minne ist aller tugende beste, unde dar umbe sol man got minnen mit allem ernste unde mit ganzen triuwen, wan swer daz tuot, der minnet die engel nâch ir rehte, der minnet die menschen ouch nâch ir rehte. Unde swer got unde sich selben minnet ze rehte, der minnet ouch die tugende unde hazzet alle untugende. Unde dar umbe sult ir mit der minne dem nîde unde dem hazze widerstên: sô habet ir der siben tugenden eine. Dannoch sult ir sehse haben, ob ir die sêle kleiden wellet mit dem edeln künichîchen lîbe an der jungesten urstende.

Diu ander untugent, der ir mit tugenden widerstên sult, daz ist zorn. Diu selbe untugent diu hât manic tûsent sêle zer helle brâht, daz ir niemer rât wirt, als Herôdes unde Nêrô unde manic ander. Diu selbe untugent, diu dâ heizet zorn, diu verdampt der armen liute allermeist: die zürnent unde grînent aller meist umbe sus und umbe niht. Des schement sich die hôhen unde die êrbæren liute. Swenne sie aber zornic werdent, dâ kümt grôzer schade von, brant unde roub unde mort, unde manig witwe unde weise werdent von der ungenæmen untugende, diu dâ heizet zorn. Ez zürnet unde grînet daz arme liutech, sô im einiger halm an dem wege lît, unde grînet unde fluochet unde schiltet unde wüetet, sam ez mit dem tiuvel behaft sî. Unde würdest dû alsô funden, dîner sêle würde niemer rât. Buoze nim ich alle zît ûz. Unde der selben untugende sullet ir widerstên mit einer tugende, diu heizet gedultikeit. Swaz dir ze leide geschiht von ungelücke oder sus von einem andern menschen, daz soltû gar gedulticlîchen lîden, als der guote Iob tet, der dem almehtigen gote dâ sô herzeclîchen wol geviel für alle menschen, die bî sînen zîten lebten. Sô wiltû dîn eigen wîb oder dîn kint erwürgen, ob ez dir eine schüzzel mit wazzer umbe kêret. Sô grînest dû den wirt an unz an die wîle daz er dich nimt mit dem hâre unde ziuhet dich einen wec hin unde den andern her unde tritet dir ûf daz houbet, als er dir den hals abe welle brechen. Und alle die alsô wüetent unde tobent mit zorne, dâ hât der almehtige got kein wesen noch kein tuon bî, wan ez ist der siben untugende einiu, die den menschen vertrîbent von der freude unsers herren, dâ er die menschen unde die engel zuo geschaffen hât und erwelt. Unde würdest dû dar an funden, dîner sêle würde niemer rât, unde muost als lange brennen unde mit dem tiuvel in der helle blîben, als lange als got ein herre in dem himel ist. ‘Owê, bruoder Berhtolt! wie suln wir dar umbe tuon?’ Dâ solt dû dich der untugende wern mit einer tugende, diu dâ heizet gedultikeit; diu ist der grœsten tugende einiu, sie selbe sibende, dâ die heiligen alle daz himelrîche mit besezzen hânt die zuo ir tagen komen sint. Und alle die ze dem himelrîche komen wellent, die müezent mit disen siben tugenden dar komen. Unser frouwe ist gar unmâzen tugentlich gewesen mit der gedultikeit, und ander manic heilige, die mit der gedultikeit ze himelrîche komen sint. Ir sult vertragen gedulticlîche allez daz iuch an gêt und allez daz iu werre an lîbe oder an sêle oder an guote oder an gebresten der armüete. Sô widerstêt der untugende, diu dâ zorn heizet, als der guote Iob unde der andern ein michel teil, die gedultikeit an sich nâmen, die ouch grôzen gebresten heten vor armuot oder grôzen verlust an guote oder an friunden oder an êren.

Diu dritte untugent heizet trâkheit an gotes dienste. Sô betrâget den, daz er ein pater noster spreche; sô betrâget sumelîchen zuo kirchen ze gênne; sô betrâget etelîchen zuo predigen ze gênne; sô betrâget ouch etelîchen ein almuosen ze gebenne; sô betrâget ouch etelîche einen aplâz ze holne; sô betrâget ouch etelîche daz sie ein kleinez stündelîn mit zühten ze kirchen suln stên, dâ man gotes dienst tuot mit singen unde mit lesen: sô spottent sie unde snerent als sie ûf einem jârmarkte sîn. Und alle die alsô træge an gotes dienste sint, die werdent alle verdampt an lîbe und an sêle, daz ir niemer rât wirt. Buoze unde bîhte nemen wir alle zît ûz, wan dehein mensche nie sô übel getet, ez mügez wol gebüezen. Der untugende sult ir widerstên mit einer tugent, diu heizet snellekeit zuo allen guoten dingen: almuosen ze gebenne unde beten unde wachen unde vasten gote ze dienste unde villât ze nemenne unde gehôrsamkeit ze haltenne unde zuo predigen ze gênne unde ze antlâzen. Unde ze allen guoten dingen sult ir resche sîn, als manige hôhe heiligen, die daz himelrîche habent besezzen unde die sich niht liezen betrâgen vil maniger grôzen arbeit, die sie vil willeclîchen liten durch die liebe unsers herren, als der guote sant Stephân unde der heilige herre sant Laurentius unde sant Gregorius unde sant Margarêtâ und sant Juliânâ: die wâren niht træge ze maniger griulîchen pîne unde martel und unsæliger und unmenschlîcher marter. Nû hât ir martel ein ende, aber ir freude genimet niemer ende. Pfî, dér snellekeit muote ich niht gegen iu, daz ir als grôze unde griulîche martel litet als die heiligen martelære hie vor tâten: ich engerte niht mêre wan daz ir alle tœtlîche sünde flühet unde mitet. Unde swâ ir daz übersehen habet, daz sult ir frumeclîchen büezen unde vil snelleclîchen mit wârer riuwe unde mit lûterr bîhte, iedoch nâch gnâden gotes unde nâch iuwern staten. Unde dû solt ze deheinen dingen sô snel sîn als ze buoze; wan sô ir in buoze sît, sô sît ir in gotes friden. Und alsô sult ir der untugende widerstên, diu heizet trâkheit an gotes dienste, als iuch der almehtige got frâgende werde an dem jungesten tage: 'habet ir mir den hungrigen z'ezzen geben etc.,' daz er danne frœlîche sprechen müge: 'kumt her, mîne erwelten, in daz rîche mînes vater, daz iu von anegenge der werlte bereit ist.'

Diu vierde untugent diu heizet frâzheit, überezzen und übertrinken. Daz tuot iu grôzen schaden an dem himelrîche, wan dâ sint vil manic tûsent menschen verdampt an lîbe und an sêle, daz ir niemer mêr rât wirt. Unde dâ von sprichet her Salomôn: '*propter crapulam multi perierunt*: durch die frâzheit sint vil verlorn.' Und alsô ist manic tûsent vervarn, daz ir niemer mêre rât werden kan. Her Esau, unde der andern ein michel teil, dû sitzest unde frizzest unde trinkest einen kropf über den andern, daz sich dîn mage kliubet in vieriu! Dar umbe wirstû verdampt an der sêle. [In dem sermône vindet man gar vil ûf die frâzheit ze reden der dâ sprichet von den fünf schedelîchen sünden und anhebet: 'der lôn nâch den sünden ist ie der tôt, aber diu gnâde gotes ist daz êwige leben.' Dâ vindet man, wie schedelich diu trunkenheit ist an lîbe und an sêle.] Unde der frâzheit sult ir widerstên mit einer tugende, diu heizet mâze. Der mæzic ze dem munde ist, daz ist gar nütze ze dem êwigen leben. Und alsô ist manic heiliger mensche gewesen. Her Moyses der was vierzic tage ungezzen, her Helyas was ouch vierzic tage ungezzen, der almehtige got was ouch vierzic tage ungâz, dô er mensche ûf erden was und in der bœse geist versuochte und er sprach: 'ganc hin, dû bœser sathanas! jâ sol man alleine niht des brôtes leben.' Dâ mite hât uns der almehtige got erzöuget, daz diu mâze ein tugent ist, diu ze den freuden wîset des êwigen lebens, dâ ir êwiclîche gespîset sît von dem antlitze unsers herren, wan er alsô sprichet: 'kumet her zuo mir, ich wil iuch spîsen.' Und alsô hât er den heiligen Moysen unde den heiligen Helyam gespîset, daz er halt noch hiute in dem paradîse lebet mit lîbe unde mit sêle, unde den heiligen Lazarum, der dâ saz under des rîchen mannes türe unde niht mêr begerte wan der brosemen, die von dem tische vielen: die gap im leider nieman. Und ist ir freude und ir spîse nû verre ungelîcher danne dô. Sô trûwet maniger niht, daz er iemer genesen müge, daz er ze allen zîten niht vol ist als ein krapfe. Pfî, frâz!

trûwest dû niht daz dich got mit der rehten mâze ernere, als er Moysen tete, der gar unde gar vierzic tage allez für sich dar ungezzen was, unde Helyas alsam? Dû stirbest halt michels ê, danne ob dû mæzic wærest ze dînem munde an worten und an werken. Daz ist eht aller tugende beste, die diu werlt ie gewan. Manige tûsent sünde koment von der unmâze des mundes, von überezzen unde von übertrinken unde von unmâze der worte, die niemer geschæhen.

Diu fünfte untugent, der ir ouch widerstên sult, sie selbe sibende, diu hât manic tûsent sêle zer helle brâht, der niemer mêre rât wirt, unde heizet hôhvart. Von der selben untugende wart her Lucifer von dem himele geworfen hin abe an den grunt der hellen unde manic tûsent engele mit im, die iemer mêre tiuvel müezent sîn. Unde diu selbe untugent lît an zwein dingen. Daz eine ist: die jungen liute die vallent dâ von in üppige hôhvart durch îtel êre unde durch die freude die sie dar an vinden wænent, unde dar umbe daz sie wænent, ir frîheit der jugende diu gelimpfe in deste baz. Des enist niht. Ez ist dehein versunnen herze, swenne ez im gedenke wie ez ein hôhvart vollebrâht habe, und ez dar nâch in sîn lûter gewizzene siht, ez scheme sich der hôhvart wider sich selben in sînem herzen. Sô ist daz ander, dâ von ouch diu hôhvart an den liuten wirt, daz ist: die alten unde die rîchen liute vallent dâ von in hôhvart, daz sie gerne êre haben, etelîche durch ir kinde willen, etelîche daz man sie deste werder habe. Und alsô vallent die jungen unde die alten in hôhvart. [Ez stêt in dem sermône von der hôhvart: ‘sælic sint die armen, wan daz himelrîche ist ir.’] Unde der selben untugende sult ir widerstrîten mit einer tugende, diu heizet dêmüetekeit, dâ manic heilige daz himelrîche mit besezzen hât: unser frouwe und ander heiligen ein michel teil. Der almehtige got der hât uns die selben tugent an im selben erzöuget vollèclîchen mit maniger grôzen dêmuot, die er begie, dô er was mensche ûf ertrîche. ‘Ich bin ein wurm unde niht ein mensche unde bin des menschen hinwerf.’ Ob joch dir halt ein gnâde widervert von der gâbe unsers herren, die solt dû an dir bergen unde solt dû dich ir niht überheben von hôhverte, oder dû maht sie wol verliesen. Daz daz wâr sî, daz hât uns unser herre erzöuget an dem heiligen hern Dâvîde. Dem gab der almehtige got gar vil rîcher gnâde; der überhuob er sich alsô, daz er ze einem mâle sprach: ‘ich hân als vil süezekeit an mînem herzen, diu mir niemer benomen mac werden.’ Unde sâ zehant dô gedâhte unser herre: ‘nû wænet er, er habe dise gnâde von im selben; nû wil ich in lâzen sehen, waz er von im selben gehaben mac,’ unde nam im die gnâde alle samt. Als er sich dô verstuont her Dâvît, daz er alsô kalt was worden an der liebe gotes (wan als heiz er vor gewesen was, als kalt was er nû dô), dô sprach er: ‘herre, dû hâst dîn antlitze von mir gekêret, ich sihe wol, ich hân niht wan von dînen gnâden. Herre, kêre dîn antlitze zuo mir und erbarme dich über mich.’ Unde zehant dô er sich erkante her Dâvît, daz er sich überhaben hæte gein gote unde sich alsô versprochen hæte, dô gab im unser herre sîne gnâde wider. Er lêrte ouch sîne jungern unser herre, dô er sprach: ‘sô ir daz beste getuot daz ir iemer getuon müget, sô sult ir dannoch sprechen: wir sîn unnütze knehte.’ Unde dâ mite lêrte sie got, swie gar guot sie wæren oder swie heilic sie wæren, daz sie daz solten mit dêmüete tragen. Unde dar umbe sult ir die tugent liep hân, diu dâ heizet dêmüetikeit. Die aber dêmüetic unde guot sint, die werden bezzer; die dâ heilic sint, die werden heiliger.

Die sehste untugent die sol alliu diu werlt fliehen. Alsô sprichet der guote sant Paulus: ‘fliehet die unkiusche oder ir verlieset daz erbeteil unsers herren Jêsu Kristi.’ Wande sie heizet aller untugende grœste unde sie hât ouch der almehtige got sît anegenge der werlte griulîcher gerochen danne deheine sünde. Daz liset man gar vil in der heiligen schrift, wie manic tûsent sêle umbe die selben sünde sint verdampt sît anegenge der werlte. Der selben untugende ist alse vil worden, daz man drûffe niht ahten wil unde daz der gar lützel ist, die sich ir schamen wellent. Unde der selben untugende sult ir widerstên mit einer tugent, diu heizet kiusche, und ist ouch der edelsten tugende einiu, sie selbe sibende, die diu werlt ie gewan sît got die werlt geschuof oder iemer mê gewinnen mac. Unde sie habent ouch den hœhsten lôn der in dem himel ist die die reinekeit, ir kiusche, behaltent. Ô wol dich nû wart daz dich dîn muoter ie getruoc an dise werlt swâ dû nû sitzest vor mînen ougen, alle die ir reinekeit behalten hânt, die sie von ir muoter lîbe brâhten, und alsô iemer willen hânt ze blîben unze an ir tôt! Ir liute, ir müget ouch der unkiusche widerstên. Iuwer leben heizet niht unkiusche in der heiligen ê, swenne ir iuwer zuht behaltet und iuwer mâze. Ez heizet daz unkiusche, daz die nescher unde die nescherin naschent von einem ze dem andern, als daz vihe, ez sîn ledige oder êliute oder geistlîche oder werltlîche. Alle die unkiusche tuont zer unê, die sint mit der untugende gebunden, diu dâ heizet unkiusche, die werdent alle samt verdampt ze der êwigen martel unde müezent als lange dâ brinnen, ob sie dar an funden werden, als lange als got ein herre in himelrîche ist. Buoze unde bîhte nimt man alle zît ûz.

Der sibenden untugende der ir widerstên sult, dâ beschirme uns der almehtige got vor, wan diz ist der aller wirsten und schedelîchesten sünden und untugenden einiu, die diu werlt ie gewan oder iemer mêr gewinnen mac. Etelîchiu untugent diu ist an einem dinge schedelich und etelîchiu an zwein, als haz unde nît: der den eht treit, der hât drîer hande schaden. Daz ein: daz er den menschen verderbet an guotem gemüete, daz er gein gote und gein der werlte haben solte, wan in izzet der haz in dem herzen als der rost tuot îsen. Daz ander: daz er den menschen verdamnet an der sêle, wan ez der sünden einiu ist, dâ mite man verdampt wirt. Daz dritte: daz er den menschen oft in grôze sünde wirfet. Swenne dû haz unde nît treist, getuost dû dem selben menschen iemer dehein leit noch anders dehein ungemach, wan daz dû haz unde nît gegen im treist, dar umbe bist dû verdampt vor gote. Buoze ist alle zît ûz genomen. Dâ von spriche ich daz, ob dich haz unde nît niht fliehen wil, dû wellest alle zît haz unde nît gein dînem ebenkristen tragen, sô bringet er dich in grœzer sünde, daz ist: daz man ofte unde dicke den haz unde den nît erzöuget mit bœsern dingen, daz dû im einen schaden tuost. Dem dû gehaz bist unde vînt, dem tuost dû ofte grôzen schaden an dem lîbe und an dem guote oder an den êren: sô hastû aber grœzer sünde danne ob dû den haz niht erzöugtest. Und alsô ligent drîer hande schaden an nîde und an hazze an der untugende. Sô hât diu untugent drîer hande schaden diu dâ heizet zorn. Daz ein daz ist, daz er den lîp verderbet. Etelîche werdent vergihtic vor zorne, etelîche anders sühtic. Daz ander: daz dir die liute gehaz unde vînt werdent: den dû niemer dehein leit getuost, die werdent dir vînt unde gehaz, die an dir sehent oder von dir hœrent sagen. 'Wech!' sprichet ieglîcher, 'ist daz der ungezogen unde der ungewizzen unde der sô unbescheiden?' Oder ist ez ein wîp, man sprichet daz selbe von ir. Der dritte schade unde der grœste: daz dir got selber vînt wirt und allez himelische her. Diu untugende diu dâ heizet trâkheit an gotes dienste, diu hât sô maniger leie schaden, daz ez nieman mac verenden, wan ez ist ouch der schedelîchesten sünde einiu, die diu werlt ie gewan oder iemer mêre gewinnen mac. Wan allez daz wir gepredigen künnen oder mügen, daz gêt die untugende an, diu dâ heizet trâkheit an gotes dienste: wan alle, die dâ snel sint an gotes dienste, die hüetent sich vor allen houbetsünden. Nû seht, aller der dienst, den dû gote maht getuon, daz ist im allez ze nihte, ob dû dich vor tœtlîchen sünden niht hüeten wilt. Wærest dû eht niht træge an gotes dienste, dû gewünnest niemer haz noch nît noch dehein ander untugende. Sô hât diu untugent, diu dâ heizet frâzheit, zweier leie schaden an dem lîbe: daz ez dir der liebesten dinge zwei nimet, diu an dînem lîbe sint, daz ist gesuntheit unde lancleben; sô nimet ez dir êre unde guot unde gotes hulde. Sô lît an der hôhvart und an der unkiusche unde gîtikeit, die habent vil nâhen gelîchen schaden, als der guote sant Johannes dâ sprichet: 'alse alliu diu werlt mit einem fiure enzündet wirt, alsô enzündent dise drîe sünde alle die werlt mit sünden, und alle sünde habent sich an dise drî.' Unde dannoch sô hât diu sibende untugent maniger leie schaden danne die andern alle samt. Unde swie maniger leie schaden diu selbe untugent habe diu dâ heizet gîtikeit, daz vindet man in dem sermône von den drîn lâgen. Unde swie maniger leie gîtikeit sî, die sol man alle hie rüegen: wuocherer, fürköufer, dingesgeber, untriuwe an koufe, untriuwe an hantwerke, rouben unde steln: daz heizet allez samt gîtikeit. Swie man unreht guot gewinnet, daz ist allez gîtikeit. Aber einer leie gîtikeit dâ hüete sich alliu disiu werlt vor: daz ir arbeitenden liuten iht abnemet irs gearneten lônes, wan die sint in der ruofenden sünden, die in daz lôn vorbehabent. Nû habent sumelîche liste funden (ob got wil, niht alle), daz sie den arbeitenden liuten eht mit listen unde mit untriuwen ir arbeit abe nement. Und ir wænet des gar sicher sîn: sô hât iu eht der tiuvel sîne stricke sô maniger leie geleit, daz sich nieman dâ vor behüeten kan. Unde dâ mite hât iu der tiuvel niuwe stricke geleit, daz ir den armen arbeitenden liuten mit ungetriuwen listen ir harte erarnete arbeit an gewinnet und ir lôn. Ez gêt ein armiu wollenspinnerin zuo unde bitet dich, daz dû ir einigen schillinc oder heller lîhest unz sie in umbe dich verdiene, unde giht, sie welle ir eteswaz koufen, ein hemede oder ein röckelîn, und eht swaz ez ist daz ez koufen wil. Sô sprichest dû: 'ich enhân niht pfenninge,' unde gibest im daz selbe swaz ez danne ist, unde daz eines schillinges wert ist daz gibest dû im umbe zwêne schillinge, ez sî lînîn tuoch oder fleisch oder korn oder swaz ez danne ist, daz gibest dû im umbe zwei gelt, oder wiltû im gar wol tuon, sô gibest dû ez im umb ein anderhalbez gelt, oder dû lîhest im der pfenninge, daz ez gewinnes niemer enbîzet. Dû lîhest im zehen pfenninge: dâ muoz ez dir zweinziger wert drumbe arbeiten oder dienen, ez sî an spinnen oder an wîngarten arbeiten oder an dînem hopfgarten oder swaz man dir anders arbeitet; sô setzest dû dînen sin wie dû ez betriegest unde wie dû im sîne arbeit ungetriuwelîche an gewinnest. Sâ zehant sô bist dû in der ruofenden sünden einer, diu über dînen lîp und über dîne sêle ruofet tac unde naht vor gote. Jâ bistû im schuldic vor gote umbe sus ze lîhen, swenne dû sîn state hâst, unde solt niht armen liuten ir armuot alsô an gewinnen. Wan diu gîtikeit ist diu sibende untugent unde diu schedelîcheste aller untugende, unde dâ von wirt manic tûsent sêle von der selben sünde verlorn, daz ir niemer mê gedâht wirt ze guote. Unde der selben untugende sult ir iuch flîzeclîchen wern mit einer tugende, diu heizet miltekeit, daz ir iuch sullet erbarmen über die nôtdürftigen armen. Miltekeit ist der aller grœsten tugende einiu, die diu werlt ie gewan. Ir sult milte sîn mit willen unde mit werken. Die niht ze gebenne haben mit der hant, die geben mit dem guoten willen. Unde lât iuch erbarmen die hungerigen unde die durstigen unde die naketen unde die ellenden unde die in dem kerker ligent. Unde den sult ir ouch hin helfen mit geben und ouch mit lîhen die iu helfen arbeiten, ez sîn iuwer êhalten oder tagewürhten oder swer sie sîn die iu dienen oder würken. Aber einer hande miltekeit der sult ir iuch an nemen, diu ist gote aller milte liebeste, aller der miltekeit, die got ie gewan oder iemer mêr gewinnen mac: daz ist gelten unde widergeben, als verre als dû ez geleisten maht und ouch dû die liute weist. Daz ist gote lieber danne ob dû alle tage ein spitâl machtest. Unde swer die selbe tugende niht enhât, der gesiht die freude niemer, die der guote herre sant Michel hât in himelrîche und ander engel, der hôchgezît man hiute begêt über alle die heiligen kristenheit. Unde hæte er alle die tugent, die diu werlt ie gewan, die gevallent gote ze nihte, er habe danne die tugent, daz er gelte unde widergebe. Ir andern sünder, swâ ir iuch an disen siben untugenden übersehen habet wider gotes willen unde wider iuwer sêle, sô gewinnet wâren riuwen unde widerstêt in für baz iemer mêre unde minnet dise tugende alle samt die siben unz an iuwern tôt; wan dem almehtigen gote ist diu tugent liep vor allen den dingen, diu got ie geschuof, wan menschen und engel sîner freuden teilhaftic sint von tugenden. Unde daz daz wâr sî, daz gote tugent liep sî, daz besiht man an dem jungesten tage wol. Sô niht mêr tugenthafter liute ûf erden ist, sô birt diu erde niemer niht weder wîn noch korn, noch dürre noch grüene, noch deheiner slahte dinc. Unde dâ mite bewæren wir daz: swaz alliu diu werlt sælden hât, die haben wir alle samt von tugenthaften liuten. Wan sô ir niht mêr ûf ertrîche ist der tugenthaften liute, sô gebirt diu erde niemer mêre dehein guot. Daz wir nû den siben untugenden widerstên mit den siben tugenden, daz ez got lobelich sî und uns nützelich an der sêle, unde daz uns der guote herre sant Michel wegende werde frœlîche und frœlîchen enpfangen werden mit der schar der heiligen engele, der hôchgezît man hiute begêt, unde daz wir dâ nâch bevestent werden mit der kraft des almehtigen gotes, daz wir himelrîche niemer verliesen mügen als die heiligen engele: daz verlîhe uns allen samt der vater unde der sun unde der heilige geist unde mîn frouwe sant Marîâ und alle die engel, der hôchgezît wir hiute begên, und allez himelische her. Sprechet alle âmen mit inneclîchem andæhtigem herzen. Pfî dich, gîtiger, wie erklinget dîn âmen vor gotes ôren alse des hundes bellen! —

# VIII.

## VON DER ÛZSETZIKEIT.

? WEr ist der wîse kneht, der getriuwe kneht, dem sîn herre sîn guot bevilhet, und er dâ mite getriuwelîchen wirbet, sô sprichet er: 'nû wis frô, getriuwer kneht, gang in die freude dînes herren! dû bist getriuwe gewesen über ein wênic: nû wis frô, getriuwer kneht, gang in die freude dînes herren!' Den wîsen kneht, den getriuwen kneht, den dürfen wir niht verre suochen: daz ist der guote sant Uolrich, des tac wir hiute begên. Der was bischof hie ze Augesburc unde gar ein getriuwer kneht. Unde dar umbe hât in got gesetzet über allez sîn guot, wan er hât getriuwelîchen geworben unde wîslîchen mit dem guote, daz er im bevalch. Im bevalch der almehtige got diz bistuom hie ze Augesburc, daz er dar über pfleger wære und herre über liute und über guot und über sêle und über lîp. Des pflag er gar getriuwelîche, und er nam niht unrehter stiure noch unrehter zölle, noch brandes noch roubes noch deheiner unrehten wîse pflac er niht. Er schuof guoten fride in sînem bistuome unde guotez gerihte geistlîchez unde werltlîchez, unde kristenlîche lêre die vestente er und ûfente sie mit allem dem daz er solte. Und alsô pflag er des bistuomes, der liute und ir lîbes und ir guotes und ir sêlen und ir êren. Und alsô sullent alle die tuon, den der almehtige got sîn guot bevilhet, daz ist diu heilige kristenheit, als man dâ liset in dem heiligen êwangeliô: 'daz himelrîche glîchet einem acker, dâ schatz inne verborgen lît; swâ den ein mensche vindet, daz verkoufet allez sîn guot unde koufet den acker, daz ieman der schatz werde anders danne im.' Unde der schatz ist diu heilige kristenheit, die got eht tiure erkoufte. Unde swem diu bevolhen ist diu heilige kristenheit, diu sol im gar wol bevolhen sîn, wan des rehten menschen sêle diu ist unserm herren ein lieber schatz, unde swem der selbe schatz bevolhen wirt, der sol sîn gar wîslîchen unde getriuwelîchen pflegen, alsô daz unser herre zuo im spreche: ‘nû wis frô, getriuwer kneht, dû bist getriuwe gewesen über ein wênic guotes: nû wil ich dich setzen über allez mîn guot; nû wis frô, getriuwer kneht, gang in die freude dînes herren!’ Als der guote sant Uolrich getân hât, alsô sullent alle die tuon, den der almehtige got die heilige kristenheit bevolhen hât, daz ist der bâbest und ander geistlîche rihter: den ist der schatz bevolhen des almehtigen gotes, der kristenmenschen sêle. Sô mac der bâbest in allen landen niht gesîn, unde dâ von muoz ein ieglich lant geistlîche lêrer hân, und halt ein ieglich kristenmensche mac geistlîcher lêre niht enbern. Unde dâ von hât der bâbest bischöve und ander pfaffeheit gesetzet unde in geistlîche lêre verlihen, daz sie den gewalt haben ze binden unde ze enbinden. Unde dâ von ist der pfaffeheit gar nôt, daz sie wol gelernet haben von guoter kunst unde von guoter wîsheit, wan ez ist gar maniger leie gebreste an den liuten. Sie sullent ze rehte kiesen in der bîhte, welher hande gebreste der mensche habe. Ir jungen priester (die alten wizzent ez selbe wol), ir sullet wizzen, wie ir einen ieglîchen menschen berihten sullet in der bîhte, ob ez ûzsetzic oder ûzgebrosten sî, wâ ez ûzgebrosten sî oder wâ ez ûzsetzic sî. Ez wære gar ein schedelich dinc ob man einen menschen zige daz er ûzsetzic wære und in hin ûz von den liuten setzte, und ez aller ûzsetzikeit unschuldic wære unde niuwen ûzgebrosten wære: ez wære gar übel getân. Sô wære daz noch alse schedelîcher, daz man bî den liuten lieze der ûzsetzic wære: man sol die ûzsetzigen von den liuten tuon unde die ûzgebrostenen bî den liuten lâzen. Unde sô ir daz gar erkennet, welhez ûzgebrosten sî oder welhez ûzsetzic sî, sô sult ir dannoch für baz wizzen, wâ der mensche ûzsetzic sî: ob er an dem hâre ûzsetzic sî oder an dem fleische oder an dem velle oder an dem barte oder an dem gewande oder an den hiusern. Unde daz daz wâr sî, daz hât uns got erzöuget in der alten ê. Dâ liset man von ûzsetzigen liuten, die wâren ûzsetzic an dem hâre und an dem velle und an dem barte und an dem gewande und an den hiusern. Unde dar umb ist es gar nôt, daz sie wol gelêret sîn die dâ die kristenheit sullen berihten. Unde dar umb, ir herren und ir frouwen, ir sult iuwer kinder niht harte twingen zuo lernunge. Sô ir seht, daz sie ungerne lernen, sô sult ir sie dâ von lân; als ir seht, daz sie trügener und lügener sîn wellen, sô sult ir iuch der sünden erlâzen, wan alle die sêle die sie alsô versûmen, dâ müezen sie gote an dem jungesten tage umbe antwürten. Sô habet ir dar umbe kleine sorge, daz eht man iu die kirchen lîhe, daz ir die niezet und einem armen pfeffelîn ein wênic dar umbe gebet, daz ir einem frumen pfaffen niht vil gebet. Ir sult einen leien ûz im machen, einen krâmer oder einen schuochsuter oder swaz ez danne sî. Daz ist wæger danne daz der schatz unsers herren versûmet werde. Und ir, her vitzduom, ir sult gar wol wizzen, swenne ir sie zuo der wîhe leitet, wer der wîhe wert sî. Unde wîhet ir durch liebe oder durch bete ieman, der ungelêret ist unde der wîhe niht wert ist, dâ müezet ir gote umbe antwürten an dem jungesten tage, wan sie sullen gar wol wizzen, wer ûzgebrosten ist oder wer ûzsetzic ist. Ze gelîcher wîse sô stêt ez umbe die sünden. Ir jungen priester, swer ûzsetzic sî in der bîhte, dem sult ir unsern herren niemer geben oder erlouben, weder mit gesundem lîbe, weder mit siechem lîbe noch vor dem ende noch an dem ende, ez ensî danne daz der mensche wâre riuwe gewinne unde lûterlîche buoze enpfâhe nâch der gnâde gotes unde nâch iuwern staten. Daz ist: tœtlîchiu sünde daz ist ûzsetzikeit; sô sint die tegelîchen sünde ûzgebrochenheit. Dâ von wære ez gar ein schedelich dinc, swer in der bîhte daz übersæhe, daz er eine tegelîche sünde zuo einer tœtlîchen machte oder eine tœtlîche für eine tegelîche machte in der bîhte: daz wære gar ein schedelich dinc; unde dannoch ouch, welher leie diu sünde wære unde diu ûzsetzikeit. Unde dar umb, ir hêrschaft, ir bûliute, ir sult iuwern zehenden gar willeclîche unde gar durnehteclîche geben. Ir wænet allez, die priester die iuwer pfarrer sint, die sagen ez iu durch ir selbes gefuore, durch daz in der zehende werde. Daz ist niht. Unde gedenkent danne etewenne alsô iuwer sumelîche: 'wê, ez schadet dem pfaffen niht vil, ob im des zehenden ein teil engêt: sie habent doch umbe sus gnuoc, sie sint rîch und habent vil mê dan ich: mir ist sîn vil nœter danne in.' Die gedenkent vil tœrlîchen. Joch was ez hie vor daz man den zehenden ûf dem velde verbrante unde nieman ze nutze wart, unde wolte des got eht niht enbern, man müeste in durnehteclîchen unde genzlîchen geben. Daz daz wâr sî daz er des zehenden teils niht wil gerâten, daz erzöuget er uns in dem paradîse. Dô er Adâme allez daz machte undertân daz in dem paradîse was, dô verbôt er im einen boum: den wolte er im selben hân. Nû seht, waz wir dâ von unsælden iemer mêr haben sît anegenge der werlte! Allez dar umbe, daz Adam einen einigen apfel stal von unsers herren teile, daz er im dâ selber hete genomen, dar umbe haben wir iemer mêr wol sehs tûsent jâr unsælde, nôt und angest gehabt. Waz tuon wir hie in disem armen jâmertal, in hunger und an durste und an froste und in angest und in hitze, unde niemer guoten tac gehaben, unde müezen dannoch der sêle vorhte haben, daz wir uns ze allen zîten müezen hüeten, als liep uns himelrîche sî, vor unser selbes fleische unde vor des tiuvels ræten unde der werlte üppikeit, unde dannoch manic tûsent ander stricke, die uns die tiuvele alle tage legent; unde dannoch, ob wir hiute leben, daz wir eht niht enwizzen, ob wir morne leben, und enwizzen dannoch niht welhez tôdes wir ersterben, weder wir verbrinnen in dem fiure oder ertrinken in dem wâge, ob wir uns ervallen oder ersturzen. Nû seht, die ungenâde alle samt haben wir niwan dâ von, daz her Adam dem almehtigen gote sînen teil ruorte wider sînen willen unde wider sîn gebot; wan wir wæren alle samt mit lîbe unde mit sêle ze himelrîche komen, âne müewe und âne kumber. Nû seht, wie gar griulîchen daz der almehtige got richet, der im sîn teil mit unrehte nimet, daz ist der zehende. Des wil der almehtige got niht enbern: als wênic er des boumes gerâten wolte in dem paradîse, als wênic wil er des zehenden teils gerâten alles des, daz iu ûf erden wehset, ez sî wîn oder korn oder swelher leie ez ist, ez sî obz oder swaz ez sî. Des sult ir niun teil haben, unde gebet unserm herren daz zehende teil, wan des wil er niht gerâten, und er hât ez iu als vesteclîchen verboten, als er Adâme daz obz verbôt, wan ez ist sîn teil und es bestêt iuch niht. Sô wellet ir iuwern snitern lônen ê irz verzehendet. Als irz danne verzehendet habet, sô sullet ir danne iuwern wercliuten lônen von dem niunden teil, unde niht von dem zehenden teile; wan swer im des nimet ihtesiht, des sêle wirt niemer rât von êwen unze êwen. Dâ vor hüete sich alliu diu werlt, daz ieman dem almehtigen gote an sînem zehenden kein leit tuo. Wan dô man in verbrante ûf dem velde, dô getorste im nieman dehein leit dran getuon. Und ir müget in nû zehenstunt gerner unde durnehteclîcher unde genzlîcher geben danne dô man in verbrante: wan man leget in nû nützelîchen an. Sît diu kristenheit sô gar wol guoter lêre bedarf unde wîser pfaffeheit, sô hât man daz nû von der kristenheit ûf gesetzet, daz man in der pfaffeheit geben sol, daz sie deste baz grôze wîsheit unde grôze kunst gelêren mügen, daz sie dem almehtigen gote sînen lieben schatz wol behüeten künnen, des rehten kristenmenschen sêle, als der guote sant Uolrîch und als der guote sant Nicolaus unde manic ander heilige, die daz himelrîche hânt besezzen mit wîser lêre unde die dâ wol bekanten die wîsheit von der ûzgebrostenheit.

Die dâ ûzsetzic sint an dem hâre, daz ist zweier hande ûzsetzikeit. Diu ein ist an den pfaffen unde diu ander ist an den leien. Die sult ir gar wol bekennen, ir gelêrten liute, die, den ez bevolhen ist, in der bîhte und âne bîhte. Diu eine ist: ir sult sehen an der pfaffen hâr oder der schuoler, die dâ wîhe hânt enpfangen. Die lâzent ir hâr wahsen wider reht durch hôhvart unde durch lôsheit; daz ist gar ein grôziu ûzsetzikeit. Geschiht es im nôt, ir sult im unsers herren niemer gegeben mit gesundem lîbe noch mit siechem lîbe, wan buoze nim ich alle zît ûz. Diu ander ûzsetzikeit diu ist an der leien hâre, die ir hâr windent unde snüerent oder die ez anders machent oder verwent danne ez in der almehtige got gegeben hât. Sô tragent sumelîche man hâr sam die frouwen lanc. Ir herren, merket mir daz gar eben: alle die als langez hâr tragent als diu wîp, daz sie rehte wîbes herzen tragent als diu wîp und an deheiner stat einen man verstên mügent. Pfî dich, Adelheit, mit dînem langen hâre, daz dû niht enweist wie übel ez dir stêt unde wie lesterlîchen! Und ir frouwen, ir leget daz jâr wol halbez an iuwer hâr. Ich wil als verre dar umbe niht reden als ich solte, ich wil dich deheine îtelkeit lêren: dû kanst ir selbe gnuoc. Und alsô ir jungen priester sullet gar wol bekennen die miselsuht an dem hâre, daz ir wizzet, wer an dem hâre ûzsetzic sî und wer ûzgebrochen sî an der tinnen. Daz selbe sint die frouwen allermeist, die ez dâ sô nœtlîchen machent mit dem hâre unde mit dem gebende unde mit den sleigern, die sie gilwent sam die jüdinne und als die ûf dem graben gênt und als pfeffinne: anders nieman sol gelwez gebende tragen. Ir frouwen, ir sult den mannen dehein gelwez gebende vor tragen, unde des sullent sie iu ouch niht hengen. Ich sage iu, wie sie her Salomôn heizet an der heiligen geschrift: er heizet sie schentelâ. Nû wizzet ir wol, swer ein biderber man ist der heizet der meier oder der schultheize oder wie er danne heizet; sô heizet sîn hûsfrouwe diu meierin oder diu schultheizin. Als danne diu frouwe den namen verdienet, daz sie heizet schentelâ von dem gelwen gebende, sô verliuset der man sînen namen, unde der man muoz nâch der frouwen heizen. Nû wie diu frouwe heizet schentelâ, sô heizet der man mit allem rehte schandolf. Nû seht, ir herren, wie gerne ir des gestaten müget, daz ir den namen gewinnet der dâ heizet schandolf!

Unde die dâ geheizen sint ûzsetzic an dem velle, pfî, daz ist aller ûzsetzikeite wirstiu, die diu werlt ie gewan! Daz sint die geverweten unde die gemâlten. Sich verwent manige unde velschent daz antlütze unsers herren, daz er selbe nâch im gebildet hât. Alsô verwete sich einiu in der alten ê, unde des selben tages, dô sie sich gar wol geverwet hete, dô gelac sie des selben nahtes an dem grunde der helle, und alsô lît sie noch dâ unde muoz iemer dâ sîn, die wîle got ein herre in dem himel ist. Diu heizet frou Jesabêl, unde brâhte irn man, den künic, dar zuo, daz er gar ein schandolf wart von ir schanden unde daz er einen schemelîchen tôt verdiente und ouch schemelîche ein ende nam unde sie selber dar zuo. Ir verwerinne, pfî! schemest dû dich des antlützes, daz dir der almehtige got gegeben hât, des schœnen antlützes, sô schamet er sich dîn ouch iemer und iemer in sînem rîche êweclîche unde wirfet dich an den grunt der hellen, dâ dîn eht niemer mêr rât wirt, zuo froun Jesabêln unde zuo hern Lucifer, der sich ouch hœher wolte hân gemachet dan in got geschuof. Daz sult ir jungen priester gar wol wizzen, waz ir in dar umbe ze buoze gebet. Wan als vil éin ûzsetzigez harter zervallen ist danne daz ander, als vil ist ein ûzsetzigiu houbetsünde vil ûzsetziger danne diu ander unde martelhafter dâ ze helle und ouch ze büezen.

Die ûzsetzic sint an dem barte, daz sint die, die dâ übel zungen tragent. Der sint sibenzehene, die gar vinnic über irn bart sint. Her Meincider, ir sît gar vinnic über iuwern bart und ir kumet niemer in daz rîche unsers herren. Ir priester, ir sult in grôze buoze geben unde frunneclîche buoze, wan ez ist der gar grôzen vinnen einiu. Unde die ungetriuwen râtgeben, als Achitoffel: der tet als ungetriuwe ræte, daz manic mensche den lîp dâ von verlôs. Und ein unsæliger hiez Balaam: der tet einen rât, dâ von wol vier unde zweinzic tûsent ir lîp verlurn. Und alsô sitzent zwelfe zesamen in einer stat unde râtent, daz vil manic tûsent menschen dâ von verderbet wirt an lîbe und an guote; und an der sêlen ouch: wan ein ieglich mensche muoz dâ von deste kranker an der sêle sîn unde werden, swenne man ez verderbet an dem guote, âne die gar vollekomenen liute. Jâ dû ungetriuwer râtgebe, dû kanst ez niemer mêr gebüezen! Und wære daz halt, daz dû dem almehtigen gote alle die sêle und alle die lîbe gebüeztest, die von dînem ungetriuwen râte verlorn werdent, sô möhtest dû daz guot armen liuten unde witwen unde weisen niemer vergelten, daz sie von dir verliesent. Sô rætest dû hie einen unrehten zol oder ein unreht ungelt oder eine nôtstiure oder eine unrehte münze, daz dû eht den armen liuten ûffe den rücke gesetzest, daz sie beschetzet werden von dînem ungetriuwen râte, den dû dînem herren tuost umb ein lützel guotes. Unde dû wirdest erslagen bî dînem herren an lîbe und an sêle, alse an sînes herren sîten der ungetriuwe Balaam umbe sînen ungetriuwen rât. Daz ist ouch der grœsten ûzsetzikeit einiu, die diu werlt ie gewan, und es ist gar nôt daz man wîslîchen râten künne umbe die selben vinne. Unde liegen in der bîhte ist gar ein argiu vinne, unde dâ einer dem andern sîn guot abe erliuget. Dâ sult ir gar wol drûf sehen, ir jungen priester. Sô ist diu lügen aber gar vil ûzsetziger, dâ man einen menschen von sînen êren liuget. Sô ist diu aber vil grœzer, dâ man einen menschen von sînen friunden liuget, der einem menschen sînen lîp mit lügen nimet. Sô ist díu aller lügen grœstiu unde wirstiu, diu dâ wider den heiligen geist ist, als die heiden, juden unde ketzer, die liegent aller lügen wirste, die diu werlt ie gewan oder iemer mêr gewinnen mac. Daz sult ir jungen priester allez gar wol besehen unde wîslîche in der bîhte, welher leie ein ieglîchiu ûzsetzikeit sî, an dem barte und anderswâ; und under den sibenzehenen, welhe swære oder ringe sî, unde wie vil einiu grœzer und schedelîcher sî danne die andern. Pfî, dû pfenningprediger, wie gar dû zervallen bist umbe dînen bart! Dû bist der aller wirsten ûzsetzel einer, den diu werlt ie gewan oder iemer mêr gewinnen mac, wan dîn ûzsetzikeit diu ist als grôz, daz sie manigen ûzsetzic machet, daz sîn niemer rât wirt. Wan dû bist ein morder, dû verderbest dem almehtigen gote ein michel teil sêlen. Swenne dû ûf stêst unde vergibest einem alle die sünde die er ie getete umb einen einigen helbelinc oder umb einigen pfenninc, sô wænet er, er habe gebüezet, unde wil für baz niht mêr büezen. Dû morder gotes unde der werlte unde maniger kristensêle, die dû ermordest mit dînem valschen trôste, daz ir niemer mêr rât wirt! Unde dû, schelter, dû bist eht ouch gar zervallen umbe dînen bart. Schelter unde fluocher, dîn ûzsetzikeit diu schînet unde stinket ûz aller ûzsetzikeit unde unreiniget manige sêle, daz ir niemer rât wirt. Daz sult ir ouch gar flîzeclîche besehen, welher leie ûzsetzikeit an schelten und an fluochen sî. Ez fluochent etelîche einem vihe, einem hunde; daz ist gar sünde. Sô fluochet daz einem menschen; daz ist aber sünder. Sô fluochent etelîche unde scheltent die heiligen; daz ist aber sünder. Sô scheltent etelîche unser frouwen; daz ist ouch gar unde gar sünde. Sô scheltent etelîche den almehtigen got unde fluochent im; daz ist aber sünder und aller flüeche wirste und aller schelten wirste, wan ez fluochte der engel hundert tûsent und ahtzic tûsent menschen in einer naht ze tôde. Unde dar umbe, ir jungen priester, ir sult gar wol wizzen in der bîhte, welher leie schelten oder fluochen ez sî gewesen. Ez sprichet meistic diu mêrre menige: 'ich schilte gerne, ich fluoche gerne.' Sô sint die schelter unde die fluocher gar ungelîch. Einer ist tûsentstunt vinniger umbe sînen bart danne der ander. Dar umb ist der pfaffeheit gar nôt guoter künste unde guoter wîsheit. Sô heizent ein teil mortbeter, unde sint gar zervallen umb iren bart vor ûzsetzikeit. Unde spötter, die werltlîcher liute spottent; daz ist gar übel getân. Der aber geistlîcher liute spottet, daz ist michel wirs getân. Daz sult ir allez wizzen in der bîhte. Und ungetriuwe ræte, die einen versûment durch miete an dem guote oder an dem lîbe oder an den êren, alse fürsprechen. Sô lobet der einen der ze schelten ist; sô schiltet der einen der ze loben ist.

Sô maniger leie ist diu ûzsetzikeit an dem barte, daz ez nieman verenden mac.

Sô sint etelîche ûzsetzic an dem gewande. Drîer leie ûzsetzikeit ist an dem gewande, an wüllînem gewande, an belzînem gewande und an lînînem gewande. Alsô sult ir drîer leie ûzsetzikeit kiesen, ir priester, in der bîhte an dem gewande. Diu ein ist, ob ez hôhverteclîche gesniten ist, als ir herren und ir frouwen nû pfleget. Ir gebet nû mêr von einem gewande ze lône, danne ir daz gewant koufet. Nû vitschenvêch, nû vitschenbrûn, hie den lewen, dâ den hirz, dâ den tœren und hie den affen. Und ir frouwen, ir machet ez gar ze nœtlîche mit iuwerm gewande, mit iuwern röckelînen: diu næwet ir sô maniger leie unde sô tôrlîche, daz ir iuch möhtet schamen in iuwerm herzen. Diu ander ûzsetzikeit diu ist: ob ir ez eht alse hôhverteclîchen traget, daz ir iuwern lîp dâ mite brankieret unde gampenieret, unde wizzet niht, wie ir gebâren sullet. Dâ mite sô ruckent siez herwider, sô swenzelierent sie danne an sô manigen enden mit ir gewendelech, daz man eht ir war neme unde daz sie îtelkeit und ir üppikeit vollebringen. Diu dritte ûzsetzikeit ist diu aller wirste. Die sult ir gar wol bedenken in der bîhte, wan diu ist etewenne grôz und etewenne kleine, und ist aller ûzetzekeite schedelîchestiu, daz sie nieman gebüezen mac vil selten oder iemer. Unde dar umbe sô hüete sich alliu diu werlt vor der ûzsetzikeit. Daz ist: ob sie daz gewant mit unrehte gewunnen haben, mit wuocher oder mit fürkoufe oder mit dingesgeben oder mit satzunge oder mit trügenheit an koufe, an sînem antwerke oder mit diupheit oder mit roube oder mit swelhem unrehtem gewinne oder mit unrehtem gerihte. Daz ist ein ûzsetzikeit, diu vaste klebet unde vil liute mit ir zer hellen ziuhet von dem frônen himelrîche, dâ ir niemer mêre rât wirt von êwen ze êwen. Wan alle die, die unreht guot wizzentlîche erbent, den geschiht alsam unz an daz vierzigeste künne. Owê, daz ie dehein touf ûf dich kam, daz sô manic tûsent sêle von dir verworfen wirt mit der selben ûzsetzikeit an den grunt der helle daz ir niemer mêre rât wirt! Wâ sitzest dû dâ vor mînen ougen? dû bist in fremedem gewande her komen, als der wîssage dâ sprichet zuo der küneginne, hern Jeroboâmes wîp: ‘ganc her în!’ sprach er, ‘ich bekenne dich vil wol, daz duz diu küneginne bist.’ Alsô sitzet manic mensche hie vor mînen ougen in fremedem gewande, daz dû mit unrehten gewinnen manigen tac manigem armen menschen abe gebrochen hâst: dem mit unrehtem gerihte, dem mit gewalt. Daz sult ir herren, ir jungen priester, gar wol erkiesen in der bîhte; und alse liep iu himelrîche sî, sô sult ir in unsern herren got niemer gegeben, weder mit gesundem lîbe, weder mit siechem lîbe, weder mit geheizen noch âne geheize; wan manige geheizent iu, sie wellen gelten unde widergeben nâch gnâden unde nâch rehte. Dâ sullet ir iuch niht an kêren: wan als sie unsern herren enpfâhent, sô sint sie ouch der sie ê dâ wâren. Dâ von sô heizet iu guote geheize tuon, daz sie durnehteclîche gelten unde widergeben als verre sie ez geleisten mügen unde die liute wizzen. Und ir sult ir halt niht bestaten in deheinem gewîhten frîthove noch an deheiner gewîhten stat. ‘Bruoder Berhtolt, war suln wir in danne tuon?’ Dâ sult irn an daz velt ziehen, als ein schelmigez rint: wan er ist ûzsetzic unde schelmic unde sol in ouch dehein getouftiu hant niemer mêr an gerüeren für daz diu sêle ûz dem lîbe kumt. ‘Wie, bruoder Berhtolt, wie sol man im danne tuon?’ Dâ sol man im ein seil an den fuoz legen, einen rinc soltû machen an dem seile unde solt im den rinc an den fuoz legen mit einem gäbelehtem holze (allez dar umbe daz eht dîn getouftiu hant iendert an in rüere) unde solt danne daz seil zuo ziehen unde binden dînem rosse zuo dem zagel, unde heiz in ûf daz velt ziehen. ‘Bruoder Berhtolt, ob diu swelle danne hôch ist unde wirn an die swellen bringen, sô müezen wir in dannoch an grîfen.’ Niht, in deheine wîse! ir sult eine gruoben in die erden graben under der swellen unde sult in under der swellen hin an daz velt ziehen als ein schelmigez rint zuo dem galgen unde zuo des galgen friunden oder an daz wilde mos, wan der lîp ist des tiuvels als ouch diu sêle. Ez ist allez ûzsetzic, dâ von sol man ez allez tuon von der gemeinde der heiligen kristenheit. Und ir kint, ir sult ê von iuwern vätern loufen, ê ir daz unrehte guot von in erbet; dienet einem herren: iu ist verre bezzer ein smæhelich leben ûf ertrîche, wan daz ir hie ûf ertrîche eine kurze wîle ein wênic wol lebet unde danne iemer mêr êwiclîche mit dem tiuvel brinnet in der êwigen martel. Sît durch den almehtigen got arm, wan er was gar arm durch iuwern willen, und er sprichet ouch in dem êwangeliô: ‘sælic sint die armen, wan daz himelrîche ist ir.' Ir seht wol, wie liep kint vater unde muoter sint. Sô müezent sie sich von in scheiden swenne sie ûzsetzic werdent, daz kint von dem vater unde der vater von dem kinde unde diu muoter von dem kinde unde diu frouwe von dem wirte unde der wirt von der frouwen unde der bruoder von der swester unde diu swester von dem bruoder, als sie ûzsetzic worden sint, niht wan von des lîbes ûzsetzikeit alleine. Sô ist díu ûzsetzikeit gar unde gar schedelîcher: wan des lîbes ûzsetzikeit diu wert niwan eine wîle ûf ertrîche, die wîle der mensche lebet; aber sô er gestirbet, sô ist diu sêle als lieht und alse schœne, sam des aller tiwersten keisers sêle, der ie krône getruoc, ist eht sie âne tôtsünde. Unde dâ von ist diu ûzsetzikeit tûsentstunt schedelîcher, diu dâ heizet gîtikeit. Unde dâ von gewinnet alle samt wâren riuwen unde geltet unde gebet wider durch die liebe unsers herren, daz ir iht ûzsetzic werdet von aller der gemeinde, die diu heilige kristenheit hât, unde von aller der freude, die die heiligen in dem himelrîche habent, unde von der barmherzikeit des almehtigen gotes, daz der niemer mêr deheine erbermede über dich gewinnet. Pfî, gîtiger mensche, daz dû dich des alles wilt verzîhen umbe ein wênic guotes, daz dû doch hinder dir muost lâzen unde zergenclich ist! Unde dar umbe soltest dû hundert künicrîche niht nemen für daz antlütze unsers herren, daz sô wünneclich unde sô schœne ist, des almehtigen gotes! Wan dâ wirdest dû von geworfen von rehte als ein ûzsetzel, der gar unde gar zervallen ist, wan dû wirdest geworfen von aller heiligen gemeinde und mîner frouwen sant Marîen, daz sie dir niemer mêre deheines guoten gebitet umb ir liebez trûtkint. Und alle die in der selben ûzsetzikeit sint, die sol man fliehen als man von rehte tuot die vinnigen liute alle. Ir hêrschaft, ir sult sie fliehen und schiuhen mit iuwern kinden, daz ir íuwer kint ír kinden niht geben sult. Unde tuot irz dar über, sô verkoufet ir sie in den êwigen tôt, nû ze dem êrsten an der sêle, und an dem jungesten tage an dem lîbe und an der sêle. Ir knehte und ir dierne, ir sult sie schiuhen mit iuwerm dienste unde sult in niht dienen, wan swaz sie iu gebent daz ist eht allez vinnic, und allez daz ir lebet daz wirt vinnic, und allez daz ir habet daz wirt vinnic, und allez daz ir ezzet unde trinket daz wirt allez vinnic in iuwerm lîbe und iuwer sêle, ob irz wizzentlîche mit in niezet. Ir süne und ir töhter, ir sult sie fliehen, daz ir des vinnigen guotes iht erbet. Unde tuot ir des niht, sô sît ir als vinnic als sie an lîbe und an sêle. Nû seht, ir hêrschaft alle samt, wie gerne ir die ûzsetzikeit fliehen unde schiuhen müget!

Sô sint etelîche ûzsetzic an den hiusern. Die sol man ouch gerne schiuhen, wan zweier leie ûzsetzikeit lît an den hiusern. Diu eine ist: ob dû unrehtvertige liute in dînem hûse hâst, in dînem schirme oder in dînem dienste oder in dîner kost, oder ob sie dir zins dâ von gebent: sô bist dû gar vinnic an dînem hûse, oder ob dû mêr hiuser hâst denne einz. Swen dû dar inne beheltest, der unrehtez leben an im hât, mit dîner wizzende unde mit dînem willen, sô bist dû gar ûzsetzic, unde dir sol dehein priester unsern herren niemer gegeben alle die wîle diu ûzsetzikeit an dir klebet. Dû solt reiniu hiuser haben, dû solt reine gesinde haben, dû solt rehte mâze und rehte wâge in dînem hûse haben: sô wirt dir got wegende mit der rehten mâze unde mit der rehten wâge. Dar umbe sult ir rehte liute in iuwern hiusern haben, die dâ lebent mit der rehten mâze, die niht mit unkiuschem leben umbe gênt noch mit êbrechen noch mit roube noch mit brande, noch die in der âhte noch in dem banne niht ensint. Und alle, die dâ sô getâne liute behaltent unde heyent in den hiusern, die sint ûzsetzic an den hiusern unde vinnic an der sêle. Ir herren, die dâ lant unde liute habent, die gêt diu ûzsetzikeit an, die dâ haltent strâzenrouber unde diebe unde lantrouber unde gewaltesære, unde die den liuten schedelîche fuoter snîdent oder gras, unde die æhter behaltent oder verbannen liute unde ketzer: swer die wider reht hiuset oder hovet unde schirmet oder in ir koste hât, die müezent alle gote dar umbe antwürten. Die armen liute habent ouch ûzsetzikeit an irn hiusern. Daz sint die dâ unfuore trîbent, die umb ein genäschelîn zwei in eine kamer stôzent. Sich, alliu diu werlt diu möhte dîne martel niht erlîden, die dû dar umbe lîden muost. Dû bist gar vinnic an der sêle. Ir priester, ir sullet in unsern herren niemer gegeben weder mit gesundem lîbe noch mit siechem lîbe. Und alle, die sô getâner dinge in ir hiusern gestatent ze tuonne, ez sîn gastgeben oder ander liute: swelich gastgebe oder wînman mit sîner wizzende sô getâner dinge gestatet oder spiles, ez sî gelîches spiles oder ungelîches, der ist ûzsetzic an sînem hûse unde vinnic an der sêle unde des wirt niemer rât von êwen ze êwen, die wîle got in dem himel ein herre ist. Diu ander ûzsetzikeit, diu an den hiusern lît, diu ist: diu hiuser sullent reine gesinde haben; sô sullent sie ze dem andern mâle reiniclîche erbûwen sîn. Ir herren, daz gêt iuch aber an, ir ritter, daz ir als gerne hiuser bûwet mit armer liute schaden. Der muoz iu eine woche helfen, der einen tac, ie dar nâch und iuch guot dunket; der mit sîme vihe und mit im selben, unde der mit sîme knehte, und erwürget etewenne sîn vihe an iuwern hiusern, daz der acker allez daz jâr deste wirser wirt gebûwen. Sô muoz der sînen kneht dar lîhen oder er selber dâ sîn unde sûmet sich, daz ez im ein jâr schaden muoz. Sô muoz im dér stiure dar zuo geben, daz irz in eime jâre niht überwindet. Daz ist allez grôz ûzsetzikeit, und iuwerr sêle wirt niemer rât. Sô sint ouch ander liute hiuser in der ûzsetzikeit, daz ist: daz sie mit unrehtem gewinne dar gebûwen sint. Unde dâ von liset man in der alten ê, daz man alliu jâr dar gienc, unde was ein stein ûzsetzic, den hiez man ûzbrechen. Ze dem andern jâre sô gienc man aber: was danne einer oder zwêne ûzsetzic, sô brach man sie aber ûz. Wâren danne der steine ze vil ûzsetzic, sô muoste man daz hûs zerfüeren und an daz velt füeren. Sich, was meinet daz? Dâ ist uns bî bezeichent, daz ir jungen priester alliu jâr in der bîhte besehen sullet, ob der wuocherære oder der fürköufer iendert kein pfunt unrehtes guotes habe, daz er daz gelte unde widergebe. Ze dem andern jâre, sô tuot aber daz selbe. Pfî, gîtiger, wie gar an sô manigem ende dû an dem blate stâst! Ich kan eht niendert mich vor dir verbergen. Und alsô sullet ir alliu jâr besehen, wie vil er unrehtes guotes habe. Wil ab er sîn niht bîhten noch gelten noch widergeben, sô sol man daz hûs gar zerbrechen und ûz an daz velt füeren. Unde daz ist alsô gemeinet, daz dise gîtigen liute niht wellen von dem unrehten guote lân, sô sol man sie über irn danc dâ von bringen: man sol in gebieten ûf daz capitel unde sol sie mit geistlîchem gerihte dar zuo twingen, daz sie gelten unde widergeben. Unde swenne es der geistlîche rihter niht enbern wil, sô muoz er im allez daz gelten unde widergeben, daz er im ze rehte sol. Und alsô was der guote sant Uolrîch, des hôchgezît man hiute begêt in der heiligen kristenheit an etelîcher stat, ein getriuwer kneht und ein wîser kneht mit rehtem gerihte unde mit rehter lêre unde mit allen guoten dingen. Unde dâ von hât in got gesetzet über allez sîn guot unde sprichet nû: 'wis frô, getriuwer kneht! ganc in die freude dînes herren.' Unde daz wir daz alle verdienen mit dem guote, daz uns got verlihen und bevolhen hât (daz ist diu heilige sêle unde der heilige touf unde die fünf sinne), daz wir dâ mit alsô gewerben, daz er frœlîche zuo uns spreche, zuo den gelêrten unde zuo den ungelêrten an dem jungesten tage: 'nû wis frô, getriuwer kneht! ganc in die freude dînes herren': daz uns daz allen widervarn müeze, nû des êrsten an der sele und an dem jungesten suontage an lîbe und an sêle, daz verlîhe uns der vater unde der sun unde der heilige geist unde mîn frouwe sant Marîâ. Âmen.

# IX.

## VON SEHS MORDÆREN.

‘*STipendium peccati mors est etc.* (*ad Rom.* 6, 23): der lôn nâch den sünden ist der tôt, aber diu gnâde gotes ist daz êwige leben.’ Alsô sprichet der guote sant Paulus an der heiligen episteln, daz der lôn nâch den sünden sî der êwige tôt, aber diu gnâde gotes ist daz êwige leben. Und alsô stêt ez umb allez menschlîchez künne. Für daz daz kint lebende wirt in sîner muoter lîbe, sô muoz ez iemer under disen zwein ir eintwederz tuon: ez muoz eintweder iemer mêre leben êwiclîchen, oder ez muoz iemer mêre êwiclîchen sterben. Für die zît daz ein kint niwan in sîner muoter lîbe als lange gelebet unz man ein ouge ûf getuot unde wider zuo getuot, sô muoz ez als lange leben, als got lebet unde ein herre in himelrîche ist. Unde dar umbe, ir hêrschaft alle samt, durch den almehtigen got, der iu lîp unde sêle geben hât, sô schaffet ez alsô daz ir êwiclîchen lebet, sît es dehein rât ist, ir müezet eintweder sterben oder êwiclîchen leben. Wan leben ist vor allen dingen daz beste daz got ie geschuof; sô geschuof got sô edelez nie noch sô guotez als leben. Swie vil der almehtige got liute und engele geschaffen hât, unde swie gar klâr er sie gemachet hât, unde swie sunnenvar er sie gemachet hât — wan sie halt vil edeler unde schœner sint danne diu sunne, und er hât sie als klâr und als edel gemachet, daz ez alliu diu werlt mit irdenischen sinnen niemer wol sagen kunde, und alsô wil er ouch den menschen nâch der urstende machen unde klæren — unde dâ von sprich ich alsô: unde hæte er engel unde menschen schœner und edeler gemachet unde hæte in niht lîbes gegeben, sô wære al ir adel unde schônheit ze nihte. Unde dâ von geschuof got nie niht sô guotez noch sô edelez sô leben. Wande er selbe daz êwige leben ist und er die menschen im selben glîch hât gemachet unde die engel, sô hât er sie an dem leben êwic geschaffen im selben gelîch. Unde dâ von sult irz alsô schaffen, daz ir êwiclîchen lebet. Sît got nie sô edelez geschuof als leben, sô müget ir tûsentwarbe lieber leben danne sterben: wan aller dinge wirste ist der tôt. Rehte glîcher wîse als daz leben ist aller dinge beste, alsô ist der tôt aller dinge wirste. Unde dâ von sehet ir wol, daz niht sô tumbez ist noch deheiniu krêatiure sô klein ist noch eht niht in der werlte ist, ez fürhte den tôt und ez fliehe den tôt. Daz aller kleinste würmelîn daz fliuhet den tôt. Daz verstêt ir an iu selben wol, wan ir lebet gerne unde sterbet alle ungerne. Ez ist aber der êwige tôt vor in allen; wan dirre tôt, den alliu krêatiure fliuhet, der ist gar kurz unde lîhte unde senfte wider dem êwigen tôde, wan des wirt eht niemer ende: sie sterbent eht iemer und iemer êwiclîchen unde mügent doch niemer ersterben. Unde dâ von sult ir den êwigen tôt tûsenstunt mê fürhten danne den kurzen tôt. Nû habet ir die vorhte umbe gekêret und fürhtet den kurzen vil harter danne den êwigen. Unde von disen worten hân ich willen ze sprechen. Bitet alle unsern herren, daz er mir gebe ze sprechen, daz er gelobet werde und ir gesæliget an lîbe und an sêle. Unde dar umbe spreche iuwer ieglîchez ein pater noster und ein ave Marîâ, daz ez dâ kan.

Allez menschen künne daz muoz eintweder êwiclîche leben oder êwiclîchen sterben, unde dar umbe sult ir alsô leben, daz ir êwiclîche lebet, wan alliu diu werlt anders niht begert danne lebens. Wan alliu dinc, diu got geschaffen hât, diu hât er dem menschen ze dienste unde ze nutze geschaffen, und allez des der mensche begert, daz begert er anders niht wan durch leben. Unde der vogel in dem lufte begert des lebens, und allez des er bedarf daz begert er anders niht wan durch leben. Daz selbe sprich ich zuo dem vische in dem wâge, zuo dem tiere in dem walde, zuo dem wurme in der erden: daz begert allez des lebens vor allen dingen. Nû seht, ir hêrschaft alle samt, weder iuch wæger dünke: êwic leben oder êwiclîche sterben? Nû sint drîer leie liute die êwiclîche lebent unde drîer leie liute die êwiclîchen sterbent. Unde die êwiclîchen sterbent, daz sint eine, den ist wê, den andern den ist wirs, den dritten aller wirste. Alsô ist den, die dâ êwiclîchen lebent. Den ist einen alse wol, daz ez alliu diu werlt niemer vollesagen möhte; sô ist den andern vil unde vil baz, unde alsô vil baz, daz ez alliu diu werlt niemer vollesagen möhte; sô ist den dritten alse wol, daz ez nieman vollesagen kan noch niemer vollesaget wirt, und alsô ist in allen wol. In ist aber niht gelîche wol. Wande der mê ist den dâ wê ist danne den wol ist, sô wil ich von êrste sagen von den, den dâ wê ist unde des êwegen tôdes sterbent, von den dâ got selbe sprichet, daz daz mêrre teil der werlte verlorn wirt under den gewahsenen liuten. ‘Der geladenen liute ist vil, der erwelten ist wênic.’ Unde dâ von wil ich des aller êrsten sagen von den, die dâ êwiclîchen sterbent. Der êrsten drîer leie liute den ist allen wê. In ist aber niht gelîche wê. Daz ein ist den worten, daz ir iuch vor drîen êwigen tôden wellet behüeten, wan sie aller tôde wirste sint, *mors pessima.* Des sünders tôt ist aller tôde wirste, wan er stirbet iemer unde mac doch niemer ersterben. Unde dâ von sprichet der guote sant Paulus: ‘der lôn nâch den sünden ist der tôt.’ Unde der selben leie tôde sint drîe, und ist einer ie wirser danne der ander. Unde alsô sint drîer hande liute, die den êwigen tôt lîdent mit drîer leie martel, und ist ie einiu grœzer danne diu ander.

Des êrsten sint alliu diu kint, diu âne touf ersterbent, jüdenkint unde heidenkint unde ketzerkint, diu dannoch umbe den gelouben niht wizzent und alsô sterbent ê daz sie den ungelouben begrîfent an dem herzen, und aller kristenliute kint, diu âne den heiligen touf ersterbent: diu varnt alle an eine stat, diu heizet limbus und ist vor der helle, unde die habent einer leie martel. Diu heizet diu martel des schaden: daz ist der schade, daz sie gotes antlütze niemer mêr beschouwent. Ander martel habent sie deheine: weder sie friuset noch sie hungert noch sie dürstet unde sie habent deheine pîne, in ist weder ze kleine noch ze grôz, in ist weder ze heiz noch ze kalt, unde swie kleine ir pîne und ir martel sî, sie wolten doch gerne ir ieglîchez für den schaden, daz sie gotes antlütze niemer gesehent, mit guotem willen an einer glüenden siule ûf unde nider varn, diu von dem ertrîche ûf unz an den himel gienge. Ich spriche mêr: unde gienge halt diu sûl von apgründe unz an den himel, unde daz sie alliu vol scharsahs unde mezzer stekte, daz wolten sie gerne unz an den jungesten tac lîden, den worten daz sie danne iemer mêr gotes antlütze solten sehen. Unde dar umbe, ir hêrschaft alle samt, ir sult iuch dar an hüeten, daz ir iuwern kinden die grôze êre unde die grôze sælikeit iht versûmet an dem toufe. Und ir man, ir sult der frouwen schônen die wîle sie swanger sint, daz ist, daz ir sie iht stôzet oder slahet oder werfet oder anders iht tuot, daz ist, daz ir iht schuldic werdet an in. Und ir sult sie niht ze lange ungetoufet lân: alse sie geborn werden, sô sult ir sie toufen. Ir sult weder êtouf bîten noch gevetrîden, weder diz noch daz. Unde müge ez ze priesters handen niht komen, sô mac ez toufen ein dierne oder ein kneht oder swer ez ist in aller der werlte, der diu wort ze rehte kan gesprechen. Iemittunt sô die hende in den touf daz kint stôzent, sô sol ez diu wort sprechen. [Ez stêt in dem sermône von den siben heilikeiten wol, wie man mit dem toufe werben sol.] Unde dâ von heizet diu martel diu martel des schaden.

Dâ sint die andern liute, die ouch êweclîchen sterbent. Dâ sult ir iuch mit allem flîze vor behüeten, wan den ist sô wê unde sô wê, daz ez alliu diu werlt niemer vollesagen möhte unz an den jungesten tac. Nû wie grôz diu martel wære, daz sich unde merkez. Als der dise stat anzunte unde diu alle samt ein hûs wære, sô wærez doch niht danne éin fiwer. Alsô ist ez ouch umbe dich, mensche. Ob dîn hût unde dîn hâr, dîniu ougen unde dîn munt unde houbet und aller dîn lîp, bein unde fleisch und alliu dîniu gelider und alle dîne âdern, daz daz allez samt éin durchsihtic fiwer wære, als ein îsen daz durchsmolzen unde durchglüewet ist; ich spriche noch mêr: als ob alliu disiu werlt niht mêr wære dan ein einigez fiwer von ertrîche unz an den himel, unde der mitten in dem fiure wære: alse wol dem wære, sô ist dem wol hundertstunt wirs, der in der helle ist; wan sant Augustîn sprichet, daz fiwer, daz wir hie ûf ertrîche haben, daz sî wider jenem fiure als ein gemâltez an eine want. Und alsô ist dem, der die aller minnesten martel hât die ieman dâ ze helle hât. Nû seht, wie denne den sî, den tûsentstunt wirser ist! Wan der niwan éine tœtlîche sünde tuot unde dâ mite ungeriuwet von dirre werlte vert, der muoz dar umbe iemer mêre dâ ze helle sîn als lange als got in dem himel ist. Und ist diu sünde klein, sô ist diu martel deste kleiner. Her Kâtô unde her Senecâ sint dâ ze helle, unde sint doch niht in der grôzen martel: sie hânt die aller minnesten martel, die man dâ ze helle hât, und ist in doch als wê unde habent als grôze martel, daz ez alliu disiu werlt niemer vollesagen kunde. Hâst dû danne mêr danne eine sünde getân, sô ist dîn martel aber dar nâch grœzer. Hâst dû zwô tœtlîche sünde, sô ist dîn martel zwivalt. Hâstû drîe, dîn martel ist drivalt. Hâstû viere, dîn martel ist viervalt. Hâst dû drîzic, dîn martel ist drîzicvalt. Hâst dû tûsent, dîn martel ist tûsentvalt. Ie manicvaltiger sünde, ie manicvaltiger martel unde ie tiefer helle unde ie heizer unde heizer fiwer unde ie grœzer martel. Alsô stêt ez umbe die martel dâ ze helle nâch der menie der sünden. Als der sünden ie mêr ist, sô der martel ie mêr ist unde ie manicvaltiger. Ez wehset ouch diu martel dâ ze helle von der grœze der sünden. Sô diu sünde ie grœzer ist, sô diu martel ie herter unde strenger unde scherpfer ist. Ie grœzer sünde, ie tiefer unde tiefer helle unde heizer fiwer unde ie grœzer martel. Lît ein lediger man bî einem ledigen wîbe, daz ist ein houbetsünde, dar umbe sie iemer müezent brinnen. Lît aber ein man bî einem andern wîbe, sô ist diu sünde grœzer unde diu martel. Der einen leien ze tôde sleht, daz ist gar ein grôziu sünde. Sleht man einen, der zuo den letzen unde zuo dem êwangeliô gewîhet ist, daz ist vil grœzer sünde. Sleht man aber einen priester, daz ist aber grœzer sünde unde tiefer helle. Und alsô stêt ez umbe die andern gewîhten liute: sô sie ie hœher gewîhet sint, sô diu sünde ie grœzer ist. Daz selbe ist under andern liuten ouch und under andern dingen. Ez ist gar sünde der eine sünde an dem mântage tuot. Tuot er sie aber an dem suntage, sô ist sie aber sünder. Sô diu zît ie hœher unde heiliger ist, sô diu sünde ie grœzer unde swærer ist, die man dran begêt. Daz selbe ist an heiligen steten und an heiligem guote, und alsô stêt ez ouch umbe die andern sünder, die dâ den êwigen tôt nement unde den wol tûsentstunt wirser ist danne aber den êrsten.

Wer sint aber die dritten sünder, die aber den wirsten tôt nement unde den griulîchesten unde den bittersten unde die grœste martel müezent lîden, die dehein mensche ie erleit oder iemer mêr erlîden mac oder sol? Der sint sehse under allen den sündern, die diu werlt ie gewan oder iemer mêr gewinnen mac. Sô sint die selben sünder die aller wirsten unde die grœsten unde die schedelîchesten, wan sie genüeget an gemeinen sünden niht, daz sie diu zehen gebot hânt gebrochen, unde sie genüeget niht an den sünden, die heizent die siben houbetsünden und ander gemeine sünde, dâ mite die selben alleine ze der helle müczent varn: sie wellent sô getâne sünde tuon, dâ mite sie ander liute mit in zer helle bringent, unde daz die von ir sünden mit in zer helle müezent varn, unde niht alleine sich ze dem êwigen tôde ermordent und ertœtent: sie ertœtent manige tûsent sêle mit ir selbes sêlen. Unde daz daz wâr sî, daz hât uns got erzöuget in der alten ê. Dâ sach ein wîssage in dem geiste sehs morder; der hete ieglîcher eine griulîche mortaxt in der hant, die ersluogen und ermorten ein michel volc dar nider. Der eine sluoc vil unde vil, der ander michels mêr, der dritte aber mêr, der vierde aber mêr, der fünfte gar unde gar vil, der sehste aber mêr, und alsô hete ir ieglîcher gar eine mortlîche axt in der hant unde sluogen unde morten eine michel grôze werlt dar nider. Und alsô sach sie der wîssage manic tûsent menschen der nider morden. Wan daz uns kristenliuten in der niuwen ê künftic ist an der sêle endehafter dinge, daz hât uns got erzöuget in der alten ê an der liute leben und an ir lîben, und alsô hât er uns die mörder erzöuget, die uns in der kristenheit manic tûsent menschen unde sêle ermordent, daz ir niemer mêre rât wirt, mit mortlîchen exten. Daz sint ir griulîchen sünde, dâ mite sie ander liute ermordent ze dem êwigen tôde, der dâ iemer stirbet unde doch niht ersterben mac.

Der êrste morder, der dâ manigen schaden an maniger sêle tuot, die er alle tage zer helle bringet, der heizet der ban: die dâ ze banne sint und ander liute mit in ze banne bringent. Wan alle die in dem banne sint, dâ sol nieman dehein geschefte mite hân, weder klein noch grôz. Ez ist manic tûsent sêle verdampt, daz ir niemer mêr rât wirt, niwan dar umbe, daz sie sich durch liebe mit bennigen liuten gesellet habent wider daz reht unde wider die gehôrsamkeit der kristenheit. Unde dar umbe, ir jungen priester, ir sult den ban niht alsô dar werfen als dem hunde daz bein. Ir sult gar wol wizzen wem ir den ban gebet, wan ir ist ein michel teil die den ban verdienent, und ob man sie niemer ze banne getuot, sô sint sie doch in dem banne. Daz sint alle, die gewîhte liute frevelîche an grîfent oder die orden in klœstern habent (swer die ze übele an grîfet mit slegen oder mit stœzen oder mit andern argen dingen) oder die klœster zerbrechent oder gotes hiuser zerstœrent oder in kirchen roubent oder brennent oder ander stete, die mit der heiligen wîhe begriffen sint, oder die mit den liuten unkiusche sint die dâ orden habent in klœstern. Dâ hüete sich alliu diu werlt vor. Ez sî ein man, der orden in einem klôster habe, unde lît ein frouwe bî dem unkiuscheklîche, diu ist sâ zehant in dem hœhsten banne, den got in himel und ûf erden hât, ob sie halt nieman niemer ze banne getuot. Daz selbe spriche ich ouch zuo dem manne, der bî einer frouwen lît, diu orden in einem klôster hât. Und ê daz ich eine messe mit im hôrte in einer kirchen mit mînem guoten willen oder mit mîner wizzende, oder ob diu kirche gar lanc unde wît wære, und er einhalp in dem münster stüende und ich anderhalp in dem münster, sô wolte ich ê zehen jâr âne messe sîn und ich wolte âne gotes lîchnamen ê sterben. Nû seht, ir hêrschaft, wie schedelich diu sünde ist, der mit bennigen liuten umbe gêt, unde wie schedelich diu mortax ist unde wie gar ein griulîche mörder er ist. Ir sult sie fliehen unde schiuhen als liep iu himelrîche ist. Swer sie hûset oder hovet oder schirmet, der wirt in der selben schulde begriffen.

Der ander morder, der ouch manic tûsent sêle ermordet mit sîner mortax, der ist der aller wirsten morder einer, den diu werlt ie gewan oder iemer. mêr gewinnen mac. Dâ beschirme uns der almehtige got vor. Daz sint ketzer, die aptrünnic worden sint von dem heiligen kristengelouben unde sich ergeben hânt in den gewalt des leidigen vîndes. Die sint geheizen Manachêi unde Patrîne unde Pôverlewe unde Runkeler unde Sporer unde Sîfrider unde Arnolder. Unde der ungelouben ist dannoch anderthalbhundert leie, der einer niht geloubet als der ander. Unde dâ vor sult ir einvaltigen liute iuch alle behüeten, daz ir iht ze ketzern werdet, wan sie wæren anders der sehs mörder eine niht, die manige sêle ermordent. Wan dâ kêrent sie allen ir flîz an, wie sie der liute vil ze ketzern gemachen mügen. [Unde dâ von in dem sermône: 'sælic sint die armen, wan daz himelrîche ist ir,' dâ stêt wol, wie man ûf die ketzer reden sol, alle die rede, die man ûf die ketzer bedarf.]

Der dritte morder, der ouch manic tûsent sêle ermordet, daz ir niemer mêre rât wirt von êwen ze êwen, der heizet bœse meisterschaft. Daz sint alle die, die der liute pflegen sullent und ir niht ze rehte pflegent, als die prêlâten unde die bœsen rihter. Dâ geschiht alliu diu sünde von, diu ûf ertrîche geschehen mac: diu geschiht alle samt dâ von, daz diu heilige kristenheit niht rehter meisterschefte hât. Nû wer getörste oder möhte sünde oder schande ihtes getuon, den man in meisterschefte und in gehôrsame hielte? Ez engetorste nieman gerouben oder gebrennen noch gesteln noch geliegen noch getriegen noch gewuochern noch fürkoufen noch dingesgeben noch satzunge haben noch trügenheit an koufe noch trügenheit an antwerke. Swâ reht gerihte wære unde rehtiu meisterschaft des rehten gerihtes, dâ würde vil manic tûsent sünde vermiten. Unde dâ mite ermordent sie alle die sêlen, den sie meisterschaft anhaben solten; unde sô sie niht tuont des selben, dâ müezent sie got umbe antwurten an dem jungesten tage. Unde des liset man gar vil in hern Moyses buochen, wie ernstlîche unser herre dâ sprichet wider hern Moysen von unrehtem gerihte, wie zörnlîche unser herre von den sprichet, die unreht gerihte habent. *Mali laici*, *mali religiosi*. Daz ist aber der sihtige tiuvel. Wan die dâ heizent geistlîche pfleger, die solten aber baz ûf die sehen, die in bevolhen sint. Unde swâ sie gestatent ir klôsterliuten und ir pfarreliuten und allen den, der sie pflegen sullent, daz sie sündent, unde sie daz wenden unde wern solten, dâ habent sie sie mit ermordet ze der êwigen martel. Unde dar umbe wirt ir niemer mêre rât. Sie getorsten niemer unkiusche gesîn noch ungehôrsam noch træge an ir tagezît. Nû ist aber der sünden vil worden von bœser meisterschaft, die in der werlte sint. Daz ist êbrechen, daz ist meineide und ander sünde. Der ist sô gar unde sô gar vil, daz ir nieman ze ende komen mac. Bischöve und ir andern prêlâten, iu hât der almehtige got geben schœne leben unde grôze êre dar umbe verlihen, daz ir dem almehtigen gote sîne liute unde sîne kristenheit behüeten sult unde beschirmen mit rehter meisterschaft. Und ir werltlîchen rihter, ir sult iuwer schâfzabel sîn lâzen und iuwern tagalt und iuwer vederspil unde sult anders niht schaffen, wan daz ir guote meister sît unde die kristenheit in iuwerm schirme haben soltet, in iuwer huote und in iuwer pflege, daz ieman dem andern dehein leit getæte an lîbe und an guote und an ir friunden. Daz ist an zwein enden guot. Ez ist den guot, an den man den fride behalten sol, an ir lîbe und an ir guote und an ir friunden; und ist den fridebrechen guot an der sêle, daz sie die sêle niht verwirkent an einem andern ir ebenkristen. Unde dar umbe, ir hêrschaft alle samt, den der almehtige got gerihte unde gegewalt bevolhen hât ûf ertrîche, ir sît geistlich oder werltlich, sô sullet ir guote meister sîn über alle die iu bevolhen sint, daz ir iuch eht selben iht ermordet ze dem êwigen tôde unde die selben alle samt mit iu, die iu der almehtige got bevolhen hât unde der ir dâ pflegen sult: wan der ist der wirsten morder einer, den diu werlt ie gewan oder iemer mêr gewinnet.

Der vierde morder, der sich selben alleine niht zer helle bringet, der heizet übel zunge: der fluocher unde schelter unde nâchreder unde pfennincprediger, die dem almehtigen gote alle tage manic tûsent sêle verkoufent, daz ir niemer mêre rât wirt. Pfenninceprediger! ein morder aller sêle unde morder der rehten buoze unde der heiligen buoze, diu der siben heilikeit einiu ist, dâ sich der almehtige got selbe ze der martel umbe gab an daz hêre kriuze. Allez daz got ie erleit umbe des menschen künne, daz wære allez samt verlorn, wan diu heilige buoze. Daz aller beste unde daz grœste, dâ sich got an daz kriuze umbe slahen liez, daz was diu heilige buoze, dâ ein ieglich kristenmensche mit in daz himelrîche komen muoz, daz komen wil zuo der heilikeit aller heiligen. Die hânt sie uns ermordet, daz nieman (wan der gar lützel ist) die heiligen buoze an grîfen wellent noch dar ûf niht ahten wellent. Und alsô ermordent sie manige sêle. Unde dâ bî siht man wol, daz der tiuvel alle tage iteniuwe stricke vindet, dâ mit er die sêlen væhet. Dâ von hât er den selben stric niuwelîche funden. Dô ich ein klein kint was, dô was niendert kein pfenninceprediger. Nû ist ir leider alsô vil, daz nû leider nieman für baz büezen wil; wande die tiuvel habent anders niht ze schaffen, wan daz sie alle tage niuwe fünde vinden, wie sie die kristenheit verkêren unde von dem himel bringen ze der êwigen martel. [In dem sermône: 'sælic sint die armen, wan daz himelrîche ist ir,' dâ stêt wol, wie man ûf den pfenninceprediger reden sol.] — Pfî, trüllerin, trîberin! dû kumest dem tiuvel ouch niht eine.

Dû ermordest dem almchtigen gote ouch manic tûsent sêle, dû und ander dîn genôzen, der niemer mêre rât wirt. Dich genüeget niht daz dû alle dîne tage genaschet hâst unz daz dû nihtesniht mêr maht unde dîn nieman mêr geruochet: sô wilt aber ez füegen. Des gelônet er dir vil wol dîn herre, der tiuvel, im zerrinne danne alles des fiures, daz er hât an dem grunde der helle. Ander übel zungen die verdampnent doch nieman dan sich selben alleine: sô verdampt und ermordet dîn verfluochtiu mortaxt dich selben unde manige sêle mit dir. Alsô ist dîn zunge der wirsten mortexte einiu, dâ von man gereden mac. Joch wærest dû doch des tiuvels, obe dû halt niemer dehein ander sêle ermortest: dû hâst ez wol verdienet, daz dû iemer zer helle brinnen muost. Alsus wirt dîn martel von ieglîcher sünde ie grœzer unde grœzer unde grœzer. Wan als ofte als dû zwei menschen ze dem êwigen tôde verrâtest, und alse manige sünde sie mit einander getuont, iemer mêr als manicvalt wirt dîn martel an dem grunde der helle. Unde dîn martel wirt vil grœzer wan der, die die sünde getuont. Daz daz wâr sî, daz erzöuget uns der almehtige got in dem paradîse. Dâ gap er dem slangen grœzer buoze der die sünde dâ riet, danne Adâme und Êven, die dâ die sünde tâten. Alliu disiu werlt möhte niht geprüeven die martel, die dû lîden muost. Wan ist ez, daz sie niwan einige sünde getuont die zwei die von dir verrâten sint, sô hâst dû als grôze schulde alse sie unde halt grœzer, wan dû ez gefüeget hâst unde sich lîhte niemer möhte gefüeget hân wan dû. Dâ von ist dîn schulde grœzer. Unde tuont sie drîzic sünde, sô wirt dîn martel drîzicvalt. Unde tuont sie hundert, dîn martel wirt hundertvalt. Unde tuont sie tûsent sünde, dîn martel wirt tûsentvalt. Alse manige sünde als sie für baz iemer mêr getuont, als manige sünde hâst dû ouch ûf dir und als manicvalt ist dîn martel iemer mêre grœzer an dem grunde der helle. Nû sich, trîberin, trüllerin! als dû danne zweinzic oder drîzic verrætest oder aber mêr, wie vil die sünden iemer mêre mit einander getuont oder getuon mügent! Wan diu martel dâ ze helle wehset nâch der manicvaltekeit der sünden unde wehset ouch nâch der grœze der sünden. Sint ez ledige liute, sô sint ez grôze sünde. Sint ez aber êliute, sô ist ez aber grœzer sünde. Und alsô ermordest dû vil manige sêle mit dîner zungen,

— Unde die selben mortlîchen zungen sint drîer leie, die niht sich selben alleine ermordent, sunder manic tûsent sêle mit in ermordent. Daz sint pfenningprediger die eine. Die andern daz sint trîberin. Die dritten daz sint ungetriuwe râtgeben. Die tragent alle ouch der aller grœsten mortexte eine unde die griulîcheste, die diu werlt ie gewan oder iemer mêr gewinnen mac, an sîner zungen. Wan sie tuont etewenne einen rât, dâ mite manic tûsent sêle verdampt wirt und ermordet ze dem êwigen tôde. Unde dar umbe sô wehset im sîn martel ouch, ie nâch der menige der sünden. Als manigiu sêle von dînem ungetriuwen râte ermordet wirt, als manicvalt wirt dîn martel an dem grunde der helle. Und ist aber diu sünde grôz, sô wehset diu martel nâch der grœze. Ist daz dû sünde rætest die grôz sîn, dâ brant unde roup unde mort von kumt, dâ von wehset ouch diu martel.

Der fünfte morder, der ouch manic tûsent sêle ermordet, daz sint alle, die dâ offenlîchen sündent unde der werlte bœse bilde vor tragent mit ir sünden, als die rouber, die offenlîchen sündent. Wan dâ bœsernt sich gar vil liute bî, swenne sie die liute solten schirmen unde sie danne roubent. Unde die offenlîche êbrecher sint oder ledeclîche mit unkiusche umbe gênt unde die bœsen hiute, die ûf dem graben gênt, die ouch dem almehtigen gote manige sêle verkoufent, ie die sêle umb einen helbelinc oder pfenninc. Wê dir geschehe, swâ dû iendert vor mir bist! Wie wiltû sie dem almehtigen gote vergelten? Alliu diu werlt möhte dîne martel niht erlîden, die dû êwiclîchen lîden muost an dem grunde der helle, wan dû manige sêle ermordest, der niemer mêre rât wirt; und alle, die offenlîchen hôhvart trîbent unde dar an deheine mâze unde bedeckunge wellent haben. Man liset in der alten ê alsô. Grebet einer einen brunnen an der strâzen unde bedecket den niht unde vellet sînes nâhgebûres vihe dar în, er muoz ez im gelten als tiure als erz koufte, unde die âwürhsen gît man im wider. Seht, daz wort merket mir gar wol und behaltet ez flîzeclîche daz ich alsô spriche: man gît im die âwürhsen wider. Wan swaz uns nützer dinge künftic ist an unsern sêlen in der niuwen ê, daz hât uns got allez erzöuget in der alten ê an der liute leben. Und als hât uns got daz ouch erzöuget. Der die gruobe oder den brunnen dâ grebet an der strâzen, daz sint die dâ offenlîchen sündent und ir sünde niht bedeckent. Wan swaz ein tôr den andern siht tuon, daz tuot er hinden nâch. Alsô geschiht vil manigem menschen von den, die ir sünde niht bedeckent. Und alle die sich nâch in rihtent mit den sünden unde mit ir bœsem bilde in sünde vallent, die müezent sie dem almehtigen gote gelten als tiure als er sie koufte. Er koufte sie mit sîn selbes lîbe, den er umb ir sünde an die martel gab, daz er sie dâ erlôste von dem êwigen tôde. Wan sie dem almehtigen gote die sêlen geworfen habent in den brunnen der sünde mit ir offenen sünden, sô müezent sie im sie gelten als er sie koufte, oder er wirfet ir sêle und ir lîp in daz apgründe der helle: nû des êrsten ir sêle, und an dem jungesten tage ir lîp und ir sêle. Unde man wirfet die alle oben ûf sie, die sie dâ ervellet habent in den brunnen der offenen sünden. Und alle die martel, die sie dâ lîdent von fiure und von itwîze des tiuvels, die muoz er under in lîden zuo sîn selbes martel. Seht, dâ wirt im diu âwürsen wider. Unde dâ vor hüete sich alliu diu werlt, daz ir iht offenlîchen sündet. Die dâ sünden niht gerâten wellent, die sünden doch heimlîche, wan under den zwein bœsen ist doch daz ein bezzer unde wæger. Ez ist bezzer, daz dû eine verdampt sîst danne drîzic oder hundert mit dir, unde dannoch die martel alle lîden müestest zuo der dînen. Wiltû aber ein riuwesære werden unde wilt dem almehtigen gote bezzern unde büezen, sô büezest dû vil sanfter, danne ob dû êwiclîchen soltest brinnen in der pîne, der niemer ende wirt.

Der sehste morder, der ouch vil sêlen ermordet, dâ beschirme uns der almehtige got vor! wan der ist der aller wirsten einer, er selbe sehste, den diu werlt ie gewan oder iemer mêr gewinnen mac. Der sleht als unmügelîchen vil liute aller tegelîche, daz ez âne mâze ist. Der hât gar eine griulîche mortaxt. Diu ist wol gesliffen ze dem êwigen tôde, diu versnîdet manic tûsent sêle, der niemer mêre rât wirt. Diu selbe mortlîchiu axt unde der morder, der sie treit in sîner hant, des wunden geheilent niemer mêre. Dâ vor behüete sich alliu diu werlt, wan der selbe morder treit eine mortaxt, diu ist gelüppet mit der vergift des êwigen tôdes. Alle die dâ mite wunt werdent, die haben des dehein gedinge, daz sie niemer mêr gesunt werden noch heil. Die von den andern mordern wunt werdent, die möhten heil werden unde wol gesunt. Der hân ich vil gesehen, daz sie heil wurden von der heiligen erzenîe der siben heilikeit. Dirre morder ist sô gar ungenislich, swen er verwundet daz sich des alle meister von erzenîe abe tuont, daz sie iemer mêr ir deheinen mügen erneren vor dem êwigen tôde. Und den worten, daz er iuch deste baz behüetet, sô wil ich iu sagen, wie der heizet. Er heizet der gîtige. Den genüeget ouch niht, daz er sich selben ermorde ze dem êwigen tôde, er enwelle sîn eigen kint ermorden und alle die sîn unreht guot nâch sînem tôde besitzent und erbent. Unde nâch sînem tôde ermordet er michels mêre danne mit sînem lebenden lîbe. Daz daz wâr sî, daz erzöuget uns got in der alten ê. Dâ ermordete einer mit sînem leben mê danne tûsent menschen, unde mit sînem tôten lîbe mê danne vierdehalp tûsent menschen. Daz was her Sampsôn, der daz hûs ûf sich selben warf. Alsô hât der gîtige. Der sleht mit sîner lebenden hant manic tûsent, er unde sîn genôz, wan er sleht alle, die ez mit im wizzentlîche niezent unde mit willen unde danne nâch sînem leben erbent unz an daz vierzigeste geslehte, die ez wizzentlîche nâch im erbent unde niezent und ez niht geltent unde widergebent, als verre sie ez geleisten mügent. Nû sehet, welich ein schedelich morder! Den lât er niemer mêre geheilen swen er verwundet noch læt in niemer mêre geruowen. Daz daz wâr sî, daz erzöuget uns got an Saule dem künige. Der was beheftet mit einem tiuvel. Der geliez im ouch niemer dekeine ruowe wan die wenigen wîle, als im der künic Dâvît suoze harpfete. Alle die wîle und er die harpfen hôrte, sô liez er im die ruowe; sô er der harpfen niht enhôrte, sô martelte in der tiuvel als ie von êrste. Alsô ist dem gîtigen. Dem læt der tiuvel keine ruowe, der in dâ hât begriffen mit der gîtikeit. Er læt im niemer deheine ruowe wan die wîle daz er die süezen edeln harpfen hœret des herren hern Dâvîdes, daz ist daz süeze wort des almehtigen gotes unde der heiligen predige. Und alle die wîle und er die hœret, sô wirt im die wîle ein wênic baz unde gedenket in sînem muote: ‘owê, waz tuon ich bî disem unrehten guote?’ Als lange gedenket er des im, niwan die wîle daz er die predige hœret. Und alzehant sô er von hinnen kumet, sô martelt in der tiuvel reht alse vor. Seht, swaz wir gein in reden dâheim in ir hiusern oder in unsern klœstern oder in den kirchen oder in der bîhte, sô künnen wir deheiner slahte liste vinden noch deheiner slahte wege, daz wir sie immer dar an bringen mügen, daz sie durnehteclîchen wellen gelten unde widergeben. Wan etewenne bræhte man sie dar an wol, daz sie ein wênic widergæben. Pfenninc für pfenninc, schillinc für schillinc, unz an den jungesten heller, oder dîner sêle wirt niemer rât. ‘Wie, bruoder Berhtolt, nû bin ich doch in der brüeder râte unde tuon den alliu jâr mîne bîhte, unde sie sint gar ofte ze mîner herberge und ich hân mich doch in ir brüederschaft und in ir gebet gekoufet: swenne ich gestirbe, daz sie mîne vigilie begên suln mit singen unde mit lesen.’ Daz ist vil guot. Nû daz mac dir got vil wol vergelten, swaz dû mir unde mînen brüedern ze guote getuost. Dar umbe suln wir dîn vil gerne gedenken fruo und spâte unz an dînen tôt. Und alse dû danne tôt gelîst, sô suln wir dir danne gar schône singen unde lesen die langen vigilie unde gar schône sêlmesse unde lûte: *requiem eternam,* unde holn dich gar schône von dîner pfarre mit unser processen unde bestaten dich in unserm münster unde legen dich für den altar. Ir tiuvel, sô sît ir dâ gewesen unde habet die sêle von sînem lîbe gezerret, dô sie des aller êrsten ûz sînem munde gienc, unde habet sie gefüeret in daz apgründe der helle, dâ ir niemer mêre rât wirt. Unde wæren alle die zeher unde tropfen, die sît anegenge der werlte ie geregenten unde tropften, daz daz allez müniche unde brüeder wæren, grâwe müniche unde swarze, prediger unde minre brüeder unde patriarchen unde prophêten unde dar zuo marteler unde bîhtiger unde dar zuo witwen unde megede: daz dir die iemer læsen unde süngen unde bluotige zeher iemer mêre gegen gote weinten unz an den jungesten tac über dîne sêle: ir würde als wênic rât als des tiuvels iemer wirt. Nû sich, gîtiger, wie gevellet dir daz? ‘Bruoder Berhtolt, ich hœre wol, ez stêt übel. Ich wil rehte in ein klôster varn, ê daz ich alsô verlorn sî.’ Jâ nû var in ein klôster unde gilt unde gib wider allez daz dû gelten solt unz an einigen pfenninc oder einigen schillinc, unde dû wilt den selben schillinc niht gelten unde widergeben unde weist wol, wem dû in solt, unde dû vare in ein klôster unde wis als ein turteltiubelîn, diu ouch vil kiusche und reine sint, unde fliuc mit in zer mettîn mit den brüedern unde vaste alle tage unde fliuc mit den andern tiubelînen ouch ûz und în, die kiusche sint, zuo den siben gezîten unde von dem kôre in den reventer und ûz dem reventer in daz slâfhûs: ir tiuvele, ir nemet sîn eht war unde lât in ûz iuwer huote niht, unz diu sêle ûz sînem lîbe gê; sô sît ir dâ unde füeret sie in den grunt der helle, dâ ir niemer mêre rât wirt. Nû sich, gîtiger, wie gevellet dir daz, daz dû dich des alles erwegen muost umb ein wênic guotes? Owê, dû zwîveler an aller gotes erbermede! Nû sprichet doch der munt, der nie lügen getet: ‘alle, die sich an mich verlâzent, die wil ich niemer verlâzen.’ Ich spriche mêr: daz dû dem almehtigen gote alle tage ein klôster stiftest, und alle die wîle dû den einigen schillinc niht giltest unde widergîst, sô wirt dîner verdampten sêle niemer rât. Ich spriche noch mêr: daz dû dem almehtigen gote alle tage ein spitâl stiftest; ich spriche noch mêr: und wære ein dinc, daz die heiligen zwelfboten hie in erden wæren (daz daz mügelich wære) unde mîn frouwe sant Marîâ, daz die iezuo wolten hungers sterben: dû soltest den selben schillinc jenem ê widergeben, ob er halt ein sünder wære der selbe, dem dû den schillinc soltest, unde soltest mîne frouwen sant Marîen hungerbrüchic lân ê und alle heiligen. Seht, iezuo ist im ein wênic sanfte! Die wîle er daz gotes wort hœret, sô læt er im ein wênic ruowe, die wîle er die harpfen des almehtigen gotes hœret. Nû gip eht hiute daz unrehte guot wider: sô wil ich dir die edeln unde die süezen seiten rüeren, die zehen kœre der heiligen engel, daz dir die hiute und iemer ze sælden und ze heile erklingen unde daz dich die heiligen engel mit freuden enpfâhen, als dîne sêle von dînem lîbe scheiden sol. [Und alsô sol man die zehen kœre alle sunderlîchen nennen, und ieglîchen bî sînem amte sol man nennen und ouch manen.] Ir andern sünder, gewinnet hiute wâren riuwen: ich schaffe an disen gîtigen liuten niht. Ir andern sünder, nemet alle urloup von dem êwigen tôde unde gewinnet riuwen, daz iu der lôn nâch den sünden iht ze teile werde, als der guote herre sant Paulus dâ sprichet in der heiligen epistelen. Ir sult èz alsô schaffen, daz iu diu gnâde unsers herren gevalle unde daz êwige leben. Sît daz wir iemer und iemer leben müezen, sô helfe uns der megede sun mîner frouwen sant Marîen, daz wir daz wæger nemen. Wan ez ist ein ungeteiltez spil daz êwige leben unde der êwige tôt. Der almehtige got durch alle sîne güete beschirme uns alle samt vor dem êwigen tôde unde helfe uns zuo dem êwigen leben, nû des êrsten an der sêle und an dem jungesten tage an lîbe und an sêle. Daz uns daz allen widervar, mir mit iu und iu mit mir, daz verlîhe uns allen samt unser herre Jêsus Kristus, der mit dem vater unde mit dem heiligen geiste lebet unde rîchset ân ende und iemer ân anegenge. Âmen.

# X.

## VON ZEHEN KŒREN DER ENGELE UNDE DER KRISTENHEIT.

'DAz himelrîche gelîchet einem acker, dâ ein schatz inne verborgen lît. Als den ein mensche vindet, der verkoufet allez sîn guot unde koufet den acker, daz im der schatz werde: als liebe ist im zuo dem schatze' (*Matth.* 13, 44). Wer ist nû der acker, dem daz himelrîche gelîchet, unde wer ist aber nû der schatz, der in dem acker lît verborgen, unde wer ist danne der mensche, der dâ verkoufet allez sîn guot unde koufet den acker, daz im der schatz werde? Der acker, der dâ dem himelrîche gelîchet, daz ist diu heilige kristenheit, wan diu kristenheit heizet etewâ ein acker in der heiligen geschrift, unde dâ ist gelîchet daz himelrîche der heiligen kristenheit unde daz nieman zuo dem himelrîche kumet danne ûz der heiligen kristenheit: von juden unde von heiden gêt dehein wec zem himelrîche. Wer ist danne der schatz? Daz ist des reinen menschen sêle, diu dem almehtigen gote gelîcher ist danne ie kint sînem vater wart. Unde dar umbe verkoufte er allez sîn guot unser herre unde koufte den acker, daz im der schatz würde. Dâ sult ir sehen, ir reinen kristenmenschen, wie liep iuch hât gehabet der almehtige got, und ir sult in herzeclîchen liep hân, wan er hât iuch âne mâzen liep gehabet. Nû seht, wie liep iuch got hât! Wan er iuch erkoufte mit sînem reinen lîbe, dâ genuogete in dannoch niht an, er habe iuch dannoch lieplîcher geminnet, dô er die bittern martel durch uns an dem kriuze leit. Daz was diu grœste minne unde diu grœste liebe, dâ ie von gehœret wart. Dâ genuogete in dannoch niht an, er habe uns nâch im eigenlîchen genamet. Er heizet Jêsus Kristus: sô hât er den acker aber baz dem himelrîche gelîchet, daz er heizet diu heilige kristenheit, unde wir kristenliute heizen nâch im kristen. Ir reinen kristenliute, nû habet den almehtigen got liep unde seht, wie liep iuch der almehtige got gehabt hât. Unde dâ genuogete in dannoch niht an, er habe iuch für baz geminnet, wan er hât die heilige kristenheit aber baz gelîchet dem wünneclîchen himelrîche. Daz himelrîche ist gezieret unde geêret mit zehen kœren der heiligen engel. Der ist einer schœner unde hœher danne der ander. Unde die nidern kœre die hât unser herre alsô geordent, daz sie den obern etelîcher dinge undertænic sint. Sô sint danne die obern kœre, daz sie den undern etelîcher dinge her wider schuldic sint umbe den dienest, den sie in dienent. Und alsô hât der almehtige got die heilige kristenheit gelîchet dem himelrîche unde hât zehen hande liute ûf ertrîche geordent in der heiligen kristenheit. Der sint ein ouch ie hœher danne die andern, unde die nidern müezent den obern undertænic sîn mit diensten. Sô sint die obern den nidern wider umbe eteswes schuldic, als die hôhen engele den nidern etelîcher dinge schuldic sint. Der obersten kœre der heiligen engele der sint drîe. Unde den selben drin kœren sint die andern siben ir ieglîcher iemer etelîcher dienste undertænic. Sô sint ouch die hôhesten drîe kœre den siben kœren ieglîchem etelîcher her wider schuldic umb ir dienst. Welher dienste die nidern engel den obern undertænic sint, daz gêt uns irdenische liute niht an. Unde wes danne die hôhesten engele den nidern schuldic sint, dâ haben wir niht mit ze schaffen. Unde dâ von wil ich iu kristenliuten sagen, wie der almehtige got die heilige kristenheit geordent hât mit zehen leie liuten, unde welicher leie dienste die nidern den obern schuldic und undertænic sint. Dâ von hân ich willen ze sprechen iu kristenliuten, daz ir aber deste baz erkennet, wie herzeclîchen liep der almehtige got uns gehabet hât, unde daz ir in iemer mêre deste lieber unde deste werder habet in iuwerm herzen und in vor allen dingen liep habet unde minnet; wan er hât iuch vor allen dingen liep gehabet. Swie gar schône unde klâr er die engel hât geschaffen, doch erleit er nie dehein ungemach durch der engele willen. Sô hât er durch uns kristenliute wol manic hundert ungemach erliten, daz er uns widerbræhte ûz dem gewalte des tiuvels, dâ wir uns în geworfen heten mit der ungehôrsamkeit, die Adam und Êvâ begiengen in dem paradîse. Wan dô der almehtige got daz himelrîche ordente mit den zehen kœren der heiligen engele, als ich iezuo sprach, dô hete er die heiligen engel dannoch niht gevestent: sie mohten himelrîche wol verliesen. Unde dâ von wurden etelîche dem almehtigen gote aptrünnic unde sint noch hiute aptrünnic unde wurden alle samt ze tiuveln unde sint noch hiut ze tage tiuvele. Unde was niht ein einiger ganzer kôr, der mit Lucifer von himelrîche dô viel: sie vielen ûz den zehen kœren allen, ûz ir ieglîchem ein teil, ûz den hôhesten und ûz den nidersten und ûz dem mittelsten. Ir vielen ûz den zehen kœren alsô ûz in allen, daz gein eime kôre gebürte unde geahtet wart nâch der zal, daz ir daz zehende teil ûz den zehen kœren vielen. Und alsô stêt ez umbe daz himelrîche mit der ordenunge. Und al zehant dô wurden die andern engel dâ gevestent von gote, daz sie nû niemer mêr himelrîche verliesen mügent. Unde dâ mite dankte in der almehtige got der triuwen unde der tugende, daz sie bî im beliben unde niht von im aptrünnic wurden. Wie der almehtige got die heilige kristenheit dem himelrîche gelîche geordent hât, swer bî gote belîbet und im niht aptrünnic wirt als die bœsen engele, die wil er ouch vesten, als sie von dirre werlte gescheident, daz sie danne für baz iemer mêr ze himelrîche frœlîche geleben mügen. Nû wil ich iu des êrsten sagen, wer die zehen leie liute sint, dâ diu heilige kristenheit mite geordent ist, unde wil danne sagen, mit welher leie dienste die nidern den obern undertænic sîn sullent, unde wes danne die obern den nidern wider schuldic sint umb ir dienst.

Die êrsten drîer leie liute daz sint die hœhsten unde die hêrsten, die der almehtige got selbe dar zuo erwelt unde geordent hât, daz in die andern siben alle undertænic wesen suln und in dienen suln. Die êrsten daz sint die pfaffen, die die kristenheit lêren sullent; daz ander sint eht geistlîche liute; daz dritte sint werltlîche rihter, herren und ritter, die dâ witwen unde weisen schirmen sullent. Die dritten unde die êrsten die sulnt die kristenheit beschirmen an lîbe und an sêle.

Die êrsten daz ist der bâbest und alle pfaffen. Die sulnt der kristenheite pflegen mit geistlîchem rehte unde gerihte unde mit geistlîcher lêre, mit bîhte unde mit predigen unde mit ander guoter lêre. Dâ hât sie der almehtige got zuo gesetzet unde geordent, wan sie uns des êrsten an die kristenheit bringent mit dem heiligen toufe. Und in hât der almehtige got die siben heilikeit dar umbe bevolhen, daz sie die kristenheit dâ mite heiligen süllen an die werlt, sô sie in die werlt varnt unde sô sie durch die werlt varnt unde sô sie ûz der werlt varnt, mit dem heiligen toufe unde mit der heiligen ê unde mit der heiligen firmunge unde mit der heiligen bîhte unde buoze unde mit dem heiligen gotes lîchnamen unde mit dem heiligen olei unde mit den gerihten, daz sie uns vor dem ungelouben beschirmen mügen unde süllen: sô wir in die werlt varn mit dem toufe unde krisemen, unde sô wir durch die werlt varn, sô sullent sie uns behüeten unde beschirmen vor ungelouben unde vor êbrechen unde vor unrehtem gerihte. Wan· swenne die werltlîchen fürsten und ander werltlîche rihter niht rehte rihten wellent noch rehte gerihte wolten haben, sô betwüngen sie wol die geistlîchen fürsten mit rehte, daz sie reht gerihte müesten haben. Unde sie sulnt ouch selbe rehte rihten, als verre ez sie an gêt, wan daz hât in got geboten, daz sie im sînen edeln schatz behüeten unde bewarn suln, den er dâ tiure hât erkoufet mit sînem grimmen tôde unde mit sîner martel, daz ist des kristenmenschen sêle: den hât iu got gar hôhe bevolhen. Unde dar umbe, ir hêrschaft, als liep iu daz himelrîche sî, alle die der sêle pflegen sulnt, die sulnt ir alsô pflegen, alsô sie iu got bevolhen hât und alse er iuch dar zuo geordent hât. Wan dâ von sprichet er zuo Jeremîâ: ‘ich hân dich ze rihter gesatzt über alle mîne diet.’ Unde swâ ir des niht tuot, sô sît ir dem almehtigen gote aptrünnic worden unde sît gevallen ûz der gemeinde der heiligen kristenheit (diu gelîchet sich dem wünneclîchen himelrîche): die wirfet er zuo den aptrünnigen engeln. Buoze nemen wir alle zît ûz. Wan alle die got aptrünnic werdent in sînem nidern himelrîche, daz ist in der heiligen kristenheit, die wirfet er in den grunt der helle zuo dem aptrünnigen engele.

Die andern liute, die der almehtige got ouch geordent hât zuo dem hôhesten in der heiligen kristenheit, sie selbe dritte, daz sint die geistlîchen liute. Die sulnt ouch die liute wîsen unde lêren, als verre als in bevolhen ist und als verre sie getürren vor urloube, unde sulnt in guot bilde vor tragen mit dêmüetigem lebenne unde mit gedultikeit unde mit erbermede unde mit süezem lebenne, mit kiusche, mit vasten, mit allen guoten dingen, unde fruo unde spâte got an ruofen, mit lesen, mit singen unde mit gebete, unde sullent daz tuon dem almehtigen gote unde sîner reinen muoter ze lobe unde ze êren und allem himelischen her und allen kristenliuten ze heile unde ze sælden und allen geloubigen sêlen ze trôste unde ze hilfe. Die ze himelrîche sint die enbedürfent niht danne lobes und êre, unde dâ von sol man got unde sîne heilige muoter loben und êren alle zît umbe die genâde, die er an uns begangen hât, daz er uns geschaffen hât und uns von dem êwigen tôde erlôst und enbunden hât unde daz er uns ze der hôhen wirdekeit unde ze der wünne unde ze der freude, die er selbe ist, êwiclîche beschaffen hât und erwelt. Des sol man alles got loben unde sîne heilige muoter und allez himelische her; unde den lebenden kristenliuten sælden unde heiles wünschen dazs got friste unde bestæte in rehtem glouben und an rehten werken; unde swer sich an disen zwein verwarlôset hât, daz sie got friste mit gesunde unde mit sælden unde daz sie gotes hulde erwerben. Daz ist den lebenden kristenliuten, daz man in des bite unde wünsche. Sô ist den kristensêlen in dem vegefiure des nôt, daz man in wünsche trôstes unde helfe, daz sich got erbarme über ir pîne und über ir grôze martel, wan diu ist gar jæmerlîchen und engeslîchen. Unde dar umbe hât der almehtige got geordent geistlîche liute in der heiligen kristenheit, daz sie sich gein gote halten alse ir regel seit. Unde tuont sie des niht, sô werdent sie aptrünnic. *Mali laici, mali religiosi.* Daz ist aber gar der sihtige tiuvel.

Die dritten leie liute, die ouch der hôhesten sint unde die dritten in der heiligen kristenheit, die den nidern schuldic sint umb ir dienst gar vil gnâden unde guoter dinge — hie vor hân ich iu geseit, wes in die pfaffen schuldic sint unde die geistlîchen liute: sô wil ich iu nû sagen, waz in die keiser unde die künige schuldic sint unde die herzogen unde die frîen unde die grâven und alle werltlîche herren, die ritter unde herren sint, und alle die, den unser herre ûf ertrîche gerihte unde gewalt geben unde bevolhen hât, wan die sint der drîer ouch eine, den die siben leie liute der almehtige got undertænic hât gemachet, daz sie in dienen suln. Unde dar umbe sît ir disen gotes kindern her wider schuldic, daz ir sie schirmen sult vor dieben und vor roubern unde brennern, vor jüden, vor heiden unde vor ketzern, vor meineidern unde vor unrehtem gewalte.

Iu sint die hôhen zuo den nidern bevolhen, die pfaffen zuo den geistlîchen liuten, die witwen unde die weisen, die meide unde die êliute alle samt sint iu bevolhen, wan iu hât unser herre gar grôze êre unde guot dar umbe verlihen unde schœne leben unde hât iu anders niht ze schaffen geben, wan daz ir im sînen edeln schatz wol behüetet unde bewart, als verre als er iu bevolhen ist und als iuch got dar zuo geordent hât. Ez sol iuwer schâchzabel sîn und iuwer vederspil und iuwer tagalt und iuwer kurzwîle. [Ez stêt in dem sermône von den drin mûren. Ir wellet aber den goteshiusern mêr abebrechen dan irn gebet unde ir sie beschirmet.] Unde den geistlîchen liuten sullet ir iuwer almuosen geben unde dar zuo witwen unde weisen beschirmen und ouch almuosen geben. Unde tuot ir des niht, sô sît ir der heiligen kristenheit aptrünnic worden unde man wirfet iuch in den grunt der helle zuo dem aptrünnigen engel. Nû seht, ir armen liute alle samt, dirre dinge sint iu dise drîer leie liute schuldic umb iuwern dienest! Unde dar umbe sult ir in getriuwelîche dienen sô getânen dienest, des ir in ze rehte undertænic sult sîn, wan dirre drîer leie liute möhte über ein diu heilige kristenheit niht enbern. Unde dâ mite hât uns got erzöuget, daz im der schatz gar liep was und ist, der reinen kristenmenschen sêle; unde dar umbe hât er sie gar wîslîche geordent die heiligen kristenheit.

Nû wil ich iu sagen von den andern kœren der heiligen kristenheit. Der solten noch sibene ze rehte sîn. Nû ist ir niwan sehse: die êrsten drîe unde sehse, daz sint niune. Der zehende ist uns kristenliuten aptrünnic worden. Ze gelîcher wîse als der zehende kôr der engele von dem obern himelrîche aptrünnic wart und alle samt ze tiuveln wurden, als ist uns der zehende kôr ûz der heiligen kristenheit aptrünnic worden gar unde gar unde hât sich ze den tiuveln gesellet, dâ ir niemer rât werden kan. Sie sint von uns gevallen unde habent dehein tuon mit uns. Ir andern sehs kœre, ir sult iuwer ambet getriuwelîchen üeben, daz ir iht aptrünnic werdet, wan ir sît gar ze edel dar zuo, daz ir der tiuvel genôz würdet in der êwigen martel. Und alsô hât der almehtige got dise heilige kristenheit gesetzet mit sehs leie liuten unde geordent, der man deheine wîse gerâten mac. Und er hât ieglîchem sîn amt geordent als ér wil, niht als dú wilt. Dû woltest lîhte ein ritter oder ein herre sîn, sô muost dû ein schuochsûter sîn oder ein weber oder ein gebûre, wie dich got danne geschaffen hât.

Die êrsten daz sint alle die gewant wirkent, swelher leie gewandes die liute bedürfent. Die hœrent alle samt zuo einander zuo éinem amte, sie wirken sîdîn gewant oder wullînz oder lînînz oder belzîn gewant oder schuohe oder hentschuohe oder gürtel oder swelher leie ez ist, daz zuo dem gewande gehœret: die sint alle zuo einem kôre geordent unde der mac man deheine wîse gerâten unde die sulnt alle getriuwe unde gewære sîn mit ir amte, beide den pfaffen unde den leien, den geistlîchen unde den werltlîchen, den fürsten unde den dienstmannen, den rittern unde den knehten, dem armen unde dem rîchen, dem gebûre als dem koufmanne. Daz ist der dienst, den ir den drin hôhesten kœren schuldic sullet sîn, daz ir mit iuwerm amte in dienen sult. Wan sie mügent iuwers amtes mit nihte gerâten: sie müezent eht gewant haben, wullînz unde lînînz unde belze unde schuohe und einz unde daz ander. Dâ mite sult ir in dienen, daz irz in getriuwelîche machet, niht halbez verstelt noch ander untriuwe dar zuo tuot, hâr under wollen mischen noch zerdenen ûzer einander. Sô einer wil wænen, er habe ein guot tuoch, sô hâst dû ez zerzogen, daz ez deste langer sî, unde machest ein guot tuoch ze einem îteln hadern. Ob dû die zwô eln oder die drîe gên liezest mit den andern unde gæbest ez deste hœher, sô behieltest dû dîne triuwe unde wære den liuten nützelich. Sô machest dû ein guot dinc bœse. Dar an lît vier hande untriuwe. Dû ungetriuwer velscher, daz dû durch einen sô kleinen nutz ein tuoch oder ein leder oder ein ander dinc verderbest, dâ mite wirdest dû aptrünnic unde maht niemer blîben in der gemeinde der heiligen kristenheit: man wirfet dich zuo den aptrünnigen tiuveln, dâ dîn niemer mêre rât wirt. Unde die obern kœre sullent dich vertiligen umbe die trügenheit, wan die sint rehte dar zuo geordent, daz sie alle trügenheit rihten sullen, die werltlîchen rihter. Unde swâ sie daz übersehent durch miete oder durch friuntschaft oder durch dehein dinc, sô sint sie als gar trügenære an ir gerihte, als jener an sînem antwerke. Sô enmac ein man einen guoten huot vinden vor dînem valsche, im gê der regen ze tal in den buosem. Sô trügenheit an schuohen, sô trügenheit an belzen und an kürsen. Sô setzet der einen alten balc für einen niuwen, unde maniger hande trügenheit, die nieman als wol weiz als dû unde dîn herre der tiuvel. Wie solt ich dich trügenheit lêren? jâ kanst dû ir selber genuoc. Und alle die, die alsô trügener sint, die sint ouch aptrünnic.

Die andern liute, die zuo dem andern kôre gehœrent, daz sint alle die mit îsenînen wâfen arbeitent unde wirkent: die hœrent alle zuo einander unde zuo einem kôre unde zuo einem amte. Daz sint goltsmide, pfennincsmide und ander smide unde zimberliute oder îsensmide unde swelher leie sie smiden künnen, unde steinmetzen und drehseler, oder swelher leie sie dâ künnen, ez sîn dise oder jene, die mit îsin wirkent, die hœrent alle samt zuo einem kôre, unde der möhte man ouch deheine wîse enbern. Unde sie sulnt alle samt getriuwe unde gewære sîn mit ir amten, sie wirken tagewerk oder fürgrif, wan daz tuont in dem amte vil zimberliute unde steinmetzen. Unde wirkent sie tagewerk, sie sulnt niht deste træger sîn, daz der werke manigez werde. Ist ez fürgrif, sô solt dû niht deste balder dâ von îlen, daz dû sîn schiere abe kumest unde daz ez über ein jâr oder über zwei dernider valle; dû solt ez mit triuwen wirken, reht in der wîse als ob ez dîn selbes wære: sô sæhest dû gerne, wie getriuwelîche man dir würhte. Als gerne dû sæhest, daz man dir getriuwelîche würhte, als getriuwelîche soltû dînem næhsten tuon. Ez sîn goltsmide oder ander smide, swaz sie würken, daz sulnt sie getriuwelîchen wirken. Dû slehst etewenne ein îsin an ein ros, daz ist îtel kis, unde gêt lîhte dar ûffe kûme eine mîle, unz daz ez zerbrichet, unde mac der von erlâmen oder er mac dâ von gevangen werden oder den lîp verliesen; oder einem erbeitenden manne, der ez tegelîchen ment unde trîben muoz in wagen und in pfluoge. Sô bist dû ein trügener unde bist aptrünnic worden, wan dû muost zuo den aptrünnigen engeln. Wan die vielen niht ûz einem kôre, sie vielen ûz den kœren allen zehenen, und alsô vallent manic tûsent ûz disen niun kœren. Der zehende ist gar gevallen, der kumt niemer mêre wider. Riuwe unde buoze versage ich niemanne. Aber die diu langen mezzer slahent, dâ mite man die liute lîbelôs tuot, die sîn getriuwe oder sie geben tiure oder wolveil, sô wirt ir sêle niemer rât. Unde dû würfeler, dû bist der aptrünnigen einer! dû kanst dînem amte niemer rehte getuon, dû muost dich sîn abe tuon, oder dû muost eht bî den aptrünnigen tiuveln iemer êwiclîchen brinnen an dem grunde der helle, wan dû bist eht in dém amte. Die dâ mit dem îsen wirkent unde swaz der selben liute sî, die sulnt ir amt getriuwelîchen üeben, daz ez aller getriuwelîchest sî, wan sie wizzent selbe aller beste, wie sie im tuon suln. Unde dâ mite sult ir den hôhesten kœren undertænic sîn, wan die gebietent ez iu mit der gehôrsame, die pfeffenlîchen rihter unde die werltlîchen rihter. Sô bitent es iuch die geistlîchen durch got unde durch iuwers heiles willen, wan sie mügent iuch niht gebieten.

Die dritten daz sint alle die mit kouf umbe gênt. Der möhte man deheine wîse gerâten. Sie füerent ûz einem andern künicrîche in diz daz dort wolveil ist, unde daz jenhalp meres wolveil ist daz füerent sie her über, unde daz hie wolveil ist daz füerent sie hin wider. Sô füerent uns die von Ungern, die von Kerlingen, die ûf schiffen, die ûf wegenen; die trîbent, die tragent. Swelher leie ez ist, sô sint sie alle zuo éinem kôre geordent unde pflegent éines amtes. Unde des dürfent die obersten kœre ouch gar wol. Den sult ir dâ mite dienen, daz ir gar getriuwe sît an iuwerm koufe. Unde daz sulnt die obern kœre gar wol undersehen, daz ir iht trügener sît an iuwerm koufe. Und übersehent sie daz, sie sint als wol trügener an ir gerihte als ir an iuwerm koufe. Ir sult rehte wâge haben unde rehte mâze unde reht gewihte: sô wirt iu got wegende mit der rehten wâge. Dû gæbest dînen kouf mit mâze oder mit wâge oder mit simmerin oder mit eln, daz sol allez gewis unde gewære sîn. Und ist danne der koufschatz daz er weder wâge noch mâze noch simmerin niht bedarf noch eln, sô soltû nieman niht anders dran geheizen danne daz dar an ist und daz dû dar an weist. Tuost dû iht anders, sô bist dû ein trügener. Dû solt gote getrûwen daz er dich mit getriuwen gewinnen iemer wol ernere, wan daz hât er dir gelobet mit sînem götlîchen munde. Sô swerst dû dar zuo sô vil, wie guot ez sî unde waz dû im guotes dâ mite tüegest, und alle heiligen verswerst dû mê danne zehenstunt oder drîzicstunt, got und alle sîne heiligen, umbe fünf schillingewert koufschatzes. Die fünf schillingewert verkoufest dû lîhte sehs pfenninge hœher dan ob dû niht enwærest ein verswerer unsers herren, wan dû swerst tiure: 'man wolte mir vil mêr hân drumbe geben.' Unde daz ist ein lugen. Und als ofte als dû got unde sîne heiligen verswerst, als ofte hâst dû der zehen gebote einez zerbrochen. Daz ist ein grôziu houbetsünde. Der tuost dû etewenne zehen oder mêr ze einem lîhten koufe. Nû sich, wie vil der sünden werde ê ein jâr ûz gê, unde wie vil ir danne werden ê danne zehen jâr ûz gên. Unde der sünden aller sament gerietest dû gar wol, wan ez ist manic mensche sô grôzer gewizzede, sô dû ie mêr swerest ze dînem koufe, sô ez ie ungerner umbe dich koufet, unde treit dich niht vil für, wan daz dû alle dîne sælikeit dâ mite verdamnest: wan er gêt dannoch gar ofte hin unkoufet, sô dû dar zuo im gar dicke gesworn hâst. Unde sô dû eteswaz koufen wilt umbe einveltige liute, sô kêrest dû alle dîne sinne dar zuo, wie dû ez im umbe sus an gewinnest, unde tuost im manige lügen vor, wie wol dû ez weist, daz ez wolveil ist daz dû umb ez koufen wilt, unde heizest dînen gesellen ouch dar zuo gên, unde gêst dû danne eine wîle hin dan unde seist im, waz dû im drumbe geben wilt, unde heizest in, daz er im minner drumbe biete: sô erschricket jenz unde wolte gerne daz dû hin wider umbe giengest, unde gewinnest im ungetriuwelîchen an. Unde swerest aber sô: 'zwâr,' seist dû, 'bî allen heiligen! iu gibet nieman als vil drumbe als ich.' Sô gæbe im ein anderz michels mêre drumbe danne dû. Dû bist aptrünnic worden dînem kristentuome, den dir got geordent hât, unde dar umbe muost dû ouch zuo den aptrünnigen tiuveln unde muost mit den iemer êwiclîchen brinnen, die wîle got ein herre in dem himel ist. Wiltû dich vor houbetsünden behüeten, swenne dû iht koufen wilt, sô soltû nieman sînen kouf swechen noch verlützeln wan nâch der rehten wârheit, unde solt niht swern, daz dû im niht mêre wellest drumbe geben. Und ist halt daz wâr daz dû im niht mêre dar umbe geben wilt, sô solt dû sîn doch niht verswern, daz im ander liute sô vil drumbe iht gæben, wan dû enweist rehte niht, waz im ein ander umbe daz selbe gît. Sô sprichest dû sô manige lügen, daz ez got erbarmen müeze, daz der lügen unde der trügenheit sô vil ist. Lât ez iuch erbarmen, daz sich got über iuch erbarmen müeze. Sô sprichest dû: 'ez ist gar ze tiure umbe daz selbe gelt, wan daz ich eht dar zuo bin komen.' Dû solt sprechen alsô: 'gebet ir mirz alsô, ir sît mir deste lieber, als ich dâ gesprochen hân. Tuot ir des niht, sô muoz ich iu dâ mite lâzen tuon daz ir wellet.' Unde wiltû dich behüeten an hingeben, sô soltû aber niht swern. 'Koufet ir sîn niht, sô koufet ez vil lîhte ein ander man'; und ouch sleht âne lügen und âne trügenheit. Und alsô solte man sich an koufe hüeten, wan ez wirt manic tûsent sêle verdampt umbe kouf; wan der selben trügenheit unde valscheit unde swerens des ist sô vil, daz ez nieman verreden mac. Ir wizzet selbe aller beste, wie lügenheit unde trügenheit an iuwerm koufe gescheffic ist.

Der vierde kôr, der daz vierde amt hât in dem nidern himelrîche der heiligen kristenheit, daz sint alle die dâ ezzen unde trinken veil habent, wan der mac man deheine wîse gerâten. Die müezent uns eht daz brôt backen, die müezent uns fleisch veil hân, die müezent uns bier briuwen, die müezent uns den met sieden, die müezent uns die vische vâhen; der muoz kæse und eiger her tragen, der muoz olei her tragen unde heringe und ander dinc her veil tragen, unde des selben amtes bedürfen wir aller beste. Sô brætet der, sô siudet der. Daz ist grôziu nôtdurft, daz dû dâ mite getriuwe unde gewære sîst, wan ander trügenheit diu gêt doch niuwan über daz guot: sô gêt disiu trügenheit über den lîp, den etelîcher umbe dise werlt niht gæbe. Dû mit dîner trügenheit mit müeterînem fleische oder an fûlem fleische, daz dû ze lange in dînem gewalte beheltest unz ez erfûlet, sô wirdest dû etewenne an einem menschen schuldic oder an zehenen; oder daz ez niht gesunt enist, sô dû ez abnimest, oder unzîtic ist an dem alter: swelher leie eht dû dar an weist, unde gîstû ez den liuten, daz sie ez ze ir reinen sêle ezzen, diu dem almehtigen got ein sô lieber hort ist, unde dû den edeln schatz verliesest, den unser herre in im verborgen hât. Daz selbe spriche ich zuo dem, der die vische veil hât. Dû heltest die vische in dem wazzer gevangen unz daz ein frîtac kumet: sô sint sie fûl und izzet ein mensche den tôt dar an oder grôzen siechtuom. Sô bistû schuldic an allen den, die dû dâ mite betriugest, daz sie in siechtuom vallent oder in den tôt. Sô sint etelîche wirte unde gastgeben in den steten, daz sie ein gesoten spîse als lange behaltent, daz ein gast dran izzet daz er iemer deste krenker ist.

Daz ist allez untriuwe unde valscheit, unde dar umbe wirdest dû aptrünnic von der heiligen kristenheit. Sô betriegent etelîche die liute mit fûlem wîne unde mit fûlem biere oder mit ungesotem met, oder gibet der rehten mâze niht, oder mischet wazzer zuo dem wîne. Alse maniger untriuwe hât der kôr, unde wirt ir ouch gar vil aptrünnic. Sô becket etelîcher fûlez korn ze brôte, dâ mac ein mensche vil schiere den tôt an ezzen; unde versalzen brôt, daz ist gar ungesunt. Wir lesen des niht, daz salz in deheine slahte wîse sî in spîse sô ungesunt und als jæmerlich als in brôte, unde ie baz gesalzener, ie nâher grôzem siechtuome oder dem tôde.

Die fünften liute, die in dem fünften amte sint unde zuo dem fünften kôre geordent sint, daz sint alle die daz ertrîche bûwent, sie bûwen wîn oder korn. Daz sint die gebûre, die dâ bûwent olei oder böume oder swaz ez ist in der werlt daz man ûf der erden bûwet, daz ist allez éin gesinde und éin amt; unde der möhte eht nieman gerâten. Wan die sullent getriuwelîche leben gein ir hêrschaft unde gein ir genôzen unde sie selber gein einander und under einander, niht einander überern oder übervarn noch übersnîden noch ir vihe trîben ûf der andern schaden noch dehein ander untriuwe einander niht tuon noch verrâten gein den herren. Pfî, verrâter, ungetriuwer! wâ sitzest dû vor mînen ougen, Kusîn und Achitoffel? Der hienc einer sich selbe: dâ wirdest dû erhangen an den hellischen galgen umbe dîne grôze untriuwe, daz dû dînen ebenkristen verrætest durch haz unde durch nît. Unde dînem herren soltû ouch getriuwe sîn. Sô gibest dû dînen dienst sô kûme unde sô trâge unde sihst sô vil nôt. Unde sô dich danne etewenne versmâht daz dû in gelezzest, sô verst dû zuo einem andern herren. Etewenne sint die herren ouch schuldic dran. Ir herren, ir tuot etewenne iuwern armen liuten als übel; unde künnet sie niemer sô gar beschatzen, ir wellet sie dannoch mêr beschatzen, sô geschiht iu als hern Roboam, künic Salomônes sune. Der wolte sînen liuten übel tuon: dô fuoren sie von im, daz er sie niemer mêr gesach, unde er muoste sînes vater knehten undertænic sîn. Wan her Salomôn der was wîse unde karc unde kundez den liuten wol derbieten. Iedoch sô hete er den liuten ze nâhe gegriffen. Unde dô Salomôn gestarp, dô quâmen sie für den sun Roboam unde sprâchen alsô:

'herre, ir sult uns genædic sîn. Iuwer vater leite grôze bürden ûf uns: wellet ir uns die ringe machen, sô wellen wir iu gerne dienen und undertænic werden.' Dô sprach er: 'kumt an dem dritten tage her wider, sô wil ich mich berâten, wie ich iu antwürte.' An dem næhsten tage dô sprach der künic zuo sînen râtgeben: 'wie sol ich den liuten antwürten?' Dô sprâchen sînes vater râtgeben — die wâren wîse liute, die kunden wol gerâten — die sprachen alsô: 'herre, dû solt den liuten wol geheizen unde solt in wol tuon: sô beheltest dû die liute unde werdent dir willic.' Dô hete er tumbe râtgeben ouch, die wâren mit im erwahsen unde wâren tumbe liute unde rieten im tumplîchen; sie sprâchen: 'herre, dû solt dînen liuten alsô zuo sprechen: legete mîn vater swære bürde ûf iuch, die wil ich iu noch swærer machen, unde sluoc iuch mîn vater mit gerten, sô wil iuch mit geiselen slahen.' Unde volgete den tôrehten râtgeben unde sprach alsô zuo dem liute, als sie im gerâten heten. Dô sprâchen die liute: 'sît des küniges wort sô herte sint, sô sint sîniu werc noch herter: wir suln Dâvîdes geslehte niht mêr ze künige haben.' Unde sie fuoren von im, daz er sie niemer mêr gesach, und er muoste ze einem tôren werden unde ze einem gouche. Ir herren, volget iuwern râtgeben niht, sô sie iu râtent daz ir iuwern liuten übel tuot. Iu ist michels bezzer, daz ir alliu jâr ein wênic niezet, unde sît sus deste zæher. Ir müget der huobe niht gebûwen, unde dâ von sult ir iuwern liuten tuon, daz sie iu gedienen mügen, unde sullent ouch sie iu getriuwelîchen dienen unde getriuwelîchen under einander leben und irn kouf getriuwelîche geben. Sô füerest dû holz dâ her în, daz ist dâ mitten krump, unde dû verkoufest den luft für holz. Unde daz höu daz legest dû sô trügenlîche ûf den wagen, daz niemer deheinem menschen guot dâ von geschiht. Dû bist ein rehter trügener. Dû legest ouch schœne korn oben in den sac unde danne unden daz bœse, und alsô verliusest dû alle dîne arbeit mit trügenheit unde mit hazze unde mit nîde. Wan bûliute der möhte gar lîhte rât werden, wæren sie getriuwe unde gewære. Unde dû bist gar frô, sô dînen nâchgebûren iht leides oder schaden geschiht. Dar umbe wirt dîn niemer rât.

Die sehsten liute, die den sehsten kôr dâ erbent, die der almehtige got geordent hât in der heiligen kristenheit, daz sint alle die mit erzenîe umbe gênt. Der möhte man ouch deheine wîse gerâten. Wan ez sprichet der guote sant Anshelm von Kantelberc: 'dô uns der almehtige got hete gemachet untœtlich âne wê und âne allen siechtuom und âne alle sünde, unde dô der slange Adam und Êven den rât getet, unde dô sie dem râte beidenthalp volgeten Adam und Êve unde daz obez âzen durch des slangen rât, dâ mite slikten sie alle die vergift und allez daz eiter, daz in dem slangen was, unde von der selben vergift dô wurden wir ze dem lîbe unde ze der sêle siech unde tœtlich; unde werte daz an uns, unz daz sich got über uns erbarmte. Dô erbarmte sich got über uns unde gab uns für ieglîchen siechtuom, der uns von dem slangen ûf erbete, eine erzenîe, die uns des lîbes siechtuom ze gesuntheite bræhte, wan er den wurzen unde kriutern unde sâmen und edelm gesteine und worten die kraft hât gegeben, dâ wir von gesunt werden sullen, der ez eht erkennet. Her Adam erkante ieglîcher wurze kraft unde gesmac, und allen dingen gap er namen. Unde dâ von habent noch hiute die hôhen meister die kunst, daz sie bekennent an einem glase des menschen nâtûre unde sînen siechtuom, unde danne, wie man einen ieglîchen siechtuom büezen sol, den man eht gebüezen mac: wan ez ist etelich siechtuom, den alliu diu werlt niht gebüezen möhte, wan ez sint ouch etelîche sünde, die nieman gebüezen mac. Wan reht als Adam des lîbes siechtuom an dem apfel az, alsô az er der sêle siechtuom an dem selben apfel. Und als gar vergiftic der apfel was ze sînem lîbe und als maniger leie siechtuom was des lîbes, als maniger leie siechtuom was ouch der sêle mit den sünden. Unde dar umbe verkoufte unser herre allez sîn guot unde koufte den acker, daz im der schatz würde, des reinen kristenmenschen sêle. Unde dar umbe gap er sich an daz frône kriuze an die martel, daz er uns die erzenîe der sêle bereite, den worten daz wir gesunt an der sêle würden. Daz sint die siben heilikeit, die der almehtige got als kreftic gemachet hât und als edel: swer sie ze rehte enpfæhet, der mac niemer mêre verlorn werden. Nû seht, ir engelischen kœre ze dem nidern himelrîche, wie liep iuch der almehtige got hât gehabet, daz er eines bittern tôdes erstarp dar umbe, daz er uns gesunt wolte machen an der sêle von maniger bœsen sünde, die Adam dô gaz an der vergift des slangen.

Unde dar umbe hæten wir gote iemer vil ze dankenne umbe die genâde und umbe die triuwe, die er an uns begie, und er uns an des lîbes siechtuom ouch hât besorget mit maniger edeln wurze unde mit manigen andern dingen, diu die wîsen meister wol erkennent, dar umbe sie ouch in den sehsten kôr geordent sint. Der möhte man deheine wîse gerâten. Unde die sulnt sich gar sêre hüeten vor untriuwen, wan daz amt giltet niht minner danne lîp unde sêle. Swer niht guot meister sî, der underwinde sich der selbe künste niht, oder er wirt schuldic an den liuten, an allen den, den er nâch wâne erzenîet. Die aber niht sint gelêret und wellent sich erzenîe underwinden unde niht enkünnent dan mit einer wunden unde nement die innern kunst dâ von unde nement sich der an und wellent den liuten trenke geben: dâ hüete dich vor, als liep als dir himelrîche sî, wan dû enweist noch enkanst der rehten gewisheit niht, diu dran lît. Dû triffest daz unrehte als balde als daz rehte, wan dâ habent die gar wîsen meister genuoc mite ze schaffen. 'Owê, bruoder Berhtolt, ist mir wol vierstunt gar wol dran gelungen.' Sich, daz ist niht wan nâch wâne. Unde wiltû dich sîn nicht ænigen, dû wellest der innern künste pflegen, sô sullent dirz die êrbæren kœre gebieten bî der âht unde bî dem banne. Ez sint mörder âne dich genuoc, die dâ die liute tœtent: ganc mit dînen wunden umbe. Jâ möhtest dû nemen, daz dû des selben meister wærest! Unde dar umbe in aller der werlte solt dû dich niht anders underwinden dan daz dû gesehen oder gegrîfen maht, ez sî wunden oder geswer oder gestôzen oder geslagen: des maht dû dich wol underwinden, ob dû die selben kunst hâst gelernet bî einem andern meister. Ist des niht, sô maht dû wol schuldic werden an einem wunden man oder an einem, dem dû den stein snîden solt. Ez sîn kint oder alte liute, sô ist dir guoter künste gar nôt dar zuo, daz dû den stein gar wol gesnîden künnest. Tuostû des niht als dir diu kunst bevolhen ist und als dich got dar zuo geordent hât, sô bist dû aptrünnic worden der heiligen kristenheit und muost sîn ein velscher und ein morder.

Daz sint nû die niun kœre, dâ der almehtige got die kristenheit mite geordent hât: die êrsten drî kœre unde die nidern sehs, die den obern alsô dienen sulnt mit ir amten. Ir sît aber des niht schuldic, daz irn umbe sus dienen sult: sie sulnt iu gar wol lônen alles des ir in gedienen müget; wan daz eht ir in dar an undertænic sult sîn, daz ir iuwer amt mit triuwen üeben sult und iuwer stat ze rehte verstên sult an wârheit und an gerehten liuten, daz ir iuwern kôr iht velschet, daz ist iuwer amt. Daz sult ir mit untriuwen niht velschen noch lestern, als her Lucifer. Wære der getriuwe gewesen, sô wær er niht aptrünnic worden der himelischen engelschar unde dem almehtigen gote. Wan er wolte sich ze hôhe dünken unde dankte gote der hôhen êren niht, die er an in geleit hete; wan er hete grôzen flîz an in geleit. Unde dô er gote niht gehôrsam wolte sîn als der guote sant Michel und als die andern engel, dô verstiez man in unde sîne genôzen des himelrîches. Und alsô verstôzet man etelîche von den niun kœren und alle die von der heiligen kristenheit, die ungehôrsam sint und aptrünnic sint worden an triuwen und an wârheit. Der almehtige got helfe mir der gnâden, daz dise niun kœre behalten werden; wan der zehende kôr ist eht gar von uns gevallen und aptrünnic worden. Daz sint die gumpelliute, gîger unde tambûrer, swie die geheizen sîn, alle die guot für êre nement. Sie solten den zehenden kôr geordent haben: nû sint sie uns aptrünnic worden mit ir trügenheit. Wan er ret eime daz beste daz er kan die wîle daz erz hœret, und als er im den rücken kêret, sô ret er im daz bœste, daz er iemer mê kan oder mac, unde schiltet manigen, der gote ein gerehter man ist und ouch der werlte, unde lobet einen, der gote unde der werlte schedelîchen lebet. Wan allez ir leben habent sie niwan nâch sünden unde nâch schanden gerihtet unde schament sich deheiner sünden noch schanden. Unde daz den tiuvel versmâhet ze reden daz redest dû, und allez daz der tiuvel in dich geschütten mac, daz læzest dû allez vallen ûz dînem munde. Owê, daz ie dehein touf ûf dich quam! wie dû des toufes unde des kristentuomes verloukent hâst! Und allez daz man dir gît, daz gît man dir mit sünden; wan sie müezent gote dar umbe antwürten an dem jungesten tage die dir gebent. Alsô gît man dirz mit sünden, und alsô enpfæhest dû ez mit sünden und ouch mit schanden. Wol hin, ob dû iendert hie bist! wan dû bist uns aptrünnic worden mit schalkeit unde mit leckerîe, unde dâ von solt dû ze dînen genôzen, den aptrünnigen tiuveln, wan dû heizest nâch den tiuveln unde bist halt nâch in genennet. Dû heizest

Lasterbalc: sô heizet dîn geselle Schandolf. Sô heizet der Hagedorn, sô heizet der Hellefiwer, sô heizet der Hagelstein. Alsô hâstû manigen lasterbæren namen als dîn gesellen, die tiuvele, die aptrünnic sint. Ir andern kœre, swâ ir aptrünnic worden sît, sô gewinnet alle samt wâre riuwe unde kumet ze lûterre bîhte unde ze buoze nâch gotes gnâden unde nâch iuwern staten, unde gewinnet wâre riuwe unde die hulde unsers herren. Sô ist der minneclîche got sô erbarmic, daz er iuch ze hulden læt komen, wan er hât iuch doch harte erarnet und ist im der schatz âne mâzen liep, der kristenmenschen sêle. Unde swenne ir iuch über iuch selbe erbarmen wellet, sô erbarmet sich got ouch über iuch und enpfæhet iuch mit guotem willen, nû zem êrsten an der sêle und an dem jungesten tage an dem lîbe und an der sêle. Daz uns daz allen widervar, des helfe uns der almehtige got. Âmen.

# XI.

## VON DEM WAGEN.

UNs hât der almehtige got zwei grôziu buoch gegeben, dâ wir an lesen suln unde lernen guotiu dinc unde nützlu dinc, der uns ze lîbe unde zer sêle nôt ist. Der ist einez von der alten ê und einez von der niuwen ê. [Reht als sich der sermo an hebet von den siben planêten, diu selben wort sol man hie sprechen alle samt.] Wan der almehtige got hât uns alliu dinc ze nutze unde ze guote geschaffen, einhalp zuo dem lîbe und anderhalp zuo der sêle, und alsô hât er uns die sternen gegeben an dem himel und allez daz ûf ertrîche ist. Unde wie ir iu daz nütze machen sult an der sêle, dâ von sullet ir lesen an iuwern buochen, an dem himel und an der erden. Ir sult an der erden lernen und an böumen und an dem korne und an den bluomen und an dem grase. Als tet der guote sant Bernhart: 'ich suoche den gehiuren an allen krêatiuren': sô möhten alle krêatiure wol sprechen, ob sie kunden sprechen: 'unser vil manicvalten wunder enhaben wir von uns selben niht: wir haben sie von dem, des dîn sêle gernde ist: sô suoche ich den gehiuren an allen krêatiuren, an aller seiten klange.' Sô möhte aller vogelîne sanc unde harpfen klanc wol sprechen, ob sie kunden sprechen: 'unser manicvalte wünneclîche stimme und unser süezen stimme die haben wir von uns selben niht: wir haben sie von dem, des dîn sêle begernde ist: ich suoche den gehiuren an allen krêatiuren, an aller bluomen varwe und an aller wurze krefte.' Sô möhten vil wol sprechen bluomen unde wurze, ob sie kunden sprechen: 'unser maniger leie liehte varwe die haben wir von uns selben niht: wir haben sie von dem, des dîn sêle begernde ist, und unser wünneclîche süeze kraft.' Und alsô hât der almehtige got alliu dinc dem menschen ze dienste unde ze nutze geschaffen zuo dem lîbe unde zuo der sêle. Wan swenne dû eine bluomen sihst, diu schœner ist danne diu ander, sô soltû dir gedenken: ‘ô wol dir, lieber got, wie schœne unde genæme dû eine bluome wider die andern hâst geschaffen, und alsô hâst dû einer wurze mêr kraft gegeben danne der andern und alsô hâst dû einem menschen mê tugende gegeben danne dem andern.’ Unde des soltû got loben und êren unde solt im danken der manicvalten gnâden, die er an dir begangen hât, daz er dir als maniger hande krêatiure ze dienste unde ze nutze hât beschaffen, einhalp zuo dem lîbe und anderhalp zuo der sêle. Als der guote sant Bernhart. Dô man den frâgte, wie er als wîse wære, dô sprach er: ‘ich lerne ez an den böumen.’ Dâ müget ir gar vil an lernen guoter dinge, wan die böume gelîchent den liuten unde die liute den böumen. Unde dâ von sprichet ein heilige: ‘sie gênt sam die böume.’ Und ein wîser man siht an einem boume wol, ob er guot obez treit oder niht; ûzen an der rinden siht erz wol, ob halt niendert kein obez an dem boume ist noch dehein bluot. Und alsô siht ein wîse man wol an den liuten, weder sie tugenthaft sîn oder niht. Daz siht ein wîser man gar wol, ob dû reine fruht in dînem herzen treist, daz ist reiniu tugent, diu gote liep ist. Und als dû einen boum sihst, der guot obez treit, sô solt dû dir gedenken: ‘owê, lieber herre, wan wære ich sô tugenthaft, daz ich dir wol geviele an mînen tugenden, als daz obez den liuten gevellet!’ Und alsô sult ir iuch flîzen, daz ir den edeln böumen gelîchet. Ir sult iuch an guoten gedenken üeben als die böume mit der blüete. Swenne ein boum guot obez tragen wil, sô muoz er des êrsten blüen mit edeler blüete, unde dar nâch treit er obez, daz die liute labet. Und alsô soltû dich mit gedenken üeben mit guoten dingen. Wan swer guote gedenke hât, der sol die gedenke mit guoten werken vollefüeren, daz diu edele blüete iht verderbe; sô gevellest dû gote wol. Dû solt ouch ûzen an der rinden niht gar ze hôhvertic sîn mit gewande unde mit gebærden. Etelîche böume die sint ûzen an der rinden gar sleht unde bringent niemer deheine guote fruht, als die aspen und die birken und etelîche ander böume. Sô sint etelîche die habent bleter, diu klaffent alle zît unde die selben böume bezeichent die liute, die dâ vil geklaffent unde die dâ unnützelîchen redent. Daz ist gar ein grôziu missetât: daz ist liegen unde triegen unde nâchreden unde ander bœse zungen [als hie vor von der ûzsetzikeit von den bœsen zungen stêt geschriben]. Unde daz ir der zungen gar flîzeclîchen hüeten sult gar wol vor unnützen worten, daz hât uns got erzöuget an zwein dingen an uns selben. Daz ein ist: ir seht wol, daz der almehtige got aller der gelider mêr uns gegeben hât wan der zungen. Er hât uns zwei ougen, er hât uns zwei ôren gegeben, zwei türlîn an der nasen, zwô hende und zwêne füeze, unde danne an den henden zehen vinger unde zehen zêhen an den füezen. Sô hât er uns niwan eine zunge gegeben. Dâ mite sîn wir gemant, daz wir niht ze vil gesneren suln unde gebrehten. Nû seht ir wol, wie die geistlîchen liute, die orden habent in klœstern, daz die niemer getürrent gereden in sumelîchen orden wan als man in erloubet; dâ mite uns ouch erzöuget ist, daz wir niht vil gereden sullen. Und als dû eine unnütze rede wellest tuon, sô gedenke dar an, daz dir got niwan eine zungen hât geben. Pfî, hætest dû zwei zungen, sô liezest dû nieman ûz gehœren. Dû gesnerst sô vil mit der einigen, daz dir wê wart daz dich dîn muoter ie getruoc an dise werlt. Ez ist manic tûsent sêle verlorn von der bœsen zungen, die nie verlorn wæren, wan übel zungen; und ir kumt noch vil manic tûsent zer helle, der niemer rât wirt von êwen ze êwen, von bœsen zungen. Ze dem andern mâle soltû gedenken an die geistlîchen liute, daz die sô vil geswîgen. Zem dritten mâle soltû dar an gedenken: swenne ein kint geborn wirt, sô grîfet ez dar mit der hant unde tuot den munt zuo, wan ez wirt geborn mit offenem munde. Unde dâ bî hât uns got erzöuget, daz wir swîgen suln unde niht klaffen suln noch sneren als diu espînen löuber an den böumen. Wan der löuber ist gar vil an den böumen und âne zal, unde dâ von ist daz niht ungefüege, ob die böume vil geklaffent die vil löuber hânt. Dû enhâst niht danne daz eine loup, dîne zunge, daz man hœren sol. Der este hâst dû vil: die hende unde die vinger unde die füeze daz sint die este. Dâ soltû dem almehtigen gote edele fruht von bern mit almuosen geben unde mit gebete unde mit allen guoten dingen. Dar umbe hât iu got die maniger leie este an iuwern lîp gegeben, daz ir im maniger leie fruht bringen sult. Unde dâ von liset man in der heiligen schrift: ‘den boum, der niht fruht bringet, den sol man abe houwen unde sol in in ein fiwer werfen.’ Daz meinet unser herre alsô niht, als ez eht die einveltigen liute verstênt. Ez wænent die einveltigen liute, ez sî alsô gesprochen: die liute, die niht kinde gebern mügen, daz die gote deste ûzerre sîn. Des enist niht. Dû bist dem himelrîche vil deste næher, ob dû wilt: wan ez ist manic tûsent sêle zer helle gevarn durch ir kinde willen, die niemer dar wæren komen. Als der heilige man her Hely: der verlôs gotes hulde von sînem kinde. Daz selbe tet der heilige man her Judas, durch den got grôziu zeichen tet: der wart ze einem gîtigen menschen durch sîner kinde schulde, unde swaz er sus mohte versteln und ungetriuwelîche gewinnen, daz tet er durch sîner kinde willen. Er verkoufte daz rehte unschuldige bluot durch gîtikeit, aller engele herren und aller keiser künic. Und alsô tuont noch manic tûsent, die durch ir kinde willen unrehtez guot gewinnent, sô mit wuocher, sô mit fürkoufe, sô mit ungetriuwen köufen und sô mit trügenheit an ir antwerken. Unde wizze, swenne dû kint gewinnest, daz der tiuvel reht einen turn mit den kinden hât ûf dich gemûret, daz dû im niemer mêre maht entrinnen. Wan von der liebe, die dû zuo den kinden hâst, sô enruochest dû, waz ich und ander prediger gepredigen mügen, unde enruochest ouch, wie dû guot gewinnest. Unde dâ von solt dû dich des niemer ze unsælden an gesagen, daz dû niht kinde enhâst, unde solt halt got iemer drumbe loben: dû maht daz himelrîche vil wol unde baz erwerben danne sus. Unde dâ von wænent die einveltigen liute, ez meine got alsô, daz sie niht berhaft sîn der kinde. Daz ist niht. Unser herre meinet ez alsô, daz dû unberhaft bist an allen den werken, diu gote wol gevallent, daz ist beten und almuosen geben und vasten unde venjen unde barmherzic sîn und eht alliu guotiu werc tuon. Unde dâ von, der niemer deheine sünde getuot, unde tuot er halt niemer dehein guot, des sêle wirt niemer rât. Wan dû solt dem almehtigen gote frühte bringen. Und alsô sult ir an iuwern buochen lernen. An den buochen der erden dâ sult ir éine letzen ane lesen an den böumen, als ich ê dâ sprach, eine an den wurzen, eine an den edeln steinen, eine an den bluomen. Und an allen krêatiuren müget ir wol von ir ieglîchem sunder letzen lesen, als der guote sant Bernhart.

Unde dâ von sprichet der guote sanctus Augustînus: 'ich bin ein alter priester und ein alter bischof unde hân zehen hundert büecher gemachet, und ich möhte von einem kinde noch sehen oder hœren daz fünf jâr alt wære, daz ich mich gebezzerte.' Unde dar umbe sult ir gar flîzic sîn, wie ir gelernet an himel und an erden, daz ir iuch gebezzert, wan iu der almehtige got alliu dinc ze nutze hât geschaffen, einhalp an dem lîbe und anderhalp an der sêle. Unde dâ von wil ich iu eine letzen lesen oder sagen, die iu der almehtige got an den himel hât geschriben, an daz buoch, daz ir bî der naht sult lesen. An der erden sult ir bî dem tage lesen an den nidern buochen; sô sult ir an den obern buochen bî der naht lesen an dem himel, wan der almehtige got hât gar vil wunders dar an geschriben, ob ir ez erkantet, daz iu allez gar nütze unde guot ist zuo lîbe unde zuo sêle. Unde dâ von wil ich iu eine letzen lesen. Daz sint siben sternen, unde heizet der wagen. Der sint vier gestalt als vier reder, diu der wagen hât dâ mite man über lant vert. Und alsô hât dirre wagen vier reder, den iu der almehtige got an den himel hât geschriben. Diu vier reder, die vier sternen, diu bezeichent die vier tugende, der aller schœnsten tugende viere, die diu werlt ie gewan oder iemer mêre gewinnet. Unde die selben vier tugende sint als tugenthaft, daz alle tugende von disen vieren genomen sint, unde sint sô gar edel unde tugenthaft, daz nie dehein mensche zem himelrîche mohte komen âne dise vier tugende. Wan alle die heiligen, die zuo dem himelrîche solten komen, die heten die vier tugende unde muosten sie ouch haben unde heten sie ouch vollelîche. Und alle die dâ iemer mêre her abe wolten komen, die müezent mit disen tugenden dar komen. Und swer ir drîe hât unde der vierden niht, der enmac niemer zuo dem himelrîche komen, er enhabe danne die vierden ouch. Unde den worten daz ir sie hiute lernet die ir niht enkünnent (wan ich hân der vil vor mir), sô wil ich sie iu nennen. Die dâ nû guot sîn, die werden bezzer; die dâ übel sîn, die werden guot; die niht enkünnen, die werden wîse; die heilic sîn, die werden heiliger: wan eht nieman dar ze himele mac komen danne ûf disem wagen, ûf disen vier redern, als her Helyas wart gefüeret ûf einem in daz paradîse mit lîbe unde mit sêle. Wan swaz uns guoter dinge unde nützer künftic was in der niuwen ê, daz hât uns got erzöuget in der alten ê an der liute leben. Und alsô hât er ouch uns daz erzöuget, daz Helyas ûf einem wagen der fiurîn was wart gefüeret in daz paradîse. Und alsô müezent alle die ze dem himelrîche komen ûf dem himelischen wagen, die iemer dar komen sulnt. Sô wizzet ir wol, daz ein wagen muoz vier reder haben: sô er daz eine verliuset, sô mac er ab der stete niht komen. Unde dâ von müezet ir diu reder alle vieriu haben, oder ir vallet ab dem wagen unde vallet in den grunt der helle, daz iuwer niemer rât wirt. Und ir müget den selben wagen wol erkennen, wan ir ist vil, die in erkennent. Unde swer in erkennet, der mac ouch ein kleinez wegelîn wol erkennen. Unde der selbe kleine wagen dâ müezent diu kleinen kint ûf zuo dem himelrîche varn. Unde swelhez kleinez kindelîn des niht enhât, daz mac niemer zuo dem himelrîche komen unde gesiht got niemer in sînen freuden oder in sînen êren. Nû seht, rehte ze gelîcher wîse als diu alte werlt mit disen vier redern zuo dem himelrîche müezent komen, alsô müezent diu kleinen kint mit disen vier redelînen ûf ir kleinen wegelînen komen zuo dem himelrîche. Daz sint diu vier himelischen würzelîn, diu zuo dem himelischen unde zuo dem heiligen toufe gehœrent [als man dâ liset in dem sermône von den siben heilikeiten, allez daz man dâ seit, wie man diu kint toufen sol unde welhen schaden sie des haben, ob der vier redelîne einez gebristet]. Unde dar umbe alle getoufet! Nû seht, wie ir ûf dem micheln wagen zuo dem himelrîche sullet komen, wan des kleinen wagen bedürfet ir niht: des bedürfent niwan kleiniu kint, daz diu getoufet werden ze rehte. 'Nû, bruoder Berhtolt, ob ein kint ze rehte ze priesters handen niht kumet unde wirt gâhens getoufet unde wirt unrehte getoufet, unde man wænet ez sî rehte getoufet, unde stirbet niht unde wirt alt?' Daz wil ich dir sagen. Unde stirbet ez ê dan ez den rehten kristengelouben enpfâhet an dem herzen, sô gesiht ez gotes antlütze niemer. Lebet aber ez iht unze ez den rehten kristengelouben begrîfet, sô bevestent ez der geloube zuo dem toufe; unde wænet ez, ez sî vil rehte getoufet, sô ist sîn geloube der rehte touf. Wær aber ein dinc, daz man des von der wârheit geinnert würde daz ez unrehte getoufet wære, sô müeste man ez anderwarbe toufen. Wan ir nû des toufes deheine sorge dürfet haben, sô bereitet iuch ûf den andern wagen.

Daz êrste rât, daz ir an dem wagen müezet haben, ob ir zem himelrîche komen wellet, daz ist der lûterlîche kristengeloube. Und alle die rede, die man in dem sermône rüeret von den siben planêten, die sol man an der stat ouch reden. Unde sô vil mêre von unsers herren lîchname, daz des nieman wundern sol, daz sich wârer got unde wârer mensche verwandelt in ein brôt in des priesters handen; daz ist von maniger sache, daz die hôhen meister wol bescheiden künnent, als sie vil wol wizzent den diu rehte kunst entslozzen ist. Und einez ist diu sache, daz sich got verwandelt in ein brôt, daz ist dar umbe aller meist und ouch durch ander dinc: dô got den menschen geschaffen hete nâch im selben unde doch in erlôste mit sînem tôde, dô wolter ouch den menschen spîsen mit im selben. Wan dô got selbe sprach zuo sînen jüngern an dem antlâztage ze naht, dô er des morgens den menschen wolte erlœsen mit sîner martel, dô brach er daz brôt unde sprach zuo sînen jüngern: ‘ir sult daz wizzen, swenne ir daz tuot in mînem namen, daz ez mîn lîp ist.’ Und er bôt in den kelch dar nâch unde sprach alsô: ‘swenne ir diz tuot, sô ist ez mîn bluot.’ Unde diu selben wort diu müezent alse stæte und als veste sîn als der himel unde alse dâ stêt dô er sprach: ‘*fiat firmamentum in medio aquarum*’ (daz ist gesprochen: werde ein vestenunge in dem mitteln der wazzer) unde dô er die sternen geschuof mit einem worte, unde berge unde tal mit einem worte. Und alsô grôze kraft habent diu selben wort noch hiute ze tage, swenne sie der priester sprichet. Unde dô got den menschen selbe mite spîsen wolte, dô kunde daz sîn wîsheit wol betrahten, daz er sich dem menschen niemer lustlîcher gegeben möhte danne in solicher materie. Wan dem menschen daz brôt lustlich ist unde wolgesmac, dâ von möhte ez niemer wîslîcher unde baz geformet sîn unde geordent. Wie möhte ein mensche ein lîphaft und ein lebendez mensche oder ein kint ze sînem lîbe enpfâhen? Daz wære ein widerstendic dinc dem menschen ze niezenne. Unde dâ von soltû ez als vesteclîchen glouben, swie dû doch sîn anders niht enpfindest danne brôt, und ist doch anders niht danne der wâre lebendige got, unser herre Jêsus Kristus, der megede sun mîner frouwen sant Marîen mit lîbe unde mit sêle. Unde gib im niwan daz eine vor, daz er wider dich nie redet. Und ir sult in als flîzeclîchen an ruofen, als in sanctâ Marîâ Magdalênâ an ruofte, dô sie im die füeze twuoc und er ir alle ir sünde vergab. Ich wil ein grôz dinc iezuo sprechen. Unde wær ez daz ein dinc mügelich wære, daz unser frouwe, mîn frouwe sante Marîâ gotes muoter, daz diu iezuo dâ ûf der schœnen wisen wære und alle die heiligen und alle die engele die ie wurden, ob daz mügelich wære daz sie dâ die wîten hæten, und ich des wert wære daz ich daz selbe himelgesinde dâ sehen solte, und ich gienge des endes, und ich wolte sie harte gerne sehen — unde wizzet, daz ich sie harte gerne und âne mâzen gerne wolte sehen — und ich ûf dem wege wære, daz ich mîne frouwen sant Marîen gerne wolte sehen, und ein herre, ein priester, gienge gein mir unde trüege unsern herren, als er dâ zuo dem siechen mit get, sô wolte ich mich gein dem priester kêren, der unsern herren dâ trüege, unde wolte gein im an mîne venje vallen ûf mîn knie, ê danne gein mîner frouwen sant Marîen und allen heiligen und allem himelischen her. Swie gerne ich sie sæhe unde swie ich sie nie gesach, doch wolte ich unserm herren mêr êren bieten und andæhteclîcher, dâ in der priester treit, den ich doch alle tage hie ûf ertrîche sihe, unde sie sint doch sô übermæzeclîchen schœne unde sô klâr, daz alliu diu werlt dâ von niemer mê gesagen möhte. Unde swie unsagelich diu übergrôzen wunder sint, diu an der klârheit ligent mîner frouwen sant Marîen und alles himelischen gesindes, sô wolte ich mich allez ê gein gote bieten unde neigen, den der priester dâ treit, swenne er in ûf dem altar ûf hebet. Unde dâ von sult ir in andæhteclîchen êren unde anruofen unde sult halt die priester deste flîzeclîcher êren, daz sie got dar zuo geordent hât vor aller der werlte, daz sie in handelnt und in als heimelich ist und in alle tage enpfâhent zuo ir sêlen. Daz sult ir allez an den priestern êren, wan ez hât got grôze wirdikeit und êre an sie geleit. Unde swenne ir drîe menschen liep habet und in êre bietet vor allen menschen, sô kan ez iu an iuwerm kristengelouben niemer missegên. Daz ein ist, daz ir unsern herren êret als ich iezuo sprach: ob ir unser frouwen und allez himelische her alsô iezuo soltet sehen, sô solte iu gæher sîn dâ hin, dâ der priester unsern herren getragen hât, wan er ist herre unde voget über allez himelische her. Und als vil der sunnen durch einer nâdeln œre möhte geschînen, als klein der schîn ist wider allen der sunnen schîn den diu sunne gibet über alle die werlt, als klein ist aller gotes heiligen und aller engel und alles himelischen heres heilikeit und halt unser frouwen dar zuo wider der heilikeit, die got selbe hât. Nû seht, waz grôzer êren unde heilikeit an dem almehtigen gote lît! Unde dâ von sult ir got liep hân unde die priester. Der dritte mensche, den ir ouch liep sullet haben, in selbe dritte, daz ist mîn frouwe sant Marîâ, wan dâ haben wir sô gar vil grôzer êren von, daz ez nieman vollesagen mac. Unde dannoch sô hât der almehtige got sô grôze êre an die priester geleit: ob ez alsô wære, daz ein priester zuo gienge, dâ mîn frouwe sant Marîâ dâ sæze und allez himelische her, die stüenden alle gegen dem einigen priester ûf, dâ von, daz got sô grôze êre an die priester hât geleit, und ouch dâ von, daz sie die êre unde die wirdekeit baz erkennent danne ander irdenische liute, die got an den priester hât geleit. Und als vesteclîchen sult ir kristengelouben in iuwerm herzen haben âne zwîvel und âne alle hindernisse: sô habet ir daz êrste rat an dem himelischen wagen, der iuch zuo dem himelrîche bringen sol.

Daz ander rat heizet gedinge (eteswâ heizet ez hoffenunge, ez heizet in latîne *spes*) und ist eht der vier tugende einiu, der eht nieman mac âne gesîn, der zuo dem himelrîche willen hât. Ir sult daz gedinge haben, swenne ir den rehten kristengelouben behabet, als ir ze rehte sult und als iuch got ze rehte bevolhen hât und iu von im geordent ist, unde danne den kristengelouben mit kristenlîchen werken vollebringet mit den zehen geboten unde mit allen andern tugenden, dâ mite man allen houbetsünden widerstên sol, und ir sult dar an deheinen zwîvel hân, ez sî der almehtige got dîn friunt, ob dû in dem willen bist, daz dû niemer deheine tœtlîche sünde getuost unz an dînen tôt. Ist ez aber, daz dû diu gebot übergangen hâst unde dich an tœtlîchen sünden übersehen hâst, sô soltû dannoch gedinge unde hoffenunge hân zuo der wâren riuwe unde zuo der lûtern bîhte unde zuo der heiligen buoze. Swenne dû gesündest tœtlîche sünde nâch dem toufe unde dû dar umbe wâren riuwen gewinnest an dînem herzen unde die lûtern bîhte getuost unde die buoze danne leisten wilt, die dir dîn bîhtigære gît: begrîfet dich danne der tôt, sô solt dû deheinen zwîvel hân, swie vil dû gesündet hâst, got der welle dir ez vergeben. Swes dû hie niht gebüezest, daz büezest dû in dem vegefiure. Und alse dû in daz vegefiure kumest, sô solt dû gedinge hân, daz ez wâr sî, daz dû in den himel geschriben bist unde daz dû himelrîche niemer mêre verliesen maht. Und alles des, daz dir diu heilige schrift seit oder die den diu heilige schrift bevolhen ist (daz sint die priester): swaz dir die von der heiligen schrift sagent, des solt dû gedinge hân, daz ez wâr sî unde veste sî als der himel. Pfî, gîtiger, welher leie gedinge hâst dû? Dîn gedinge ist valsch und ungetriuwe, wan dû wilt des gedinge hân, daz dû mit maniger grôzen sünde behalten werdest. Wan als ofte als dû einem armen menschen einen pfenninc abe gewinnest mit unrehte, sô hâst dû eine houbetsünde getân, dû geltest in im danne unde gebest in im wider, ob dû ez geleisten maht. Unde dâ von sprichet einer etewenne: 'owê, bruoder Berhtolt, dû predigest sô griulîche von unrehtem guote, daz man rehte verzwîveln möhte.' Sich, daz wære mir gar leit, daz dû verzwîveltest. Ich wil, daz dû deheinen zwîvel dran habest, dû engeltest unde gebest wider, daz dîner verdampten sêle iemer rât werde: des soltû rehte deheinen zwîvel hân. Unde dû darft des ouch dehein gedinge hân, daz dû got in sînen freuden und in sînen êren iemer beschouwest, als wênic als der tiuvel. Ir êbrecher und ir meineider und ir manslahter und ir nescher und ir nescherin, ir dürfet ouch des dehein gedinge hân, oder alle die in tœtlîchen sünden sint. Und alle die wîle daz ir des willen habet, daz ir die sünde niht lâzen wellet, sô dürfet ir dehein gedinge hân, daz iuch got iemer an gesehe, âne riuwe und âne bîhte, ob ir ze gote komen müget, wan riuwe unde bîhte die versaget man nieman, wan diu heilige riuwe unde diu heilige buoze die tuont alliu dinc wol, âne vier dinc. Sie tuont aber vier dinc, diu den vieren gelîchet sint. [Daz sol man suochen in dem sermône von den zwein wegen: 'den rehten menschen wîset got die rehten wege.']

Daz dritte rat ist diu wâre minne, die dû ze gote haben solt und zuo dir selben unde zuo dînem ebenkristen, wan dû solt got minnen von allem dînem herzen, von aller dîner sêle unde von aller dîner maht, unde minne dînen næhsten als dich selben. Daz dû got minnen solt von allem dînem herzen, daz ist alsô gesprochen: daz dir nie friunt sô herzeliep enwart, dir sülle got noch lieber sîn, unde daz dû durch deheinen menschen niht tuon ensolt, ez sî dîn kint oder dîn hûsfrouwe oder dîn vater oder dîn muoter oder swelich dîn friunt ez sî, sô solt dû got sô herzeclîchen minnen, daz dû niemer dehein dinc solt getuon deheinem dînem friunde ze liebe daz wider got sî. Sô soltû got minnen von aller dîner sêle. Daz ist alsô gesprochen, daz dû alle tœtlîche sünde mîden solt durch die liebe diu dû ze gote hâst alse flîzeclîchen, als ob nie helle oder tiuvel worden wære; unde niht sô vil durch die vorhte der helle: noch mêr durch die liebe, die dû ze gote hâst danne durch dîne eigene sêle unde durch die vorhte, die dû zer helle hâst unde ze dem tiuvel unde ze der martel der helle. Zem dritten mâle solt dû got minnen von aller dîner maht. Daz ist alsô gesprochen, daz dû got umb alle sîne genâde loben solt und êren unde minnen umb alle die genâde, die er an dir begangen hât und an allem menschlîchem künne. Und ieglîche tugent der dû erdenken unde ertrahten maht, dâ solt dû got ouch sunderlîchen umbe minnen, sô dû iemer meiste maht, unde daz dû der minne gotes niemer vergezzest, dû slâfest oder wachest, dû ezzest oder trinkest, dû gêst oder stêst, dû ligest oder sitzest, als der guote sancte Paulus tet unde die andern alle samt, die vor gote sint, die grôze martel erliten hânt an ir lîbe, ê daz sie der minne gotes vergezzen wolten. Sô liez sich etelîcher radebrechen, ê daz er der minne gotes vergezzen wolte. Aber der guote sant Paulus der minnete got sô ernestlîche, daz er sîn niemer mê vergaz für daz er in minnende wart, dô er alse lieplîche und alse ernestlîche got minnete unde die predige machte, die wir dâ etewenne lesen in der messen. Unde dô er dâ gevangen wart und dô er ûz dem kerker niht enmohte, dô tihtete er dannoch brieve in dem kerker unde sante die in die kristenheit, daz man sie predigete den liuten an sîne stat, dô er in selbe niht gepredigen mohte, wie man sünde fliehen solte und wie man got minnen solte, unde dô sante er aber sîne reine lêre unde sîne getriuwe minne, die er zuo dem almehtigen gote hete unde gein der heiligen kristenheit. Und aber für baz minnete er got, wan er sîne episteln machte. Sô hœret ir wol, daz wir alle ze jungest unsern herren Jêsum Kristum dran nennen. Und alsô herzeclîchen minnete er got mit aller sîner maht, daz er got allez daz ze minnen kêrte, daz er kunde oder mohte. Unde dô man im daz houbet abe gesluoc, dô sprach diu zunge in dem munde, dô daz houbet dort hin fuor, dô sprach diu zunge: *domine Jesu Kriste*! Und alsô sult ir got minnen mit aller iuwer maht. Sô sult ir iuwern næhsten minnen als iuch selben. [Daz stêt in dem sermône von den fünf pfunden, wie man den næhsten minnen solte als sich selben in got unde durch got unde waz man an der selben stat reden sol ûf die minne, wie der mensche sînen ebenkristen minnen sol als sich selben.]

Daz vierde rat, daz ir ouch haben müezet an dem himelischen wagen, der iuch dâ tragen sol, daz ist stætikeit: daz ir mit drin tugenden stæte sît unz an iuwern tôt unde blîbet veste als ein adamas unde daz ir iuwern louf vollebringet frumeclîche, als der guote sant Paulus, dô er sprach: 'ich hân einen guoten strît gestriten' [als in dem sermône von den siben planêten dâ stêt, wie man stætikeit halten sol an disen drin tugenden]: wan alle tugende nement ir ursprunc an disen drin tugenden.

Unde dâ von sult ir stæte an disen drin tugenden sîn volle unz an iuwern tôt. Und als ir danne ûf dem himelischen wagen zuo den êwigen freuden werdet geleitet, sô setzet man iu eine krône ûf, eine güldîne küneclîche krône. Unde die selben krône hât der almehtige got geschriben an iuwer buoch, daz ober, dâ ir dâ nahtes an lesen sult; unde stêt alsô niht verre von dem wagen: dâ stêt ein krone mit gar schœnen sternen gezieret unde gezirkelt, kundet irz erkennen. Sô hât iu got manige letzen geschriben an diu zwei buoch, an den himel und an die erde. Und alsô hât er die liehten edeln krônen iu geschriben an den himel. Dâ stêt sie als gezeichenlîche und alse schône, unde stêt ein rise dâ bî mit einem grôzen kolben, den hât er in der hant, unde der rise ist grôz unde gar michel unde hüetet der krônen in solicher wîse, als ob man sie iu welle nemen. Unde diu selbe krône bezeichent die himelischen krône, die der almehtige got wil geben allen den, die dise vier tugende habent, daz sie ûf dem himelischen wagen ze himelrîche komen. Sô setzet man iu die himelische krône ûf. Sô bezeichent der rise den tiuvel: der stêt bî der krônen unde weret iuch die krône: er stêt unde dröuwet iu mit dem kolben. Der kolbe bezeichent manige unrehte vorhte, die iu der tiuvel an machet, dâ mit er iuch der himelischen krônen verwîsen wil. Und ir sult im niht volgen! durch den almehtigen got lât iuch den tiuvel daz niht abe erdröuwen, ir verblîbet an disen vier tugenden stæte unz an iuwern tôt, daz ir dem tiuvel ze laster unde ze leide die himelischen krône vor gote in himelrîche êwiclîche traget. Daz uns daz allen wider-var, mir mit iu und iu mit mir, des êrsten an der sêle und an dem jungesten tage an lîbe und an sêle, daz verlîhe uns allen samt der vater unde der sun unde der heilige geist. Âmen.

---

# XII.

## VON ZWEIN WEGEN, DER MARTER UND ERBERMEDE.

'DEn rehten menschen wîset got die rehten wege' (*Sap.* 10, 10). Daz wort sprichet der wîssage in dem salter, unde füeget sich gar wol dem grôzen herren, des tac man hiute begêt eteswâ in der kristenheit. Man begêt eteswâ in der heiligen kristenheit des hôhen herren hôchgezît des guoten sant Remîgien. Man vîret sînen tac hiute, wan er was ein nôthelfer in Frankrîche: dâ begêt man sînen tac gar grœzlîche. Daz ich iu nû seite und in loben wolte, daz wære ein grôziu tôrheit an mir, wan alliu diu werlt diu möhte den minnesten heiligen niht geloben, der iendert dâ ze himele ist. Unde dâ von ist mir vil bezzer geswigen danne krenclîche von im geredet oder gelobet. Unde dâ von wil ich disen liuten sagen von den rehten liuten, die got dâ wîset die rehten wege, als er den guoten sant Remîgien hât getân. Unde den selben wec, den got den guoten sant Remîgien hât gewîset, den hât manic tugentlîcher mensche getreten gein dem himelrîche. Wan der almehtige got den rehten menschen als liep hât, daz er in die rehten wege wil wîsen, sô hât er zwêne wege, die zuo dem himelrîche gênt; und alle die ze dem himelrîche sint und ie dar kâmen oder iemer dar komen süln, âne diu kleinen kindelîn, sô ist nieman, er enmüeze der zweier wege einen dar komen. Unde der eine wec, der dâ zuo dem himelrîche gêt, der gêt die rihte rehte für sich zuo dem himelrîche als ein snuor ân allez irresal, daz in weder tiuvel noch vegefiwer niht irret, noch eht in der werlte niht geirren mac, er vare eht für sich zuo dem himelrîche als eht nâch einer snuor. Daz tuont alle die ûf den selben wec koment. Sô gêt der ander verre hin umbe unde lancseime, ze gelîcher wîse reht als eteswâ die hôhen bürge: dâ gêt ein kleiner stîc ûffe (eteswâ heizet ez ein pfat, eteswâ ein stîc) unde gêt die rihte für sich gæhes unde snelle ûf die bürge. Sie sint aber stickel unde weseht unde rûch unde gar steinic und dornic, wan er gêt eht für sich ûf die rehten slihte, unde sie müezent dâ von arbeitsam sîn die selben wege, wan sie niht varnt danne die gæhe unde die slihte. Sô gêt ouch ein wec eht ûf die selben bürge, der ist sô rûch unde sô dornic niht als dirre noch sô stickel, unde gêt allez aber nâch der krümbe verre hin umbe, durch daz er vil sanfter unde gemächelîcher ist danne dirre; er ist aber gar lancseime, iedoch gêt er ze jungest doch reht unz an die burc dâ ze dem tôr hin în. Nû seht, ir hêrschaft alle samt, wedern ir wellet, wan sie bêde für sich zuo dem himelrîche gênt. Iedoch sô ist der eine mêre danne tûsent jâr gelegen ungebant, daz in gar lützel liute hânt gevarn zuo dem himelrîche. Der selbe wec was niht danne drittehalp hundert jâr offen nâch der geburt unsers herren, und er wirt aber noch vor dem jungesten tage offen, unde der selbe wec heizet der martelwec. Mit der martel kâmen des êrsten nâch der gebürte unsers herren gar vil heiligen zuo dem himelrîche, wan der kümt zuo dem himelrîche swenne diu sêle ûz sînem munde gêt, der sich umbe den rehten kristengelouben martelen lât. Und ist ouch der snelle wec, der dâ für sich zuo dem himelrîche gêt. Ez ist aber gar ein herter wec: er ist aber snel unde rihtic zuo dem himelrîche; er ist aber scharpf unde herte. Unde dâ von daz er sô gar scharpf unde herte was, sô nam unser herre den selben wec abe, und er wiste wol daz die liute dar an verzagten und im aptrünnic eht würden, als sie tâten; wan diu martel ist eht übel ze lîdenne unde tuot griulîchen wê. Unde die ritter wâren die êrsten die abtrünnic wurden. Unde dâ von wiste daz unser herre wol, daz der liute gar vil abtrünnic würde, obe der wec lange wern solte gein dem himelrîche, der dâ heizet diu martel unde dâ man den sôt, den briet, den schant alse ein rint, den versteinte mit steinen; den flaht man in ein rat, den begôz man mit brinnendem olei: sô manicvalt was diu martel, die man an sie leite. Unde dâ von wart ir vil abtrünnic von kristengelouben, unde dar umbe vant unser herre einen andern wec zuo dem himelrîche. Der heizet der wec der erbarmherzikeit. Nû ist der wec vergraben der martel.

Nû sult ir dar umbe daz himelrîche niht fliehen, daz ir verre und lancseime hin umbe gêt. Ez ist manic tûsent heilige ûf dem selben wege zuo dem himelrîche komen unde tuont noch. Und alle die iemer zuo dem himelrîche komen wellent, die müezent alle ûf dem wege der barmherzikeit zuo dem himelrîche komen; wan die wîle daz der endekrist rîcheset, sô wirt der mertelære wec wider geoffent unz er verrîcheset: sô wirt er aber wider zuo getân. Unde durch den almehtigen got, alle die daz gelebent daz der endekrist kome, die sulnt im niht volgen; wan ir ist ein michel teil, die daz gelebent, daz der endekrist kumet: sô fliehet unde fliehet in diu hölre und ûf die hôhen berge. Wan diu martel tuot griuwelîche wê, unde die müezent gar veste sîn die der martel gestênt. Unde iedoch ist vil bezzer eine kurze martel ze lîdenne danne iemer mêre brinnen mit dem tiuvel. Unde swie vil er iu zeichen vor getuo oder sîne prediger, sô kêret iuch dran niht unde gestêt an dem almehtigen gote und an dem kristengelouben. Unde swâ sîne prediger stênt, dâ schînet diu sunne, unde swâ unsers herren prediger stênt, dâ regent ez. Unde dô wirt einer ûf stên, der ist mir gelîch unde giht: 'ich binz, bruoder Berhtolt! unde allez samt daz ich iu ie gesagete, daz ist allez samt gelogen. Ir sult iuch nû an den gehaben, der dâ ist der gewâre got: an den sult ir gelouben.' Dâ kêret iuch niht an, wan ez ist ein tiuvel in mîner gelîchnüsse. Sô gibet der etelîchen grôz guot, daz sie an in kêren. Des sult ir alles niht ahten, unde gestêt eht an dem almehtigen gote. Wan diu zît nû lange hin ist, daz eht nieman zem himelrîche kam mit der martel, sô sult ir den wec der erbarmherzikeit lernen unde treten in gotes namen, unde gêt die lenge hin umbe, als manic heilige hât getân.

Unde drîer hande tugende sult ir hân, die hœrent zuo der erbarmherzikeit. Daz sint der hœhsten tugende drîe, die diu werlt ie gewan oder iemer mêr gewinnen sol oder mac. Âne die selben drîe tugende möhte nie kein heilige zuo dem himelrîche komen noch kumet niemer mêre dar unz an den jungesten tac. Buoze nim ich alle zît ûz. Daz ein ist dêmüetikeit, daz sich der mensche dêmüetigen sol, wan der almehtige got ist gar unmâzen dêmüetic gein uns gewesen, aller engel herre unde keiser aller künige, unde sîn heiligiu muoter, mîn frouwe sant Marîâ. Pfî, hôhvertiger, mit dînem tanzenne! wie tiure dir disiu tugent ist! Wan dû verliusest dîne sêle gar mit einem lîhten dinge, und aller meiste ir frouwen, die niwan mit löbelachen unde mit ir tüechelehen umbe gênt. Wê, ir frouwen! jâ was unser frouwe gar unde gar dêmüetic. Ir habet rehte nihtes niht dar an, dâ mit ir umbe gêt: wan ez ist niwan ein 'gestüppe und ein gestüppelîn und ein gespötte und ein üppikeit, unde dir wirt niemer mêr wol dâ mite, daz dû begerst mit aller dîner kraft solicher üppikeite, unde treit dich doch niht für, wan daz dû dâ mite verdampt bist als Lucifer. Und alsô hâst dû weder hie noch dort niht. Unde daz daz war sî, daz dû niemer ganze freude an dirre untugende gewinnest, daz liset man in der heiligen schrift an gar vil enden. Wande nû der tugende drîe sint, mit den dû ze himelrîche komen solt ûf dem wege der erbarmherzikeit, die heizent alsô. Diu eine heizet dêmüetikeit, diu ander kiusche, diu dritte miltekeit. Und alsô sint ouch der untugende drîe, die den drin tugenden widerstênt. Der heizet einiu hôhvart, diu ander unkiusche, diu dritte gîtekeit. Und dise drî untugende sint aller untugende wirste, die diu werlt ie gewan oder iemer mêr gewinnen mac. Wan ez sprichet der guote sant Johannes: 'als alliu diu werlt mit einem fiure enzündet wirt, alsô wirt alliu disiu werlt enzündet von disen drin sünden,' wan dâ hangent alle sünde an, wan sie sint rehte ein houbet und ein antwerk aller sünden, die dehein mensche ie getet oder getuon mohte, unde dû engewinnest doch niemer ganze ruowe unde freude an ir deheiner noch an in allen drin. Unde daz daz wâr sî, daz hât uns der almehtige got erzöuget an dem wîsen Salomône. Wan alliu dinc diu uns künftic sint an der sêle, diu hât uns got erzöuget in der alten ê an der liute leben. Und alsô hât er uns erzöuget, daz an disen drin untugenden nieman deheine freude vindet oder gewinnet. Wan er grôzer wîsheit wielt der künic Salomôn, dô kunde er disen schaden wol bedenken, der an disen drin untugenden was unde noch hiute ze tage ist, unde huob an unde machte grôziu buoch dâ von, wie gar schedelich sie der sêle wæren unde dem lîbe ouch, unde doch möhte niemannes herze dran geruowen noch deheine rehte freude dran vinden. Und er huob an unde schalt unde schalt: '*vanitas vanitatum vanitas*: diu üppikeit mit der üppikeit.' Unde dô er sie alsô geschalt unde versmæhete, daz er des wolte wænen, daz disiu werlt iemer mêr dise drî sünde wolte fliehen unde hazzen, dô half ez alse wênic als ez hiut ze tage hilfet. Unde dô er daz rehte ersach, daz sich nieman dran kêren wolte, dô sprach er alsô: 'mich nimet wunder, wie den liuten sô wol gesîn müge mit disen drin dingen. Alse vil als ich dar umbe hân gescholten unde gesmæhet, sô mac mich des iemer verwundern, waz den liuten sô wol sî dâ mite unde wie wol in dâ mite sî. Und ich wil ez rehte besehen unde wil ez versuochen, waz in sô wol dâ mite sî unde wie in sô wol dâ mite sî.' Unde tet gar tœrlîche, als wîse er dâ was, daz er sînen schaden sô grôzen tet durch unsern nutz. Und er huob an mit der gîtekeit unde gewan guotes als vil, daz ez ungelouplich ze sagenne ist. Er gewan silbers unde goldes als gar unmâzen vil, daz ez lac ze Jerusalem an der strâzen und als vil silbers unde goldes ze Jerusalem was, unde mê danne der steine; wande man muoste im von aller der werlte zins dar füeren, under hete alse gar vil, daz er dem almehtigen gote einen tempel stifte, der was hundert klâftern wît unde driu hundert klâftern lanc unde drîzic klâftern hôch, unde was aller samt innen von lûterm golde und ûzen silber unde dâ zwischen marmel. Unde zweinzic tûsent unde vierzic tûsent und ahtzic tûsent guldîner stücke diu gap er in den tempel. Diu stücke wâren drîer hande: kelche unde patênen unde rouchvaz. Der was einer leie zweinzic tûsent, der andern leie vierzic tûsent, der dritten leie ahtzic tûsent. Pfî dich, gîtiger! sô vil hâst dû doch niht. Ez ist gar ein niht daz dû dâ hâst wider dem daz her Salomôn dâ hete. Unde sprach doch her Salomôn: 'ich enweiz waz ez mir sol, wan ez ist mir gar müelich in den ougen: wan ich mac niendert dar an geruowen unde mîn herze kan niendert dar an geruowen.' Er hete dannoch mêre von rîchtuom her Salomôn: er hete guotiu künicrîche, er hete von vihe ein wunder, er hete zwelf tûsent pfert ze sînem satel einigem, er hete ahtzic tûsent wagenros, er hete von einvaltigen wurzgarten ein rîchtuom. Und er sprach: 'wê, wie ist den liuten als wol, dâ mite mîn herze niht enkan noch enmac geruowen. Ich enweiz waz ez mir sol: ez ist mir niuwan eine müewe in den ougen.' Und er tet vil grôze tôrheit dar an. Unser herre gebe, daz erz gebüezet habe! Unde hât er ez niht gebüezet, sô muoz er als lange in der hellen sîn, als lange als got ein herre in dem himel ist. Nû sich, gîtiger, wie wol ist dir in dîner gîtikeit! Dich gnüeget deheiner wîse niht: swie wol dû wænest daz dir dâ mite sî, unde soltest dû drîe tage an einander niemer niht anders getuon danne der pfenninge zeln, dû æzest an dem dritten tage michels gerner ein guot ezzen. Daz selbe tætest dû, ob dû einvaltige silberknollen wægest oder daz dû in anderm guote oder in rîchtuome umbe giengest: dû sliefest oder æzest michels gerner danne dû iemer dâ mite umbe giengest. Unde dâ von sprichet her Salomôn wâr, daz dû niemer rehte ruowe noch freude gewinnest. Wan sô dû ie mêr hâst, sô dir ie wirs unde wirs ze muote wirt, wie dû ez behaltest oder wie dû ez mêr gemachest. Wan dâ ist dîn lîp unde dîn herze, dîn muot unde dîn sin dâ mite bekümbert unde besorget, daz dir niemer liep noch guot geschehen mac ze dem lîbe noch ze der sêle. Wan als dû dâ ze kirchen bist, sô dû got sîner gnâden biten soltest, sô stêt dîn muot anders niht danne wie dû dînen hort behalten mügest oder wie dû sîn mêr gemachen mügest, hie mit koufe unde dâ mit trügenheit an dînem antwerke oder mit wuocher oder mit fürkoufe oder mit dingesgeben oder mit andern dingen. Und alsô gewinnest dû ganze ruowe noch rehte freude: wan diu untugent ist vor aller untugent, diu dâ heizet gîtikeit unde die her Salomôn sô sêre schiltet, sie selbe dritte, daz dar an nieman dekeine ruowe vindet in dirre werlte, über daz sie den menschen verdamnet an der sêle. Und alsô tet der künic Salomôn gar tôrlîchen bî aller sîner wîsheit, daz er sînen schaden sô grœzlîchen tete durch unsern nutz.

Daz ander, daz er doch versuochen wolte der künic Salomôn, daz wundert in ouch, wâ mite den liuten sô wol wære, und er gewan allez daz ze hôhvart gehôrte. Er hete einen palas, dâ vil von ze sagenne wære. Er hete ouch grôzen gewalt, der die hôhvart wol stiuret, und er hete sô grôzen gewalt, daz in alle künige vorhten und im undertân wâren jenesîte mers unde hie disesîte mers. Dâ hete er tûsent junkherren, die alle wâren bekleit mit golde, und ir schilte wâren von golde, und ir ros diu wâren bedecket mit golde, und ir schefte mit golde und ir hâr mit golde, unde riten alle tage ze velde unde buhurdierten mit den schilten, unde was der glast sô grôz von in ûf dem velde swenne diu sunne schein, daz vor glaste nieman sîn ouge mohte ûf getuon. Dâ hete er sô manige juncfrouwe, die alle bekleidet wâren als die junkherren. Pfî, tenzeler, wie dîn hôhvart ein gestüppe ist wider der zierheit unde der schônheit, die her Salomôn hete! Er hete dannoch mêr: er hete gewant, daz got selbe von sînem gewande redete. Er was sô liutsælic her Salomôn, daz manic tûsent menschen von hinne über mer fuoren, niht danne dar umbe, daz sie herrn Salomôn gesæhen. Unde swer in ie lenger sach, sô man in ie gerner sach. Pfî, ir îtelmecherin und ir tenzelerin und ir verwerin, ir arme hôhvertigære! Iuwer dinc ist gar ein gespötte wider der gezierde unde schônheit, die her Salomôn hete; wan dâ von ist ez rehte ein niht, dâ mit ir umbe gêt. Er hete dannoch mêr, daz ze der hôhverte gezôch: er hete ouch springerinne unde singerinne und ander hübischer liute vil, daz ez âne mâze was. Und er sprach von dirre hôhverte aller samt unde bî dirre gezierde unde bî dirre grôzen hôhvart dô sprach her Salomôn: ‘ich enweiz waz den liuten wol dâ mite sîn müge, wan ich enkan niendert keine ruowe dar an vinden: ez ist mir niht danne ein müewe in den ougen.’ Unde dâ mite hât uns got erzöuget, daz dû hôhvertiger vil mêr müewe und arbeit hâst mit dîner hôhverte, danne daz dir ihtes iht wol dâ mite sî. Swenne dû verst an einen tanz alle tage als ein hirzler unde swenne dû alsô zwêne tage gehirzelst, unde soltest dû daz eine wochen trîben, dû woltest ê an einem galgen hangen. Daz selbe spriche ich zuo der gilwerinne unde zuo der îtelmacherinne unde zuo der verwerinne unde zuo den turneiern. Her turneiesman, swenne ir zwêne tage geturnieret, sô liget ir den dritten tac stille: ir woltet ê über mer varn unde niemer mêr her wider komen, ê danne daz irz eine wochen woltet trîben allez für sich hin nâch einander. Und alsô müget ir niemer dran geruowen an der sünde, diu dâ heizet hôhvart. Der sult ir widerstên mit der dêmuot, ob ir ûf den wec der erbarmherzikeit komen wellet (wan der wec der martel ist nû verworfen unde verwahsen) unde müezet ouch der untugende der gîtikeit widerstên mit der miltekeit, oder ir kumet niemer in daz rîche unsers herren, zuo den êwigen freuden, dâ der almehtige got den guoten sant Remîgien hin gewîset hât, wan er alsô sprichet der wîse man in dem salter: ‘den gerehten menschen wîset got die rehten wegen.' Und alsô wîsete der almehtige got den guoten herren sant Remîgien in die êwigen freude, des tac man hiute begêt eteswâ in der heiligen kristenheit. Und alsô wîset er alle die dise drîe tugende haltent. Der heizet diu êrste miltekeit, diu ander dêmuot unde diu dritte kiuschekeit. Unde swer dise drîe tugende niht enhât, unde hæte der alle die tugent, die diu werlt ie gewan oder iemer gewinnet, unde hât er dirre drîer tugende niht, sô kan er zuo dem himelrîche niemer komen.

Unde dâ von sô schiltet Salomôn alle dise drîe untugende vor allen untugenden. Daz ist ouch diu dritte untugent. Diu heizet unkiusche, wollust des lîbes, unde die beschalt er gar unde gar. Unde des nam in grôz wunder, wie den liuten sô wol dâ mite wære, und er wolte besehen, wie den liuten sô wol dâ mite wære, unde gewan wollust des lîbes unde hete wirtschaft mit allem sîme gesinde unde sô grôze wirtschaft, daz er alle tage drîzic ohsen muoste haben, âne vische und âne wiltbræte. Pfî, trenker unde frâz! daz ist dîner frâzheit unde wollust ungelîch, wan disiu untugent heizet unkiusche des lîbes unde des mundes unde wollust des lîbes. Und alsô tet her Salomôn gar tœrlîche mit aller sîner wîsheit, daz er sînen schaden sô grôzlîche tet âne sîne nôt durch unsern nutz. Er gewan noch mêr wollust des lîbes: er hete wol sehzic küniginne der edelsten unde der hêrsten von aller der werlt unde wol ahtzic herzoginne unde grævinne, die sîne bîslâfen wâren, unde dannoch dar über armer ritter töhter und ander die im gevielen, der was keine zal. *Adolescentularum non est numerus*: alsô stêt dâ. Unde hâst dû ez niht gebüezet, Salomôn, dû muost als lange in der helle sîn alse got ein herre in dem himel ist. Unde dô er alle die wollust gewan, die dehein künic ie gewan oder iemer mêr gewinnen mac, dannoch sprach er: 'ich enweiz, war zuo ez mir nütze ist oder guot: wan ich enmac eht niht dran geruowen.' Dû nescher unde nescherin und êbrecher und êbrecherin, daz ist dînem naschen unde dîner wollust gar ungelîch. Nû sich, welher leie ruowe dû dar an vinden wellest. Ez ist ein harte kleiniu freude und ein kurziu die dû dar an vindest unde suochest unde durch die dû dich aller freuden verzîhest, die dû mit gote êweclîche haben soltest. Unde dâ von sprichet der guote sant Paulus: 'fliehet die unkiusche, oder ir kumet niemer in daz erbe unsers herren Jêsu Kristi.' Buoze unde riuwe versage ich nieman. Unde hât ez Salomôn niht gebüezet, er kumet niemer in daz himelrîche. Unde dar umbe, ir hêrschaft alle samt, durch den almehtigen got fliehet die unkiusche, wan sie der aller schedelîchsten sünde einiu ist, die diu werlt ie gewan oder iemer mêr gewinnen mac. Und ist niht éines dinges schedelich, sie ist maniger dinge schedelich: sie ist beide schedelich zem lîbe unde zer sêle, und über daz sie den menschen verdampt an sêle und an lîbe, sô nimet sie dir der liebesten dinge zwei, die diu werlt ie gewan oder iemer mêr gewinnen mac an ir lîbe, daz ist gesuntheit unde lancleben. Unde dannoch vil mêr schaden lît dar an. Ez ist der grœsten schaden einer, daz alliu diu kint diu von der sünde werden geborn von der unkiusche, diu müezent schaden haben, dâ vil unsælden von kümt: êlôs und erbelôs und rehtelôs müezent sie sîn maniger hôhen êren, beide geistlîcher unde werltlîcher êren. Er mac ze werltlîchen êren niemer als vollekomen sîn als ob er ein êkint wære. Sô mac er an geistlîchen êren niemer kein pfarrer werden ze rehte noch prêlâte. Und als manic schade lît an der sünde. Wande dû dem tôde dâ mite næher wirst, sô stinkest dû rehte nâch den tôten, swenne dû die selbe sünde getuost, unde zehant, sich! sô smacket ez ein kiuscher mensche wol an dir. 'Nû sage mir, bruoder Berhtolt, wie smecket diu selbe sünde? smecket sie als ein fûlez âs?' Nein sie niht! 'Smecket sie als ein fûler kæse?' Nein sie niht! 'Smecket sie als ein fûler visch?' Nein sie niht! 'Smecket sie als ein fûler mist?' Nein sie niht! Ich sage dir rehte wie sie smecket: weder minner noch mê, wan daz dû rehte tœtelst. Daz bediutet ze glîcher wîse, daz dû dem tôde iesâ næher bist. Als ofte dû bî einem wîbe lîst, sô minnerst dû dînes lebens ie ein teil, unde dâ von bediutet ez daz dû tœtelst, und alsô smeckest dû nâch den tôten. Sô ist ez an dem aber schedelîcher, daz sît anegenge der werlte ie die selbe sünde got griulîchen gerochen hât. Swie maniger leie schaden dû dâ von enpfæhest, sô kanst dû doch mit nihte dar an geruowen noch deheine stæte freude dar an vinden, als wênic als her Salomôn. Wan swenne dû die selbe sünde getuost, sô næmest dû dehein guot daz dû sie einen ganzen tac tribest: dû woltest halt daz dû ê an einem galgen hiengest. Unde wænest allez, daz dû dînem lîbe wol tuost dâ mite: sô ist ez lîbe unde sêle ein vergift, ze des lîbes lancleben unde ze dem êwigen leben. Unde tuost dû dem lîbe allez daz im gezimet, sô hilfet er niuwan dem tiuvel strîten deste baz ûf die sêle unde daz die kroten deste mêr an dir vinden. Unde dar umbe, sît der guote sant Paulus dise drîe untugende schiltet unde der guote sant Augustînus und ander manic man, den man von der heiligen schrift gelouben muoz, unde der wîse her Salomôn danne aller meist, sô sol sie alliu diu werlt fliehen unde sulnt die drîe tugende an sich nemen, daz ir ûf dem wege wandelt der erbarmherzikeit, als der guote Remîgie unde manic ander heilige. Unde swer den endekrist gelebet, der trete ûf den martelære wec unde lîde die martel ê danne er abtrünnic werde, wan ir sult eht iemer ûf der zweier wege einen komen, sô kumet ir zuo dem himelrîche. Unde swie manige tageweide ze dem himelrîche ist, daz wil ich iu sagen. Ez lesent die heidenischen meister wunder unde wunder, wie manic tûsent mîle ze dem himelrîche gê unz an den himel, dâ die sternen ane stênt, unde dâ lesent sie gar vil von unde habent daz allez geschriben unde habent wunder unde wunder dar nâch getrahtet unde sie sagent alle nâch wâne. Unde gloubet mir, sie enwizzent nihtes niht dar umbe, weder klein noch grôz, unde sie sagent doch allez für sich dar, wie manige mîle zuo dem mânen sî von dem ertrîche (wan der mâne ist der nidersten sternen einer, der iendert an dem himele sî), unde sie lesent danne aber ein wênic für baz, wie verre von dem mânen unz aber an den næhsten sternen sî, unde wie verre aber von dem næhsten sternen unz an den dritten himel sî, unde von dem dritten unz an den vierden, unde wie verre von dem vierden unz an den fünften sî, unde dannoch für baz unz an den himel, dâ die sternen ane sint. Unde sie wizzent nihtes niht rehte dar umbe, unde ich wil iu die rehten wârheit sagen: wan sie sagent niht danne nâch wâne. Ich wil iu sagen, wie verre zem himel ist, daz iu des einigiu mîle niht abe gêt; ich wil mê sprechen: daz iu halt einer klâftern lanc niht abe gêt. Ich wil iu sagen, wie verre ze dem himel gêt, daz iu halt niht eine hant abe gêt unde dannoch minner. Dâ gêt weder minner noch mêr hin danne drîe tageweide. Unde swer die drîe tageweide rehte kan unde die selben tageweide rehte vert ûf der zweier wege einem, der kumt ze dem himelrîche. Wan swederen wec der mensche vert, sô muoz er die drîe tageweide haben; unde hât er ir niht, er kumt niemer ze dem himelrîche. Swie wol ir kumet ûf den wec der marter oder ûf den wec der erbarmherzikeit, sô müezet ir die drîe tageweide ouch dar zuo haben, oder ir kumet niemer in daz himelrîche.

Diu êrste tageweide daz ist der lûter kristengloube [unde daz stêt in dem sermône von dem wagen, wie man kristenglouben halten sol]. Diu ander tageweide ist daz gedinge. Diu dritte tageweide ist diu wâre minne [daz stêt wol hie vor in dem næhsten sermône von dem wagen, wie man drîe tageweide varn sol]. Wan als ir den rehten kristenglouben habet, sît ir die êrsten tageweide unz an daz firmament, unze an den himel, dâ die sternen ane stênt. Und als ir danne daz gedinge habet — ez heizet eteswâ daz gedinge, eteswâ zuoversiht, eteswâ hoffenunge, ez heizet in latîne *spes* —: und als ir die selben tugende habet, sô habet ir die andern tageweide. Diu gêt dannoch von dem himel dâ die sternen ane stênt unz an den himel, der dâ ist kristallîn: von *celo de stella* unze an *celum cristallinum*. Diu dritte tugent daz ist diu wâre minne. Als ir die habet die tugentrîche tageweide *de celo cristallino* unze an *celum empireum*, unde als ir dise drîe tageweide habet, sô sît ir rehte in dem himelrîche, swenne ir dise drîe tageweide für iuch gêt, daz ir niht irre werdet an dem wege und an iuwerm jungesten ende. Unde dâ von sult ir got iemer biten, daz er iu verlîhe eines guoten endes; wan unz an iuwern tôt hætet ir got wol ze biten umb ein guotez ende. Und alsô sult ir die êrsten drîe tugende haben, sô sît ir ûf dem rehten wege zem himelrîche. Unde sullet danne die andern drîe haben: sô habet ir die drîe tugende unde sît ûf dem wege ze dem himelrîche. Unde lât iuch dar an niht irre machen. Wan die tiuvel machent iuch vil gerne irre an dem ende mit dem zwîvel unde mit dem ungelouben. Sô machet er iuch mit dem siechtuom gerne irre an der wâren minne. Wan der wirt irre mit unrehter minne an guote, sô wirt der irre an unrehter minne mit üppikeit oder mit hôhvart oder mit wollust, oder swaz ez ist daz der mensche minnet wider got, sô sît ir an der tageweide verirret unde versûmet, daz ir daz wünneclîche himelrîche niemer beschouwet. Buoze die nim ich alle zît ûz.

Daz ir erbarmherzic nû müezet werden mit disen drin tugenden unde mít disen drin tageweiden, daz ir des rehten weges niemer verirret werdet noch der rehten tageweide niht gesûmet werdet, ir müezet ie ze rehten menschen werden, die der almehtige got die rehten wege wîset, als den guoten sant Remîgien und ander heiligen ein michel teil: daz uns daz allen widervar, iu mit mir unde mir mit iu, daz verlîhe uns allen der vater unde der sun unde der heilige geist. Âmen.

---

# XIII.

## VON ZWELF SCHARN HERN JÔSUÊ.

'DIe heiligen die rîchsent unde rihtent die diet unde hêrschent über diu volk' (1. *Cor.* 6, 2). Alsô geschiht ez an dem jungesten tage. Sô werdent die dâ habent erliten ûf ertrîche die martel umbe die hulde unsers herren, die werdent danne vil zornlîchen rihten unde häzzelîchen über die, die die heiligen habent gerihtet ûf ertrîche: des werdent sich danne die heiligen vil häzzelîchen rechende. Ez wirt der guote sant Pêter unde der guote sant Paulus vil häzzelîcher rihten über den künic Nêrô danne er ie über sie getete; wan er rihte hie niht anders danne über die lîbe: sô werdent sie im vil griulîcher unde grœzer gerihte an legende, wan sie werdent in verdamnende an lîbe und an sêle. Sô hât er in niht mê danne alleine den lîp benomen: sô benement sie im lîp unde sêle. Daz selbe tuot der guote Johannes Baptiste dem künige Herôdî unde der guote sant Bartholomêus dem der in dâ martelte. Und alsô tuont die andern alle samt, wan sie dem almehtigen gote an dem jungesten tage werdent klagende unde bî im sitzende an dem jungesten gerihte unde helfent im alle die verdampnen, die an den tac koment mit houbetsünden âne riuwe und âne bîhte und âne buoze: die werdent alle verdampt; iezuo werdent sie verdampt an der sêle und an dem jungesten tage an lîbe und an sêle. Die wîle lît der lîp in der erden unde ruowet, und als der jungeste tac danne kumet, sô werdent sie verdampt êwiclîche. Und alle die zer helle verdampt werdent, die sæhen gerne, wie lange der jungeste tac wære, dar umbe: swanne sie den jungesten tac sehen müezen, daz sie biz danne zwivalte martel müezent lîden. Wan die wîle und daz der jungeste tac niht komen ist, sô hât niuwen diu sêle martel alleine, unde swanne der jungeste tac danne kumet, sô muoz der lîp zer sêle unde muoz erstên von der erden unde muoz danne der lîp iemer mêr êwiclîche die martel mit der sêle lîden, die diu sêle iezuo alleine lîdet. Unde dar umbe sô sæhen sie gerne, wie lange der jungeste tac wære, daz sie doch die wîle danne an dem lîbe ruowe hæten.' Sô sæhen ouch die heiligen gerne, wie schiere der jungeste tac kæme. Daz wære in vor allem liebe, daz si'n iemer gesehen möhten, wan sô wære danne ir freude zwivalt. Ze gelîcher wîse als der verdampten martel in der helle zwivalt wirt an dem jungsten tage, als wirt der heiligen freude ouch zwivalt, swenne der jungeste tac kumet. Und alle die sêle, die ze himelrîche koment, die heizent doch heilic: ob sie halt nieman mit besunderem namen heilic heizet, sô sint sie doch alle heilige. Wan alle die mit houbetsünden beladen werdent unde dar umbe wâren riuwen gewinnent unde ze lûterre bîhte koment unde danne bereit sint die buoze ze leisten, den gibet man buoze nâch gnâden. Unde gæbe man in buoze nâch rehte, der möhten sie niht volenden. Unde dâ von gît man iu kristenliuten buoze nâch gnâden, swes ir hie ûf ertrîche niht gebüezet, daz iu daz in dem vegefiure abe brinnet. Und als ez danne in dem vegefiure abe gebrinnet gar, sô sint sie heilic unde varnt in daz himelrîche sâ zehant. Als sie danne ze dem himelrîche koment ûz dem vegefiure, sô sint sie heilic. Unde mit den selben heiligen kumt der almehtige got an dem jungesten tage her abe von himelrîche und er wirt danne rihtende an dem jungesten tage allez daz hinnen unz dar niht gerihtet wirt. Unde dâ werdent die heiligen rihtende über die diet unde werdent hêrschen über daz volk. Unde wie der almehtige got an dem jungesten tage ûf ertrîche komen wil, daz er rihte übel unde guot, unde wie die heiligen danne hêrschen wellent über daz volk, daz hât er uns erzöuget in der alten ê. Wan swaz uns nützer dinge künftic was und ist ze der sêle, daz hât uns got erzöuget in der alten ê an der liute leben. Und alsô hât er uns ouch daz erzöuget.

Ez was ein herre in der alten ê, der hiez her Jôsuê, unde was ein herzoge. Der bediutet unsern herren Jêsum Kristum. Nû seht, wie glîch die namen sint Jôsuê unde Jêsus! Zuo dem sprach unser herre: 'Jôsuê, var hin unde rich mich an dem volke, diu dâ gesündet hânt in den heiligen landen. Ez sint siben volk unde habent einz unde drîzic künicrîche; unde sie habent mir gar unde gar vil ze leide getân mit grôzen sünden in dem heiligen lande. Unde diu selben volk heizent Chananêî, Ethêî, Êvêî, Pheresêî, Jergesêî, Jebusêî, Amorrêî, unde sult ûf sie varn unde sult sie alle ze tôde slahen, daz niemer muoterbarn genesen müge, unde sult sie alle ze tôde slahen, daz kint in der wiegen, daz kint in der muoter, allez samt, jungez und altez, klein unde grôz. Unde dû solt diu zwelf geslehte zuo dir nemen, unde lâz nieman genesen. Dir mac nieman widerstên, weder liute noch vesten: daz überkumest dû allez samt.' — Unde daz geschach, unde fuor ûf sie in die einz unde drîzic künicrîche. Unde dô er mit den zwelf geslehten kam unde mit den zwelf scharn, und an den Jordân kâmen, dô gienc der Jordân ûf ze berge unde gienc ein zaher niht dar nider, sô gar ernst was in der almehtige got unde sô vînt was er in. Unde swâ sie kâmen an die mûren und an die stete und an die bürge, dâ leiten sich die mûren für sich nider in den graben. Unde daz tet der almehtige got allez dar umbe, daz man sæhe, wie ernst im ûf sie wære. Nû seht, ir hêrschaft alle samt, wie ernst dem almehtigen got ûf die siben leie liute was, ûf diu siben volk! Und her Jôsuê sluoc sie alle ze tôde, kint unde wîp, junc und alt, und in was nieman wider und in mohte ouch nieman wider. Dô wart ach unde wê und angest unde nôt, wan sie grôzen wêtagen über einz unde drîzic künicrîche muosten lîden. Und ein stat diu hiez Gâbaôn. In der giengen die burger ze râte unde sprâchen alsô: 'wie suln etewie den list vinden, als sie nû koment daz wir genesen mügen, oder wir sîn alle samt tôt: ez mac vor disem herren nieman genesen. Unde dâ von suln wir uns berâten, wie wir den list vinden, daz wir genesen.' Unde sie berieten sich flîzeclîche unde tâten rehte alse die gerne genesen wolten. Seht, sie nâmen alte schuohe unde leiten die an, unde altez gewant unde leiten daz ouch an. Sich, unde daz gewant was allez samt alt unde hadern bœse, unde in bleckete der lîp allenthalben, unde die schuohe wâren ouch sô bœse unde sô alt, daz ir nihtes niht ganz was. Unde sie nâmen alte büteriche, die wâren bœse unde bodenlôs unde zerbrosten, daz sie einigen zaher niht behalten kunden; unde sie nâmen altez brôt, daz was schimelic, unde leiten daz ûf esele unde fuoren gein den vînden, die sô grôz mein stiften an den siben volken. Und alse sie gein dem fürsten fuoren hern Jôsuê unde bî in quâmen unde sîn her, dô sprach er: 'waz liute sît ir?' Dô sprâchen sie: 'wir sîn der liute von dem aller verresten lande.' Dô sprach her Jôsuê: 'ir sît der siben volke: wir müezen iuch erslahen und ertœten.' Dô sprâchen die von Gâbaôn unde swuoren tiure: 'wir sîn der siben volke niht, wir sîn von dem aller verresten lande unde wellen einen fride mit iu machen, wan wir hôrten von iu sagen, daz nieman vor iu belîben möhte, unde sîn dar umbe her gein iu gevarn ûf iuwer gnâde, alse ir nû hin hein zuo uns komet, daz wir danne einen fride mit iu haben.' Dô sprâchen sîne râtgeben zuo hern Jôsuê: 'ir sult einen fride wol mit in machen unde sult in iuwern fride geben, sô lange sô sie iuwer gnâde sô verre suochent.' Unde machte einen fride mit in. Sie fuoren wider hein. Unde dô her Jôsuê mit sînem her quam gein der stat ze Gâbaôn, dô fuoren sie gein in her ûz von der stat unde sie sprâchen: 'herre, gnâde. Ir habet uns iuwern fride gegeben.' Dô sprach er: 'ir sît der siben volke, die dâ habent gesündet in dem heiligen lande, unde wir suln iuch erslahen, wan ir jâhet ir wæret von dem verresten lande.' Dô sprâchen sie: 'herre, gnâde. Wir manen iuch iuwer triuwen und iuwer gnâden, daz ir uns iuwern fride gegeben habet: den müget ir nû niht gebrechen.' Unde swie zornic er wære unde swie ernst im ûf sie wære, doch muoste er sie lâzen genesen.

Nû seht, waz diz bediute. Daz ist diu schale ûzen; den edeln kern den wil ich iu dar nâch sagen. Die schale die nagent die juden, der kern ist uns kristenliuten ze teile worden. Nû seht, ir hêrschaft alle samt, welch ein glîchiu ebenmâze! Der herre der dâ heizet her Jôsuê, der bediutet unsern herren Jêsum Kristum. Der wil an dem jungesten tage komen unde wil sich rechen an den siben volken, diu dâ habent gesündet in dem heiligen lande. Und er kumt mit zwelf grôzen scharn, der diu eine ie schœner danne diu ander ist, unde sint alle liehter danne diu liehte sunne, und ir füeret iegelîcher ein scharpfez swert in sîner hant: wan dem almehtigen gote ist gar unde gar ernst ûf diu siben volk, diu im habent gesündet in dem heiligen lande, daz ist in der heiligen kristenheit. Der sint siben leie sünder, die in der heiligen kristenheit sündent wider got, unde die zwelf schare habent sich gar schône geschart under sehs leie heiligen, die teilent sich ir ieglîcher enmitten, unde ir varnt ie zwô unde zwô mit einander, wan sie den almehtigen got gar zornlîche mit scharpfen swerten wellent rechen an den siben leien sündern. — Unde die êrsten zwô schar daz sint zweier hande bîhtiger. Diu ein schar von geistlîchen bîhtigern daz sint alle die, die dâ orden habent in klœstern, als der guote sant Bernhart unde der guote sant Otmâr unde die andern, der manic tûsent ist, die gotes hulde halt mit ir lêre, mit ir bîhte gewunnen hânt. Sô sint die andern die werltlîchen bîhter, die niht in orden noch in klœstern gewesen sint unde doch die hulde unsers herren verdienet habent: die sint in der andern schar. — Die ander zwô schar sint zweier hande rihter, geistlîche unde werltlîche rihter, bæbeste unde bischove und ander geistlîche rihter unde werltlîche rihter, als der künic Karle unde sant Ôswalt unde der keiser Heinrich und der andern ein michel teil. — Die dritten zwô schare daz sint zweier leie mertelære; wan der wirt ouch eine grôziu schar, die den lîp gâben an die martel durch den willen unsers herren unde durch rehten gelouben in der alten ê und in der niuwen ê. Diu êrste schar daz sint herte mertelære, die die herte martel hânt erliten unde griulîche unde grôze unde herte martel hânt erliten. Diu ander schar der mertelære daz sint die dâ kleine unde geringe martel hânt erliten. — Die vierden zwô schar daz sint zweier hande megede; die habent gar ein unmâzen grôze schar. Diu eine sint die, die dem almehtigen gote mit gesundem lîbe ir magettuom gebent und ir kiusche, die sie dem almehtigen gote geheizent, die sie in dem heiligen toufe behielten. Die andern sint die megede, diu kleinen kint, diu alsô von dirre werlte scheident, daz sie umbe deheine unkiusche niht enwizzent unde die alsô sterbent. Der wirt gar ein grôziu schar, unde füeret ir ieglîchez ein swert in sîner hant unde müezent rihten über ir vater und über ir muoter und über alle ir mâge. Die erbarment sie niht mêr danne einer der von Kriechen ist, von der liebe, die sie ze gote habent. — Die fünften zwô schar daz sint zweier hande witwen; wan der fünften zwô schar der ist ouch gar vil, die den magettuom verlorn hânt unde die danne dar nâch kiusche blîbent. Die êrsten mit der schar der witwen daz sint alle die ir magettuom mit der ê habent verlorn. Die andern daz sint alle die ir magettuom mit der unê habent verlorn unde daz gebüezet hânt mit der wâren riuwe unde mit lûterre bîhte unde mit buoze, unde dar nâch iemer kiusche wellent sîn unz an ir tôt. Der ist gar ein michel schar, unde den ist gar ernst unde zorn ûf die sünder, die dâ gesündet hânt in dem heiligen lande. — Die sehsten zwô schar daz sint alle die dâ êliute heizent unde rehte unde redelîche hânt gelebet unde âne houbetsünde von dirre werlte scheident: die werdent vil grôze heiligen unde der wirt ein vil grôziu schar. Diu êrste schar sint alle die mit ir ê rehte unde redelîche gelebet hânt âne houbetsünde. Die andern sint alle die mit der ê lebent unde sich vor houbetsünden niht gehüetet hânt unde daz gebezzert unde gebüezet hânt. Und alsô kumet der almehtige got mit disen zwelf scharn ûf diu zwelf volk, die Chananêî, Ethêî, Êvêî, Pheresêî, Jergesêî, Jebusêî, Amorrêî. *Amari, amarissimi*, wâ sitzest dû dâ vor mînen ougen? Diu siben volk daz sint die siben leie sünder, die in der heiligen kristenheit alle tage sündent, die siben houbetsünde, die siben houbetlaster.

Die êrsten sint alle, die haz unde nît an ir herzen tragent und ir ebenkristen niht mügent an gesehen vor haz unde vor nîde unde habent haz unde nît ûf sie, ob sie ein wênic baz mügen an friunden oder an guote oder ob sie mêr gelückes ze ir koufe haben. Unde dar umbe tragent sie allez haz unde nît ûf einander umbe sus und umbe niht. Unde wære halt, daz er dir ein grôz leit hæte getân der dem dû haz unde nît treist, dû soltest im dannoch weder haz noch nît tragen. Unde dar umbe sô rechent sie den almehtigen got an dir. Jâ, ir edeln und ir gewaltigen heiligen alle samt, nû lât daz schînen, daz ir dem almehtigen gote herzeclîchen holt sît, und ir sult in alsô rechen an allen, die wider in mit nîde unde mit hazze sündent in der heiligen kristenheit, unde dar umbe sô slahe iuwer ieglîcher einen slac in, der dâ niemer mêr geheilt! Wan in ist gar unde gar ernst ûf iuch, ir hazzer und ir nîder, unde dem vater ist daz kint als vînt, daz ez in verdampnet âne wer und ân aller slahte erbarmede. Wan als ein balsamenvaz des enpfindet, daz ez versenket wære an des meres grunt, und als wênic daz edele syropel oder balsamengesmac der bitterkeit des meres enpfindet durch ein dickez glas, alse wênic enpfindet daz kint, daz ein himelkint ist, swenne ez an dem jungesten tage den vater unde die muoter verdampnen sol, oder der vater daz kint oder der bruoder die swester oder diu swester den bruoder oder mâc den mâc: die enpfindent deheiner sippe umb ein hâr niht, wan sie minnent den almehtigen got sô sêre, ob sie des gewalt hæten daz sie ir veter und ir müeter von der helle genemen möhten, des wolten sie niht: wan sie niht anders wellent. danne daz got wil. Und alsô zornlich und alsô engestlich und alsô vorhtlich wirt der jungeste tac,. daz alliu disiu werlt die freise niht vollesagen kan. Unde dâ von sô sprichet der guote Iob, aller manne beste, dem got selber verjach daz er im niht gelîches weste in aller dirre werlte, unde daz der alsô sprach: ‘herre, lâz mich die selbe wîle in der helle sîn als der tac dînes gerihtes kumet, unde nim mich danne her wider ûz nâch dînen gnâden.’ Owê, armer sünder! sît daz der aller beste man sprichet, daz er in der helle die wîle gerner wære, wie, armer sünder, wie wirt ez danne umb uns stên? Und ir sult wizzen, daz alle die engele mit dem almehtigen gote her abe koment, die iendert ze himele sint, daz weder heiligen noch engele blîbet einiger in dem himelrîche niht, sie müezen alle mit gote her abe ûf diz ertrîche. Unde sie koment niht gar ûf daz ertrîche, wan dem almehtigen gote geschach sô leide unde sô ungetriuwelîche úf ertrîche, daz er niemer mêr alsô ûf ertrîche komen wil. Wan als er sich dâ tegelîche verwandelt in ein brôt in des priesters handen, alsô ist er beide gewâre got unde wârer mensche alle tage bî uns ûf ertrîche mit sînem gewalte unde mit sînen gnâden. Aber an dem jungesten tage sô wil er mit gewalte unde mit zorne komen, unde dâ muoz allez himelische her bî im sîn an dem gerihte; wan die heiligen die helfent dem almehtigen gote unde die verdampten die verteilent sie, unde sô stôzent sie die engele in die helle unde die tiuvel. Sô gedenket im etelîcher: ‘wê! daz sô vil werlt und engele sint, sô mac ich mich verbergen.’ Des habe rehte deheinen trôst, daz dû dich iemer verbergest oder verbergen mügest. Wan als wênic als dû dich vor dem tôde verbergen maht, als wênic maht dû dich vor dem gerihte unsers herren verbergen. Unde swie vil dâ ist beidiu tiuvel und engel unde die heiligen unde die verdampten in der hellen — wan daz in der hellen ist daz muoz her für sam die in dem himel —, unde dû maht dich doch niemer verbergen. Wan alle die schulde unde missetât, die dû ie begienge, der mac sich halt einiu niht verbergen, diu minneste houbetsünde, die dû ie begienge, âne die, der dû bîhtic worden bist unde sie geriuwet hâst unde buoze dar umbe enpfangen hâst. Unde hâst dû sie niht geleistet, sô muoz sie abe dir brinnen in dem vegefiure. Unde swaz dû houbetsünden hâst getân, die stênt alle des tages offen unde blôz vor aller der werlte, unde wirdest danne sô gar ze laster unde ze schanden vor allen heiligen unde vor allen engeln unde vor gote selber unde vor sîner muoter unde vor allen tiuveln unde vor allen den verdampten in der helle: die sehent sie wol. Und alle die heiligen die mit gote sint und engele, der ist ieglîcher alse lieht und alse klâr als diu sunne. Nû sich, wie vil des liehtes sî unde wie vil dû ze schanden wirdest!

Die andern sünder daz sint alle die mit zorne umbe gênt, die sint der siben volke einez, und alle die bitter sint als ein galle. Wan sie heizet diu selbe bitterkeit Amorrêus: *amari, amarissimi*: bitter und aller bitterste. Sô wirt der ein mörder vor bitterkeit, sô wirt der ein rouber von bitterkeit, sô wirt der ein verræter von bitterkeit unde verrætet einem êre unde guot vor bitterkeit und ir lîp und ir leben. Etelîche werdent ze mortbetern unde ze mortbeterinnen vor bitterkeit und etelîche verliegent die andern von bitterkeit, unde sô manigiu verdampnisse kümt von zorne unde von bitterkeit des herzen. Sô wirt etelîcher ein morder sînes eigenen wîbes. Dû maht ir einen slac oder einen druc tuon, daz sie ez niemer mêr überwindet; unde stirbet sie sâ zehant dâ von niht, sô stirbet sie aber lîhte über ein halbez jâr, daz sus niemer wære geschehen sô gâhens. Unde wirdest lîhte schuldic an dînem eigenen kinde, ob sie swanger ist dîn hûsfrouwe. Sô schiltet sie her wider unde fluochet dir, und alsô enwirt niemer fride noch suone under in noch triuwe. Daz ist allez von der bitterkeit des herzen. Unde dar umbe sô wirt dem almehtigen gote sô gar ernst ûf dich umbe dîne grôze bitterkeit und allen sînen heiligen, daz sie dich erslahent êwiclîchen mit ir scharpfen swerten. Unde diu kindelîn, diu Herôdes sô enthoubete, diu werdent sich danne rechen vil wirser unde harter danne er sie gerihtet habe.

Die dritten daz sint alle die, die dâ an gotes dienste træge sint. Daz ist gar ein grôziu houbetsünde. Der ist ouch gar ein michel teil, die dem almehtigen gote sündent in dem heiligen lande. Wan sich got durch den sünder tœten liez unde bitterlîche martern dem menschen ze dienste unde ze nutze, dâ von wil ouch des got niht enbern, im müeze der mensche dienen. Wan got dem menschen alliu dinc ze nutze unde ze dienste hât beschaffen und ouch got selbe dem menschen dienet und im gedienet hât und im die engel ze dienste hât geordent und im ze dienste hât geboten daz sie uns dienen müezen, sô ist daz ouch billich unde mügelich, daz im der mensche von allem herzen diene. Er ist allez bezzernhalp gein uns, unde dâ von muotet er gein uns niht wan daz wir wol vollebringen mügen. Der wol mac, der tuo ouch wol. Der rîche sî, der sol almuosen geben unde messe frumen unde wege unde stege machen unde klœster rîchen unde spitâle unde den hungerigen etzen unde den durstigen trenken unde den nackceten kleiden unde den ellenden herbergen unde diu sehs werc der erbarmherzikeit tuon alles. Wan dâ von wirt er sunderlîche frâgen an dem jungesten tage umbe diu sehs werc der erbarmherzikeit. Und alle dienste die man gote gedienen mac, die sint im alle liep unde wert; iedoch sint im die sehs dienste vor in allen an dem jungesten tage an dem urteile, daz er nâch den andern sô sêre niht frâget. Sô sullen dise gerne beten, die gerne fasten; sô sullen dise gerne arbeiten mit triuwen unde mit êren; sô sullen die gote dienen, daz sie guote rihter sîn; sô sullen die gote dienen, daz sie guote lêre geben mit predigen unde mit bîhte hœren; sô sullen dise guote liute sîn. Und alsô solte ein ieglich mensche gote dienen, alse erz geordent hât. Der sol almuosen geben, sô sol der daz tuon unde dirre jenez. Und als die des niht entuont unde gote niht endienent, die sint der siben volke ouch einez unde die müezent daz gerihte unsers herren lîden an dem jungesten tage und aller sîner heiligen unde die müezent êwiclîche verdampt sîn.

Die vierden, die ouch der siben volke sint diu dem almehtigen gote gesündet habent in dem heiligen lande, die heizent frezzer und übertrinker. Alle die sich überezzent und übertrinkent, die müezent ouch an dem jungesten tage gerihtet unde geurteilet werden von disem himelischen here unde von dem almehtigen gote selber unde von allen sînen zwelf scharn unde von allen tiuveln, die sie stôzent in die helle, dâ ir niemer mêr rât wirt, wande er im geboten hât der almehtige got von himelrîche, daz er kiusche sî mit worten unde mit werken reine. Sô izzet einer unde trinket, daz zehen müezent darben; des er doch wol geriete, daz giuzet er alle tage in sich, und im halt grôz schade ist an dem lîbe und an dem guote und an der sêle und an den êren. Wan diu selbe schalkeit, diu selbe sünde, über daz daz sie den menschen verdampt an der sêle, sô verdampt sie den menschen an dem guote und an dem lîbe und an den êren. Unde dâ von ist er von rehte verdampt an der sêle swer mit der selben sünde umbe gêt, diu dâ heizet frâzheit, und ir lîbe niht enziehen wellent von ir frîheit noch von der selben sünde. Dâ von sô kumet manigiu ander sünde. Unde wære sie sô schedelîchen niht als sie dâ ist, sô wære sie ouch der siben houbetsünde einiu niht unde diu schedelîchste unde diu wirste, die diu werlt ie gewan. Unde dâ von sô hât disiu sô manic hande schaden, daz maniger man sîn kint unde sîne hûsfrouwe gar ze schaden bringet, daz sie niemer mêre tiurre mügen werden unde daz sie ze bœsen liuten ofte müezen werden. Sô muost dû halt selbe ofte unde dicke ze bôsheite gedîhen unde zem almuosen. Owê, sô geschehe dir gar wol an der sêle! Unde dû wirdest ê zeinem diebe oder zeinem rouber oder zeinem trügener oder zeinem velscher, unde dû wirdest unkiusche an dem lîbe, swenne dû dich überizzest und übertrinkest; wan dâ wehset von grôziu hitze unde grôziu unkiusche. Und alsô maniger leie schaden kumt von der frâzheite, daz dâ von wirt vil zornlîche über sie gerihtet an dem jungesten tage; und ir sleht ieglîcher einen scharpfen slac in in, unde sie müezent êwiclîche verdampt sîn, des êrsten an der sêle und an dem jungesten tage an lîbe und an sêle.

Die fünften sünder, die ouch der siben volke sint die dem almehtigen gote sündent in dem heiligen lande, daz sint alle die mit hôhvart umbe gênt, wan die müezent ouch zuo ir gesellen Lucifer alle samt. Unde der wolte hôhvart getriben hân unde wart geworfen in daz stinkende apgründe her abe in die helle. Und alsô wirt an in gerichet an allen den, die dâ hôhvertic sint, wan er selbe gar dêmüetic ist gewesen der almehtige got ûf ertrîche unde sîn heiligiu muoter unde der andern heiligen ein michel teil, die mit der dêmüete erworben hânt daz himelrîche. Wan ez ist manic mensche hôhvertic, daz nihtes niht dar zuo hât, wan ez mit einem gestüppe umbe gât unde mit einer îtelkeit unde mit einer üppikeit, als her Salomôn dâ sprichet: 'diu üppikeit mit der üppikeit.' Wan ez hôhvertet einez von sînen friunden, einez von sînem guote, einez von sînem starken lîbe, einez von sînem schœnen lîbe, einez von sînem frîen muote — dâ kumt ouch manigiu sünde von — und einez von sînem wolsingen, einez von sîner künste. Von der hôhvart kumet ouch manslaht unde vîntschaft unde unkiusche unde roub unde vil manic ander sünde, wan sie ist der schedelîchsten sünden einiu, die diu werlt ie gewan oder iemer mêr gewinnen mac.

Die sehsten, die ouch der siben volke sint die gote sündent in dem heiligen lande, daz sint alle unkiusche liute. Alle die mit der werlt unkiusche umbe gênt, die sint alle samt der liute, die man an dem jungesten tage verdampt unde die man verdamnen sol mit rehtem urteil unde mit scharpfen swerten. Ir êbrecher und ir nescher unde nescherin, waz sprechet ir dar zuo? Ir sît an der vordersten schar, die man verdampt an dem jungesten tage an den grunt der hellen. Unde von der unkiusche kümt manigiu grôziu sünde, die man sus niemer getæte. Dâ kument von unrehte gewinne, daz manic man roubet oder stilt oder sus unreht guot gewinnet, unde tanzent unde trîbent hôhvart. Und als diu hôhvertikeit von der unkiusche kumet, als kumet ouch diu unkiusche von der hôhvart, unde verwen unde gilwen daz kumet allez sament von der hôhvart. Unde von der unkiusche kumet manslaht unde vîntschaft unde haz unde nît. Unde dâ von werdent sie ouch verdamnet von den grôzen heiligen, die gar kiusche wâren, als der guote sant Paulus unde der andern ein michel teil. Jâ, herre, lâz ir einigen niht genesen, wan daz sie alle erslagen werden unde verdamnet an den grunt der helle, dâ ir niemer mêre rât wirt. Ir tugenthaften heiligen, daz lât schînen alle samt, daz ir got minnet vor allem iuwerm herzen unde von aller iuwer sêle, unde slahet ir ieglîchem einen slac, der niemer geheilet; wan swaz sie dâ tuont wider dîne hulde in dem heiligen lande, daz ist diu heilige kristenheit, daz möhten sie wol tuon âne sünde mit der heiligen ê. Unde dâ von, daz sie got der êren niht wellent bieten daz sie wol âne sünde möhten tuon unde doch niht tuont — wan daz selbe tuont sie mit vil grœzern sünden unde mit schanden — unde dar umbe, daz dû im der êren niht bieten wilt, daz dû ez âne sünde tuost, dar umbe wil er dir niemer dekeine êre getuon weder hie noch dort, unde wirt wênic êren an dich geleit von im noch von deheinem sînem heiligen, wan sie slahent iu die wunden, die niemer mêr geheilent.

Die sibenden liute, die ouch dem almehtigen gote dâ sündent in dem heiligen lande (daz ist diu heilige kristenheit), daz sint die aller schedelîchesten liute, die diu werlt ie gewan oder iemer mêr gewinnen mac. Daz sint die gîtigen liute. Pfî, gîtiger, wie gar dich got verteilet hât vor allen den sündern, die diu werlt ie gewan oder iemer mêr gewinnen mac! Dû bist alsô schedelich, daz manic tûsent sêle verlorn werdent von dînen schulden. Wan alle die daz unrehte guot erbent nâch in, bî ir lebendem lîbe oder nâch ir lebendem lîbe, unde swie der mensche unrehtez guot gewinnet, sô ist er der siben volke einez, diu dâ sündent in dem heiligen lande, ez sîn wuocherer oder fürköufer oder dingesgeber oder rouber oder die ungetriuwe an ir antwerken sint, die werdent alle des tages verdampt an den grunt der hellen, dâ ir niemer mêr rât wirt. Dâ wirt nôt und angest und alle ungenâde, und allez übel gerüeget, beidiu klein unde grôz, unde wirt daz kint den vater verfluochende umbe daz unrehte guot, unde sprechent alsô: ‘daz ich êwiclîche verdampt muoz sîn, daz kumt von dînen schulden.’ Sô sprichet der vater zuo dem kinde: ‘wê dir! wan ich durch dînen willen unrehtez guot gewan anders danne mir got geboten hete.’ Sô sprichet daz kint zuo dem vater: ‘nein, ich bin durch dîne gîtikeit êwiclîche verdampt unde hâst mich verkoufet in den êwigen tôt.’ Alsô wirt ein widerfluochen und ein grisgramen und ein zannen. Unde dâ von durch den almehtigen got, ir kint, nû hüetet iuch vor dem unrehten guote, daz irz iht erbet von vater unde von muoter, ob ez mit unrehte gewunnen ist; wan iu mac vil lieber sîn, daz ir der obern schar sît danne der nidern unde daz ir dem almehtigen gote helfet urteilen über iuwern vater, danne daz ir mit im verteilet werdet ze dem êwigen tôde. Unde dar umbe sult ir sie fliehen und dienet hêrscheften ê, ê daz ir als jæmerlîche verteilet werdet mit lîbe unde mit sêle. Wan dâ liset man griulîche, wie jæmerlich der selbe tac werde des jungesten gerihtes, unde wie der almehtige got sprichet: 'kumet her zuo mir, mîne erwelten, zuo dem rîche, daz iu von anegenge der werlte bereitet ist.' Sô sprichet er zuo disen siben volken: 'gêt, ir verdampten, mit dem leidigen tiuvel in daz êwige fiwer, dâ ir iemer mêr êwiclîchen inne sult brinnen!' 'Owê, bruoder Berhtolt, wie suln wir dâ getuon unde wie suln wir uns dâ vor behüeten?' Seht, daz künde ich iu wol gerâten, woltet ir mir volgen. Dâ sult ir tuon, daz die von Gâbaôn dâ tâten. Ir sult nemen alte schuohe. Daz ist der alte kristengeloube, der sît anegenge der werlte hât gewert, wan ez ist von anegenge der werlte ie gewesen rehter gloube unde stæter gloube, und ouch vil ungloubén gewesen, als ez noch hiute ist. Aber die den rehten glouben dâ hielten, die wâren dem almehtigen gote gar liep unde hiezen sîn volk unde sîne diener. Wan tæte man unserm herren alle die dienste, die diu werlt ie gewan, er gæbe dir niemer deheinen lôn dar umbe, dû enhabest danne den alten glouben. — Ze dem andern mâle sô sult ir haben alte büteriche, als die von Gâbaôn heten. Die heten alte büteriche genomen, die wâren sô bœse, daz sie einigen zaher niht behielten. Daz bezeichent, daz ir wâren riuwen haben sult alle die dem almehtigen gote gesündet haben in dem heiligen lande mit houbetsünden, ob ir wellet genesen an dem jungesten tage vor unserm herren Jêsû Kristô unde vor sînen zwelf scharn, die dâ sô zornlîche koment an dem jungesten tage mit ir scharpfen swerten. Sô sult ir nemen alte büteriche, die einigen zaher niht behaben: daz ist der wâre riuwe, den ir vesteclîchen sult gewinnen umb alle iuwer sünde. — Ze dem dritten mâle sô sult ir ouch tuon als die Gâbaônîten. Ir sult nemen alte hadern, altez gewant, daz alles zerbrosten unde zerrizzen sî und alles zerhadert. Dâ ist iu bî bezeichent, daz ir lûterlîchen bîhten sult alle iuwer sünde. Wan in bleckte diu hût allenthalben, sô bœse was daz alte gewant daz sie dâ an heten die von Gâbaôn. Alsô sult ir iuch enblœzen und enblecken aller iuwer sünden, daz ir dem bîhtigære iuwer herze gar nacket unde blôz machen sult, daz ir ihtes iht bedecken noch verswîgen sult weder kleine noch grôz, als verre als ir künnet unde müget. Sô sult ir allez daz her für sagen daz ir ie begienget, unde ganzen willen haben daz irz niemer mêr getuot unz an iuwern tôt. — Ze dem vierden mâle sô sult ir nemen hertez brôt, daz schimelic sî; daz sult ir ûf die esel legen unde sult danne alsô tuon, als die von Gâbaôn tâten mit disen vier dingen,* die dâ machten mit hern Jôsuê dem herzogen einen fride. Unde daz herte brôt daz schimelige bezeichent die herten buoze; wan diu ist gar herte und ist vil schimels dran. Mit vasten, mit beten, mit vigilien unde mit allen guoten dingen sult ir die herten buoze ûf die esel legen als die von Gâbaôn daz herte brôt. Der esel bezeichent den lîp, daz herte brôt die buoze, die er tragen sol. Wan er hât die sünde getân, unde dâ von sol er von rehte tragen die buoze. Ie dar nâch daz die sünde sîn gewesen, dar nâch sult ir ouch die buoze ûf den lîp nemen. Und ir jungen priester, ir sult allen sündern buoze geben nâch gnâden, wan âne dem gîtigen unde dem lugenære, der einem menschen sîne êre nimt mit lugenen: der sol in schône machen mit allem rehte, unde der gîtige sol gelten unde widergeben. Unde dar umbe durch den almehtigen got, sô gedenket an den zornlîchen tac und an daz vorhtelîche gerihte unsers herren, unde machet iu als guoten fride mit im daz ir iht verteilt werdet ze dem êwigen tôde, unde machet iuch mit disen vier dingen hin ze gote. Sô læt er iuch genesen an dem jungesten tage, als die von Gâbaôn dâ genâsen vor hern Jôsuê. Nû gewinnet alle samt wâren riuwen unde tuot die zervallenen büteriche an iuch, daz iendert zaher in iu belîbe des bœsen willen, daz ze houbetsünden gehœret. Unde wol dan alle zuo dem himelrîche! nû des êrsten an der sêle und an dem jungesten tage an lîbe und an sêle. Daz uns daz allen widervar, mir mit iu und iu mit mir, daz verlîhe uns der megede sun mîner frouwen sant Marîen, der mit dem vater unde mit dem heiligen geiste lebet unde rîchset ân ende und ân anegenge iemer. Nû sprechet alle von einem inneclîchen herzen: âmen. Pfî, gîtiger, wie herteclîche dîn âmen vor gotes ôren klinget reht als des hundes bellen!

---

# XIV.

## VON SIBEN ÜBERGRÔZEN SÜNDEN.

'ICH fröuwe mich ûf dich und mîn freude wirt an dir vollebrâht.' Alsô sprichet unser herre in der heiligen schrift zuo allen den, die sînen willen tuont. Wan ez sint drîer leie liute, die den almehtigen got gar frô machent und alsô frô, daz den freuden nie niht glîche wart gesungen noch geseit. Nû seht! wie frô ein armer mensche wære, der nie guoten tac ûf ertrîche gewan vor grôzer armuot, unde der dem nû gæbe ein hûs grôzer rîcheit vol; oder einem blinden menschen, daz der von gote gesehende würde; oder ein sieche von grôzem siechtuome gesunt würde, oder von swelhen dingen ie dehein mensche frô wart: noch vierzicstunt frôwer wirt der almehtige got von disen liuten die sînen willen tuont. Unde der sint drîer leie die got alsô frô machent: die einen frô, die andern frôwer, die dritten aller frôwest.

Die êrsten liute, die den almehtigen got als frô machent daz er nie von liuten als frô wart, daz sint alle die sich hüetent vor tœtlîchen sünden unde sich behüetet habent von anegenge des lebens und ir lîbes, unde des willen hânt daz sie sich iemer mêre gerne behüeten wellen unz an ir tôt vor allen houbetsünden. Nû seht! die machent den almehtigen got als frô, daz ez nieman vollesagen mac.

Die andern die got vil frôwer machent (swie got alle zît frô sî unde niemer trûric wirt, sô wirt doch got sô frô von den andern liuten, daz ez niemer munt vollesagen kan), daz sint die dâ guoter dinge gewonhaft werdent und in gotes dienste blîbent. Wan ez kumet gar ofte, daz ein mensche in der jugent guot unde gereht ist mit allem sînem lebenne unde dannoch sich in dem guoten lebenne als balde verwandelt, daz ez ein wunder ist. Unde dâ von ist der almehtige got als frô, swenne sie lange stæte in guotem lebenne blîbent unde bliben sint; wan sô hât er alle tage iteniuwe freude an im unde dâ von sô wirt ouch gotes êre unde lop gemêret. Wan swer âne houbetsünde ist unde gote dienet mit rehten triuwen, dem gêt sîn lop unde sîn lôn ie hœher unde hœher ûf unde gote wirt ie mêr freuden und êren erboten von im.

Die dritten, die got sô gar frô machent daz er nie sô frô wart (wan in nieman sô frô machet sô der mensche, sô enkan in niemer dehein mensche sô frô gemachen sô dirre), daz sint alle, die in guotem lebenne sterbent. Wan alle die wîle und daz der mensche lebet, sô hât eht er frîe willeküre und ist der mensche kranc an dem fleische unde hât starker vînde drîe, die sîn tac unde naht vârende sint. Daz ist einer des brœden fleisches gir; wan daz begert sô maniger leie daz wider got ist, dâ von ez in houbetsünde vellet, daz im gar ungewerlîchen ist, ob ez sich enthaben mac von der manicvalten begirde. Unde dâ von sô heizet ein tugent *abstinentia*, daz ist enthabunge, diu aller tugende beste ist, swer sich enthaben kan vor sünden. Unde dâ von sô vürhtet der almehtige got deheiner slahte gir des fleisches, swenne der mensche in guotem lebenne stirbet. Sô vürhtet er der werlte süeze, diu ouch den menschen mit maniger leie trügenheit verleiten kan. Zem dritten mâle sô vürhtet der almehtige got des tiuvels ræte unde sîne stricke. Wan dâ von sô sprichet ein heilige: ‘alliu diu werlt lît vol stricke: wer möhte sich behüeten vor allen stricken des tiuvels?’ Wan dâ von singen wir von den mertelæren: ‘unser sêle sint enbunden von den stricken der jagenden als der spar ûz dem netze.’ Unde dâ von machent sie den almehtigen got aller frôwest vor allen dingen unde vor allen den, die in frô mügent gemachen. Unde der almehtige got helfe mir der gnâden, daz ir in alsô erfröuwet, daz ir iemer êwiclîchen frô sît in den êwigen freuden. Âmen.

Unde rehte ze glîcher wîse alse drîer hande liute sint, die den almehtigen got frô machent, alsô sint ouch drîer hande liute, die den tiuvel frô machent. Unde die einen machent den tiuvel frô, die andern frôwer unde die dritten aller frôwest. Iedoch swie der tiuvel niht frô kan werden, sô ist sîn freude doch an disen drin liuten unmâzen grôz. Wan er gote alse widerwertic ist und als herte, daz er dehein gedinge niemer mêre ze gote gehaben mac, dâ von fröuwet er sich alles des daz gote leit ist. Wan dô der tiuvel sach, daz der irdenische mensche sîne stat besitzen solte, des hete er nît unde haz, obe er eine unsælic solte sîn, und er wolte die schande niht lîden, daz der krenker von natûre die êre solte besitzen, die er bœslîche verlorn hete. Unde dar umbe riet er dem menschen, daz er sich ouch wider got satzte, daz er gote ze leide unde ze laster ungehôrsam würde unde daz er in verstieze als er verstôzen wart. Des almehtigen gotes leit daz ist des menschen schade, den er unschedelîche geschaffen hete. Dâ was daz laster, daz der tiuvel dem almehtigen gote tet an dem menschen, daz was alsô, daz dem almehtigen gote sîn eigener kneht ungehôrsam wart unde daz er got versmâhte unde sînem vînde volgete wider sîn gebot. Unde mit rehtem urteile werden wir dem tiuvel ze frône geantwurtet, dem wir uns lezlîche undertænic heten gemachet mit den sünden. Iedoch sô hete der vînt dekein reht, daz er den menschen mit gewalt hete; aber sîn gereht gerihte verhangte, daz der sünder dem undertænic muoste sîn ze büezen, dem er sich volleclîche undertænic hete gemachet mit den sünden, daz er hie bî lernete, wie vil bezzer wære ze dienen gewesen gote danne dem tiuvel. Wan dîniu gebot, herre, sint niht swære, swer sie treit âne widerstrebenden willen. Wan wir alle wâren in Adâme als der kern in einem apfel und als der apfel in dem boume, dâ erbte ouch uns sîne sünde an, als dâ obez von dem verbotenen boume wehset. Dâ von enpfunden wir der sünden dorn in unserm lîbe unde der pîne disteln, maniger leie wêtagen, den uns die sünde machent. Daz sint der sünden blüete, aber diu fruht der sünden daz ist der bitter tôt unde diu helle. Unde wan wir dô beroubet wurden der menschlîchen nâtûre, die dû uns von gnâden hetest geben, daz wir âne sünde und âne ungemach möhten gelebet haben, sô werden wir nû alle blôz geborn âne die gerehtikeit, unde wir sîn des bittern tôdes mit manigem ungemache, daz wir weder âne sünde von uns selber geleben mügen noch des tôdes über werden mügen, als wir vor solten sîn gewesen von der genædigen gâbe des almehtigen gotes, ob ez uns diu sünde niht verlorn hæte. Dô diu güete unsers herren sach, daz der mensche, mit dem er wolte die himelischen freude vollebringen . . ., und uns der vînt verriet der himelischen gnâden unde wir der verstôzen wâren unde mit des vîndes urteile der êwigen verdampnisse verschuldet hæten, dô bewegete sich dîner veterlîchen erbarmherzikeit herze unde huop sich ein fridesamer strît in dir, herre vater almehtiger (dâ von doch dîn stætiu ruowe nie betrüebet wart), zwischen dîner veterlîchen güete unde dîner unverwandelten wârheit. Diu eine wolte den sünder von rehte verdamnen, diu ander wolte den êwigen fürsatz vollebringen, wan der almehtige got hete gedâht, den himel ze pflanzen mit des menschen künne. Diu Wârheit sprach ze gote: 'ez enzæme dîner êwiclîchen wârheit niht noch dîner gerehtikeit, der mensche der sich willeclîchen bewollen hete mit den sünden, daz der mensche iemer solte komen für dîn reinez antlütze in dînen himelischen sal zuo dînen ungemeilten engeln, dâ niemer untriuwe oder sünde în komen mac, er gebezzer danne den schaden, den er dir an im selben und an sîme künne hât getân und an den êren, die dû dem menschen verlihen hæte, und erbiete dir als grôze êre wider daz laster, daz er dir erbôt, dô er dînem vînde des volgete daz er dir ungehôrsam wære, und er werde als reine vor sünden, als er was, herre, dô dû den menschen hetest geschaffen; unde werde danne gebezzert als frumeclîchen dir ze êren, als lezlîchen als er sich hete lâzen überwinden.' Dâ wider sô sprach diu Erbarmherzikeit daz, dize wære wol wâr: 'aber wan der mensche niht von lûterre frevel wart ungehôrsam als der tiuvel, unde wan er von des tiuvels nîde dar zuo verrâten wart, wan er ouch brœder nâtûre von dem irdenischen lîbe was: daz solte der mensche geniezen wider dîne güete, daz dû mit dîner unmæzlîchen wîsheit des rât fündest, wie dû dem menschen wider gehulfest, wan dîner êwigen wîsheit niht verborgen ist noch dîner maht dehein dinc ze unmügelich ist und ouch dîner güete rehte wol gezimet. Dîner güete gezæme ouch gar wol, als der frevele tiuvel der von sîn selbes übermuot sich wider dich satzte, daz dû in âne alle gnâde hetest êwiclîchen verdampnet, wan er dem almehtigen got sich selben und den menschen ze laster enpfüerte unde ze hazze unde ze leide, daz dû ouch, herre, den brœden menschen, der von sîner tôrheit mêr danne von sînem übel verrâten wart zuo den sünden, daz dû den, herre, ze hulde liezest komen.' Und als er den menschen von unverdienten dingen nâch im gebildet hât unde durch niht wan von sîner miltekeit, daz er uns sîne freude mit wolte teilen êwiclîche, unde daz er uns nû anderstunt widerbrâhte in sîne gnâde, die wir gein im verworht heten, daz tet er dar umbe, daz sîne güete zwivalt lop hæte: umbe die unverdiente gnâde vor der sünde unde nû anderstunt umbe die verlorne unde die verworhte widergebene gnâde. Daz ist ein übergülde aller süeze. Der dem wol tuot der ez verdienet hât, daz ist ein gelt. Daz selbe tuon wir, swenne wir got minnen unde sînen willen tuon. Daz ist grôz billich, wan daz hât er vor tûsentvalt umb uns verdienet. Und der dem wol tuot der ez nie verdiente, daz ist ein grôziu milte. Daz tet unser herre dem menschen und ouch dem engel vor dem valle, dô er sie geschuof zuo den êwigen freuden. Unde dar umbe wæren die tiuvel gote ouch wol schuldic ze dankenne der gnâden, die er getân hete an in, als die heiligen engele; wan der gnâden die sie dâ verworhten, der was in got als bereit ze gebenne als den heiligen engeln, ob sie sie behalten hæten. Der aber dem wol tuot der ez bôslîche verlorn hât und verworht hât, daz ist diu hœhste güete, der sînen vînt im mit liebe ze friunde machet. Daz zimet dem almehtigen gote aller beste. Unde dar umbe, daz unser herre dem menschen als vil gnâde hât getân wider dem valle, und er ouch gevallen was, dâ von ist der tiuvel als herte worden gein gote, daz er halt bî gote niht sîn wolte in dem himelrîche. Unde dâ von ist daz sîn begerunge swaz gote leit ist: daz ist diu freude die der tiuvel hât, und er wirt gar frô von disen drin liuten.

Die êrsten sint alle die in houbetsünden sint oder vallent. Wer dô frôwer danne der tiuvel, swenne ez der tiuvel dar zuo bringet, daz der mensche in tœtlîche sünde vellet? Wan dâ von ist er des sô frô: dâ hât er sâ zehant sîn zeichen an in gemâlet, daz er sînen schilt füeret. Des wil er grôze êre hân, wan er hât in ze aller zît in sîner pflege und in sîner huote. Sît er wol weiz wie in der tôt begrîfen sol, für daz er in tœtlîche sünde gevellet, sô ist er êwiclîche iemer mêr in sîner geselleschaft. Bîhte unde riuwe versagen wir nieman. Wan durch den haz und durch den nît, daz er die freude solte besitzen die er verlorn hete, und ouch von der vîntschaft die er gein gote hât unde von der hertekeit, sô gewinnet der tiuvel sô grôze freude swenne der mensche in sünde gevellet. — Sô machent die andern den tiuvel michels frôwer. Daz sint alle die der sünden in gewonheit koment; wan des der mensche in gewonheit kumet daz klîbet im gerne ane. Unde reht als frô als der almehtige got ist sô ein mensche der guottæte gewont, alse frô ist ouch der tiuvel von der sünden gewonheit. Wan als ofte als ein mensche eine guottât begêt, als dicke erfröuwet ez den almehtigen got, von ieglîchem pater noster unde von ieglîchem ave Marîâ unde von ieglîcher venje unde von ieglîchem almuosen unde von ieglîchem kirchgange. ‘Wie, bruoder Berhtolt, waz ahtet der almehtige got ûf mîn pater noster und ûf sô klein dinc! Wie möhte er dâ von sô frô gesîn?’ Owê! wan der almehtige got wolte daz dû als vil ahtest dar ûf als got ûf dîn gebet ahtet. Er ahtet halt als vil drûf, wan er wirt als frô und als gar frô, daz er nie sô frô wart. Unde ze gelîcher wîse erfröuwest dû den tiuvel. Reht als ofte dû die sünde getuost, als ofte erfröuwest dû den tiuvel mit ieglîcher sünde sunderlîche. — Aber die dritten sünder die erfröuwent in vor allen den die diu werlt ie gewan oder iemer mêr gewinnen mac. Daz sint alle die in houbetsünden ersterbent. Sô wirt er sô frô, daz er nie sô frô enwart. Wan alle die wîle unde der mensche lebet, sô hât er niht ganzer freuden. Swie vil der sünder sünden ûf im hât oder swie vil er gewont in den sünden hât, sô enkan er doch niemer ganze freude gewinnen. Sô fürhtent sie allez einz, daz heizet predige. Sô fürhtent sie danne einz, daz heizet erbermede unsers herren. Sô fürhtent sie die milten küniginne, mîne frouwen sante Marîen. Sô fürhtent sie in gar harte swenne der sünder in die kirchen gêt, daz im diu genâde unsers herren widervar unde daz er sich bekêre als sich manic grôz sünder hât bekêret. Und er fürhtet allez, daz im ein edel wort von der heiligen schrift widervar, daz ez in sîn herze valle, daz er sich dâ von bekêre. Unde des ist gar vil, des er allez vorhte hât. Unde dâ von wirt er danne sô frô, sô der mensche in sünden ist unde dinne stirbet. Wan sô enhât er dekeine vorhte mê weder klein noch grôz und ist sicher an im, daz er im danne niemer mêre werde benomen weder von gotes martel weder von gotes bluote noch von allen den heiligen die in dem himel sint: noch engel noch dehein dinc daz got ie geschuof mac in im niemer mêr genemen. Wer danne frôwer wan der tiuvel? Wan sô mac er ganze freude mit im gehaben. Er zerret die sêle ûz dînem lîbe. Armer sünder! swenne dû alsô in den sünden stirbest, sô læt er dir ein gelit an dînem lîbe niht, er zerre dir die sêle sunder drûz. Wan diu sêle ist in den glidern und in den âdern, unde dâ von habent sie sô grôze martel die in sünden sterbent. Wan sie machent den grûwen unde den grûsen sô grôz, daz ez alliu diu werlt niht vollesagen kan. Unde dâ von sô sprichet der wîssage: ‘sie scherzent als die kelber unde grisgrament als die lewen unde füerent die sünde ze fiure wert unde dannoch dar.’

Sô sint siben leie liute, die fröuwent den tiuvel alleine niht, sie krœnent halt den tiuvel. Gar schœner krône sibene setzent sie dem tiuvel ûf. Vor der krône allen beschirme uns der almehtige got! wan die siben leie sünder die selben sint aller sünder wirste, die diu werlt ie gewan oder iemer mêr gewinnen mac. Alsô sint ouch siben leie liute, die den almehtigen got krœnent. Der sint siben. Wande der nû mêr sint die den tiuvel krœnent wan der, die den almehtigen got krœnent, sô wil ich von den ze dem êrsten sagen die den tiuvel krœnent. Unde daz daz wâr sî, daz hât uns got erzöuget in apokalipsî. Dâ sach der guote sant Johannes einen trachen in apokalipsî, der was rôt unde was grôz, und er zôch alle die sternen nâch im meistic die an dem himel sint, und er hete siben krône ûf sînem houbte. Die siben krône die zierten in gar schône unde wol. Unde der selbe grôze trache bezeichent den tiuvel, unde die siben krône daz sint die siben houbetlaster, dâ von ich iu gestern seite. Sô sint die sternen, die er dâ mit im zôch, daz sint die menschen, die der almehtige got dar zuo geordent unde geschaffen hât, daz sie den himel zieren suln als die sternen, wan der almehtige got alliu dinc uns ze dieneste unde ze nutze hât geschaffen, iemer einhalp zuo dem lîbe und anderhalp zuo der sêle. Und alsô hât got den himel gezieret mit den sternen dem menschen ze dienste unde ze nutze. Und alsô hât der almehtige got den himel innerthalp gezieret mit menschlîchem künne, als er den himel ûzen hât gezieret mit den sternen. Unde dâ von sô bediutet der trache den tiuvel. Unde der ist alsô gekrœnet mit disen siben lastern; wan er ziuhet dem almehtigen gote sîner sternen manic tûsent von dem himelrîche, daz ir niemer deheiner daz frône himelrîche gesiht. Daz sint die kristenliute, die der tiuvel ziuhet mit disen krônen ze der helle. Wan als ofte ein mensche der siben houbetsünden eine getuot, sô krœnet ez den tiuvel. Unde dannoch dar über sint siben leie liute, die krœnent den tiuvel aller næhste bî dem grunde der helle oder an dem grunde der helle. Wan swer der siben gemeinen sünde eine tuot, der vert dar umbe niht an den grunt der helle; aber dise siben leie sünder sint dem grunde der helle aller næhste unde sint die selben, die den tiuvel krœnent aller næhste bî dem grunde der helle. Wê dir wart, daz dich dîn muoter ie getruoc an dise werlt, ob dû iendert vor mir sitzest vor mînen ougen! Wer dô frôwer danne der tiuvel, swenne im der sünder einer wirt ze teile, die in alsô krœnent! Er wirt sie ouch krœnende, im zerrinne danne alles des fiures, daz er iendert hât in dem grunde der helle. Reht als ein rœmisch keiser, der hof oder hôchgezît hât, der setzet die hôhesten fürsten ze næheste an sich. Ze gelîcher wîse sô tuot ouch der tiuvel. Die im aller liebeste dienent, die setzet er im aller næheste an den grunt der helle. Wan alliu diu martel die ander tiuvel lîdent, diu ist ein wint wider der martel die Lucifer lîden muoz. Die oben in der helle sint, den ist alse wê, daz alliu disiu werlt dise nôt niht vollesagen möhte niemer mêr unz an den jungesten tac. Die aber tiefer sint, den ist aber hundertstunt tûsentstunt wirser: wan ie tiefer helle, ie heizer fiwer. Sô hât Lucifer die aller wirsten stat diu in der helle ist, wan er ist gar an dem grunde der helle. Unde swelhe im aller liebeste dienent, die varnt im aller næheste an dem grunde der helle. Wande die siben leie sünder in aller meiste krœnent, sô wirt er her wider sie ouch aller meiste krœnende, im zerrinne danne alles des fiures, daz er iendert hât. Und er krœnet sie gelîch den künigen. Unde daz daz war sî, daz hât uns got erzöuget in der alten ê; wan alle die sache diu uns kristenliuten künftic ist an der sêle, daz hât uns got erzöuget in der alten ê an der liute lebene. Und alsô hât uns got daz ouch erzöuget, wie dise hellefürsten den tiuvel krœnent in sîme rîche. Ez was ein künic in Egyptenlande, der hiez künic Phâraô. Der hete siben fürsten under im, die wolten im helfen urliugen. Dô daz israhêlische volk ûz Egyptenlande wolte varn, dô hete der künic Phâraô die siben fürsten mit im genomen, unde sie wolten varn dem volke nâch und ertrunken alle in dem mere unde versunken alle an des meres grunt. Unde waz ist uns dâ mite gemeinet? Phâraô bezeichent uns den tiuvel. Sô bezeichent die siben fürsten die siben hôhe sünder. Die sint sô grôz unde sô hôch über alle sünder, reht als ein grôzer hôher berc wider einem mülsteine: alse grôz sint die selben siben sünder über alle die sünder, die diu werlt ie gewan. Unde wæren sie dannoch grœzer niht, sô krœnten sie den tiuvel sô hôhe niht. Unde jene siben fürsten, die dem künige Phâraône nâch volgeten, dar umbe ertrunken sie an des meres grunde, und alle die dem tiuvel nâch volgent mit disen siben sünden die müezent iemer êwiclîchen mit im sîn versunken an dem hellegrunde. Unde die selben siben fürsten die hiezen alsô. Ir hiez einer Assur, Etham, Elam, Mosach, Tubal, Principes aquilonis et Sydonia. *Assur qui interpretatur* ein forst. Verstêt ir mîn tiutsche? Ez ist als vil gesprochen der name Assur als ein walt oder ein forst, und ist dâ bî bezeichent einer leie sünder, die sich dem walde gelîchent mit der sünde. Daz sint alle die in kristem glouben sündent. Als ob ein mensche eine tœtlîche sünde tuot, der minnesten eine die diu werlt hât, sô muoz er iemer dâ ze helle brinnen. Tuot aber er der selben sünden zwô, sô wirt diu sünde zwivalt und ouch diu martel dâ ze helle. Tuot er sie drîzicstunt, sô wirt diu martel drîzicstunt grœzer; ie maniger leie sünde, ie manicvalter martel. Wande daz ein houbetsünde ist swenne ein ledic man bî einem ledigen wîbe lît, und als ofte er bî ir lît, sô hât er ouch ein houbetsünde getân. Als ofte als dû dînen ebenkristen schiltest oder im fluochest oder haz oder nît ûf in hâst; als ofte als dû dich überizzest oder übertrinkest oder swelher leie ez ist daz eht houbetsünde sint, dâ krœnest dû den tiuvel mite. Unde swenne ein mensche, ez sî man oder wîp, den tiuvel krœnet aller tegelîche mit einer houbetsünde oder mit zwein oder mit drin oder mit zehen oder vil lîhte noch mêr houbetsünden die er hât getân, nû seht, wie vil der sünden werde inner vierzic jâren oder fünfzic oder sehzic jâren! Der daz rehte welle merken, der sünden wirt mêr danne böume oder walt este haben. Unde dâ von bezeichent die selben sünde einen walt oder einen vorst: wan ie maniger sünde, ie tiefer helle, wan got wære anders niht rehter rihter. Und alle die alsô eraltent unde versteinent in den sünden, unde verruochent daz sie sich erwegen, unde niemer ze bîhte noch buoze koment, ist halt daz etelîche ze bîhte koment durch eine gelîchsenheit, sô gewinnent sie doch niemer wâren riuwen, unde vallent aber sâ wider in die sünde, die sie vor hânt getân, unde geleistent ouch lîhte halt ir buoze niemer ze rehte, unde machent der sünden alle tage mêr unde niht minner, und trîbent alsô daz die wîle sie lebent; sô sint sie als gar dar inne versteinet, daz diu gewonheit sô verre veraltet, daz sie niemer ze rehter wârer riuwe dar umbe koment. Wer danne frôwer danne der tiuvel, sô in der fürsten einer krœnende wirt an dem grunde der helle? Vil wunderbalde in starke buoze, bistû iendert vor mînen ougen, oder an den grunt der helle!

Die andern die ouch den tiuvel als hôhe dâ krœnent, die bezeichent den andern fürsten des künic Phâraônes, der hiez Elam. *Elam interpretatur superliminaria*, daz ist als vil gesprochen als ein übertüre. Daz sint alle die sô getâne sünde tuont, die sô grôz sint über ander sünde, daz sie rehte ane stôzent, ze gelîcher wîse als der dâ wil ze einer türe în gên unde der dâ eine sô grôze bürden treit, daz er dâ mite obene an stôzet mit der grœze der bürde. Alsô sint dise sündære dem gelîchet, der sô grôze sünde tuot, daz sie reht obene an stôzent. Rehte ze glîcher wîse ist ez umbe die sünde. Und alse vil sie grœzer sint danne ander sünde als ein grôzer berc wider einem mülsteine, alsô grôze sünde tuont sie wider ander sünder. Daz sint êbrecher unde die in dem hôhesten banne sint, daz sint meineider unde die verzwîvelnt unde die zouber mit gotes lîchnamen trîbent unde die einer megede ir magettuom dâ nement unde die bî gewîhten liuten dâ ligent unde mit in sündent unde sich lâzent betasten mit der hende, dâ mite man der megede sun handelt. Owê, daz ie dehein touf ûf dich kam, dû schantflecke aller dirre werlte, wâ dû dâ sitzest vor mînen ougen! Vil wunderlîchen balde in starke buoze, oder an den grunt der helle! nû ze dem êrsten an der sêle und an dem jungesten tage an lîbe und an sêle. 'Wie, bruoder Berhtolt, unde sol daz als grôziu sünde sîn, der sîne ê brichet?' Jâ, der grœsten sünde einiu, die diu werlt ie gewan, wan dir der almehtige got ein gemechede hât verlihen, mit dem dû lîp unde sêle behalten solt unde daz dir als hôhe bevolhen ist, daz dû dînen lîp nieman geben solt danne dînem gemechede die wîle daz ez lebet, unde daz dû danne hin gêst unde legest dich zuo einer andern. Dû man oder dû frouwe, dû tuost mit im sünde unde schande in einem stalle, daz dû âne sünde und âne schande wol möhtest tuon mit êren an einem schœnen bette. Unde dar zuo hâst dû die siben heilikeit zerbrochen, ir eine der hœhsten die got hât, unde dû bist ouch dar zuo triuwelôs unde meineide. Nû seht, wie maniger hande sünde an êbrechen lît! Und alle die in dem hôhen banne sint, daz sint die aller grœsten sünder, die diu werlt ie gewan oder iemer mêr gewinnet. Daz sint alle die bî den liuten ligent unde mit in sündent, ez sîn frouwen- oder mannesnamen, die orden hânt in klœstern. Und ê ich wolte mit ir einem wizzentlîchen messe hœren, ê wolte ich zehen jâr âne messe sîn und ich wolte ê âne gotes lîchnamen sterben, ob halt diu kirche wît unde lanc wære. Und alle die kirchen roubent unde brennent unde die gewîhte liute frevellîche an grîfent unde vâhent oder stôzent oder slahent, die sint alle in dem hôhen banne. Unde die mit gotes lîchnamen zoubernt, daz ist aller sünden grœstiu, die diu werlt ie gewan. Nû wærest dû verdampt, ob dû halt niwan mit einem holzapfel zoubertest oder mit einer kroten. Wie wænest dû daz dir geschehe, ob dû zoubertest mit aller engel herren unde mit aller der werlte herren, der wârer got unde wârer mensche ist und uns allen ze trôste unde ze heile geborn wart von mîner frouwen sant Marîen, der êwigen megede? Owê, daz ie dehein touf ûf dich kam! Vil wunderbalde in starke buoze! Wan dû bist dem tiuvel der aller liebesten fürsten einer den er iendert hât unde der aller næhste bî im an dem grunde der helle. Unde des sol er dir vil wol gelônen, im zerrinne danne alles des fiures, daz er iendert hât. Unde der einer megede ir magettuom benimet, der ist ouch der den tiuvel als hôhe krœnet. Der unkiusche der sint wol aht hande, der ieglîchiu grœzer ist danne diu ander. Daz ist diu verfluochteste sünde, diu niht namen hât, unde diu verdampteste, wan der tiuvel enkunde ir nie deheinen namen gegeben, sô gar verfluochet unde sô gar ungenæme ist diu selbe sünde wider allen den sünden, die diu werlt ie gewan. Jâ ist hiute daz selbe lant, dâ diu selbe sünde inne geschach, dürre: wan dâ gewehset halt niemer mê weder wîn noch korn noch loup noch gras. Vil wunderbalde in starke buoze, oder an den grunt der helle, zuo dem tiuvel dînem herren, der dich êwiclîchen krœnende wirt! Wan in nieman sô hôhe krœnet als dû in gekrœnet hâst, des gelônet er dir gar wol, im zerrinne danne alles des fiures, daz er iendert hât. Jâ wænet ir allez, daz ez einer leie sünde sî. Des ist niht: sie ist wol aht leie, unde sint sô getâne sünde, der sich der tiuvel schamet in der helle. Und etelîche tuont sô getâniu dinc, daz sie niemer dehein reinez dinc solten an grîfen, weder wîn noch brôt noch becher noch schüzzeln noch den galgen: sie wæren des halt niht wert, daz sie den narten solten an grîfen, dar ûz diu swîn ezzent, noch deheine krêatiure, die diu werlt ie gewan. Nû balde an starke buoze, oder an den grunt der helle, nû des êrsten an der sêle und an dem jungesten suontage an lîbe und an sêle, unde wirt danne ze schanden vor allen heiligen unde vor allen engeln unde vor allem himelischem her unde vor allen tiuveln unde vor aller der werlt! Und alsô sint alle, die sô getâne sünde dâ tuont.

Die êrsten sint die den tiuvel krœnent mit menje der sünden; die andern daz sint die in krœnent mit grœze der sünden; die dritten die krœnent in mit den dingen, daz sie niht genüeget an ir eigenen sünden, sie bringen ander liute mit in ze sünden; die des niht genüeget daz sie selber verdampt mit grôzen sünden sint, sie verdamnent ander liute mit in. Daz sint jeger unde jegerinne des leidigen tiuvels. Wir haben zweier leie jeger des tiuvels in der kristenheit, die dem tiuvel alle tage manic tûsent sêle vâhent, daz ir niemer mêr rât wirt. Der heizent ein die gemâlten unde die geverweten. Daz sint alle die bœsen hiute, die ûf dem graben gênt, die dem tiuvel alle tage manic tûsent sêle antwurtent, ie diu sêle umb einen helbelinc oder einen pfenninc. Wê dînem lîbe unde dîner sêle! joch kostet sie got sô wênic niht als dû sie verkoufest. Alliu disiu werlt möhte dîne martel niht erlîden, wan dû krœnest den tiuvel zwivalt. Daz eine, dâ dû den tiuvel mite krœnest, mit der menje der sünden; daz ander mit dem, daz dû ir dannoch mêr ze helle bringest wan dîn selbes sêle. Und alle die dû dem almehtigen gote alsô verjagest unde dem tiuvel væhest, die wirfet man alle ûf dich in dem hellischen fiure, unde dû muost ir aller martel lîden zuo der dînen. Wê dir, daz dich die hunde niht frâzen dîner muoter an der brüste, daz dû die als sêre vervellest in houbetsünde, die der almehtige got mit sîme tôde erarnet hât!

Die andern jeger, die ouch under den frouwen sint, die verjagent ouch dem almehtigen gote manige sêle, daz ir niemer rât wirt. Daz sint die trüllerinne unde die trîberinne, die manige reine sêle verjagent ûz der hulde unsers herren; wan die behielten sich iemer wol unde reine âne die selben trîben. Daz der tiuvel inner zehen jâren niemer mac zuo bringen, daz füeget sie inner vier wochen etewenne oder etewenne in zwein oder ê. Ir bürger, ir soltet sie ûz der stat slahen, wan ir habet êrbære hûsfrouwen. Unde tuot ir des niht, sô müget ir wol leidigen schric dâ von geleben.

Die andern jeger sint under mannes künne unde tuont den aller grœsten schaden in der heiligen kristenheit, den diu werlt von deheinen liuten ie gewan. Die krœnent den tiuvel mit manic tûsent sêlen, der niemer mêr rât wirt. Unde die sint niuwelîchen ûf erstanden. Wan dô ich ein kleinez kint was, dô was ir niendert dekeiner der selben. Die heizent pfenninepredigær, dem tiuvel ein der liebeste kneht, den er ie gewan oder iemer mêr gewinnen mac. Wan der vert ûz under die einveltigen liute unde prediget unde ruofet, daz allez daz wirt weinen daz vor im ist. Und er giht, er habe von dem bâbeste den gewalt, daz er dir alle dîne sünde abe neme umbe einigen helbelinc oder einen heller. Und er liuget, daz er dâ mite ledic sî gein gote, und er krœnet den tiuvel alle tage mit manic tûsent sêlen, die er dem almehtigen gote verjaget, daz ir niemer mêr rât wirt. Und ir sult in niht geben! wan swenne ir in niht gebet, sô müezent sie sich der trügenheit abe tuon. Und alle die wîle und ir in gebet, sô verkoufet ir iuch in den êwigen tôt, unde sie ermordent iuch unde verwîsent iuch von der rehten buoze, die der almehtige got geheiliget hât, alsô daz ir für baz niht büezen wellet.

Die vierden daz sint ketzer, die ouch dem tiuvel manic tûsent sêlen bringent, daz ir niemer mêr rât wirt.

Die sehsten sint Principes aquilonis, die fürsten von aquilône. Daz sint alle, die prêlâten in klœstern sint und ir samenunge niht meisternt, die dâ tegelîchen sündent und in daz solten wern. Unde swaz die gesündent daz gêt ûf ir sêle.

Werltlîche rihter daz sint ouch der selben, die niht eine ze der helle varnt, wan sie vil sünden wol erwenten ob sie rehte rihteten; wan vil sünden möhten wol erwenden geistlîche rihter unde werltlîche rihter. Swenne die gereht wæren an ir gerihten, sô getörste nieman deheine sünde getuon, weder rouben noch wuochern noch êbrechen noch deheine ander sünde; und eht alle die der liute pflegen sulnt: ein wirt in sînem hûse, ein pfarrer sîne pfarreliute.

Die sibenden die ouch den tiuvel krœnent aller næhest bî dem grunde der helle, daz sint die gîtigen liute. Pfî, gîtiger, dû stêst eht allenthalben an dem blate! Dû kumest eht niht eine mit dîner krône: dû bringest dem tiuvel ouch manic tûsent sêle, daz ir niemer rât wirt. Owê, gîtiger, daz dich die wüetenden hunde ab dîner muoter brüste niht zarten unde daz dîner muoter ir brüste niht erdorreten, daz sô manic tûsent sêle von dînen schulden iht verlorn wæren! Und eht alle die daz unrehte guot von dir erbent, die müezent êwiclîchen iemer mêr verlorn sîn. Und wære, daz der êrste keiser her Julius niht danne ahte pfenninge unrehtes guotes hæte gehabt, unde hæte sie danne dem næhsten keiser gelâzen, sînem nâchkomen hern Arrio, und alsô ie einer dem andern unz an den jüngesten der iemer keiser ze Rôme werden sol: die müesten alle êwiclîchen iemer mêr verlorn sîn, niwan umb aht pfenninge, ob sie ez wizzentlîchen wisten. 'Wie, bruoder Berhtolt, wie möhte daz iemer geschehen, daz als manig edele keiser verlorn werden umb ein als kleinez guot?' Jâ, als wâr daz ist daz der himel ob uns ist, als wâr ist daz: swer von dem andern erbet ahte pfenninge unrehtes guotes, daz kint von dem vater oder bruoder von der swester oder swer er ist der von dem andern erbet unrehtes guotes wizzentlîche aht pfenninge, der muoz êwiclîchen verdamnet sîn, und ie einez ûf daz ander hât geerbet und alsô unz ûf daz vierzigeste künne. 'Wê, bruoder Berhtolt, wie möhte daz geschehen iemer, daz ich umbe ahte pfenninge alse gar verlorn sî? Ich füere ê über mer unde buozte alle die sünde, die ich ie getete.' Jâ, daz wil ich dir sagen. Man gît dir daz kriuze iezuo von dem bâbeste über mer ze varnde für zehen sêle. Nû dar! daz selbe kriuze wil ich dir geben unde dar zuo lâzen nemen daz kriuze, dâ der guote sant Pêter an gemartelt wart; unde daz kriuze nim dar zuo, dâ der guote sant Andrêas an gemartelt wart; dar zuo nim daz kriuze unde var über daz mer unde füere disiu kriuze alle sament gar mit dir, unde strît an die heiden, unde dû gewinnest daz heilige grap wider in der kristenheite gewalt, unde dû betwingest die heidenschaft beide verre unde nâhen und ûf unde nider mit dîner frümekeit unde mit dînem swerte, unde dû wirst erslagen in dem dienste unsers herren des almehtigen gotes, unde lâz dich legen in daz heilige grap, dâ der almehtige got selber inne lac, unde dû lege disiu kriuze alle ûf dich und ouch daz kriuze, dâ got den tôt selber an nam für allez menschlîche künne, und ez wære ouch daz mügelich, daz got selbe ze dînen houbeten stüende unde mîn frouwe sant Marîâ bî im stüende und alle gotes heiligen einhalp und alle gotes engel anderhalp, unde dû nim den heiligen gotes lîchnamen in dînen munt: ir tiuvel, ir komet her unde brechet im sîne sêle ûz sînem lîbe unde füeret sie hin abe an den grunt der helle, daz ir niemer mêr rât wirt bî disen kriuzen allen sament unde bî dirre grôzen heilikeit. Nû sich, gîtiger, wie gevellet dir daz? Sich, wie manic tûsent sêle von dînen schulden verdampt wirt, daz ir niemer rât wirt! Unde dâ von sô wære noch wol, daz dich die wolfe von dîner muoter brüsten hæten gezart, oder daz dich diu erde verslunden hæte, als sie tete Dathan und Abiron. Ir andern sünder, ir gewinnet alle samt wâren riuwen unde komet ze lûterre bîhte nâch gotes gnâden unde nâch iuwern staten. Wie vil ir den tiuvel gekrœnet habet, sô gewinnet wâren riuwen unde getriuwet gote unde verzwîvelt niht; wan ez getete nie mensche sô übel, man mügez wol gebüezen. Unde dâ von verzaget an der erbermede unsers herren niht, unde vergebet allen den, die iu ie dekein leit getâten mit worten unde mit werken. Unde wol dan alle ze dem himelrîche! Daz uns daz allen widervar, des êrsten an der sêle und an dem jungesten tage an lîbe und an sêle etc. Âmen.

# XV.

## VON DEN FREMEDEN SÜNDEN.

MAn begêt hiute die hôchgezît des guoten sant Pêters als er enbunden wart ûz dem kerker des herren Herôdes ûz den ketenen. Wan der künic Herôdes hete sant Pêtern gevangen unde wolte in gemartelt hân unde hete in in grôzer huote unde hete in gar vaste versmit in ketenen von îsin unde dannoch hete er in behüetet mit rittern unde mit verwâpenten liuten und er hete zwô huote vor einander, die sîn tac unde naht huoten mit grôzem flîze. Unde der almehtige got wolte niht daz er dannoch gemartelt würde, unde got sante im einen engel der in fuorte ûz der gevancnisse und ûz den îsenînen banden und ûz dem kerker unde durch die huote bêde samt, und er fuorte in zuo Jerusalem in die stat. Und als er in brâhte in eine gazzen, dô bekante er sich — wan er was varnde reht als er wære in einem troume oder in einem twalme — und als er in dô brâhte in die gazzen ze Jerusalem, dô bekante er sich selben unde dûhte in, wie daz er heim wære komen. Und alsô wart der guote sant Pêter erlôst ûz den ketenen und ûz den huoten. Unde ze gelîcher wîse ist eines ieglîchen kristenmenschen sêle beslozzen in eime kerker. Der kerker ist des menschen lîp: dâ ist diu sêle inne mit manigem widermuote von des lîbes sünden. Unde swenne ir den kerker rûmen müezet, sô hânt iu die tiuvel geleit zwô schar. Diu eine huote ist umbe des menschen eigene sünde; diu ander umbe dîne fremede sünde. Als der guote sant Pêter: der muoste durch zwô huote, wan ir was ietweder iu behüetet vesteclîche mit starker ritterschaft. Und alsô muoz ein ieglich mensche, swenne sîn sêle von sînem lîbe scheidet, sô muoz ez durch zwô huote. Die êrste huote legent im die tiuvel umbe sîne eigene sünde unde versuochent in gar wol umbe sîne eigene sünde, die der mensche selbe tuot. Unde vindent sie tœtlîcher sünden ûf im, wênic oder vil, diu niht gebüezet ist oder geriuwet: die tiuvel vâhent iuch in der selben huote unde füerent iuch in daz apgründe der helle, dâ iuwer niemer rât wirt. Unde vindent sie niht eigener sünden ûf iu, sô lânt sie iuch niht dannoch hin: sie suochent iuch in der andern huote umb iuwer fremede sünde. ‘Wie, bruoder Berhtolt, wie gefüere ie dehein mensche umbe fremede sünde zer helle?’ Jâ, manic tûsent męnschen sint umbe fremede sünde hin ze helle gevarn, unde daz ir niemer mêr rât wirt. Unde tuont noch. Wan als man sie ersuochet in der êrsten sünde und in der êrsten huote umb eigene sünde, und als sie danne niht eigener sünde ûf in hânt, sô ersuochet man sie in der andern huote umbe ir fremede sünde. Vindet man dan iendert deheine fremede sünde ûf in, sô füeret man sie in der andern huote dannoch hin ze helle umb ir fremeden sünde als jene umb ir eigene sünde in der êrsten huote. — Und ez sint niun leie fremede sünde, dâ die liute mite begriffen werdent in der andern sünde und in der andern huote. Wie vil der eigenen sünde sî, der mac man niht ze ende komen; wan daz ich fünf tage niht anders tæte wan daz ich spræche: ‘dáz ist ein tœtlich eigen sünde,’ sô möht ich inner fünf tagen niht wol gesagen, wie vil tœtlîcher eigener sünden wæren. Aber tegelîcher sünden ist dannoch mêre danne stoubes in der sunnen sî, unde die brinnent tegelîche in dem vegefiure. Die tœtlîchen sünde die muoz man hie büezen oder iemer in der helle brinnen. Unde der sint niune der fremeden sünden, unde dar umbe die tiuvel die sêle hin füerent.

Diu êrste fremede sünde daz ist der die sünde heizet tuon. Daz sint alle die, die dâ niht rouben wellent noch nieman morden noch brennen noch andern unrehten gewalt: daz wil er allez niemanne tuon mit sîn selbes lîbe, und er heizet ez ander liute tuon. Dirre, den erz dâ heizet tuon, der vert umbe sîne eigene sünde hin zer helle; dirre, der ez dâ heizet tuon, der vert umbe die fremede sünde in der andern huote hin zer helle. Unde swelher leie sünde ez dâ ist, daz einer sînen kneht heizet tuon argez, daz heizet allez sament fremede sünde. Der heizet sînen kneht fuoter snîden in eines andern mannes acker oder gras oder holz houwen in eines andern mannes holz oder swaz ir heizet tuon unrehtez, daz sint allez fremede sünde, unde sie varnt alle in der andern huote umb ir fremede sünde hin zer helle.

Diu ander sünde, diu ouch der fremeden sünden einiu ist, diu heizet die sünde des râtes. Swer die sünde rætet, ez sî diz oder daz, swelher leie sünde ein mensche rætet, ob er die sünde selber tuot oder niht, unde rætet er einem menschen alsô die sünde: ‘wol dan zuo dem tanze oder zuo dem trinken oder zuo dem spile oder zuo dem muoshûse oder zuo dem roube oder zuo der manslaht oder zuo dem turnei!’ Pfî, trüllerin, wie stêt ez umbe dînen rât? Daz zehen tiuvel inner zehen jâren niemer gerâten mügent, daz rætest dû unde trîbest ez zuo in einer wochen. Unde die ungetriuwen râtgeben, die den herrén übeliu dinc râtent gein armen liuten unde gein rîchen, als der ungetriuwe Achitofel und der ungetriuwe Chusi unde der ungetriuwe Balam, der mit einem ungetriuwen râte wol vier unde vierzic tûsent menschen ermorte. Und alsô geschiht ez, daz noch rætet ein ungetriuwer balrât, der ein lant oder zwei læt unsælic werden ze leide unde ze schaden von sînem ungetriuwen râte, daz halt slehtes dâ von verderbent alle die dar inne sint, unde daz halt manic mensche wirt lîbelôs von ungetriuwen ræten. Unde geschiht manic tûsent sünde von ungetriuwen ræten unde von übeln râtgeben. Wan swenne die liute von guote scheident, sô tuont sie manige sünde, die sie sus niemer getæten. Unde jene die varnt umb ir eigene sünde in der êrsten huote gein helle; die den bœsen rât gebent, die varnt in der andern huote hin zer helle. Riuwe unde buoze nim ich allé zît ûz.

Diu dritte fremede sünde diu heizet gunst der sünden. Daz ist alsô gesprochen: dû wilt einen niht ermorden noch erslahen noch wunden noch berouben noch verbrennen noch veruntriuwen, oder dû maht sîn niht getuon: dû ganst sîn im aber herzelîchen wol, daz im ez ander liute tuon; oder swelher leie sünde ez ist, daz dû einem menschen günnen wilt und im wol ganst daz im übel geschiht an lîbe oder an sêle oder an guote oder an êren oder an friunden, oder an swelhen dingen er im übélez gan: daz ist der fremeden sünden einiu. Jener vert umbe sîne eigene sünde in der êrsten huote hin ze helle der die sünde getuot, mit rehte; der ander vert umbe sîne fremede sünde in der andern huote hin zer helle. Jâ ist daz der hôhesten gebote einez: dû solt dînem ebenkristen günnen daz dû dir selber ganst an dem teile [als hie vor bescheiden ist von den drin mûren in dem sermône].

Diu vierde sünde, diu ouch der fremeden sünde einiu ist, diu heizet die sünde der mithellunge, die dâ mitheller sint unde jâherren. Ein herre tuo wol oder übel, sô sprechent sie anders niht danne: 'jâ, herre, ez ist wol getân.' Ez sint die smetzer unde die trügener unde die smeicher und die vederleser, die mit sô getâner schalkeit sich zuo machent ofte, daz ein junger herre wil wænen alwâr, unde kumet in bœse gewonheit dâ von. 'Jâ, herre, ir sult niemanne vertragen, ir sult den vâhen, den slahen.' Unde swaz des ein herre getuot, sô sprechent sie niht anders wan: 'jâ, herre, ir tuot gar wol.' Er sî unkiusche mit wîben, er sî ein rouber, er sî ein manslahter, er sî ein urliuger oder ein beschetzer sîner armen liute, oder swelher leie untugent er hât, sie sî übel oder arc, sô sprechent sie alle: 'jâ, herre.' Wê dir geschehe, dû smetzer, dû smeicher, dû vederleser! Dû machest mit einem herren, daz ein lant dâ von unsælic wirt mit dînem 'jâ, herre'; wan er wænet allewâr. Unde sô dû hiute ein bœsez gejâherrest, sô tuot er morne ein zwirunt bœserz. Daz ist allez von dîner mithellunge. Sô soltest dû sprechen: 'nein, herre, lât stân! des tet iuwer vater niht oder ander friunde, ir sult gedenken an iuwer edelkeit und an iuwer selbes êre und got ze vorderste, der aller engel herre ist und ein keiser aller künige.' Unde durch den almehtigen got, ir herren, der jungen herren râtgeben, ir sult die herren ûz der frîheit nemen unde sult sie ûf daz rehte wîsen, oder ir müezet in der andern huote hin zer helle varn umb iuwer fremede sünde. Sô varnt die herren dar in der êrsten huote umb ir eigene sünde. Und under armen liuten sint ouch miteheller der sünde, unde die dierne sprechent zuo ir frouwen, die dâ man zuo ir mannen habent: 'wie, frouwe, ez tuot manigiu frouwe; jâ ist ez niht alse grôze sünde alse man ez machet.' Unde die knehte sprechent ofte zuo den, die dâ trügener an ir antwerke sint: 'jâ, herre, ez tuot maniger zwirent als vil als ir tuot.' Unde swelher leie sünde ez ist, daz einez dem andern hillet und ez im die sünde gefüege machet, daz sint allez fremede sünde, unde jene die ez tuont, die varnt in der êrsten huote hin zer helle umb ir eigen sünde; sô varnt die miteheller in der andern huote hin zer helle umb ir fremede sünde.

Sô sint die fünften die die sünde schirment unde behüetent. Daz sint alle die, die æhter unde rouber, diebe unde ketzer unde funtherer beschirment wizzentlîche in ir bürgen oder in ir steten oder swâ sie gewalt habent, oder die in dem banne sint, oder swelher leie liute ez sint die schedelich sîn, die ein herre beschirmet, der ist in der fremeden sünde einer und er vert in der andern huote hin zer helle umbe sîne fremeden sünde. Sô vert der, der die sünde ûf im hât, umbe sîne eigene sünde dar in der êrsten huote, und alsus muoz dirre alse wol brinnen iemer mêr êwiclîche umbe sîne fremede sünde alse jener umbe sîne eigene; wan der ist sîn schilt unde sîn frideman und ist sîn turn unde sîn burc unde sîn mûre. Man solte armen liuten ab in rihten, sô kêrten sich vil lîhte vier oder zehen dran, daz sie sîn für baz niemer mêr gedæhten. Als sie danne einen beschirmer habent, sô wirt ir aber alle tage ie mêr unde ie mêr. Und alle die, die sie alsô behaltent die unvertigen liute unde versprochenen liute, die schedelîchen sint der kristenheit, die sint alle in der fremeden sünden einer und varnt in der andern huote hin zer helle, dâ ir niemer mêr rât wirt. Wer getorste rouben oder steln oder brennen oder fürkoufen oder wuochern oder êbrechen? Der getorste man der aller deheinez getuon der sünden; unde dâ von sint sie êwiclîche verdampt in der andern huote. Und alle, die unvertige liute in ir hiusern habent wizzentlîche, die sint in der fremeden sünden einer. Als die herren, alsô sint die armen liute ouch.

Diu sehste daz ist ein sünde, ein fremediu sünde, unde heizet nutz der sünde. Wan alle die sünde solten wern unde rihten unde sie durch miete ungerihtet lânt unde durch den nutz den sie dâ von habent, die varnt in der andern huote hin zer helle. Der rihter wil niht ein wuocherer sîn, und er læt doch ander liute vil sêre wuocheren, durch den nutz, den die geistlîchen rihter dâ von habent und ouch die werltlîchen. *Mali laici, mali religiosi.* Daz ist aber gar der sihtige tiuvel. Und alsô vertragent sie maniger leie sünde die geistlîchen rihter, unde dar umbe sô müezent sie iemer verlorn sîn. Wan sie wellent niht fürkoufen noch dingesgeben, noch enwellent niht velscher unde trügener sîn an ir antwerken und an ir koufe: sie wellent aber den nutz haben von den brôtbecken, daz er kleinen kouf backet unde bî guoten jâren armen liuten hunger machet mit sîner trügenheit. Dar umbe nement die rihter ein wênic guotes unde lâzent armen liuten grôzen schaden tuon. Her rihter, der brôtbecke vert in der êrsten huote umbe sîne eigene sünde zer helle; sô sult ir und iuwer genôzen in der andern huote dâ hin varn umbe iuwer fremede sünde. Daz selbe spriche ich ouch zuo den wînmannen, die den wîn veil habent unde die rehten mâze niht engebent; und ouch zuo dem pfragener unde zuo dem krâmer, die niht rehte wâge habent, oder swelher leie trügenhaften kouf sie veil habent. Durch den nutz den sie dâ habent, dar umbe müezent sie verdampt sîn. Sô lânt dise rihter hie êbrechen, dort sippebrechen, diz unde jenz, einz unde daz ander. Swelher leie sünde sie vertragent durch den nutz der in dâ von wirt und ir niht rihtent, ez sî roup oder diepheit oder frevel oder anderz daz man witwen unde weisen rihten solte, daz ist diu sehste fremede sünde. Ouch diu selbe fremede sünde daz ist, der die sünde schirmet durch liebe; sô ist diz durch nutz. Sô wil etelîcher niht ein trügener sîn weder mit dem koufe oder mit dem antwerke, und er nimet im einen gesellen, der gar ein trügener ist und ein lügener und ein trufator und ein tiuscher. Unde der wil gar unschuldic sîn an sîner trügenheit, und er nimet aber den nutz gar gerne an der gesellesc haft. Wan swaz sîn geselle mit lügenen unde mit trügenheit gewinnet, des nimt er sînen teil. Jener der dâ liuget unde triuget, der vert in der êrsten huote in die helle; der ander vert in der andern huote dar. Und ir frouwen, ir wellet ouch niht unvertigez guot gewinnen mit wuocher noch mit fürkoufe noch mit trügenheit noch mit roube noch mit deheiner unrehten wîse, unde habet aber den nutz vil gerne der dâ von kumet an guoten kleidern oder an guotem ezzen oder an gemache unde an trinken und an êren und an allen dingen. Und dar umbe sô müezet ir den angel tiuhen, als ir daz hünic dâ sûget. Iuwer wirte die varnt in der êrsten huote umbe ir eigene sünde in die helle, unde die frouwen in der andern huote umb ir fremede sünde dar. Ir taberner, ir nemet ouch den nutz der sünden. Ob ir selbe niemer getopelt oder gespilt, sô nemet ir von den würfeln unde von dem liehte und von dem brete, von dem phantrehte, von dem zuosehenne. Swelher leie nutz ir von dem spil nemet, sô sît ir in der fremeden sünde einer. Der spiler vert umbe daz spil gein helle in der êrsten huote, und alle die dâ nutz dâ von habent die varnt in der andern huote dar umb ir fremede sünde.

Diu sibende fremede sünde daz sint alle die, die dâ die sünde verswîgent. Als ob man in eines hûs iht trüege daz dâ verstoln wære unde dû daz verswîgest; oder ander sünde, unkiusche oder êbrechen, oder swaz man dâ verhelte und in niht seite unde man dich frâgete bî dîner wârheit unde dû daz verswîgest und daz niht rüegest als dû gefrâget bist, oder swelher leie ez ist, daz der man verswîget daz er ze rehte sagen solte, ketzerîe oder zouber oder ander schedelîchiu dinc, daz er dâ ze rehte sagen solte. Wan der dâ verhilt der ist ein dieb als wol als jener der dâ stilt.

Diu ahte fremede sünde daz ist, der die sünde niht wert, swâ man sie ze rehte wern sol. Daz gêt aber die rihter an, sie sîn geistlich oder werltlich. Alle die sünde, die sie vertragent und ir niht wernt und alsô hin lâzent gên durch miete oder durch liebe oder durch leide oder durch lîhtsenftekeit, oder in swelher wîse dû ez vertreist und sîn niht werst, ez sî der apt oder die eptissin oder probest oder techant oder pfarrer oder vater oder muoter, die ir undertânen und ir kinden unrehte fuore vertragent oder unzuht unde sünde und swelher leie ez ist, daz sie ir kinden ze rehte wern suln, alle unzuht und alle sünde und allez übel, unde swâ sie des niht tuont, sô varnt diu kint umbe ir eigene sünde in der êrsten huote hin zer helle; sô varnt ir veter und ir müeter und ander, die sünde wern sulnt, die varnt in der andern huote umb ir fremede sünde hin zer helle. [Und alle die rede die man dâ redet in dem sermône von den drin huoten, von den drin lâgen, unde dâ man dâ seit, wie man diu kint ziehen sol.]

Diu niunde fremede sünde daz ist diu sünde, der die sünde niht offent dâ er sie offenen sol. Als dâ man êlîchiu dinc hât — eteswâ heizet ez kristenlîchiu dinc — dâ gebiutet man hin allen den, die in der pfarre sint, unde frâget aller meniglich, wie ez umb ir nâchgebûre stê. Unde swaz der mensche dô verswîget des er gefrâget wirt bî der gehôrsam, ez sî durch liebe oder durch miete, oder swelich dinc daz ist dar umbe erz verswîget, sô ist er in der fremeden sünde einer unde vert in der andern huote hin zer helle. Sô varnt dise in in ir eigenen sünde hin zer zelle. — Und alsô wirt der mensche verdampt umbe die fremede sünde als gar als umbe die eigene sünde. Und ir sult wizzen, daz iu niht als schedelich ist als diu sünde. Daz sprichet der guote sant Paulus: 'die sünde vellent den menschen in daz apgründe der helle, dâ sîn niemer rât wirt.' Unde dar umbe, ir hêrschaft alle samt, ir habet eigene sünde oder fremede sünde, ir habet kleine sünde oder grôze sünde, sô gewinnet wâren riuwen unde gewinnet lûter bîhte und enpfâhet buoze nâch gotes gnâden unde nâch iuwern staten, daz ir gesprechen müget als der guote sant Martîn. Dô der von dirre werlte schiet und ouch durch zwô huote fuor, dô sprach er zuo dem tiuvel: 'ei var hin, bluotigez tier! dû vindest nihtes niht an mir: ez ist allez samt gebüezet kleine unde grôz.' Wan sie ersuochent iuch vil gar unde vil kleine. Unde dar umbe seht für iuch an fremeden sünden und ouch an eigenen sünden, ir junge werlt, die noch âne houbethafte sünde sint. Ir sult iuch dar vor behüeten, wan diu sünde ist vil bezzer ze mîden dan ze büezen. Iu wirt niemer mêre sô wol wan die wîle ir âne sünde sît. Ir hœret wol, wie maniger leie die sünde sint unde wie kûme sie ze büezen sint. Unde komet ûf den linden wec zem himelrîche, als der guote sant Uolrîch unde der guote sant Niclaus unde der andern ein michel teil. Die aber dâ gesündet habent unde fremede sünde oder eigene hânt getân, die sulnt dar umbe niht verzagen, unde gewinnen wâre riuwe unde komen ze lûterre bîhte unde ze buoze nâch gotes gnâden und nâch iuwern staten: als die danne ûz dem kerker erlœset werdent und ir durch die zwô lâge sult varn, die iu die tiuvel legent, daz iuch danne der engel durch die zwô huote geleite zuo Jerusalem in die stat, als dem guoten sant Pêter dô geschach, des hôhgezît man hiute begêt in der heiligen kristenheit, als er von den ketenen erlôst wart. Unde dar umbe sult ir in an ruofen, daz er iu erwerbe die gnâde unsers herren, daz er iuch enbinde von allen den sünden, dâ ir mite gebunden sît an lîbe und an sêle, daz ir gewîset und geleitet werdet von den heiligen engeln vor allen stricken des tiuvels, vor aller der huote unde vor allen den engesten unde vor allen den nœten, die uns hie ûf disem ertrîche an ligent von der bürden des fleisches unde von der werlte süeze unde von des tiuvels ræten; unde daz wir komen in die himelischen Jerusalem, dâ wir uns erkennende werden, daz wir in dem rehten erbeteil sîn. Wan alle die wîle unde wir in dirre werlte sîn, sô sîn wir in dem ellende und erkennen deheine stætikeit, der wir enpfinden, wan wir niht wan trügenheit und üppikeit hie haben. Dâ von bekante sich der guote sant Pêter, dô er ze Jerusalem in die gazzen kam, dô bekante er sich. Vor was er rehte gewesen als er in eime troume wære. Alsô sîn wir in dirre werlte reht als in eime troume, unde dâ von sullen wir den guoten sant Pêter an ruofen, daz er uns helfe umb unsern herren erwerben, daz wir uns erkennende werden in der himelischen Jerusalem. Daz uns daz allen widervar, mir mit iu und iu mit mir, des êrsten an der sêle und an dem jungesten suontage an lîbe und an sêle, daz verlîhe uns allen samt der vater unde der sun unde der heilige geist. Âmen.

---

# XVI.

## VON AHT LEIE SPÎSE IN DEM HIMELRÎCHE.

Ez sprichet der almehtige got hiute in dem heiligen êwangeliô: 'mîn bürde ist ringe unde mîn joch ist süeze, kumet her zuo mir, ich wil iuch spîsen' (*Matth.* 11, 28). Und wil iuch der almehtige got spîsen, daz wil er tuon mit aht leie spîse. Die wil ich hiute nennen iu allen sament. Er hât aber mêr spîse danne stoubes in der sunnen sî: noch maniger leie spîse wil uns der almehtige got geben, dâ er uns mite spîsen wil. Ir herren, iuwer köche künnent rehte nihtes niht; die dâ hie ûf ertrîche kochent, die künnent rehte nihtes niht, daz halt ihtes iht sî gein sô maniger leie spîse, diu dâ ze himele ist. Diu hât als maniger leie gesmac, als stoubes in der sunnen ist. Sô habent die spîse ûf ertrîche niht mêre danne niun hande gesmac. Sie kochen ez hin, sie kochen ez her, sie brâtenz hin, sie brâtenz her, swie sie ez marteln, sô hât ez doch niht mêre danne niun hande gesmac. Die dâ ze himele sint die künnent des wâren kochens, die spîse bereiten, dâ uns der almehtige got zuo geladen unde gebeten hât. Wande sie sô maniger hande gesmac habent, daz weder ich noch anders ieman iu dâ von niemer mêre vollesagen kan (wan ir ist mêre danne stoubes in der sunnen), wan ir danne sô vil der edeln spîse ist daz ez nieman ertrahten kan, sô wil ich iu doch ahte nennen, den worten: ob ieman sî, der gerne edele spîse nieze, daz die deste gerner ze dem himelrîche komen, dar uns der almehtige got geladen hât zuo der wirtschaft, dâ er uns alle spîsen wil. Unde dar umbe hât er die wirtschaft sô rîlîche unde sô wæhe unde sô kostbære gemachet, daz sie ze dem himelrîche deste gerner komen, unde sô maniger leie smac hât der almehtige got disen spîsen gegeben. Nû merket alle sament, welher leie dirre gesmac sî, der dâ aht leie ist.

Der êrste smac den dâ diu êrste spîse hât, der hât die kraft, als ir zem himelrîche komet und als ir der spîse niuwan einest enpfindet, sâ zehant sô habet ir für iemer mêre jugent âne alter. Owê, ir alten liute! sô sæhet ir gar gerne alle sament daz ir junc wæret, unde wurdet doch gerne alt. Seht, die vindet ir beide an dirre êrsten spîse und an dem êrsten smacke, den diu êrste spîse hât. Unde wellet irz gote niht ze liebe tuon unde sîner heiligen muoter, sô tuot ez doch umbe daz, daz ir iemer êwiclîchen lebet unde daz ir iemer junc sît als ein kint, daz fünf jâr alt ist. Daz daz wâr sî, daz erzöuget man iu an den heiligen engeln. Die sint älter danne sehzic hundert jâr, unde swâ man sie mâlet, dâ mâlet man sie anders niht danne als ein kint, daz dâ fünf jâr alt ist. Unde dâ von sô möhtet ir alle gerne zem himelrîche komen, die jungen zuo den alten. Die dâ hie junc sint, die werdent doch gar schiere alt. Über sehzic jâr sô sprichet man: er ist ein alt man, unde weget einer sîn houbet gein im unde sprichet etewenne: 'er ist wol sehzic jâr alt.' Sô werdet ir dort sehzic tûsent jâr alt unde sît als junc als des êrsten tages. Unde dâ von mügent die alten gerne ze dem himelrîche arbeiten ze den êwigen freuden; wan swenne ir hundert tûsent jâr alt werdet, sô hebet sich iuwer jugent alrêrst an, und swenne ir áls manic tûsent jâr gelebet in den freuden und in den êren, die got in dem himelrîche geben wil unde dâ er iuch zuo geladen hât unde dâ mite er iuch spîsen wil, sô tropfen in dem mere ist, sô hebet sich iuwer jugent alrêrst an unde sît iemer junc âne alter. Nû seht, welich ein spîse daz ist unde wie einen kreftigen gesmac sie hât!

Diu ander spîse diu hât einen sô kreftigen gesmac und einen sô edeln gesmac, daz alliu wazzer balsem wæren, man möhte die kraft unde die edelkeit der spîse niht vergelten. Ich spriche mêr: daz alle berge guldîn wæren, man möhte die kraft unde die edelkeit dâ mite niht vergelten; unde mit allem dem rîchtuome, den disiu werlt hât, sô möhte man dise spîse niht vergelten, die iu got der andern gerihte geben wil und allen den, die ze der wirtschaft wellent komen, dar uns got geladen hât. Unde diu spîse hât als edeln gesmac unde der smac hât als grôze kraft: als ir der selben spîse niwan ze éinem mâle enpfindet, für baz iemer mêr habet ir wunsches gewalt. Allez des ir erdenken künnet oder müget, daz wirt allez vollebrâht, unde woltet ir über hundert tûsent mîle in als kurzer stunde als ein ougbrâwe mac ûf unde zuo gegên, sô sît ir dar. Nû seht vil eben, welich ein spîse daz ist unde welich einen edeln gesmac diu spîse hât! Ez ist nieman, er næmez für alle dise werlt ob sie guldîn wære, daz er hæte wunsches gewalt, unde daz daz mit gotes willen wære, swenne er wünschete etewaz des er begerte. Daz kan niht geschehen in dirre werlte; wan der irdenische lîp gar unedel ist — unedeler danne diu sêle —, sô wünschete der lîp etewes, daz wider gotes willen wære. Dâ von wirt der sêle der gewalt gegeben, daz sie von dem irdenischen lîbe scheidet in die êwigen freude zuo der edeln gotheit; wan der ist diu edele sêle als gelîch, daz nie kint sîner muoter als gelîch wart. Und wan diu sêle gote als gelîch ist unde wider zuo der gotheit kumet, dannen sie dô kam dô sie der engel dem menschen îngôz in sîner muoter lîbe, sô bekennet sie sich sâ zehant, daz sie wider heim komen ist, unde sie minnet die edele sælikeit sô sêre des almehtigen gotes, wan sie daz genzlîche erkennet, daz sie nâch der gotheit gebildet ist unde geedelt ist. Unde swie genzlîche sie danne den gewalt erkennet, daz sie von gote wunsches gewalt iemer mêr êwiclîchen haben sol, sô minnet sie got sô herzeclîchen sêre, daz sie vater unde muoter, bruoder unde swester und allez ir geslehte iemer ze der helle wil lâzen brinnen, ê sie ze gote des begernde sî daz sîn wille niht ist. Unde dâ von sô begert diu sêle anders niht danne daz gotes wille ist. Sie wünschet daz sie iemer bî gote êwiclîchen alsô sîn sülle. Des wirt sie gewert. Swaz sie zergenclîcher dinge wünschete, daz wære gotes wille niht; alsô daz sie ir friunden êren oder guotes ûf ertrîche wünschete, daz wære allez gotes wille niht; oder daz sie bî ir in dem himelrîche wæren. Wan sô möhten die aptrünnigen engele wol sprechen, daz in got unrehte hæte getân, wan got dem menschen ze frîer küre gegeben hât, daz der mensche sich selben verliesen oder behalten mac. Unde dâ von wære daz ouch gotes wille niht. Wan swaz gotes wille ist, daz wil ouch diu sêle; swaz diu sêle wil, daz wil ouch got. Wil diu sêle sich selber füeren als den vogel in den lüften, daz tuot sie wol unde vil tûsentvalt rincverteclîcher. Wan wil sie aller engel schar mit einem anblicke beliuhten ze mâle, daz ist geschehen. Wil sie von einem orte des himelrîches ze dem andern, swie manic tûsent mîle dâ zwischen sî daz ez nieman erzelen noch erreiten kunde, sô ist diu sêle von einem orte unz an daz ander, als schiere ein ougen blic ergêt. Owê, ir sælige kristenheit, daz ir bekennen möhtet, wie gar durchedel diu sêle ist unde wie maniger hande edeln smac diu spîse hât, dâ sie der almehtige got zuo geladen hât unde mit spîsen wil! Des kan nieman daz tûsentiste teil gesagen, als im ist. Rehte ze gelîcher wîse als wênic als ein kint enpfinden mac die wîle ez ist in der muoter lîbe, beslozzen — alle die wîle sô mac ez niht enpfinden dekeiner slahte gezierde diu in der werlte ist — und als wênic als daz kint enpfinden mac der gezierde aller, dâ der almehtige got die werlt mite gezieret hât, mit dem firmamente, unde wie er daz gezieret hât mit der sunnen unde mit dem edeln sternenschîne, mit edelkeit der steine unde mit maniger hande varwe unde mit ir kraft unde maniger hande rîchen wæte unde mit maniger hande wurze unde mit maniger hande liehten blüetevarwe unde gesmac der wurze unde der blüete unde der bluomen, und alle die genæmekeit und alle die lustlîche freude, die diu werlt hât von der sumerwunne unde von vogelsange unde von seitenklange unde von andern süezen stimmen, unde die freude die menschen anblic gît, und als wênic des ein kint enpfinden mac die wîle ez in sîner muoter lîbe beslozzen lît, und als unkunt als im dâ von ze sagenne wære ob ez vernunft hæte: als wênic mac man iemer deheinem irdenischen menschen gesagen von der unzellîchen freude unde wünne, die der almehtige got der sêle geben wil. Unde dâ von sô wil ich iu ahte sagen, daz ir die andern deste baz erkennet bî disen ahten; unde den worten daz ir deste gerner zuo den freuden komet unde zuo der wirtschaft des almehtigen gotes, sô wil ich iu dise ahte vollesagen. Dâ bî merket die andern, wan ir ist als vil als stoubes in der sunnen.

Diu dritte spîse hât die kraft, für daz ir ir niwan éin mâl enpfindet unde sie iu niwan éin mâl wirt, für baz iemer mêr sô habet ir freude âne trûren. Pfî, tenzer unde tenzerinne! sô möhtet ir gerne arbeiten umbe daz himelrîche; wan dâ wære freude diu endehaft ist unde diu dâ wernde ist iemer mêre. Und ir torneier! alliu diu freude, die disiu werlt ie gewan oder iemer mêr gewinnen mac, daz ist reht als ein gestüppe und ein üppikeit, als der wîse Salomôn dâ sprichet unde der guote sant Paulus. Der sprichet alsô: 'alliu diu freude die diu werlt ie gewan daz ist mir reht als ein zentrine an eime galgen, ob ich den trûten solte. Alse wol mir dâ mite wære, als wol ist mir mit aller der freude die diu werlt hât, ez sî halt disiu freude oder jeniu, unde daz halt ein mensche alle die freude möhte gehaben, die alliu diu werlt ie gewan oder iemer mêr gewinnen mac.' Dar umbe sult ir dirre werlte freude fliehen den worten, daz ir zuo der freude komet, diu niht endes hât unde diu âne trûren ist. Wan ez ist ouch diu dritte spîse, dâ iuch der almehtige got ouch zuo geladen hât. Iuwer singen, ir jungen liute, und iuwer tanzen und iuwer springen und iuwer glenzen und iuwer îtel freude ist nihtes niht; wan dâ gêt der jâmerleich nâch, beide trûren unde klagen. Unde dar umbe sult ir gerne umbe daz himelrîche werben, dâ freude âne trûren ist.

Diu vierde spîse, dâ iuch der almehtige got ouch zuo geladen hât, diu heizet rîcheit âne armuot. Pfî, gîtiger, dâ wirst dû alrêrste gewert des dû dâ gerst unde muotest. Unde möhtest gerne umbe daz himelrîche werben unde gültest unde gæbest dû wider, pfunt für pfunt, pfenninc für pfenninc, marke für marke unz an den jungesten helbelinc, als verre als irz geleisten müget und ir die liute wizzet. Unde dar umbe möhtet ir gerne zem himelrîche arbeiten, daz ir êwiclîche iemer mêre rîch wæret âne armuot und âne müewe. Ir rîchen liute, ir habet deheine sorge sô grôz, sô daz ir allez vorhte habet daz ir arm werdet. Und ir armen liute, ir wæret meistic alle gerne rîch. Unde dâ von möhtet ir arme unde rîche gerne ze dem himelrîche arbeiten; wan sô ir der spîse niuwen ze éinem mâle bekort, sô habet ir iemer rîcheit âne armuot. Dâ hât alliu armuot ein ende. Ir rouber, unde wæret ir getriuwe unde gewære unde hætet arbeit nâch dem himelrîche, dâ dörftet ir niemer mêre des lîbes sorge gewinnen umbe diupstâl unde roup. Sus müezet ir des lîbes sorge hân und êren unde guotes und eht alle zît in sorgen sîn. Daz selbe spriche ich zuo den wuocheræren unde zuo den fürköufern unde zuo den trügenæren an ir koufe oder an ir antwerke. Pfî, ir gîtigen liute, wie selten iu disiu spîse wirt, ez enwelle sich danne got gnædiclîchen über iuch erbarmen'! Ir sît fremede geste an der wirtschefte, wan ir komet niemer dar, ir enwellet danne gelten unde widergeben. Ez ist aber zin unde kopfer zuo einander komen swâ der gîtige unde daz unrehte guot zuo einander kumt: daz kan nieman gescheiden, als wênic als man zin unde kupfer iemer gescheiden mac; wan des tuon sich alle die meister abe, die hiute lebent unde die von gesmelze ie kunst gelernten. Zin unde blî bræhte man wol von einander, unde silber unde zin unde golt daz bræhte man allez wol von einander: aber zin unde kupfer des tuo sich alliu diu werlt abe. Daz ist guote glockespîse, daz klinget wol! Wer dâ frôwer danne der tiuvel, swenne erz dar zuo bringet, daz der gîtige unde daz unrehte guot ze samene koment? sô hât erz wol geschaffet, wan die enkan prediger noch minner bruoder niemer von einander bringen. Unde dâ von sît ir fremede geste an der wirtschefte, diu dâ heizet rîchtuom âne armuot. Dû maht wol eine wîle genuoc haben; daz ist aber gein der êwigen rîcheit, als dâ einer ûf einem snellen rosse für einen krâm wol balde rîtet unde dem niwan in den krâm wirt ein blic mit den ougen, und er sâ zehant diu ougen wider ûz dem krâme wirfet: als wênic ist diu rîcheit, die dû hie mit dem unrehten guote hâst, wider der êwigen armuot, die dû dar umbe êwiclîchen lîden muost.

Diu fünfte spîse, dar zuo iuch der almehtige got ouch geladen hât, diu heizet leben âne tôt. Unde dar umbe sult irz alsô schaffen, ir hêrschaft alle samt, daz ir wol lebende werdet: wan ir müget niht ersterben und ir sult zuo dem êwigen leben kêren, dâ ir niemer mêre ersterben müget. 'Wie, bruoder Berhtolt, nû mügent die ze helle sint ouch niemer ersterben.' Niht! die sterbent ze allen zîten, ir leben heizet der êwige tôt, als der guote sant Paulus dâ sprichet: 'der lôn nâch den sünden ist der tôt, aber diu gnâde gotes ist daz êwige leben.' Unde dar umbe sult ir den êwigen tôt fliehen, unde sult werben umbe daz êwige leben, dâ iuch der almehtige got zuo geladen hât, unde daz iu diu ze spîse werde von gote in den êwigen freuden; sô sît ir iemer sicher vor dem êwigen tôde. Dâ beschirme uns vor der almehtige got, wan des ist deheiner slahte rât, ir müezet entweder iemer leben oder iemer sterben. Owê, ir reinen gotes kinder! nû nemet hiute daz wæger. Daz mir der almehtige got helfe des, daz ir daz wæger nemet! wan ez ist gar ein ungeteiltez daz êwige leben unde der êwige tôt.

Diu sehste spîse daz ist gesuntheit âne siecheit. Weh! welch ein spîse daz ist! Seht, diu ist ouch gar ein edeliu spîse, unde sie hât die kraft unde den gesmac, für daz ir die ze éinem mâle enpfâhet, sô sît ir für baz iemer mêr gesunt ân aller slahte siechtuom. Nû seht, wie die köche unsers herren wie die künnent kochen unde wie flîzeclîche sie sich üebent! Nû vererzenîget etelîcher hie manić pfunt unde mac doch niht tiuwerr werden noch gesunt unde kan halt vil lîhte weder genesen noch gesterben. Seht, sô getuot iu niemer houbet wê noch zant noch ouge noch hant noch fuoz noch rücke noch rippe noch âder noch gelider noch dehein gelit daz iendert an dînem lîbe ist, und ir sît eht êwiclîche gesunt. Waz gæbe etelîcher, daz er niemer gesunt würde? wênic oder halt nihts. Waz gæbe danne etelîcher, daz er niemer siech würde? Ich hân ez dar für, er wolte iemer âne fleisch drumbe sîn oder âne ander dinc, daz er als harte enbære. Seht, nû möhtet ir niuwan einez tuon unde wæret eines dinges âne. Daz ist aller dinge bœste und aller dinge ungenæmeste und ist halt sô bœse unde sô schedelich, daz nie dehein dinc nie sô schedelich wart als daz selbe dinc. Unde den worten daz irz alle mîdet unde fliehet, sô wil ich iu sagen, waz ez ist. Wan swie ir daz selbe dinc vermîdet, sô wirt iu der smac der edeln spîse, diu dâ heizet gesuntheit âne siechtuom. Sô mîdet sünde! Daz ist aller dinge ungesündeste zuo dem êwigen lebenne. Unde dâ von hüetet iuch vor allen houbetsünden, sô werdet ir gesunt von dirre edeln spîse. Pfî, ir nescher unde ir nescherinne! wie wellet ir iuch behüeten von dirre vergift des êwigen tôdes? Ir sît gar ungesunt an der sêle unde tôtsiech. Daz selbe sint die gîtigen unde die hôhvertigen unde die trægen an gotes dienste unde die nîdigen und hezzigen unde die zornigen unde die mit zouber unde mit lüppe umbe gênt; unde mit swelher hande sünde die liute umbe gênt die in got verboten hât, die sint alle sament ein vergift zuo dem êwigen leben: ich meine alle die sünde, die tœtlîche heizent. Dâ von kumet der êwige tôt. Buoze nime ich alle zît ûz.

Diu sibende spîse ist ouch gar ein rîchiu spîse unde gar wol gesmac unde wol gemeistert. Diu heizet minne âne haz. Daz ist gar ein gemeiniu spîse unde hât einen tugentlîchen edeln gesmac. Wan haz unde nît ist gar ein grôziu untugent, wan ez tuot an dem herzen als wê der haz unde nît treit, daz ir iemer gerne in daz himelrîche möhtet werben, dar umbe daz iu haz unde nît niemer wê getæte. Wan er wirt niemer rehte wol gemuot swer haz unde nît treit in sînem herzen. Swer aber geminnet ist gein sîme næhsten unde gein gote unde gein sîner eigenen sêle, der hât ein senftez leben unde mac im niht widerdriezes geschehen, weder klein noch grôz. Wan swaz im geschiht an sîn selbes lîbe, daz machet er im nütze an sîner sêle unde sprichet anders niht danne als der guote Iob, der got sô herzeclîchen minnete, daz got selbe sprach, daz er im nie mensche ûf ertrîche bî sînen zîten glîchez fünde. Und im waz herzeclîchen wol von der minne, die er ze gote truoc unde sînem næhsten unde sîner eigenen sêle. Im wart daz guot gar genomen unde dar nâch sîniu kint unde sîn eigen lîp; und er dehein widermüete an sînem lîbe nie gewan dar umbe. Unde dar umbe ist diu minne der hœhsten tugende einiu, die diu werlt ie gewan. Unde dar umbe hât der almehtige got die minne als liep, daz er daz himelrîche dâ mite gezieret hât. Daz ist diu edel spîse, dâ mite der almehtige got uns spîsen wil. Unde dâ von suln wir ûf ërtrîche die wâren minne hân, daz wir in himelrîche êwiclîche dâ mite gespîset werden. Wan dâ ist minne über minne. Für daz ir die selben minne enpfâhet, für daz iemer und iemer mêre habet ir minne zuo allen heiligen unde zuo den engeln unde zuo dem almehtigen gote, der selbe diu wâre minne ist, unde zuo mîner frouwen Marîan der himelischen küniginne. Unde die minnent dich ouch her wider umbe iemer mêr êwiclîchen. Swaz sie wellent daz wilt ouch dû, unde swaz dû wilt daz wellent ouch sie, und alsô wirt diu minne sô veste unde sô grôz, daz sie iemer mêre stæte ist. Und einer der von Kriechen ist, den minnest dû alse sêre, daz ez niemer munt vollesagen kan, unde er dich her wider. Und alsô minnent sie in himelrîche iemer.

Diu ahte spîse, die uns der almehtige got bereit hât von anegenge der werlte, diu heizet schœne âne ungeschaffenheit. Unde dâ von sprichet der guote sant Augustînus wunder unde wunder, wie schœne diu sêle ist, unde der andern heiligen ein gar michel teil, schœner danne diu sunne. Owê, ir frouwen, die dâ gar gerne unmügelîchen schœne wæren, ir möhtet gerne arbeiten umbe daz himelrîche, daz ir alsô gespîset würdet mit dirre edeln spîse. Wan für die zît daz ir niwan ze éinem mâle dirre edeln spîse enpfindet, sâ zehant für baz iemer mêre sît ir alse schœne, daz ez niemer munt vollesagen kan, und ist aller untæte einiu niht an iu, weder an ungestalt under den ougen, noch an deheiner andern stat. Seht, des gebristet iu gar ein michel teil hie ûf ertrîche. Wan diu eht sich vil schœne wil dünken, der gebristet dannoch maniges. Sie kan sô schœne niht gesîn, man spreche: ‘owê, wære des an ir niht!’ Ez sî eht man oder frouwe, sô lobet man sie selten âne éin daz oder âne vieriu. Pfî, ir verwerinne und ir gilwerinne, wie gerne ir zuo dem himelrîche möhtet komen! Ir sît aber gar fremede geste dâ ze dem himelrîche, wan ir habet gotes verloukent, unde dâ von verloukent er iuwer ouch. Als man dâ liset von den zehen meiden. ‘Ich sage iu wærlîchen, daz ich iuwer niht enweiz noch wizzen wil,’ sprach got selbe zuo den fünf meiden, die dâ tump wâren. Als froun Jesabeln ouch geschach: diu verwerin unde diu gilwerin diu verloukente gotes, ouch verloukente er ir. Wan des tages dô sie sich gar wol geverwet hete, dô muoste sie des nahtes brinnen in der helle. Nû seht, ir verwerinne, wederz iu wæger sî: daz ir hiute gewinnet wâren riuwen umb alle iuwer sünde unde die niemer mêr wellet getuon unde buoze enpfâhet nâch gotes genâden unde nâch iuwern staten, oder iemer êwiclîche mit iuwerm verwen oder mit iuwerm gilwen mit dem tiuvel dâ ze helle brinnet? Ir junge werlt, hüetet iuch vor dirre sünde, wan sie wirt sêre gerochen, daz wizzet âne zwîvel. Swelhe sich an dirre sünde oder an andern sünden übersehen haben, die gewinnen wâre riuwe. Unde wol dan alle zuo dem himelrîche, zuo der êwigen wirtschaft, dar uns der almehtige got geladen hât, dâ wir alse schœne werden, als der guote sant Paulus dâ sprichet: ‘ôre mohte ez nie gehœren etc.,’ nû des êrsten an der sêle, und an dem jungesten tage an lîbe und an sêle. Unde wie schône der almehtige got an dem jungesten tage den lîp wil machen unde wie dâ von der almehtige got sprichet, des ist ein wunder. Ein wîssage begerte an unsern herren, daz er im kunt tæte, wie diu werlt erstên solte. Dô sprach unser herre: 'nû ganc in daz hûs, dâ man diu bilde ûz erden wirken kan.' Der wîssage tet alsô unde gienc in eines hävenæres hûs unde sach dem in die hende. Dô sach er wol daz: swenne er ein bilde geworhte daz niht wol geriet, sô nam erz unde zerbrach ez allez samt unde machte danne ein anderz von dem selben nâch sînem willen. Alsô wil der almehtige got. Dar über sprichet der guote sant Augustînus: 'als wil ouch unser herre tuon.' Ist ein mensche ze swarz oder ze lanc oder ze kurz oder hogereht oder krump oder ûzsetzic oder unliutsælic oder swie ungestalt ez ist, sô wil er tuon als der hävenære, der daz bilde zerbrichet daz nâch sînem willen niht ist. Und als der mensche tôt gelît: er sî schœne oder niht, sô wirt er wider ze erden, als er danne ûz erden wart gemachet; unde danne an dem jungesten tage sô wil er ûz der selben erden ein lustlich bilde machen, dâ deheiner slahte wandel an ist, unde wil im daz ze einer êwigen spiegelschouwe nemen in den êwigen freuden, unde die wil er danne alsô spîsen mit der spîse, diu dâ heizet schœne âne ungestalt. Unde die aber zuo der wirtschaft niht wellent komen, dar zuo sie got geladen hât, die wil er verdamnen mit dem tiuvel êwiclîche in die stinkenden helle, dâ ir niemer mêre rât wirt.

Und alsô hân ich iu dise aht leie spîse für geleit und ir edeln gesmac den sie habent unde die edeln kraft, den worten daz ir deste gerner zuo der wirtschaft komet, dâ uns der almehtige got zuo geladen hât. Unde dar nâch sô spriche ich alsô. Sît daz die spîse eht sô maniger leie smac habent sam stoup in der sunne, sô wil ich iu eht etelîche mêr sagen, daz ir die andern für baz aber deste baz erkennet unde deste gerner zuo der grôzen wirtschaft komet des almehtigen gotes, unde wil iu für baz mêre der edeln spîse nennen. Ez hât etelîchiu spîse den smac, für daz dû sie ze éinem mâle enpfæhest, sô bist dû wîs âne tumpheit. Sô hât etelîchiu den smac, für daz dû sie ze éinem mâle enpfæhest, für baz iemer mêre hâst dû sælikeit ân ungelücke. Sô hât diu dén gesmac, daz dû hâst iemer mêr êre âne schande. Sô hât diu dén smac: als dû sie enpfæhest, sô hâst dû iemer mêre liep âne leit. Sô hât diu dén smac, daz dû iemer mêre hâst triuwe ân untriuwe. Sô ist diu sô tugenthaft und hât dén smac, daz dû für baz iemer mêre hâst tugent ân untugent. Sô hât diu aber dén smac, daz dû iemer mêre hâst milte âne gîtikeit. Aber ein ander: süeze âne bitterkeit. Und alsô maniger slahte sint die spîse, daz ir nieman ze ende komen kan. Unde dâ von sult ir got von allem herzen minnen, wan er hât iuch gar unmâzen liep gehabet an maniger hande dinge. Daz er iuch geschaffen hât und iuch nâch im selben gebildet hât, dâ genuogete in dannoch niht ane, er enhabe alliu dinc iu dar zuo ze dienste unde ze nutze geschaffen. Unde dar nâch genuogete in dannoch niht, er erlœste uns mit sînem bittern tôde. Dannoch genuogete in niht, er enhabe uns als maniger leie trahte und spîse bereit, als man hiute liset in dem heiligen êwangeliô: ‘mîn bürde ist ringe unde mîn joch ist süeze. Kumet her zuo mir, ich wil iuch spîsen.’ Unde daz daz wâr sî, daz sehen wir an vil dinges, daz unsers herren bürde ringe ist unde sîn joch süeze. Unde daz liset man an manigem ende in der heiligen geschrift. Daz erzöuget uns ouch der almehtige got an dem künige Dâvîde und an dem künige Saule. Wie wol dem künige Dâvîde sîn dinc gie durch daz er gote gehôrsam was! dâ nam er iemer mêr ûf an êren und an guote. Dâ nam der künic Saul abe an êren und an guote unz an die zît, daz er unrehtes tôdes erstarp; dâ nam Dâvît ûf an êren und an guote, unz daz er ein heilic ende nam. Unde des liset man gar vil in der künige buoche von den künigen, wie sæliclîchen unde wol den ir dinc gie die gote gehôrsam wâren, unde wie unsæliclîchen ez den gie die dâ wider got wâren. Und etelîche wâren an dem anegenge guot unde wâren gote rehte gehôrsam. Und alle die wîle unde sie als gehôrsam wâren, sô was got mit in, und swenne sie wider in wâren, sô was got wider in. Und alsô stêt ez noch hiute. Nû seht, wie selten die iemer guoten tac gewinnent die wider gotes hulden sint! Etelîche den wol sol sîn, die wænent in sî gar wol und in ist wê. Ez rîtent die schiltknehte mit zerbrostenen schuohen in kaltem weter, daz im sîn marc in sînem gebeine erfriuset, unde vert als ein heweschrecke in einer dünnen wât und enweiz hinze naht, wâ sîn herberge ist, unde gelît niemer warm unde gizzet selten iemer wol unde muoz des lîbes alle zît fürhten, daz er eht niht enweiz, wâ die liute ûf im sîn, unde wenne er daz leben hât, unde wenne er an lîbe und an sêle stirbet. Daz ist dem rouber als dem diebe, dem diebe als dem rouber und andern unrehten liuten. Pfî! unde den bœsen hiuten, die ûf dem graben gênt! Nû seht ir wol, daz sie niemer guoten tac gelebent, als billich ist. Und alle die mit triuwen unde mit wârheit umbe gênt, dèn ist herzeclîchen wol unde habent gemach und êre. Und ist halt, daz sie einen gebresten haben, sô fürhtent sie des unrehten tôdes niht alse jene müezent. Und die nescher unde nescherinne sint, die müezent manic ungemach lîden, daz dise ouch niht enlîdent, die kiusche unde stæte sint. Unde die êbrecherinne die müezent manigen schrecken nemen unde iezuo hin rücken unde danne her wider tücken unde hin gücken unde her gücken unde her wider gücken, unde müezent danne sorgen umbe lîp und umbe sêle. Daz selbe ist den topelæren unde den spilern: die werdent niemer guotes muotes mit fluochen unde mit schelten unde mit unzühten unde mit ungenæmekeit unde mit slahen unde mit roufen. Ir etelîcher vert ouch unrehtes tôdes für. Und alsô stêt ez umb alle die mit tœtlîchen sünden umbe gênt. Und alle die dâ tragent die bürde unsers herren unde sîn joch, die lebent mit liebe unde mit sælden die wîle daz sie lebent. Dâ mit ist in wol; wan ez ist in allez durch die liebe unde die minne unsers herren süeze unde ringe. Unde dar umbe sult ir die ringe bürde unde daz süeze joch unsers herren ûf iuch nemen unde sult zuo im komen, als er iuch des selbe hiute gebeten hât, unde sult die hôhen edelen spîse enpfâhen, diu sô manigen edeln gesmac hât unde der kraft sô michel unde sô grôz ist. Unde die selbe bürde unsers herren sult ir mit drin tugenden tragen. Die sint aller tugende beste, wan ez sint alle tugende mit disen drin tugenden beslozzen, und ez ist manic tûsent sêle zem himelrîche komen mit disen drin tugenden zuo der edeln spîse, dâ sie êwiclîche wirtschaft mit gote habent unde mit allem himelischen her. Unde dirre drîer tugende heizet einiu kiuschekeit, diu ander dêmuot, diu dritte gedultikeit. [Unde dâ stêt hie vor in dem sermône von den zwein wegen, der einer mit der martel zem himelrîche gêt unde der ander mit der barmherzikeit, swaz dâ rede gêt ûf die drîe tugende, daz sol man alhie sprechen, wie man die bürde unde daz joch tragen sol unsers herren mit der kiusche unde mit der dêmuot unde mit der gedultikeit, unde wie man die unkiusche rüegen sol unde hôhvart unde gîtikeit.] Und alle die daz joch unsers herren tragen mit disen drin tugenden und alle die sich an disen drin tugenden und an andern sünden übersehen haben, die gewinnen alle sament wâre riuwe unde komen ze lûter bîhte unde ze buoze nâch gotes gnâden unde nâch iuwern staten. Unde wol dan alle samt zuo der edeln wirtschaft unde zuo der spîse, dâ mite wir daz êwige leben enpfâhen! Daz verlîhe uns allen samt der vater unde der sun unde der heilige geist. Âmen.

# XVII.

## VON DEM FRIDE.

MAn liset hiute in dem heiligen êwangeliô, daz der almehtige got sprichet: 'ich wil iuwer ieglîchem ein künicrîche geben' (*Joh.* 14, 27). Daz ist gar ein grôziu gâbe und ist ein trœstlîchiu gâbe. Ich weiz daz gar wol, ob ich iezuo spræche: ich wil iuwer ieglîchem eine gâbe geben, diu ist wol hundert marke wert, oder ich wil iuwer ieglîchem hundert marke bereites silbers geben, jâ wie frô iuwer herze in iuwerm lîbe wære! Seht, sô soltet ir sus hundertstunt frôwer sîn, wan ein künicrîche ist hundertstunt tiuwerr denne der iu hundert mark gehieze. Wan unser herre ist tûsentstunt wârhafter denne dehein künic, der halt ie sô rîch unde sô gewaltic wart. Unde dâ von sult ir alle grôze freude an iuwerm herzen gewinnen unde sult dem almehtigen gote gar grôze gnâde unde dank sagen umbe diu übergrôze gnâde und umbe die rîche gâbe. Wan er sprichet niht: 'ich wil iuwer ieglîchem eine grâveschaft geben oder ein herzogetuom.' Daz wære ein ander rede; und ir ist doch gar vil, die ez für eine rîche gâbe hæten. Unde der halt etelîchem eine huobe gæbe, er wære halt herzeclîchen frô. Gæbe man im aber eine stat oder ein dorf, er wære aber frôwer. Gæbe man im aber eine marke oder ein herzogetuom, er wære aber frôwer. Unde dâ von sult ir nû der triuwen unde der êren herzeclîchen frô sîn, wan der almehtige got wil iuwer ieglîchem ein grôzez künicrîche geben. Unde daz daz wâr sî, daz sach der guote sant Johannes in apokalipsî. Der sach eine stat, diu was als wît und als michel daz ez âne mâze was in dem himelrîche. Und im seite ein engel, wie wît unde lanc unde hôch sie wære unde wie breit diu mûre wære. Unde diu selbe mûre, dâ mite diu stat umbemûret was, daz wâren allez edel steine, achâtes unde karbunkel unde saphîre und ander edele steine, unde niht wan lûter golt. Und alsô seite der engel dem guoten sante Johansen, wie manic tûsent mîle daz wære, der diu mûre lanc unde hôch unde breit was. Und alle die in der selben stat sint, die sint alle künige unde küniginne unde sint alle bekleit mit kleiden sam diu sunne unde sie habent alle lichte krône ûf ir houbet unde diu stat ist sô gar wol gezieret mit götlîcher gezierde, daz ich daz wol weiz, und wære ein semelîchiu stat in der heidenschaft jenhalp meres, iuwer ist maniger des muotes, er füere von hinnen über mer, daz er niwan die selben stat gesæhe; ich wil des geswîgen, daz man im ein künicrîche drinne ze rehtem eigen gæbe unde daz daz im niemer mêr genomen würde von êwen unz êwen. Unde dâ von sult ir von rehtem herzen frô sîn und sult gote danken der grôzen gâbe unde der grôzen gnâde, die er uns hiute geheizen hât. 'Owê, bruoder Berhtolt, ich wære vil frô, der mir iezuo zehen marke silbers gæbe! daz wiste ich waz daz wære: ich enger des niht, daz ich ein künic wære oder würde.' Sich, dû verstêst sîn anders niht, der übergrôzen gnâde diu in himelrîche ist. Wan reht als gewis dû des bist daz morgen ein tac kumet, als ouch hiute einer ist — wan dâ sprichet her Salomôn: '*orietur sol:* diu sunne diu gêt hînt hin unde kumet morne aber her wider' — unde dâ von spriche ich alsô: als man gewis ist daz morgen ein ander tac kumet, als gewis ist daz hiute dehein mensche vor mînen ougen sitzet als versmæhet und als arm, ez sî siech oder zervallen von ûzsetzikeit, unde wil ez dar umbe werben, im engebe der almehtige got ein künicrîche. Der got der nie deheine lügen getete, der hât ez iu geheizen unde wil ez iu wâr lâzen. Unde dar umbe sult ir alle gerne zuo dem himelrîche komen und dar umbe werben daz ir alle dar kumet unde künige werdet unde für baz sît iemer mêre. Unde daz iuwer etelîcher sô niuwegernde ist, er füere über mer niwan dar umbe, daz er gesæhe eine stat sô überrîch unde dâ sô manic künic unde küniginne inne wæren, wirt unde wirtinne, unde dâ sô maniger rîcheit kraft inne wære, nû kumet ir alle sanfter dar danne ir über mer vart unde danne her wider hein, unde daz ir sie danne als gerne sehet als vor. Nû seht, waz danne daz wert wære, daz ir iemer und iemer herren unde künige soltet sîn!

'Wie, bruoder Berhtolt, wie wît daz himelrîche danne müeste sîn, sô ein ieglich mensche ein künicrîche hæte!' .Nû merke rehte, wie vil der himel mügen sîn. Alse vil und alliu diu werlt wîter unde grœzer ist danne einigiu nâdelspitze, als ist der himel wîter unde grœzer dâ die sternen ane stênt danne alliu disiu werlt. Unde dar über ist ein himel, der heizet *celum cristallinum*, unde der ist danne als vil wîter unde grœzer als daz firmament ist wider dem ertrîche. Unde dar über ist aber der himel wîter unde grœzer, der dâ heizet *celum empireum*, danne *celum cristallinum*. Und alsô vil ist ie ein himel grœzer danne der ander. Als vil als alliu disiu werlt ist gein einer nâdelspitze, als vil ist der êrste himel, dâ die sternen ane stênt, wider aller der werlte oder allem ertrîche, und als vil ist danne der ander grœzer. Nû seht, welch ein wîte daz sî! Wande er aller engel herre ist und aller der werlte, dâ hât er ouch grôze hêrschaft unde vil künige. Unde dâ von vienc er den himel wît unde hôch unde grôz, daz ez unzellich aller der werlte ze sagenne wære. Unde dâ von sprichet der guote sant Johannes: 'daz ez mügelich wære daz man ez allez geschrîben möhte daz ich ze himele sach, sô möhte doch alliu diu werlt diu buoch niht behalten.' Daz ist alsô gesprochen: diu buoch möhten von dem ertrîche unz an daz firmament niht geligen, dâ ez allez an geschriben wære daz ich ze himele hân gesehen.

Nû seht! ob ir niht die liebe unde die minne unsers herren dâ mite woltet êren, sô möhtet ir doch durch daz grôze wunder gerne ze himelrîche komen unde dar umbe werben, daz ir daz übergrôze wunder sæhet. Wan der almehtige got alse wît und alse breit ez hât gemachet, sô gedâhte er im der wîsheit, wie er der liute aller meiste in sîn wîtez himelrîche möhte bringen. Unde dâ von gehiez er in als grôz, daz sie deste gerner zuo im füeren. Dô liez er doch niht, er fünde dô ein ander wîsheit, dâ mite er der liute eht vil in sîn rîche bræhte, daz er vil werlte gewünne. Unde swie grôz burcreht er in gehiez, dâ kêrten sie sich niht ane unde fuoren von dem almehtigen gote unde von sînem wîten schœnen himelrîche unde fuoren zuo dem verfluochten tiuvel in die verfluochten helle. Unde dar umb erdâhte im der almehtige got einer wîsheit, wie er vil werlte zuo dem himelrîche bræhte mit guoten dingen, unde gedâhte im, wâ mite den liuten aller sanfteste wære und aller beste unde daz alliu diu werlt aller gernste tæte, die jungen unde die alten, die frouwen unde die man, unde dâ aller der werlte gir aller meiste nâch stüende, und ob sie wünschen solten, daz sie niht anders wolten. Unde daz selbe hât iu der almehtige got geboten, daz ir dem almehtigen gote dâ mite dienen soltet unde zuo dem himelrîche komen. Wan er weiz wol, ob er iu ein hertez dinc hæte geboten, daz ir daz niemer hætet getân. Unde dar umbe hât er iu ein senftez dinc, ein süezez geboten, daz iuwer deste mêr dar kome. Wan daz himelrîche ist wît, und hæte eht gerne vil liute in sînem rîche, in sînen keiserlîchen êren. Unde dar umbe hât er iu gar ein lustlich dinc geboten: ob ir wünschen kundet, daz ir niht anders woltet wünschen. Und ez ist halt sô lustlich, daz der vogel in dem lufte niht anders begert noch der visch in dem wâge noch daz tier ûf dem velde noch der wurm in der erden. Und allez menschlich künne begert anders niht wan eht des einen, daz iu der almehtige got geboten hât. Unde den worten daz ir ez deste gerner behaltet daz gebot, sô wil ich iu sagen, welher leie gebot ez ist, dâ aller der werlte girde nâch stuont. Daz heizet der fride. Der fride ist ein dinc, des alliu diu werlt begert und anders niht danne des frides. Und allez daz der mensche begert unde tuot, daz tuot er anders niht danne durch den fride. Ez sitzet etewenne einez in mir, daz heizet der hunger; sô izze ich eht dar, dar umbe, daz ich mir einen fride gemache vor dem, daz der hunger dâ heizet. Sô sitzet danne einez in mir, daz heizet der durst; sô trinke ich eht dar, durch daz ich mir einen fride geschaffe vor dem, daz dâ heizet der durst. Sô gên ich in eine stuben oder zuo einem fiure oder ich lege des gewandes deste mê an mich, daz ich mir einen fride geschaffe vor dem, daz dâ heizet der frost. Sô sitzet einez etewenne in mir, daz heizet der slâf; sô lege ich mich nider, daz ich mir einen fride geschaffe vor dem, daz dâ heizet der slâf. Sô twinget mich etewenne einez, daz heizet diu müede; sô erbeite ich kûme, unz daz ich mich gelege, daz ich mir einen fride gemache vor der müede. Sô twinget mich etewenne einez, daz heizet hitze; sô kume ich gar gerne an eine küele, daz ich mir einen fride geschaffe vor der hitze. Und alsô ist sîn gar vil, des die liute gernt durch den fride. Sô twinget manige liute armuot. Die wirkent dar tac unde naht, dar umbe, daz sie in gerne einen fride schüefen vor der armüete. Und alsô begert alliu diu werlt eht niht wan frides, noch der vogel in dem lufte noch der visch in dem wâge noch daz tier in dem walde noch der wurm in der erden, und alliu diu geschaft die got ie geschuof diu begert des frides. Wan daz der almehtige got ûf ertrîche kam, daz tet er anders niht danne durch den fride: daz er einen fride gemachte under uns und under dem vater von himelrîche unde daz er úns einen fride gemachte. Dô sungen die engel ob der kripfen: '*gloria in excelsis deo et in terra pax hominibus bonæ voluntatis*: dîn êre in der hœhe und allen den die dâ guotes willen sîn guot fride ûf erden.' Unde dô unser herre hie ûf erden gienc mit sînen jüngern, dô sprach er ze allen zîten zuo sînen jüngern und ouch zuo andern liuten: '*pax vobis.*' Daz sprichet: 'der fride sî mit iu.' Unde dô er in erschein an dem ôstertage, dô sprach er aber zuo sînen jüngern: 'der fride sî mit iu.' Unde dô er ze himele fuor, dô sprach er aber: 'der fride sî mit iu.' Wan eht alliu diu werlt niht anders begert danne frides, sô gebôt der almehtige got uns, daz wir den fride behielten, sît er sô senfte unde sô guot ist, daz unser deste mêr zuo dem himelrîche komen. Dâ gebot er uns drîer hande fride, die wir solten behalten. Und allen den die die drîer leie fride behielten, den wil der almehtige got tegelîchen êwigez künicrîche geben. Und alle die der drîer leie fride niht enhaltent, die werdent verstôzen des êwigen künicrîches, daz der almehtige got hiute uns allen geheizen hât. Unde dô die tiuvel sâhen, daz uns got gar genædeclîche hete getân an dem rîche daz sie dâ verworht heten, dô giengen sie ze sende; wan sie vorhten, daz der heiligen kristenheit ze vil zuo dem himelrîche wæren komen. Unde sie giengen ze sende unde wurden ze râte, wie sie daz erwenten, daz der werlte sô vil iht zuo dem himelrîche kæme. Unde sie funden einen list, eine valscheit, daz sie valsche münze sluogen ûf den edeln fride und ûf den rehten fride und ûf den gnædigen fride, als der rehte valsche kupferîne pfenninge sleht, die valsch unde kupferîn sint, ûf guote pfenninge. Unde hæten die unsæligen tiuvele unde die verfluochten den valsch unde den list den sie erdâhten niht funden, sô wære manic tûsent sêle zem himelrîche komen, zuo dem schœnen himelrîche, daz in got geheizen hete. Unde dar umbe habent sie gar grôzen unde gar trügenhaften valsch dar under gemischet. Unde die drîer hande fride die sint alsô.

Der êrste fride den uns got gegeben hât daz wir in halten, den sullen wir halten alse liep uns daz himelrîche sî. Daz ist fride mit gote. Unde mit dem almehtigen gote suln wir einen vesten fride halten unde staeten, wan er uns einen fride gemachet hât vor dem gewalte des tiuvels unde vor dem zorne des vater. Unde dar umbe suln wir fride mit gote hân. Der fride ist alsô, daz wir den almehtigen got mit deheiner slahte tœtlîchen sünden niemer mêr erzürnen suln. Wan got reine ist vor allen sünden, sô wil er bî deheiner sünde dehein tuon hân. Wan er verstiez manic tûsent engel von dem himelrîche, daz sie den fride zebrâchen den sie mit gote êweclîchen solten haben, unde dar umbe muosten sie daz himelrîche rûmen, und ez kan niemer mêr fride noch suone werden zwischen got unde den engelen, die den fride zebrâchen mit der ungehôrsame der sünden. Daz selbe geschach Adâme in dem paradîse. Als er die sünde getet, sâ zehant was fride ûz unde muoste daz paradîse rûmen, als der engel daz himelrîche. Unde dar umbe kam unser herre Jêsus Kristus von himelrîche ûf ertrîche her abe, daz er Adâmes künne einen fride gemachete. Wan Adam zuo der sünde verrâten wart, dô was daz ouch wol mügelich, daz er baz ze hulden kæme danne der ungehôrsame engel. Der überhuop sich von sîn selbes willen unde brach den fride mit der hôhvart. Und alle die mit grôzer hôhvart umbe gênt, die sint sâ zehant fridebrecher; oder swelher leie sünde ez ist, daz houbetsünde sîn, sô ist fride ûz. Owê, armer sünder! sâ zehant sô dû die sünde begêst, sô ist fride ûz. Unde dar umbe sô hânt die tiuvel valsch geslagen ûf den edeln fride, den ein ieglich mensche haben solte mit gote. — Daz ist der êrste fride, den der almehtige got geboten hât dem menschen.

Der ander fride den dir got geboten hât, daz ist fride mit dir selber. Der dritte fride daz ist fride mit dînem næhsten. Wan der mensche fride haben sol mit dem almehtigen gote, als ich iezuo sprach, als er fride haben sol mit gote, alsô sol er fride haben mit im selber; sô sol er ouch fride haben mit sînem næhsten als mit im selber. Unde dâ mite sô habent die tiuvel valschen fride geslagen under den guoten und under den rehten fride unde habent nû gemachet, daz der werlte daz mêrre teil valschen fride hât. Die dâ fride haben solten mit gote, die habent nû fride mit dem tiuvel. Die danne mit in selber fride solten haben, die habent fride mit dem fleische. Unde swer mit im selber fride hât, der hât fride mit dem lîbe unde mit der sêle, alsô daz der lîp niht begern sol danne daz der sêle guot ist. Die danne fride haben suln mit ir næhsten, die habent nû fride mit der werlte süezekeit. Nû von den selben wil ich des êrsten sagen. Unde dar umb, ir unsæligen tiuvel, unde hætet ir den list niht funden, sô wære manic tûsent sêle behalten, die alle samt verlorn iemer mêre êwiclîchen müezent sîn. Pfî, ir verfluochten tiuvel! waz ir mit disen listen sêle verlorn habet unde verkoufet mit iuwerr ungetriuwen valschen münze, die ir ûf disen guoten fride geslagen habet! Fride mit dînem næhsten hât der almehtige got dir geboten. Daz ist alse vil gesprochen, daz dû dînem næhsten solt günnen daz dû dir selber ganst und im solt verbünnen daz dû dir selber verbanst. ‘Wie, bruoder Berhtolt, sô würde nieman behalten. Jâ hât maniger zwêne röcke oder drîe an, unde daz der ander niht einigen hât, wie sol des danne rât werden? Wan der ziuhet doch sînen roc niht abe unde gît in disem der dâ keinen hât.’ Sich, alsô hât ez got niht gemeinet; wan sô würde nieman behalten. Ich hân ouch zwêne röcke; der gibe ich dir dewedern. Ich wolte aber vil gerne, daz dû einen semelîchen hætest oder zwêne alsam. Ich hæte ouch daz himelrîche gerne; sô günde ich dirz alse wol alse mir selber, daz dû gotes hulde hætest unde daz dû die niemer mêre verliesen möhtest. Des günde ich dir gar wol, unde dar an stêt ouch diu minne, die dû dînem næhsten tragen solt als dir selber. Und ûf die wâre minne hât der tiuvel valsch geslagen. Unde wan der mensche sînen næhsten minnen sol als sich selben — daz ist diu wâre minne —, sô hât der tiuvel valsche minne geslagen ûf die wâren minne. Unde dû minnest dînen næhsten als dich selber, daz ist alsô gesprochen: wan dû selbe unkiusche bist an dem lîbe, sô minnest dû alle die deste gerner die dâ unkiusche sint, unde dû hâst sie dar umbe liep; wan dû trûwest ir geniezen an der unkiusche. Unde dâ mite sô hât der tiuvel valsch geslagen ûf die wâren minne. Wan allez daz dû minnen solt an dînem næhsten mit der wâren minne, daz hât der tiuvel allez verkêret in die valschen minne. Wan bist dû ein unkiuscher mensche, dû minnest einen andern, der ouch unkiusche ist, unde dû minnest in ouch durch anders niht wan eht durch unkiusche. Bist dû ein rouber, dû minnest einen, der ouch ein rouber ist. Bist dû ein diep, dû minnest einen andern, der ouch ein diep ist. Bist dû ein tanzer oder ein turneiesman oder ein luoderer oder ein spiler oder ein frâz, dû bist einem vil holder, der dir des selben hilfet wan der dir dar zuo niht gehelfen kan. Unde dû minnest den frâz durch sîne frâzheit unde den spiler durch sîn spil, unde ieglîcher minnet sînen gelîchen. Sô minnet der die sünde; sô minnet der ein ander sünde, ketzerîe unde zouberîe unde swelher leie ez ist, daz minnet iuwer ieglîcher an dem andern, an sînem næhsten. Daz wir dâ sprechen: ‘an unserm næhsten,’ daz ist alsô gesprochen: wir sîn alle einander gebrüeder in gote, unde dâ von suln wir sprechen: ‘unser næhsten,’ daz ist, daz wir gebrüeder sîn. Unde dar ûf hât ouch der tiuvel valsch geslagen, daz wir sprechen: ‘unser næhster.’ Dû minnest dînen næhsten, daz ist, der dir an bôsheit der næhste ist: den hât der tiuvel dir ze einem næhsten geben unde ze minnen für die wâren minne. Des mac er dir vil wol gelônen, im zerrinne danne alles des fiures, daz er iendert hât.

Ze dem andern mâle hât iu der almehtige got geboten, daz ir fride haltet mit iu selben. Daz ist alsô gesprochen, daz der lîp sol mit der sêle vereinet sîn, daz der lîp niht begern sol swaz der sêle schade sî. Sô hâst dû fride mit dir selber. Swenne aber der lîp tœtlîcher sünde begert, sô kan niemer dehein mensche fride mit im selber gehaben. Wan diu sêle ist von der edeln gotheit gemachet, sô ist ir diu sünde wider; sô krieget der lîp nâch den sünden. Wan ir wizzet wol, swenne der lîp die sünde getuot, sô erkumest dû in dînem herzen — swelher leie diu sünde ist —, sô erschrickest dû dar abe vil oder wênic unde gedenkest dir alsô: ‘owê, waz hân ich getân!’ Sich, daz ist diu sêle: wan sie daz wol weiz, daz sie die martel dar umbe lîden muoz. Sô sprichet manic mensche: ‘weh! waz schulde hât diu sêle an den sünden, die der lîp getuot.’ Jâ, gotweiz! diu sêle hât dicke und ofte schulde an den sünden, wan von rehte ist diu sêle des lîbes meister unde sie ist wirt und hûsfrouwe in dem lîbe als ein frumer wirt in sînem hûse. Daz sprichet der guote sant Jacob: 'diu sêle sol sich gar vaste widersetzen in dem lîbe.' Als der lîp einer sünde begert, sô sol diu sêle gar vesteclîchen widerstrîten unde sol dem lîbe meisterschaft anhaben, daz er die sünde iht tuo. Wan daz mac sie wol getuon, ob sie eht wil. Unde dâ von, swaz der lîp gesündet, dâ ist diu sêle ouch schuldic an; wan sie henget allez dem lîbe nâch durch die liebe, die sie zuo dem lîbe hât, unde dâ von muoz sie ouch die martel lîden. Wan ez ist manic sêle als frum, daz sie sô gar des lîbes meister ist, daz der lîp niemer deheine sünde getuon mac. Tegelîcher sünde der mac sich nieman behüeten, wan der ist mêre dannne stoubes in der sunnen, unde dar umbe kan sich nieman dâ vor behüeten und ez envert ouch nieman dar umbe ze helle. Und tæte ein mensche alle tegelîche sünde, ez enfüere drumbe ze helle niht. Unde tuo niht danne éine houbetsünde: ez muoz zer helle varn unde muoz iemer dâ sîn. Buoze nim ich alle zît ûz. Und danne swie dâ tegelîche sünde niht zer helle ziehen, sô ist manigiu sêle doch sô frumer meister in dem lîbe, daz sich der lîp niht alleine behüetet vor tœtlîchen sünden, wan sie hüetent sich halt vor tegelîchen sünden gar vil. Niht gar mac man sich vor tegelîchen sünden behüeten; iedoch hüetet sich etelîcher mensche verre baz danne daz ander. Unde dar umbe, ir hêrschaft alle samt, sô hüetet iuch durch den almehtigen got. Swenne ir der sünden muot gewinnet, sô enpfindet ir der sünden wol, daz ir ein vorhte dergegen habet. Daz ist diu edele sêle: diu strîtet vaste wider, wan sie die râche unsers herren wol bekennet unde weiz. Unde dar umbe sult ir der edeln sêle volgen unde widerstrîtet den sünden: sô ist eht ein ganzer fride zwischen lîbe unde sêle. Nû habent die tiuvel grôzen valsch ûf den fride geslagen. Wan diu sêle niht danne himelischer dinge begern solte unde sie von himelischen dingen ist, sô habent sie danne valsch ûf die begerunge funden, daz der lîp oberhant hât gewunnen unde daz er niht wan irdenischer dinge begert unde hât der sêle den sic meistic an gewunnen. Wan der lîp ist von irdenischen dingen gemachet unde dâ von begert er ouch irdenischer dinge und die ouch der sêle gar wider sint. Unde dâ von mac niht fride sîn, swâ dû dînem lîbe tœtlîcher sünden verhengen wilt. Und alsô hât iu der almehtige got fride geboten, daz ir fride mit iu selben habet. Daz ist der fride, dâ mite der unedel lîp der edelen sêle volgen sol, unde sol ir gehôrsam und undertænic sîn. Daz ist der gotes fride. Sô ist daz des tiuvels fride, sô der unedel lîp der sêle mit der sünde an gesiget.

Die dritten, die dâ fride mit gote haben suln, alsô daz sie den almehtigen got mit keinen dingen erzürnen suln die tœtlîche sünde sint, die habent nû fride mit dem tiuvel. Daz sint drîer hande liute, die fride habent mit dem tiuvel. Unde dâ von habent sie fride mit dem tiuvel, daz sie dem an ir lebene aller gelîchest sint. Daz eine sint ketzer, die fride mit dem tiuvel habent. Wan der ketzer hât zwei dinc an im, diu dem tiuvel gelîchent unde diu der tiuvel beidiu hât. Daz ein daz der tiuvel tuot daz ist, daz er alle die er mac von gote kêret, daz er daz tuot. Wan er daz himelrîche verworht unde verlorn hât, sô sæhe er âne mâze gerne, daz ez alle die verworhten, die von Adâmes künne geborn sint, und er schüpfet unde rætet mit allem flîze, swie er kan unde mac, daz ir vil sî die den fride unsers herren zebrechen unde daz êwige künicrîche verwirken, daz sie dâ verworht hânt die leiden tiuvel. Daz ander, daz ouch der tiuvel an im hât, daz ist, daz er sich niemer bekêren wil. Er wolte halt niht, daz er bî gote in dem himelrîche wære, den worten daz er gotes friunt wolte sîn. Und an den selben dingen sint die ketzer dem tiuvel ouch gelîch. Der ketzer ist gevallen von der gemeinde der heiligen kristenheit, und alsô machete er alle die ze ketzern gerne, die in der heiligen kristenheite sint. Unde dar umbe sol man sich vor im hüeten, sô er vil heimlîchen gêt zuo iu unde sprichet, er welle iuch guot dinc lêren heimelîche in einem winkel unde des er iuch offenlîche gelêren entar. Daz ist reht ein ketzer. Wan wolte er dich guot dinc lêren, sô lêrte er dich an dem liehte vor den liuten. Und als ir des selben innen werdet, sô sult ir sie rüegen, unde hüetet iuch vor in, als liep iu himelrîche sî, daz ir iemer ein einigez wort von in gelernet. Und etelîche die dunkent sich sô gar sicher, daz sie in gedenkent: ‘ich wil ez wol im vervâhen, unz ich besihe, waz ez sî daz er mich dâ lêren wil.’ Seht, daz sult ir niht tuon. Wan als ir sie versuochen wellet unde biz ir niwan versuochet waz er künne, mit dem selben sô hât er dich ze einem ketzer gemachet unde daz dû iemer deste bœser unde deste kränker an dînem gelouben bist oder daz dû sâ zehant vellest von der gemeinde der heiligen kristenheit unde von dem frônen himelrîche, daz dû daz antlütze unsers herren niemer mêre gesihst. Dâ beschirme uns der almehtige got vor! — Daz ander, dar an sich der ketzer dem tiuvel gelîchet, daz ist, daz sich der ketzer niemer mêre bekêren wil als wênic als der tiuvel. Wan er ist als gar verhertet unde versteinet als der tiuvel in der ketzerîe. Unde rehte als der kristalle von wazzer ze steine worden ist, als ist der ketzer von einem kristenmenschen worden. Und als wênic als man den kristallen iemer ze wazzer gemachen mac, als wênic mac man den ketzer iemer mêr ze einem kristenmenschen gemachen, er sî denne kürzlîche in díe ketzerîe komen. — Die andern liute, die sich ouch aller beste dem tiuvel gelîchent unde die sô stæten fride mit dem tiuvel habent, daz er niemer zerbrochen wirt, daz sint alle die dâ sündent wider den heiligen geist. Daz sint fünf leie oder sehs leie sünde die wider den heiligen geist sint, unde dâ engetürren wir niht von gereden, wan daz ist eht uns verboten. Unde die sint ouch als versteinet unde verhertet als der tiuvel. — Sô sint die dritten aller liute wirste, die dem tiuvel aller gelîchest sint an ir sünden. Die haltent stæten fride mit dem tiuvel. Der ist sô stæte, daz halt under allen sündern nieman sô stæten fride hât mit dem tiuvel. Die sint dem tiuvel aller gelîchest under allen liuten unde sint aller sünder schedelîcheste die selben sünder, die diu werlt ie gewan oder iemer gewinnet. Daz sint die gîtigen liute. Alle die unreht guot wider got gewinnent unde wider sînen hulden, sô mit wuocher, sô mit fürkoufe, mit dingesgeben, sô mit roube oder mit diupstâl oder mit trügenheit an koufe oder an antwerke oder mit swelhen dingen dû ez gewinnest daz unrehte guot: die sint alle dem tiuvel gelîche unde habent stæten fride mit dem tiuvel eht iemer mêre. Wan der tiuvel hât driu dinc an im, diu sint aller dinge wirstiu, diu diu werlt ie gewan. Daz êrste ist, daz der tiuvel stætes sündet tac unde naht für sich dar, daz er niemer geruowet keine wîle noch deheine stunde. Daz ander, daz er gîtic nâch den sünden ist: sô er ie mêr gesündet, sô er ie gerner sündet, und in benüeget eht niemer. Daz dritte ist, daz der tiuvel sich niemer bekêren wil. Und an disen drin sünden sint die gîtigen liute dem tiuvel aller gelîchest unde habent stæten fride mit im an den selben dingen. Die gîtigen liute sündent tac unde naht alle zît, diu zît sî heilic oder niht, ez sî jeniu zît oder disiu zît, sô sündet eht er für sich dar. Ir andern sünder, ir lât doch gote etewenne einen fride mit iuwern sünden. Ir mörder, ir mordet iezuo nieman; ir êbrecher, ir brechet iezuo niht iuwer ê; ir zouberer und ir zoubrærinne, ir zoubert iezuo mit nihte; ir fræze, ir luoderer und ir spiler und ir tenzer, ir trîbet iuwer unfuore mit nieman iezuo und iuch durstet halt vil sêre; ir tuot ez gerne oder ungerne sô müezet ir sîn ungetrunken. Ir tanzer, ir tanzet iezuo mit nieman. Ir andern sünder, ir gebet dem almehtigen gote etewenne fride. Dise gîtigen liute die gebent dem almehtigen gote niemer deheinen fride. Daz ist dâ von, daz sie fride mit dem tiuvel habent. Nû sich, gîtiger, wuocherer unde fürköufer, sît hiute daz dû her kæme, sît hâst dû mit wuocher unde mit fürkoufe wol vier pfenninge gewunnen. Unde sît ich dise rede an huob, sît bist dû lîhte eines helbelinges rîcher danne ê. Und an dém teile hâst dû fride mit dem tiuvel. Der læt ouch got niemer geruowen. Unde dâ von sprichet der almehtige got selbe von den gîtigen liuten als gar übel, daz ich niht næme dehein guot, ich næme niht hundert pfunt, daz ich alsô vor disen engeln spræche, die alhie gegenwertic sint unde vor allen den liuten. Ez würde den engeln unde liuten allen ir ôren betrüebet, ob ich nû vor in spræche als got selber hât gesprochen. Er sprichet: ‘dû rehte bœse hût!’ al für sich hin, unde sprichet gar übele: ‘dû rehte bœse hût, dû læst mich niemer geruowen. Die von Samariâ unde die von Gomorrâ unde die von Sodomâ die lânt mich geruowen etewenne: dû læst mich niemer geruowen, wan dîn pfluoc ist eht alle zît ûf der verte und ûf der arbeit des gewinnes.’ Nû wis frô, gîtiger! dû versûmest einen helbelinc niht an dirre predige. Ir andern liute, ir versûmet iuch iezuo gar sêre an iuwer arbeit. Der gîtige versûmet sich aber nihtes niht an dirre predige. Wan iuwer gewinne gênt eht alle zît für sich, sô krump sô sleht, ez witer übel oder wol, ez sî bisezze oder niht, ez sî hagel oder niht, sô gêt dîn pfluoc doch alle zît gelîch. Pfî, daz dich diu erde niht verslant, daz dû mit dem heiligen toufe getoufet bist! wan dû ein jüde bist an dînen werken und an dînem leben. Unde dâ mite ist dîn fride mit dem tiuvel iemer stæte. — Zem andern mâle bist dû dem tiuvel ouch gelîch an dînen sünden. Daz ist, daz den tiuvel an sînen sünden niemer genüeget. Sô er ie mêr sündet, sô er ie gerner sündet. Alsô tuot ouch der gîtige. Den selben fride heltet er gar vesteclîche mit dem tiuvel. Wan sô er ie mêre mit fürkoufe unde mit wuocher unde mit satzunge gewinnet, sô er ie gerner mê unde ie gerner vil hæte. Pfî, gîtiger, wie gar gelîch dû dem tiuvel bist! und ir verfluochten tiuvel, wie gar wîslîche ir den valsch geslagen habet unde disen ungetriuwen fride! Wan dise gîtigen liute, der herze vor gîtikeit niemer vollen sat werden kan, sie heizent anders niht die gîtigen liute danne dâ von: sô sie des unrehten guotes ie mêre gewinnent, sô sie ie gerner mê wolten haben. Unde daz ist ir fride mit dem tiuvel. — Ze dem dritten mâle hât der gîtige fride mit dem tiuvele, alsô daz er niemer wâre riuwe gewinnet, als wênic als der tiuvel und als der ketzer und alse die dâ sündent wider den heiligen geist. Wan daz ist allez éin geselleschaft. Der tiuvel unde die gîtigen unde die ketzer unde die wider den heiligen geist dâ sündent, daz ist allez éin kumpanîe und éin gesinde, sie hæten anders niht fride mit dem tiuvel. Und iedoch suln wir versuochen unde suln dise gîtigen liute biten unde manen, daz sie sich ûz dem fride nemen, ûz dem fride des tiuvels, unde sich ergeben in den fride und in die geselleschaft des almehtigen gotes und aller gotes heiligen und aller engele und aller himelischen menie; unde hiute daz unrehte guot lâzet, daz ir erhœhet werdet in der himelischen Jerusalem bî dem almehtigen gote. Jâ soltet ir ze edel iuwer ieglîcher sîn dar zuo, daz ir mit dem verfluochten tiuvel iemer geselleschaft habet an dem grunde der helle. Man gap einest wîsen liuten für, daz sie solten râten, waz mannes herze aller schierste überwunden habe. Dô sprach daz eine, daz tæte ein künic: der überwünde aller schierste mannes herze; wan swaz der künic einem armen manne gebüte, des wære er mit allem flîze gerne gereht unde bereit und er getörstes niemer widerreden und er wære halt frô swenne im der künic ihtes gebüte. Dô sprach der ander: ‘des ist niht! der wîn überwindet mannes herze aller schierste. Der wîn der machet einen, daz er von bürge und ouch von lande ret unde von grôzem guote unde von tûsent marken, der er einigen pfenninc niht enhât.’ Sô sprach der dritte: 'des ist niht! die frouwen habent mannes herzen aller schierste überkomen.' Der nam obernthaut, wan er hete reht, daz bewærete er mit Adâme wol. Den hete got als starken geschaffen, und hæte man alle tage berge ûf in geleit, man möhte in niht erdrücket hân, wan er hete eht in untœtlich geschaffen. Der alliu swert und alliu wâfen hæte ûf in geslagen unde gestôzen, er enwære niht tôt. Der in versenket hæte in alliu wazzer, er wære niht ertrunken, wan er was reht untœtlich: dâ von mohte er niht erstorben sîn, swie man im getân hæte. Unde swie starken unde swie untœtlîchen er in hete geschaffen, sô hât in doch ein frouwe schiere überwunden: an aller sîner kraft und an aller sîner wirde und an aller sîner edelkeit überwant in ein frouwe, daz er alle sîne krefte verlôs. Unde dâ von sô hete er behabet. Wan Sampsôn der hete tûsent manne sterke, unde gewan im ein wîp alle sîne sterke an und alle sîne kraft. Unde Salomôn wart betrogen an aller sîner wîsheit unde manic ander man, die betrogen sint von frouwen. Unde dâ von habent die frouwen den mannen den sic an behabet. Unde dar umbe wil ich dise gîtigen liute des biten: sît disiu driu dinc aller meiste mannes herze überwindent, sô lât iuch hiute disiu driu dinc überwinden unde sît des êrsten erbeten unde ermant bî dem wîne, den iu der almehtige got schenken wil êwiclîchen, wan der bezeichent die wâren minne unsers herren. Die wil er dir dar umbe êwiclîchen schenken, daz dû komest ûz der geselleschaft des tiuvels unde daz dû daz unrehte guot hiute læzest, daz dû doch muost lâzen, den worten daz dir der guote sant Pêter schenket êwiclîchen mit den heiligen zwelfboten, daz dich die êwiclîchen minnen in der genôzeschaft aller heiligen. Nû lât hiute daz unrehte guot durch den guoten sant Stephân und alle gotes martelære, daz iuch die iemer êwiclîchen müezen minnen. Ich bite iuch hiute, daz ir ein wênic unrehtes guotes widergebet durch den guoten sant Niclausen unde durch alle nôthelfer — owê! nû ist er doch gar milte der guote sant Nicolaus und er hât manic tûsenden ûz nœten geholfen mit sîner heilikeit, die er umbe got verdienet hât — unde durch die heiligen niun kœre der heiligen engele und allez himelische her, daz die iu iemer mêr in den êwigen freuden êwiclîchen müezen schenken den edeln süezen wîn der wâren minne unde daz ir dâ von trunken müezet werden der wâren minne, der dâ niemer zerrinnet unde diu dâ niemer kein ende genimet, und alsô trunken mit der freude werden, die herze nie betrahten kunde, die ôre nie gehôrte unde munt nie gesprach, als der guote sant Paulus dâ sprichet. Unde lât hiute daz unrehte guot durch alle gemeinschaft alles himelischen hers unde lât iu hiute disen edeln süezen wîn iuwer herze an gewinnen, daz iuch allez himelische her iemer frœlîchen müeze minnen.

Zem andern mâle bite ich iuch durch die liebe, die ir dem himelischen künige leisten sult; wan daz ist der drîer dinge einez, diu mannes herze überwindent. Wan jener künic den himelischen künic bediutet, den künic aller künige und aller dirre werlte unde den keiser aller künige und aller engel herren: den lât iuch hiute überwinden, daz ir daz unrehte guot lât, wan er iu geheizen hât, daz er iuwer ieglîchem ein künicrîche geben welle und iuch ouch ze künigen wil machen, als er selbe ein künic ist. Und er hât iuch doch gelobet, daz er iuch iemer mêre êwiclîche behalten wil, in dirre werlte und in jener, ob ir sîn im getrûwet. Unde dâ von sult irs im getrûwen, ob ir ein künicrîche durch sînen willen liezet, daz er iuch des wol ergetzen mac. Nû seht, wie lützel sie der glîche iendert tuont! wie gar sie verzwîvelt hânt an aller gotes barmherzikeit! Nû wirt doch maniges hôhen mannes herze überwunden von küniclîchem gewalte. Nû weist dû doch wol, daz ér dir lîp unde sêle geben hât unde guot unde gehœren unde gesehen und alle iuwer sinne. Unde dâ von ist ez ein wunder, daz ir daz iemer getürret geleben, daz ir deheiner slahte guot wider got haben wellet. Unde dâ von bist dû eintweder ein verzwîveler als der tiuvel oder ein verherter als der tiuvel. Owê des! daz dîn herze als versteinet ist, daz ez weder wîn mit der wâren minne noch alliu diu gesellescheft aller gotes heiligen noch der künic aller künige niemer überwinden mac! Sô lâ dich doch überwinden diu reine süeze frouwe, diu mit der sunnen bekleit ist, als sie der guote sant Johannes dâ sach in apokalipsî, unde zwelf sternen ûf ir houbete ze einer krône, und ir füeze hânt den mânen under in ze einem fuozschemel. Seht, die selben edeln künigin die sult ir hie mit êren unde sult hiute daz unrehte guot von iu lâzen durch die edeln frouwen sant Marîam, gotes muoter, von der her Dâvît dâ sprach, daz sie stêt bî sînem künige ze sîner zeswen in guldîner wæte. Unde der wîse Salomôn hât sie ouch gelobet: '*sicut lilium inter spinas etc.*' Unde dâ von sult ir die hôhen frouwen êren, diu frouwe ist über alle frouwen und über alle juncfrouwen; unde sant Marîam Magdalênen unde sant Margarêten unde sant Katharînen unde die andern alle samt. Sô lange daz jener gewan, daz frouwen mannes herze aller schierste überwünden und aller meiste, sô lât iuch hiute dise edeln frouwen überwinden, diu uns allen ze heile unde ze sælden ist ertaget unde diu uns dâ wol gehelfen mac von allen unsern sünden und uns ouch helfen wil. Nû lât hiute unrehtez guot durch aller der êre willen, die mîn frouwe sant Marîâ hât bî ir heiligem trûtkinde, unde daz ir die iemer mit ir niezet êwiclîchen. Ir andern sünder, die dâ fride mit dem fleische habent unde die fride mit der werlte süeze habent, die gewinnen alle samt wâre riuwe unde buoze nâch gotes gnâden unde nâch iuwern staten. Wan swaz ich mit disen gîtigen liuten gerede, daz ist verlorn: wan ez ist ein sô stæter fride, den sie mit dem tiuvel habent gesichert, daz er nû niemer mêr zerbrochen wirt. Ir andern sünder gewinnet wâren riuwen unde gewinnet fride mit dem almehtigen gote unde mit iu selben unde fride mit iuweren næhsten, als iu der almehtige got geboten hât, unde daz ir daz künicrîche besitzet, daz er iu geheizen hât, als man hiute liset in dem heiligen amte. Daz uns daz allen widervar, iu mit mir und mir mit iu, daz verlîhe uns der almehtige got. Âmen.

# XVIII.

## VON DEM NIDERLANDE UNDE VON DEM OBERLANDE.

MAn liset hiute von dem geslehte unser frouwen in dem heiligen êwangeliô, wan wir hiute begên in der heiligen kristenheit die geburt unser frouwen als sie geborn wart in dise werlt uns allen ze sælden unde ze guote. Unde dâ von ist daz wol mügelich, daz man von ir geslehte in dem heiligen êwangeliô liset. Wande daz ist eht alse billich, wan daz grœste geslehte unde daz hœhste nâch adel daz ie ûf ertrîche wart geborn unde daz aller edelste, daz hât man hiute benennet in dem heiligen êwangeliô: zwei unde vierzic geslehte, vierzehen patriarchen, vierzehen künige. [In dem wênigen büchelîn, dâ man dâ vindet von den sehs tugenden unser frouwen in dem jungesten sermône ân einen: allez daz man dâ liset in dem selben sermône des êrsten an dem anevange, dâ sol man ouch alle die rede lesen, die in dem selben sermône stêt. Sie vâhent beide glîche an.] Und alle die in daz geheizen lant wellent komen, die müezent dise zwô unde vierzic tugende haben die unser frouwe dâ hete, oder sie koment niemer in daz geheizen lant, daz der almehtige got den sînen hât geheizen sît anegenge der werlte. Unde iedoch sô mac ich dirre zwei unde vierzic iu aller niht gesagen; sô wil iuch iu ir doch ahte sagen. ‘Owê, bruoder Berhtolt, unde wiltû uns danne die zwô unde vierzic tugende niht gar sagen, sage, wie suln wir danne zuo dem himelrîche komen?’ Sich, dâ solt dû gar gerne ze predigen gên und alle zît zer messen: sô lernest dû hiute ahte und eines andern tages aber ahte oder fünfe oder sehse, unz dû sie gar unde gar gelernest. Unde dâ von sô wil ich iu hiute ir ahte sagen. Die sint alse edel und als tugenthaft, daz ir ein michel teil mit disen ahten beslozzen ist. Unde swer dise ahte hât, der hât sie mê danne halbe. Unde dâ von sult ir dise ahte tugende merken und ouch behalten: wan die andern sint meistic in dise ahte beslozzen, unde die sint als tugenthaft, daz manic tûsent heiligen zem himelrîche komen sint mit disen ahte tugenden. Wan swer die selben ahte tugende hât, die gehœrent alle zuo dem himelrîche, zuo dem obern lande, daz uns der almehtige got von anegenge der werlte bereitet hât. Unde swer die selben ahte tugende niht enhât, der gehœret zuo dem nidern lande. Wan die wellent gote niht gehôrsam sîn, als der ungehôrsame engel, unde dâ von werdent sie verstôzen zuo dem ungehôrsamen tiuvel in daz niderlant des apgrundes der helle. Nû seht, ir hêrschaft alle samt, wederz ir dâ nemen wellet: daz niderlant oder daz oberlant?

Diu êrste tugent, die dû haben solt obe dû ein oberlender wellest sîn, diu heizet der lûter unde der reine unde der rehte kristengeloube. Wan alle glouben sint ein tôt dinc, wan kristengloube alleine. Der heiden gelouben sint alle ein gestüpnüsse. [Unde dâ stêt von dem glouben gar wol in dem sermône von den zehen geboten unsers herren, wie die heiden drîer hande gelouben habent unde wie man ûf den rehten gelouben reden sol unde wie der ketzergeloube schînet als ein fûlez holz unde wie man niht ze vaste in den gelouben sehen sol.] Unde mit der selben tugende sint manic tûsent heiligen zuo dem himelrîche komen, die sich ê liezen marteln umbe den rehten kristenglouben, ê danne sie den verlurn. Ir reinen kristenliute, ir sult halt, ob der endekrist kome, sô sult ir iuch lâzen marteln, ê daz ir von iuwerm glouben kumet, alsô manic tûsent, die bî gote sint êwiclîchen, und unser frouwe, diu hiute gar vesteclîche an kristem glouben gestuont. Unde dô die zwelfboten alle meistic verzwîvelten, dô gestuont unser frouwe alleine an dem glouben; wan die zwelfboten der was einer niht, er enhæte etewie vil zwîvels, einer mêr, der ander minner: dô gestuont sie alleine unde nieman mêr. Den tac dô unser herre in dem grabe ruowete, des morgens dô erstuont sîn heilic lîp von dem tôde; dô wart der heilige geloube gemêret unde gebreitet, unde swer in genzlîche beheltet, der wirt ein oberlender. Ir wizzet wol, daz die niderlender unde die oberlender gar ungelîch sint an der sprâche und an den siten. Die von Oberlant, dort her von Zürich, die redent vil anders danne die von Niderlande, von Sahsen, die sint ungelîch an der sprâche. Man bekennet sie gar wol vor einander die von Sahsenlande unde die von dem Bodensêwe, von dem obern lande, unde sint ouch an den siten ungelîche und an den kleidern. Iedoch sô redet ein niderlender gar rehte als ein oberlender etewenne, und er ist ouch ein niderlender, als der glîchsener unde die glîchsenerinne: die gebârent rehte als sie gein gote gênde engele sîn, unde sint doch schelke unde schelkinne. *Mali laici, mali religiosi.* Daz ist der sihtige tiuvel. Unde als die pfenningprediger und die den liuten gar vil von dem almehtigen gote sagent unde von sînen heiligen unde von sîner muoter unde von sîner martel unde von der heiligen martel, wie sie sich liezen marteln umbe daz himelrîche und umbe daz êwige leben. Und er seit dir sô vil dâ von, daz der dâ von weinen mac, und er tuot reht etewenne als er weine. Und er ist ein rehter niderlender. Und er weinet, daz man wol tûsent eide swüere daz er ein rehter oberlender sî, und er ist eht ein kneht des leidigen tiuvels, der liebste den er iendert hât, und er hœret zuo dem aller nidersten lande an den grunt der helle, wan er dem tiuvel, sînem landesherren, gar gelîch ist. Wan der verrætet dem almehtigen gote manic tûsent menschen, daz ir niemer mêre rât enwirt. Alsô tuot ouch der pfenningprediger: der verrâtet ouch dem almehtigen gote manic tûsent sêle, der niemer mêre rât wirt. Und alsô stêt ez umbe die niderlender und umbe oberlender, daz manic niderlender ist, der sich der oberlender sprâche an nimet. Und ist ez daz iuch dar an betriuget, sô sol man sie kiesen an den kleidern. Unde daz triuget iuch ofte unde dicke, daz ein niderlender eins rehten oberlenders kleider an treit. Und ist daz dû mich betriugest an dem gewande und an der sprâche, sô kanst dû mich an den siten niemer betriegen. Ez enkünde halt niemer geschehen, unde wolte ein niderlender niwan vier wochen bî mir wonen, ich würde sîn wol innen, ob er ein niderlender wære oder ein oberlender. Unde dar umbe seht, waz ir mir gebet: ich wil iuch hiute wol lêren, daz iuwer ieglîchez wol bekennet hinnen für mê, welher ein niderlender oder ein oberlender ist. Nû ist manic mensche, daz alsô sprichet: 'owê! wan wiste ich, ob ich ein himelkint wære oder ein hellekint!' Nû seht, waz ir mir geben wellet! ich wil iuch hiute lêren, daz niendert dehein mensche vor mînen ougen sitzet, ez sî rîch oder arm, junc oder alt, frouwe oder man, ich wellez iuch wol lêren, daz ez hinnen für wol weiz unze an sînen tôt, ob ez ein hellekint ist. Nû lernet alle samt! wan swer dise ahte tugende hât, der ist ein himelkint und anders nieman. Unde swer ir sibene oder sehse hât, der ist dannoch niht ein oberlender: er ist ein niderlender, wan er muoz dise tugende alle ahte haben. Daz ist diu êrste der rehte kristengloube, als ich iezuo sprach. Ir jüden, ir heiden, ir ketzer, ir sît gar guot ze erkennen an iuwer sprâche, wan ir redet allez daz wider kristengelouben ist, als iuwer herre der tiuvel, der sô lange niderlant gebûwet hât und iemer mê êwiclîchen bûwen muoz, die wîle got ein herre in dem himel ist. Und alle die mit ungelouben umbe gênt, die sint alle niderlender unde müezent êwiclîche iemer mêre bî ir herren dem tiuvel sîn, in dem aller nidersten lande, an dem grunde der helle, unde sint des geheizenen landes êwiclîche verstôzen, und alle die mit zouber unde mit lüppe unde mit ungelouben umbe gênt.

Diu ander tugent, dâ ir bî ouch kiesen sult ob ir niderlender oder oberlender sît, diu heizet minne: daz ir geminnet sult sîn gein iuwerm næhsten und gein gote, wan diu selbe tugent manic tûsent heiligen zem himelrîche brâht hât in daz oberlant. Wan die selben tugent hete mîn frouwe sante Marîâ gar vollecliche, wan sie vergap den, die ir heiligez und ir zartez trûtkint vor ir ougen tôten. Unde der almehtige got vergap in ouch allen den mort, den sie an sîne unschuldigen lîbe begiengen. Unde swer in zwein an disen ahte tugenden gelîchet, der ist ein rehter oberlender; wan dâ sint sie gar gewaltic inne in dem obern lande. Bist dû ein oberlender, sô merke, ob dû dise tugende habest. Unde hâst dû sie niht vollecllîchen, alsô daz dû niht allen den lûterlîchen vergeben hâst die dir ie dehein leit getâten, sô bist dû ein rehter niderlender, wan sô wiltû haz unde nît tragen, als dîn herre der tiuvel. Der hât ie und ie menschenkünne geniten unde gehazzet umb daz sie die freude suln besitzen, die er dâ verworht hât. Und alle die haz und nît tragent, die sint niderlender.

Diu dritte tugent diu heizet dêmuot, ein gar grôziu tugent. Wan die hete unser frouwe gar vollecl̂ichen. Unde wære sie halt sô dêmüetic niht gewesen, swie vil sie ander tugende hæte, sô wære der heilige geist niht zuo ir komen. Des liset man gar vil von ir, wie gar dêmüetic sie ist gewesen und ir heiliger trûtsun, unser herre Jêsus Kristus. Unde swer in zwein an dirre tugende gelîch ist, der ist ein oberlender. Owê, ir hôhvertigen liute! wie gar verre iu disiu tugent ist! Wan ir tuot eht vil rehte als iuwer herre der tiuvel, wan der wart ouch durch hôhvart von dem himelrîche vertriben, von dem obern lande in daz niderlant. Unde dâ von sô müezent alle die niderlender sîn, die die hôhvart üebent, sô mit hôhvart, sô mit zerhouwem gewande, daz dâ sô wæhe gesniten ist, hie der lewe, dort der are, hie der tôre, dort der affe unde giege. Und ir frouwen, ir gêt mit der aller grœsten tôrheit umbe, diu von tôrheit ie wart mit îteler hôhvart. Und ir gêt mit tüechelînen umbe: daz zwicket ir hin, daz zwicket ir her, daz gilwet ir hin, daz gilwet ir her, unde leget allen iuwern flîz dar an und iuwer wîle. Und iuwer hâr dâ traget ir die zît mit ûz. Swenne ir gote dienen soltet und iuwern salter lesen soltet oder ander iuwer gebet soltet sprechen, sô gêt ir mit iuwern tüechelînen umbe, wie ir iuwer hôhvart vollebringet. Und ist daz ir anders niht enhabet, sô habet ir hie unde dort ze wênic. Die herren die hôhvertent doch mit etesweme nützes, mit schœnen rossen unde mit bürgen unde mit liuten unde mit bederben dingen, und die verliesent ir sêle doch mit nützen dingen unde habent sich des obern landes doch umb eteswaz verzigen. Ir frouwen, ir verlieset daz oberlant gar unde gar umbe sus unde wellet die gemeine verliesen mîner frouwen sant Marîen und aller gotes heiligen.

Diu vierde tugent ist gedultikeit. Dâ bekennet man bî die niderlender unde die oberlender gar. Wan swer gedultic ist, der ist dem almehtigen gote gelîch unde sîner heiligen muoter an der selben tugende: wan die wâren beide als gedultic, daz ez nieman vollesagen mac. Und alle die niht zornic sint unde wol ungemach vertragen künnent und armuot unde leit und aller hande gebresten, die sint alle samt oberlender. Ir sæligen gotes kinder, ir tuot vil rehte unde vil wol! sô ir daz guot verlieset von dieben unde von roubern oder von unrehtem gewalte oder von anderm ungelücke, sô sît eht gedultic dar umbe und ergebet ez gote als der guote Iob. Und als ir die friunde verlieset, sô tuot daz selbe. Und als man iu eine smâchheit erbiete mit schelten oder mit fluochen, sô sît eht gedultic, als iuwer herre der almehtige got und als iuwer frouwe sîn heiligiu trûtmuoter. Unde der iu halt eine wunden slüege, ir soltet dannoch gedultic sîn. Und wære halt, daz man dir under dîn ougen spîte, dû soltest dîn antlütze niemer deste wirs gestellen. Als gedultic solt dû sîn: wan der almehtige got was als gedultic, daz er under sîn edel antlütze liez spîen, daz er nie ungedultic wart, als man dâ liset in der minne buoche, daz im sîn antlütze wart verspît als ez betunget wære, daz man niht kiesen mohte sîn antlütze iendert blôz. Unde daz erleit er allez mit gedultikeit durch unsern willen. Und alsô suln wir ouch durch sînen willen gar gedultic sîn. Wiltû aber ungedultic sîn umbe sus und umbe niht unde wilt vor zorne toben unde wüeten sam dû unsinnic sîst, sô bist dû ein rehter niderlender, wan sô tuost dû rehte als dîn herre der tiuvel, der nie dehein gedult gewan.

Diu fünfte tugent diu heizet enthabunge. Diu ist aller tugende bestiu, die man gehaben mac. Wan swelher leie untugende dû willen hât ze tuonne, sô solt dû dich widerhaben unde eht widerstrîten. Und alle die sich eht niht widerhabent, die sint niderlender, als die fræze unde die spiler unde die luoderer, die dem tiuvel gehôrsam sint mit der übermâze. Jâ was der heilige man her Moyses ungâz wol vierzic tage, daz er nie nihtes enbeiz. Und Helyas, der halt niemer nihtes enbîzet unde noch hiute in dem paradîse ist unde was vierzic tage ûffe ertrîche ungâz, ê daz er in daz paradîse kam. Und unser herre Jêsus Kristus, der was reht aller dinge genzlich unde gar ein mensche, wan des einen: daz er menschen bekorunge sicher was, als billich was. Wan er ie sünden und untugenden vînt ist gewesen, sô was daz wol mügelich, daz er sîne edele menscheit dâ vor behuote unde frî wære vor allem zâdel. Doch swie gar der almehtige got mensche was, unser herre Jêsus Kristus, sô vastet er doch vierzic tage. Unde swenne dû gote gelîchest an der selben tugent, diu heizet enthabunge, sô gehœrest dû zuo dem obern lande. Wiltû aber den gelust des lîbes lâzen fliegen unde wilt dem geluste des lîbes allez nâch volgen âne widerhabunge, sô mit der unkiusche, sô mit dem nîde, sô mit dem hazze, mit zorne, mit frâzheit unde mit allen untugenden, sô bist dû ein niderlender unde gesihest die freude unsers herren niemer mêr. Riuwe unde buoze versage ich nieman.

Diu sehste tugent, dâ man ouch die niderlender unde die oberlender bî bekennet, diu heizet snelleheit an gotes dienste: daz dû gote solt dienen mit snelleheit unde mit willen, niht trâclîchen noch lezlîchen noch slæferlîchen. Dû solt gote mit herzen unde mit willen dienen, wan er hât dir gedienet unze an den tôt, unde dâ von solt dû gote mit allem flîze dienen. 'Nû, bruoder Berhtolt! der nû niemer deheine sünde getuot noch ouch gote niemer deheinen dienst getuot: weder wirt der verlorn oder behalten?' Sich, der wirt rehte verlorn unde sîn wirt niemer mêre rât. Hætest dû einen kneht, der dir niemer deheinen dienst wolte getuon unde dû in doch besorgen müestest alles des, daz er bedörfte: dû slüegest in in der sunnen haz und in des mânen dar zuo. Unde wan dir got alliu dinc ze dienste unde ze nutze hât beschaffen, sô soltû gote mit triuwen dienen. 'Bruoder Berhtolt, nû hân ich etewaz anders ze tuonne. Ich mac durchgênden tac niht alle zît gebeten unde zer kirchen sîn.' Des muotet got niht von dir, wan daz dû getriuwe unde gewære sîst, mit swelher leie amte dû umbe gêst. Wan ez ist nieman, im habe got ein amt gegeben, dâ mit er gote dienen sol, einhalp ze dem lîbe und anderhalp ze der sêle. Und swenne dû dîn antwerk lazlîchen üebest unde trügenlîchen, sô hâst dû der tugende niht unde tuost reht als ein niderlender. Ez sî pfaffe oder leie, rihter oder ritter, koufman oder gebûre, die sulnt alle ir amt mit triuwen üeben unde mit der wârheit. Geistlîche liute unde witewen, sie sîn in klœstern oder niht, sô sulnt sie vil gebeten unde geweinen unde sulnt aller guoten dinge vil durch got üeben an in selben. Des dürfent die liute mit der ê niht tuon: die mügent lîhte gebeten, daz ez got benüeget, sint sie eht anders âne tœtlîche sünde und üebent ir amt getriuwelîchen. Sehs unde sibenzic pater noster dâ ist ein ieglîcher mensche mit enbrosten. Der aber mêr mac, der sol ouch mêr tuon. Die aber stæteclîchen müezent wirken, die beten nâch ir staten als sie got ermane. Und alle die got lazlîchen dienent unde gerner fluochent unde scheltent danne daz sie ein pater noster sprechen, die tuont vil rehte als ir herre der tiuvel, wan der geriet ouch niht guotes.

Diu sibende tugent diu ist ouch gar ein edel tugent unde dâ mite hât manic tûsent heilige daz himelrîche besezzen. Diu heizet kiuschekeit. Die hete diu reine muoter, mîn frouwe sant Marîâ, gar volleclîchen unde kiuscheclîchen unde reineclîchen, unde man singet unde liset, daz sie nie man rehte under ougen an gesach von schamede unde von blûkeit, swie sie doch von dem heiligen geiste beschatewet was, daz nie manne herze nie deheinen üppigen gedank gein ir gewinnen mohte, als billich was; unde swer unser frouwen aller gelîchest ist mit der kiusche als sant Agnes unde sant Margarête unde der andern ein michel teil unde der guote sant Nicolaus unde sant Uolrîch. ‘Pfî, nescher unde nescherin, wie tiure dir diu tugent ist! und ir êbrecher, wie tiure iu diu selbe tugent ist! Balde in starke buoze oder an den grunt der helle zuo dînem herren dem tiuvel! Unde daz iezuo alrêrste ûzer der schaln sliufet, daz ist als gar vol schalkeit, unde nennent unde redent daz man unde frouwen dâ tuont unde lachent dar zuo. Unde dû nescher, balde zuo der ê, oder an den grunt des niderlandes! Pfî, dû rehter niderlender, dû bist eht unkiusche mit den worten! wan ir ist gar vil, die mit den werken keine unkiusche getuon wellent: wan sie mügent ir niht getuon. Und als sie mit den werken niht unkiusche mügent getuon, sô tuont sie sie mit den worten. Etelîche sint mit den worten gar unkiusche, unde mit den werken unde mit dem gewande niht. Sô ist etelîchez unkiusche mit dem lîbe und mit dem gewande, unde mit der sprâche niht, als die verwerinne unde die gilwerinne, die sich dar ûf zierent unde bereitent dem tiuvel ze einem stricke. Und ist daz sich nieman drin ervellet, sô müezent sie doch daz gerihte unsers herren tragen unde daz vorhtlîche urteil. Wan sie treit die vergift, dâ mite sie die sêle wolte ertœten. Und ist daz sich etelîche dâ vor behüeten, sô hânt sie doch die vergift dar geboten. Ez was in der alten ê reht: swer einen brunnen gruob an der strâze, der solte in bedecken. Unde dakte er den niht unde viel sînes nâchgebûres vihe dar în, er muoste ez im gelten als tiure als erz koufte. Unde den âwehsel gît man im wider. Daz ist alsô gesprochen. Swer den andern schüpfet zuo tœtlîchen sünden, der ist ein rehter niderlender, wan der hât die siten, die ouch sîn herre der tiuvel hât. Wan der schüpfet ouch die liute gerne zuo den sünden. Unde dar umbe muost dû iemer niderlant bûwen. Wan alle, die dû dem almehtigen gote verleitest, die wirfet man ûf dich an den grunt der helle. Unde dâ wirt der âwehsel dir wider unde dû muost sie gelten als er sie koufte mit sîner martel. Und alsô muost dû dar umbe gemartelt werden iemer êwiclîchen. Wan swenne dû als manige tûsent martel lîden muost und ouch erliten hâst als tropfen in dem mere ist, sô hebet dîn martel êrste an. Unde der âwehsel wirt dir. Daz sint alle die dû in sünde bringest: der martel muost dû ouch lîden zuo aller martel, die dû selbe hâst unde lîden muost, unde muost iemer ein niderlender sîn.

Diu ahte tugent heizet miltekeit. Diu hât ouch manic tûsent heiligen zem himelrîche brâht, als den guoten sant Ôswalden unde der künic Karlen unde manige ander tûsent heiligen, die mit der miltekeit ze dem himelrîche komen sint und mit der miltekeit oberlant besezzen hânt. Und unser frouwe was âne mâzen milte. Unde swer unser frouwen gelîch ist an der selben tugende, der ist ein oberlender. Wan nâch der milte wirt unser herre an dem jungesten tage frâgende. Unde die dâ niht hânt ze gebenne mit der hant, die geben mit dem herzen, mit dem guoten willen. Wan ez sprichet der guote sant Johannes: ‘gib den hungerigen z’ezzen.’ Unde gibest dû in niht unde daz dû in gehelfen möhtest, dû bist an im schuldic. Pfî, gîtiger! an wie manigem bist dû schuldic, der von dînen schulden hungers stirbet, wan dû daz korn ê læzest erfûlen, ê dû ez umbe rehten kouf verkoufest. Unser herre hete alles des genuog geschaffen des diu werlt bedarf, als er dem vische in dem wâge gar genuoc geschaffen hât, und anders des man bedarf, wan er der sternen an dem himel genuoc geschaffen hât. Ob er eins minre geschaffen hæte, daz hæte über alle die werlt geschât an liuten und an tieren, an vischen und an vogeln und an allem dem daz ûf ertrîche wehset. Unde dâ von sprichet ein heilige: ‘wâ von habent die vogel genuoc unde wâ von sint sie als schœne? wan sie habent doch weder huobe noch ander gelt. Seht, daz ist dâ von: als einer gizzet daz er genuoc hât, sô læt er den andern ouch ezzen.’ Sô sint disiu armen gotes kinder, daz ir ętelîchez kûme die schame bedecket, unde sie geruowent niemer tac noch naht vor grôzer arbeit, unde gênt dâ bî nacket unde blôz unde geligent niemer sanfte noch warm unde gezzent niht vil baz dannne ir vihe unde sint bleich unde mager. Seht, daz ist dâ von, daz inz dise gîtigen liute mit untriuwen an gewinnent unde mit unrehte, unde swaz sie derarbeiten, daz gêt den gîtigen hin hein. Wan er ist eht alle zît arm unde nœtic, und er gêt zuo dem gîtigen unde sprichet: 'herre, lîhet mir ein malter kornes, ich gibe iu hin ze dem niuwen ein halbez und ein ganzez.' Und alsô lîhet er des jâres vierzic ûz oder lîhte hundert oder fünf hundert. Unde dise armen liute müezent im umbe sus arbeiten. In werde vil oder wênic disen armen liuten, sô müezent sie anderhalp malter umbe daz eine geben. Ersleht ez im der hagel oder wirt bisezze unde reise oder swie ez gêt, sô muoz er imz gar geben. Unde hât er anders niht, er muoz im sîniu rinder ûz dem pfluoge geben. Unde dâ mite nimet dirre mit grôzen arbeiten abe an sîme guote; sô nimet jener mit müezikeit ûf. Pfî, gîtiger! daz dich die wolve in der wiegen niht gâzen, ê daz diu werlt sô manigen gebresten von dir hæte! Wan die gîtigen hördelent über einander. Ir einer hât daz wol hundert mit rehte dâ von genuoc hæten, der ez gelîche teilte. Und dâ von sint die arbeiter sô gar arm bî ir arbeiten. Unde daz die vogel niemer niht gearbeiten unde sint doch alle schœne unde grôz unde veizt, daz ist dâ von: sô einer gizzet daz er genuoc hât, sô læt er dem andern ouch werden. Wir haben alle gebresten von dir. Daz hunger unde zâdel in der werlte ist, daz ist allez von dir, wan sîn got alles genuoc geschaffen hæte. Nû legest dû ez über einander unde læst ez ê erfûlen über einander, ê dû ez umbe rehten kouf gæbest. Unde dâ von hât dîn alliu diu werlt schaden. Wan swaz man harte erbûwet, daz verderbest dû. Sô man des got bitet umbe den ertwuocher, daz gebete gêt dir allez ze fluoche unde ze verdampnisse an lîbe und an sêle. Unde dû bist ein rehter niderlender, der êwiclîchen iemer dâ ze helle muoz sîn, dû enwellest danne gelten unde widergeben durnehteclîchen pfenninc für pfenninc unze an den jungesten heller. Man bekêret aber jüden unde heiden sanfter danne einen gîtigen menschen, der unrehtes guotes vil hât. Der sîn ein wênic hæte, der quæme etewie dâ von; aber der sîn vil hât, der kumet niht dâ von, weder durch die vorhte der helle noch des tiuvels, noch durch die liebe gotes, noch durch die schœne des himelrîches, noch durch die gemeine der kristenheit, noch durch die gemeinschaft aller heiligen.

Swaz wir in des vorgesagen, ez sîn geistlîche pfaffen oder werltlîche, sô künnen wir sô manigen funt von aller schrift niht erdenken, daz sie durnehteclîchen iemer von dem unrehten guote wellen komen. Und in ist rehte als einer hande liuten, die dâ habent einen siechtuom, der ist als gar wunderlîcher ahte: swer den selben siechtuom hât, der lît unde slæfet unde slæfet unz im diu sêle ûz gêt. Unde swaz man im in aller der werlte getuot, sô mac in nieman erwecken, weder mit süeze noch mit bitterkeit. Als wênic man den gîtigen gebrechen mac von sînem unrehten guote, als wênic mac man den siechen iemer von dem slâfe erwecken, rehte unz im diu sêle ûz gêt. Der in erwecken möhte, sô genæse er wol. Wan ir ist etelîcher, den er niht gar hindergangen hât der selbe siechtuom, daz sie wol genesen möhten unde daz man sie wol erweckete. Swenne er aber grôz wirt an dem menschen, sô möhte in alliu diu werlt niht erwecken. Etewenne sô bringet manz dar zuo, daz er ein wênic ûf siht und eine wîle diu ougen ûf tuot von dem slâfe; und er slæfet aber alzehant wider zuo als von êrste. Wan man versuochet als vil und als gnuoc an im von künsten unde von erzenîe, daz ez ein wunder ist. Man zerret im die brâ her ûz; daz tuot ûzer mâzen wê. Unde mit disen dingen wolte man allez daz er wachete unde daz er genæse vor dem tôtslâfe unde gesunt würde, unde von den selben nœten wolten sie im den slâf benemen. Sô ist dem slâfe alsô niht, daz man in âne den tôt iemen benemen müge, wan daz man in wol dar zuo bringet, daz er ûf eine wîle siht unde slæfet alzehant wider zuo als ê. Alsô tuot der gîtige. Den versuochet man mit manigen sachen, ob in ieman müge erwecken von dem slâfe der gîtikeit. Wan dâ lît er inne unze in der êwige tôt begrîfet. Etewenne bringet man in dar zuo mit grôzen dingen. Sô man im alse grœzlîchen seit von dem grûsen unde von der helle unde von dem jungesten gerihte unsers herren, sô erschricket er unde siht ein wênic ûf unde gedenket im alsô: ‘ich solte gelten unde widergeben.’ Seht, alsô gedenket er im niwan die wîle und er mich hœret predigen: sô hât er eine vorhte unde gedenket im: ‘ich solte gelten unde solte mich des unrehten guotes abe tuon.’ Und als ich im niht mêre in daz ôre schrîe, sô slæfet er wider zuo als von êrste. Unde sô der tôt danne kumet, sô wirt er erwecket, daz er iemer êwiclîchen wachen muoz mit riuwen unde mit leide. Wan dich lâzent die tiuvel niemer mêre geruowen weder tac noch naht deheine wîle. Die wîle got ein herre in dem himelrîche ist, seht, alsô muoz er êwiclîchen in dem lande des tiuvels brinnen. Dû niderlender, ich wil dir dîne herberge zeigen: sô dû in niderlande kumest, daz dû danne niht irre varst unde daz dû dîne herberge erkennest bî dem êrsten. Ir niderlender, ich zeige iuwer ein michel teil wol drîzehen leie niderlender, den wil ich ir herberge erzöugen in dem nidern lande, unde daz ir iuwer zeichen bî dem êrsten sehet, iuwern hervanen. Reht als dâ ein herre sîn gezelte ûf sleht under einem grôzen her: der stecket sînen hervanen, sîn banier, für daz gezelte oder oben drûf unde henket sînen schilt für daz gezelte unde zeiget dâ mite der werlte, daz man sehe daz ez sîn herberge sî.

Ir niderlender, die dâ geheizen sint morder, ich wil iu zeichen geben iuwerr herberge. Wan als ir zuo dem niderlande komet, sô sehet umbe, wâ ein mörtlich wâpen gemâlet sî. Dâ hanget iuwer schilt, dâ ist her Kâîn. Der was der êrste morder, der ie dekeinen mort begienc, wan der sluoc sînen bruoder Âbeln ze tôde. Nû seht, ir morder! in die schar sult ir varn und under sînem hervanen für baz wesen iemer mêre, die wîle daz got ein herre in dem himel ist. — Êbrecher unde nescher unde ir nescherin, ir unkiuschen liute alle, die mit unkiusche umbe gênt, die sulnt varn under den vanen hern Lamechs und under der frouwen froun Sella. Die wâren die êrsten, die der unkiusche ie begunnen, unde sie sint hiute zer helle unde sie müezent iemer mêre dâ sîn. Und als ir unkiusche liute zer helle komet, sô sehet ir danne an dem aller êrsten wol iuwern hervanen in dem nidern lande, dâ ir under brinnen müezet iemer ân ende. Owê des, ir niderlender! der site möhtet ir iuch iemer gerne schamen, daz ir umb als kurze freude manic tûsent martel müezet lîden. Alliu disiu werlt möhte iuwer martel niht erlîden, die ir umb éine unkiusche müezet lîden. Nû seht, der danne hundert ûf im hât oder zwei hundert oder fünf hundert, wie manic tûsent martel muoz der lîden, der als manige unkiusche hât ûf im! — Ir röuber und ir unrehten gewaltesære, die dâ arme liute verderbent unde verdruckent mit ir unrehtem gewalte, iuwer hervanen hangent bî hern Nemrôt, dâ ir êwiclîche under brinnen müezet.

— Ir spöter, ir sult varn under den vanen hern Chams, der dâ spotete sînes vater Nôê, dâ wir alle samt einen gebresten von haben. Und er ist dem tiuvel gar ein lieber nâchgebûre, der ein spöter ist, in dem nidern lande. Ir spöter, vil wunderlîchen balde under den vanen hern Chams! Im ist nieman ze einem schiltgeverten alse liep als dû, und ir sît sîn rehtez ingesinde. — Ir frezzer und ir luoderer, ich wil iu gar einen gewissen wirt zeigen, der iuch erkrüpfen und erfüllen mac, im zerrinne danne alles des fiures, daz er iendert ze helle hât ze lêhen von dem gewalte sînes herren des tiuvels. Der gît iu allen volle kröpfe, der mac iuch ersetten als ir gert; wan ir künnet eht niemer werden vol noch sat, ê daz ir zuo dem selben wirte kumet unde zuo der selben herberge. Und ir sult vil eben warten, wâ einer sînen schilt gehangen habe, der dâ heizet Esau. Under des vanen sult ir êwiclîchen brinnen iemer mêre. — Ir diebe und ir diubinne, ir habet ouch ein michel herberge. Ir stelt daz kleine oder daz grôze, ir stelt innewendic oder ûzwendic: ir sult varn mit grôzem schalle under den vanen hern Achors, der dâ stal unz man in versteinte. — Ir zouberer und ir zoubrærinne, ich wil iu ouch iuwer herberge zeigen. Ir sult varn mit grôzer schar under den vanen hern Saules des küniges. Der ist iuwer houbetman, der vert mit grôzer schar in niderlande. Und alle die den heiligen gotes lîchnamen niht wirdeclîche enpfâhent oder die in unwirdeclîche handelnt, die habent herberge bî Ôsâ, der dâ greif unwirdeclîchen an die archen, dâ daz heilige brôt inne lac. — Und ir, die sich verwent und ir gewant, ir habet gar gewisse herberge und ir seht iuwern hervanen gar verre schînen, wan er ist ein banier des tiuvels. Dû rehter unflât, wâ sitzest dû vor mînen ougen? Vil wunderlîchen balde in starke buoze, oder zuo dîner frouwen, der vanen dû dâ treist oder füerest, froun Iesabeln! Daz ist dîn gilwen unde dîn verwen daz dû tuost dîn gebende unde dîn verwen daz dû dich selbe tuost. — Sô varnt die ungetriuwen râtgeben ouch in einer andern schar, und ich wil iu zeigen iuwern hervanen. Ir sult varn under den vanen hern Achitoffels unde hern Chusi unde hern Balââmes. Die wâren ouch ungetriuwe râtgeben. Die varnt ouch niht eine zuo der helle: sie varnt mit grôzer menie unde sint dem tiuvel die aller liebesten nâchgebûre, die er iendert hât. — Ir niderlender, ich wil iu ouch iuwer herberge zeigen. Ir sult varn zuo hern Judas. Der ist iuwer wirt unde dâ hanget iuwer schilt und ir sult under sînem vanen sîn. Wan er verkoufte got umbe drîzic pfenninge durch sînen gît. Und alsô verkoufet ir noch manic mensche umbe vil lîhter guot. Wan swer niwan ahte pfenninge hât unrehtes guotes, der hât got verkoufet; er engelte danne unde gebe wider, sô kumet got mit deheinem rehte zuo sînem lîbe oder zuo sîner sêle noch vor sînem tôtbette noch vor sînem tôde, weder mit gesundem lîbe, weder mit siechem lîbe. Und alle die dâ habent eigenschaft in klœstern, die vindent ir herberge wol in niderlande bî zwein niderlendern. Der heizet einer Saphyram unde der ander Anâniâ. Bî den hangent iuwer herschilte, wan ir sult under ir vanen sîn.

Herre, lât ez iuch erbarmen, wie manic tûsent sêlen mit disen sünden gein niderlande vert, dâ ir niemer mêre rât wirt. Owê! seht, ir niderlender, wie manicvalt iuwer süntlîchen site sint unde wie gar ir iuch geneiget habet gein dem niderlande. Unde wöltet ir mir volgen, ich bræhte iuch gein dem obern lande. Der edel Dâvît der was ein rehter niderlender unde der guote sant Pêter was ein rehter niderlender unde wart sît ein gewaltiger vater über die heilige kristenheit und ist ein gewaltiger fürste in dem himelrîche, daz er den himelslüzzel treit; als seht ir in gemâlet stên. Nû was sant Marîâ Magdalênâ ein rehtiu niderlenderin unde sant Afer unde sant Paulus unde sant Mathêus unde der andern ein michel teil: die wâren alle niderlender unde sint alle oberlender worden. Und alsô sult ir tuon. Gewinnet alle wâren riuwen, sô sît ir nie sô tief gein dem niderlande gesunken, ir kumet sîn alle schône wider mit kristem glouben, mit wârem riuwen, mit luterre bîhte unde mit buoze nâch gotes gnâden unde nâch iuwern staten. Unde wol dan alle sament zuo dem obern lande! Jâ sît ir ze edel dar zuo, daz ir niderlender bî dem verfluochten tiuvel sît, iemer mêr ân ende. Ir sult die site lâzen unde ouch die sprâche, als der guote sant Pêter unde sant Paulus unde die andern alle samt, die mit der wâren riuwe zuo dem himelrîche komen sint. Daz uns daz allen widervar, mir mit iu und iu mit mir, des êrsten an der sêle und an dem jungesten suontage an lîbe und an sêle, daz verlîhe uns allen samt der sun mîner frouwen sant Marîen, der mit dem vater unde mit dem heiligen geiste lebet unde rîchset ân ende und ie âne anegenge. Âmen.

---

# XIX.

## VON DEN ZEHEN GEBOTEN UNSERS HERREN.

DEr almehtige got nimt alle tage ein vil michel schar von dirre werlte, der ieglîchez schuldic ist ze geben zehen helbelinge. Unde swer ir niht ze geben hât, der muoz êwiclîche verlorn sîn. Swer ir sibene oder niune gît, der hât niht gewert, wan ir suln zehene sîn. Der arme mac niht minner geben noch der rîche mêr. Die zehen helbelinge daz sint diu zehen gebot, dâ zuo ein ieglîcher mensche verbunden ist, er sî arm oder rîche. Der êrste helbelinc ist daz êrste gebot. Daz ist alsô: dû solt dekeinen fremeden got ane beten vor mir. Dirre helbelinc hât zwei gebræche. Daz êrste gebræche: dû solt deheinen got ane beten danne mich, weder in dem himel noch ûf der erden noch under der erden. Die von Babilônie betten an die sunnen unde den mânen unde die sternen. Die von Kriechen betten an die liute unde diu tier unde daz vihe. Die von Egypten betten an ein merwunder, daz heizet Apym. Des soltû alles niht tuon, als die zoubrærinnne unde die lüpperinnne. Pfî, wie sol dir mit disen zehen geboten geschehen? Nû hâst dû daz âller êrste gebrochen unde daz aller hêrste unde daz hœhste! Ez sî wîp oder man, die mit zouber unde mit lüppe umbe gênt, die sint êwiclîche verlorn an lîbe und an sêle. Riuwe unde buoze nim ich alle zît ûz. Sô geloubent etelîche an bœsen aneganc: daz ein wolf guoten aneganc habe, der aller der werlte schaden tuot, und ist halt sô unreine daz er die liute an stinket, daz nieman bî im genesen mac; unde daz ein gewîhter priester bœsen aneganc habe, an dem aller geloube lît: wan in hât got über alle menschen erhœhet. Nû sich, wie valsch dîn êrster helbelinc ist unde dîn êrste gebræche! Sô geloubent etelîche an bœse hantgift. Sô gênt etelîche mit bœsen batônjen umbe unde mit bœsem zouberlehe umbe, daz sie wænent eines gebûren sun oder einen kneht bezoubern. Pfî, dû rehte tœrin! war umbe bezouberest dû einen grâven oder einen künic niht? sô wærest dû ein küniginne. Sô geloubent etelîche an den miusearn. Sô ist dem der hase übern wec geloufen. Als ist irs ungelouben als vil, daz sîn nieman ze ende komen mac. Die sint ouch alle samt verdampt, wan sie habent daz êrste gebot zerbrochen. — Daz ander gebræche ist, daz dû âne valscheit und âne hinderliste mit guoten triuwen an got geloubest unde swaz dû ze rehte von gote gelouben solt unde daz dîn kristengeloube seit. Dû solt niht ze vil unde ze tiefe gedenken in dîme heiligen kristenglouben, wie dem unde dem sî unde wie daz unde daz gesîn müge, unde wie daz gesîn müge daz ein priester, der selbe in sünden ist, dich von dînen sünden müge enbinden. Daz sol dich eht niht wundern. Ist der priester niht heilic an sînem lebene, sô ist aber sîn wîhe überheilic, wan sie der siben heilikeit einiu ist, die got ûf erden hât. Got, der alliu dinc wol getuon mac, als sant Pêter dâ sprichet, der mac in ouch den gewalt wol geben über den heiligen kristengelouben, der dâ lieht unde lûter unde klâr sol sîn als diu sunne; niht trüebe, daz er schîne niwan in der vinstere als ein fûlez holz unde stinke als ein fûlez holz unde tûsentstunt wirs. Wan nû der liehte sunne den heiligen kristengelouben bezeichent, sô sult eht ir niht vaste in die sunne sehen. Ez enhât nieman sô starkiu ougen, unde wil er ze lange unde ze vaste in die sunne und in daz brehende rat der sunnen sehen, er wirt als unmâzen kranc an sînen ougen, daz erz niemer überwindet; oder er wirt gar blint, daz er niemer stic gesiht. Ze gelîcher wîse sol nieman ze vaste in den rehten kristengelouben sehen, anders er wirt sô kranc an dem gelouben, daz erz niemer überwindet, oder er wirt aber gar ze einem ketzer. Dû solt âne valsch und âne hinderliste mit guoten triuwen an got gelouben, swaz dû ze rehte von gote gelouben solt: niht manigen gelouben haben, als jüden, heiden, ketzer. *Credo in unum deum*: alsô singet man alle suntage und ouch etelîche ander tage in der heiligen messen. Dar umbe wirt vil liute verdampt, daz sie disen helbelinc niht mügen geleisten.

Der ander helbelinc ist daz ander gebot: dû solt dînes gotes namen niht unnützelîchen nennen. Der helbelinc hât ouch zwei gebræche. Daz êrste gebræche ist, daz dû weder durch liebe noch durch leide noch durch miete noch durch dehein dinc meineide swern solt noch umbe sus der wârheit niht swern solt. Ob ich zehen eide swüere, daz ein holz ein holz wære oder ein stein ein stein oder swie man unnützlîchen swert des nieman nôt an gêt und ouch ze nihtiu guot ist, swie wâr daz ist, der hât daz ander gebot zebrochen. Wan ez sprichet Salomôn: 'swer vil eide geswert, der wirt erfüllet mit sünden unde kumt der slac von sînem hûse niht.' Man swert der wârheit âne sünde wol, diu nütze unde reht ist unde des man niht gerâten mac. Dâ velschen wir die ketzer mite. Die jehent, man sülle der wârheit niht swern. Sie liegent. Man liset in der heiligen schrift, daz die guoten liute in der alten ê gesworn hânt unde die heiligen in der niuwen ê. Ez sach sant Johannes in apokalipsî, daz ein engel swuor. Man liset in dem heiligen êwangeliô, daz got selbe swuor unde gesworn hât. Dâ von liegent die ketzer. Man sol halt eide swern, die dâ wâr sint unde reht sint und êrbære an swern sint unde danne nütze sint, daz man ir niht gerâten mac. Pfî, ir krâmer unde pfragener und ir schuochsiuter und ir andern alle, die ze markte stênt mit ir veilen koufe, wie ofte unde wie dicke ir daz ander gebot zebrechet! Wan daz ir eins pfenninges wert verkoufet daz ir veile habet, sô habet ir vil lîhte vier eide gesworn, der einer niht nütze ist unde der man aller wol geriete. Unde kumet sîn in eine gewonheit, daz ir einen eit umb einigen holzapfel swert oder gar umbe sus. Unde sie werdent ouch meineidic vil lîhte, gar von lîhten dingen. Sie sint sîn als gar in gewonheit komen. Dâ von sol sich alliu diu werlt hüeten durch den almehtigen got vor meineiden. Ir ahtet sîn gar kleine, und ez ist der schedelîchesten dinge einez, daz diu werlt hât. Nû hât man ez mit der gewonheit dar zuo brâht, daz nû manic tûsent sint, die niht vier wort mügent gereden, sie enswern bî gote unde bî sîner reinen muoter unde bî allen sînen heiligen dar zuo. — Daz ander gebræche ist, daz dû got niht schelten solt und im niht fluochen solt. Wan ez ist ein sô getâniu sünde, daz got in einer naht einen engel hiez hundert tûsent und ahtzic tûsent menschen ze tôde slahen durch einigen menschen, der got schalt. Wie gevellet iu daz, ir spiler und ir toppeler, die got scheltent, sô ez niht nâch ir willen vellet? Pfî! wan daz got als guot und als barmherzic ist, sô ist ein grôz wunder, daz dich diu erde niht verslindet an der selben stat, dâ dû got schiltest unde sîne liebe muoter. Schiltest dû in dar umbe, daz dû iemittunt houbetsünde tuost daz dû spilest? Dû gewinnest oder verliesest, sô tuost dû houbetsünde mit spile, ob dû got halt niemer geschiltest. Dû hâst dich selben verfluochet unde gescholten, daz dîn niemer mêre rât wirt. Jâ hât halt ein lant unsælde von dînen schulden, als ich iezuo sprach, daz der engel hundert tûsent und ahtzic tûsent menschen ze tôde sluoc in einer naht niwan durch eines menschen willen, der got schalt. Unde dar umbe, ir biderben liute, durch den almehtigen got, swâ ir dâ bî sît, daz einer got schiltet oder sîne heilige muoter, mîne frouwen sant Marîen, sô vertraget sîn niht: ir sult ez geistlîchem gerihte unde werltlîchem künden, die suln sie beide büezigen. Geistlîche rihter sullen sie villen und schern vor der kirchen gewalt, unde sol im ofte buoze geben dar nâch, wan diu schulde ist vor der kirchen menie. Unde der werltlîche rihter sol im hût unde hâr abe heizen slahen, gebunden an einer siule, oder mit pfenningen büezen. Wie getarst dû den tac iemer mê geleben, daz dû got schelten getarst? Jâ solt dû dînem ebenkristen niemer geschelten noch gefluochen. Man liset in dem heiligen êwangeliô: 'swer zuo dem andern alsô sprichet in rehtem ernste: dû affe, der ist des schuldic, daz er iemer brinnen muoz.' Buoze nim ich alle zît ûz. Nû sich, schelter, wie gevellet dir daz, sô dû danne alse bœsiu wort sprichest, daz ich dehein guot dar umbe næme, daz ich diu selben wort dar umbe wolte sprechen vor disen engeln hie? Wan sie würden alle dâ von betrüebet unde disen liuten allen samt ir ôren geunreinet und ir herze beswæret. Nû sint sie leider alse gewonlich worden diu bœsen wort unde schelten unde fluochen, daz sich der werlte daz mêrre teil dâ mite verwirret unde verwirket. Jâ wolte ich niht einem hunde oder einer katzen fluochen oder einem andern vihe, sô dû fluochest aller der werlte herre. Ez sî got oder liut oder ander dinc daz got aller der werlte gît unde geben hât, sô gêt der fluoch unde diu bœsen wort niwan hin wider heim, als Salomôn sprichet: 'fliege der vogel verre oder nâhe, sô fliuget er doch ze jungest wider in sîn nest.' Umbe disen helbelinc wirt sêre gerihtet.

Der dritte helbelinc ist daz dritte gebot: dû solt dînen ruowetac heilic machen. Der hât ouch zwei gebræche. Daz êrste gebræche ist: dû solt an dem ruowetage niht wirken vor smâcheit unde vor unwirde als die ketzer, die an dem suntage gerner wirkent danne an dem mântage. Man sol dekeiner slahte werk wirken an dem ruowetage, daz ist an dem sunnentage, und alle die tage, die man iu bî dem banne gebiutet ze vîren. An dem selben tage sol man in aller der werlte nihtes niht wirken, wan daz man niht ûf geschieben mac unz an den andern tac. Swer sô iht für baz wirket, der hât daz dritte gebot zebrochen unsers herren. Sô varnt sie nû an dem heiligen suntage und an den heiligen zwelfboten tagen mit wagenen unde mit karnen und mit rossen unde mit eseln über velt und über lant ûf die merkte in die stete und in diu dorf. Dû kneht, dir tuot dîn herre unrehte, der dich an dem ruowetage deheiner arbeit nœtet für baz danne daz dû im sîn vihe ûz und în trîbest an die weide oder ez im dâ heime etzest unde trenkest, wan des enmac man niht ûf geschieben unz an den andern tac. Und dû, dierne, dîn meister tuot dir unrehte oder dîn herre oder dîn frouwe, swenne sie dich ihtes iht heizent wirken an dem ruowetage danne ein ezzen machen unde diu kint besehen oder ein vihe; des mac man niht gerâten. Daz selbe sprich ich zuo dem rosse unde zuo dem andern vihe. Rösselîn, dir tuot dîn meister unrehte, kündest dû ez gemerken unde gemelden, swenne er dich des ruowetages arbeitet, wan dû soltest ruowen. Daz selbe sprich ich hin ze anderm vihe unde dienern: die sint ir hêrscheften deheiner slahte dienest schuldic für baz. Ir diener oder ir knehte oder ir dierne, ez sîn frouwen oder man, junc oder alt, arm oder rîch: swer iht für baz wirket danne ich hie gesprochen hân, die habent alle daz gebot übergangen. Ir sult ouch dar umbe niht tanzen an dem ruowetage oder spiln oder toppeln, daz ir niht ze tuonne habet. 'Wie, bruoder Berhtolt, dû wilt uns den wec gar enge machen! sullen wir nû nihtes niht ze amte hân, weder niendert varn noch ander dinc tuon, weder tanzen noch spiln? sê, wie suln wir danne tuon daz wir den tac vertrîben?' Seht, dâ sult ir in vertrîben, als got dâ selbe gesprochen hât und uns allen geboten hât, daz man den ruowetac heiligen sol. Mit nihte anders sol man den ruowetac vertrîben wan mit heiligen werken: zer kirchen gên und got flîzeclîchen dâ an ruofen und iuwer gebet gar andæhteclîçhe dâ sprechen unde mit schœnen zühten dâ stên. Wan iuwer ist ein michel teil unde halt ir göuliute alle samt (wan der gar wênic ist), daz ir durch alle die wochen niemer zer kirchen komen müget: dâ von ist iu gar nôt, daz irz an dem vîgertage erfüllet daz ir durch die wochen versûmet. Als man danne gotes dienst begangen hât, sô sult ir hein gên ezzen, unde nâch dem ezzen ruowen mit slâfe oder anders mit guoten zühten. Wande ir alle die wochen gewirket unde gearbeitet habet, sô ist sîn gar nôt, daz ir ruowet unde ruowe habet. Als ir danne geruowet, sô sult ir danne aber zer kirchen gên oder dâ heimen iuwer gebet getriuwelîche sprechen oder ûf dem velde oder an swelher stat dû got an ruofest mit riuwigem herzen: díu stat ist heilic. Alsô sult ir den vîgertac vertrîben mit gebete, mit almuosengeben, mit kirchverten, mit venien, ze predigen gên, unde swâ ir die predige gesuochen müget unde swâ ir aplâz und ander gnâde vindet. Unde sult zuo den siechen gên, die unkreftic ligent, unde sult die laben, ob es in nôt ist und ob sie sîn nôtdürftic sîn und ob ir sîn state habet. Ist des niht, sô klaget sie sus getriuwelîche unde bitet got, daz er in friste ûf bezzerunge oder im ein guot ende gebe. Ir sult ouch gên, dâ gevangene liute ligent, unde sult die trœsten. Des ist gar vil, seht! dâ ir den ruowetac mite müget vertrîben in gotes liebe und in gotes êre, wellet eht ir mir volgen. 'Bruoder Berhtolt, rede waz dû wellest! wir mügen ungetanzet niht sîn.' Dar über sprichet sant Augustînus: 'ez ist bezzer, daz man an dem vîgertage z'acker gê, danne man tanze.' Âne ze brûtlöuften: dâ mac man alsô tânzen, daz ez âne houbetsünde ist. Dû maht ouch alsô tanzen, daz dû tœtlîche sünde tuost. Swer an dem suntage z'acker gêt, der tuot tœtlîche sünde. Der tanzet, der tuot daz selbe. Der ackerganc ist aber nütze: sô ist daz tanzen nieman nütze. Ich sage iu aber einez: swaz ir der vîgertage arbeitet, daz ez iu niemer nütze wirt. Ez stê lange oder kurz, sô nimet dir ez got ie an den andern enden wider abe. Dir nement ez die rouber oder verbrinnet oder sleht der hagel oder verbrinnet von dem tunre oder dû versiechest ez in eime siechtuome oder dû wirst wunt oder gevangen, biz dû des selben guotes wider âne wirdest, daz dû wider des almehtigen gotes gebot alsô ervohten und erzabelt hâst. Unde daz daz wâr sî, daz hât uns got erzöuget in der alten ê. Dâ wolten sie ouch niht vîgern daz in got geboten hete unde ze rehte solten. Dô verhangte got über sie, daz die heiden von Babilônje her fuoren ze Jerusalem unde gewunnen daz über houbet unde zerfuorten die stat unde nâmen allez daz sie selbe wolten nemen unde viengen swen sie wolten unde sluogen swen sie wolten unde fuorten sie gein Babilônje. Dâ muosten sie sibenzic jâr sîn gevangen. Dô sprach unser herre: ‘sie wolten mir mîn ertrîche nie lân geruowen an dem ruowetage. Seht, nû müezent sie mir doch mîn ertrîche lân geruowen.’ Alsô tuot der almehtige got hiute ze tage, sô er dich genuoge manet mit maniger hande ungelücke an lîbe und an guote oder an beiden. Nû wiltû ouch im sîn ertrîche niendert lân geruowen noch dîn selbes lîp, den er dir verlihen hât im selben ze lobe unde ze êren und dir selben ze sælikeit des lîbes unde der sêle. Unde wilt dû den selben lîp unde sîn ertrîche allez wider sînen willen unde sînem gebote arbeiten, sô verhenget er ouch über dich, daz die heiden her koment — daz sint die tiuvele — unde füerent die sêle gevangen gein Babilônje, daz ist diu helle. Dâ muost dû danne von nœten iemer zabeln, wan dich lânt die tiuvel niemer mêre geruowen. Nû zabel, nû zabel als ein gurre, als ein gürrelîn, als ein esel, als ein ros und als der tiuvel: der geruowet ouch niemer. Sê! nû sihst dû wol, daz ein stinkender jüde, der die liute an bokezet, sînen vîgertac baz êret danne dû. Pfî! des möhtest dû kristener dich wol schamen, daz dû got niht alse wol getrûwest als der stinkende jüde, ob dû den vîgertac in sînem lobe vertribest, als er dir geboten hât, daz er dich des ergetzete. Sich, nû zabelst dû alle die wochen umbe des unreinen lîbes nôtdurft. Der ist ein irdenisch sac. Mahtû danne einen einigen tac der edeln sêle in der wochen niht gearbeiten? Wie tâten siz in der alten ê, die etewenne ein ganzez jâr muosten vîgern an einander, daz sie niemer tac gebrâchen, unde nerte sie doch der almehtige got wol? Sie muosten ie daz fünfzigeste jâr vîgern. Und als daz nâhen begunde, sô liez in unser herre als vil ertwuochers werden in einem jâre dâ vor, daz sie unz in daz dritte jâr genuoc heten. Als tæte er hiute ze tage, woltest dû sîn im getrûwen. Er ist hiute als mehtic und als rîch als des êrsten tages: er gæbe dir dîn nôtdurft als er in dô tet. Sô wil etelîche niht genüegen daz er in gît, unde wolten alle got grôz dinc erbiten oder abe ergrînen oder abe erzürnen, unde sprechent: ‘owê, herre, wie hâst dû mich sô gar unsælic erschaffen, daz dû dem sô vil gibest unde mir sô wênic.’ Nû zürne unde zürne unde grîne unde grîne unde zabel unde zabel allez nâch rîchtuom unde nâch grôzem guote: sô gît dir got rehte nihtes niht, danne daz er dir geben wil. Er hæte dir unmâzen vil ze geben, wolte er dirz geben. Ich wil dir sagen, waz er hât, ob er dir geben wolte. Er hât, ob er dir geben wolte, bereites guotes ûf ertrîche: âne daz er von sînen götlîchen genâden allez ze geben hât, sô hât er grôze starke guldîne berge in Indiâ. ‘Owê, bruoder Berhtolt, daz er mir doch niht ein wênic gît!’ Niht, niht! unde sage dir wâ von. Dû woltest gerne ein herre sîn, unde muost den acker bûwen. Sô wolte der gerne ein grâve sîn, der muoz ein schuochsûter sîn. Daz selbe spriche ich zuo allen arbeitern. Hæte uns got alle ze herren gemachet, sô wære diu werlt unverrihtet unde würde ouch selten wol unde rehte stênde in dem lande. — Daz ander gebræche ist, daz dînes herzen ruowe an deheiner krêatûre sol sîn danne an got alleine, der alliu dinc beschaffen hât. Pfî, gîtiger! war an lît dînes herzen ruowetac? Wie dû einem sîne armuot an gewinnest mit wuocher oder mit fürkoufe oder mit dingesgeben inz jâr umbe tiuwerrez, unde verkoufest gote sîne zît. Sô alliu diu welt hât ruowe, sô gelît dîn pfluoc niemer: der gewinnet niemer deheine ruowe weder tac noch naht. Ez sî winter oder sumer, ez sî heilic oder niht, ez sî guot wetter oder bœsez, sô gewinnet dîn verdamptiu arbeit niemer ruowe. Jâ hât dich der tiuvel an manigen enden verteilt mit dînen sünden; wan in aller der werlte ist niendert sünder sô arger, er geruowe etewie vil wîle mit sînen sünden, wan dû. Sô ist dîn ander verdampnisse, daz dû dîner sünden niemer sat wirdest, daz dich ir niemer genüeget. Etewenne wirt einer luoders unde spiles sat, einer unkiusche, einer zornes, einer tanzes. Daz ist ouch dîn dritte verdampnisse und ist ouch diu wirste, daz dû aller wârer riuwe einige niht enhâst. Daz vierde ist, daz ir selten iemer dekeiner bekêret wirt, die dîne genôzen sint. Dehein sünder gelîchet sich dem tiuvel sô gar, sô der gîtige unde der ketzer, der lange in ketzerîe ist gewesen: der hât ouch dekeinen muot, daz er sich iemer bekêren welle. Sô ist daz diu fünfte verdampnisse, daz dû manic hundert sêle mit dir zer helle bringest. Ir mörder, ir schâcher, ir verdampnet iuwer eines sêle; der sünder ist gar vil, die niuwer ir einiges sêle verdamnent. Sô verdampnest dû alle, die daz unrehte guot wizzentlîche nâch dir erbent. Dû ertœtest dîne sêle niht alleine: dû ertœtest alle die, die ez nâch dir erbent wizzentlîche, als ich iezuo sprach. Unde daz daz wâr sî, daz hât uns got erzöuget in der alten ê. Dô Sampsôn sich selben ermordete und ertôte, dô ermordete er sich selben niht alleine: er ertôte wol vierdehalp tûsent menschen mit im, die alle mit sîme tôde ersturben. Nû lac er under in allen sament, unde sie vielen oben ûf in. Alsô werfent dich die unrehten gewinne an den grunt der helle unde werfent alle die ûf dich, die daz unrehte guot wizzentlîche erbent. Ir frumen liute, herren unde frouwen, durch den almehtigen got gebet iuweriu kint der kinden niht, die dâ unrehtez guot habent, oder ir verkoufet sie in den êwigen tôt. Nû sich, gîtiger, wie wol dû dînes herzen ruowetac hâst angeleit! Der an gote alleine ligen solte, den hâst dû in geselleschaft des leidigen tiuvels geleit, der dir des vil wol gelônet, im zerrinne danne alles des fiwers, daz er iendert hât. Ein ieglich mensche zerstœret sînes herzen ruowetage ouch mit maniger hande sachen. Swelhes menschen herze wünne unde freude oder ruowe gert anders danne an got alleine, sô ist ez valsch. 'Minne got vor allen dingen unde den næhsten als dich selben': alsô sprichet der munt, der nie deheine lügen getet. Ist ieman hie, der dem almehtigen gote disen helbelinc geben welle? Pfî, gîtiger, wie tiure dir dirre helbelinc ist! Swie maniger marke wert dû habest, er wære dir vil nützer unde bezzer, swenne dîn sêle von dînem lîbe scheiden muoz, danne alle die kelre vol wînes unde danne alle dîne stedel vol kornes und alle dîne schrîne volle schatzes. Ich spriche mêr: er wære dir halt nützer danne alle guldîne berge. Wan swer disen einigen helbelinc hât, der hât die andern alle samt. Wan swer sînes herzen ruowe an got hât geleit alleine, dem sint alle sünde unmære unde hôhvart unde nît unde haz unde zorn und eht alliu bôsheit und allez, daz in von gote gescheiden mac. Ir trenker, war an lît iuwers herzen ruowe? iuwer ein michel teil iu ist der helbelinc eht gar tiure, wan dîn herze brinnet ze allen zîten nâch wîne: des morgens dâ zer kirchen, die niht erbîten mügent, unz man die messe gar ûz gesinget, er engê hin ze dem wîne. Ist aber daz er blîbet unze man den segen gît, sô wirt im ofte unde dicke sô gâch, daz er niemer gar volle gestêt unze man den segen gar volle getuot, wan daz im der segen hinden an den nak wirt. Pfî! dû möhtest in doch under diu ougen enpfâhen! jâ geizzest dû sîn dannoch genuoc dar allen den tac. Sô leit der sînes herzen ruowe an tanzen und an unkiusche. Swar an dû dînes herzen ruowe in aller der werlte leist, daz ist ein gestüppe und ein niht, âne got alleine: ez sî kint oder wîp, vater oder muoter, bruoder oder swester, silber oder golt, bürge oder lant. 'Wie, bruoder Berhtolt, wie möhten wir nû kint unde wîp oder muoter unde vater und ander unser friunt unde guot gelâzen? Wir müezen freude unde liebe dar zuo haben.' Sich, daz kan ich dich wol gelêren, wiltû eht mir volgen. Dû solt kint unde wîp, vater unde muoter, friunt unde guot liep hân. Dû solt aber den almehtigen got aller liebeste hân unde tûsentstunt lieber hân. Nû, dû hætest einen kneht oder dierne, die dîn eigen wæren unde dir für eigen dienen müesten unde von rehte dienen solten, unde sie hæten von dir allez des sie bedörften, unde dû hætest sie von dem tôde erlôst: dû sæhest vil gerne, daz sie dir deste baz dienten unde dich lieber hæten danne ander liute; unde dû des gar wol inne würdest, daz sie den swerzesten schüzzelspüeler lieber hæten den dû iendert hætest unde sie dir mit ganzen triuwen noch vor liebe niemer deheinen dienst noch êre erbüten —: alsô ist manic tûsent, die gote niemer deheine êre erbüten, getörsten sie vor der werlte. Noch tûsentstunt bezzer reht ist, daz wir got vor allen dingen liep haben. Daz wir guot unde friunde liep haben, des gan er uns wol, wan er hat ez uns allez ze nutze geschaffen. Dâ von suln wir got liep haben. Alle krêatûre hât got dem menschen ze dienste unde ze nutze geschaffen: dâ von suln wir gote lop unde êre dâ mite bieten unde grœzlîchen danken der manicvaltigen triuwen unde der minne, die er uns erzeiget hât. Dâ von suln wir nihtes niht lieber hân dan got. Swer des niht tuot, der dienet dem knehte vor dem herren. Friunde unde guot sol der mensche in dér liebe haben, daz er gotes gebot niemer dar umbe zerbreche, alse der edel patriarche her

Abraham. Der hete gar einen lieben sun; unde swie liep im der sun was, dâ wolte er doch gotes gebot niht übergên. Dô unser herre zuo im sprach, daz er im sînen lieben sun opferte, dô wolte er im daz houbet abe hân geslagen. Dér liebe muotet unser herre niht hin ze iu, daz ir iuwer kint tœtet durch sîne liebe. Er muotet niuwer, daz ir sie deste minre lât, ê daz ir in unreht guot gewinnet wider gotes willen, und ander sünde lât durch sînen willen. Sô sleht einer den andern ze tôde durch sînes friundes willen oder swert einen meineit. Dâ soltest dû alle die werlt niht umbe nemen oder tûsent werlte. Nieman sol friunde noch guot sô liep haben noch dehein dinc, daz er gotes hulde dar umbe verliese. Got versuochet dich niht als Abrahâmen, daz dû dîn kint tœtest. Dû soltest ez aber ê lâzen tœten danne dû gotes hulde verlürest. Owê, lieber got! waz werlte umbe disen helbelinc wirt verlorn unde verdampt, daz sie diz gebot niht haltent! — Disiu driu gebot hât iu got von im selben geboten, daz ir sie gein im halten sult. Sô sult ir dise sibeniu halten under einander gein iu selben. Diu driu hœrent got an unde disiu sibeniu hœrent iuch selben an. Unde swer ir einez zebrichet, der muoz verlorn sîn. Unde swer sie beheltet, der ist mit gote in den êwigen freuden, den dâ niht gelîchen kan, unde der ist êwiclîchen behalten. ‘Owê, bruoder Berhtolt, wie sullen wir daz allez behalten, daz daz dû uns vor seist? Möhtest dû uns einen wec vinden zem himelrîche, der uns senfter unde ringer wære! unde hæten wir halt minner freuden in dem himel: swâ wir in einem winkel dâ wæren oder hinder der türe, dâ diuhtez mich gar unde gar guot.’ Nû in gotes namen! sô lange und ir niht grœzer freuden in den hôhen kœren begert, sô geschæhe mir aber niemer leider, ob ich iu in den nidersten kôr bræhte unde zuo dem nidersten lône dâ ze himele. Sô tuot weder minre noch mêre und ouch blôz reht unde daz nôtige reht. Unde der aller lîhteste wec, der zem himelrîche gêt, daz ist, daz ir diu zehen gebot halten sult. Unde swer ze hœherm lône wil, der muoz für baz grîfen an gotes dienst. Diu zehen gebot sint der rehte wec zem himelrîche. Swie sô ez der minneste lôn sî, sô mac nieman dar komen âne diu zehen gebot. Und aller kristenliute sælde lît dar an, und ein ieglich kristenmensche solte sie gar wol wizzen unde gar küntlîchen erkennen. Unde hie vor schriben sie die liute an unde hiengen sie für sich, daz sie deste baz dar an gedæhten unde deste minre tæten daz wider got wære an den zehen geboten, unde bunden dorne an die füeze, daz sie der gebote ermanet würden. Unde dar umbe, ir herren, ir pfarrer, durch den almehtigen got sô sprechet unde prediget iuwern pfarreliuten deste mêr dâ von, ie an dem suntage einez oder zwei oder mê, unz daz ir sie in gar gekündet. Und ir hêrschaft alle samt, ir sult gar flîzeclîchen sie merken unde lernen, wan dâ lît alliu iuwer sælikeit an. Wan als ir dran gedenket und iu einer sünden ze muote wirt, sô sult ir gedenken: owê, daz ist der zehen gebote einez! nû enwelle der almehtige got, daz ich daz zerbreche; wan dar umbe müeste ich iemer verlorn sîn. Dû solt niht gedenken: wê, briche ich daz gebot, daz mac ich noch gar wol gebüezen. Geloube mir, dû bist vaste betrogen an dem selben gedanke. Dû weist niht, wie lange der tôt dich læzet leben; joch eine hantlange wîle. Ist aber daz dû ze buoze kumest, sô wære diu sünde doch hundertstunt bezzer ze mîden danne ze büezen.

Der vierde helbelinc ist daz vierde gebot: dû solt êren dînen vater unde dîne muoter, daz dû lancleben habest. Der hât ouch zwei gebræche. Daz êrste: dû solt êren vater unde muoter, die dich an die werlt brâhten. Dû solt sie êren mit dînem herzen; daz ist, daz dû sie niht versmâhen solt, ob sie arm sint an dem lîbe oder siech sint, oder an dem guote arm sint oder an der wirde, oder ob sie ungestalt oder sus unahtbære an dem lîbe oder kranc sint. Wan ist daz an in, daz ist vil lîhte von dînen schulden. Dû solt dich ir niht schamen noch ob in winthalsen, wan dâ mite hâst dû sie versmæhet unde dâ von versmæhet dich got in sînem rîche. Dû solt ir ouch niht spoten, wan dâ von haben wir der grœsten gebresten einen, den wir in der werlte haben. Dô her Nôê sîner süne einen dem andern ze einem undertânen gab, daz tet er dar umbe, daz er sîn gespotet hete. Dû solt ouch vater unde muoter êren mit dem lîbe, daz dû in ir nôtdurft gebest, ob dû sîn state hâst und obe sie sîn nôtdurftic sint. Die aber vater unde muoter scheltent unde slahent unde stôzent, vil wunderlîchen balde in starke buoze oder an den grunt der helle! Und alle die vater unde muoter unêrent, die verdienent vier leie verdampnisse. Daz eine, daz er dâ mite daz himelrîche hât verworht. Daz ander, er hât sîn erbe dâ mite verworht. Daz dritte, er hât sîn lancleben dâ mite verworht. Daz vierde, er hât einen unrehten tôt mite verdienet. Als Absalôn, dem geschâhen disiu vier alliu gar, dô er sich verworhte an sînem vater hern Dâvîde. Ir junge werlt, durch den almehtigen got êret vater unde muoter unde hüetet iuch vor dirre verdampnisse. Ob irz durch got niht wellet tuon, sô tuot daz ir in sît schuldic durch iuwern jungen lîp, daz ir deste langer lebet. — Daz ander gebræche ist: dû solt dînen geistlîchen vater êren; daz sint die priester, wan die hât got selbe gewirdiget unde geêret über alle menschen. Unde dâ von sol sie der mensche êren mit worten unde mit werken unde gein in ûf stên, swâ man sie siht. Ist etelîcher anders danne er solte, sô ist. sîn amt doch grôzer êren wert. Und wære ein dinc, daz mîn frouwe sante Marîâ ûf erden wære mit allen gotes heiligen unde sæzen dâ schône bî einander unde gienge ein priester zuo in: sie solten gegen im ûf stên, wan er tuot daz sie alle samt niht getuon mügent. Dâ von hüete sich alliu diu werlt, daz man in iht leides tuo. Sie sint iu gar ze starke an iu ze rechin mit übeln dingen. Daz daz wâr sî, daz erzöugen wir mit dem künige Saule. Der verworhte sich mit ungehôrsame, daz in got verwarf ze einem künige. Dô verworhte er sich an dem priester, daz er im selben den tôt tet. Dâ von sult ir êren iuwern geistlîchen vater, den priester. Ir sult ouch êren iuwer geistlîche muoter, daz ist diu heilige kristenheit, daz dû dînen ebenkristen êrest, daz er dîn genôze ist, daz wir kristenliute alle einander gebrüeder sîn in gote, als wir alle tage dâ sprechen in dem pater noster.

Der fünfte helbelinc ist daz fünfte gebot: dû solt nieman tœten. Der hât ouch zwei gebræche: dû solt nieman tœten mit dîn selbes hant; dû solt ouch nieman heizen tœten. Wan den hætest ouch ertœtet, unde dem dû wol gehelfen möhtest unde des niht entuost. Wan diu schrift sprichet alsô: ‘gip dem hungerigen z'ezzen.’ Unde gîst dû im niht unde stirbet er alsô, sô bist dû schuldic an im. Pfî, gîtiger, an wie manigem bistû schuldic? Wan dû læzest ê erfûlen daz edel korn, ê daz dû ez umbe rehten kouf gæbest: ich wil geswîgen umbe sus. Dû wirdest an drîzigen schuldic oder mêr, die dû alle von hunger læzest sterben. Dû stêst eht allenthalben an dem blate. Daz ist ouch dîner verdampnisse einiu, daz dû an allen enden an dem blate stêst. Dû solt ouch niemannes tôdes begern noch mit râte noch mit gunste noch mit helfe, noch daz dû nieman drûf haltest, daz er einen menschen ertœtet, noch drûf rætest. Dû wilt einen niht tœten, dû ganst im aber von herzen wol, daz in ein ander ertœtet. Alsô hâst dû daz fünfte gebot zebrochen, und ist der aller wirsesten sünden einiu, die diu werlt ie gewan, sie selbe vierde. Daz ist diu, diu dâ heizet manslaht. Wâ sitzest dû vor mînen ougen, Kâîns genôze, der sînen bruoder dâ ermorte? 'Sîn bluot hât hin ze mir geruofet,' sprach der almehtige got. Nû dunket mich, ich habe manigen bluottrinker vor mînen ougen. Wie? was iu zerunnen alles des wazzers, daz diu werlt hât, und alles des biers unde metes unde wînes, dû enhabest menschenbluot getrunken? unde daz dich alle die böcke und alle die geize und alle die ohsen, die diu werlt hât, niht erfüllen mohten, dû enhabest menschenfleisch frezzen? Vil wunderlîchen balde in starke buoze, morder gotes unde der werlte unde dîner armen sêle! Sîn bluot den dû ermordet hâst daz ruofet ze allen zîten über dînen lîp und über dîne sêle mit lûter stimme vor dem almehtigen gote. Dâ von bist dû in der ruofenden sünden einer, die selbe vierde dâ vor gote niemer geswîgent. Alliu diu werlt hüete sich vor dér sünde. Sô dir iezuo alse zorn sî, daz dir daz herze her ûz welle pulzen vor ungestüemekeit, daz dû in als gerne erslüegest sô dû lebtest, sô enthabe dînen zorn. Dû enweist niht, wie dû dâ von komen maht gein gote. Ich geswîge des gerihtes unde dîner friunde: sô weist dû niht, wie zörnlîchen ez got an dir rechen wil, wan er in vil tiure hât erarnet mit sînem heiligen bluote. — Daz ander gebræche ist: dû solt gein nieman keinen tœtlîchen haz tragen unde nît. Wan swenne dû tœtlîchen haz unde nît treist einem menschen, den tœtest dû allez in dînem herzen. Als schrîbet sant Johannes: 'swer sînen bruoder — daz ist sînen ebenkristen — hazzet tœtlîchen, der ist ein manslahter.' Dar umbe sult ir haz unde nît hiute ûz iuwerm herzen lâzen gein allen den, die iu dehein leit ie getâten mit worten unde mit werken an iuwerm lîbe oder an iuwerm guote oder an iuwern friunden. Swie iu herzeleit sî geschehen, sê! daz sult ir allez samt hiute vergeben lûterlîche, daz iu der almehtige got alle iuwer sünde vergebe. Ir müget imz als lûterlîche vergeben, daz iu got alle iuwer sünde vergît. Unde dar umbe müget irz gerne vergeben, daz iu daz heilige gebet nütze werde, daz ir in dem pater noster sprechet: 'unde vergip uns unser schulde, als wir tuon unsern schuldigæren.' Got helfe mir, daz wir disen helbelinc wol geleisten.

Der sehste helbelinc daz ist daz sehste gebot. Der hât ouch zwei gebræche. Daz êrste gebræche: dû ensolt niht unkiusche sîn, dû solt niemannes lîp ze unkiusche begern, zer unê. Wie, lieber got, waz sêle umbe disen helbelinc verdampnet wirt alle tage! Wan daz iezuo ûz der schale sliufet, daz wil sîne frîheit trîben mit unkiuschekeit, dierne unde knehte, tohter unde süne, frouwen unde man, êliute zuo den ledigen. Unde der selben unreinen sünden ist sô vil worden unde sint alse gewonlich worden, daz sich ir nieman schamen wil, wan ir lützel ist, die sich ir schament. Sie wellent sîn halt gerüemet sîn, ir ein michel teil, swie sie doch der almehtige got von anegenge der werlte gehazzet hât unde sie vil dicke zornlîche gerochen hât. Vier unde zweinzic tûsent wurden ze éinem mâle umbe die selben sünde ermordet. Unde wirdest dû mit der selben sünden niuwen einer begriffen, und âne riuwen und âne bîhte stirbest, dû muost als lange brinnen mit dem êwigen tiuvel in dem iemer wernden fiwer, als lange als got ein herre in dem himel ist in der êwigen freude. Alliu diu werlt möhte danne dîne martel niht erlîden, die dû danne umbe einen kurzen gelust lîden muost, als sant Pauwels dâ sprichet. Unde dâ von, ir junge werlt, vil wunderlîchen balde in starke buoze, oder zer ê, oder mit der unê an den grunt der helle! 'Bruoder Berhtolt, ich bin noch ein junger kneht, unde die mích gerne næme der enwil ích niht, unde die ích gerne næme die wil mîn niht.' Sê! nim ûz aller der werlte eine zer ê, dâ dû rehte unde êlîche mite lebest. Wellest dû einer niht, sô nim ein ander. Wellest dû einer kurzen niht, sô nim eine lange; wellest dû einer langen niht, sô nim eine kurze, unde wiltû einer wîzen niht, sô nim eine swarze, unde wiltû einer swarzen niht, sô nim eine wîze. Wilt dû einer kleinen niht, sô nim eine grôze; wiltû einer grôzen niht, sô nim eine kleine. Nim eht dir ûz aller werlte eine êlîche frouwe. 'Bruoder Berhtolt, ich bin noch arm unde hân niht.' Ez ist vil bezzer daz dû als arm zem himelrîche varest danne rîch zer helle.

Dû wirdest als kûme rîch mit der unê als mit der ê, oder kûmer. 'Bruoder Berhtolt, ich hân noch ze eigem brôte niht.' Dû wilt eht niht, hœre ich wol, bî der ê blîben. Sît dû es danne niht gerâten wilt dû wellest mit der unê umbe gên, sô nim niuwer eine zer unê: sô nim die selbe an éine hant unde den tiuvel an die ándern hant unde gêt alle driu mit einander hin zer helle, dâ iuwer niemer rât wirt. Êbrecher und êbrecherinne, wie stêt ez umb iuwern helbelinc? Pfî, der ist lûter kupferîn und er gêt ûf den dornen zem galgen, wan ir müezet der hiute sorge hân an maniger stat, wan sie ist gar ein schedelîchiu sünde lîbes unde sêle, der êren unde des guotes. Dû wirst meineide; wan dô man dir gab dîn gemechede, dô swüere dû im triuwe unde wârheit die wîle ir beide lebtet. Den eit hâst dû zebrochen unde muost iemer meineidic sîn, dû enbüezest ez danne mit endehafter buoze. Die frouwen swernt niht eide unde sint ir doch schuldic als wol als die man. Ír triuwe sol als ganz sîn als der manne. Dâ sprach einest einiu: 'ich geswuor im nie deheine triuwe ze leisten: ich bin wol ledic.' Niht! niht! Ez gêt alsô niht. Man sament deheine ê mit sô getânen listen. Diu heilige ê ist der siben heilikeit einiu der hœhsten, die got ûf ertrîche hât. Unde dâ von sol dekein kunterfeit dar bî sîn. Unde swer des eine frouwen oder einen man überkomen mac mit geziugen, daz sie ir ê gebrochen habent, der verwirfet ir eit mit allem rehte vor einem ieglîchem gerihte. Nû sich, êbrecher und êbrecherin, wie gerne ir den unreinen unde den ungenæmen gelust vermîden möhtet! Nû bist dû triuwelôs an dîner ê, nû bist dû meineidic dîner gelübede, nû hâst dû dîn selbes heilikeit gevelschet unde zebrochen als vil sô ez an dir was. — Daz ander gebræche daz ist ein sô getâniu unkiusche, dâ von eht niemanne ze reden ist. Dâ beschirme uns der almehtige got vor und alle sîne heiligen!

Der sibende helbelinc ist daz sibende gebot: dû solt niht steln. Der hât ouch zwei gebræche. Daz êrste gebræche: dû solt niemannes guotes ze unrehte gern, weder mit roube noch mit diepheit noch mit wuocher noch mit fürkoufe noch mit satzunge. Pfî, gîtiger, dû bist aber an dem blate hie! Dû nimest mir mîner wîle vil abe: sô ich disen guoten liuten solte sagen, daz got gelobet würde unde sie gesæliget an der sêle, sô muoz ich dise predige vil nâhe wol halbe mit dir vertrîben, unde hilfet mich doch niht wan daz ich mîn houbet an dir zerbreche. Wan dû enhâst eht aller wâren riuwe einige niht, daz dû iht geltest unde widergebest. Der andern sünder trûwe ich mit der gotes helfe ein michel teil bekêren. Ez ist ob got wil manic mensche vor mînen ougen, daz dâ guoten willen hât, daz ez niemer mê dekeine tôtsünde getuon welle. Pfî, gîtiger! dîner siuchede wil niemer rât werden noch buoz. Dir ist als dem künige Saule. Der was mit einem tiuvel beheftet, der liez im tac noch naht deheine ruowe. Unde die wîle daz im der künic Dâvît suoze harpfte, die wîle liez in der tiuvel ruowen. Sô er danne niht enharpfte, zehant martelte er in als ê. Als tuot der gîtige. Die wîle ich im hie die edeln seiten rüere, diu edelen gotes wort, sô hât er ein kleinez vorhtelîn. Als er danne von mir kumt, sô ist er alse ê. Owê, gîtiger, wie edele seiten ich dir rüeren wolte, den worten daz dû dir hiute einen riuwen woltest machen vor dem unrehten guote, daz dû gültest unde widergæbest! sô wolte ich dir die süezen seiten rüeren, die kœre der heiligen engel, daz dû ir freuden und ir êren, die sie êwiclîche mit gote habent, iemer mêre teilhaftic sîst: des guoten sant Michahêls — hei, welch ein süezer seite der klinget durch den himel! — unde des guoten sant Raphahêls, Gabriêls etc. Nû lâz noch hiute daz unrehte guot durch die küniginne, die her Dâvît als wol gelobet hât — jâ stêt sie ze der zeswen des himelischen küniges mit güldîner wæte — unde durch aller ir juncfrouwen êre, daz ist mîn frouwe sant Katherîne unde sant Margarête unde sant Juliânâ etc. Er entuot sîn niht. Nû seht, wie er hât verzwîvelt an der gesselleschaft aller, an der helfe mîner frouwen sant Marîen und aller engele! Ir andern sünder, durch den almehtigen got niht verzwîvelt als dirre gîtige unde gewinnet hiute wâre riuwe unde habet ganzen willen, daz irz niemer mê getuon wellet. — Daz ander gebræche ist: daz dû dîn reht gewunnen guot niht ze gîteclîche halten solt unde dû ez den armen liuten mite teilen solt. Wan dâ wirt iuch der almehtige got umbe frâgen an dem jungesten tage. Ir sult den ellenden herbergen unde den nacketen kleiden unde den hungerigen etzen. Ir sult den armen liuten lîhen, sô korn, sô pfenninge, ob ir sîn state habet. Ez helfent etewenne ein armez sehs pfenninge als wol die man im lîhet, als ob dû sie im umbe sus gæbest. Dû solt aber ein pfant von im nemen; daz gan dir got gar wol, daz dû ein pfant von im nimest. Ez ist dir als almuosen als sus, wan leider armuot unstæte ist, und unstætikeit lêret der liute ein michel teil, daz sie ungetriuwe werden an ir gelübede, daz sie ir wârheit zerbrechent, daz sie sus vil ungerne tæten. Dâ von spriche ich, daz ir von den armen liuten gewisheit nemet und in dar ûf lîhet. Wan swaz er dem jüden die wîle ze gesuoche müeste geben unde swaz er sîn geniuzet, daz leit dir der almehtige got ûf die wâge, als ob dû imz ûz der hant geben hætest. Dû solt aber des wol gehüeten, als liep dir got sî unde daz himelrîche, daz dû iemer pfenninc oder helbelinc oder sîn wert oder ei oder sîn wert iemer genemest, wan daz wære wider got unde wærest êwiclîchen dar umbe verlorn: wan dû gebest im danne als vil hin wider. 'Bruoder Berhtolt, ich werte mich sîn vil genuoc, unde was mir gar leit: dô leite ez mirz an daz tenne nider und ez gie hin. Sol ich dar umbe verlorn sîn?' Jâ dû muost alse lange dâ zer helle sîn, als lange got in dem himelrîche ist. Dû solt ez im rehte widergeben oder als tiure gelten als ez wert ist oder tiurer. Er bræhte dir swaz er möhte ein armer man oder ein armer mensche, daz dû deste lenger swigest. Ez fürhtet alle tage wenne dû dir dîne pfenninge heizest widergeben. Unde sô in des dunket, sô bringet er dir eteswaz. Des soltû überein niht nemen, ez sî wîn oder brôt, hüenre oder eiger, weder diz noch jenz. Dû weist vil wol, lihest dû im niht, daz er dir nihtes niht bræhte. Dâ von solt dû sîn sus ouch niht nemen, oder dû bist ein rehter gesuocher. Dû soltest ez im mit pfenningen gelten reht als tiure als ez wert ist oder tiurer, daz es eht ûf dir iht bestüende gein einigem ei. Dû solt dir ouch niht lân dienen, weder ganzen tac noch halben, noch wîle noch stunde, noch lützel noch vil, dû lônest ez danne im als einem andern oder baz; ez sî danne als verre, ob dû im dîn vihe lîhest in wagen oder in pfluoge: dâ næmest dû wol eteswaz von im âne sünde, daz ein fuoge heizet. Dir gît aber got deste minner lônes dar umbe. Sol er aber dir als tiwer geben unde verdienen dâ wider, wes sol dir got danne danken? Ir hêrschaft, daz sult ir gar gerne tuon, daz iu got verlihen hât, ez sî swaz ez sî, vihe oder ander guot, daz ir armen liuten dâ mite helfet und in lîhet. Daz ist âne schaden, wan sie müezent iu ie daz selbe widergeben.

Disen helbelinc sult ir gerne leisten unde diz gebot, als iuch got an dem jungesten suontage dar umbe frâget, daz ir in frœlîche ze geben habet. Des helfe mir der almehtige got.

Der ahte helbelinc ist daz ahte gebot: dû solt niht valsch geziuc sîn. Der helbelinc hœret ûf den andern. Der hât ouch zwei gebræche. Daz êrste ist, daz dû durch liebe noch durch leit noch durch miete noch durch dekein dinc dînen valschen geziuc ûf niemanne füeren solt, wan daz ist der aller grœsten sünden einiu, der wizzentlîche einen meineit swert, die diu werlt ie gewan. Nû hœre, meineider, wie dû swerst unde biutest drîe vinger ûf. Ze gelîcher wîse rehte als ein diep vor eime rihter stüende unde spræche: 'seht, her rihter! als wærlîche als ich diz guot verstoln hân, als wærlîche sult ir mich dort hin ûz hâhen an den galgen,' unde zeigte mit dem vinger hin ze dem galgen, alsô tuost dû, meineider. Dû biutest drîe vinger ûf unde zwêne nider, unde die drîe bezeichent die dû gein himel biutest unde sprichest, daz dir got als wærlîche helfe, als daz wâr sî des dû dâ swerest, unde daz wol weist iemittunt in dînem herzen, daz ez gelogen ist, sô nimest dû dich mit dem einen vinger ûz der barmherzikeit des almehtigen gotes, wan dû im urteil ûf dich selben gesprochen hâst; und ûz der helfe und ûz der suone mîner frouwen sant Marîen, diu ein suonerin ist aller kristenliute, mit dem andern vinger, wan dû ir ouch widerseit hâst, daz sie dir niemer niht gehelfe; unde mit dem dritten ûz dem gebete und ûz der gemeinschaft aller gotes heiligen. Wan dô dû alsô spræche, daz dir got alsô hülfe und alle heiligen, alse ez wâr wære, und ez ein lügen was, dô bæte dû got und alle sîne heiligen, daz sie dir niemer niht gehülfen, unde spræche daz urteil selbe ze dîn selbes verdampnisse, als jener vor gerihte, von dem ich ê dâ sprach, unde zeigest als der diep an den galgen, wie dich got verdampnen welle und alle sîne heiligen, wan dû die drî vinger ûf hebest, dâ mite dû dich von gote nimest unde von sîner helfe und unser frouwen und aller gotes heiligen. Sô biutest dû zwêne vinger nider gein der helle unde zeigest gote, wie er dich verdampnen sulle. Der eine vinger zeiget ûf den tiuvel, der ouch mit valsche sich von dem almehtigen gote verwarf; alsô zeigest dû gote, daz er dich werfe unden in die helle. Sô zeigest dû mit dem andern vinger in die geselleschaft aller verdampten, die dâ ze helle sint. Nû sich, meineider, wie hôhe man dir den eit gibt! Daz dû aber daz wizzentlîchen weist, daz der eit wâr ist, unde daz dû ez gesehen unde gehôrt hâst des dû dâ swerest, und ist er dir nütze oder einem andern dînem ebenkristen unde sîn niht gerâten maht, sô ist er dir niwan ein segen. Sô sprechent etelîche: 'gevater' (oder swie er danne wil), 'hilf mir mit einem eide, und wizze, ez ist sicherlîchen wâr: wes ich swere, des maht dû ouch wol sweren, ich næme dehein guot, daz ich swüere ihtes, ez wære danne wâr.' Unde swerest dû dar über, sô bist dû slehtes meineide, wan man gît dir den eit alsô, daz dû sehest oder hœrest. Dû solt wizzen unde niht wænen. Ist, daz halt jener reht hât des geziuc dû dâ bist unde dem dû dâ hilfest swern, sô bist dû doch meineide. Unde dâ von sprichet got, daz dû dînen valschen geziuc gein niemanne bringen solt, wan ir sît beide meineidic. Ir tiuvel, ir tiuvel, seht, nû schamet iuch! Wan ir ein sünder und ein verræter und ein vorvarer aller sünden sît gewesen, sô müget ir iuch des iemer wol schamen, daz iuch dirre getoufte kristenmensche überschalket und übermeinsamet an sünden hât. Des müezet ir halt iemer laster unde schande hân, daz die sünde ein getoufet kristenmensche wol getar bestên, der ir niht bestên getürret. Ir næmet halt grôz guot drumbe niht. Ich weiz den eit, ê danne in der tiuvel swüere, er wolte ê iemer zwirent als grôze martel lîden dâ ze helle danne er ieze tuo. Pfî, kristenmensche! sô lange sich der tiuvel schamen sol, sô mahtû dich des iemer schamen, daz dû die sünde getarst tuon, die der tiuvel ungerne tæte. Dâ beschirme uns der almehtige got vor. — Daz ander gebræche ist lüge unde valscheit. Hie sol man merken aht hande lüge, die sant Augustînus beschrîbet. Der sint fünfe tœtlîche sünde, sô sint ir drîe aplæzic. Diu êrste lugen ist diu grœste, unde nement alsô abe, daz diu jungeste diu minneste ist. Diu êrste lugen ist diu, diu wider den heiligen kristengelouben ist: swer alsô spræche, daz got nie gemartelt würde, und alle die alsô spræchen, unser frouwe sî niht ein maget, oder der ein semelîchez sprichet, daz disen glîch ist, oder swaz man sprichet daz wider den heiligen kristenglouben ist. Diu ander ist, der einem menschen sînen lîp mit lugen verliuset, der ist ouch ein manslahter und ein menschenvrâz und ein bluottrinker, als dû in mit dîner hende ermordet und erslagen hætest. Dû hâst vil mêr schulde dran dan ob dû in mit dîner hende erslüegest. Daz wil ich dir bewæren. Wan hætest dû in mit dîner hant erslagen, sô wærest dû niwan alleine mite verdampt. Sus muost dû sîne verdampnisse zuo der dînen haben dar umbe. Wie, menschenfrâz! jâ fræzest dû mir einen halben ohsen lieber an dem heiligen karfrîtage danne dû mir kristenmenschen verlügest. Diu dritte lugen ist, der einem menschen sîne êre nimet mit lügen. Wie liep wære dir der, der dir dîne êre benæme mit lügen und ûf dich lügenlîchen seite, daz dû in dînem herzen wol westest, daz ez gelogen wære unde daz dû sîn unschuldic wærest? Dîn herze würde vil trûric unde vil leidic unde wunderlîchen sêre beswæret. Als leit ist ez im, den dû verliugest. Dîn sünde ist des gîtigen gelîch unde halt vil bœser an einem teil. Man gît allen sündern buoze nâch gnâden. Ir priester, gebet allen sündern buoze nâch gotes erbermede, wan den gîtigen unde dem, der dem andern sîne êre verliuget. Den zwein sult ir aller gnâden eine niht tuon weder ûf got noch ûf sîne erbermede noch ûf sîne miltekeit noch ûf sîne güete, wan alleine nâch rehte. Nû waz ist reht? Daz ist ir reht: der gîtige sol gelten unde widergeben unz ûf den hindersten pfenninc, als verre erz geleisten mac. Alsô sult ir dem lügenære in aller der werlte keine buoze geben, wan daz er in mit dem selben munde als schône mache, als unreine er in gemachet hât. Er sol rehte alsô sprechen: 'ich hân ez rehte bôslîchen an gelogen mit mînem bœsen muotwillen unde von haz unde von nîde'; oder daz dû dîn selbes laster dâ mite bedeckest, oder in dewelher wîse dû in verlogen hâst, in der selben wîse soltû in entreden wider allen den dû in verlogen hâst. Und ist ez als verre komen, daz ez der liute vil wizzent in der pfarre, sô solt dû an dem suntage vor allen kirchwarten daz selbe tuon. Owê, wie kûme dû daz getuost! Sich, dâ von ist dîn sünde bœser danne des gîtigen, daz dû vor schame dîne sünde niemer sô wol gebüezen maht als der gîtige. Wan stüende der gîtige iezuo ûf unde spræche: 'ich wil gelten unde widergeben,' daz wære im ein êre. Ez wære ouch dir ein êre, lügenære, woltest dû ez erkennen. Dir ist ouch bezzer, dû schamest dich hie vor ein wênic liuten unde daz dir dîn schame nütze unde guot sî, danne dû dich an dem jungesten tage vor aller der werlte schamen müestest unde daz dir daz ze nihte guot ist. Wan swer sîne riuwe unde sîne buoze unze an den selbên tac spart, daz ist im ze nihte guot. Diu vierde lugen ist, der eim sîn guot mit lügen nimet. Der ist ouch ein michel teil. Daz ist etelîcher verrâter unde lügener, unde der gêt ze sînem herren oder ze einem fremeden herren unde sprichet: 'seht, nû gît der wol zehen pfunt, ir sult in vâhen,' sô er lîhte niht vieriu hât. Sô sint etelîche trügener unde lügener, als die antwerkliute. Der schuochsûter sprichet: 'seht, daz sint zwô gar guote soln.' Sô hâst dû sie vor dem fiure verbrennet, sô hâst dû im sîn guot abe erlogen und ertrogen. Daz selbe sprich ich zuo dem krâmer, der unrehte wâge hât unde giht, daz sie gereht sî. Unde der brôtbecke, der swemet den teic mit hefel: sô dû wænest dû habest brôt, sô hâst dû den luft für brôt kouft. Unde der pfragener giuzet etewenne bier oder wazzer in daz olei. Unde der fleischslahter hât veil etewenne kelberîn fleisch unde giht, ez sî drîer wochen alt: sô ist ez kûme einer wochen alt, oder gît müeterîn fleisch für bergînez; ez mac etewenne ein kranker mensche ezzen, daz ez den tôt dâ von nimet, oder ein frouwe, diu in kintbette lît. Die sint alle trügener unde lügener, und ir sêle wirt niemer rât, sie geltenz danne unde gebenz wider, und alle, die trügener an ir koufe sint oder an ir antwerke. Diu fünfte lugen ist, der einen schiltet der ze loben ist unde lobet einen der ze schelten ist. Als der loter unde der spilman. Die fünf lüge sint tœtlîche sünde. Die drîe sint antlæzic. Diu ein ist, ob man einem sîn guot wolte nemen, unde dû jæhest, dû westest sînes guotes niht ob man dich sîn frâgte, der ez steln wolte oder rouben. Daz ander, ob man einer megede ir magettuom wolte nemen, unde dû jæhest, dû westest ir niht, zuo dem, der dich sîn frâgte. Daz dritte, ob man einen menschen tœten wolte, den sîne vînde suochten, unde frâgten dich, ob dû ir iendert westest, unde dû westest wol wâ er wære, unde dû spræchest, daz dû in niendert westest.

Der niunde helbelinc ist daz niunde gebot: dû solt dînes ebenkristen dinges ze unrehte niht gern. Daz gebot hœret ûf daz sibende. Der helbelinc hât ouch zwei gebræche. Daz êrste: daz dû dînes ebenkristen guotes niht begern solt, daz dû dir iht gedenkest: 'owê! hæt ich dem alsô vil oder alsô vil verstoln oder geroubet oder erlogen oder ertrogen!' 'Wie, bruoder Berhtolt, solte ich dar umbe ouch verlorn sîn?' Jâ. 'Nû sage an!' Swenne dû im sîn guot gerne hætest ze unrehte an gewunnen, unde dû des niht vollebringen maht, unde dich anders niht enirret, wan daz dû sîn niht maht state hân, sô hât dich der almehtige got für anders niht, wan als er dich in dînem herzen siht. Wan er in allen herzen siht beidiu übel unde guot, swaz dir ze willen wirt und ist, wænest dû niht, daz er in dîn herze sehe? Jâ für wâr! Wan er dirz geschuof in dînen lîp, sô weiz erz ouch wol und ist im halt baz kunt danne dir selben. — Daz ander gebræche ist, daz dû ez versuochest mit allem dînem flîze unde dich dar nâch arbeitest, wie dû einem sîn guot verstelst unde geroubest oder mit andern untriuwen an gewinnest, unde daz niht für sich gêt. Wirdest dû in dem willen funden, sich, dû muost êwiclîche verdampt sîn.

Der zehende helbelinc ist daz zehende gebot: dû solt dînes ebenkristen gemechede niht begern. Der helbelinc hât ouch zwei gebræche. Daz ein ist: swer eine frouwen in dem willen unde in der andâht ane siht, daz er gerne sünde mit ir tæte, der hât diu werk vor gote vollebrâht. 'Wie, bruoder Berhtolt, wie vil ir danne wæren, die verlorn würden? sô würde éin man niht behalten, wan der gar lützel wæren.' Nû sag an, dû fundest einen in dînem kelre, der hæte dir dîne kisten ûf gebrochen unde hæte dir dannoch nihtes niht dar ûz genomen: für waz woltest dû in haben? Entriuwen, dû hætest in für einen rehten diep unde dû schüefest in an den galgen. Alse hât dich got für einen rehten êbrecher. Wan swâ dû des niht bist, daz ist von dînen schulden niht, dû bist gotes diep vil rehte an dém teile. — Daz ander gebræche: dû solt niht gern, daz man dîn gere. An dem êrsten gebræche werdent verdampt die man, an dem andern die frouwen, die sich dar zuo bereitent unde zierent, dem tiuvel ze einem stricke. Und ist daz sich nieman drin ervellet, doch müezent sie daz gerihte haben unde tragen unde daz urteil des lebendigen gotes. Sie ist der slange, der daz megetlîche houbet hât, unde sie treit daz verborgen eiter, unde sie hât bereit die vergift, dâ mite sie die sêle tœten wil. Daz sint ir spilnden ougen und ir valschez gên und ir trügenlîchez smieren und ir kluogen gebærde. Hie mite benimet sie der sêle ir kiusche. In der alten ê stêt geschriben: hât ein man einen brunnen gegraben an der strâzen, unde vellet sîns nâchgebûren vihe dar in, er muoz imz gelten: ob er den brunnen niht vermachet oder bedecket, sô muoz er im daz vihe gelten als tiwer als erz koufte, unde der âwehsel belîbet jenem, der den brunnen niht bedakte unde der daz vihe dâ gelten muoz. Unde daz wort merket alle gar flîzeclîche: daz im der âwehsel belîbet. Alle die sich dar ûf zierent und ûz machent, daz sie die liute verreizent ze süntlîchen dingen mit werken oder mit gedanken, unde die ir selbes sünde eht niht deckent, alsô daz sie vrevellîche und offenlîchen sündent unde den brunnen ir sünden niht bedeckent, die ergernt ander liute unde gebent den liuten bœsiu vorbilde. Alle die dû mit disem bœsem bilde unde mit dînen offenen sünden unde mit dînem reizekloben in tœtlîche sünde bringest, dû muost sie dem almehtigen gote gelten reht alse tiure als er sie koufte, unde der âwehsel belîbet dir. In hât der almehtige got kouft mit sîner martel, den dû im enpfuort hâst unde verleitet hâst in den êwigen tôt; als tiure muost dû in im gelten, oder man wirfet dich in die êwige martel, in daz êwige fiwer, dâ dû iemer mêr muost inne brinnen; unde der âwehsel belîbet dir: daz sint alle die von dînen schulden zer helle varnt: die wirfet man alle samt ûf dich, daz dû ir aller martel mit der dînen muost lîden. Sich, dâ wirt dir der âwehsel wider!

Nû seht, ir hêrschaft alle samt, daz sint die zehen helbelinge, die ein ieglich mensche geben muoz, er sî arm oder rîch. Nû sult ir alle samt alsô werben, daz ir sie ze gebenne habet. Wan swer niht engît die selben helbelinge, der muoz êwiclîche verlorn sîn. Swer sie aber gît, dem wil got zehen êrbære pfenninge wider den zehen helbelingen widergeben. Der êrste pfenninc, den uns got gibet, daz ist daz wir ledic werden vor der êwigen verdampnisse. Daz ander ist, daz wir mit grôzen freuden hinnen werden geleitet. Der dritte ist, daz wir schône werden enpfangen. Der vierde ist, daz wir mit grôzen êren ûf den himelstuol werden gesetzet. Der fünfte ist, daz uns ganzer gewalt in dem himelrîche geben wirt. Der sehste ist, daz wir hân ganze erkantnisse. Der sibende ist, daz uns von dem vater unde von dem sune unde von dem heiligen geiste unsagelîche süezekeit wirt gegeben. Der ahte ist, daz wir alle gotes heiligen und alle gotes engele hitzeclîche minnende werden. Der niunde ist, daz uns der lôn wirt gegeben, daz wir von gote mit grôzer gezierde werden gezieret. Der zehende, daz wir die freude besitzen unde den lôn, den ougen nie vollesâhen unde den ôren nie vollehôrten, den deheines menschen herze bedenken möhte, den menschen zunge nie möhte vollesprechen. Sô werdent uns ouch zwei gewant gegeben und an geleit, daz wir an sêle und an lîbe die êwigen wünne enpfâhen. Daz verlîhe mir und iu unser herre Jêsus Kristus, der megede sun mîner frouwen sant Marîen, der mit dem vater unde mit dem heiligen geiste lebet unde rîchset ân ende und ân anegenge. Âmen.

---

# XX.

## VON DEN SIBEN HEILIKEITEN.

'DAz ich bin daz bin ich von der gnâde gotes unde diu gnâde gotes ist niht îtel in mir gewesen' (1. *Cor.* 15, 19). Als sprichet der guote sant Paulus, und alsô liset man hiute in der heiligen episteln. Und alsô mügent alle kristenliute sprechen mit dem guoten sant Paulô. Wan daz wir kristenliute sîn, daz sîn wir von der gnâde gotes, unde diu gnâde gotes ist niht îtel in uns gewesen: wir sîn sîniu kint unde sîn sîne genamen. Wie maniger hande gnâde wir warten und ouch er uns erzeiget hât, daz möhte ich in aller wîle niht ze ende bringen. Unde dâ von sô muoz ich ez under wegen lâzen. Iedoch sage ich iu ein teil der hôhen gnâden, die er uns erzeiget hât, als vil ir die materie hie begrîfet, ob mir sîn got ze sprechen gan. Unde dar umbe spreche iuwer ieglîchez ein pater noster.

'Daz ich dâ bin daz bin ich' etc. Uns hât unser herre vil gnâden geben, uns kristenliuten. Daz manigem heiligem man tiure was in der alten ê, daz ist uns kristenliuten nû widervarn und anderr gnâden manige. Ez stuont diu werlt fünf tûsent jâr unde zwei hundert und ein jâr, daz nie dehein mensche zem himelrîche komen mohte, alles umbe die ungehôrsam, die Adam und Êvâ begiengen in dem paradîse. Umbe die schult mohte dehein mensche zem himelrîche komen in fünfzic hundert jâren, sie wæren übel oder guot, junc oder alt, rîch oder arm, edel oder unedel: ir einer mohte niht ze dem himelrîche komen, sie wæren übel oder guot. Die dâ übel wâren, sô daz sie houbetsünde heten getân, unde die in den houbetsünden verfuoren, die fuoren hin zer helle unde sint ouch hiute ze tage dâ. Die aber niht wan tegelîche sünde tâten, die fuoren in daz vegefiwer, und als die tegelîche sünde abe in gebrunnen, sô fuoren sie vor der helle an eine stat, diu heizet limbus und ist diu vorhelle. Als disiu stat Augesburc heizet innerthalp der mûre und ûzerthalp; swer aber innerthalp der ist gevangen, wil man eht flîzeclîchen hüeten, er mac niendert ûz komen. Alsô sint die die in der rehten helle sint: sie sint noch tûsentstunt harter behuot unde gevangen. Aber die ûzerthalp der mûre hie ze Augesburg unde vor andern beslozzen steten sint unde gesezzen sint, die sint niht alsô gar betwungen unde gevangen, als man dise twinget unde væhet, der ez gerne tuot. Und ez heizet doch allez Augesburc: swie vil diu stat ûzerthalp der mûren lît, sô heizet man ez allez wol Augesburc, als daz dâ innerthalp lît. Ze gelîcher wîse stêt ez umbe die selben stat, dar dô fuoren die heiligen prophêten unde patiarchen und ander guote liute fuoren vor der martel unsers herren. Dâ waren sie unde biten sîner gnâden, wenne er sie lœsen wolte. Wan daz wisten sie wol, swie lange sie dâ wæren, daz er sie doch ze jungest lœsen wolte. Alsô ruoften sie in an alle die selben wîle unde manten in sîner gnâden gar an manigen enden, unde weineten die lebenden hie oben unde die tôten dort niden. Unde dâ von singen wir in einer ieglîchen messe den *introitum* zwirent, dâ mite wir die messe an heben, daz sie got an zwein enden an ruoften. Und alsô ruofen wir ouch got zwirent an in der messe, daz er uns erlœse unde behüete vor allem übel. Unde dar umbe sullen wir kristenliute got gar unmæzeclîchen liep haben unde gar grœzlîchen danc sagen der manicvaltigen gnâden, die manigem heiligem manne dâ tiure was in der alten ê. Wan ez was gar ein lanc dinc daz sie got an ruoften, fünf tûsent jâr. Und ist, daz nû sich ein sünder bekêren wil mit rehtem ernste unde got an ruofet mit wârem riuwen unde mit lûterr bîhte, der wirt sâ zehant gewert sîner bete unde wirt halt allez himelische her dâ von erfröuwet von der selben bete. Nû seht, wie manige gnâde uns kristenliuten der almehtige got erzeiget hât, daz er uns nû sô gâhes erhœret wider die in der alten ê. Wan swie vil sie gebetten unde geklageten unde geruoften unde geweinten diu fünf tûsent jâr unde zwei hundert jâr und ein jâr, daz half allez niht, unz ein mensche wart geborn. Der half dô mit den andern got biten mit ganzen triuwen unde mit ganzem ernste unde mante got mit manigen grôzen tugenden. Wan der selbe mensche was als tugentrîch, als kiusche unde halt reine und als vollekomen an allen tugenden und an allen guoten dingen, daz in got für baz hôrte, mêre danne alle die in ie an geruoften in den fünf tûsent jâren. Wan er geviel eht gote gar herzeclîchen wol, dâ von, daz er sô manicvalte tugent hete, die niemer munt vollesagen mac. Er was halt sô übermæzeclîchen tugenthaft, daz der almehtige got, aller engele herre unde keiser aller künige, von ir geborn wolte werden durch die liebe unde durch die tugende, die an mîner frouwen sant Marîen wâren. Dô wurden sie alle sament gewert, die got sô lange an ruoften; und alsô half ir biten und ir ruofen mêre danne der andern alle samt. Unde dâ von sullen wir sie nû gar flîzeclîche an ruofen umbe alle unser nôt, swâ wir gotes hulde verlorn hân, daz sie uns die widergewinne. Wan swes sie got bitet, des wirt sie hiute als vollecliche gewert und als gerne, als des êrsten tages. Der genâden suln wir aber gote grôzlîchen unde sunderlîchen danken, daz er uns die reine maget, diu als tugenthaft was und ist, ze einer suonærinne geben hât. Unde dâ von mügen wir wol sprechen als der guote sant Paulus: ‘daz ich dâ bin daz bin ich von der genâde gotes, unde diu genâde’ etc. Dannoch sô hât er uns sô maniger hande gnâde erzeiget, die niemer munt vollesagen kan. Unde dô er als reineclîche geborn wart von mîner frouwen sant Marîen, daz wart er dar umbe, daz er erlœsen wolte die sînen, die sô lange gebiten und in sô lange an geruofet heten und ouch die dâ sît geborn solten werden: daz sîn wir kristenliute. Er hât uns erlôst als ouch sie. Wan dô uns Adâmes schulde von dem paradîse schict, mit dem apfelbizze, den er dâ tet von des slangen râte, slikten Adam und Êvâ daz eiter in sich daz in dem slangen was, unde dâ von sâ zehant wart in daz eiter ein vergift unde wir wurden alle samt tœtlich in dem lîbe und aller der siechtuom wart uns künftic, den alliu diu werlt hât. Und alsô wurden wir tôtsiech an dem lîbe und an der sêle, alles von der ungehôrsam, die der mensche begie. Dâ was ouch dekein rât, die selben schulde müeste ein mensche büezen, der als reine und als tugenthaft und als edel was als Adam und als vollekomen, ê danne daz er die sünde begie. Daz was eht dô unmügelich unde mohte niht gesîn, wan unser herre hete Adâmen untœtlîchen geschaffen und ân allen siechtuom.

Als er dô tœtlich unde siech wart, dô muosten sîniu kint und allez sîn geslehte nâch im daz selbe sîn. Unde dâ von muoste got die menscheit an sich nemen, daz er uns erlôste von dem êwigen siechtuome dem vater ze hôhen êren unde dem menschen ze sælden unde ze heile. Und er machte uns eine erzenîe, diu was sô gar edel unde diu hete sô grôze kraft, daz allez menschen künne dâ von gesunt wirt, swer sie ze rehte enpfâhen wil. Nû seht grôze gnâde, die uns got erzeiget hât! Unde dâ von mügen wir wol sprechen als sant Paulus: '*quod sum' etc.* Wan dô der mensche geborn wart, dannoch wæren wir verlorn gewesen, hæte er uns sô gar guote erzenîe niht gemachet, diu sô gar edel, kreftic unde tugenthaft was. Sie koste in ouch mêre diu selbe guote erzenîe danne allez daz silber unde golt, daz diu werlt ie gewan oder iemer mê gewinnet; sô koste got diu eine erzenîe noch vil mê. Ich spriche mêre: sie koste in mêre danne sunne unde mâne und alle sternen. Ich spriche mêre: sie koste in mêre unde hœher unde tiurre danne berge unde tal unde loup unde gras und allez daz diu werlt hât. Ich spriche mêre: er leite sô grôzen flîz dar an unde was im sô liebe unde sô ernst dar zuo, daz er eht nieman dar zuo getrûwen wolte wan im selben. Er wolte deheinem engel nie dar zuo getrûwen ze der selben erzenîe. Als liebe was im dar zuo, daz er weder menschen noch engel noch niemanne weder in himel noch ûf ertrîche dar zuo wolte getrûwen, eht danne im selben, der sie an sîne stat meistern solte unde getempert hæte als er selben; allez dar umbe, daz wir deste gesunder würden an dem lîbe und an der sêle. Nû seht, waz iu der almehtige got gnâden hât getân! Dâ von sult ir in liep hân unde sult im danken unde loben und êren, als der guote sant Paulus dâ sprichet. Er machte die erzenîe vierdehalbez unde drîzic jâr unde machte sie ouch gar guot in den zîten und als wîslîche und als meisterlîche und als künsteclîche in den vierdehalben unde drîzic jâren: wenne alle die engele drobe gesezzen wæren, die dâ ze himele sint in den niun kœren, sie möhten in drîzic hundert jâren sie sô wol niemer hân gemachet noch sô wîslîche noch sô meisterlîche. Ich spriche mêr: wæren sie drobe gesezzen hundert tûsent jâr, sie möhtens niemer als wol und als meisterlîche hân gemachet. Unde sie kam in ouch gar sûr an unde gar harte; wan er leit manige armuot dar obe, itewîz unde hunger unde frost unde durst unde hitze unde trûren unde leit, und er switzte ofte dar obe von maniger grôzen arbeit, die er dar obe hete. Als wê geschach im dar obe, daz ez nieman vollesagen kan. Nû seht, waz iu got gnâden hât getân! Wan sie kam in alse harte und als sûr an und im geschach als wê drobe, daz er bluotigen sweiz drobe switzte und eines bittern tôdes drobe starp, allez, daz diu erzenîe deste bezzer wære. Nû seht, waz iu got gnâden hât getân allen samt! Als sant Paulus sprichet etc. Sie wart ouch als guot und als kreftic und als tugenthaft und als gar vollekomen an aller edeln kraft, swer sie ze rehte enpfæhet der mac niemer verlorn werden unde von dem himelrîche niemer gescheiden werden. Soliche kraft hât got dran geleit. Unde wan sie sô edel was, sô teilte er sie in siben stücke der almehtige got. Unde dô sie in sô harte an quam, daz nieman vollesagen mac die nôt die er drobe leit, dô was sîn triuwe unde sîn minne sô grôz die er ze dem menschen hete, daz er sie dem menschen umbe sus gap. Wan er wiste daz wol, und solte man sie hân erkoufet nâch ir wirde, sô möhte sie nieman hân vergolten. Unde dâ von gap er sie dem menschen umbe sus: einigen helbelinc sol nieman drumbe enpfâhen noch geben; als vil gnâden hât diu selbe erzenîe. Dô er den tôt dar umb erleit, dô fuor er zer helle unde lôste sie von dannen die in sô lange an geruofet hâten in der vordern helle — diu heizet limbus — unde nam der die in der rehten helle wâren nie deheinen her ûz. Her Kâîn was der êrste dar; der ist ouch hiute dâ unde muoz iemer dâ sîn, als lange als got in dem himel ist. Er brach der rehten helle niht, alsô daz er deheinen her ûz næme. Swie wir in dem gelouben sprechen, daz er zer helle fuor, dâ meinen wir die vordern helle, die vorstat, mite, als ich hie vor bescheiden hân. Unde fuorte sie in daz paradîse. Dâ wâren sie mit im inne biz zuo sîner ûfvart. Dô fuorte er sie mit im ze himelrîche für. Dô bevalch er die selben erzenîe alle sibene hie ûf ertrîche einer hande liuten, den er dar zuo getrûwete, unde bevalch in, daz sie sie aller werlte gæben umbe sus, allen den die ir mit rehte begerten und ir wirdic wæren, unde swer dehein guot drumbe næme mit gedingede, der wære êwiclîche verlorn. Unde diu selben siben stücke der heiligen erzenîe heizent die siben heilikeit, unde habent als grôze kraft, als hie vor geredet ist. Unde swer der kraft niht geloubet von ieglîchem stücke, die got dar an mit sîner wîsheit geleit hât, unde ververt der alsô, des wirt niemer mêre rât, daz er nie deheine ander sünde getân hæte wan die eine, wan er der minnesten kraft niht geloubet, die der siben heilikeit einiu hât. Ir kristenliute, ir sult sîn gerne gelouben unde sullet got iemer dar umbe loben und êren, wan ez der gar übergrôzen gnâden einiu ist, die got ie an uns begie, daz er uns mit der erzenîe aller samt ernert hât von dem êwigen tôde. Nû gebet ir einem arzâte zehen pfunt der iu niwan von einem siechtagen hilfet. Er læzet etewenne einez sterben, unde muoz man im dannoch daz guot geben. Waz hât danne der almehtige got verdienet, der dich ernert hât von dem êwigen tôde mit dirre erzenîe, den dû an lîbe und an sêle müestest hân erliten? ‘Owê, bruoder Berhtolt, nû seitest dû uns jenes tages von den zehen geboten, diu müesten wir alliu behalten, oder wir wæren alle verlorn. Nû hiute sibeniu, oder wir sîn aber verlorn. Wie sullen wir daz allez behalten?’ Sich, diu sibeniu diu ich dir hiute sage, diu sint alle beslozzen in dem êrsten gebote der zehen gebote, daz ist, daz dû kristengelouben behalten solt. Doch mac man eht sîn in einer predige alles niht gesagen. Unde solte ich dirz vollesagen als ez diu heilige schrift hât, ich möhte dirz in vierzic tagen volle niht gesagen diu zehen gebot. Ich spriche mêre: ich müeste ein halbez jâr dar zuo tuon unde dâ von sagen. Ich spriche noch wol mêr dâ von, daz alliu dîn sælde an den zehen geboten lît. Als tuot ez ouch an disen siben erzenîen. Die maht dû aber wol unde lîhte behalten, daz dû sie reht unde redelîchen enpfæhest unde daz dû sie danne behaltest als diu zehen gebot. Dâ lerne! man gibet sie doch umbe sus, dar umbe daz dû sie deste willeclîcher enpfâhest unde mit rehtem gelouben und ir mit guoter andâht begerst, daz dû der kraft lûterlîche geloubest, die got dran hât geleit. Ez möhte im halt wol zorn sîn, daz er sô grôzen flîz unde wîsheit dran geleit hât und in sô vil koste unde sô tiure an kam, unde daz dû daz mit dînem muotwillen unde durch dînen ungelouben versmâhen woltest durch eines kranken gedankes willen oder durch eines stinkenden jüden valschez kallen oder eines bœsen ketzers lêre, wan er sie sô gar edel unde guot hât gemachet, daz sie alle engel und alle menschen, die von Adâmes gezîten ie geborn wurden oder iemer geborn werdent, die möhten sie niemer sô guot hân gemachet. Wie möhte dir danne ein verfluochter ketzer ihtes iht gesagen, daz halt ze ihte guot wære? Unde dâ von durch den almehtigen got sô hüetet iuch vor disen ketzern. Sie slîchent iezuo in den winkel mit der aller süezesten rede, die diu werlt ie gehôrte. Dâ mite væhet er dich unde dîn herze, daz dû wol geswüerest, er wære gar ein engel. Sô ist er gar ein tiuvel unde halt tûsentstunt schedelîcher dîner sêle danne der tiuvel. Nû seht, wie schedelich eht die ketzer bî den kristenliuten sint unde wie gerne ir sie fliehen müget! Von der genâde unsers herren hân ich kristengelouben sô liep an mînem herzen, daz ich ê den tôt lîden wolte, ê danne ich mich von kristem gelouben lieze wîsen. Und wie veste ich kristengelouben habe: ê danne ich in einem hûse wolte sîn, dâ ein ketzer inne wære, niwan vierzehen naht, unde daz selbe hûs wît unde lanc wære unde daz er einhalp wære und ich anderhalp, daz ich in niemer gesæhe oder gehœrte, sô wolte ich michels lieber sîn in einem hûse ein ganzez jâr, dâ fünf hundert tiuvel inne wæren. Unde hæte ich eine swester in einem ganzen künicrîche, dâ ein ketzer inne wære, ich hæte ir sorge und angest vor im. Nû seht, wie schedelich ein ketzer ist unde wie gerne ir iuch vor im hüeten möhtet! ‘Wie, bruoder Berhtolt, wie suln wir uns vor im behüeten, wanne er sô wol von gote redet?’ Seht, sô wil ich iuch lêren. Swer der ist in aller der werlte, der alsô sprichet wider dich, er welle dich guotiu dinc lêren in der heimelîche, diu er dich vor den liuten niht getar lêren, sich, der ist ein rehter ketzer. Wil er dich guotiu dinc lêren, war umbe lêret er dich diu vor aller der werlte niht? Pfî, her ketzer! war umbe stêt ir dâ vor mînen ougen? unde woltet ir guotiu dinc lêren, war umbe stêt ir zuo mir niht, als ir vor den einvaltigen liuten dâ sprechet in dem winkel? Unde swâ sie iu ze handen koment, sô sult ir stille swîgen unde sie iuwerm pfarrer künden. Der sol sie danne der werlte rihter antwürten unz an den bischof.

Nû wil ich iu die siben heilikeit hie nennen, wie sie heizent unde welhe kraft der almehtige got dran geleit hât, dâ mit er uns gesunt hât gemachet von dem êwigen tôde, ob ir selbe wellet. Er hât uns frîe willekür gegeben ze übel unde ze guote, ze tuonne unde ze lâzen. Wand er uns nâch im selben hât gebildet der edele frîe herre, dâ wolte er uns ouch geben eine edele frîe willekür, niht twingen noch binden als den esel noch den ohsen. Der ist dar zuo gebunden, er tuo ez gerne oder ungerne, sô muoz er den sac tragen oder swaz man ûf in leit. Sô muoz der ohse, er tuo ez gerne oder ungerne, den wagen oder den pfluoc ziehen. Sô hât er den menschen geedelet unde gewirdiget über alle krêatûre, unde dâ von wil ouch er, daz er die edeln frîen hêrschaft, daz edel himelrîche, mit der edeln frîen willekür besitze als die niun kœre der engele. Die heten alle frîe willeküre, ê daz Lucifer durch sîne hôhvart von dem himelrîche wart verstôzen. Die dô sô tugenthaft wâren daz sie bî gote beliben, die wurden dô von gote gevestent, daz sie niemer mêre himelrîche verliesen mügent. Und alle die dô Lucifer nâch hullen, die wurden ouch alle mit im verworfen von dem himelrîche in daz êwige fiwer. Unde dâ von hât got dem menschen frîe willeküre gegeben. Und alle die Lucifer nâch gehellent unde sînen genôzen, die werdent zuo im geworfen in daz êwige fiwer. Und alle die danne bî gote belîbent, die wil got bevestenen sam die engele, sô diu sêle scheidet von dem lîbe. Aller der sêle, die in gotes hulde sterbent, werdent sâ zehant bevestent, daz sie himelrîche niemer mêre verliesen mügent, sam die engele. Varnt sie niht sâ zehant ze himele, sô varnt sie doch in daz vegefiwer unde büezent dem almehtigen gote swes sie eht hie niht gebüezet hânt, unde wirt ir sünden alle tage minner unde niht mêre, unde varnt alle gein himelrîche, unde mügent des mit nihte geirret werden. Die wîle der mensche hie in dirre werlte ist, sô hât er frîe willekür. Wil er sie frîlîche lâzen fliegen nâch der werlte unde nâch des fleisches gelust oder daz der tiuvel rætet, sô wirst dû des himelrîches geirret, daz dû ez niemer mêre gesihst. Riuwe unde buoze versage ich niemanne, die nim ich alle zît ûz. Unde dar umbe hât iu got die siben erzenîe sô harte erarnet, daz er iuch dâ mite gesunt machete, ob ir wellet. Er hât allez daz getân gein iu, daz ein getriuwer vater sol gein sînen lieben kinden, unde wil iu mêre tuon, ob ir iuch selben neren wellet an lîbe und an sêle. Nû stêt ez niwan an iu selben, ob ir des êwigen tôdes sterben wellet. Dâ beschirme uns der almehtige got vor unde helfe mir, daz ir ze dem wægern grîfet. Daz stêt an iu; ich gibe iu den wunsch, got gebe iu den willen. Nû wil ich iu die erzenîe alle siben nennen, wie sie heizent unde weliche krefte der almehtige an sie hât geleit, an ir iegelîche, unde wie man sie enpfâhen sol mit rehte, als ez iu got gesetzet hât. Und ir sult mir die krefte gar wol merken, als ich iu nû wider sage, wie man sie enpfâhen sülle, daz ich ez iht anderstunt sagen dürfe.

Diu êrste hât die kraft — unde die hât der almehtige got dran geleit unde die selben erzenîe sol ein mensche niwan einist enpfâhen —, unde hæte ein mensche alle die sünde getân, die alliu diu werlt ie getân hât sît Adâmes zîten, ez wære ir aller ledic für daz er die selben erzenîe ze einem mâle mit reht enpfæhet, unde wirt im halt sô gar vergeben, daz im sie got niemer ûf geheben wil. — Diu ander hât die kraft, für daz sie ein mensche mit rehte enpfæhet, daz ist iemer deste kreftiger, sô daz er deste baz strîten mac wider allen untugenden, die wider der sêle sint unde ir schaden tuont. — Diu dritte hât die kraft, als ofte sie ein mensche wirdeclîche mit rehte enpfæhet, als ofte wirt ez sîner sünden ein teil âne unde wirt als ofte gesterket an allen tugenden der sêle und aller meiste an gotes minne. — Diu vierde hât die kraft, wie vil ein mensche sünden hât getân, und als ez die erzenîe an grîfet mit rehte, als ofte vergît im got alle sîne sünde. — Diu fünfte hât die kraft, als ofte sie ein mensche enpfæhet mit rehte, sô wirt er deste kreftiger an lîbe und an sêle unde nimet im sîner sünden ein teil. Nû seht, ir hêrschaft alle samt! dise erzenîe muoz ein mensche haben von rehter nôt, als vil als ez ir von sîner jugende enpfâhen sol und im ze enpfâhen gezimt. Unde swer sie niht enpfæhet, des mac niemer rât werden. Der andern zwô bedürfent alle die liute sô gar ze nôt niht. Iedoch mac ir diu kristenheit überein niht gerâten. Ez wirt aber ein ieglich mensche dâ von niht verlorn, ob ez ir niht enpfæhet als die andern fünfe. Die muoz ein ieglich mensche enpfâhen, ob ez zem himelrîche wil. Swer dise zwei niht enwelle, der lâze sie unserm herren ligen: er vindet wol liute, die sie nement. — Nû wil ich iu von êrste wider ane vâhen, wie sie heizent unde wie man sie enpfâhen sol unde wie manige himelische wurzeen der almehtige got dar zuo gesetzet hât.

Diu êrste erzenîe ist der heilige touf. Den sol man niwan

einist enpfâhen. Diu erzenîe hât vier himelische wurzelen, die der almehtige got dar zuo gesetzet hât. Unde swer halt niht geloubet der wurzelen, des wirt niemer rât. Ob einer iht geloubet, daz ein wurzele der kraft niht habe, dâ ein arzât von seit oder ein ander man, der wirt dar umbe niht verlorn: dise wurzelen alle samt, die zuo disen zwein hœrent, der muoz ein ieglich mensche gelouben, oder er ist êwiclîche verlorn. — Diu êrste wurzel des heiligen toufes ist, daz dér andâht haben sol, der dâ toufet. Niht in goukel noch in schimpfe sol man toufen, alsô wenne ein kint ze priesters handen niht komen mac und ez junge liute touften in gespötte und in lachter; unde dâ aber tœrsche liute ein jüdelîn oder alte liute einen alten jüden in schimpfe oder in goukel in wazzer stiezen über sînen dank: daz hât dekeine kraft. Er sol zem aller minnesten andâht hân der dâ toufet, daz er gedenken sol: ich wil dir gerne dînes toufes nâch kristenlîchem rehte helfen oder ich wil mit dir tuon daz diu kristenheit pfliget ze tuonne. — Daz ander würzelîn: dâ man daz kint în stôzet, daz sol in aller der werlte niht sîn danne einvaltigez wazzer: ez sol weder wîn noch milch sîn noch bier — etelîche toufent in santhûfen —: ez sol in aller der werlte niht sîn danne wazzer. — Daz dritte ist: man sol niht toufen danne ein lebendigez kint oder einen lebendigen menschen, noch tôtez mensche noch tôtez gebeine noch silber noch golt noch wahs noch niht in alle dirre werlte wan ein lebendigez mensche. Pfî, zouberærinne, dînes atzemannes! Wænest dû dem almehtigen gote sîne erzenîe velschen? Dû hâst dich selben verdampt in daz êwige fiwer. — Daz vierde himelwürzelîn: daz diu wort niht gewandelt suln werden. Ob ein kint ze priesters handen niht komen mac, swer ez danne toufet, dierne oder kneht, der eht diu wort rehte sprichet, diu sint guot. Man sol alsô sprechen: 'ich toufe dich in dem namen des vater unde des sunes unde des heiligen geistes.' Unde iemittunt sô die hende toufent, sô sol man diu wort sprechen. Man sol diu wort weder vor noch hin nâch sprechen, wan rehte iemittunt sô die hende wirkent, sô sol man diu wort sprechen, unde sol sie niht verwandeln, weder dar zuo niht legen noch dâ von niht nemen. Vergizzet man des namen, des wirt guot rât von der gæhede: got gibet im einen vil guoten oben in dem himele. Und ir frouwen, mit urloube, ob ir fürhtet, daz ez iht lebende an die werlt müge komen, wan ê daz ez âne touf blîbe, sô toufet im ê daz höubetlîn ûf die gnâde unsers herren. Allen iuwern flîz sult ir dran kêren, daz ez iht âne touf blîbe unde daz ez rehte getoufet werde. Wan swenné ez âne touf belîbet oder niht rehte getoufet wirt, sô habet irz grôzer êren versûmet, die ez êwiclîche mit gote haben solte. Wan ez mac gotes antlütze niemer mêre beschouwen noch deheine freude, die die heiligen unde die engel in dem himelrîche habent mit gote. Jüdenkint unde heiden, diu dannoch umbe den ungelouben niht wizzent vor tumpheit und alsô sterbent, und aller kristener liute kint, diu âne den touf vervarnt oder niht rehte getoufet werdent, diu varnt alle an eine stat ze einander, diu dâ heizet limbus, dar die altveter fuoren; unde sie habent dâ deheine pîne noch keine martel, wan die martel des schaden. Als heizet ir wesen, daz sie dâ hânt: daz heizet die martel des schaden, wan sie habent den aller grœsten schaden, daz sie niemer mêre ze dem himelrîche koment, daz sie grôze martel wolten lîden, ob sie künden rehte wizzen unde verstên, wie grôzen schaden sie dar an haben enpfangen, daz sie ungetoufet vervarn sint: sô wolte ir ieglîchez — und ir ist doch ein michel teil des selben volkelîns —, sô ist niendert einez, ez wolte mit guotem willen an einer glüenden sûl, diu von dem apgründe unz an den himel gienge und alle mit snîdenden scharsachen wære bestecket, dar an wolten sie mit guotem willen unze an den jungesten tac ûf unde nider varn, daz sie got danne iemer mêre an sehen solten. Daz sult ir gar wol behüeten, daz ir im mit einem sô kleinen dinge sô grôze êre unde frumen unde wünne unde freude verlieset. Wan ez wære liehter worden danne diu sunne mit dem toufe. Unde dar umbe geben wir dem kinde eine kerzen in die hant nâch dem toufe. Dâ solten wir im die sunnen in die hant geben; sô mügen wir ir niht gehaben: dâ von geben wir im daz wir geleisten mügen, eine brinnende kerzen in die hant, wan diu bezeiehent, daz ez der touf liehter hât gemachet danne die sunne. Soliche kraft hât diu erzenîe, der sie ze rehte enpfæhet. Man sol sie ouch niwan ze éinem mâle enpfâhen. Nû seht, waz uns got gnâden hât erzeiget, als sant Paulus dâ sprichet.

Diu ander erzenîe heizet die heilige firmunge. Die sol

man ouch niwan einest enpfâhen. Diu ist sô edel, daz sie nieman geben sol danne ein fürste, ein gewîht bischof. Und ir sult sie mit grôzer andâht enpfâhen unde mit dêmüete unde vor wol gebîhtet haben. Swer sie mit der wirde enpfæhet, der wirt sâ zehant gevestent, daz er iemer mêr deste baz strîten mac wider des tiuvels ræte unde wider der werlte süeze unde wider des fleisches gelust unde wider alle die untugent, die der sêle schade sint. Dar umbe stricket man dir eine binden umbe daz houbet. Diu bezeichent einen helm, den man einem ritter ûf bindet, sô er an den strît sol; dâ von wirt er vil deste küener unde deste manhafter. Daz bezeichent diu binde, daz ir iemer mêre allen untugenden widerstên soltet, die iuch von gote gescheiden mügen. Und ir sol eht nieman âne sîn der selben erzenîe; unde swer sie niht enpfæhet der sie wol gehaben mac unde dar ûffe niht ahtet, des wirt niemer rât. Und die bischöve sullent sie niemanne versagen: an allen steten unde ze allen zîten sullent sie sie den liuten geben. Sô wænet ir einveltigen liute, sie firmen niht wan sô sie wîhen; des ist niht. Und ir jungen pfarrer, ir sult iuwer pfarreliute dar zuo trîben, daz sie die grôzen heilikeit enpfâhen. Unde dâ gehœrent sehs himelischiu wurzelîn zuo. Die gehœrent uns niht ane.

Diu dritte erzenîe hât vier himelischiu wurzelîn, die der almehtige got gar mit ganzer kraft dar zuo gesetzet unde getempert hât. Unde die selben erzenîe sol man gar mit grôzer wirde unde mit grôzer andâht unde mit grôzer dêmuot enpfâhen, unde man mac sie wol mêre danne ze einem mâle enpfâhen. Unde sô man sie ie mêre enpfæhet als man sol mit der wirde ze rehte, sô ie bezzer ist. Unde diu selbe erzenîe ist der heilige gotes lîchname. Den sol man gar mit grôzer wirde unde mit grôzer andâht enpfâhen. Und als ofte wirt der mensche sîner sünden ein teil âne unde wirt als ofte sterker in allen tugenden der sêle, und aller meiste an der minne gotes. Unde daz êrste himelische wurzelîn, daz der almehtige got dar zuo gesetzet hât, daz ist von drin stücken: brôt, wîn unde wazzer. Diu selbe materie sol ganz sîn, alsô daz ir einez âne daz ander niht gesîn mac, sie müezent alle driu dâ sîn. Ist daz brôt unde der wîn dâ, sô enkan sie niemer ganz werden noch enmac diu heilige erzenîe niemer vollebrâht werden, sie ensîn danne genzlîchen alle driu dâ. Diu selbe materie sol ouch gereht unde gewære sîn, alsô daz daz brôt in aller der werlte deheiner andern slahte sîn sol danne von weizen oder von weizen geslehte, unde sol derbe gebacken sîn, âne gerwen, unde sinewel. Obe der wîn trüebe wirt oder kranc, daz eht er niht ezzich wirt, dâ mac ich niht umbe gereden an der stat, dâ man sîn niht rât gehaben mac; wan ez ist manic lant, dâ wîn gar tiure ist unde dâ man frischen wîn niht wol gehaben mac, als man solte. Wan wære daz mügelich, daz man ûz golde wîn gemachen möhte oder ûz balsemen, des wære diu heilige erzenîe wol wert. Unde dâ von sult ir messenære gar wol hüeten an der selben materien oder die sîn hüeten sulnt. Ir sult diu vezzelîn mit grôzem flîze reine machen unde mit flîze bedecken und in huote haben; unde die den wîn verre holn müezent, daz die iht. wazzers dar zuo giezen, daz er deste langer were. Dâ sult ir iuch an hüeten, als liep iu daz himelrîche sî. Ir sult diu selben vaz in grôzer reinikeit halten, dâ ir den wîn inne behaltet; und ir sult iuch der selben arbeit gerne bewegen, daz ir deste ofter frischen wîn bringet. Unde dar mite sult ir gar mit grôzer vorhte umbe gên. Dû maht alsô mit umbe gên, daz dîn niemer rât wirt: wande ir ze dem altar dienen sult an der engel stat. . Ir sult ouch des wazzers, ir priester, niht ze vil mischen in den kelch: einiger tropfe erliutert iz allez samt: dâ ist sîn ouch genuoc mite. Daz wazzer sol ouch sîn sô dû ez aller reinest und aller frischest gehaben maht. — Daz ander würzelîn, daz dâ ze der heiligen erzenîe gehœret, daz ist ein gewîhter priester, der mit rehte priesterlîche wîhe unde priesterlîchez amt enpfangen hât unde mit rehte behalten hât. Und nieman anders in aller der werlt hât des gewalt, weder künic noch keiser noch engele noch etelîche heiligen, die des niht getuon mügent, daz sie dise heiligen erzenîe alsô bereiten mügent als ein gewîhter priester. Ez ist manige reine maget ûf ertrîche ob got wil, die ir kiusche reinicliche behalten hânt, die sie von ir muoter lîbe enpfiengen unde gote sît manigen hôhen dienst erboten hânt in klœstern oder ûzerthalp. Ez sîn witwen oder megede, edel oder unedel, die gên zuo mit aller ir dêmüete, mit aller ir andâht, mit aller ir heilikeit, die sie mit ir reinem lebenne umbe got verdienet haben; dar zuo wil ich iu ze stiure geben die heiligen frouwen sant Margrêten unde sant Katherînen unde den guoten sant Laurencien unde den guoten sant Georien unde sant Ôswalten etc.: die möhten alle samt dise heilige erzenîe niht bereiten als ein einiger gewîhter priester tuot. — Daz dritte himelische würzelîn daz hât der almehtige got dar zuo gesetzet. Daz sint diu heiligen wort, diu got dar zuo gesetzet hât, daz diu der priester mit andâht unde genzlîchen dar obe sprechen sol. — Daz vierde ist des priesters andâht. Und als diu vier würzelîn dâ ze rehte sint, sô wirt dâ got gewandelt in daz brôt, wan daz vierde würzelîn ist, daz der priester diu wort mit andâht sprechen sol ob dem alter, unde von den heiligen worten daz dâ brôt was daz ist niht mêre brôtes, danne wârer got unde wârer mensche mit lîbe unde mit sêle, als er geborn wart von mîner frouwen sant Marîen der êwigen megede. Unde daz dâ wîn was daz ist niht danne sîn heiligez bluot, des einiger tropfe tiurre ist danne himel und erde. Und alsô wirt diu erzenîe vollebrâht mit sô grôzer kraft, daz allez himelische her dâ von gelobet unde geêret wirt, und allen kristenliuten ze sælden unde ze heile kumt, unde daz ez allen sêlen ze trôste unde ze helfe kumt, die in dem vegefiure sint. Nû seht, wie maniger hande gnâde an uns erzeiget der almehtige got. Sô nimt die ketzer unde die jüden wunder, wie daz gesîn müge, daz got gewandelt werde in ein brôt. Pfî, verfluochter ketzer unde stinkender jüde! Jâ hât der almehtige got hiute als grôze kraft, als dô er daz firmamente machte mit einem worte — unde dô er daz wort vollesprach, dô was ez gemachet — und alle sternen mit einem worte machte und daz ertrîche. Den gewalt hât er noch, daz er den heiligen worten die kraft gît, diu der priester drobe sprichet ob der materien, daz sich got wandelt in daz brôt unde sîn heiligez bluot in den wîn. Unde daz dâ wîn unde brôt ist, daz ist danne weder wîn noch brôt. Unde dâ von hât halt der almehtige got der nahtegal gar eine grôze kraft geben, daz man dâ bî kiesen sol unde merken sol, daz er allez daz wol getuon mac waz er wil, wan er vater almehtiger heizet und ist. Als diu nahtegal daz ei geleit hât, sô sitzet der vater für daz ei unde singet mit sîner süezen stimme gein dem ei, unze daz ein schœne vogel dâ innę wehset. Und alsô sprichet sant Ambrôsius an einem buoche, daz heizet Examerôn: dô der almehtige got dem vogel die kraft hât gegeben, daz er mit sîner süezen stimme daz ei ze einem lebendigen vogel machet — daz dâ was weder fleisch noch bein noch niht danne ein lûter ei, daz ist von des vogels stimme fleisch unde bein und ein lebender vogel worden —: dô got dem vogel unde sîner stimme die kraft hât gegeben, waz mac er danne mit im selben unde mit sîn selbes heiligen worten getuon? Sô ist daz michels mügelîcher, daz er sich mit sîn selbes worten von des priesters munde wandelt in ein brôt. Sô sprichet etelîcher an dem velde, sô man in wil hâhen oder anders von dem lîbe nemen, daz er niht trûwet genesen, sô sprichet er: 'nein! daz mir unser herre werde, gîp mir einen brôsemen in mînen munt oder ein erden, habest dû anders niht,' unde wænet dâ mit gotes lîchname enpfâhen. Nein, niht! Ein brôt ist ein brôt, ein erde ist ein erde, gotes lîchname ist gotes lîchname. Gizzet er vil brôtes oder erden, er ist ouch niuwen deste swærer an dem galgen. Er sol mit ganzer riuwe unde mit andâht begern, daz er gerne gotes lîchname enpfienge, ob er im werden möhte, unde ganzen willen hân, daz er niemer mêre deheine sünde wolte getuon, diu tœtlich wære, ob er von disen dingen kæme. Der hât got mit der begerunge. Unde hie sult ir merken, wie man unsern herren mit der begerunge enpfæhet. Unde würden zwêne ûf dem velde erslagen unde sie ruoften beide mit ganzer riuwe unde mit rehter andâht nâch unserm herren unde bæten, daz man in den gewünne: unde man bræhte in unsern herren mit einem priester, der gienge zuo dem einen unde berihte den, unde biz er zuo dem andern kæme, der wære tôt: der hæte unsern herren enpfangen mit rehter begerunge als dirre, danne daz dirre deste ê ûz dem vegefiure kumt, der in enpfangen hât.

Diu fünfte erzenîe ist daz heilige olei, dâ mit man die liute oleiet in dem siechtuome. Daz mac man mêr danne eins enpfâhen; aber niht danne ein mensche, daz dâ sorge hât daz ez sterbe. Daz sol sich sâ zehant heizen oleien. Ist daz er stirbet, sô ist im sîn kristenheit gar geschehen mit der fünften erzenîe, die ein ieglich kristenmensche ze rehte muoz haben, unde brinnet vil deste minner in dem vegefiure. Und ir sult sîn ouch mit rehter andâht begern unde vor gar wol geriuwet und gebîhtet hân und unsern herren enpfangen. Sô næmez iuwer sêle für alle die werlt niht, ir wæret geoleiet. Wan ez wirt iuwer wîze deste minner in dem vegefiure und iuwer lôn und iuwer êre deste grœzer in dem himele. Ist ez aber, daz ir geneset, sô sît ir deste kreftiger an lîbe und an sêle, unde nimet iu iuwer sünden ein teil abe. Unde dâ von sult ir daz niht lâzen, swenne ir ihtes iht zem tôde hanget, ir sult daz heilige olei enpfâhen, wan ez ist iu gar unmæzeclîchen nütze, ir sterbet oder geneset. Unde sô ir iuch bewarn wellet, sô heizet iuch oleien. ʻJâ, bruoder Berhtolt, jâ fürhte ich wol zwei oder mêr dar an. Ich hœre sagen, für daz ich mich lieze geoleien, ich sülle niemer mêre bî mînem gemechede geligen. Dar umbe lâze ich ez, sô ich aller langest mac.' Sich, daz ist reht ein lüge und ein ketzerîe. Dû solt bî dînem gemechede ligen, als der ê reht ist, nû als vor, in gotes namen âne sünde. ʻBruoder Berhtolt, sô fürhte ich noch wol zwei.' Waz fürhtest dû aber nû? ʻDâ hœre ich sagen: ich ensulle niemer mêre deheines fleisches enbîzen, unde sol niemer mêr dehein mensche ûf den lînlachen geligen, dâ man mich ûffe geoleiet habe, und ich sulle niemer mêr ûf die erde getreten.' Daz ist allez samt gelogen. Dû solt fleisch ezzen als vor, ligen unde slâfen ûf dînen lînlachen als vor, sô man sie geweschet. Trit ûf die erden barfuoz unde geschuohet âne sünde. ʻBruoder Berhtolt, sô fürhte ich noch einez, dâ ez vil manic mensche umbe læt.' Nû wes fürhtest aber dû? ʻDâ wil der pfarrer niuwen drî schillinge hân und eteswenne von eime rîchen mêre, und ie von eime siechen dar nâch daz er state hât. Er wil überein nieman oleien, wan als man gedingen mac.' Sô soltû in sîn flîzeclîchen biten, daz er dich oleie ungedinget. Unde wil er sîn niht tuon, sô soltû sîn flîzeclîche hin ze gote gern mit rehter andâht unde solt ân oleien ê sterben. Wan dingest dû mit im, daz wære ein grôziu houbetsünde im. Dâ von soltû ân oleien ê sterben. Er muoz ez aber gote gebüezen, daz im wê wirt daz er sîn ie gedâhte: wan man die selben siben heilikeit alle umbe sus sol geben. Alsô hât der almehtige got geboten. Gibest dû im von dir selben iht der dich ungedinget oleiet, daz ist dir dehein sünde: ez ist dir halt almuosen. Unde stirbest dû, sô muoz er dîn halt vil getriuwelîche gedenken. Genisest dû, sô muoz er dir aber heiles unde sælden wünschen hin ze gote.

Dise fünf heilikeit muoz ein ieglich kristenmensche hân ze rehter nôt. Dise zwei sint ouch gar nütze.

Diu sehste erzenîe daz ist diu heilige priesterwîhe. Diu hât sehs himelischiu wurzelîn. Diu gênt uns niht an: dâ von sô darf ich ir niht sagen. Diu selbe erzenîe hât die kraft: swelich priester sie mit rehte enpfæhet, der hât den gewalt sô wîten unde sô breiten, daz nie dehein künic noch keiser sô grôzen gewalt nie gewan als der priester hât, swenne er die sehsten erzenîe rehte enpfæhet. Ir künige und ir keiser wartet hin! nû seht, iuwer gewalt gêt niht hœher danne in die stete unde diu dörfer und ûf diu bürgelîn. Sô gêt des priesters gewalt von der helle unze ûf den himel. Wan swem er den himel mit rehte ûf gesliuzet, den mac dehein engel hin ûz getrîben. Swem aber er den himel vor besliuzet, ez sî herre oder ritter, rîch oder arm, man oder frouwe, herzoge oder grâve, künic oder keiser, in mac dehein engel niemer în gelâzen. Nû seht, wie hôhe der almehtige got die priester geêret hât für alle menschen, für künige, für keiser! wan ir gewalt ist ein armez dinc wider der priester gewalt. Swer sich des priesters gewalt undertænic machet mit lûterre bîhte unde mit wârer riuwe, unde swie dér sünde getân hât, der priester hât den gewalt, daz er im alzehant die helle versliuzet unde tuot im den himel ûf mit rehter buoze nâch der gnâde gotes unde nâch des menschen staten. Unde dâ von treit er die krône an allen steten unde ze allen zîten, tac unde naht unde ze allen stunden. Sô traget ir keiser und ir künige iuwer krône gar selten: ir traget sie niwan ze hôchgezîten. Swie grôz iuwer gewalt ist, ir möhtet einen menschen von der minnesten sünde niht enbinden. Daz tuot ein priester wol: der bindet und enbindet die sünder wol nâch rehte. Nû seht, wie grôze kraft disiu erzenîe hât!

Diu sibende erzenîe ist diu heilige ê, unde hât die kraft: alle die sie ze rehte enpfâhent, die mêrent ir geslehte wol âne sünde. Daz andern liuten sô sünde ist daz ez tôtsünde heizet, daz ist disen liuten keiner slahte sünde. Wan disiu erzenîe heizet diu heilige ê. Unde dar umb, ir hêrschaft alle samt, die nû die heilige erzenîe hânt enpfangen, die sulnt sie gar zühteclîche behalten. Ez ist gar ein stark orden iuwer orden, unde sie hât zwei himelischiu würzelîn, dâ sie der almehtige got mite getempert hât. Unde diu gênt iuch gar vaste ane, daz ir sie sult wizzen: daz ist iu âne mâzen guot unde nütze. Daz eine würzelîn ist, wie man rehte unde redelîche die selben erzenîe sol enpfâhen. Daz ander würzelîn: wie man sie rehte unde redelîche sol halten. Dâ würde ein sunderlîchiu predige ûz, halt gar ein langiu. Wan man der heiligen ê niemer möhte enbern, sô hât got die heiligen ê mit der siben heilikeit einer gevestent unde mêr geheiliget danne deheinen orden, den diu werlt ie gewan. Weder barfuozenbrüeder noch prediger noch grâwe müniche die mügent sich ein teil der heiligen ê niht genôzen. Unde daz hât der almehtige got âne sache niht getân, daz er die sô hôhe geêret hât. Ez ist ein schemelîchez dinc, dâ frouwen unde man ir geslehte mite mêrent, daz einveltige liute ofte dar umbe angest habent, daz sie eine houbetsünde getuon. Ist eht daz sie ez ze rehte tuon, als ez got geboten hât und als in dem paradîse gesetzet wart, sô ist ez niht sünde. Wan man eht niht gerâten mac des selben ordens, der dâ heizet diu heilige ê, sô hât er in geboten, unde ander orden hât er gerâten. Und an der heiligen stat, diu ûf dem ertrîche ist, dâ hât der almehtige got die ê ûf gesetzet. Wie möhte diu zal erfüllet werden danne mit der heiligen ê? Uns ist manic tugentlich heilige dâ von geborn, die dâ krône vor gote tragent. ‘Bruoder Berhtolt, die danne mit der ê sint unde doch ir geslehte niemer gemêrent, wan sie niht kinde gehaben mügent noch ir niht bekomen mügent, unde sie hætens aber vil wunderlîchen gerne?’ Dâ solt dû dir niht umbe fürhten. Ist ez dîn schulde niht unde daz dû gerne kint hætest, dû bist gote deste unmærer niht. Irret dich eht ander sünde niht, sô solt dû niht zwîvel noch vorhte gein gote haben, daz dû gote deste unmærer sîst, durch daz man sprichet: ‘der boum, der niht birt, den sol man abe houwen.’ Geloube mir, ez hât dir got ze einen sælden getân, ob dû niht kindes hâst: ob eht dû selbe wilt, dû maht daz himelrîche vil deste baz erwerben danne ob dû kint hætest. In der alten ê schiet man die liute, die unberhaft wâren, unde dûhten sich unsælic. Des ist nû niht. Ez sint manic tûsent, die niemer ze himel koment durch ir kint, als her Hely. Der ist noch gar vil, als sie kint gewinnent, dâ mite hât sie der tiuvel gevestent, daz sie im niemer mügen engên. Reht als ein herre sîne burc bevestent, als der im einen grôzen und einen starken turn drinne gemûret hât, alsô hât der tiuvel einen turn umb iuch gemûret mit der kündekeit; wan dû trûwest danne niemer mêre, daz dû diu kint mit gotes helfe ân unreht guot ernern mügest. Der got, der dir diu kint geben hât, der gæbe dir ouch wol, daz dû sie ernertest, woltest dû im sîn getrûwen; wan diu kint hât dir got selbe gegeben. Wan kint gît nieman danne got selbe: aber die gîtikeit gît der tiuvel, und mûret einen turn umbe dich, dâ mite daz er dâ iemer mêre sicher ist. Unde dar umbe durch den almehtigen got hüetet iuch vor unrehten gewinnen. Nû seht, wie maniger hande gnâde iu got erzeiget hât! Alsô sult ir im getrûwen, daz er iuch âne unreht guot wol ernere in dirre werlte. Er hât ez iu gelobet der munt der nie lugen getet: swer sich mit rehten triuwen an in læt, daz er den niemer verlâzen wil, weder in dirre werlte noch in jener. Als grôze kraft hât diu erzenîe, diu dâ heizet diu heilige ê. Unde dar umbe, ir jungen liute, vil wunderlîchen balde ze der heiligen ê, die bî der werlte blîben wellent. Und alse dû man oder dû frouwe niuwen ze éinem mâle zer unê mit einander sît, sô habet ir eine houbetsünde getân unde wirt iuwer beider niemer rât. Buoze nim ich alle zît ûz. Dâ tuont dise liute in der heiligen ê drîzic jâr, vierzic jâr, fünfzic jâr, sehzic, alse lange sô sie lebent, rehte daz selbe daz ouch dû tuost, unde die gevarnt niemer zer helle drumbe, sie enirre danne ander sünde. ‘Nû, bruoder Berhtolt, nû sô lange unde dû die heiligen ê sô vaste unde sô hôhe lobest über ander orden: ich bin ein geistlîcher mensche, ich wil mich rehte ouch ze der ê gehaben.’ Niht, niht! alse liep iu himelrîche sî. Ûz der ê kumt man wol ze geistlîchem lebenne: swie diu ê heilic ist, sô mac man ûz geistlîchem leben niht zer ê komen. Wan diu ê gar ein wîter orden ist, sô hât er vil lange regel. Sô wær iu êlîchen liuten daz gar nütze, der iu die selben regel ofte læse, wie ir mit der ê leben soltet unde wie ir zuo der ê komen soltet. Dar umbe sô hân ich willen — ist daz mir sîn unser herre gan —, ich welle iu dâ von eine ganze predige tuon. Daz ir nû die fünf heilikeit alsô enpfâhet, der ein ieglich kristenmensche ze rehter nôt bedarf, unde die andern zwô den sie hât got beschaffen, unde sie alse wirdeclîche enpfâhet unde behaltet, daz got dar umbe gelobet werde, den disiu erzenîe alse tiure koste und in alse swær ist an komen, daz verlîhe mir und iu der almehtige got. Âmen.

# XXI.

## VON DER Ê.

Ez gênt drîe wege zem himelrîche von der heiligen kristenheit. Unde swer der drîer wege niht einen gêt, der gêt dâ bî unde gêt in die helle, dâ sîn niemer mêre rât wirt von êwen ze êwen. Dise drîe wege daz sint drîer hande liute. Die habent ouch drîer hande leben, die der almehtige got hât geordent in der heiligen kristenheit. Wan deheiner slahte wec über alle die werlt gêt zem himelrîche wan von der heiligen kristenheit: von juden noch von heiden noch von ketzern gêt dehein wec zem himelrîche. Niwan drîe wege: die gênt ouch alle drîe von der heiligen kristenheit dar. Ez sîn man oder frouwen, junc oder alt, arm oder rîch, edel oder unedel, gelêret oder ungelêret, sô mac in aller der werlte nieman zem himelrîche komen, er engê danne ûf der drîer wege einem dar.

Der eine wec, der ûz der heiligen kristenheit zem himelrîche gêt, der heizet diu heilige ê; der ander heizet witwentuom; der dritte heizet magettuom. Unde swer in der drîer wege oder leben einem niht ververt in der heiligen kristenheit, der ist êwiclîche verlorn. Juden, heiden, ketzer, daz sîn êliute, witwen oder meide, die sint alle vorteiles verdampt. Ich rede hiute niuwen mit kristenliuten, wan leider der vert ein michel teil zer helle. Als dise nescher unde nescherinne, ez sî man oder frouwe, junc oder alt: alle die mit der unê umbe gênt und alsô naschent von einem zem andern als ein vihe, die gênt unde vallent von den wegen allen drin hin abe in die helle, dâ ir niemer mêre rât wirt. Buoze nim ich ûz. Alle die dâ reht unde redelîche zer ê koment, die heizent êliute. Die sint ûf dem rehten wege zem himelrîche, irret eht sie anders niht. Alle die den magettuom verliesent zer ê oder zer unê, ez sîn man oder frouwen, unde dar nâch wellent kiusche sîn unz an ir tôt, sie sîn in klœstern oder ûzerthalp, die heizent alle samt witwen, oder die sus in rehtem lebenne zer ê willen hânt, die sint alle ûf dem andern wege. Und alle die sich reineclîche behalten habent von der zît daz sie geborn wurden, ez sîn frouwen oder knehte, junc oder alt, frouwengeslehte oder mannesgeslehte, die sint alle samt megede. Unde swie disiu driu leben, ieglîchez ûf sînem wege, eht niht ebene gênt, sô vallent sie dannoch dâ bî, daz ir niemer rât wirt. Unde dâ von hân ich willen ze sagen unde disiu driu leben ze wîsen, ir ieglîchez ûf sînen wec, wie sie zem himelrîche gên suln für sich dar die rihte, daz sie niht irre werden. Nû ist der êliute aller meiste, dâ von wil ich die des ersten ze dem himelrîche wîsen, als verre und ez die ê ane gêt. Unde dar umbe spreche iuwer ieglîchez ein pater noster.

Ir witwen und ir meide, ir möhtet wol slâfen die wîle ich disen êliuten predige, oder hœret mit den andern: die iezunt witwen unde meide sint, die werdent lîhte über zehen wochen oder ein jâr êliute. Ir êliute, ir tuot uns grôze müewe mit frâge von der ê. Sô haben wir der zît niht, daz wir ieglîchez mügen ûz gerihten, wan ez ist eht sô gar ein verworrenz dinc von der ê ze reden, daz man einvaltige liute niht gâhes mac dar ûz gerihten. Unde dar umbe sult ir hiute allen iuwern flîz dar zuo kêren, daz irz eben unde rehte merket. Die gar verrihtic an ir ê sint, die sulnt ouch merken hiute mit den unrihtigen. Dû enweist niht wes dir nôt beschiht: dâ von sult ir alle samt flîzeclîche mit einander merken unde sult niendert gedenken noch sehen, sunder für iuch sehen oder mich an. Unde sæhet ir güldîne vogele obe iu fliegen, ir soltet doch niwan für iuch sehen. Wan stark ist diu heilige ê und irresam: sô möhtet ir lîhte ein wort überhœren, daz dû unze an dînen tôt irre bist an dîner ê. Wan ez ist iegelich wort dar gemezzen unde gewegen mit grôzer künste kraft, reht als der golt wiget. Wie ir noch hiute daz himelrîche besitzen sult mit der ê, daz hât uns got erzöuget. Ez sach der guote sant Johannes in apokalipsî, daz ein trache eine frouwen wolte frezzen. Dô half ir unser herre, daz sie zwêne schœne vetichen gewan unde daz sie dem trachen entflouc. Der trache daz ist der tiuvel, diu frouwe bezeichent die heilige kristenheit. Und alle die dem tiuvel wellent entfliegen mit der heiligen ê, der muoz ieglîchez zwêne vetichen haben. Nû sich, nescher unde nescherin und unkiuscher, wes wellet ir iuch nû trœsten, daz dise liute mit der heiligen ê dannoch müezent sorge hân unde vorhte vor dem tiuvel! Sô bist dû des tiuvels âne vorhte, wan dû wilt in der drîer lebene deheinem sîn unde frevelîche wider der gemeinde der heiligen kristenheit unde wider die gehôrsam leben der kristenheit, diu sich dem himelrîche gelîchet; wan kein wec ze dem himelrîche gêt danne ûz der heiligen kristenheit. Unde dar umbe gelîchet man die kristenheit dem himelrîche. Unde reht ze gelîcher wîse als Lucifer von ungehôrsamkeit von der gemeinde unde von der geselleschaft aller engele verstôzen unde verworfen wart, alsô werdent dise nescher unde nescherinne verstôzen unde verworfen von der gemeinde der heiligen kristenheit ze dem tiuvel in die êwigen martel. Wan sie wellent in dirre lebene deheinem sîn der gemeinde der heiligen kristenheit, unde wellent gote sô vil niht ze êren bieten, daz ir dâ tuot mit sünden unde mit schande zer unê, daz ir daz âne schande mit grôzen êren tætet. Unde dar umbe ist dir got sô vînt, wan dû sîn wol gerietest. Der eine vetich ist, wie man rehte unde redelîche ze der ê komen sol. Der ander, wie man mit der ê leben sol, als sie got ûf gesetzet hât. Unde der vetichen ietweder hât fünf federn.

Der êrste vetich, wie man rehte unde redelîche ze der ê komen sol, der hât fünf federn. Die selben fünf federn sint fünf hande liute, die dir zer ê verboten sint. Alliu diu werlt ist dir zer unê verboten: aber die fünf hande liute sint dir zer ê unde zer unê verboten. Ir ist noch vil mêre, die dir zer ê verboten sint, aber dise sint die gemeinsten, die uns aller oftest irresal machent ze der ê. Swer nû zuo der ê komen ist unde hât sich der behuot vor den fünf menschen unde vor den andern, die im ouch verboten sint, der sitzet rehte unde redelîche mit der ê. Swer des niht enhât; den muoz man scheiden, oder sie müezent êwiclîche verlorn sîn, ez ensî danne, daz der bâbest sunderlîchen tuo durch der lande nôt an hôhen herren, durch fride unde genâde unde der kristenheit ze nutze.

Der êrste mensche, den dir got verboten hât zer ê — alle menschen sint dir verboten zer unê —, daz ist fleischlîchiu sippe. Der an der vierden sippe ist dîn mâc, oder næher. Ist er dir beidenthalp an der vierden sippe, sô soltû in mîden: wan dû maht ze rehte keine ê mit im gehaben. Unde daz selbe, daz ich ie zuo dem manne dâ spriche, daz spriche ich ouch zuo der frouwen: ich müeste anders ieglîchez zwirent sagen. Ist ez aber einhalp ze der vierden sippe und anderhalp ze der fünften, sô sol man sie niht scheiden. Ist ez halt einhalp ze der vierden und anderhalp zer dritten, man sol sie niht scheiden, sô müelich ist ez dar umbe, wâ man liute scheiden sol, für daz sie sint gesament mit der ê. Sint sie aber niht gesament, sô sulnt sie einander mîden; sie sîn danne beidenthalp an der fünften sippe: die nement einander wol mit wizzende oder mit unwizzende. Geschiht ez unwizzende und ist bêdenthalp an der vierden sippe, man sol sie scheiden. Kumet ez aber einhalp über die vierden, man scheidet sie niht: einhalp zer fünften und anderhalp zer dritten, daz ez eht über die vierden ist. Unde sô man die sippe reiten wil, die sol man an dem houbete an heben. Vater unde muoter dâ ist zweiunge, wan der zweier kint habent die êrsten sippe unde stênt an dem êrsten und an dem næhsten lide an dem houbte, dâ die arme stôzent an die schultern, daz heizet diu ahsel. An ietweder ahsel ein geswistrîde. Daz an dem andern lide, daz dâ heizet der elnboge, dar an stênt der geswistrîde kint unde habent die andern sippe. Diu dritten kint, der geswistrîde dîhter, habent die dritten sippe; die stênt an dem dritten sippelide, dâ die arme an die hende stôzent. Unde danne der dîhter kint habent die vierden sippe unde stênt an dem vierden glide, daz ist daz gelit, dâ der mittel vinger an die hant stôzet. Die muoz man scheiden. Unde swaz sie ûzerhalp gesippe sîn, die nement einander wol.

Der ander mensche, den dû zer ê mîden solt, der heizet geswægerlîche sippe. Daz ist der mensche, der dînen mâc oder dîne mæginne hât gehabet zer ê oder zer unê, der dîn fleischlîchiu sippe was als nâhen, daz dû in selbe mîden solt, als hie vor geredet ist, mit sippezal oder mit swelhem menschen dû ze tuonne hâst gehabet, die sulnt in in der selben sippeschaft mîden. Alle die im sippe sîn, dû frouwe dînes wirtes friunde oder dû man dîner wirtinne friunde soltû mîden, beidenthalp ze der vierden sippezal; oder alle die dû zer unê hâst gehabet: daz ist diu selbe rede als fleischlîchiu sippe, wan die soltû rehte als verre mîden als dîn selbes. ‘Nû, bruoder Berhtolt, nû fürhte ich mich.’ Jâ wes? ‘Dâ hân ich mînes gemechedes sippeteil gehabet sît ich mîn gemechede nam.’ Sô sol man iuch niht scheiden. Dû muost ez aber starke büezen dem almehtigen gote. Wes was dir in aller der werlte gebrosten, daz dû næme dînes gemechedes mâc? dû hâst grôzer sünden zwô ûf dich geladen. Dû bist ein sippebrecher und ein êbrecher. Dû sîst man oder wîp, vil wunderlîchen balde in starke buoze oder an den grunt der helle. Hætest dû vormâles daz dû dîn gemechede næme und ouch ê danne daz dîn gemechede bî dir gelæge mit dîns gemechedes sippeteil gelegen, sô möhtet ir niht belîben: man müeste iuch scheiden. Gît man zwei kint ze samene, diu siben jâr alt sint, mit ir beider willen, unde stirbet daz eine, unde noch nie bî einander gelâgen, weder ir münde noch nie an einander kâmen, weder ze helsen noch ze küssen, unde sprechent die friunde: ‘ist uns diu tohter tôt, sô haben wir noch eine vil schœnre: wir suln die friunde noch daz guot niht lâzen zergên,’ unde gebent im des kindes geswistrîde daz dâ tôt ist: diu muoz man scheiden, swie lange diu bî einander gewesen sint oder swie vil sie kinder mit einander gehabet hânt, oder ir wirt niemer rât.

Der dritte mensche, den dû zer ê niht haben solt, daz ist dîn geistlich sippeteil. Daz eine ist: dû solt mîden zer ê den menschen, den dû ûzer touf erhaben hâst. Der ander: des kint dû erhaben hâst. Den dû erhaben hâst daz ist dîn tote; des kint dû erhaben hâst der ist dîn gevater: die soltû bêde mîden. Der dritte dînes toten kint, der dich ûzer toufe gehaben hât, er sî leie oder pfaffe, oder der dich getoufet hât, er sî leie oder pfaffe — alsô ob dû gâhes getoufet wærest —: swer dich danne getoufet hât, er sî leie oder pfaffe, dierne oder kneht, der ist dîn geistlîcher vater. Unde der dich dâ huob ûzer touf, der ist ouch dîn geistlîcher vater. Unde swaz der selbe kinde hât der dich toufte und ouch der dich erhuob ûzer toufe, die sint alle samt als wol dîn geistlîchiu geswistrîde, als die sît gewunnen sîn, sît sie dich erhuoben unde getouften. Unde dâ von mahtû keine ê gehaben mit des menschen kinde, der dich erhaben hât unde getouft hât. ‘Bruoder Berhtolt, nû fürhte ich mir.’ Jâ wes fürhtest dû nû? ‘Dâ hân ich des pfaffen kint, der mîn pfarrer dâ ist.’ Hât er dich eht niht getoufet noch erhaben ûz dem toufe? 'Nein er! wan er was dannoch niendert ûf der pfarre.' Sô gesegen dir sie got! dînes pfarrers kint maht dû wol nemen, ez sî sîn sun oder sîn tohter: dâ mahtû himelrîche unde gotes hulde wol mite gewinnen: dich irre danne ander sünde, dich enirret daz niht an dînen sælden, ob dû eins pfaffen kint hâst. Hüete dich eht vor den guoten, diu ze dem altar dâ gehœrent, daz dû des iht ze vil nemes, daz dû iht ze rîche dâ von werdes; ein teil mahtû sîn wol nemen. 'Bruoder Berhtolt, nû fürhte ich mir.' Jâ wes? 'Dâ hân ich mînes gevatern kint genomen.' Daz gesegen dir got, hâst dû eht daz niht genomen, daz dû ûzer toufe hüebe oder daz dû lîhte gâhens getoufet hâst. Sô sprechent sumelîche, dû sullest dîn kint dînes gevatern kinde niht geben, diu ir sîtmâles gewunnen habet, sît daz ir gevatern sît gewesen. Des ist niht. Dû maht halt selbe dîns gevatern kint wol mit rehte nemen, nim eht dez niht, daz dîn tötlîn dâ ist. — Diu vierde geistlîchiu sippe ist, den dîn gemechede erhaben hât oder gæhelîche getoufet hât, sît des mâles und ez dîn gemechede wart. Daz wort sult ir mir rehte merken, daz ich dâ spriche: sît ez dîn gemechede wart. Wan swaz éin hant an mînem lîbe getuot, daz hât diu ander wol getân. Bist dû jenhalp mers und ist, daz dîn gemechede ein kint hie heime hebet, daz muost dû als verre mîden, als ob dû ez selbe erhaben hætest. Unde sîniu gevetrîde sint als wol dîniu gevetrîde als sîne unde dû maht niemer deheine ê mit im gewinnen. Hâst dû aber genomen den menschen, der dînes gemechedes tote was, sît ez dîn gemechede wart, sô muoz man iuch scheiden, oder iuwer wirt niemer rât. Und als ofte ir mit einander sît, sô tuot ir eine tôtsünde. Unde habet ir kint mit einander, man sol kint unde guot scheiden unde teiln. — Noch ist einer hande geistlîchiu sippe, der ist aber hie ze lande niht. Seht, daz ist diu. Sô sich ein ieglich mensche firmen wil, daz sol gên ze einem wîsen man, der pfaffe oder leie sî, unde sol dem sînen gelouben vor sprechen. Der sol danne mit im für den bischof gân unde sol sîn geziuc sîn, daz er ein rehter kristen sî. Unde der selbe möhte im danne wol die firme umbe stricken: wan der selbe ist sîn rehter tote. Ob er im halt die binden niemer umbe gestricket, sô ist er doch sîn rehter tote, unde der selbe mensche sol niemer deheine ê mit dem gewinnen, dem er der firme alsô geholfen hât, noch mit deheinem sînem kinde, rehte als verre als er in hât erhaben ûzer touf. Er stricke im die binde umbe oder niht, er ist doch sîn rehter tote. Unde swer im anders die binden umbe stricket, daz hât deheine kraft. Der im ez dâ abe weschet, daz hât ouch deheine kraft: den maht dû wol zer ê nemen oder sîner kinde. Und als verre dû des pfarrers kint mîden muost, der dich getoufet hât, oder swer ez ist, der dich ze rehte hât getoufet, ez sî frouwe oder man, der ist dîn geistlich vater oder dîn geistlîchiu muoter. Ist ez ein frouwe gewesen, swaz diu kint hete, ê sie dich huoben ûz der toufe oder dich getoufet hânt oder dir der heiligen firmen geholfen hânt, als ich hie vor gesprochen hân, diu sie vor oder nâch gewunnen hânt, dâ maht dû mit niemer keine ê gewinnen, wan sie sint dîniu geistlîchen geswistrîde. Ez kumt ofte, daz ein bischof kint hât. Der sîn vil oder wênic, dâ mac dehein mensche keine ê niemer mit im gehaben, die der selbe bischof gefirmet hât, wan er ist ir geistlich vater. Unde swaz der kinde hât, diu sint ir geistlîchiu geswisterde, unde sie mügent eht niemer deheine ê mit in gewinnen. Hâst dû sie vermiten, wol unde guot; hâst dû sie niht vermiten, man muoz dich scheiden, oder dîn wirt niemer rât. Habet ir nû dise drîer hande sippe vermiten, fleischlîche sippe unde geswægerlîche sippe unde die geistlîchen sippe, dannoch muost dû zweier hande liute vermîden. Die eht alsô kint gewinnen mit dirre drîer hande sippe deheiner, und ist daz geschehen ân ir wizzende: als man sie des geinnert, sô sullent sie sich scheiden, wan swaz sie dar nâch kinde gewürkent, diu sint niht êkint. Diu vordern diu sint êkint, ob sie sich gesament êlîche ân ir beider wizzende der sippe.

Den vierden menschen, den dû zer ê mîden solt unde den dir got verboten hât — alle menschen hât dir got zer unê verboten, aber dirre ist der vierde, den dir got zer ê verboten hât —, daz ist der mensche, der dem almehtigen gote verbunden ist. Daz sint alle die priesterlîche wîhe enpfangen hânt unde diakene unde subdiakene: mit den mac niemer deheine frouwe dekeine ê gehaben. Obe er halt die wîhe verwirket mit brande oder mit roube oder mit manslaht oder wirt er aptrünnic ûzer einem klôster, sô mac man doch keine ê mit im gehaben. Und alle die orden hânt enpfangen in klœstern, sie sîn gewîhet oder ungewîhet, pfaffen oder leien, gelêret oder ungelêret, frouwen oder man, meide oder witwen, und alle die orden hânt enpfangen oder wîhe, als ich hie gesprochen hân, die sint alle sament dem almehtigen gote verbunden vestecliche, daz eht niemer mêre dehein mensche deheine ê mit im gewinnen mac. 'Bruoder Berhtolt, nû fürhte ich mir.' Jâ wes fürhtest dû aber nû? 'Dâ hân ich der swester eine zer ê genomen, die dâ niht orden hânt in klœstern.' Sich, daz muost dû gote vil hôhe gebüezen. Waz hâten dir alle frouwen getân, unde was dir aller frouwen sô gar zerrunnen, daz dû dich understüende einer, diu gote verbunden was? Wie getorstest dû daz ie geleben, daz dû dem almehtigen gote sîne gemaheln genomen hâst, diu sich gote gemahelt unde geordent hât? Swie sie ein swester ân orden in klôster sî oder ein witwe oder ein maget, diu ir kiusche hât gelobet dem almehtigen gote, unde hâst dû der keine zer ê genomen, daz muost dû gote vil hôhe gerihten. 'Bruoder Berhtolt, nû wil ich gar gerne büezen: nû sage mir niwan, ob man uns scheiden sülle oder niht?' Dâ wil ich dir niht offenlîche von sagen. Dâ sol man dir in dîn ôre umbe rûnen, wan dû bedarft es vil wunderlîchen wol, daz dû gar eines wîsen mannes rât dar umbe habest. Unde swie wol der gelêret ist, des wirt dir niht über.

Der fünfte mensche, den dir got verboten hât zer ê, daz ist der mensche, der eim andern menschen verbunden ist. Swer daz mensche ist, der ein lebendigez gemechede hât, ist daz jenhalp mers oder swâ ez in aller der werlte ist: die wîle ez lebet, sô maht dû niemer kein anderz genemen. Ez sî gevangen von der gewalt, daz dû halt westest, daz ez dîn ougen niemer mêre gesæhen, dû möhtest doch kein anderz genemen, die wîle und daz ez lebet, ez sî krump oder gereht, siech oder gesunt. Sô sprichet einer, der ein wîp hât diu von den liuten gesetzet wirt, sô sprichet der man: 'daz dir got lône, erloube mir ein ander ze nemen, daz diu kint iht verderben. Ich wil dir gerne deste baz tuon.' Sô sprichet sie: 'jâ, ich wil dir gerne ein ander erlouben, den worten daz dû mir deste baz tuost unde daz ouch diu kint deste baz versehen sint.' Sê, ûzsetziger! welich der tiuvel hât dir den gewalt gegeben oder verlihen, daz dû im ein ander erloubest? jâ möhte daz der bâbest niht getuon. Oder welich der tiuvel hât dich ze eime bâbeste gemachet? Swie gar dû zervallen bist, wil er niht kiusche sîn, er muoz zuo dir in daz hiuselîn sliefen oder er muoz ze einem êbrecher werden, daz sîner sêle niemer rât wirt. Unde nimet er ein ander die wîle dû lebest: als ofte er mit ir sündet, als ofte hât er sîne ê gebrochen und eine übergrôze houbetsünde getân. 'Bruoder Berhtolt, nû fürhte ich mir.' Jâ wes? 'Dâ brach ich mîne ê unde die wîle mîn gemechede lebte. Nû ist mîn gemechede tôt unde hân den selben menschen ze rehter ê genomen, mit dem ich mîne ê dô brach: weder sol man uns scheiden oder niht?' Und ist, daz dû driu dinc vermiten hâst, dô dîn gemechede lebte: daz dû niht spræche: 'sê mîne triuwe! ist, daz mîn gemechede stirbet, daz ich dich ze rehter ê nemen wil,' oder ims niht mit anderr gelübede gehieze, daz ist daz eine; sô ist daz ander, ob dû lîhte vor liebe alsô spræche: 'ich wil dich iezuo nemen ze rehter ê: swenne mîn gemechede tôt gelît, daz ich dehein anderz müge genemen danne dich': habet ir disiu zwei vermiten, unde daz ir beide unschuldic wâret an sîme tôde (daz ist daz dritte), sô müezet ir dise sünde büezen, die ir mit einander begangen habet, dô dîn gemechede lebte. Ist daz ir daz büezet und irret iuch ander sünde niht, sô müget ir himelrîche wol gewinnen ze iuwerr ê. Und ist, daz ein gemechede von dem andern vert und ez niht enweiz, in welichem ende ez in der werlt ist, unde hât ez dar umbe zwîvel, ob dû niht weist ob dîn gemechede ist lebendic oder tôt, unde nimest dar über ein anderz, daz dû dir gedenkest: 'ez mac wol tôt sîn — dû sîst frouwe oder man —, mîn gemechede mac wol tôt sîn: ez wære anders nû lange wider komen oder ez hæte mir doch eteswaz enboten;' unde nimest dû dir einander gemechede in dem zwîvel, dâ maht dû niemer keine ê mite gehaben. Ist ez halt slehtes tôt dîn gemechede: die wîle dû sîn halt sicher niht enweist von gewissen liuten, sô sitzest dû an dem unrehten; als lange und als kurz alle die wîle unde dû dînes gemechedes tôt niht gesehen hâst oder von gewissen liuten niht gehôrt hâst, sô maht dû niemer keine rehte ê gehaben mit deheinem andern menschen. Man sol genzlîchen wizzen unde keinen zwîvel hân. Man sol ouch in den winkeln keine ê hân oder machen, wan dâ habent grôze müesal von beide geistlîchiu pfafheit und ouch werltlîchiu pfafheit unde zuo den kœren, dâ bistuome sint.

Unde bringent sie einen brief, er sî ein ledic man, sô loufet sie hin wider unde geschiht under den wîlen daz allez bezzer wære vermiten. Unde dar umbe, ir frouwen, durch den almehtigen got sô hüetet iuch vor der winkelê. Swer iu vor den liuten der ê niht gelouben welle, des gelübede sult ir in dem winkel niemer genemen, als liep iu iuwer êre sî und iuwer sêle und iuwer friunde helfe; wan er wil iuch betriegen. Dû frouwe, unde swer er dir als vil eide als unze an den himel geligen möhte, dû solt ir niht nemen. Er swert dir als mære vil eide als wênic. 'Ich swüere dir offenlîche,' sprichet er, 'wan daz ich engetar vor mînen friunden.' Swenne er alsô sprichet, sô wil er dich betriegen, als er vor lîhte wol viere hât getân. Wan dû hâst niht geziuge; sô gêt er hin unde nimet ein ander unde muost dû iemer mêre versûmet sîn; oder betriuget eine oder zwô unde læt dich alsô sitzen. Unde möhtest dû geziuge hân, sô wære ez ein vil veste ê, reht alse sie der bâbest niht zerbrechen möhte. Sô hâst dû niht geziuge unde muost iemer mêre versûmet sîn, unde dû maht niemer mêre keinen êman genemen, die wîle der lebet der dich betrogen hât. Im was niht ernst, unde dâ von was aber dir vil ernst. Man solte im die buoze geben, daz im wê wart daz er sîn ie gedâhte. Er hât dich iemer mêre versûmet unde hât dir dîne friunt verlorn unde dîne êre benomen. Unde dâ von wâget ir frouwen und ir dierne iuwer êre und iuwer sêle, swenne ir eines mannes eit nemet, dâ nieman bî ist gewesen.

Nû hân ich des êrsten dise fünf federn für geleit, wie ir komen sult ze der ê. Nû wil ich iu sagen, wie ir leben sult mit der ê. Daz ist der ander vetich, der hât ouch fünf vedern. Ir geistlîchen liute alle samt, ir frouwen und ir man, ir sult alle samt hein gên, die kiuscheclîche gelebet hânt: ich wil über ein niht, daz dehein geistlîcher hie sî, daz sie niht hœren daz ich mit disen êliuten ze reden hân, wan ez gêt rehte nieman an, wan êliute unde die ze der ê willen hân. Ich wil iu den selben antlâz geben. *In nomine patris et filii et spritus sancti. Amen.* Unde swer des niht tuot, dem gibe ich aller gnâden eine niht. Gêt hein in gotes namen!

Diu êrste veder ist: dû solt reinez gesinde hân, als verre unde dû ez behüeten maht; niht nescher noch nescherin noch spiler noch nahtganger noch hiutezucker oder daz grœzer sî.

Dû solt reinez gesinde hân, als verre dû ez behüeten unde bewarn maht.

Diu ander veder: dû solt dich behüeten vor unrehtem guote. Owê, gîtiger! wir mügen uns niender vor dir behüeten: dû stêst eht allenthalben an dem blate.

Diu dritte veder ist: dû solt dîns gemechedes mit reinen triuwen pflegen an dem lîbe und an der sêle und an dem guote. Des êrsten soltû dînem gemechede getriuwe sîn an dem guote. Dû solt dîner hûsfrouwen ir morgengâbe niht zerfüeren; unde swaz sie dir zuo brâhte, daz soltû under hant nemen unde solt dâ mite als frumeclîchen werben, daz dû ir die nôtdurft dâ von gebest, an spîse und an kleidern, unde sî, daz dû ê sterbest danne sie, daz ir guotes als vil sî, als dô sie zuo dir kam, als verre als dû iemer maht vor ungelücke, daz âne dîne schulde zuo gêt. Wirdest aber ez anders âne danne dû solt, dâ muostû gote umbe antwurten. Dû solt ir guot niht andern wîben geben noch verspiln noch vertrinken noch verschallen mit turneien, noch gumpelvolke niht geben, die dâ sint des tiuvels blâsbelge, noch mit deheiner unrehten wîse solt dû dîner hûsfrouwen ir guot niht unnützlîchen âne werden. Wellet ir dem tiuvel enpfliehen mit der heiligen ê, sô müezet ir den andern vetich ouch haben. Swie reht ir ze der ê komen sît, dannoch füeret iuch der trache hin, ir wellet danne ouch mit der ê rehte unde redelîche leben, als iu got geboten hât. Unde swaz ich zuo dem manne spriche, daz selbe spriche ich ouch zuo der frouwen her wider. Ir sullet ouch den mannen ir guot niht unnützelîchen âne werden, niht geben umbe gelwez gebende noch umbe übermæzege sleiger. Ez ist nû dar zuo komen, daz iuwer etelîchiu, der man kûme zehen pfunde wert hât, diu wil einen sleiger hân, der wære einer grævinne rîlich genuoc. Daz ist ze nihte. Dar umbe gibest dû vil lîhte dînes wirtes guotes, daz er vil lîhte harte in einem andern lande hât erloufen. Als sie der bereiten pfenninge niht versteln mac, sô stilt sie daz korn unde daz mel unde daz fleisch. Unde swaz er eht in daz hûs koufet, daz in wol drîe schillinge stêt, daz gît sie kûme umbe zwêne, unde dannoch vil lîhte næher. Daz trîbet sie alsô durch daz jâr, unz daz er ze einem armen manne wirt. Wan hiute siht sie eteswaz niuwez, daz ein tœrinne umbe sich oder an hât; sâ zehant geruowet ir herze niemer, sie müeze ein semelîchez hân. Unde solte ir man iemer ein gelter dar umbe sîn, sô wolte sie sîn niht enbern. Wê, dû rehte tœrinne! Jâ loufet guot alsô niht her. Geloube mir, wenne er ze einem armen man wirt, sô muost dû ein armez wîp sîn. Unde die ez halt wol gehaben mügen, die sulnt ez dannoch ir wirten niht unnützelîchen âne werden mit überigen wirtscheften noch andern mannen geben noch mit hôhvart fürbringen, noch solt ez niht ze nœtlîchen machen mit dir selber durch löbelach. Swaz ich ze den mannen spriche, daz spriche ich ze den frouwen: ez wære anders niht ein lîp unde zwô sêle. — Daz ander: dû solt dînes gemechedes pflegen mit reinen triuwen an dem lîbe. Dû solt dînen lîp niemanne geben danne dînem gemechede. Wærest dû halt ein künic unde wære sie ein armez fröuwelîn: dû wærest doch ir unde sie dîn. Bist dû edeler oder schœner oder rîcher an friunden oder an guote oder jünger, an dewederm daz ist unde swie arm daz ander ist an friunden oder an dem lîbe oder an dem guote daz ez dir zuo brâhte: sô ist doch diu frouwe des mannes unde der man der frouwen, und ist diu heilige ê als veste und als starc, als dâ ein künic eine küniginne het genomen zer ê. Doch wil ich iu einez râten; ez hât aber iu got niht geboten, niwan daz ich ez iu râte mit guoten triuwen. Wan wir grôzen gebresten dâ von haben unde sehen unde hœren, daz ir gar jungiu kint alten mannen gebet, dâ von râte ich iu, daz ir ein jungez dem andern gebet, und ein altez dem andern. Unde dar umbe, daz dir gelîch sî an der jugent und an dem alter, an der edelkeit der friunde und an der ahtbærkeit des lîbes, daz nim. Ich rede dâ von niht, und næme einer ein gar armez wîp, unde wære halt ein schemelerinne oder gar ein armez wîp, ein höverehtez, sô wærez doch ein rehtiu ê, wan daz ez selten wol gerâtet. Wan maniger gebreste hie von kumt, daz ez nimet daz im ungelîch ist. Ez ist im deste schemelîcher heimlîchen und offenlîchen. Etelîche sint sô reines herzen, daz ez dir niht enschât gein dînem gemechede, ob dû als ahtbære niht enbist an allen dingen. Iedoch sô wære im lieber, daz ez an dir wære, danne daz ez gebristet an dir. Dâ von nim daz dir gelîch sî. Swenne ein alter eine junge frouwen genimet, sô wære eht er sô gerne junc unde tæte er dem lîbe gerne wol; sô ist er doch ein alter grîsinc. Sô kleidet er sich junclîche, sô ist er eht ein alter grîsinc. So badet er sich, sô ist eht er ein alter grîse. Sô heizet er im den bart nâhen ûz der hiute schern; sô schirt man im nâhen, sô ist eht er ein alter grîsinc. Unde sie gesiht vil lîhte etelîchen, den sie gerner siht danne in. Unde dâ gar junge frouwen alte man nement, daz gerætet eht selten wol. Wan swederz daz ander überhüget, daz hât sîn reht an dem andern verlorn, daz ez sîn dar nâch niemer mêre darf gemuoten, er enwellez danne gerne varn lân, wan ez enmac niemer geschehen danne vor geistlîchem gerihte. Swederz daz ander an geistlîchem gerihte überziugen mac, daz ez sîne ê an im gebrochen habe, daz ziuhet sich mit rehte von im, daz ez im niemer mêre deheiner slahte guot getuot oder triuwe geleistet. Ist ez aber daz ouch dû dîne ê zebrochen hâst, sô maht dû dich niht von im gescheiden: sô stêt ein schulde gein der andern und ein schalkeit gein der andern. Ist sie ein schelkin gewesen unde dû ein lecker, sô müezet irz sô mit einander dûhen. Ist des niht, sô scheidest dû dich wol vol von im. Dû muost aber iemer kiusche sîn, wan dû enmaht niemer mêre kein ander gemechede genemen die wîle ez lebet. Wiltû aber zer unê naschen mit andern liuten, sô muost dû ez wider zuo dir nemen. Und ist aber ein dinc, daz dû ze einem mâle an die stat kumest dâ ez ist, für die zît daz dû es geinnert würde mit der wârheit, daz ez sîne ê an dir gebrochen hæte mit eime andern menschen, sô maht dû dich aber niemer mêre mit rehte von im gescheiden. Unde dâ von râte ich iu, daz ir nemet daz iu gelîch sî. — Daz dritte ist: dû solt dînes gemechedes pflegen mit reinen triuwen an der sêle. Daz ist noch allez diu dritte veder, wie man mit der ê leben sol. Diu selbe triuwe hœret zuo dem bette. Wan ez vellet manic tûsent sêle von dem bette in die helle, daz ir niemer mêre rât wirt, halt ûz der heiligen ê. Swie heilic diu ê sî, dû maht dînem gemechede als ungetriuwe sîn ze dem bette an sîner sêle, daz iuwer deweders niemer rât wirt. Unde diu selbe triuwe lît an zwein dingen. Daz sint ouch die vedern, die dû noch dâ haben muost, ob dû dem trachen wilt enpfliehen mit der ê.

Diu vierde veder ist zuht an dem bette, diu fünfte ist mâze. Swer disiu zwei an sînem bette hât, zuht unde mâze, der ist sînem gemechede getriuwe an der sêle; wan zuht unde mâze zimt an allen steten wol und an allen dingen sint sie nütze unde guot. Zuht unde mâze zimt zer kirchen wol unde zer strâze, und ouch zem tische. Dâ von wil der almehtige got, daz man an dem bette zuht unde mâze habe, wan ez wirt vil manic tûsent sêle verlorn von unzuht unde von unmâze.

Des êrsten wil ich sagen von der mâze. Dû solt dîn gemechede mîden ze fünf zîten in dem jâre mit unkiuschen dingen; wan ir habet dannoch zîte rehte genuoc: ein langez jâr habet ir manige zît iuwer geslehte ze mêren, daz ir kinde gar genuoc gewinnet. Ir seht daz wol, daz keiner krêatûre got sô vil zît gelâzen hât ze sô getânen dingen. Ez ist halt vil krêatûre, diu niwan éin zît in dem jâre hât; sô hât iu got gar vil zît gelân in dem langen jâre, unde dâ von ist daz gar mügelich, daz ir die fünf zît mâze haltet unde mæziclîchen sît mit einander an dem bette. Diu êrste zît ist, wenne man gemeinlîchen vastet, in der goltvasten unde die vierzic tage vor ôstern. Diu ander zît ist, als man gemeinlîchen diu kriuze treit an sant Markes tage, unde die drîe tage vor pfingesten. Unde diu dritte ist, sô die frouwen in kindelbette ligent. Die sehs wochen solt dû sie vermîden rehte gar: mit flîze sullet ir iuch die selben zît hüeten, ir man, vor den frouwen, reht als liep iu sî alliu iuwer sælikeit lîbes unde sêlen. Ir sult zuo in eht niht gên unde sult sie eht âne nôt lâzen, wan sie habent sus nôt genuoc. Ir frouwen, ir sult sie von iu trîben; lât sie niht ze lange für iuch sitzen, noch sô er eine sîte bî iu stêt, sô sult ir iuch niht vereinen und sult ez alsô füegen, daz ie eteswer bî iu sî, frouwen oder diern. Unde sô die frouwen næhic sint mit der kinttrahte und als grôz sint, sô sult ir ir gar mit flîze hüeten. Ich spriche niht, daz dirre zît ieglîchiu ein tôtsünde sî: dû maht aber die zît gesehen, dû næmest ez für hundert marke, daz dû ez vermiten hætest. Diu vierde zît ist ein zît, dâ der almehtige got gar griulîchen von rédet. Daz ist, sô die frouwen kranc sint; sô sult ir des gar wol gehüeten, daz ir die mâze iht mit in brechet alle die selben zît, unde wære halt, daz ir vier wochen ûz wæret gewesen. Ich spriche mêr: wæret ir halt zwei jâr von in gewesen, ir soltet ez wol gehüeten, daz ir sîn in dér zît iemer keinen muot gewünnet. Und ir frouwen sult ez den mannen sagen, daz sie ir sælde und ir sêle iht verwirken an iu. Zehant als ir kranc sît, sult ir sîn kunt tuon.

'Owê, bruoder Berhtolt, ich scheme mich, daz ich es niemer gewehen getar.' Wie, wes schemest dû dich, daz dû kranc bist? Nû ist etewenne ein stark man kranc, daz er die hant niht mac ûf geheben. 'Bruoder Berhtolt, ich fürhte, daz mir unser frouwe niemer holt werde, ob ich ez sage.' Sê! waz hât unser frouwe dâ mite ze schaffen? umb ein grûz niht! sie wære dir halt iemer deste holder, daz dû sô grôze sünde erwentest. Ir man, ir sult ouch nihtes niht mêre dar nâch frâgen noch gereden. Wan sô iuwer hûsfrouwen gesprechent: 'leget iuch hin dan baz, mir tuot daz houbet wê,' sô lât sie âne nôt, unde seht, daz ir sie iendert rüeret. Nû sît ir doch schœne liute und êrbære liute unde seht wol, daz ein stinkender jüde, der uns an böcket, der schônet der selben zît gar wol unde halt mit gar grôzem flîze. Wan als diu jüdinne einen knopf gestricket an ein lînlachen unde henket daz an ir bette: alle die wîle unde der jüde den knopf dâ siht hangen, alle die wîle sô fliuhet der jüde daz bette als den tiuvel. Unde dâ von sult ir der selben zît gar wol schônen unde hüeten. Wan dâ von sprichet got selber ein wort, unde daz selbe wort sult ir mir gar mit flîze merken unde behalten unz an iuwern tôt; wan daz selbe wort enbôt der almehtige got an einem buoche, daz heizet daz buoch der kiuschekeit, unde man solte ez mit golde schrîben. Alliu diu kint, diu in den zîten werdent enpfangen, dâ gesihst dû selten iemer lieben blic an; wan ez wirt entweder beheftet mit dem tiuvel oder ez wirt ûzsetzic oder ez gewinnet die vallende suht oder ez wirt hogereht oder blint oder krump oder ein stumme oder ein tôre oder ez gewinnet einen kopf als ein slegel. Unde traget mirz danne her zuo dem berfride, daz ich zeichen tuo. Selbe tuo, selbe habe. Daz dû dir selber habest gebriuwen, daz trink ouch selber ûz. Ir frouwen, nû merket ez an iuwern kinden, welhez in dén zîten enpfangen sî, sô lâze ich iuch daz sehen, daz im iemer eteswaz geschiht anders danne iuwern andern kinden. Unde geschiht im der deheinez, diu ich iu genemet hân, sô vert ez eines unrehten tôdes für. Unde geschiht aller meiste geuliuten unde unverstendigen liuten. Edeln liuten unde bürgern in steten geschiht ez niht: wan daz sint gewizzende liute unde hœrent ofte messe unde predige unde wizzent wol, welher zît sie schônen suln. Sô hœrent die geuliute selten predige unde würkent alle tage unze naht unde trîbent daz alle die wochen. Und als er ie des nahtes heim kumt, sô slæfet er als ein stein, daz er nihtes war nimet. Und als danne ein vîgertac kumt und er geruowet, sô hât lîhte sîn hûsfrouwe ein hemedelîn an geleit, sô erbîtet er kûme, unz er enbîzet, und loufet er hin als ein hane und enhât deheine ahte ûf die zît noch ûf die stunde. Unde dâ von sehent sie selten lieben blic an den kinden, die in dén zîten enpfangen werdent. Diu fünfte zît ist, swelhes tages man gebiutet ze vîgern, die selben naht sô man des morgens vîgern sol, des nahtes sol man sich kiusche halten unde des morgens allen den selben tac den man vîgert unz hin ze naht. Ir frouwen, ich weiz wol, daz ir mir vil mêre volget danne die man. Wir vinden ofte, daz die frouwen kiuscher sint danne die man, wan die wellent eht frî sîn mit allen dingen unde wellent ir willen hân mit ezzen unde mit trinken unde koment dâ mit in die frîheit, daz sie keiner zît wellent schônen. Frouwe, sô soltû imz benemen mit guoter rede, sô dû aller beste kanst oder maht. Wirt aber er sô gar tiuvelheftic, daz er sprichet übel unde von dir wil hin zuo einer andern unde im daz gar ernst werde unde dû ez im niht erwern mügest: ê danne daz dû in zuo einer andern lâzest, sich, frouwe, sî ez danne an der heiligen kristnaht oder an der heiligen karfrîtagesnaht, sô tuo ez mit trûrigem herzen; wan sô bist dû unschuldic, ist eht dîn wille dâ bî niht. Aber alle die heiligen, der zît ir alsô niht geschônet habet, die werdent alle an dem jungesten tage über iuch ruofende. Doch nim ich daz ûz: ich spriche niht, daz ieglîchez ein houbetsünde sî. Ir müget aber wol daz wizzen, swenne man gebiutet mâze ze haltenne an ezzen und an trinken mit der vasten die man iu gebiutet, und mit der vîre gebiutet man iu, daz ir niht enwirket halt diu werk diu dâ nütze wæren: dâ von ist ez ouch wol mügelich, sît daz man heilige zît mit vasten unde mit vîre êret, daz man sie mit der kiusche ouch êret. Ir habet dannoch anderre zît vil. Unde dâ von sult ir die mâze halten unde got êren in der ê mit der kiusche, wan ie seltsæner ie bezzer an lîbe und an sêle, und aller meiste an den kinden.

Daz ander daz ir ouch halten sult an dem bette, daz ist ouch nû diu fünfte veder, daz ist zuht. Die sult ir ouch haben an dem bette gar mit flîze. Owê leider! dâ getar ich nû niht von gereden, als iu daz nôtdurft wære. Unde wizzet daz für wâr, ez wære iu gar ein nütze rede. Nû getar ich dâ von niht wol sprechen vor den verkêrten unde vor den spotern, die dâ übel zungen tragent, wan sie gedenkent, wie sie übel gereden mügen. Iedoch sage ich iu ein wênic oben hin, ein vil wunder wênic, daz ir niht gar âne zuht an dem bette sît. Swie nütze ez iu nû wære, sô getar ich ez doch niht gar sagen, wan dâ wære gar vil von ze redenne unde wære iu danne gar nütze. Leider nû getar ich niht wol dâ von gereden vor den valschen zungen. Iedoch sage ich iu ein wênic. Der daz verstê, der verstê ez. Dô unser herre des aller êrsten die ê satzte in dem paradîse mit Adâme unde mit Êven, dô satzte er, daz diu frouwe dem manne undertænic wære unde der man der frouwen hêrscher wære. Nû sint die frouwen als küene für die man worden, sam sie mit dem tiuvel beheftet sîn, unde strîtent, als in der tiuvel daz swert gesegent habe, sô sie an der heimelîche sint, unde sitzent danne dâ vor mir, als sie niht ein wazzer künnen betrüeben. Unde sô sie danne in die kamern koment, sô vehtent sie unde kempfent, sam sie mit dem tiuvel beheftet sîn. Pfî, dû verschamter unflât gote unde der werlte! welich der tiuvel heizet dich kempfen unde welich der tiuvel hât dir den kampfkolben erloubet? Man suln strîten unde frouwen suln spinnen. Als einist, dô was ein unsælige, der nam sich spinnens ane: den verwarf unser herre von sînem künicrîche dar umbe, daz er sich spinnens ane hete genomen. Wan man die suln strîten, frouwen die suln spinnen. 'Bruoder Berhtolt, ich enweiz niht, waz dû meinest.' Sich, daz ist mir daz aller liebeste; got helfe mir, daz dû mich niht verstêst. Aber ein schalkhaft herze verstêt mich wol. Der dâ verstê, der verstê; der niht verstê, der habe den schaden. Iedoch wærez iu vil nützer. Nû getar ich für baz mê niht sagen vor den bœsen zungen. Unde doch wil ich ez iu baz bediuten. Ich meine, als frouwen mannes gewant an legent. Der dâ verstê, der verstê. Ein man sol ein man sîn, ein frouwe sol ein frouwe sîn. Unde dannoch für baz ander unzuht. Die muoz ich aber gar verre hin umbe sagen unde hôhe oben über hin. Der almehtige got hât alliu dinc geschaffen an ir stat unde ieglîchez geordent, als ez sîn sol unde sîn ordenunge haben. Er hât den himel geschaffen daz er ein himel sî; sô sol diu sunne ein sunne sîn, der mâne ein mâne sîn; die sternen sullent sternen sîn, der luft luft sîn, die vogel sulnt vogel sîn, diu tier sulnt tier sîn, diu vihe sulnt vihe sîn, die menschen sulnt menschen sîn. Ein schalkaft herze verstêt mich vil wol. ‘Bruoder Berhtolt, ich verstê dîn niht.’ Des helfe mir der almehtige got, daz dû mîn niht verstêt. Daz die frouwen strîten, daz mahtû lîhte verstên. Dich widerstrîtet dîn hûsfrouwe lîhte zehenstunt, daz dir leit wirt unde dâ sie dich zornic mite machet. Ist ieman hie der ein strîtic wîp habe, der merke: ein man sol den strît haben, daz ist rehte: ein man sol ein man sîn, ein frouwe sol ein frouwe sîn. ‘Bruoder Berhtolt, nû sprichest dû, diu frouwe sülle dem man undertænic sîn: sol ich danne niht tuon mit mîner hûsfrouwen daz mich guot dünket und als ich wil?’ Niht, niht! als liep dir himelrîche sî. Dîn mezzer ist ouch dîn eigen mezzer: dâ mite soltû doch ir die kelen niht abe snîden; wan sô hætest dû lîp unde sêle verlorn, swie gar joch daz mezzer dîn eigen sî. Dû solt ouch den bachen an dem karfrîtage niht snîden und ezzen, und swie joch der bache dîn eigen sî und ob er dir halt vor dem munde læge. Swie dîn hûsfrouwe dîn eigen ist unde dû ir eigen, sô sult ir doch niht soliche unzuht mit einander haben, dar umbe ir verdampt werdet von dem himelrîche. Ob ir halt als liep einander sît, daz ir einander gezzen möhtet vor liebe, schôn, herre, schôn! jâ sol iu got und iuwer sêle hundertstunt lieber sîn. Ir sult iuch der liebe entziehen unde lât ir niht sô gar ir muotwillen! Als der einem rosse den zoum ûf leget, unde wil er im niht ûf habende wider ziehen, ez treit in vil lîhte an die stat, daz er den hals abe stôzet oder vellet, daz er lîp unde sêle verliuset. Wilt dû aber der liebe lân ir willen unde wilt ir allez nâch volgen, sie wîset dich von der wünneclîchen angesihte des almehtigen gotes an den grunt der helle in die êwigen martel, dâ iuwer niemer rât wirt. Ez ist manic tûsent sêle zer helle, die niht dâ wæren, hæten sie gehalten zuht unde mâze. Ir junge werlt, gesach iuch got, daz ir dise rede habet gehôrt, daz ir iuch hinnen für unz an iuwern tôt vor disen unmâzen unde vor disen unzühten deste baz künnet gehüeten. Wan hætenz iuwer vordern gehôrt, sie hæten sich vil deste baz gehüetet. ‘Bruoder Berhtolt, daz ich niht enweiz, daz ist mir ouch kein schade.’ Des ist niht! dû hâst an der rede niht, an dem vorschilte. Ez wirt manic tûsent sêle unwizzende verlorn, der niemer mêre rât wirt. Jüden unde heiden unde ketzer und alle die des wænent, daz sie sîn an dem rehten mit ir solichem lebenne, daz niht enist, die werdent alle unwizzentlîche verlorn. Man hât iu kristenliuten ie geseit, daz ir daz guote sult tuon und daz übel lâzen. Sô weist dû rehte wol, waz dû vor grôzer schame niht sagen maht in der bîhte, daz ouch daz selbe übel ist unde niht guot. Unde dâ von sult ir zuht unde mâze gar flîzeclîchen halten, wan daz enbôt iu got von dem himelrîche her abe. Iuwer bette sol sîn âne flecken und âne meil, daz sîn diu kristenheit êre habe. Pfî, unflât! wâ sitzest dû dâ vor mînen ougen, sam dû niht ein wazzer künnest betrüeben? weliche êre hât diu kristenheit dînes bettes? Vil wunderlîchen balde in starke buoze, oder an den grunt der helle, nû des êrsten an der sêle, und an dem jungesten tage an lîbe und an sêle, für daz gerihte unsers herren, dâ alliu dîn schande ûz gebreitet wirt vor aller der werlte. Wie heimlîche unde wie verborgen dû wænest daz ez sî, ez wirt alliu diu werlt sehende unde dû wirst als gar ze schanden unde ze laster vor gotes ougen unde vor allem himelischen her unde vor der werlte, daz dû alle die selbe wîle gerne in der helle woltest sîn, swie unsägelich diu martel dâ sî, die dû dâ zer helle êwiclîchen muost lîden. ‘Wie, bruoder Berhtolt, nû gewan ich doch nie deheinen man danne mînen rehten êwirt.’ Nû daz ist vil guot. Ez sprichet aber der guote sant Augustînus: ‘dû maht mit dînem êwirte tuon, daz dir bezzer wære daz dû in einem offenen hûse sæzest, dâ hundert zuo dir giengen.’ Ir jungen liute, die noch zuht unde mâze nie zerbrochen hânt, die hüeten sich hinnen für unz an ir tôt, daz ir an dem jungesten tage êrbærlîchen stêt, daz ir ze solichen schanden iht komet vor aller der werlte. Pfî, nescher unde nescherin! pfî, êbrecher und êbrecherinne! dir ist weder diu zuht noch diu mâze erloubet. Sich, war dû mit der unzühte unde mit der unmâze wellest! Wie wirdest dû an dem jungesten tage ze schanden vor aller der werlte! Vil wunderlîchen balde in starke buoze und vil wunderlîchen balde zer ê, unde büeze daz dû vor genaschet habest, unde halt zuht unde mâze mit der ê, oder habe dich in der witewen leben: dû muost iemer in der drîer leben einem sîn, oder dû kumest niemer in daz himelrîche. Ir liute mit der ê, sô ir nû zuht unde mâze niht gehalten habet, als ir ze rehte soltet, sô gewinnet hiute wâren riuwen unde kumet ze lûterr bîhte und enpfâhet buoze nâch gotes gnâden unde nâch iuwern staten: sô ist got sô erbarmherzic, daz ir der helle über werdet. Unde haltet iuch für baz iemer an zuht und an mâze, sô sît ir der helle überic, als verre und ez daz bette ane gêt. Wellet ir aber des vegefiures über werden, daz ir rehte hin ze himelrîche vart, als verre als ez an zühte und an mâze stêt, alsô daz iuch kein anderiu sünde irret, sô haltet daz dritte ouch. Zuht unde mâze überhabent iuch der helle. Wellet ir danne für iuch ze himelrîche von dem bette varn, daz ir niemer dekein vegefiwer geseht, sô haltet ouch daz dritte von der zühte. Des endarf ich iu aber niemer gesagen, wan ich næme diz von iu für guot, daz ir der helle über würdet. Iedoch sô wærez iu gar nütze, daz ir der grôzen martel über würdet die in dem vegefiure ist, wan diu ist vil wunderjæmerlich unde bitter unde herte ze lîden. Nû ich sîn rehte keinen willen noch muot hân ze iu, der almehtige got helfe mir, daz ir müezet der helle überic werden. Iedoch ist manic heilige man ze dem himelrîche, die zuht unde mâze mit der ê behielten, unde dannoch daz dritte dar zuo hielt: her Abraham, her Moyses, her Aarôn und ir ein michel teil, sant Ôswalt etc.

Daz dritte ist: dû solt niemer bî dînem gemechede geligen danne durch driu dinc. Daz ein ist: ob ein man eine junge hûsfrouwen hât, sô gedenket er lîhte: 'dû bist junc unde blûge, dû getarst niht gemuoten; ich wil mit dir sîn durch daz reht der heiligen ê, den worten daz dû iht ein bœserz tuost unde daz ich mit dir in der heiligen ê sî. Daz ander ist, daz dû dir gedenkest, dû woltest sîn iemer enbern, ob sîn dîn gemechede niht muotet an dich, wan ez ist reht der ê: dû solt dînem gemechede gehôrsam sîn mit zuht unde mit mâze, alse ich hie vor bescheiden hân. Unde hœret ouch zem andern, daz dû ez tuost durch eines kindes willen, als die heiligen veter tâten, her Abraham etc., die ir kint gelobten zer heiligen ê ze ziehen. Unde swer nû des vegefiures über werden welle, der halte daz dritte ouch. Des hât aber der almehtige got niht geboten als diu zwei: daz dritte hât er iu gerâten unde niht geboten. Swer aber für baz got êren wil danne got geboten hât, die werden ouch der aller hœhsten in dem himelrîche, die mit der ê dar kument. Unde diz ist daz dritte: wenne zwei ze samen kument êlîche, den worten daz sie ir kiusche deste baz behalten, alse sant Cecilje unde Valeriânus etc.

Und alsô sint drîer hande êliute, drîer hande witewen unde drîer hande meide. Die einer hande êliute koment ze grôzen êren unde ze hôhem lône in dem himelrîche, unde daz die êre niemer munt gesagen möhte. Daz sint die zuht unde mâze haltent unde die andern vedern, als hie vor bescheiden ist. Irret sie kein ander sünde, sô habent sie unsägelîcher freude in dem himelrîche danne die êrsten. Die andern êliute die habent unsägelîchen mêr freuden und êren in dem himelrîche danne die êrsten. Daz sint die daz dritte ouch behaltent, daz sie sich in der heiligen ê sô getâner kiusche an nement, als ich hie vor gesaget hân. Die dritten êliute die habent oben in dem himel noch mitten in dem himelrîche niht ze tuonne noch ze underste in dem himele, niendert danne an dem grunde der helle oder bî dem grunde der helle. Daz sint alle die sich mit der ê niht behaltent, als got geboten hât, mit reinem gesinde, mit rehtem guote, und irs gemechedes niht pflegent mit reinen triuwen an dem guote und an dem lîbe. Dû solt dînes gemechedes mit reinem triuwen pflegen an dem lîbe. Dû solt ez rehte halten als dich selben. Daz hât got erzöuget dô er geschuof Êven. Dô nam er ein rippe von Adâme bî dem herzen; er nam ez niht bî dem houbete daz bein, dâ er Êvam ûz worhte; er nam ez ouch bî den füezen niht. Dâ mite hât dir got erzöuget, daz iuwer dewederz daz ander versmæhen sol durch deheinen sînen gebresten. Dû soltez niht under die füeze treten mit versmâcheit noch mit anderr bœsen handelunge. ‘Bruoder Berhtolt, nû gihst dû, diu frouwe sülle dem manne undertænic sîn und er ir hêrscher sîn.’ Daz ist ouch wâr: dû solt der wirt sîn unde sie dîn hûsfrouwe. Dar umbe solt dû ir daz hâr alle zît niht ûz ziehen umbe sus und umbe niht unde slahen wie dicke dich guot dünket unde schelten unde fluochen und ander bœse handelunge tuon unverdienet. Dû solt ouch niht guotiu kleider tragen unde sie diu bœsen unde diu smæhen. Dû solt sie eben zuo dir wirdigen an kleidern, an ezzen und an trinken, wan sie hât got bî dem herzen, unde dâ von sol sie dir bî neben sîn. Alle die irs gemechedes niht pflegent mit reinen triuwen an dem guote und an dem lîbe und an der sêle, die habent dehein tuon ze dem himelrîche. Buoze nim ich alle zît ûz. Ez kumt ouch gar dicke, daz zwei an einem bette ligent und ûz einer schüzzeln ezzent und alsô mit einander wonent lanc oder kurz, unde vert daz eine zem himelrîche unde daz ander zer helle. Got helfe mir, daz ir alle samt mit der ê daz himelrîche besitzet. Ir êliute, dâ mite gesegen iuch der almehtige got, wan ich wil nû disen witewen sagen, wie sie ûf ir wege zem himelrîche kumen süln. Ir êliute, ir müget wol slâfen oder wachen al balde: die hiure wîle hinderm oven sitzent, der dinc stêt lîhte für wert anders: daz hiure ír rede ist, daz ist ze jâre oder für wert daz dîne.

Und als diu heilige kristenheit hât drîer hande êliute, alsô hât sie ouch drîer hande witewen. Den wirt der lôn ouch erzeiget als sie werbent. Die einen habent gar unde gar vil freuden und êren in dem himelrîche, die andern vil unde vil mêre, die dritten die habent niendert kein tuon ze dem himelrîche. Daz eine sint alle die ir magettuom mit der ê reht unde redelîche verlorn hânt, ez sî man oder frouwen, die mit der ê reht unde redelîche gelebet habent âne houbetsünde und iemer kiusche wellent sîn unz an ir tôt, ob sie künige oder küniginnen möhten werden, daz sie dar umbe ir kiusche niht wolten verliesen, unde sich aller werltlîchen freude verziehent durch die liebe unsers herren: die enpfâhent sehzicvaltigen lôn, unde die êliute drîzicvaltigen lôn. Wâ von ist ir lôn sô grôz wider der êliute? Dâ heizent sie witewen. Nû merket mir daz wort rehte daz dâ heizet witewen: sie sint umbe sus niht alsô geheizen. Witewe daz ist ir name, daz in nû allenthalben wê ist: in ist al umbe sich wîte wê, wan sie drücket nû manigez sô mit gewalt, sô mit smæhe. Der vor gein ir knehte den munt niht getorste ûf hân getân, dô ir frumer wirt lebete, der broget nû gein ir mit gewalt, und ir wirtes friunde, ir eigen friunde die hebent nû sô maniger hande kriec gein ir, daz ir von schulden wê ist. Unde dar umbe, dû frouwe, dû solt mir dînen frumen wirt wol handeln, dû solt ez im gar êrlîchen bieten. Dû solt gein in ûf springen, sô er gê hin ze hûse oder rîte, unde solt imz gewant enpfâhen unde heizen enpfâhen unde daz küssîn heizen legen unde swaz man einem frumen wirte êren biten sol: wan dû hâst gar vil êren von im die wîle und daz er lebet. Dich êret maniger durch dînen frumen wirt, der gein dir niht ûf stüende ob dû sîn niht hætest. Sî er niht guotes muotes swenne er in gêt, dar umbe soltû imz niht unwirdeclîche derbieten mit rede noch mit gebærden: dû enweist niht, waz in hie ûz beswæret hât. Daz soltû im mit guoter rede benemen unde mit guoter handelunge: dû gelebest den tac, dû woltest in ûf den henden hân getragen. — Dû solt ouch dîne reine hûsfrouwen wol handeln; sî sie niht gar ein göldelîn mit dem glanze, daz lâ dir mêr liep sîn danne leit. Geloube mir, sô dû wænest dir geschehe gar wol mit einer andern, daz engeschehe lîhte niht. Wie, ir witewen, wie gerne ir iuwer gemechede wol handeln woltet, den worten daz sie lebten! Unde swie manigez dich twinget, dar umbe soltû niht verzagen: ir sult grôze gedult über allen iuwern gebresten haben, wan ir wartet des sehzicvaltigen lônes. Ein kunst heizet algorismus, daz saget von der reitunge, wie man die zal leget an den vingern. Sô hât ieglîcher vinger sîne zal, sô hât der dûme sîne zal ouch sunderlîchen. Swenne man den dûmen in die hant leit, daz bediutet sehzic; sô ist niendert kein vinger sô kleiner an der hant, er drücke den dûmen ze der selben wîle, sô er die sehzic mit der zal bediutet. Seht, ir frouwen, als müezet ir daz kleine lîden dulden mit dem grôzen lîden, wellet ir den sehzicvalten lôn verdienen mit iuwerm witwentuome. Und als ie drückent den dûmen die grôzen vinger unde die kleinen, alsô tuot der grôzen gewalt unde der kleinen, der drücket sie. Die herren unde die ritter sullent witewen unde weisen schirmen vor aller diet. Die rihtent in nû aller minneste unde ziehent in halt selber abe, sô sie meiste mügent. Habent sie iht ze iemanne ze klagen, sô rihtent sie niht den armen witewen. Ir witewen, klaget aber ieman hin ze iu, ir müezet im mêr geben danne ir im ze rehte schuldic sît. Sô lîde eht dû dîn ungemach güetlîche unde gedulteclîche, wan dîn wê nimet schiere ein ende, aber dîn sehzicvalter lôn in den êwigen freuden gewinnet niemer kein ende. Möhtest eht dû ez gedulden, ez wære dir gar nütze. Dise unrehten twinger unde drücker die minrent dir dîn vegefiwer unde mêrent dir den lôn oben ûf dem himele. Ir habet einen vil swæren orden, iuwer regel ist iu ouch geschriben: ir sült dêmüetic sîn unde gedultic unde sult vil gebeten. Die zwô wîle tac unde naht sult ir allez dar beten. Ir sult getriuwelîche über iuwer liebes houbet sîn unde barmherzic unde sult ir getriuwelîche hin ze gote gedenken mit beten, mit venjen unde mit wachen unde mit vasten unde mit antlâz holn; unde swâ sie sich enthiezen, daz sult ir gerne leisten und ervollen, als verre ir iemer müget oder künnet, alse verre als ir müget mit lîbe und mit guote. Und vor allen dingen sol man gelten unde widergeben, swem sie iht solten ze rehte, des man mit wârheit bewîset wirt; unde swar sie iht geschaffet hânt, daz sol man ouch bî dem êrsten geben. Bî dem aller êrsten nâch der bevilhede sol man gelten unde widergeben oder fristunge gewinnen; danne sol man gelten unde widergeben mit ir willen. Sint ez aber arme liute unde sûmet man die, dâ muoz man gote umbe antwürten. Ist ez aber verdientez lôn, daz der mensche mit sînem sweize erarnet hât, die sol nieman keiner friste biten; wan swaz man erarnetes lônes sol, den sol man mit dem êrsten rihten; wan alle die verdientez lôn schuldic sint, die sint in der ruofenden sünden einer, diu selbe vierde der grœsten sünden einiu ist, die diu werlt ie begienc. Und alsô hilfet man den sêlen mit zwelf leie almuosen. Daz minneste under den zwelfen daz ist lieht unde wahs brennen; daz beste unde daz grœste ist messe frumen. Unde swaz man den sêlen sô getâner guottæte hin nâch getuot, daz sleht in unser herre allez abe an ir buoze, die sie dâ in dem vegefiure brinnen solten; unde man möhte einer sêle als frumeclîchen helfen, dâ sie zehen jâr brinnen solte, daz sie inner sehs wochen erlôst würde. Und ir vindet ez allez für iuch dâ, sô ir hin nâch müezet. Sô sprechent etelîche — ich hân ez alsô vernomen daz etelîche sprechent: ‘ich hân mich gerihtet ûf ein ganzez jâr. Swenne ich nû gestirbe, sô hân ich mir selber sêlemessen gefrumet’ für die wîle daz er selber dannoch lebte. Ir sî vil oder wênic, der sêle wirt niemer rât, und ouch des priesters, ob er sie wizzentlîche singet umbe den man, der sie gefrumet hât. Wie solte man lebenden liuten sêlemesse singen? Dâ hüete sich alliu diu werlt vor. Dîns vater sêle unde dîner muoter sêle, dînes gemechedes und aller dîner vordern unde dîner kinde, ob sie gewahsen sint sô sie gesterbent, und allen den, die dir ie dehein guot getâten, und allen geloubigen sêlen, daz vindest dû dâ vor dir, und in sleht ez got allen abe an ir buoze, ob sie in dem vegefiure sint, swaz dû guoter dinge iemer getuon maht, vasten, venjen, wachen, alliu guotiu werk, messefrumen, âne daz dû iht dir selben messe frumest: dû maht wol biten, daz man dîn gedenke mit den lebenden. Unde dar umbe, ir witewen, sît iuwern gemecheden guot. Ez muoz eht vil klâr sîn daz dâ schœner muoz sîn danne diu sunne. Und alle die wîle daz ihtes iht ûf in ist der sünden, die sie hie begangen habent die wîle sie lebten, alle ir tegelîche sünde die sie hie niht gebüezet hânt und alle ir houbetsünde dar umbe sie wâren riuwen gewunnen die wîle sie lebeten unde zuo lûterr bîhte kâmen unde niht gebüezet habent hie ûf ertrîche, daz muoz allez in dem vegefiure abe in brinnen mit grôzer martel unde mit grôzer nôt. Und möhte ir einer her wider komen, der wære sô jæmerlich swenne irn gesæhet, daz ir niemer mêre frô möhtet werden. Nû mügent sie ouch ze iu her niht gesehen, noch enmügent ouch selber her ze iu niht komen. Nû sult ir iuch über sie erbarmen, wan sie getrûwent iu wol unde sie habent an iu grôz gedinge unde grôzen trôst; unde dar umbe aller meiste: wan ir niht wizzet swanne ir zuo in komet, sô wære iu liep swie vil ir in guotes hin nâch hætet getân; wan als sie erlœset werdent und ir danne sît, dâ sie iezuo sint, sô bitent sie got umb iuch, wan sô sæhet ir ouch herzeclîchen gerne, daz man iu danne guot wære. Unde dâ von sprechent sie dort unde ruofent iuch jæmerlîchen an: 'hilf mir, friunt mîn! hiute mîn, morgen dîn, friunt mîn.' Ir hêrschaft, nû sult ouch selber ir hin für senden, ez sîn frouwen oder man; lât ez niht gar an iuwer gemechede oder an iuwer kint, oder ir sît beswichen vil lîhte. Etelîche die werdent sô frô, daz sie daz guot besezzen hânt, daz sie iuwer gar unde gar vergezzent; etelîche werdent ouch sô kumberhaft, daz sie iuwer aber vergezzent. Pfî, gîtiger, mit dînem unrehten guote! lege eht dû sîn vil über einander dînen kinden, sô geltent sie niht für dich unde gebent spâte für dich wider. Sie verschallent daz guot unde lânt dîne sêle iemer drumbe brinnen, als lange als got ein herre in dem himelrîche ist in den êwigen freuden: alle die zît muost dû mit dem tiuvel brinnen dâ ze helle. Und ir kint und ir frouwen, daz selbe ist iu eht ouch künftic, swenne ir daz guot daz unreht ist wizzentlîche niht gelten unde widergeben wellet. Ir sult ê iemer mêr arme liute sîn oder einer hêrschaft ê dienen oder umbe daz tagelôn arbeiten, ê daz ir iuch wizzentlîche alsô in den êwigen tôt gebet umb ein wênic guotes, daz doch zergenclich ist, und wizzent niht wie lange ez wert, wan ez wert doch ungerne lange. Reht als daz sprichwort dâ kiut: ‘mit unreht gewunnen ist schiere zerrunnen.’ Getrûwet dem almehtigen gote, daz er iuch wol ernere mit rehtem guote. Nû sprichet er doch der munt der nie dekeine lügen getet: ‘swer sich an mich verlât, den wil ich niemer verlâzen.’ Nû hât er iuch geschaffen unde nâch im selber gebildet unde hât iuch die fünf sinne gegeben unde hât iuch erlœset mit sîme tôde. Nû seht, waz er iu grôzer gnâden hât erzeiget! Wænet ir danne, daz er iuch verderben lieze, ob ir im getrûwen woltet? Jâ er, wan er hât ez iu geheizen, daz er iuch hie wol ernert und wil iu die êwige freude geben dort, des êrsten an der sêle und an dem jungesten tage an lîbe und an sêle. Wellet ir des niht tuon, sô gebet iuch in den êwigen tôt als iuwer vater hât getan, der sich selber den tiuveln hât geantwurtet und iuch dar zuo, ob irz behaltet mit wizzenne. Und alsô geschiht ouch iuwern kinden unz an daz drîzigeste geslehte, die ez wizzentlîche ie einer von dem andern erbent. Ir witewen, ir sult es kleine noch grôz niht behalten mit wizzenne unde sult iuch mit der reinikeit halten, als iu diu regel geschriben sî. Wellet ir des niht, sô kêret in gotes nâmen zer ê, daz ist mir vil lieber daz ir reht unde redelich mit der heiligen ê sît, wan krenklîche mit dem witewentuome, wan ir gar einen swæren orden habet. Ir sult beten die zwô zît in dem jâre. Welichez sint die zît in dem jâre? *dies et noctes*, alsô stêt dâ: tac unde naht, unde trûric iemer sîn unde mæzic an allen iuwern dingen, an ezzen und an trinken, dêmüetic an dem gewande, wan zarte witewen an dem gewande und an der spîse die lebent an dem lîbe unde sint tôt an der sêle. Unde dar umb, ir hêrschaft, sô iuwer töhter ze witewen werdent oder iuwer nifteln einiu, unde spreche sie des êrsten in der niuwe des leides, sie enwelle niemer keinen man genemen unde welle kiusche geloben unde doch bî der werlte sîn, des sult ir übercin niht gestaten. Welle sie kiusche geloben, sô helfet ir in ein klôster, daz beslozzen sî. Wil sie des niht unde giht, sie welle ouch niht mannes nemen unde sie sî als lange witewe oder kurze witewe, unde swenne ir daz an ir seht, daz sie ir lîp zertlîche ziehe an spîse und an gewande, sô gebet ir vil wunderbalde einen biderben man, der niht unrehtes guotes habe, ê daz sie irn kneht neme oder einen als bœsen. Swie vil sie iu gelobe unde swer, sie welle âne man sîn, die wîle eht sie niht kiusche hât gelobet, sô erlât sie des niht, sie neme einen man lieber zer ê danne zer unê. 'Bruoder Berhtolt, nû wolte wir uns gar gerne scheiden ich und mîn hûsfrouwe, und ich wolte in ein klôster zuo den tiutschen herren varn oder in einen andern orden, dâ wil man mich enpfâhen, unde wil mich ouch mîn hûsfrouwe gar gerne ûf geben.' Niht, niht, überein niht! Ich hân ez dar für, dâ sitze etelîche vor mînen ougen, sie gæbe mir ir man umb eine metzen habern ûf. Dâ von, wellet ir iuch scheiden, sô tuot iuch beide in geistlîchen orden, oder beide mit der ê, hin als her.

Die andern witewen, die ir magettuom zer unê verlorn hânt oder mit der ê niht gelebet hânt als sie ze rehte solten unde wellent gote bezzern unde büezen unde wellent sich nû kiusche behalten unze an ir tôt mit sô getânem leben als in gesetzet ist, die enpfâhent ouch gar grôzen lôn. Ez habent aber die êrsten bevor die dâ gotes hulde niht verworhten mit deheinen tœtlîchen sünden, wan swaz sie gote gedienent, daz nimet allez ûf an ir lône. Sô hânt dise got erzürnet, unde swaz sie guotes getuont, daz ist niht danne gote ze einer bezzerunge. Daz sie halt iht überiges gewinnen, sô mügent sie jene doch niht ervarn wol, die gote als sie gedienet haben âne sünde. Die danne alsô witewen sîn, daz sie niemer keine tôtsünde getuon wellent, unde hânt den willen, ob ez in wol füegete sie wolten zer ê komen, unde werdent die an dem willen funden, den wirt der êliute lôn.

Die dritten witewen den wirt der lôn weder oben ûf dem himele noch hie niden noch der êliute lôn noch dehein lôn, danne an dem grunde der hellen bî Judas. Daz sint die trüllerinne unde die antragerinne, der nieman mêr ze keiner bôsheit geruochet. Die verrâtent manige sêle, daz ir niemer rât wirt. Daz der tiuvel inner sehs wochen nie gerâten kunde noch geschaffen möhte oder lîhte inner zehen jâren, daz füeget sie inner vier wochen oder ê. Ir bürger und ir edeln liute, ir sult in iuwer hûs verbieten und ouch die stat und ouch daz lant sol man in verbieten. Pfî, trüllerin, des tiuvels blâsbalc, wie manige sêle hâst dû dem almehtigen gote verrâten, unde noch verrætest? Ie drî sêle: die zwô die dû ze samene füegest unde die dîne. Unde dir gît got ouch vil hœher buoze wan den, die die sünde tuont. Daz daz wâr sî daz erzöuget uns got an dem slangen, der dâ Êven und Adâmen verriet: dem gap er grœzer buoze danne Adâmen und Êven. Pfî, daz ie dehein touf ûf dich kam! Jâ sprichet sie: 'wellet ir mir zwêne schuohe koufen, ich trûwe iu die wol gewinnen.' Dû bist des tiuvels fürmunt: des gelônet er dir vil wol, im zerrinne danne alles des fiures, daz er iendert hât. Sie kâmen den almehtigen got sô wolveil an niht die sêle, die dû im alsô verkoufest umbe zwêne schuohe oder lîhte etewenne kûme umbe zwêne pfenninge oder gar umbe sus. Alle die dû alsô verrætest, der martel muost dû lîden dar zuo besunder und ouch die dîne.

Ir meide, ir sult ouch iuwern wec ze dem himelrîche gên, daz ir iht bestrûchet; wan ez ist manic tûsent meide dâ ze helle mit magettuome mitalle. Wan als wir drîer hande êliute haben unde drîer hande witewen, alsô haben wir ouch drîer hande meide. Die habent ouch gar ungelîchen lôn.

Die êrsten daz sint alle die ir kiusche behalten hânt, ir kiusche, die sie von ir muoter lîbe enpfiengen, und alsô iemer blîben wellent unde daz sie eht kein guot dar umbe næmen, daz sie ir reinekeit weder zer ê noch zer unê verliesen wolten. Die habent ouch als gar übergrôze freude ze aller oberste in dem himelrîche, daz ez alliu diu werlt niht volleloben künde noch enmöhte. Sie sint ûf dem spiegelberge unde tragent einer hande krœnlîn, ein schappel: dâ lît sô vil freuden an und êren, daz ez gar unsagebære ist ze sagen, unde dâ von ist bezzer geswigen danne krenklîche gelobet. Mîn frouwe sant Mariâ Magdalênâ diu ist wol der aller hœhsten heiligen ein, diu in dem himelrîche ist, wan sie got âne mâze liep hete. Iedoch swie hôch sie ze himelrîche sî, sô gebristet ir doch des krœnlîns, daz mîn frouwe sant Margarêtâ unde sant Katherînâ, sant Juliânâ unde sant Agnes etc. tragent. Sant Pêter ist als gewaltic dâ ze himele unde hât sô vil êren, daz ez iemer unsegelich ist; iedoch gebristet im des krœnlîns, daz der guote sant Paulus hât. Sie singent ouch einen sundern gesanc. Als sie an dem krenzelîn gesundert sint, alsô sint sie gesundert an der süezekeit des edeln gesanges als wîte unde daz himelrîche ist, unde daz ez doch als vil wîter wol danne daz ertrîche ist — seht, der eine erweize leite enmitten ûf daz ertrîche, und als breit und als wît alliu disiu werlt ist wider einer erweize, als wît ist daz himelrîche wider dem ertrîche —, unde swie grôz diu wîte sî, sô hœret man einer meide stimme von einem orte an daz ander wol und erkennet ez ûz allem dem gedœne, daz in dem himelrîche von engeln unde von heiligen ist. Gesach dich got, daz dich dîn muoter ie getruoc! Wâ sitzest dû dâ vor mînen ougen, des edeliu stimme alsô durch den himel klingen sol? wol dich hiute und iemer mêre! Pfî, nescher unde nescherinne! swenne dû alse grôze êre verliusest mit einem bœsen gelüstelîn, sô hâst dû weder hie noch dort niht.

Die andern meide daz sint alle diu kint, diu âne arbeit zem himelrîche koment. Die habent sich mit sünden niht bewollen, sô habent sie ouch niht almuosens getân, dâ von ist ir lôn ein wiht wider jenen meiden, und ist doch sô grôz, daz ez nieman vollen sagen mac.

Der dritten meide lôn ist weder oben in dem himele noch mitten in dem himele noch ze niderste in dem himele noch niendert in dem himele, wan in dem stinkenden hellensumpfe. Die selben heizent meide îtelmecherinne, wan sie machent manigez îtel aller der liebe, die ez ze gote unde ze sîner sêle haben solte, unde machent halt manigen ze einem tôren, daz er umbe himelrîche noch umbe werltlîche êre niht entrahtet. Daz sint meide îtelmecherinne, die sich pflanzent alle zît, wie sie einen dar zuo bringen, daz er aller sîner sinne nâch ir vergezze, unde machent ez nœtlich mit allen ir dingen, mit rede, mit gebærde, mit gewande, mit tanzen unde mit sô getâner îtelkeit. Pfî, îtelmecherinne, wie manige sêle dû versnîdest mit dîme gemüete, des tiuvels banier unde spenkar, zerspent mit dînem reizelkloben, dâ sie manic herze inne væht mit bœsen gedenken. Swie dû maget sîst an dem fleische, dîner sêle wirt niemer rât, obe dû alsô funden wirst âne riuwen und âne bîhte und âne buoze; die nim ich alle ûz. Sie sint meide an den lampâden, aber an der sêle sint sie niht meide, und in wirt weder êliute lôn noch witewen lôn: in wirt der nescher lôn unde der nescherinne. Aber die sich mit schœnen zühten haltent unde willen ze der ê habent, den wirt der êliute lôn, werdent sie in dem willen funden. Und in wirt dar umbe niht der meide lôn, daz sie meide sint an dem fleische: in wirt der êliute lôn, wan unser herre sprichet: ‘als ich dich vinde, als lôn ich dir.’ Swâ ir iuch an der hulde unsers herren vergezzen habt und übersehen habt, sô gewinnet wâren riuwen unde büezet nâch gotes gnâden, ez sîn êliute, witewen oder meide, unde habet die buoze liep, wan diu buoze ist unbe sus veile. Unde kumet ir dort hin, wære danne alliu diu werlt iuwer eigen, ir gæbet sie, der iu buoze gæbe als hie. Nû helfet mir unsern herren biten, daz er uns allen samt etc.

# XXII.

## VON DER BÎHTE.

'*STipendia peccati mors est, gratia autem dei vita æterna*' (*ad Rom.* 6, 23). Alsô liset man hiute in der heiligen episteln und alsô sprichet der guote sant Paulus: 'der lôn nâch den sünden ist der êwige tôt, aber diu gnâde gotes ist daz êwige leben.' Des helfe uns der almehtige got, daz wir die verdienen. Wan die gnâde gotes möhte nieman vergelten, sô möhte ouch daz êwige leben ze rehte nieman vergelten noch verdienen — ich meine nâch der wirde diu dran lît an dem êwigen leben —, wan daz erz von sînen gnâden gît. Wan er hât ez uns von anegenge der werlte bereitet, ob wir selbe wellen. Der aber dienet nâch dem lône der sünden, daz ist der êwige tôt. *Stipendia* daz ist reht in eime gelîchen gesprochen als dâ ein ritter wol gestriten hât, dem gibt man daz lôn, und alsô lônet der almehtige got sînen soltrittern mit dem êwigen lône. Die sînen kampf hie ûf ertrîche frümeclîche gestriten hânt, den lônet er ouch frümeclîchen: er gît in sîne gnâde, daz ist daz êwige leben, diu êwige freude, die man von sînen gnâden unde von sînem wünneclîchen antlitze iemer mêr ân ende hât. Und alsô hât der almehtige got sînen soltrittern gelônet. Sô hât der tiuvel ouch sîne soltritter. Die dienent nâch dem lône der sünden: den gît er daz er dâ hât. Er hât niht dan êwige martel: die gît er sînen soltrittern ze lône mit voller kraft; wan er ist griulich unde kan sich über nieman erbarmen. Nû seht, ir hêrschaft alle samt, wederm ir nû dienen wellet. Der almehtige got beschirme uns alle samt vor dem lône, der nâch den sünden gêt. Wan er wil in als vîntlîche geben, daz ez niemer munt vollesagen mac, alles von dem hazze unde von dem nîde, den die tiuvel ze dem menschen hânt. Dar umbe daz der mensche die freude sol besitzen, die er dâ verworht hât und alle sîne genôzen, dar umbe sint sie uns kristenliuten als vînt, daz sie iemer deste grœzer martel wellent lîden, den worten daz sie uns die freude erwenden unde verliesen die sie verlorn hânt. Dâ kêrent sie alle die liste zuo, die sie erdenken mügent, tac unde naht, spâte unde fruo, wan sie habent anders niht ze schaffen: sie sorgent weder umb êre noch umbe guot noch umbe spîse noch umbe kleider, sie sorgent ouch umbe himelrîche niht, wan des habent sie sich erwegen, unde dar umbe habent sie umbe nihtes niht ze trahten tac noch naht; wan sie slâfent niht, unde sô wir slâfen, sô trahtent sie, wie sie iuch von himelrîche gescheiden. Dâ kêrent sie tûsent liste zuo. Sie wâren âne mâzen wîse unde listic zuo bœsen dingen, unde dar zuo hânt sie iemer mêr sît allez mêr liste gelernet, iemer sît. Sît sie von dem himelrîche verstôzen wurden, sô hânt sie alle schalkeit funden, dâ mite sie den menschen verleitent, daz eht sie vil soltritter gewinnen unde den lôn nâch den sünden verdienen unde daz eht diu schar breit unde grôz werde in der êwigen martel. Dar umbe wellent sie iemer deste grœzer martel lîden. Unde dô sie den list erfunden, daz der mensche den sünden diente, dô funden sie dô einen, der ist aller sünde wirste. Owê, ir unsæligen tiuvel, unde hætet ir den list niht funden, sô ist hiute niendert kein mensche vor mînen ougen, ich woltez dem almehtigen gote antwurten, ez wære halt wuocherer oder fürköufer oder ketzer oder êbrecher oder swelher hande sünde ez ist, die alliu diu werlt ie sô grôz gewan oder sô herte oder sô griulich, und wær er hiute vor mir, ich wolten got antwurten und hæten sie den list niht funden. Pfî, ir verfluochten tiuvel, wie manige sêle ir mit dem liste enpfuortet dem almehtigen gote von den êwigen freuden und noch tuot! Wan wære hundert stunt als vil werlte vor mînen ougen als hie ist, der wære mir einez hiute niht engangen, ich woltez gote hân geantwürtet; sô hæten iuch alle iuwer liste niht geholfen. Alle die liste die sie habent, die tuont uns alsô grôzen schaden niht als der einige list tuot. Unde den worten daz ir iuch dar vor behüeten wellet, sô wolte ich iu den selben list sagen. Unde dar umbe sô spreche iuwer ieglîchez ein pater noster. Ich wolte, daz iuwer hiute gar vil hie wære, wan ez wære iu gar nütze, daz ir iuch iemer deste baz gehüeten kündet vor dem selben liste.

Und wære, daz ir mir volgen woltet, sô wæren ir liste niendert sô manige unde sô schalklîche, ich wolte iuch noch gote antwürten sunder aller tiuvele dank und ir liste. Wan got selber sprichet: ‘ich wil niht des sünders tôt.’

Nû wil ich iu den list nennen, den worten daz mir des got helfe, daz ir iuch dâ vor iemer mêre behüetet unde vor andern ir listen. Wan ir liste was âne mâzen vil, die sie dar zuo kêrent daz der mensche sünde tuo. Dâ genuogete sie niht an, sie funden dannoch den list, daz der mensche niemer wâren riuwen gewinne umb ir sünde noch niemer sô gebîhten unde gebüezen, daz ez got lobelich sî noch iu nütze an der sêle. Pfî, ir tiuvele! seht, hætet ir den list niht funden, sô næme ich iu disen gîtigen iezuo: der gewünne wâre riuwe, daz er gelten müeste unde widergeben unz an den hindersten pfenninc. Daz widerschaffet ir mit iuwern listen. Iedoch tæte erz sunder iuwern dank wol: sô gebet ir im die vorhte daz er im gedenket: ‘weh, solte ich nû mîniu kint alsô von dem guote scheiden, sô müesten wir ermeclîchen leben; des hân wir niht gewont.’ Und ist des gar vil, dâ mite sie iuch der wâren riuwe wendent, daz ir niemer genzlîchen riuwen gewinnet, der gote lobelich sî. Daz selbe tæte ich allen den sündern die diu werlt hât, und hæte er den list niht funden. Ir junge werlt, hüetet iuch durch iuwers heiles willen, swenne iu der tiuvel sünde râte, daz ir im iht volget; ir seht wol, wie kûme er sie dâ von lât. Wellet ir mir nû volgen, sô wil ich iuch hiute lêren mit der helfe unsers herren unde mîner frouwen sant Marîen, daz der tiuvel hiute geschendet wirt mit allen sînen listen unde der almehtige got gelobet unde geêret und allez himelische her erfröuwet wirt und ir gesæliget an lîbe und an sêle. Nû seht, ob ir mir unde dem almehtigen gote volgen wellet oder niht.

Man sündet alle sünde mit drin dingen. An dem herzen sündet man mit gedenken, an dem munde mit worten und an dem lîbe mit werken, und alsô muoz man alle sünde oder eine ieglîche sünde büezen mit disen drin. An dem herzen muoz man büezen eine ieglîche sünde mit der wâren riuwe; wande daz herze sündet mit gedenken, dâ von sol daz herze wider büezen mit der wâren riuwe. Und als der munt sündet mit den worten, alsô sol man mit dem munde büezen eine ieglîche sünde mit der lûtern bîhte. Und als man mit dem lîbe gesündet mit den werken, alsô muoz man mit dem lîbe büezen: eine ieglîche sünde mit der rehten buoze. Ez muoz der lîp die arbeit lîden der buoze unde tragen; wan mit dem lîbe, dâ mite man die sünde tuot, dâ sol man mite büezen. Unde dannoch, swenne ir eht wâren riuwen gewinnen wellet an dem herzen, sô irrent iuch die tiuvele dannoch der wâren riuwe an dem herzen mit drin dingen. Ist aber daz iu got die gnâde gît, daz ir sie der drîer dinge überkumet unde daz ir die wâren riuwe über ir dank gewinnet, dannoch sô lânt sie iuch sô hin niht. Swenne ir für den priester gêt unde wellet lûterlîche iuwer bîhte tuon, sô varnt sie mit iu für den priester und irrent iuch der lûtern bîhte ouch mit drin dingen; unde swenne sie iuch der drîer dinge einiges verirrent an der wâren riuwe, sô enist diu riuwe eht niht wâr und ist niht ganz als sie von rehte sol, unde füerent iuch dannoch mit riuwe mitalle in die helle, dâ iuwer niemer mêre rât wirt. Nû seht, wie herzeclîchen vînt sie iu sint! Daz ist allez dar umbe, daz wir die freude besitzen süln, die sie verworht habent. Unde dâ von kêrent sie manigen list gein uns. Nû tuot irz durch den got der iuch geschaffen hât unde hüetet iuch vor ir ræten (wan sie sint ungetriuwe), oder sie verrâtent iu lîp unde sêle, nû des êrsten die sêle und an dem jungesten suontage lîp unde sêle. Ir müezet iuch deste baz hüeten vor in. Sie sint listic unde sint alt: sie habent wol sehs tûsent jâr gelernet unde lernent alle zît und alle tage zuo. ‘Bruoder Berhtolt, wie suln wir in danne widerstên, sît daz sie sô gar listic sint?’ Dâ solt dû im niht volgen, er mac dich nihtes betwingen. Ez ist dehein mensche sô armez noch sô krankez, daz erz ihtes betwingen möhte, wan als vil als er im verhenget über sich selber. Wan wær ein dinc, daz er die liute betwingen möhte, sô lieze er éin mensche niemer zem himelrîche. Dô er sant Pêter verirrete, daz er die sünde getet, dô mohte er in niht betwingen, daz er sie ungebüezet lieze. Unde möht er in betwungen hân, er hæte in zer helle gefüeret als Judam. Er hât deheiner slahte gewalt über deheinen menschen. Dô got an dem kriuze starp, dô starp der tiuvel an dem gewalte. Sô sprechent eht etelîche, man ergebe sich dem tiuvel umbe guot. Daz ist ein gespöte: wan er mac einen helbelinc niht geleisten, er ist reht ein armer wiht, ein dürftige. Wan möhte er schatz geleisten, ir gîtigen liute, sô dürftet ir niht wuochern noch mit krankem guote umbe gên. Er lieze im nieman engên, möhte er dir guot geleisten. Gehieze er dir halt guot, er mac sîn dannoch niht geleisten: wan dô er unsern herren versuochte unde sprach, er wolte im diu lant alliu geben, diu wæren sîn, dô louc er, wan er hete einen halm dran niht. Dâ von mac ein ieglich mensche sînen ræten wol widerstên. Swenne dir übeler dinge ze muote wirt, daz sint des tiuvels ræte, sô strîte eht dû wider unde gedenke dû in dînem muote: dû bœser geist, nû wil ich dir des niht volgen. Und als dir guoter dinge ze muote wirt unde dû her wider gedenkest, dû kümest noch wol, daz sint aber sîne ræte. Und alsô irret er dich der wâren riuwe mit drin dingen, unde vor dem priester irrent sie iuch der lûtern bîhte ouch mit drin dingen. Swenne er dich der drîer dinge eines verirret, sô ist diu bîhte niht lûter unde lieht alse sie ze rehte solte, und er füeret dich dannoch mit bîhte mitalle, mit riuwe mitalle hin abe in die helle, dâ dîn niemer mêre rât wirt. Bist dû aber sô sælic daz dû in überstrîtest, daz dû wâren riuwen unde lûter bîhte vollebringest, dannoch læt er dar umbe niht, er versuoche, ob er dich der rehten buoze verirren müge mit drin dingen. Unde swie er dich der drîer dinge eines verirren mac, sô füeret er dich dannoch mit der riuwe mitalle, mit bîhte mitalle unde mit buoze mitalle hin. Seht, der dinge sint alsô niune. Pfî, ir verfluochten tiuvele, wie manic tûsent sêle ir mit disen listen zer helle gefüeret habet, daz ir niemer mêre rât wirt! wan ez ist doch manic mensche daz sîne sünde riuwet unde gerne wolte gote bezzern unde büezen. Ez ist ob got wil niendert dehein mensche vor mir, ez wolte daz ez niendert deheine sünde hæte getân; ez sî danne ein gîtiger: der wolte des unrehten guotes niht enbern, den worten daz er zem himelrîche wære. Pfî, gîtiger! dû bist allenthalben an dem unwægern teile und an dem bœsern teile, daz dâ schedelich der sêle heizet. Die andern habent alle etewie vil riuwe; sie ist aber niht alle wâr. Daz ist dâ von, daz sie sich von dem lône der sünden noch niht gescheiden hânt unde habent noch willen sünde ze tuonne unde habent sich ze gar vertiefet, daz sie des tiuvels ræten für baz müezen volgen, mêr, danne die noch wênic sünde habent getân. Unde dâ von wirt ir vil mêr bekêret danne sie sich ze tiefe hânt geneiget in die sünde. Daz sprich ich dâ von niht, got der enphâhe dich reht als gerne mit grôzen sünden unde mit vil sünden als mit wênic: diu freude wirt niwan deste grœzer dâ ze himele, als man dâ liset von dem sune, der sîns vater hulde verlorn hete, unde dô er kam, dô machte er eine wirtschaft und eine freude mit sînen friunden. Alsô bist dû gotes kint, sünder, unde swenne ein kint ie verrer von sînem vater vert, sô ez ie frœlîcher eht enpfangen wirt. ‘Bruoder Berhtolt, wâ von wirt einer bekêret unde der ander niht?’ Ich enweiz, ich enweiz! daz ist eht von sînen unsælden. Got der enpfienge in als wol als jenen. Ez stêt an im, got der hât im frîe willekür gegeben. Er hât im warm unde küele gegeben, fiwer und kalt, ie swederz dû wilt. Got der helfe mir, daz ir daz wæger nemet unde hiute als wâre riuwe gewinnet unde ze lûterre bîhte komet unde ze rehter buoze, daz iuch der tiuvel dar an niemer geirren müge, wan er ouch iuwer ieglîchez irret mit drin dingen.

Daz êrste an der wâren riuwe ist: dû solt dir von herzen leit lâzen sîn umbe dîne tôtsünde, die dû ie begienge mit dînen kintlîchen tagen unz an disen hiutigen tac. Dir ist lîhte umb eine sünde leit, ob dû einen verrâten hâst oder lîblôs gemachet hâst oder gebrennet oder geroubet oder einen meineit gesworn oder kirchen gebrochen, daz ist dir von herzen leit, ob dû der einez oder zwei oder mêr hâst getân, daz ist dir gar leit; oder ander tœtlîche sünde die dû getân hâst, dâ dir gar von herzen leit umb ist. Unde wilt dû dannoch ein ander tuon, oder ist dir sus leit dar umbe unde wiltû dich ir abe tuon, die dich grôz unde griulîchen dünken, alse sie ouch sint, unde wilt dannoch ander houbetsünde die dich kleiner dünken tuon: wan dû wilt dannoch ein toppeler sîn und ein trenker oder unreht guot haben oder ein êbrecher sus oder sus ein nescher, oder swelhe tœtlîche sünde dû tuon wilt, unde niht umbe sie alle wâre riuwe haben wilt, sô füeret dich dannoch der tiuvel mit riuwe mitalle zer helle. ‘Bruoder Berhtolt, sô lange ich umb éine houbetsünde verlorn bin als umb sie alle, sô wil ich ir als mære vil tuon als wênic.’ Niht, niht! und wære halt daz dû küntlîchen wistest, daz dû zer helle müestest varn, dannoch soltest dû die sünde lâzen varn unde sie tuon sô dû ir aller minneste möhtest unde daz aller beste tuon daz dû möhtest. Daz wære dir vil grôzer dinge wert unde guot. Wilt dû aber wâre riuwe gewinnen umb alle dîne sünde, sô soltû bitter leit unde scharpfez lîden haben umb alle dîne sünde. Wan swenne dû eht scharpfe pîne hâst umbe dîne sünde, sô ist gotes freude an dir. — Diu ander ist: dû solt ganzen willen hân, daz dû iemer deheine tôtsünde getuon wellest, weder durch friunde noch durch guot noch durch fleischlîche begirde. — Daz dritte ist: dû solt ganzen willen hân ze lûterre bîhte.

Hâstû diu driu gar, sô gêt der tiuvel dannoch mit dir für den priester und er irret dich der lûtern bîhte ouch mit drin dingen. Pfî, ir unsæligen tiuvele, wie manige tûsent sêle ir uns dâ mite nemet, der niemer mêre rât wirt! Daz êrste, daz dich der tiuvel der lûtern bîhte irret vor dem priester, daz heizet entredunge; wan ez ist der aller wirsten worte einez, daz diu werlt ie gewan. Daz daz wâr sî, daz ist uns allen kunt worden. Seht, war umbe haben wir solicher ungnâden überkraft in dirre werlte, daz wir niemer guoten tac gewinnen von durste von hunger von froste von hitze von erbeit, unde wir dannoch niht wizzen wenne wir tôt geligen, unde müezen sorge haben des jæmerlîchen tôdes, wan wir niht enwizzen die zît des tôdes? als wênic wir wizzen wenne uns der tôt kumet, als wênic mügen wir gewizzen, welicher leie tôt got über uns verhenget. Unde danne aller sorgen grœstiu ist diu sorge umbe die sêle, sît uns die tiuvel sô manigen stric legent. Disiu manicvaltiu sorge lîbes unde sêle unde diu angest unde diu nôt kumet alle samt von dem einigen worte, daz dâ heizet entredunge. Dô der slange Adâmen und Êven verriet und unser herre sprach: 'Êvâ, war umbe æze dû daz obz?' dô sprach sie: 'herre, mir riet ez der slange;' reht in der wîse: 'hætest dû den slangen niht beschaffen, sô hæte ouch ich daz obz niht gâz.' Unde sie entredete sich alsô in der wîse, daz sie die schulde ûf got leite. Dô sprach er zuo Adam: 'war umb æze dû daz ich dir verboten hete?' Dô sprach er: 'dâ riet ez mir daz wîp,' alse ob er spræche: 'hætest dû mir daz wîp niht geben oder geschaffen, sô hæte ich ez niht getân;' unde legete die schulde ûf got. Dô wart unser herre zornic von disem unsæligen worte, daz dâ heizet entredunge, und er sprach alsô: 'owê, nû ist man unde wîp tôt, sît sie die schulde ûf mich hânt geleit.' Wan hæten sie des niht getân, daz sie sich alsô hæten entret, dannoch hæte unser herre einen list wol funden, daz wir niht verlorn wæren. Dâ von haben wir alle unser nôt von entredunge. Unde balde wurden sie gestôzen ûz dem paradîse in diz jâmertal. Und in dem paradîse dâ wæren wir iemer mit freuden unde mit wünne gelebt, dâ hæten wir freuden âne trûren, liep âne leit gehabet, frîheit âne gewaltesære, gesuntheit âne siechtuom, rîcheit âne armuot, unde hæten rehte nâch wunsche gelebet unz daz diu zal der kœre würde erfüllet. Sô wæren wir danne mit lîbe unde mit sêle zuo dem himelrîche gevarn. Daz müezen wir sus vil harte erarnen, unde stêt dannoch an gotes erbermede und an sînen gnâden, ob er ez uns gît. Daz haben wir allez an dem worte, daz dâ heizet entredunge. Unde sâ zehant hiez unser herre Adâmen und Êven ûz trîben den engel, unde sprach: 'trîp ûz, ê daz sie daz obz des lebens ezzen.' Ein boum stêt in dem paradîse, seht, der treit sô edel obz, unde hæte Adam des selben obzes niwan einen munt vol gâz, sô wæren wir noch hiute und iemer deste kreftiger unde deste sterker gewesen unde hæten deste lenger gelebet: sô edele kraft hât daz obz. Nû seht, wie maniger hande schade von dem worte wirt unde lîden müezen! Alle die daz selbe wort sprechent in der bîhte, die werdent verstôzen des himelrîches als Adam und Êvâ ûz dem paradîse. Drîer hande entredunge habent sumelîche liute in der bîhte. Daz heizet niht lûter bîhte, unde dich füeret der tiuvel mitalle hin. Etelîche entredent sich mit dem tiuvel, etelîche mit dem menschen, etelîche mit gote selber. Die sich mit dem tiuvel entredent, die sprechent vor dem bîhter: 'owê, owê, herre, mir geriet ez der tiuvel, daz ich daz oder daz tet,' unde nennent danne welher hande sünde ez was, unde zîhent es den tiuvel und entredent sich mit dem tiuvel. Dâ mite bistû niht ledic. Denne dô dir ez der tiuvel geriet, dô was daz vil bœser, daz dû im volgetest; wan dû weist wol, daz er dîn tôtvînt ist. Dâ von sage ich dir al genôte, daz er manigen list dar zuo kêret, daz er dich verrâte. 'Bruoder Berhtolt, wie sol ich danne sprechen?' Herre, mir geriet ez mîn bœser wille, des gib ich mich iu unde dem almehtigen gote schuldic unde bit iuch durch got, daz ir mir buoze dar für gebet, dâ mite ich kume in die gemeinde der heiligen kristenheit. Dû endarft dich mit dem tiuvel niht entreden: wan der geriet dir nie dehein guot. — Die andern entredent sich mit dem menschen. Die sprechent alsô: 'herre, ez geriet mir der mensche dar zuo, oder ich tet ez durch einen mînen friunt: ich hætez anders niemer getân,' oder swie dû ein mentelîn vinden maht, dâ mite dû dich entredest unde dich schœne machest, dû maht dich niht beschœnen vor der gotes gerehtikeit. Sô sprechent etelîche: 'ich wart es betwungen unde benœtet.' Sich, daz ist reht ein lugen! wan ez sprichet der guote sant Augustînus: 'mich möhte alliu diu werlt einer tôtsünde niht benœten. Alle morder, alle rouber, alle tiuvele möhten mich niemer einer tôtsünde benœten mit allen swerten, mit allen mezzern unde mit allen helmberten: wan ich lieze mich ê tœten. Wer möhte mich sîn danne betwingen?' Wie, bruoder Berhtolt, dû maht reden waz dû wilt. Ez lag ein man über mînen danc bî mir, daz ich mich sîn nie kunde erwern.' Nû wie lûte riefe aber dû? 'Wie, bruoder Berhtolt, daz liez ich durch mîner êren willen.' Jâ sô habe dir die sünde mit den êren! Got unde diu werlt wære dir holder gewesen, hætest dû lûte gerüefet. Sprich niwan: mir geriet ez mîn bôsheit. 'Bruoder Berhtolt, nû hân ich doch ofte gehœret, daz ein frouwe ûf dem velde genôtzoget ist unde daz sie sich gerne hæte gewert und ouch lûte schrei: wie möhte sich diu eines starken mannes erwern?' Dâ sol sie bîzen unde kratzen unde sol sich wern mit allen ir sinnen, sô sie aller meiste mac, unde sol schrîen sô sie aller lûtest mac. 'Bruoder Berhtolt, er ist ein starker man unde verhabt mir den munt, und ez ist sô verre von den liuten, daz ez nieman hœret noch siht.' Unde geschiht ez danne alsô über alles ir herzen willen, daz sie sich werte unde schrei sô sie meiste mohte, sô ist ez ir deheine slahte sünde weder klein noch grôz, wan sô ist ez ir ein rehtiu martel. Dâ von sô mac eht nieman den andern deheiner sünde genœten noch betwingen. 'Wie, bruoder Berhtolt, nû bin ich eines rîchen hôhen herren mit lîbe unde mit guote; der heizet mich mit im rîten herverte unde reisen unde muoz dâ brennen unde rouben unde liute slahen unde kirchen brechen.' Des bist dû dînem herren niht schuldic noch gebunden, weder sus noch sô. Ez ist nieman schuldic durch sînen herren deheine houbetsünde ze tuonne. Er wirt sîn mit rehtem gerihte wol mit rehte über.

'Bruoder Berhtolt, er læt mich zuo der rede niht komen, er sprichet slehtes: rîtest dû mit mir niht, ich verderbe dich an lîbe und an guote.' Sô sprichet dîn rehter herre, der dir sêle unde lîp hât geben: 'unde tuost dû ez, sô nim ich dir lîp unde sêle; des êrsten die sêle unde wirfe sie an den grunt der helle, und an dem jungesten suontage lîp unde sêle.' Got der himelische herre hât vil mêr an dir unde hât dich vil harter erarnet danne dîn irdenisch herre. Dû bist gehôrsame vil mêre schuldic dem obern herren danne dem nidern. Dû muost mit zwein knien vor dem obern herren knien unde mit eime knie vor dem nidern. Daz bediutet, daz dû des obern herren bist mit lîbe unde mit sêle unde des nidern niwan mit dem lîbe, alsô daz er dich keiner sünden nœten sol weder umbe frouwen werben noch boten sîn noch nihtes des dû totsünde hâst, noch fuoter noch gras snîden den liuten ze schaden. Gebiutet dirz der under herre bî der hende, sô verbiutet dirz der ober herre bî lîbe unde bî sêle. Sô ist eht dir vil bezzer, dû varest mit einer hant in daz himelrîche danne mit beiden zer helle. Daz selbe sprich ich ouch zuo dem fuoze etc. Fürhtest dû aber harter den undern herren danne den obern, sô endarft dû dich niht entreden in der bîhte. Wan sô sprich eht niwan: 'herre, ich gibe mich schuldic, unde swâ ich nicht vergelten mac, dâ wil ich mit der hiute gelten.' Hæte Adam und Êvâ gesprochen unde hæten geret: 'wir geben uns hin ze dîner gnâde schuldic,' sô hæt er dannoch einen list wol funden, daz wir niht verlorn wæren, hæten sie gesprochen: 'herre, erbarme dich über uns.' Alsô diu werlt noch hiute von dem worte redet, daz dâ heizet entredunge. — Die dritten entredent sich mit dem almehtigen gote. 'Herre, mir hât ez eht niwan got erahtet: ez kunde mir anders niht geschehen sîn.' Pfî, Êven swester und Adâmes kint! die leiten ouch die sünde ûf den almehtigen got, der keine sünde nie begienc, dâ wir alle unser nôt von haben. Und alsô maht dû ouch wol nôt gewinnen, grœzer danne dû iezuo hâst, swenne dû dîne sünde ûf got ziuhest, der nie sünde erahte.

Daz ander in der bîhte, dâ iuch der tiuvel an irret, daz ist ouch gar ein schedelich irresal. Dâ habent sie manic tûsent sêle zer helle mit gefüeret, daz ir niemer mêre rât wirt. Daz heizet verswîgen in der bîhte unde niwan daz kleine sagen unde daz bœse oder daz bergelîn; der grôzen berge rüerent sie niht, niwan diu mülnsteinlîn. Alle die daz grôze verswîgent in der bîhte und niwan daz kleine sagent unde daz unbederbe, wie die got verdampnen wil, daz hât er uns erzöuget in der alten ê an der liute leben; wan swaz uns in der niuwen ê nützer dinge und endehafter dinge künftic was an unserm leben und an unsern sêlen, daz hât uns got allez erzöuget in der alten ê an der liute leben. Ez was ein künic in der alten ê, der hiez her Saul; den hiez unser herre in ein lant varn unde sprach zuo im: 'var hin, Saul, in daz künicrîche unde slach mir allez daz in dem lande lebendigez sî, daz slach allez ze tôde, liute klein unde grôz, frouwen unde man, daz kint in der wiegen: lâz ir einigez niht genesen.' Dô fuor er hin und ersluoc niwan daz kleine und daz bœse; die rîchsten unde die hœhsten an den êren und an dem guote die viengen sie, er unde die sînen, unde diu schœnsten rinder unde ros behielten sie. Alsô tuont alle die daz grôze verswîgent unde daz kleine sagent, unde wænent got triegen als der künic Saul. Dô unser herre sprach: 'sage an, Saul, hâst dû ez allez erslagen?' 'Jâ, herre,' sprach er. 'Nein,' sprach unser herre, 'dû hâst mîn gebot übergangen; dâ von wil ich dich werfen von dem rîche.' Nû seht, wie ein slehte rede und ein glîche ebenmâze daz ist! Und alsô wil er alle die verwerfen von dem êwigen künicrîche, die niht gar unde lûter unde genzlîchen ûz dem herzen slahent daz grôze unde daz kleine daz sie dar inne vinden. Wellent sie danne daz grôze verswîgen als der künic Saul, dâ vant ez der gotes bote wol her Samuel. Got der siht in alliu herzen, dû kanst vor im niht verbergen als ein hirsekorn: dâ von sagez gar her für swie grôz ez sî. Maht dû ez ein wênic beschœnen daz dâ schalklich ist, in der wîse daz ez doch der priester verstê, daz erloubet man dir wol. Dû solt ez aber alsô niht beschœnen, daz dû die tûben für die kroten niht zeigest: dû solt uns rehte die krote zeigen mit allen ir kinden und mit allen ir klaten unde mit allen ir ûchen, unde den igel mit allen sînen bursten, eht weder minner noch mêr, wan als dû die sünde begangen hâst. Niht alse etelîche sprechent: 'owê, herre, ich hân aller der sünden ein teil getân, die mensche ie getet.' Daz ist ouch niht guot. Dû solt dich selber dar umbe niht an liegen, wan alsô solt dû den priester irren an dîner bîhte. Wan sînen arzât sol nieman betriegen, wan der triuget sînen liebesten friunt, daz ist dîn selbes lîp unde sêle. Dû solt alle dîne sünde sagen lûterlîche unde gar: dâ von heizet ez lûter bîhte. Rehte in aller der ahte dû sie getân hâst und an welher stat und in welher zît unde mit wem, unde nihtes niht verbergen noch bedecken. ‘Owê, bruoder Berhtolt, jâ scheme ich mich.’ Sê, wie getorstest dû ez dâ ie getuon? Nû schamptest dû dich niht dô dû ez tæte: dû soltest dich nû als wênic schamen als dô ze mâle; unde vil minre, wan dû tætez ze verlust aller dîner sælikeit sêle unde lîbes, unde dâ von mahtû ez nû hundertstunt gerner sagen ze heile unde ze gewinne aller dîner sælden in dirre werlte und in genre. ‘Owê, bruoder Berhtolt! nû scheme ich mich unmâzen sêre.’ Wes maht dû dich als sêre geschamen wider einen priester, dâ ez iemer mêr verswigen unde vergraben ist als in einem steinînen berge? unde doch dir diu schame nütze unde guot ist, wan dû dich an dem jungesten tage schamen müestest vor aller der werlt unde vor gote selber unde vor sîner heiligen muoter und vor allen sînen heiligen unde vor allen sînen engeln unde vor allem himelischem her unde vor allen tiuveln unde vor allen verdampten sêlen in der helle! die sehent alle samt ez schîmbærlîchen allez daz dû in der werlte verswigen hâst in der bîhte, daz dâ houbetsünde sint. Rehte swie ez getân ist, schentlîchen oder schemelîchen, ez sî diz oder daz, swie heimelîche dû ez ie getæte, daz kümt allez samt dar ze liehte unde ze ougen. Dû sihst aller der menschen schande die sie ie verswigen in der bîhte, wan ez wirt allez samt dâ für brâht und ûf gebreitet vor aller der werlte. Nû sich, ob dû ez niht gerner mügest sagen einem gewîhten priester! Unde leiste die buoze, die er dir dar umbe gît, unde habe ganzen willen, daz dû niemer deheine tôtsünde getuon wellest, sô gestêst dû an dem jungesten tage mit grôzen êren vor allem himelischen her unde vor der werlt aller. ‘Bruoder Berhtolt, swaz dû redest in aller der werlte, sô schame eht ich mich.’ Sich, daz sint eht des tiuvels ræte. Daz sage ich dir iemittunt al genôte, daz er dich vor dem priester alsô irret der lûtern bîhte mit drin dingen. Als er dich an einem dinge niht geirren mac, sô irret er dich iesâ mit dem andern. Pfî, ir unsæligen tiuvele, wie manige sêle mit der selben scham ir uns verrâten habet! wan ez künde âne des tiuvels ræte niemer geschehen, daz ein mensche daz sîne fünf sinne hât durch eine kleine schame alse grôzer freude in himelrîche sich verzîhen und als grôze martel iemer mêr mit dem tiuvel lîden wil, unde danne an dem jungesten tage vor aller menje ze schanden unde ze laster werden muoz. Unde swaz dû hinne dar unze an den jungesten tac gebrinnest, daz treit dich niht für umb ein hâr, wan daz dîn martel danne zwivalt an gêt. Von hinnen unz an den jungesten tac hât niwan dîu arme sêle nôt unde martel, und an dem jungesten tage erstêt der lîp mit jâmer unde mit leide unde muoz danne diu sêle mit dem lîbe unde der lîp mit der sêle iemer mêre verlorn sîn. Owê des, daz ir iuch des umb eine als kleine schame erweget! Nû sage mir einz. Woltest dû ez einem tôten menschen âne schame sagen oder einem tôten holze oder einem tôten steine? 'Owê, jâ! vil wunderlîchen gerne.' Nû bîhtez einem lebendigen menschen, den got dar zuo geordent hât, daz er an sîne stat dâ sitzet; wan rehte sitzet er an gotes stat in der bîhte, unde swaz dû im seist, daz sagest dû gote selbe in sîn ôre. Unde dâ von mahtû imz gerner sagen danne eime tôten menschen oder holze oder steine. Sô ist ez als gar verswigen iemer mêr in des priesters herzen, als ob dû ez rehte einem tôten menschen seitest oder holze oder einem gellenden steine. 'Bruoder Berhtolt, ich hân gehôrt, daz etelîche pfaffen die bîhte sagen ir wîben.' Des geloube ich niht, daz er den tac iemer getürre geleben. Wær ez aber wâr (daz ob got wil niht sîn sol), sô solte er niemer bîhte gehœren noch messe gesingen, unde man solte in vermûren, daz er niemer mensche noch tageslieht gesæhe. Unde swaz er danne unz an den jungesten tac gebüezen möhte — ob er alse danne leben solte, daz er tac unde naht riuwen unde jâmer iemer mêr hæte, unde daz er tac unde naht bluotige zeher weinte —, daz müeste dannoch verre unde grœzlîche an gotes erbermede ligen, ob erz iemer gebüezen möhte. Dâ von maht dû imz al balde sagen. Ez ist im hôhe verboten. Sî aber ein dinc, daz ir sîn vorhte habt ûf dem geu: ê danne daz ir sô tiefe verdampt sît, sô gêt in die stete, dâ geistlîche liute oder brüeder sint, ez sîn prediger oder minre oder grâwe klœster, sît dû dich sô harte schamest wider dînen pfarrer; aber anders niht über ein, wan ob dû es vorhte habest daz er die bîhte sage, oder daz er sô wol niht gelêret sî. Wan dîn pfarrer muoz gote für dich antwurten; sô bist dû im des schuldic, daz dû im dîn herze entsliezest mit ganzer bîhte, daz dû im ein wort niht verbergest, daz er dich bekenne. Kan er dich danne wol ûz gerihten, daz er die kunst hât, sô solt dû mir gehôrsam sîn. Kan er dich niht verrihten, sô sol er dich für baz wîsen; versûmet er dich dar über, dâ muoz er gote umbe antwurten. Dû solt ouch des wol gehüeten als liep dir himelrîche sî, daz dû éinem priester ein wênic sagest und einem andern aber ein wênic. 'Wie,' gedenkest dû dir, 'solte ich ez einem gar sagen, sô diuhte in sîn gar ze vil.' Daz sint ouch des tiuvels liste, wan er ist eht alt unde hât lange gelernet unde hât danne anders niht ze schaffen, wan wie er iuch geirre. Ir sult ez iuwerm pfarrer als genzlîchen sagen als ir iemer müget. Wiltû danne einem andern bîhten, daz tuost dû ouch wol. Ie ofter gebîhtet, ie grœzer andâht unde ie grœzer gnâde des heiligen geistes. Unde swes dû vergezzen hâst ze einem mâle vor dem priester, als dû des gedenkest, sô solt dû niht ûf schieben, wan daz rætet der tiuvel ouch vil gerne daz man die bîhte ûf schiebe.

Unde swer sie als lûterlîchen bîhtet âne entredunge und âne verswîgen, daz er sich niht entret unde daz er niht verswîget, der hüete sich vor dem dritten ouch, wan dâ irret etelîche der tiuvel gar gerne mite. Ir ist aber als vil niht als dirre zweier. Swer sie aber sint die er mit dem dritten irret, die füeret er dannoch mit riuwe mitalle zer helle, dâ ir niemer rât wirt. Daz heizet rüemen in der bîhte. Als der pharisêus alsô bîhtent ouch etelîche: 'herre, ich bin arm und erbeitsælic unde begienge mich gerne mit triuwen unde mit êren unde våre niemannes guotes noch sîner êren.' Sô sprechent etelîche: 'ich gibe mînen zehenden gerne ze rehte, sô gibe ich mîn almuosen gerne.' Sô saget der sus, der sô: 'ich vare gerne ze sant Jacobe oder alliu jâr ze Rôme,' oder: 'ich hân ein getriuwez gemechede: sô tæte ich gerne daz beste daz ich möhte.' Ist daz wol gebîhtet? Dâ sol dir der tiuvel ablâz geben, im zerrinne danne alles des fiures daz er iendert hât. Jâ bist dû durch bîhten für den priester gangen. Rehte alse der eine wunden oder vier oder zehene hât unde hin ze einem arzâte kæme daz er im die wunden heilte und er im selber vor dem arzâte drîe ôder vier, vier oder sehse zuo jenen wunden slüege oder stæche, alsô gêst dû für den priester, daz er dîne wunden der sünden heile, unde machest ir danne mêre vor im mit dînem rüemen, als der pharisêus, der sich dâ rüemte. Dû maht dîne sünde lûterlîche unde rehte sagen. Jâ vergæze des got niht, ob dû ze guote iht tætest: des endarft dû in der bîhte niht sagen, wan rüemen zimt rehte in der bîhte als græte in der kelen und als der fluoch bî dem segene. Wie, ir junge werlt — daz iuch got gesach daz ir âne sünde sît! —, wie gerne ir iuch iemer mê möhtet hüeten vor sünden. Ir hœret wol, wie kûme sie der tiuvel dâ von læt komen, wie an manigen enden er sie irret.

Hât er dich nû der wâren riuwe unde der lûtern bîhte niht verirret, sô irret er iuch der rehten buoze ouch mit drin dingen. Daz êrste ist: dû solt die buoze leisten, die dir got selber gît. Die soltû gar wol in dîner pflege hân, daz dû ir iemer vergezzest unde daz dû sie niemer mêr gebrechest, wan sie ist alse ringe diu buoze die got selber dâ gît, die leiste daz minneste kint wol daz in einer wiegen lît, unde der ermeste beteler der ie wart der leiste die buoze wol die got selber gît; wan er gît dir niht mêr danne daz er sprichet: ‘ganc unde getuo ez niemer mêre.’ Alsô sprach er zuo einer frouwen, die wolten die jüden versteinet hân unde versuochten unsern herren ungetriuwelîchen, welich urteil er über sie geben wolte. Dô schreip er für die erden eine schrift, daz ieglîcher wol sach alle die sünde die sie selber ie begiengen. Dô dûhte ir ieglîchen sîn selbes sünde als vil, daz sie die frouwen niht getorsten versteinen, unde giengen alsô hin alle. Dô sprach unser herre: ‘ich sihe nieman der dich verdampne, frouwe. Ich wil ouch dich niht verdampnen: ganc hin unde tuo sîn niht mê.’ Ist ieman hie, der die buoze hiute an sich nemen welle, die wil ich alle gote hiute antwürten, unde büeze daz er vor getân habe, unde wol dan in gotes namen alle ze himelrîche! Lât iuch den tiuvel deheine wîse niht irren. Jâ sît ir ze edel dar zuo, daz ir dem tiuvel volget alles des er iu gerâten möhte, unde lât iuch an den drin buozen niht irren. Diu eine ist die got selber gît; diu ander ist die der priester gît, dem dû dâ bîhtest. Der gît dir buoze nâch gnâden, wan dû verdienet hætest, daz dû iemer und iemer verlorn soltest sîn in der helle, dâ dir eins tages wirs wære gewesen, danne ob dû sît Adâmes gezîten niwan wazzer unde brôt hætest gâz und ûf allen vieren wærest gangen. Nû sich, waz dir got gnâden hât erzeiget! Nû sich übergrôze gnâde, die dir der priester tuot! Unde den gewalt hât in der almehtige got verlihen. Unde daz ir den priestern deste gehôrsamer sît an der selben buoze, sô wil ich iu sagen, wie vil er iu gnâden dar an tuot. Ez hât lîhte iuwer etelîchez eine houbetsünde, etelîchez zwô, etelîchez vier, etelîchez zehen, etelîchez hundert, etelîchez fünf hundert. Nû merket mir die grôzen unde die edelen gnâde, die der priester iu tuo mit der buoze. Der eine houbetsünde ze rehte büezen solte mit vasten, mit beten, mit wachen, mit allen guoten werken, sô möhte man die selbe sünde niemer gebüezen âne gnâde. Daz daz wâr sî, daz erzöuget uns got an Adâme. Umbe die einige sünde muoste alliu diu werlt zer helle varn, die ie geborn wurden: die mohten die einige sünde nie gebüezen, unz daz sie got an dem kriuze buozte, dô er leit den bittern tôt, dar umbe daz er sie gebuozte. Ist ieman hie, der deheine sô grôze sünde ie getete, als daz Adam den apfel az? Unde seht, waz grôzer gnâden got dem priester gegeben hât, ob dû der sünde fünf hundert hâst ûf dir, der alliu diu werlt eine niht gebüezen möhte âne gnâde nâch der gerehtikeit, daz er dir für die buoze gît, ob dû sie leisten wilt, daz dû niht iemer dar umbe brinnest. Unde dar umbe soltû sie willeclîchen leisten die er dir gît. Gît er dir vil buoze, daz tuot er dir ze grôzem guote, wan sô wil er, daz dû in dem vegefiure deste minner brinnest. Wan dâ von sol iuch einvaltige liute niht wunder nemen, wannen von éin priester mê buoze gebe dan der ander, unde daz man einem mêr buoze gît danne dem andern. Daz nimt niwan die einveltigen liute wunder; die wîsen wizzent ez selbe wol. 'Wie?' sprechent etelîche, 'unser herre, der vernt hie was, der tet uns vil gnædeclîcher (oder sie sprechent 'ungnædeclîcher') unde sie gebent gar ungelîche buoze.' Des sol iuch dehein wunder nemen. Wan der iu vil gît, der tuot daz durch guot, daz ir die sünde mîdet unde fliehet unde daz ir deste minner in dem vegefiure brinnet, wan ir die buoze vil lîhteclîchen traget die iu der priester gibt, die ir gar swærlîchen müestet büezen nâch geschribenem rehte:

diu diuhte iuch lîhte ze herte, daz ir dar an verzagtet. Unde dâ von gît man iu buoze nâch gnâden, ûf die erbermede unsers herren, vil minre danne halp rehte. Mir ist vil lieber und ist ouch gote lieber, daz dû in dem vegefiure brinnest ein jâr, dar nâch unde dû verdienest, danne daz dû in der êwigen martel iemer und iemer brinnest. Wande die liute nû sich gar mit sünden hânt verworren, sô wæren wir des frô, daz wir iuch doch in daz vegefiwer bræhten. Dâ von gît éin priester minner danne der ander oder mê. Der iu dâ wênic gît, der tuot iu ouch ze guote, daz ir deste gerner in der buoze sît; wan er vorhtet des, ob er iu ze vil gæbe, daz ir danne gedæhtet: 'nû gê als ez müge, ich mac des alles niht erlîden.' Dâ von gît er dir wênic, daz dû in die gemeinde komest der heiligen kristenheit. Unde swes dû hie danne niht gebüezest, daz büeze in dem vegefiure. Unde dar umbe daz iu got lône, ir jungen priester (die alten wizzent ez selber wol), sô bestêt sie deste gnædiclîcher, daz in diu buoze deste heimelîcher werde unde daz sie die widerwertigen unde die herten deste gerner enpfâhen. Unde gebet mir allen sündern buoze nâch gnâden, wan eht zwein sündern: den sult ir deheiner slahte gnâde tuon, wan daz sie nâch rehte büezen, weder mit gesundem lîbe noch mit siechem noch vor dem ende noch nâch dem ende. Der sich dem tiuvel ergeben habe oder mit dem heiligen gotes lîchnamen gezoubert hât, den gebet buoze nâch gnâden, der dâ widerkêren welle. Allen sündern gebet buoze nâch gnâden, wan dén zwein. Daz ist, der unreht guot gewinnet unde der dem andern sîne êre nimet mit lügen: die müezent nâch rehte büezen, als in den zehen geboten dâ stêt. Unde gebet ouch ieglîchem buoze als sîner sünden mæzic ist. Gebt mir dem unkiuschen vil ze vasten unde ze beten. Gebt mir dem hôhvertigen grôze dêmüetikeit, dem gîtigen vil almuosen etc. Und alsô sult ir die buoze leisten die der priester gît. Die got selber gît die sult ir ouch leisten. Unde dâ mite sô wellent etelîche ouch ledic sîn, daz got selber sprichet: 'ganc hin unde tuo sîn niht mêr.' Sô einer ein nescher ist gewesen zwei jâr oder fünfiu oder zeheniu, und alse er zuo der ê kümt, sô wænet er, er habe gebüezet swaz er dâ vor mit der unê habe gesündet. Des ist niht. Der einem eine wunden sleht, wil er in niemer mêr geslahen, er muoz im doch die wunden bezzern. Hât einer vil geroubet unde gebrennet, unde wil er niemer mêr gerouben noch gebrennen, er muoz daz vorder gelten unde widergeben. Ir sult die buoze leisten, die der priester gît nâch gnâden. — Die dritten buoze solt dû ouch leisten. Daz ist diu buoze, die dû dir selber nemen solt. Wande dir nieman getar buoze nâch rehte geben, sô ist daz wol gefüege, daz dû dir selber etewaz nemest mêr danne dir der priester gît. Nû gît ein salzman zuo; dâ von gîst dû ouch billîche zuo. Doch bist dû dar umbe niht verlorn gar, ez überhebt dich aber grôzer martel in dem vegefiure: almuosen geben, wachen, vasten eine mittewochen oder einen frîtag, etewenne wazzer unde brôt ezzen, durch got varn kirchverte unde ze Rôme. Daz sol aber nieman tuon wan die man: deheiner frouwen ist niht gesetzet niendert ze varne durch got, wan dâ sie ze naht wider hein mac komen, oder swâ sie benahtet, daz sie dâ alse sicher ist als in ir hûse oder in ir kamern. Swâ sie des nahtes niht ist dâ heime, dâ sol sie niemer hin komen. Frouwen die suln dâ heime büezen, man die suln ûz varn: frouwen die suln dâ heime sitzen spinnen. 'Wie, bruoder Berhtolt? wer tæte einer alten frouwen iht? Obe got wil ich var durch alliu lant wol sicher mit gewarheit mîner sêle.' Weh! sô dû müede wirdest und einen trunk getuost, sô weiz einer in der naht, ob dû alt bist oder junc. Dû maht vil mêr sünde hein bringen danne dû ûz fuortest. Wir lesen von einer, diu fuor ze Rôme, unde daz sie dar fuorte daz liez sie dâ, unde daz sie niht dar fuorte daz brâhte sie heim. Nû waz brâhte sie dar unde waz fuorte sie von dannen? Ir magettuom fuorte sie dar kiusche unde reine unde liez den dort bî sant Pêters münster, unde brâhte ein kint her wider von dannen. Einer frouwen rômvart und einer hennen flug über einen zûn ist allez glîch nütze. Man suln ûz varn, frouwen die suln dâ heime sitzen spinnen, sie suln mit erbarmherzikeit dâ heime büezen. Daz ir nû alle wâren riuwen gewinnet unde lûter bîhte vollebringet ze rehte unde die rehten buoze geleistet, alsô daz iuch der tiuvel niemer geirren müge, daz er mite gelestert werde unde der almehtige got und allez himelische her gelobet unde geêret werde und ir die gnâde gotes verdienet unde daz êwige leben, des helfe mir und iu der vater unde der sun unde der heilige geist. Sprechet alle: âmen.

# XXIII.

## VON DRIN MÛREN.

'DAz himelrîche glîchet einem acker, dâ schatz inne verborgen lît. Als den ein mensche vindet daz verkoufet allez daz ez hât und kouft den acker, daz im der schatz werde' (*Matth.* 13, 44). Welhez ist der acker, dem daz himelrîche gelîchet? Daz ist diu heilige kristenheit. Daz ist dâ von, daz nieman zem himelrîche kumet wan ûz der heiligen kristenheit. Ez gêt niht weges zem himelrîche ûz der heidenschaft noch ûz der jüden ê, noch ûz der ketzerîe gêt niht weges zuo dem himelrîche. Sô heizet ouch diu heilige kristenheit ein acker ûz der heiligen schrift. Welhez ist der schatz, der dâ inne verborgen lît? Daz ist eins ieglîchen reinen kristenmenschen sêle. Daz ist gote gar ein lieber schatz und ist im halt sô liep, daz er verkoufet allez sîn guot, den worten daz im der schatz werde; wan er wart sîn vil wol gewar, swie verborgen er dô lac. Diu sêle ist ein verborgen schatz, sie siht nieman, sie hœret nieman, sie gerüeret nieman. Sie ist ein verborgen schatz. Und dar umbe verkoufte der almehtige got allez sîn guot unde koufte den acker (die heiligen kristenheit), daz im der schatz werde. Ir herren, ir koufet iuwer ecker niwan mit pfenningelînen unde mit silberlînen; unser herre Jêsus Kristus verkoufte sîn selbes lîp unde koufte den acker, daz im der schatz wurde: alse herzeclîchen liep was im der schatz, des reinen kristenmenschen sêle. Owê, lieben kristenliute, nû habet den almehtigen got liep, wan er hât iuch âne mâzen liep gehabt, unde dô er den acker koufte mit sîn selbes lîbe, dô genuogete im dannoch niht, er wolte in ouch selber bûwen: sô gar herzeclîchen liep was im der acker durch den schatz, der drinne was gelegen verborgen. Alse wolte er zuo dem acker niemanne getrûwen der in bûwete danne im selber, weder patriarchen noch prophêten noch deheinem der zwelfboten noch engeln noch menschen, weder nieman in himel noch ûf der erden noch niemanne, alse gar liep was im der acker durch den schatz der dar inne verborgen lît, des reinen kristenmenschen sêle. Owê, ir sæligen kristenliute, wie herzeclîchen liep ir haben soltet aller engel herren und aller der werlt herren unde keiser unde künic aller künige! der hât den pfluoc selber durch iuwern willen gehabt. Ir hêrschaft, ir lônet dem knehtelîn, daz den acker bûwet: dem gebet ir ein wênic güetelîns. Dâ was im der acker alse liep, diu heilige kristenheit, daz er in nieman wolte lâzen bûwen, und er hât den pfluoc selber gehabt aller engele herre. Ein pfluoc muoz von îsin und von holze sîn; alsô was daz heilige kriuze von holze, unde von îsin die nagele, die im dâ giengen durch hende unde durch füeze, und alsô habte er den pfluoc, unze er den tôt dar an nam. Nû seht ir, liebe kristenheit, wie liep iu got hât gehabt! Unde dâ genuogete in niht an, daz er in koufte mit sîn selbes lîbe und in dô selbe bûwete: er hât in ouch selbe getünget mit sîn selbes bluote. Wâ wart ie dehein acker sô gar übertiure gekoufet und als tiure vergolten und alsô zertlîche erbûwen und als harte erbûwen und als lieplîchen getunget und alsô minneclîche getunget? Wan er hât in getunget mit sînem edeln minneclîchen herzbluote, wan dâ mite wart diu erde begozzen. Als gar liep was im der acker, diu heilige kristenheit unde der edele schatz, des reinen kristenmenschen sêle. Nû seht, wie herzeclîchen liep iuch got gehabet hât unde wie herzeclîchen er iuch geminnet hât! Unde dâ von, alse er selbe sprichet unde gebiutet, sô suln wir in minnen von allem unserm herzen unde von aller unser kraft unde von aller unser sêle, und unsern næhsten alse uns selber. Wan er uns als herzeclîchen liep hât gehabt, sô wil er ouch daz wir in liep hân, und ist diu liebe der er von uns muotet niwan unser sêle sælikeit und unsers lîbes. Ist ieman hie, der im êren unde sælden unde guotes wol gan, der habe got liep von allem sînem herzen und aller sîner sêle unde von aller sîner kraft, unde sînen næhsten alse sich selben. Swer daz tuot der gan im selber guotes wol und aller sælikeit, wan des zerrinnet im halt niemer mêre. Ich wil ein grôz wort sprechen: er hât halt allez daz got selber hât. Unde wir suln von der selben liebe, daz er uns als liep hât, unsern næhsten ouch liep hân. Wan swen der herre liep hât, den sol daz hofgesinde ouch liep hân, und alsô hât er uns alle liep gehabt. Hât einer mêr danne der ander, er hât doch den armen alse liep alse den rîchen. Swie arm er ist, swie ungestalt er ist, dû weist niht, wes got mit im gedâht hât, mit des armen armuot unde mit des rîchen rîcheit. Unde dar umbe soltû dînen næhsten, daz ist dînen ebenkristen, minnen alse dich selben, wan in got selber alse liep hât, daz er den tôt durch in leit. Des enmuotet aber got hin ze dir niht: er muotet niwan daz dû in alse dich selben minnest. 'Owê, bruoder Berhtolt, jâ tuost dû des selber niht! nû bin ich dîn ebenkristenmensche unde hâst zwêne guote röcke unde hân ich einen vil bœsen, unde læst mich doch ê mangeln danne dich selben.' Daz ist vil wâr, ich hân die röcke: ich gibe aber dir dekeinen. Hætez got alsô gemeinet, ez würde nieman behalten der hiute lebet, weder geistlich noch werltlich mensche. Ich gib dir des rockes niht, ich wolte aber gerne mit guoten triuwen, daz dû einen alse guoten hætest oder einen zwirunt alse guoten. Sich, dar an lît diu minne, die dû gein dîm ebenkristen haben solt. Ganst dû dir selben guotes, dû solt ouch im guotes günnen. Hâst dû gerne êre, dû solt ouch im êren günnen. Hâst dû gerne guot, dû solt ouch im guotes günnen. Hâst dû gerne himelrîche, dû solt im ouch himelrîches günnen alse wol alse dir selben. Dû solt alse gerne dînem næhsten gunnen daz im wol geschehe als dir selben an allen dingen, mit dînem herzen unde mit dîner triuwe unde mit dînem willen unde mit dîner erbermede, daz dich erbarmen sol sîn jâmer unde sîn kumber, alse ob ez dir selber an læge. Soltez dir an ligen als ez manige liute verstênt, sô möhte nieman behalten werden. Sô wære her Dâvît verlorn worden: er gunde im selben des künicrîches baz danne hern Saule. Er hât im aber vil wol günnet, daz er mit gote unde rehte ein semelîchez herze gein gote hæte gehabt an der rihtekeit. Ez möhte ouch keiser Heinrich niht heilic sîn worden: der möhte dar umbe niht alle kristenliute ze keisern hân gemachet. Daz selbe spriche ich ouch zuo dem guoten sant Ôswalde unde zuo allen den, die mit grôzer rîcheit ze himelrîche sint komen: die möhten übele alle die ze künigen hân gemachet unde ze herren, die dés mâles lebten. Got der meinet ez alsô niht: er meinet daz dû den armen durch sîn armuot niht solt versmâhen und im halt sîn armuot büezest swâ dû maht unde sô dû aller meiste maht, daz er bî dir iht verderbe. Unde maht dû im mit gâbe unde mit andern sachen niht gehelfen, sô soltû in trœsten unde grüezen unde sol dir leit sîn waz im wirret, unde solt dich über in erbarmen an lîbe unde guote oder an friunden oder an êren. Dar umbe solt dû im niht haz noch nît tragen, unde swaz dir liep sî daz man dir tuo, daz soltû ouch dem næhsten tuon; swaz dir leit sî, daz man dich hazze oder schelte oder spotte, des soltû in erlâzen. Nû seht, daz möhte ein ieglich mensche tuon gar wol, wan wir sîn sîn alle einander schuldic, wir sîn alle einander gebrüeder unde swester unde heizen alle nâch einander, nâch dem almehtigen gote unserm herren Jêsû Kristô: alsô heizen wir alle sament kristenliute. Nû seht, ir reinen kristenliute alle sament, wie liep iuch der almehtige got hât gehabt! Wan er als maniger hande liebe hât an den acker geleit, dâ genuogete in dannoch niht an, er habe in nâch im genennet unde den edeln schatz, der im sô herzeclîchen liep was. Unde dâ bî allem samt genuogete in niht, er wolte dannoch mêr kost unde gezierde an den acker legen. Ir hêrschaft, ir umbeziunet iuwer ecker niwan mit einem swachen zûne oder ir lât sie gar sus. Dâ umbevienc der almehtige got disen acker mit drin vesten mûren: in genuogete mit éinem zûne niht als ir herren iuwer ecker mit eime kranken ziunlîn umbevâhet und umbeschrenket. In genuogete ouch an éiner mûre niht, in genuogete ouch an zwein mûren niht: er wolte niwan drî starke mûren al umb und umb den acker lâzen gên, gar stark unde veste: sô herzeclîchen liep was im der acker unde der schatz. Unde dar umbe hât er in sô vesteclîchen umbevangen mit drin starken mûren: mit einer sîdînen mûre (ir wizzet wol, daz sîde gar stark ist unde veste und zæhe); dannoch hât er sie umbevangen mit einer îsenînen mûre unde mit einer himelischen mûre.

Diu êrste mûre diu ist sîdîn. Dâ hât der almehtige got sînen herzelieben acker gar vesteclîchen mit grôzer kraft umbevangen. Daz ist diu sîdîne stôle, daz geistlîche gerihte, wan er die stôle dem guoten sante Pêter bevalch mit grôzer vestenunge daz er der mûren pflege und im den schatz, den edeln hort, gar wol behüete. Unde dâ von mâlet man sante

Pêtern den himelslüzzel in die hant, daz er ein kamerer ist der heiligen kristenheit mit der kristenlîchen geistlîchen lêre unde mit dem geistlîchen gerihte. Alse vesteclîchen ist ez hiute eime ieglîchen bâbeste bevolhen, daz er an gotes stat die kristenheit wîse unde lêre, wie sie kristenglouben lêren süln. Und alse sie in gelernen, sô sol man daz volk dannoch lêren, wie man in halten sol kristenlîchen, ob in jüden oder heiden oder ketzer den kristenglouben leiden wolten, daz sie den künnen widerstên unde sich vor ungelouben gehüeten künnen, unde wie man kristenglouben mit kristenlîchen werken vollefüeren sol: wan kristenlîcher gloube âne kristenlich werk ist vor gote ein tôtez dinc unde kristenlich werk ân kristenlîchen glouben ist vor gote alsam. Swer der bêder niht behaltet alse er von rehte sol, der gevert êwiclîchen übel. Wie man ieglîchez behalten sol nâch sînem rehte, daz ist dicke und ofte gesaget. Nû mac der bâbest in allen landen niht gesîn unde mac alle menschen niht erkennen an ir gelouben und an ir werken, unde dâ von hât er den patriarchen unde den kardinâln unde den erzebischoven unde den andern bischoven und erzepriestern und abten unde probesten unde techanden und pfarrern und underpfarrern den gewalt gegeben unde verlihen, daz sie an sîner stat einen ieglîchen kristenmenschen behüeten alse verre alse ieglîchen geordent unde gesetzet ist, daz der edele schatz iht gevelschet werde mit deheiner bôsheit, alse verre sie ez erwenden mügen. Und alsô ist diu sîdîne stôle ein mûre umbe die heiligen kristenheit; und alsô bevalch der almehtige got dô er ze himelrîche fuor der pfafheit sînen herzelieben acker unde den edeln unde reinen schatz an ir triuwe und an ir sêle, und an daz hœhste pfant alle die sêle kristener liute, daz sie im sie iht verliesen, alse verre alse sie ez mügen behüeten. Unde dâ müezent sie gote umbe antwürten an dem jungesten tage vor gerihte. Her bâbest, unde wæret ir hie, ich getorstez iu wol sagen: alle die sêle die ir dem almehtigen gote verlieset oder verlorn werdent von iuwern schulden, als verre und irz erwenden soltet unde möhtet, ir müezet sie gote gelten mit iuwerm grôzen schaden. Daz selbe sprich ich zuo ir ieglîchem besunder. Ir sullet anders niht ze tuonne haben unde ze schaffen, weder tagalt noch jene noch dise kurzewîle, wan daz ir ob iuwern buochen soltet sitzen, wenne iu ein zît wirt vor dem amte, daz iu got bevolhen hât und iuch über alle menschen geêret unde gewirdet hât unde gehœhet. Unde dar umbe sult ir im sîns herzeliebcn ackers unde des schatzes gar getriuwelîchen pflegen. Daz hât er wol umb iuch verdienet unde wil ez noch hundert tûsent stunt baz umb iuch verdienen. Wan als ir hie gewirdet unde geêret sît, als vil sît ir dort in den êwigen freuden geêret; wan swenne man iuch wîhet, sô wirt ein karacter gedrücket in iuwer sêle, dâ man iuch iemer mêr bekennet, dâ von man iuch êren muoz. Unde kumet ir halt zer helle (dâ iuch got vor beschirme!), dâ möhten ez alle tiuvele ab iu niemer gebrennen noch gekratzen, ez muoz iemer und iemer mêre an iu sîn. Dâ sult ir iuch iemer mêre gerne vor behüeten, daz daz selbe edel zeichen iemer zer helle an als smæher stat gesehen werde. Ir sult vil wundersnelle bereit sîn, swenne ein bote kümt umbe mitten tac, umbe mitte naht: ir enwizzet niht waz die liute twinget. Versûmet ir diu kint an der toufe oder diu gewahsen liute an dem heiligen gotes lîchnamen oder an dem heiligen olei oder an der bîhte, dâ müezet ir gote umbe antwürten. Ir erzebischöve und ir andern bischöve, wæret ir hie, ich getorstez iu wol sagen: swenne ir iuwer bistüeme versûmet als verre ir sie behüeten unde bewarn sült, ir müezet gote drumbe antwürten. Ir erzepriester etc.

Diu ander mûre, dâ mite der almehtige got sînen acker umbemûret hât, daz ist ein îsenîniu mûre. Daz ist gar ein vestiu mûre, diu ist vil vester danne ein steinîniu mûre. Daz ist daz îsenîne swert des werltlîchen vesten gerihtes. Daz sol der bâbest dem keiser lîhen, obe ieman wære, der dise sîdîne mûre mit ungehôrsam zerbræche, daz diu îsenîniu mûre dannoch dâ vor sî unde den acker schirme vor jüden unde vor heiden unde vor ketzern; wan die wæren nû lange als gewaltic worden, daz diu kristenheit vil deste wirs möhte oder gar verdrücket wære. Und alsô ist ouch dem keiser diu kristenheit bevolhen. Sô enmac ouch der keiser in allen landen niht gesîn unde mac allez unreht niht verrihten; dâ von lîhet er den künigen die künicrîche, daz sie an sîne stat diu lant berihten sullen, der künic in sîme künicrîche, der herzoge in sînem herzogetuome, unde pfalnzgrâven unde lantgrâven unde marcgrâven und andern grâven und allen werltlîchen rihtern: die suln uns beschirmen vor unrehtem gewalte, vor ungeloubigen liuten.

Wan jüden suln sie alsô schirmen alse die kristen an ir lîbe und an ir guote, wan sie sint in den fride genomen. Unde swer einen jüden ze tôde sleht, der muoz in gote büezen unde dem rihter alse einen kristen, wan sie habent eht die keiser in den fride genomen. Wan durch zwei dinc dulden wir die jüden under den kristenliuten. Daz ein, daz sie geziuge sint daz unser herre gemartelt wart von in. Unde swenne ein kristenmensche einen jüden siht, sô sol ez im eine andâht drabe nemen. 'Owê,' sol ez gedenken, 'bist dû der einer, von den unser herre Jêsus Kristus gemartelt wart unde daz durch unser schulde leit?' Und ir sult gote sîner martel danken, ir kristenliute, swenne ir den seht. Ir sult sîner martel niemer vergezzen, wan er vergizzet unser niemer; iedoch süln wir von den jüden sunderlîche ermanet werden. Unde durch ein ander sache: swaz ir den endekrist überlebt, die werdent vor dem jungesten tage alle ze kristenliuten. Vor andern ungeloubigen liuten süllent die rihter schirmen; der jüden würden danne sô vil, daz sie uns obernthant ane wolten gewinnen: sô muoz man sich ir wern als der heiden. Ir ritter, ir sult uns ouch schirmen vor dieben unde vor röubern unde vor mordern unde vor bennigen liuten, die dâ lange in dem banne sint gewesen und in der âhte frevelîche. Nû seht, waz des volkes ist daz der kristenheit vârende ist! Ir sult uns ouch schirmen vor den, die mit des tiuvels gespenste umbe gênt, die dâ lüppe unde zouber trîbent. Unde dâ von sô sol der keiser dem bâbeste den stegereif haben, dar umb, daz sich der satel iht umbe winde. Daz ist alsô vil gesprochen: swaz der bâbest mit dem banne gerihten mac, daz sol der keiser und ander werltlîche rihter mit dem swerte rihten. Unde dar umbe segent man iu daz swert, sô ir von êrste ritterschaft enpfâhet. Daz ist ein zeichen daz ir dar zuo geordent sît von gote, daz ir der kristenheite gebunden sît rehtes gerihtes, wan aller kristenliute sælde lît an den zwein gerihten, an geistlîchem gerihte und an werltlîchem gerihte. Unde wer getörste iemer dekeine sünde getuon, swenne geistlich gerihte unde werltlich gerihte sich genzlîche vereinten mit gelîchem muote und einander getriuwelîchen gestüenden unde hülfen, als sie von rehte solten? Sô getörste nieman deheinen unrehten gewalt tuon an goteshiusern, daz iezuo gar unmâzen vil geschiht, daz sich der herren gar vil verwirkent an goteshiusern, an symonîe, an sacrilegie, an zehenden unde swaz eht der heiligen guot heizet: des hânt die herren alse gar vil an sich gezogen, daz nû vil wunderlîchen kûme eteswâ ûf vier kirchen éin priester sitzet, wan sie mügent eht sich dâ von niht begên. Dâ vil billîchen vier priester wæren, dâ ist kûme einer. Pfî, Symôn, wâ sitzest dû dâ vor mînen ougen? unde sacrileger unde die dâ ûf den ban dâ niht enahtent und ez für ein gespöte habent? Wer getœrste gewuochern, gefürkoufen oder pfant behaben oder gerouben oder gesteln oder ê gebrechen, sô man die hôhen herren sæhe ze banne getuon unde dar nâch in die âhte tuon unde dar nâch êlôs unde rehtelôs sagen und dar nâch den lîp nemen, unde den nidern daz selbe tæte, unde hiute zehene hienge unde morgen zehenen daz houbet abe slüege, dise radebrechte, jene brente, dise an der siule slahen, jene binden an den kirchzûn? Sô sprichet der ketzer, ez müge nieman einem menschen sînen lîp genemen âne tœtlîche sünde mit gerihte. Her rihter, ich setze iu niht mêr buoze danne iuwerm swerte. Swer mit rehte vor iu überredet wirt sô getâner schulde diu ze dem lîbe stêt, sô dâ sült ir uns einen fride vor schaffen. Sê, wer möhte lîp oder guot deheine wîse behalten? Nû mac man sus lîp oder guot mit nihtiu behalten. Unsæliger ketzer! der almehtige got hât sînen herzelieben acker dâ beschirmet. Unde swenne man gerihtes alsô pflæge alse got gesetzet hât, sô möhte kûme iemer dehein sêle verlorn werden, wan ez engetorste eht nieman deheine grôze sünde getuon. Dâ von, ir keiser, wæret ir hie, ich kundez iu wol gesagen: alle die sêle die von iuwern schulden verlorn werdent, von unrehtem gerihte, von der lazheit des gerihtes, daz ir iuch versûmet oder vergâhet mit gerihte unde witewen unde weisen und armen unde rîchen niht fride machet als verre ir müget unde sült: alle die sêle die dâ von verlorn werdent, die müezet ir gote vil tiure gelten nâch iuwerm grôzen schaden. Ir künige und ir herzogen, alle die, den der almehtige got den gewalt geben hât unde daz gerihte bevolhen hât, swâ ir niht guoten fride machet alse verre alse ir müget unde niht reht gerihte habet, dâ verfluochet iuch got umbe, als er zuo Moysen sprach, wie hôhe er die segente, die rehtez gerihte dâ habent. Jâ hât iu got gar grôze wirde ûf erden gegeben. Man muoz vor iu knien unde gegen iu ûf stên unde muoz gein iu vorhte hân unde habt vil wîte unde breit umb iuch unde rîtet schône unde gêt schône unde habt hôhe bürge unde schœne frouwen, unde dâ von soltet ir tac unde naht trahten, wie ir daz gote gedanken möhtet. Nû bæte er iuch anders niht danne guoten fride machen und rehtez gerihte halten. Wan swenne ir rehtez gerihte hieltet, sô wære ouch der fride guot in allen iuwern landen. Nû rihtet ir niwan nâch dem pfenninge. Herre, waz hât eht der pfenninc getân! Wan swelhen enden daz gerihte gât, sô gêt eht ez niwan über den pfenninc.

Dise zwô mûre sint von irdenischer materie, dâ von slîfent sie unde werdent krank, und dar umbe bevienc unser herre sînen lieben acker mit einer himelischen mûre, wan im was eht der acker unde der schatz sô herzeclîchen liep, daz in niht genuogete an den zwein mûren, unde satzte im huote mit der heiligen schar der engele. Er müeste einem herren ein lieber acker sîn, der ze iegelîchem orte einen hüeter satzte; der müesten vier ze einem acker sîn. Sô wære im aber der vil lieber, der ze ieglîchem bete einen satzte. Sô wære im aber der gar ein lieber acker, der ze einem ieglîchen eher einen hüeter satzte. Alsô liep hât unser herre die heiligen kristenheit, den acker, daz er ze ie dem orte einen hüeter satzte. Er hât ze iegelîchem künicrîche einen engel gesetzet der des künicrîches hüetet, und danne ze iegelîchem herzogetuome unde ze ieglîchem lande, daz ein lant mit sunderm namen ist; unde danne ze iegelîchem bistuome einen unde ze ieglîcher stat einen die in den landen und in den bistuomen sint, unde danne ze iegelîchem dorfe einen unde ze iegelîchem klôster einen unde ze iegelîchem wîler unde riet einen unde ze ieglîcher bürge einen unde ze iegelîchem hûse einen unde ze iegelîchem menschen einen sunderlîchen, ez sî junc oder alt, getoufet oder ungetoufet, einem iegelîchen kristenmenschen sunderlîchen einen hüeter und einen engel gegeben, unde halt ieslîchem heiden unde ketzer unde jüden unde slafênen unde tatânen, ez sîn jene oder dise, die nâch menschen gebildet sint, der hât iegelîchez sînen engel der sîn hüetet. Sê, herre, wâ von? Dâ hât ouch iegelîchez einen tiuvel: der bræche im sâ zehant den hals abe wan diu huote des engels, swenne er eine tôtsünde getæte. Her jüde, iu hæte der tiuvel langes den hals abe gebrochen wan iuwer engel, der iuwer dâ hüetet. Daz selbe tete er ouch den heiden unde den ketzern, wan sie menschen sint unde nâch gote gebildet sint: des læt er sie ouch geniezen unde gît in die engele ze huote. Und rehte als der bâbest ein fürste ist über alle pfaffeheit unde der keiser ein fürste ist über alle werltlîche rihter, alsô ist sant Michahel ein fürste über alle die engele die der menschen hüetent ûf ertrîche unde die über diu lant sunderlîchen gesetzet sint. Der selbe ist ouch herre über alle die der menschen pflegent in dem lande, unde danne sant Michahel ist herre über sie alle. Dâ von begên wir im eine hôchgezît hie ûf ertrîche unde vîgern im einen tac. Daz tuot man deheinem engel mêre danne im unde sînen gesellen die unser dâ pflegent. Unde man mâlet im allez eine wâge in die hant unde heizet in den weger. Daz ist dâ von daz er uns wiget vor des tiuvels freisen. Wir lesen von hern Thobîas, dô er sînen sun sante verre unde verre, dô hete der tiuvel siben man erwürget bî einer frouwen; dâ beschirmete unser herre dem guoten herren Thobîas sînen sun vor, und alsô genas er vor des tiuvels freise von der engele huote.

Nû seht, bî allen disen huoten unde bî allen disen mûren sô hât der tiuvel unkrût gesæwet in den herzelieben garten, unde dâ von liset man in dem heiligen êwangeliô, daz die hüeter kâmen unde sprâchen: 'owê, herre! die vînde hânt unkrût gesæwet under dînen weizen: weder suln wirz ûz brechen oder niht?' 'Niht, niht!' sprach der herre, 'lât mirz mit einander wahsen unz ez zîtic werde: sô sol man ez sundern von dem weizen unde sol ez ze büschelînen binden unde sol ez in ein fiwer werfen.' Nû waz meinet unser herre hie mite? Nû sehet, alsô habent des almehtigen gotes vînde (daz sint die leidigen tiuvele) die habent unkrût gesæwet in den edeln weizen, daz ist under die heilige kristenheit, die gedultigen unde die dêmüetigen unde die barmherzigen unde die milten unde die tugenthaften, dâ habent sie unkrût under geworfen unde frâzheit unde gîtikeit und unkiusche unde hôhvart etc. Unde dâ von sprechent die engele alle tage, sô in der mensche ungehôrsam ist und in die sünde vellet, seht, sô sprechent die engele: 'herre, herre! lâz uns sie tœten,' wan sie sint uns allen samt unmâzen vînt für daz der mensche in tôtsünde gevellet, daz sie in herzeclîchen hazzent, unde sprechent alle: 'herre, lâz sie ertœten.' 'Niht, niht!' sprichet er, 'lât mir sie mit einander wahsen.' Her Kâîn unde her Abel, nû wahset mit einander! ir morder und ir gedultigen, ir bluottrinker und ir barmherzigen gotes kinder! Kâîn, wâ sitzest dû? dîn bruoder sæze als billîche als dû den dû hâst ermordet. Nû wahset mit einander, ir spoter und ir bescheidenen liute! Der grœsten schaden einen haben wir von den spotern den die werlt ie gewan. Her Ismahel und her Îsaac, nû wahset mit einander! ir êlîchen und ir unêlîchen, ir gerehten und ir ungerehten wahset mit einder! ir fræze und ir unkiuschen liute, die dâ ungerne vastent durch die liebe unsers herren, und ir mæzegen und ir kiuschen wahset mit einander! wan jener Esau frâz alle sîne sælikeit an einem muose. Ist iendert dehein frâz hie? jâ fürhte ich des, ich habe etelîchen frâz vor mînen ougen, dem sîniu frâzheit alle sîne sælikeit verliese. Nû wahset mit einander, her Helysêus und her Jesi! Nû wahset mit einander, ir lügener und ir trügener, die mit unrehtem gewinne und mit untriuwen umbe gênt, und ir getriuwen! Wahset mit einander, her Saul und her Dâvît! Nû wahset mit einander, frou Iesabêl unde heilige frou sant Elizabêth! Nû wahset mit einander, ir hôhvertigen und ir dêmüetigen! Nû wahset mit einander, ir gilwerinne und ir verwerinne mit dem gelwen gebende, und ir reinen frouwen mit iuwerm dêmüetigen gewande! alse mîn frou sant Elizabêth, diu was gar ein heilige dêmüetige frouwe; dô was aber jene Iesabêl gar ein bœse hût und ein gilwerin und ein verwerin. Pfî, wâ sitzest dû dâ vor mînen ougen, mâlerin? wiltû dich baz mâlen danne dich der almehtige got hât geschaffen, dir geschiht als Iesabêln: des tages dô sie sich geverwet hete, dô nam sie ein lesterlîchez ende und einen schemelîchen tôt unde fuor des selben tages in die stinkenden helle, dâ ir niemer mêr rât wirt, unde die hunde laften ir bluot des selben tages. Alsô læt iu got mit einander wahsen unz daz ir zîtic sît: sô wirfet man iuch danne in daz êwige fiwer, dâ ir iemer mêre âne ende brinnet. Nû wahset mit einander, her sant Pêter unde her Judas! nû wahset mit einander, her Dismas und her Jesmas! nû wahset mit einander, ir gîtigen und ir milten, ir gotes büezer und ir zwîveler. Ir gîtigen, Judas brüeder, ir habet gar verzwîvelet an der miltekeit des almehtigen gotes, daz ir iuch mit rehtem guote iht ernern müget. Nû wahset alle mit einander die wîle ez gotes wille sî. Wan die engele ruofent eht alle tage: 'herre, lâz uns sie tœten!' 'Niht!' sprichet got, 'lât sie mit einander wahsen, die übelen bî den guoten, die gerehten bî den ungerehten' etc.

Nû war umbe tuot unser herre daz, daz sie nû sô gar wider sînen hulden sint und ouch die engele daz alle tage begernt, daz sich got lâze an in rechen, unde læt sie doch bî den guoten unde bî den gerehten wahsen? Seht, daz tuot unser herre durch drîe sache. Swâ die übeln den guoten übel tuon, daz den guoten ir lôn dâ mite gemêret wirt oben in dem himelrîche unde daz disen gotes kinden ir lôn ûf neme und ir vegefiwer geminret werde. Unde dar umbe, ir sæligen gotes kint, ir sült ez gar gedulteclîchen lîden, swâ sie iuch beswern an lîbe oder an guote oder an friunden, daz sult ir gedulteclîchen unde dêmüeteclîchen lîden: sie sint doch bezzer an ze sehenne danne die tiuvele unde daz egeslîche vegefiwer, daz ir dort müestet lîden. Wan swie guot ir sît, sô müezet ir doch manic mâl unde tegelîchen sünden hinne für. Sô muoz eht daz gar schœne unde klâr sîn, daz liehter ist danne diu sunne: dâ von müezent iuwer tegelîche sünde in dem vegefiure geliutert werden, unde dar umbe læt sie der almehtige got leben, daz sie iuwer vegefiwer sîn die unrehten gewaltesære unde die heuschrecken, der herren schiltknehte. Swâ der hine vert sô tuot er als ein heuschrecke. Der wil niwan mitten in dem grase ligen; alse wil er allez daz umbe sich streuwen daz er gesiht. Er streuwet den guoten liuten ir arbeit und ir fuoter und ir heu vil mêre etewenne under diu ros danne sie sîn gezzen. Sô er danne an eime huone genuoc hæte, sô würget er zeheniu; sô er danne an einer gense genuoc hæte, sô würget er vier oder zehene, und alsô tuot er dem allem sament. Des die guoten liute ein ganzez jâr leben solten, möhte er daz einigez für bringen, daz tæte er, unde wirt sîn selten iemer keiner tiwerr an lîbe und an guote. Als der heuschrecke: swie tief er in dem grase lît, sô wirt er doch niemer veizter, er ist alle zît mager und lancbeinic unde snâkelt. Alsô bist dû, schiltkneht, ein heuschrecke: dû hopfest ouch als ein heuschrecke ûf dîme gürrelîn, unde hangent dir die schuohe von den füezen vor armuot unde wirdest selten iemer wol berâten und dû muost ze jungest eins schentlîchen tôdes warten als der heuschrecke: den vertretent die liute unde daz vihe in dem grase, oder in versnîdet diu sense, sô man daz gras mæwet. Kümet er des hin, sô gezzent in die vogele: sô er ûz dem grase kümt, sô füerent sie die vogele hin. Dû schiltkneht-heuschrecke, dû wirdest versniten oder erhangen: des geschiht in gar vil daz sie unrehten tôt nement. Kument sie des hin, sô frizzet sie daz gefügele und füeret sie hin: daz sint die tiuvele, die füerent sie hin in daz apgründe der hellen, dâ ir niemer mêre rât wirt. Ir sæligen liute lîdet eht ez gedulteclîche, iuwer lôn wirt âne mâzen grôz ze himele. Swelher leie nôt sie iu ane legent, sô lîdet ez gedulteclîche in dem namen unsers herren unde durch die liebe unsers herren, wan er grôze liebe an iu erzöuget hât. Wellet ir im gar liebe tuon, sô künnet ir im niemer lieber getuon, danne daz ir in vergebet lûterlîchen allez, daz sie iu ie getâten an friunden oder an guote oder an iuwer selbes lîbe. 'Owê, bruoder Berhtolt, jâ hât er mir mînen lieben vater benomen unde mac ich niemer mêr deheinen gewinnen.' Sô wil got selber iemer mêr dîn vater sîn, ob dû daz durch sîne liebe verkiesen wilt, wan er sich selbe durch sînen willen tœten liez unde vergap ez den selben sâ zehant, die in ungetriuwelîche und unschuldiclîche tôten âne alle schulde. Dû maht als lûterlîchen hiute vergeben, daz dir got dîne sünde vergît. Lât hiute alle sament haz unde nît ûz iuwerm herzen unde vergebet in genzlîchen, den worten daz iu got alle iuwer sünde vergebe, ez sî unreht gewalt, unrehtes vogtes getwancnisse, schelten unde spoten, swaz ez sî daz man iu tuo, daz vergebet in luterlîchen durch got, ir sæligen kint des almehtigen gotes. Wan der sitzet etelîchez vor mir, daz noch in einem halben jâr oder ê die krône vor gote treit in dem himelrîche. Ez ist ouch etelîcher, der an dem grunde der hellen sitzet biz dar.

Daz ander ist dâ got die sünder umbe leben lât als den rehten, daz er ein mensche ist unde nâch gote gebildet ist. Dar umbe læt in got sîner güete unde sîner grôzen barmherzikeit geniezen, daz er doch dâ von sîne gnâde habe und eine wîle alsô lebe ûf erden; er brinnet sîn im dannoch genuoc in der hellen.

Daz dritte ist, ob ir noch deheiner widerkêren welle. Wan er sie harte hât erarnet, dâ von bîtet er dir, ob dû dich dîner sünden wellest erkennen. Nû kêret wider! jâ ist got hiute als milte und als barmherzic als dô er sant Marîan Magdalênen alle ir sünde vergap unde dem guoten sante Pêter unde dem guoten schâcher etc. Nû hœre, sünder, wie dich der almehtige got mant daz dû widerkêrest, wie barmherzeclîchen er dich mant unde wie lieplîchen unde wie getriuwelîchen er sprichet durch des wîssagen munt: *vespere et mane* etc. (*Ps.* 54, 18), rehte als ob er spræche: sünder, kêre wider! ich lege dir für mînen âbent den ich durch dînen willen hete; ich lege dir für mînen morgen, ich lege dir für mînen mittentag. Sünder, kêre wider durch alle die angest und alle die nôt, die ich durch dînen willen ie geleit des âbendes, dô ich des morgens den tôt durch dich lîden wolte, den worten daz der tiuvel iht an dir gefreuwet wurde. Nû sich, sünder, wie tiwer dich got mant! Wan ez wart niemer gehôrt von anegenge der werlte, daz ie dehein mensch sô bittern tôt ie erlite, wan er bluotigen sweiz switzte. Daz tete nie mensche mêr. Bî der angest unde bî der swære unde bî der nôt mant dich got, daz dû widerkêrest mit wârem riuwen unde mit lûterre bîhte unde mit buoze ûf sîne gnâde. Sô leget er dir sînen morgen für, daz in die jüden vîntlîchen viengen, und ungetriuwelîchen verrâten wart und ûf sînen nacken geslagen wart und an manigen enden gewîzet wart unde mit eime rôre ein durnîn krône ûf sîn houbet gedrücket wart und under sîn ougen gespîet wart. Nû sich, sünder, daz leget dir der almehtige got allez für, daz er daz allez durch dînen willen erliten habe des morgens an dem heiligen karfrîtage, dar umbe daz dû der êwigen martel über wurdest ob dû selbe woltest. Gewinnet hiute wâren riuwen unde weinet von herzen iuwer sünde. Jâ hât er vil manigen zaher durch iuch gelâzen ûz sînem heiligen lîbe sînes vil reinen bluotes, des éin tropfe tiurre ist danne himelrîche und ertrîche. Die mit den ougen niht geweinen mügen die weinen mit dem herzen. Des dritten mâles leit er dir für sînen mittentag, dô man in an die spange nagelte des hêren kriuzes; dô man im zwêne nagele sluoc durch sîne hende unde durch bêde sîne füeze einen etc. Dâ mant er sie nû sunderlîchen bî allen den nœten unde bî den hamerslegen unde bî sînen heiligen fünf wunden, bî sînen ruofen, die er ruofte gein dem sünder, unde bî dem jâmer unde bî der klage, die unser frouwe hâte.

Ir junge werlt, hüetet iuch durch den almehtigen got vor sünden! Ir seht wol, wie kûme sie dâ von koment. Noch wil ez der almehtige got dar umbe niht lâzen, er wellez noch baz an iu versuochen, unde wil iuch für baz manen. Wan allez daz ich hiute ruofte an iuch, sünder, daz ruofet der almehtige got durch mînen munt. Ich bin ein ruofende stimme. Etelîche wænent unde habent sô getâniu herzen, daz sie ûf bitterkeit niht ahtent, daz ich sie bitterlîchen hân gemant. Nû wil ich sie zertlîche und süezeclîche manen, unde got selbe sprichet ez gein iu durch mînen munt unde heizet iuch zertlîchen biten unde manen durch sîne urstende, diu gar frôlich was, der sich himel und erde freuwete; unde noch hiute, wenne man sîne urstende begêt, sô freuwet sich allez daz ûf ertrîche ist. Bî der freude mant iuch got durch mînen munt, den worten daz ir iemer freude mit im habet in dem himelrîche. Er mant iuch durch der freude willen, die sîn heilige muoter gewan von sîner urstende, unde durch alle die freude, die frou Marîâ Magdalênâ und ir gespiln hâten von sîner urstende, unde bî aller der freude, die unser veter heten, dô er sie lôste von dem gevencnisse der hellen, unde durch die freuden alles himelischen hers, dô er ze himele fuor unde vil manic tûsent sêle mit im fuorte. Und er mant dich hiute sunder durch mînen munt unde durch alle die freude der heiligen engele unde bî iegelîches kôres freude besunder unde bî aller wünneclîchen gezierde die sie habent unde die got an sie geleit hât und an alle sîne heiligen, der dâ von künde oder möhte gesprechen, wan got sô vil êren an den aller minnesten heiligen hât geleit der dâ ze himele ist, dâ möhte alliu diu werlt von niht gesagen. Sant Gregorius hât wol fünf unde drîzic buoch dâ von gemachet unde hât noch dem aller minnesten heiligen daz minneste hâr niht gelobet der in dem himelrîche ist. Ez hât der guote sant Bernhardus vil büecher gemachet unde hât noch dem minnesten heiligen der iendert dâ ze himele ist den aller minnesten nagel niht gelobet der iendert an im ist. Ich spriche mêr: der guote sant Augustînus hât zehen hundert buoch gemachet unde hât noch dem aller minnesten heiligen den aller minnesten vinger niht gelobet der iendert an im ist. Nû seht, wer nû die freude und die êre volleloben möhte unde vollesagen unde vollezelen, die die grôzen unde die hôhen heiligen dâ ze himele hânt unde die der almehtige got dâ selber hât unde mîn frouwe sant Marîâ? Diu ist des alles übergrôz, daz daz munt noch zunge niemer vollesprechen kan noch mac noch herze betrahten, alse der guote sant Paulus dâ sprichet. Bî der freude aller samt mant iuch der almehtige got, den worten daz ir der freuden müezet teilhaftic werden. Iuch möhte noch lusten solicher freuden ze sehenne, ob irz niemer durch gotes willen woltet getuon noch durch die sælikeit iuwer sêlen. Wande dô man den guoten sant Johannem frâgete, waz er in dem himelrîche gesehen hæte — dâ bî sult ir alle wunder und über wunder merken, waz êren unde freuden dâ ze himel ist —, dô sprach er alsô der guote sant Johannes: 'daz ez mügelich wære daz man ez gesprechen oder geschrîben möhte daz ich in himelrîche sach, sô möhte doch diu werlt sô vil büecher niht behalten von ertrîche unz an daz firmament, dâ ez an gestên möhte daz ich dâ ze himelrîche sach.' Bî der freude aller samt mant iuch der almehtige got hiute, daz ir von iuwern sünden kêret unde von der êwigen martel der helle zuo den êwigen freuden und im dâ mite danket aller der liebe die er iu erzeiget hât, daz er die heiligen kristenheit, den acker, mit sîn selbes lîbe koufet hât und in alse zertlîchen erbûwen unde behüetet hât und iuch getriuwelîche geladen hât zuo sînen êwigen freuden, die er iu von anegenge der werlte bereitet hât. Daz wir alsô im des hie gedanken, daz wir an dem jungesten sîne erwelten heizen müezen, zuo den er dô sprichet: 'kumet her zuo mir' etc.

# XXIV.

## VON DEN VIER DIENERN GOTES.

'*MAria optimam partem elegit* etc. (*Luc.* 10, 42): Marîâ hât den besten teil erwelt, der wirt ir niemer benomen.' Alsô liset man hiute in dem heiligen êwangeliô, unde dâ mite begêt man hiute die grôzen hôchgezît unser frouwen. Swie got disiu wort sprach zuo sant Marîan Magdalênen unde zuo Marthen, sô sint doch disiu wort eigenlîchen zuo gotes muoter Marîen gesprochen, diu mit grôzen êren ze dem himelrîche geleitet wart, alse wir in dirre wochen begên. Unde daz ich mich des an næme ze sagenne, mit welhen êren unser frouwe ze himelrîche geleitet wart, daz ich dâ von sprechen wolte und ir lop fürbringen wolte alse sie des wert wære, daz wære diu grœste tôrheit an mir und an mînen witzen, die diu werlt ie gewan oder iemer mêr gewinnen möhte. Wan ob her Salomôn sie lobte nâch aller sîner wîsheit, im müeste an dem lobe gebresten, unde hât er sie doch wunder unde wunderlîche gelobet ê daz sie ie geborn wart, unde sîn vater her Dâvît und ander wîssagen. Unde lebten die noch alle samt, sô müeste in gebresten, swâ man die hôhen küniginne solte loben nâch ir wirde unde nâch ir êren. Unde dâ von ist mir vil bezzer geswigen danne krenclîchen gelobet. War an sie den besten teil erwelt hât, alse man in dirre wochen liset, daz möhte ich in siben tagen niht vollesagen; ich spriche mêr: in drin wochen; ich spriche mêr: in drin mânôden; ich spriche mêr: in einem halben jâre. Iedoch sô hân ich willen von disen worten ze sprechen, als verre und mir got die gnâde gît. Unde dar umbe sô spreche iuwer iegelîchez ein pater noster etc.

'Marîâ hât den besten teil erwelt, der wirt ir niemer benomen.' Under allen krêatûren die got ie geschuof dâ hât unser frouwe den besten teil erwelt, der wirt ouch ir niemer mêr benomen. Wan allez daz got ie geschuof daz hât er allez sament ze nutze geschaffen und ist ouch allez sament nütze unde guot. *Et vidit quod essent bona* (*Gen.* 1, 10). Diu nater ist gar nütze daz eht wirz wisten; nû sîn wir tumbe liute unde tôrcht daz wirz niht gewizzen mügen, war zuo iegelîchez guot sî, war zuo der flôch guot ist unde war zuo diu krote guot ist unde manige krêatûre die got geschaffen hât. Wan als erz geschuof und ez danne sach, sô sach got daz ez guot was. Her Adam wiste vil wol, war zuo iegelîchez guot was, dô er iegelîchem namen gap. Nû sîn wir leider als tôreht, daz wir sîn niht erkennen mügen, war zuo iegelîchez guot ist. Und ez dienet allez dem almehtigen gote. Der vogel in den lüften, der visch in dem wâge, die wurme in der erden und alle kreâtûre und allez daz got ie geschuof daz dienet allez gote, âne der übele mensche und ander übel engele: die dienent gote niht, wan sie tuont im alle tage widerdriez unde leit; unde daz dehein krêatûre sô smæhe ist, sie diene got in ir ahte, als er ez geschaffen hât, âne der übele mensche und âne der übele tiuvel, und er ez doch dem menschen ze nutze unde ze dienste geschaffen hât, unde tuot ouch allez gotes willen. *Omnis spiritus laudet dominum.* Der vogel singet in dem lufte, diu tier springent in dem walde, die vische fliezent in dem wâge, wurme kriechent in der erden. ‘Nû, bruoder Berhtolt, nû tuont diu tier etewenne den liuten grôzen schaden an ir lîbe und an ir guote.’ Daz ist dâ von, daz der mensche ungehôrsam ist worden. Hæte Adam die ungehôrsame niht begangen, sô müesten im alliu tier undertænic sîn gewesen. Swenne er hæte gesprochen: ‘her lewe, gêt her unde tuot mir daz oder daz,’ swaz er im danne in aller der werlte hæte geboten, daz müeste er haben getân. Daz selbe müeste der ber, der wolf etc. Daz selbe müesten die vische in dem wâge: swelhem er geruofet hæte, der müeste zuo im ûz dem wâge her geflozzen sîn. Unde dô Adam gote ungehôrsam wart, dô wart ouch diu krêatûre dem menschen ungehôrsam. Wan eht unser herre den menschen niht gar verderben wolte lâzen, des liez er es ein teil dem menschen undertænic unde gehôrsam sîn; aber niht halben wec als vor. Daz sint ros unde rinder unde swîn unde hunde unde geize und schâf unde des gefügels ein teil, als gense unde hüenre unde sô getân gefügele. Sîn ist aber michels mêr daz uns vînt ist und ungehôrsam danne daz uns diensthaft ist; unde daz selbe daz uns dienstlîchen gehôrsam ist, daz tuot uns dannoch niht alse ez solte, als ob der mensche gehôrsam bliben wære: man muoz ez meistic twingen dar zuo. Dû muost dem ohsen einen gart haben, wiltû daz er dir den pfluoc oder den wagen ziehe, und daz ros und den esel. Unde dar zuo hât ez allez got geschaffen, daz ez dem menschen nütze sî, unde dâ mite dienet ez gote allez sament, iegelîchez in der wîse als ez got geschaffen hât, wan der übele mensche unde der übel engel. Ez endienet aber niht von rehter liebe und von rehten minnen: ez dienet niwan von nâtûre. Wan der almehtige got alliu dinc ûz nihte hât geschaffen, sô hât er doch ie anderunge geschaffen nâch sînen gnâden an ir ieglîchem. Swie er ez von nihte habe geschaffen, sô hât ez doch wesen unde namen, sô hât iegelîchez wesen unde leben und enpfindunge unde vernunft. Der stein hât wesen, er hât aber weder leben noch enpfindunge noch vernunft. Holz unde krût unde wurz unde gras unde swaz man alsô wahsen siht ûz der erden unde bewegelîchen ûf gêt, wan daz allez frühtic ist bî wahsender zît, sô hât ez allez wesen unde leben; ez hât aber niht enpfindunge unde vernunft. Swie edel ein boum ist, swie schône er stêt in sîner edeln blüete und in sîner lebelîchen kraft, sô houwet man in abe daz er sîn niht enpfindet, sô daz er niht enzabelt noch enruofet. Daz selbe tuont ouch die edeln wurze unde krût unde gras. Allez daz in dem lufte fliuget und an dem velde loufet oder gêt unde swaz in dem wâge dâ fliuzet und ob der erden kriechen mac, daz hât allez leben unde wesen und enpfindunge. Dâ von siht man klein unde grôz wol, daz ez allez sament zabelt, und etelîchez daz kirret oder ruofet sô man ez tœtet. Dâ von sô hât ez enpfindunge, sô man ez tœtet oder im anders wê tuot oder wol tuot, des enpfindet ez. Des tuont die boume niht und ander sô getâniu dinc. Man siht aber dâ bî wol daz ez lebet: swenne man ez abe gehouwet, sô dorret ez oder wirt fûl; ez trückent aber der winter ie mit sîner kraft oder mit sîner kelte, sô wirt ez danne aber wider grüene die wîle ez die wurzeln hât. Der ez aber in ein fiwer wirfet, ez reget sich niendert, ez brinnet als mære alse niht. Daz tuont die andern krêatûren niht.

Daz fürhtet den tôt, daz fliuhet den tôt, als verre ez weiz oder mac. Dâ von hât got den menschen geedelt über ez allez samt, daz er lebet · unde wesen hât und enpfindet unde vernimt. Wande in got selber nâch im gebildet hât den menschen, sô bekennet er übel unde guot, von wannen er komen ist und war zuo er werden sol, daz ander krêatûre niht enwizzent, wan eht nâch der enpfindunge, sô im ze kalt ist oder ze heiz oder sô ez hungert oder dürstet oder genuoc hât. Für baz hât ez keine vernunft, unde dâ von sô dienet ez gote niht wan von nâtûre.

Unde dâ mite hât Marîâ den besten teil erwelt ûz allen krêatûren; der wirt ir ouch niemer mêre benomen. Die dâ gote niht vor liebe noch vor minne dienent danne von nâtûren, sô dienet sie gote von herzeclîcher liebe unde von minnen unde dannoch von nâtûre. Sie hât ouch leben unde wesen unde vernunft unser frouwe, alse sie an manigen dingen wol bescheinte, wan sie in dirre unstæten werlte alsô wandelte, daz sie gotes willen ie gehôrsam was unde dén mit worten unde mit werken nie übergienc sô vil als durch einer nâdeln œre gerîsen möhte. Díe vernunft gewan nie dehein mensche mêr wan ir vil heiligez trûtkint unser herre Jêsus Kristus. Sie hete ouch die vernunft vor aller der werlte. Dô er alse bitterlîchen martel leit und im die jüden als jæmerlîchen tâten und er daz sô gedulteclîchen leit, dô wurden die zwelfboten alle samt zwîvelhaft; ez wære vil oder wênic, sô was ir deheiner âne zwîvel gar. Dô gewan sie nie sô vil zwîvels, daz ûf einer nâdeln spitze möhte geligen. Dén besten teil hât sie ouch hin under allen kristenliuten. — Ez sint zwei gar guote dinc. Daz ein, daz man den magettuom behalte reine unde kiusche unz an daz ende unserm herren ze lobe unde ze êren, oder daz man kint gebære unserm herren ze lobe unde ze êren, daz diu zal in dem himelrîche erfüllet werde. Swer nû kint gebern wil, der muoz den magettuom verliesen; swer aber den magettuom behalten wil, der mac kein kint gebern. Dar an hât ouch Marîâ den besten teil erwelt unde der mac ir niemer benomen werden. Sie sîn guot oder edel, hôch oder nider, gewaltic oder ungewaltic, wellent sie kint gebern, sie müezent den magettuom verliesen. Wellent sie aber den magettuom behalten, sie müezent âne kint sîn. Sô hât unser frouwe ir reinen kiuschen magettuom behalten durch die liebe und ouch durch die minne gotes, unde hât dannoch kint geborn. Dén besten teil hât sie ouch hin, der wirt ir niemer mêr benomen. Und alsô hât sie under allen dingen und under allen krêatûren den besten teil erwelt, under den êliuten und under den meiden und under den zwelfboten. Die reinen menschen unde die engele habent ouch zwei guotiu dinc ûf gein einander geteilet. Die reinen kristenmenschen die mügent wol ûf ertrîche alle tage lôn verdienen, und sint aber des himelrîches niht sicher. Sô mügent aber ir lôn niht gemêren die engele, sie habent aber ir lôn enpfangen, den mügent sie niht verliesen. Dén besten teil hât Marîâ erwelt unde der mac ir niemer mêr benomen werden. Dô sie halt ûf ertrîche was, dô was sie sô gevestent von dem almehtigen gote, daz sie himelrîche niht mohte verliesen unde doch alle tage lôn verdiente. Wan daz ist ouch diu sache, dar umbe sie sô lange ûf ertrîche was, dô ir liebez kint vor ir ze himele fuor; sie wære ouch anders niht hie gewesen wan daz sie ir lôn gehœhern unde gemêren wolte. Unde der sache ist alsô vil, dar an sie den besten teil erwelt hât, daz ich ez in manigen zîten vollesagen niht enkünde. Unde dâ von wolte ich iu kristenliuten sagen, daz iegelich mensche wol weiz daz ięzuo sitzet vor mînen ougen, welich lôn im gevellet unde welich teil im beschert wirt, ob ez in dem leben stirbet dâ ez iezuo inne ist: weder im der guoten menschen teil wirt oder der meide oder der êliute. Wan alle krêatûre dem almehtigen gote dienent, âne der übel engel unde der übele mensche, sô ist ez wol billich daz im kristenliute dienen vor aller krêatûre, wan er ouch vil durch sie erliten hât. Juden, heiden, ketzer dienent gote niemer niht, im dienent niwan kristenliute. Sie wænent im aber dienen, ez ist im aber ein widerdienst und ein widerdriez, unde dâ von dienent im niwan kristenliute.

Ich hân iuch dise tage etewanne erschrecket unde geuntrôstet. Nû wil ich iu guoten trôst geben, allen den die hiute vor mir sitzent die eht kristenliute sint: die sint alle samt des almehtigen gotes diener, er sî dirre oder der, arm oder rîch, frouwe oder man, die sint alle des almehtigen gotes diener, ez sî grôzer sünder oder kleiner, er habe vil sünden oder wênic ûf im, sô sît ir allez gotes diener. Nû wie ist daz? Ez ist nieman sô sündiger und sô meintætiger, er tuo etewenne etewaz durch got. Er gît doch etewenne ein almuosen oder er sprichet ein pater noster oder er gêt etewenne zuo der kirchen; ob er dar în niht getar, sô gêt er doch ûzen dar zuo. Nû sît ir hiute alle her gegangen durch got und wellet dise predige hœren durch got. Dâ von sît ir des almehtigen gotes diener. Ich rede hiute niht danne mit kristenliuten. Er lônet aber in allen niht gelîch: er gît dem sînen lôn den er verdienet, sô gît er disem einen andern lôn als er verdienet: 'als ich dich vinde, als lône ich dir.' Unde wie iu der almehtige got lônen sol, daz hât er uns erzöuget in der alten ê an einem buoche, daz heizet Hester. Dâ liset man inne gar von einem rîchen künige, der hiez Asuerus, der hete vier leie diener in sînem hove, der lônete er einem niht als dem andern. Der wâren etelîche daz er in niht êren bôt unde sie alsô leben liez daz er niht grôze ahte ûf sie hete: er tet in niht vil grôzer êren, er tet in ouch niht leides: er liez sie alsô sîn in sînem schirme und in sîner koste. Die andern wâren im vil lieber und er bôt in gar vil grôzer êren an spîse und an gewande und an allen dingen, dâ bôt erz in gar wol unde gar wirdeclîche. Den dritten bôt erz aller beste, vil nâhen als im selber; den dritten hiez er etelîchen dannoch sô vil êren bieten, daz ez âne mâze was: sô wol heten im die gedienet, daz er in gar vil êren bôt. Er hiez etelîchem sîn künielich gewant an legen und hiez sîn künieclîchez vingerlîn im an die hant stôzen unde hiez im sîne küniclîchen krône ûf sîn houbet setzen unde hiez in ûf sîn küniclich ros sitzen unde hiez der aller tiwersten einen under allen sînen fürsten, daz er næme daz ros bî dem zoume, unde hiez in füeren durch die stat eine strâze ûf die andern nider. Alsô wirt der geêret, den der künic êren wil. Den vierden dienern den der künic Asuerus ir lôn gap, den gap er in weder bî den obern noch bî den nidern noch bî den mittelsten noch bî den hœhsten; den gap er ir lôn niendert danne an einem galgen, der was fünfzic eln hôch. Nû seht iuwer iegelîchez, welich lôn im gevalle unde welicher leie dienest ez gote tuo, wan dar nâch wil er iu allen lôn geben, wan er siht eht alle sîne diener. Und vier leie diener tuont im vier leie dienest. Unde die hœhsten unde die hêrsten, den er den hœhsten lôn dâ gît, der ist ob got wil ein michel teil vor mînen ougen hie. Der ander lôn, den er dâ gît den mitteln nâch den aller hœhsten die dâ sô hôher êren ouch dâ ze himelrîche gernt unde habent, der ist ob got wil gar vil vor mînen ougen. Der dritten, den unser herre ir lôn ze aller niderst in dem himelrîche gît, der ist lîhte kûme einer oder zwêne vor mir: ob zweinzic tûsent vor mir wæren, under den allen sament wæren kûme einer oder zwêne vor mir, den er den minnesten unde den kleinsten lôn dâ gît oben ûf dem himelrîche. Und alsô lônet der almehtige got disen liuten allen samt sînen dienern. Wande den êrsten gît er den aller hœhsten lôn in dem himelrîche; den andern den mitteln lôn; den dritten gît er den aller minnesten unde den nidersten in dem himelrîche. Den vierden gît unser herre ir lôn ûf dem himel niht, und ir ist aller meiste vor mir, den er ir lôn gît weder oben in dem himelrîche noch oben in den lüften noch ûf dem ertrîche noch in dem vegefiure noch niendert in aller der werlte, wan an dem hellischen galgen. Unde der selben ist gar vil vor mir, ir ist halt mêre danne dirre aller samt, wan daz sprichet unser herre. Âne jüden und âne heiden — wan die sint vorteiles hin abe gezelt — und âne diu kleinen kint, sô hân wir under gewahsenen liuten daz mêrre teil verlorn. 'Der geladenen ist vil, der erwelten ist wênic': alsô sprichet got selber.

Die êrsten daz sint alle die ân aller hande houbetsünde von dirre werlte scheident unde mit der reinekeit ir kiuschen magettuomes. Die werdent des obersten gesindes zem spiegelberge; den wirt daz küniclîche gewant an geleit unde daz küniclîche vingerlîn wirt in an ir hant gestôzen unde diu küniclîche krône ûf gesetzet, unde werdent wunneclîche geleitet durch die stat der himelischen Jerusalem, die der guote sant Johannes sach, diu dâ sô hôhe gezieret was mit golde unde mit edelm gesteine unde vil hôhe gelobet unde geêret von der engele sange. Sô ist daz kleit der sunnenvar schîn unde diu gezierde die sie enpfâhent von dem wünneclîchen anblicke des almehtigen gotes. Daz küniclîche vingerlîn daz ist diu stæte gemahelschaft der êwigen freuden, die sie mit gote iemer mêr hânt. Diu küneclîche krône daz ist daz krenzelîn ir kiuschen magettuomes, daz dâ nieman mêr treit in dem himelischen sal, unde der wünneclîche sanc den sie dâ singent, der dâ sô suoze durch den himel klinget. Daz küneclîche pfert daz ist daz sie iemer ûf dem spiegelberge erhœhet sint mit alse grôzen êren die niemer munt vollesagen kan: joch vil mêr gît er in lônes [alse stêt in der predige von der ê, dâ er dâ seit von dem spiegelberge].

Der andern ist ouch vil ob got wil vor mînen ougen. Daz sint alle die den magettuom verlorn hânt oder mit andern sünden gotes hulde verlorn habent, sie sîn êliute, swer sie sîn in aller der werlte, die wider got gesündet habent mit houbetsünden unde sie mit ir gesundem lîbe unde mit wârer riuwe unde mit lûterre bîhte gebüezet hânt. Ir hêrschaft, alle die nû gotes hulde verlorn habent, die kêren wider; kumet ir ûf den obersten spiegelberc niht als der guote sant Paulus etc., sô müeze mir niemer leider geschehen, danne ob ir sant Pêters genôzen werdet: dannoch kumt ir ze alse grôzem lône, den iu alliu diu werlt niemer volleloben künde.

Die dritten diener die der almehtige got vor mir hât, daz sint die, den er den aller minnesten lôn unde den smæhesten gît. Der ist kûme einer oder zwêne vor mir oder lîhte niendert keiner, dem halt der selbe lôn werde. Swie kleine er dâ ist unde swie smæhe er dâ ist dirre lôn, sô ist under allen disen liuten, ob ir noch vierstunt alse vil wæren, sô ist ir lîhte kûme zwêne oder drî oder lîhte niendert keiner, der sîn wirdic werde unde dem der selbe kleine lôn gevalle. Und ir ist âne mâzen vil die dar nâch gedinge habent, unde wol mêr danne halbe die hie vor mir sint die habent gedinge unde trôst zuo dem selben lône, der dâ sô gar ze dem himelrîche kleine ist wider anderm lône der dâ ist. Nû wil ich iu den selben lôn nennen, den worten daz ir niemer gedinge noch trôst nâch dem selben lône gewinnet, wan ir sît beswichen dâ mite. Ez sint manic tûsent sêle zer hellen, die trôst unde gedinge zuo dem selben lône heten, die alle in dem himel wæren, hæten sie sich sô vaste niht drûf gelâzen. Ich redez doch niht gar von der krankeit des lônes, ich rede ez noch mêr von der ungewisheit diu dran lît. Wan swer niht baz gevaren mac, der hât herzeclîchen wol gevarn, dem der selbe lôn wirt: den künde nieman vergelten. Er ist aber sô gar ungewis, daz halt daz ein wunder wære, ob noch vierstunt alse vil werlte wære vor mir, daz der selbe lôn under den allen lîhte kûme einem würde. Wan sô man sich ie mêre ûf den selben lôn læzet, sô man sîn ie ungewisser wirt und sô man ie baz dran verwælen mac. Wem der lôn werde, daz kan iu alle diu werlt niht gesagen âne got alleine. Ich kan iu wol die gesagen die sich dran verlâzent unde die trôst unde gedinge dar zuo habent. Daz sint alle die die dar ûf sündent daz sie in gedenkent: 'weh, man seit uns sô vil von gotes gnâden unde von sîner barmherzikeit unde von sîner güete, wirt mir ein riuwe dannoch vor mînem ende, daz seit man uns doch alle tage, sô sî got sô guot daz er den sünder dannoch niht lâze verlorn werden. Dâ von habe dîn gemach! kumest dû zuo dem hôhen lône niht, sô kum zuo dem nidern: dir ist dannoch wol genuoc.' Und alsô setzent in die sünder sô manigez für, daz wol daz mêrre teil der werlt allez ir sünde sparnt unz biz ûf den jungesten riuwen, unde werdent alle dâ mite beswichen; wan im læt der wêwe des tôdes sô vil guoter witze niht, daz er den riuwen gewinnen müge, dâ mite gote genüeget. Nû wiltû bî guoten witzen unde bî lûtern sinnen niht riuwen haben (wan die wîle der mensche gesunt an dem lîbe ist, sô ist er ouch gesunt an den witzen); alse in der tôt begrîfet, sô ist er toup an allen guoten witzen, ez ensî danne ein sæliger mensche, der den riuwen unde die gewizzenne verdienet habe umbe got unde sich vor sünden gehuot hât, oder ob er sünde hât getân, daz er die mit gesundem lîbe geriuwet unde gebüezet hât. Die aber die sünde sparnt unz an daz ende, der wirt under zweinzic tûsenden einez niht behalten. Unde daz daz wâr sî, daz bewern wir dâ mite wol, daz man in der alten ê alliu dinc ane schreip, diu den liuten widerfuoren diu dâ nütze wâren, allez daz von Adâmes zîten her geschach unz an Nôê unde von Nôê unz an Abrahâmen, von Abraham unz an Moysen, von Moysen unz an Dâvît, von Dâvîde unz an Kristes martel. Sô liset man daz niendert, daz ie dehein sünder an sînem tôde bekêret würde, wan der schâcher alleine an dem kriuze, der bî unserm herren an dem kriuze hienc, und wurden doch manigiu dinc geschriben innen fünf tûsent jâren unde zwei hundert jâren ân éin jâr, diu dez zehende teil niht sô nütze wâren. Unde vindet man ez niendert in den vier und zweinzic buochen, daz ez einigem menschen ie widerfüere, ez wære man oder wîp, rîch oder arme. Wænet ir daz ez alse umbe den wâren riuwen stê? Swer wâren riuwen hât, der hât ouch himelrîche: daz gît unser herre niemanne dan der ez umb in verdienet hât. Unde dar umbe sult ir alle wâren riuwen gewinnen bî gesundem lîbe; wan swer in an daz ende spart, der ist dâ mite versûmet, daz er den riuwen gewinne dâ got ane genüeget. 'Bruoder Berhtolt, nû hete mîn wirt vil wunderlîchen grôzen riuwen, im gienc der zaher ûz den ougen.' Sich, dâ twanc in der tôt: der bitter wêwetage der twinget im den zaher âne sînen danc ûz den ougen. Der dâ giltet unde widergît an sînem tôde und alle die für sich bitet bringen den er schaden hât getân, unde gît schillinc für schillinc, pfenninc für pfenninc unz an den hindersten helbelinc, als verre und erz geleisten mac, sô sol er sie dannoch biten den er schaden hât getân, daz sie im lûterlîche vergeben, daz sie des guotes wider daz reht gemangelt haben, unde dannoch got vaste an ruofen daz er im ander sîne sünde vergebe. Swie vaste er got an ruofet, des wirt im niht über. Wan ez ist ouch der grœsten dinge einz unde der grœsten wunder einz daz er ie begie, swenne er einen sünder enphæht der die stinkenden helle verdienet hât, unde daz er im daz wünneclîche himelrîche gît. Unde dâ singen wir in der heiligen messe: '*mirabilis deus in sanctis suis* etc.: got ist wunderlich an sînen heiligen,' wan ez sô gar der grœsten wunder einz ist, unde dâ von wirt ir als lützel bekêret unde wirt ir alse vil verdampt. Alse ein heilige sprichet, der sach manic hundert tûsent sêle zer hellen varn unde niwan drîe in der selben wîle zuo dem himelrîche. Aber diu riuwe ist aller riuwe bœste die man an daz ende spart. Wænest dû danne daz sie gote genæme sî, sô dû deheine sünde mêr getuon maht unde weder hant noch fuoz geregen maht? Wilt dû dich danne alrêrste gote ergeben, war zuo bist dû im danne guot unde nütze? Möhtest dû iht mêre, dû hætest gote ouch mêr gesündet. Dâ von wil sich got an dir rechen, als lange als er gewalt hât, wan 'er ist ein rehter rihter, als der wîse man dâ sprichet in dem salter. Nieman spar sîn riuwen an daz ende; durch den almehtigen got gewinnet alle samt wâre riuwe an disem tage. Ez wirt gote niemer alse liep als hiute; ez ist im hiute vil lieber danne morgen, morgen vil lieber danne über eine wochen und über eine wochen vil lieber danne über ein halbez jâr und über ein halbez jâr vil lieber danne über ein ganzez. Aber niemer als liep alse hiute an disem tage. Dar umbe, ir jungen liute, beide ir man und ouch ir frouwen, gewinnet hiute wâren riuwen die wîle ir iuch vermüget: ez wirt gote niemer sô liep alse sô ir junc unde stark unde schœne sît. Ir ritter und ir herren, weder wære iu lieber: der iu ein schœnez ros gæbe daz junc unde stark wære unde wol springen unde loufen möhte, danne der iu eine alte gurren gæbe, der blint unde mager wære unde weder in beinen noch in rücke noch in allen sînen glidern niendert möhte? Und ir frouwen, wederz wære iu lieber: der iu einen guoten niuwen mantel gæbe, der schœne liehte varwe hæte, oder einen alten hadern, den man mit einer spineln zerschuten möhte? Alsô ist unserm herren unde sîner heiligen muoter. Ist aber daz ez geschiht daz dû ez mit ihte verdienet hâst unde dir got die gnâde verlîhet daz dû wâren riuwen an dem ende gewinnest, gesach dich got! Ich sage dir, ez ist alse mislich daz ez iemer geschehe, als ob ein vogel ûf der kirchen dort sæze und ein blinder man, der nie stich gesach bî allen sînen tagen, daz der den vogel solte schiezen mit einem bogen oder mit einem armbroste: als mislich daz wære daz er den vogel mit dem êrsten schuzze treffe, als mislich ist ez dar umbe der sînen riuwen an daz ende spart, daz der mensche danne sô getânen riuwen gewinne dazz gote genüeget unde daz er behalten werde an dem jungesten tage. Ist aber daz ez geschiht, ob er daz mit sô grôzen tugenden verdienet hât die gote gevallent, sô wirfet man in in daz vegefiure; dâ martert man in, dâ muoz er brinnen unde brâten, daz im wê wart daz er ie deheine sünde begie, unde muoz die marter unde die nôt lîden, daz alle diu werlt daz niht vollesagen möhte, unde muoz daz als lange lîden als er verdienet hât, lîhte hundert jâr oder vier hundert jâr oder dannoch mêre, wan ez eht gar schœne sîn muoz. Und alsô muost dû gelûtert werden in dem heizen vegefiure unde hâst niht lônes verdienet unde muost den aller nidersten lôn nemen für guot, der iendert in dem himelrîche ist. Alsô muoz ez sîn, als der von gnâden lebet: er mac dâ dén niht gelîchen die hie frumeclîche gebüezet hânt und unserm herren etewaz mêr gedienet hânt. Wan ez ist unglîche dâ ze himele umbe die wirde und umbe die êre, und in ist doch allen wol. Ez ist aber eime tûsentstunt baz danne dem andern. Wan reht als der man hie sæwet, als snîdet er dort, unde der aller minneste lôn der ist doch als gar übergrôz, daz ez niemer munt vollesagen möhte. Iedoch ist ez ein niht wider dem grœsten lône, und ist doch mislich ob er iemanne alsô werde, der den riuwen an daz ende spart.

Die vierden diener des almehtigen gotes, die ouch hiute vor mir sint, den wirt der lôn weder obenân in dem himelrîche noch mitten drinne noch ze niderste noch niendert in aller der werlte danne an dem grunde der hellen oder bî dem grunde der helle. Daz sint alle die mit tœtlîchen sünden umbe gênt und in den von dirre werlte ungeriuwet scheident unde die lûtern wâren riuwen niht alsô gewinnent umb alle ir tôtsünde, daz sie gote löbelich sî und in nütze an ir sêlen, und âne lûterre bîhte und âne buoze. Und dar umbe sult ir den wâren riuwen an daz ende niht sparen, wande man ir gar wênic an der heiligen schrifte vindet daz sie nütze werde. Ir dienet gote vil oder wênic, unde wirdest dû âne den wâren riuwen in tôtsünden funden, dîner sêle wirt niemer rât. Vaste als vil als dû wellest, var gein Rôme, gib almuosen grôzlîche, wis gotes diener mit allem dem daz dû kanst oder maht: alle die wîle daz dû willen hâst daz dû mit sünden wellest umbe gên, mit grôzen sünden, dîner sêle wirt niemer rât. Wan daz heizet allez grôze sünde daz dâ houbetsünde sint, unde die tegelîche sünde daz sint allez kleine sünde, und ist doch vil herzeclîchen guot der sich dâ vor gehüeten mac. Ez wart aber nie dehein mensche sô heilic noch sô reinez noch alse guotez daz ze sînen tagen komen ist, daz ez sich ie genzlîche vor kleinen sünden gehüeten möhte; wan ein juncherre und ein juncfrouwe, die wâren ouch als volkomen an allen tugenden, daz ez niemer munt vollesagen mac: die behuoten sich vor den kleinen sünden zuo den grôzen. Sô sprechent etelîche: 'ez mac ein mensche der kleinen alse vil ûf sich gevazzen, daz ir ein grôzer hûfe wirt.' Daz ist wâr umbe die steine; ez ist aber umb ander sache niht wâr. Daz alle die tegelîchen sünde, die alle diu werlt ie begie, daz die alle ein mensche hæte begangen, daz füere dar umbe zer helle niht, im müeste aber in dem vegefiure als wê geschehen, daz ez iemer unsegelich ist. Iedoch sô nimet sîn martel ein ende in dem vegefiure unde hât gewisheit an dem himelrîche. Dâ von ist ez ungelîche umbe tœtlîche sünde und umbe tegelîche sünde, und ist eht als ungelîch als himelrîche unde helle. Wande umb eine tœtlîche sünde, die minnesten die diu werlt ie gewan, der die wizzentlîche ûf im hât und âne riuwen hinnen vert, der muoz als lange zer hellen sîn als got in dem himel ist. Der tûsent fuoder strouwes unde hopfen ûf einen sê würfe oder tûsent fuoder holzes, daz swimmet unde fliuzet allez enbor. Alsô tuont die kleinen sünde: die habent sich enbor, daz sie dich niht versenkent in daz êwige fiwer. Unde swie klein ein steinlîn ist, daz sinket sâ zehant an den grunt, swie tief halt der wâg ist. Alsô tuot ouch diu tôtsünde. Swie klein diu ist, sô senket sie in die helle, ob dû niht an riuwen funden wirst. Ez heizent dâ von tœtlîche sünde, daz sie alliu diu guoten werk tœtent diu dû getuon maht alle die wîle und dû in tôtsünden bist ungebîhtet wizzentlîche, ungeriuwet, ich meine, dar umbe dû niht ganzen riuwen gehabt hâst, oder alle die wîle dû niwan den willen hâst, daz dû tœtlîche sünde tuon wellest. 'Wie, bruoder Berhtolt, nû gibest dû uns doch guoten trôst und sprichest, wir sîn alle gotes diener.' Daz ist vil wâr, dû bist gotes diener mit vasten etc. Nû wie liep dir der dienest wære, der dir die besten spîse für trüege, der künic oder keiser ie enbeiz, unde dir dar inne kroten verbürge unde der dir die kroten unde die natern in der guoten spîse gæbe oder daz, daz alse unreine wære und als widerzæme: alse widerzæme sint die gote die dâ tœtlîche sünde tuont. 'Bruoder Berhtolt, nû giht man doch, daz got niemer keiner guottæte ungelônet lâze.' Daz ist ouch wâr. Dû solt dar umbe niht lâzen, dû sullest daz aller beste tuon daz dû maht. Ob dû die tœtlîche sünde niht lâzen wilt, sô solt dû daz beste tuon daz dû maht. Daz ist zuo vier dingen guot. Daz êrste ist, daz dich der tiuvel deste minre verleiten mac in houbetsünde, daz er deste minre gewalt an dir hât. Daz ander ist, daz dir dîn dinc deste gelücklîcher ûf ertrîche gêt: sô ein ander ein bein abe vellet daz dir eht niht geschiht, oder ein stein eime ûffe sîn houbet vellet oder eime sîn guot verbrinnet oder verstoln oder geroubet wirt, daz dir des niht sô vil geschiht als einem andern, der ouch in houbetsünden ist und got niht vor ougen hât und im niht dienet alse dû; unde læt dirz an dînem irdenischen himelrîche deste baz gên, daz ist werltlich guot unde werltlîche êre: daz hâst dû dir ze eime himelrîche erkorn. Daz dritte ist, daz dich got deste ê von dînen sünden bekêret, ob dû dich bekêren wilt, ob dû der liute bist die dâ bekêret süln werden. Daz vierde ist, ob dû niht bekêret wirdest, daz dir dîn martel unde dîn hellewîze dâ ze helle deste minner wirt. Dâ beschirme uns aber alle got vor, daz wir zuo dem lône iemer komen. Iedoch muoz man an bœsem gelte haberstrô für guot nemen: ob sîn kein rât ist, sô vert daz selbe vil wol. Wan rehte alse einer ze himelrîche mêr freuden hât danne der ander, alsô hât einer dâ zer helle tûsentstunt minner martel danne der ander. Her Kathô unde her Nêrô sint bêde ze helle; in ist aber ungelîche dâ wê: ez ist einem wol hundertstunt tûsentstunt baz danne dem andern. Daz ist hern Kathô: daz was gar ein guot man und ein tugentlîcher in allen sachen, wan eines dinges. Dâ was her Nêrô gar ein übel man und im ist wol hundertstunt tûsentstunt wirs danne hern Kathô, und in ist doch allen wê die ze helle sint. Sô sprechent etelîche: 'der dâ ze helle gewont, der ist alse mære dâ alse anderswâ.' Daz ist ein grôziu lügen, wande der helle mac nieman gewonen. Her Kâîn was der êrste der ie ze helle gefuor; im tuot diu martel hiute als des êrsten tages unde daz fiwer. Unde möhte der helle ieman gewont hân, sô möhte ouch er dâ wol gewont haben, wan er ist wol siben unde fünfzic hundert jâr dâ gewesen. Sô sprechent ouch etelîche, und ist mir ouch von gelêrten liuten für kumen, daz unser herre etelîchem ein hûs oder ein wesen in der helle gebe, daz im nihtes niht werre von keiner pîne. Daz ist ein lügen und ein ketzerîe. Man sol ûz der heiligen schrift predigen unde daz volk niht an ungelouben bringen. Dem aller beste ist dâ ze helle, dem ist alse wê, daz ez alle zungen niht gesagen künden noch enmöhten; und ist doch einem baz danne dem andern. Dem aller beste ist zer helle, dem ist rehte als wol, als ob alliu diu werlt ein fiwer wære und unze an daz firmamente gienge, unde der enmitten in dem fiure wære: alse wol dem wære enmitten in dem fiure in sînem hemede oder gar blôz, alse wol ist dem, dem aller beste ist dâ ze helle. Sô ist danne einem zehenstunt wirs, sô ist eime danne hundertstunt wirs, einem drîzicstunt wirs, einem sehzicstunt wirs, einem tûsentstunt wirs, einem sehzictûsentstunt wirs: ie maniger sünde, ie manicvalter martel und ouch ie tiefer helle unde ie heizer fiwer unde ie griulîcher martel. Alsô stêt ez ouch umbe daz himelrîche. Ie maniger guottæte, ie manicvalter lôn unde ie manicvalter êre unde ie hœher in dem himel unde ie grœzer freude und êre und êwigiu wünne. Unde dâ von soltû daz beste tuon daz dû iemer maht, ob dû halt tœtlîche sünde niht lâzen wilt. Daz ist dir zuo disen vier dingen guot. Die aber wâren riuwen haben unde ze lûterre bîhte komen sint und in der buoze sint, den nimt zuo swaz sie guoter dinge getuont. Nû ruofent alle sament den almehtigen got an unde sîne heilige trûtmuoter, der hôchgezît wir begên in dirre wochen, daz sie uns der gnâden helfe umb ir heiligez kint erwerben, daz wir den besten teil erweln hie in dirre werlte alse sie dâ hât getân, und daz wir zuo den êwigen freuden komen, dâ sie dâ hin geleitet ist, als wir dâ begên in dirre zît. Daz uns daz allen widervar, mir mit iu und iu mit mir, daz verlîhe uns der vater unde der sun unde der heilige geist. Âmen.

# XXV.

## SÆLIC SINT DIE REINES HERZEN SINT.

'Sælic sint die armen, wan daz himelrîche ist ir' etc. (*Matth.* 5, 8). Mit disen aht tugenden sint alle die ze himelrîche komen, die dâ sint, unde mit den selben aht tugenden müezent noch alle die dar komen, die iemer mêr dar komen süln. Nû wil ich die siben under wegen lân unde wil niwan von ir einer sagen; wan alse vil guoter dinge an ir ieglîcher ist (unde von ir ieglîcher wære gar vil unde gar lanc sunderlîchen ze sagenne) unde wie manigiu untugent uns an disen ahte tugenden irret, daz würde eht von ieglîcher gar lanc ze sagenne. Wande man ez allez in éiner predigen niht verenden mac noch in vieren noch in zehenen, sô wil ich iu hiute niwan sagen von den die ein rein herze habent unde von den man hiute dâ liset in dem heiligen êwangeliô: 'sælic sint die reines herzen sint, die werdent got sehende.' Die sint wol von rehte sælic, die dâ got sehent. Ein übergülde ist ez aller der sælikeit, diu ie wart oder iemer mêr eht werden mac, swer got ansehende eht wirt: alse süeze und alse wünneclich ist diu gesiht, die man an gote siht. Sô wart nie deheiner muoter ir kint nie sô liep, ân unser frouwen, unde solte sie ez drîe tage ane sehen ân underlâz, daz sie anders niht enpflæge wan eht sie ir liebez kint solte an sehen, sie æze an dem vierden tage vil gerner ein stücke brôtes. Unde wolte ich vil gerner daz ich als ein guot mensche wære, als daz wâr ist, daz ich iezuo reden wil. Ob daz alsô wære, daz man zuo einem menschen spræche, der iezuo bî gote ist: 'dû hâst zehen kint ûf ertrîche unde dû solt in koufen allen samt, daz sie êre unde guot haben unz an ir tôt, dâ mite, daz dû einigen ougenblic von gotes angesiht tuost, niuwen als lange als einz sîne hant möhte umbe kêren, unde sich dannne wider ze gote unde dû solt dîn ougen niemer mêr von im kêren, der mensche entæte sîn niht. Alse wâr, herre, dîn wârheit ist, alse wâr ist disiu rede, daz er disiu zehen kint unze an ir tôt ê nâch dem almuosen lieze gên, ê danne er sich die kleine wîle von gote wolte wenden. In habent die engel wol sehzic hundert jâr an gesehen unde sehent in hiute als gerne als des êrsten tages unde sie sint ouch alle samt sam des êrsten tages: sâ dô sie got an sehende wurden, dô wart ir deheiner sît nie eltlîcher danne des êrsten tages unde sint doch sider wol sehzic hundert jâr alt. Welher hundert jâr alt würde under uns, der wære den liuten alse smæhe an ze sehenne von ungestaltheit unde von dem gebresten, den daz alter an in hæte gemachet. Sô man mâlet die engele, dâ seht ir wol, swâ man die engele mâlet, daz man sie eht anders niht enmâlet wan als ein kint von fünf jâren, als junclich, oder von sehsen. Wan alle die got sehent die werdent niemer eltlîcher, die in in himelrîche sehent in sînen freuden und in sînen êren. Ûf ertrîche sehen wir in alle tage in sînem gewalte. Dehein irdenischer muot noch irdenisch lîp möhte daz niht erlîden, daz in dehein irdenisch ouge iemer an gesehen möhte in sînen freuden und in sînen êren, als er ze himelrîche ist. Wir sagen iu etewenne ein glîchnüsse, wie schœne got sî. Seht, allez daz wir iemer gesagen künnen oder mügen, daz ist rehte dem glîche, als obe ein kint uns solte sagen, ob ez mügelich wære, die wîle ez in sîner muoter lîbe ist beslozzen, unde daz solte sagen von aller der wirde unde von aller der gezierde die diu werlt hât, von der liehten sunnen, von den liehten sternen, von edeler gesteine kraft unde von ir maniger slahte varwe, von der edelen wurze kraft unde von der edelem gesmacke unde von der rîchen gezierde, die man ûzer sîden und ûzer golde machet in dirre werlte, und von maniger hande süezen stimme, die diu werlt hât von vögelîn sange unde von seitenspil unde von maniger hande bluomen varwe unde von aller der gezierde, die disiu werlt hât. Alse unmügelîche und alse unkuntlîchen eime kinde dâ von ze sprechen wære, daz noch beslozzen ist in sîner muoter lîbe, daz nie niht gesach weder übel noch guot noch nie deheiner freuden enpfant, als unkunt dem kinde dâ von ze redenne ist, als unkunt ist ouch uns dâ von ze redenne von der unsägelîchen wünne, diu dâ ze himel ist, unde von dem wünneclîchen antlütze des lebendigen gotes. Wan alliu diu freude diu dâ ze himel ist, der ist niht wan von dem schîne, der von unsers herren antlitze gêt. Unde rehte als alle sternen ir lieht von der sunnen nement, alsô habent alle heiligen ir gezierde und ir schônheit von gote und engele und allez himelische her: reht als alle die sternen des himels, der mâne unde die planêten, grôz unde kleine, die habent alle samt ir lieht von der sunnen, diu uns dâ liuhtet. Und alsô hât allez himelischez her, engele unde heiligen, die hœhsten unde die minnesten, die habent alle samt ir freude und ir wünne und ir gezierde unde die êre unde wirde und ouch die schœnde, daz habent sie alle samt von der angesihte gotes, daz sie got an sehent. Die engele die dâ unser hüetent die sehent in ze aller zît an, als ob sie bî im wæren; wan alliu diu freude diu in himelrîche ist, diu diuhte sie ze nihte, solten sie got niht an sehen. Unde dâ von: 'sælic sint die reines herzen sint, wan sie werdent got sehende.' Nû seht, ir liebe kristenheit, wie sælic die sint, die dâ reinez herze tragent! Ir junge werlt, die noch unbewollen sint mit sünden, behaltet iuwer herze vor allen tœtlîchen sünden: sô werdet ir got sehende in solichen freuden und in sô grôzen êren, die ouge nie gesach oder ôre nie gehôrte, alse sant Paulus dâ sprichet unde alse sant Johannes sprichet: 'wær ez mügelich, daz man ez allez samt geschrîben möhte, sô möhte diu werlt diu buoch in ir niht behalten, dâ ez an gestüende daz ich gesach, und allez daz ich gesach daz was niht wan got alleine.' Unde dar umbe möhten wir doch gerne ze dem himelrîche komen unde drumbe arbeiten. Ob uns niht diu liebe unde diu minne dar twünge der wir gote schuldic sîn, seht, sô möhten wir dar umbe dar komen durch daz wunder daz dâ ist. Ez ist maniger vor mir, der im von sô getâner freude seite, daz sie jenhalp meres wære, er füere gar gerinclîchen dar von hinnen über mer, niwan daz erz gesæhe. Sô möhtet ir hundertstunt gerner dar umbe arbeiten, daz irz iemer mêre êwiclîchen niezen soltet. Die vil wünneclîchen angesiht des almehtigen gotes unde der himelischen küniginne ze der zeswen sîner sîten in guldîner wæte (*astitit regina* etc., alsô sprach her Dâvît) die möhtet ir gerne an sehen. Wan würde iu einiger anblic, sô wære iu alliu diu freude unde diu êre und aller der wollust, den diu werlt ie gewan, daz wær iu hinne für als widerzæme und ouch alse unmære, reht als sant Paulus dâ sprach. Nû hœret wie er sprach. Er sprach: ‘alliu diu êre unde diu freude unde daz gemach, diu disiu werlt ie gewan von keisern unde von künigen, wider der freude diu in himelrîche ist, als widerzæme einem wære ein diep an einem galgen, als kurz einem diu wîle dâ mite wære, daz er einen erhangenen man triuten solte, wider aller der freude die diu werlt hât, alse widerzæme ist mir diu freude aller der werlte wider der êwigen freude.’ Ei, wol iuch wart, daz iuch iuwer muoter ie getruoc, die sô getâne freude süln besitzen! Der ist, ob got wil, vil maniger vor mînen ougen. Ouch ist maniger, der vil kleine freude dar für nimt hie ûf ertrîche, unde daz den guoten sante Paulen gar versmâhte, des wirt im der tûsentste teil niht. Unde die habent übele koufet die sô übergrôze freude gebent umb ein sô kurzez freudelîn in dirre werlte: die habent übele gevarn, wan sie habent weder hie noch dort niht. Als ich iezuo sprach, rehte in glîcher wîse, reht alse alle sternen des himels ir lieht von der sunnen habent, alsô hât allez himelische her ir lieht von dem wâren sunnen, sît danne unser herre der wâre sunne unde daz wâre lieht ist, alse der guote sant Johannes dâ sprichet. Der heizet in daz wâre lieht, als ouch daz vil wâr ist, wan er ist daz wâre lieht, daz niemer mêr verlischet. Und alle die von sîme gotvarwen liehte enzündet werdent, die erleschent ouch niemer mêre von der schônheit, die sie von dem wâren sunnen hânt. Und als vil diu sunne liehter unde gelpfer ist danne wir dâ sehen, rehte als vil diu liehtes unde glastes über alle sternen hât die an dem himel stênt, als vil hât der wâre sunne in himelrîche schînes unde glastes mêr über alle engele und ist geschœnet unde gewirdet an allen êren, alse billich ist. Unde dâ von sint sie sælic die ein reinez herze habent, wan sie werdent got sehende.

Nû ist der dinge leider vil, die uns des irrent, daz wir den almehtigen got niht sehende werden. Daz tuot ein ieglîchiu tôtsünde. Swer die ûf im hât und âne riuwen dâ mite von dirre werlte vert, der gesiht den wâren sunnen niemer mêr. Wan die sünde sô maniger hande sint, daz ich sie lîhte in vier tagen oder in fünfen niemer gar genennen möhte, sô wil ich ir hiute niwan drîe sagen. Gibet mir got die gnâde, sô sage ich morgen und übermorgen aber mê. Unde dar umbe sult ir ofte ze predigen gên: sô kündet ir iuch deste baz behüeten vor dem irretuome allem, daz uns der frœlîchen angesihte irret des wâren sunnen. Unde dâ von wil ich hiute sagen von drin dingen, diu die werlte aller meiste und aller gemeinlîcheste irrent, daz sie got niht sehent in sînen êren. Wan under allen den dingen, die diu werlt ie gewan, sô irrent deheine drî sünde sô mâniger muoter barn, daz sie got niemer mêr gesehent in sînen freuden. Unde daz daz wâr sî, daz hât uns der wâre sunne erzöuget: der hôhe sunne hât ez uns erzöuget an dem nidern sunnen. Wan als manic dinc uns des nidern sunnen irret, daz wir in niht gesehen mügen, als manigiu dinc irrent uns des hôhen. Ez gêt ein man in ein hûs oder eine stuben, in ein gadem, in ein dickez holz oder in einen dicken boum, daz er den nidern sunnen niht gesehen mac. Der dinge ist gar vil, diu uns des irrent, daz wir den nidern sunnen niht gesehen mügen. Aber under allen dingen irrent uns driu dinc aller meiste und aller breitest und aller wîtest under der werlte.

Daz êrste daz uns des nideren sunnen irret aller meiste, ez selbe dritte, daz heizet ertrîche. Diu erde, dâ diu werlt ûf stât, diu irret uns des sunnen, des nidern sunnen. Wan diu erde ist rehte geschaffen alse ein bal. Swaz daz firmament begriffen hât — daz ist der himel, den wir dâ sehen, dâ die sternen ane stênt —, swaz der umbe sich begriffen hât, daz ist geschaffen als ein ei. Diu ûzer schale daz ist der himel den wir dâ sehen. Daz wîze al umbe den tottern daz sint die lüfte. Sô ist der totter enmitten drinne, daz ist diu erde. Unde gêt der selbe himel ze allen zîten umbe sam ein rat. Er loufet aber twerhes umbe nâch der twirhe. Ez mügent die ungelêrten liute sô wol niht verstên sam die gelêrten. Dô unser herre daz firmamente geschuof, dô hiez er, daz ez umbe liefe als ein schîbe. Wande ez unmügelîchen swær ist von der unmügelîchen wîten die ez hât, sô wær ez von der swære sô vaste in den louf komen, daz ez zerbrochen wære. Dô geschuof unser herre siben sternen, die sînen louf widerhabeten. Daz firmament hât sînen louf von oriente hin ze occidente, von ôsten hin gein westen. Sô gab er den siben sternen ir louf von westen hin gein ôsten, unde die kriegent mit aller ir kraft wider dem firmamente; sô ist eht ez ze swære unde ziuhet den sunnen unde den mânen unde die andern planêten mit im umbe mit den sternen. Und alsô loufet der himel mit den sternen umb und umb unde der andern sternen ein michel teil. Die iezuo ob uns sint, die sint nû ze mitter naht under uns. Unde dâ von sô sprechent sumelîche liute, ez sî ein werlt under uns unde die haben die füeze gegen uns gekêret. Unde des enist in deheine wîse niht. *Nihil est in fundamento* etc. Im ist rehte alsô, daz disiu werlt ûf nihte swebet. Unde swie grôz die berge sîn und wie swære sie sîn, sô stênt sie eht ûf nihte, wan daz ez eht allez swebet ledeclîche. Reht als ein vogel, der in den lüften iezuo ob uns swebete unde reht an einer stat stille stüende, alsô swebet diu werlt ûf nihte wan ûf der kraft unsers herren. Unde daz ez mügelich wære, daz man eine gruobe durch und durch daz ertrîche möhte gehouwen, sô sæhet ir iezuo bî dem tage durch daz ertrîche under iu hin abe die sternen an dem himele, als ir sie sâhet oben an dem himel obe iu, wan eht der himel als wol under uns ist als ob uns. Sô ist diu sunne under uns an dem himele, sô ez uns oben her abe naht ist. Unde dâ von ist daz ertrîche ein mittel zwischen uns unde der sunnen, unde dâ von irret uns daz ertrîche, daz wir hin ze naht die sunnen niemer mêr gesehen mügen unze morgen daz sie ôsten ûf gêt; alse her Salomôn dâ sprichet: *'orietur sol'* etc.: diu sunne gêt hiute al dort under unde kumet morgen aber her wider. Und alsô irret uns diu erde gar wîten unde breiten, daz wir des nidern sunnen niht gesehen mügen. Diu erde bediutet einer hande sünde, die uns des wâren sunnen die wîten unde die breiten irret. Diu selbe sünde heizet gîtikeit nâch guote, unrehte gewinne. Der ist alse vil, daz ez nieman ertrahten kan. Owê, wie vil der liute ist die unrehtes guotes vârent und unreht guot gewinnent! Daz sint trügener an ir koufe und an ir antwerke; sô diebe unde diubin, innerhalp des hûses und ûzerhalp; sô wuocherer, sô pfender, sô dingesgeber, sô fürköufer umbe daz næher, sô nôtbeter, sô unrehte stiure, unrehte zolle, unreht ungelt; sô nemen hie, sô rouben dâ; sô pfennincprediger, dem tiuvel ein der liebste kneht, den er iendert hât. Pfî, pfennincprediger, morder aller der werlte, wie manige sêle dû mit dînen valschen gewinnen von dem wâren sunnen wirfest an den grunt der hellen, dâ ir niemer mêr rât wirt! Dû geheizest alse vil aplâzes umb einigen helbelinc oder umb einigen pfenninc, daz sich manic tûsent menschen dran lânt unde wænent, sie haben alle ir sünde gebüezet mit dem pfenninge oder mit dem helbelinge, alse dû im für snerest; sô wellent sie für baz niht büezen unde varnt alsô hin ze helle, daz ir niemer rât wirt. Unde dâ von wirfet man dich an den grunt der helle unde wirfet alle die ûf dich, die dû dem almehtigen gote enpfüeret hâst unde verkoufet, ie die sêle umb einen pfenninc oder umb einen helbelinc. Dû morder der rehten buoze, dû hâst uns die rehten buoze ermordet, diu der siben heilikeit einiu ist, der hœhsten, die got hât. Die habent uns die pfennincprediger alse gar ermordet, daz nû lützel ieman ist, der sünde welle büezen. Nû lâzent sie sich ûf dînen valschen geheiz, wan er seit dir von unsers herren marter alse vil und alse manigen enden, daz sie wænent, er sî ein rehter gotes bote; wan er weinet dar zuo und üebet alle die trügenheit dar zuo, dâ mit er in die pfenninge an gewinnen mac unde die sêle dar zuo. Und alsô ist ir sô gar vil die diu gîtikeit irret, daz sie den wâren sunnen niemer mêr gesehent. Und halt in den klœstern hât diu gîtikeit sô gar grôzen übernthant gewunnen, daz ez got iemer erbarmen müeze, in sumelîchen klœstern mit sacrilegie, mit symonîe, mit eigenschaft. Vindet man einen helbelinc in dîner gewalt ân urlâp dîner meisterschaft, dîner sêle wirt niemer rât. Riuwen unde buoze versage ich nieman. *Mali religiosi, mali laici* etc. Daz ist aber gar der sihtige tiuvel. Und alsô bezeichent diu werlt die gîtikeit. Wan diu erde ist kalt unde trucken; alsô ist ouch diu gîtikeit: diu ist kalt der wâren minne und trucken aller wâren riuwe, wan dâ mite verirrent sie manic tûsent sêle, daz sie den wâren sunnen niemer mêr gesehent. Ir priester, alle die alsô kalt und alsô trucken sint an ir ende, daz sie daz unrehte guot niht gelten wellent unde widergeben, alse verre sie ez geleisten mügen oder nâch gnâden, dâ man die liute weiz, den sult ir unsern herren niemer gegeben, weder mit gesundem lîbe noch mit siechem lîbe noch vor ir ende noch nâch ir ende, noch ir sült sie niemer bestaten an deheiner stat diu gewîhet sî, noch sie sol niemer halt dehein getouftiu hant an gerüeren. ‘Bruoder Berhtolt, wie suln wir in danne tuon?’ Dâ sult ir nemen ein seil unde machet einen stric dran unde leget im den stric an den fuoz mit einem hâken und ziehet in zer tür ûz. ‘Bruoder Berhtolt, ob diu swelle danne hôch ist: wie sullen wir im danne tuon?’ Dâ sullet ir durch die swelle graben unde sult in derdurch ûz ziehen, daz eht niemer getouftiu hant an in kome, unde bindet in einem rosse an den zagel unde füeret in ûz an daz gewicke, dâ die erhangenen unde die erslagenen dâ ligent. Füeret in eht gegen dem galgen unde gegen des galgen gesinde. Des ist er dannoch kûme wert.

Daz ander dinc, daz uns des nidern sunnen schînes irret, daz wir sîn wîte unde breite verirret sîn, daz ist der nebel. Der blæwet sich von der erden ûf unde wirt dicke, daz wir der sunnen dar durch niht gesehen mügen, unde wirt ie hœher unde hœher stîgende, unz über sich in die lüfte. Sô er danne in die lüfte kumt, sô heizet er danne wolken. Diu. breitent sich danne etewenne für den nidern sunnen, daz wir in danne etewenne in einem halben tage niht ensehen, etewenne in einem vierteil eines tages und etewenne inner zwein tagen oder inner drin, als ez sich danne mit dem weter an rihtet. Unde bezeichent die andern sünde, diu uns ouch des hôhen sunnen irret, daz wir sîn eht niht gesehen mügen. Unde manic tûsent sêle wirt halt von der selben sünde geirret, daz ir eht niemer mêr rât wirt unde den wâren sunnen niemer mêr gesehent. Unde den worten daz ir iuch dâ vor gehüeten müget, sô wil ich iu sagen, wie diu selbe sünde heizet. Sie heizet hôhvart und übermuot. Wan sie gewinnent manigen überigen muot, des sie ze nihte bedörften die mit hôhvart umbe gênt. Ir herren, ir bedörftet über ein niht sô maniger leie hôhvart unde sô maniges überigen muotes, des ir iu erdenket, niuwen mit iuwern kleidern, daz iu des niht genüeget, daz iu der almehtige got sô maniger hande gezierde hât gegeben, niuwen alleine mit gewande. Er hât iu gewant verlihen als ander dinc. Er hât alliu dinc dem menschen ze nutze unde ze dienste geschaffen und im selben ze lobe unde ze êren. War umbe wænet ir, daz er iu sô maniger hande varwe kleider habe gegeben? Swenne hôchgezîte sint, daz man unserm herren hœher lop und êre erbieten sol danne ze andern gezîten. Wan dâ von heizent ez hôchgezîte, sô die heiligen zîte dâ sint, daz man dem almehtigen gote mê lobes unde êren erbieten sol danne ze den andern zîten. Nû seht ir wol, daz wir die altare baz zieren ze den hôchgezîten danne ze den andern zîten unde daz gesanc hœher heben und schœner unde lenger machen. Und alsô sullent sich die liute baz zieren unde schœner zieren dem almehtigen gote ze lobe unde ze êren und iu selben ze sælden unde ze nutze. Wan ir sult got sunderlîchen loben umbe daz selbe. ‘Wol dir, lieber herre,’ sult ir sprechen unde gedenken in iuwerm herzen: ‘wol dir, lieber herre, daz dû uns sô maniger hande gezierde und êre unde wirdekeit und wollust hie in disem jâmertale gîst. Waz dû uns danne dort geben wilt in dînen freuden unde dînen êren, dâ dû selbe bist!’ Und alsô sult ir ez niezen, daz ez gote lobelich sî und iu nütze an lîbe und an sêle. Wan swer danknæme ist, daz er got danket sô maniger gnâden die er im gît unde geben hât, daz ist der aller hœhsten tugende einiu. Nû danket ir im, daz ir niuwer deste mêr tuot daz gote leit ist und iu selben gar schedelich ist an lîbe und an sêle. Wan daz ir gote ze lobe und ze êren soltet kêren, dâ dienet ir alles dem tiuvel mite, unde gêt hinder iuch, dâ ir für iuch soltet gên, und ir kêret allen dingen der sêle sælikeit daz hinder für. Dâ mit ir got loben soltet, dâ hazzet ir in mite; dâ mit ir iuwer sælde mêren soltet, dâ mêret ir iuwer unsælde mite, unde dar zuo twinget iuch iuwer hôhvart. Jâ begienc der edele hôhe künic Dâvît eine hôhvart: dâ muoste er grôze buoze umbe lîden. Iuch genüeget niht, daz iu der almehtige got die wal hât verlân an den kleidern, wellet ir brûn, wellet ir sie rôt, blâ, wîz, grüene, gel, swarz: dar an genüeget iuch niht. Unde dar zuo twinget iuch iuwer grôziu hôhvart. Man muoz ez iu ze flecken zersnîden, hie daz rôte in daz wîze, dâ daz gelwe in daz grüene; sô daz gewunden, sô daz gestreichet; sô daz gickelvêch, sô daz witschenbrûn; sô hie den lewen, dort den arn; sô mit wæhen hüeten, sô mit hûben, sô mit gürteln. Und alsô ist sîn alsô vil, daz sîn nieman ze ende komen mac, daz ir durch hôhvart erdenket. Hiute erdenket ir einz, morgen erdenket ir ein anderz. Alse ie einer einen iteniuwen funt vindet, den müezent sie danne alle versuochen. Und ir gebet etewenne einem alse vil ze lône, der iu daz guote gewant ze hadern machet, alse iuch daz gewant dâ kostet, oder halb als vil. Dâ müezet ir gote umb antwürten, wan erz iu ze nutze geschaffen hât, daz irz danne sô gar unnützelîche machet. Ir frouwen, ir machet ez ouch gar ze nœtlîchen mit iuwerm gewande, mit gelwen sleigern, mit gebende, sô mit röckelînen, sô mit dem vorgange ze der kirchen zuo dem opfer etc. Ir habet ouch vil maniger hande hôhvart, der ir wol gerietet und iuch ouch des wâren sunnen irret, daz ir in niemer mêr gesehet. Wan ir wellet iuwer herze niht reine machen vor der hôhvart. Ir gêt aber gar mit niht umbe. Ez ist gar ein niht, dâ mit ir daz himelrîche verlieset unde die wünneclîchen angesiht des almehtigen gotes. Ir gêt niwan mit tüechelehe umbe unde mit löbelehe, daz man iuch eht lobe: 'jâ herre, wie schœne! wart aber ie sô schœnes iht?' Unser frouwe was halt vil schœner danne dû unde was gar herzeclîchen dêmüetic, unde sant Margarêta unde der andern ein michel teil. Dâ heten sie ir herzen gereinet vor der hôhvart unde vor den andern sünden unde dâ von sehent sie got iemer. Ez ist ein gespöte daz hôhvertelîn, dâ ir frouwen mit umbe gêt. Die herren die verliesent doch ir sêle mit bederben dingen; dâ mite werdent sie verirret, daz sie des wâren sunnen niemer mêre gesehent. Ir armez volkelech, frouwen unde man, ir gêt ouch mit tôrheit umbe. Wan ir müget die hôhvart niht vollefüeren, wan daz ir iuch dar nâch brechet. Unde dâ von sô heizet ez ein tôrheit, daz dû dich an nimest daz dir niht zimet ze tuonne noch niht getuon maht. Unde dâ von ist ez vil grœzer sünde, danne ob dû ez vollebringen möhtest. Armer liute hôhvart und alter mit unkiusche unde rîcher lügener, diu driu sint fremede geste in himelrîche, wan sie sint gar unmære und widerzæme dem almehtigen gote, und sie sint sô gar wider die gerehtikeit. Als unbillich daz wære, daz ein wazzer wider berc flüzze, alse unbillîchen sint dise drîe sünde und alse unordenlîche ist ie diu sünde ir meister der sie tuot. Nû wie zimt hôhvart und armuot sament? als der affe ûf dem künicstuole. Wænest dû, armer mensche tumber, daz dir got dîne hôhvart vertrage ze langer frist? Jâ muost im Lucifer daz himelrîche rûmen, der dâ der hôhvart hundertstunt glîcher was danne dû. Unde dâ von hât diu selbe sünde mêr namen danne ein ander, wan sie ist unstæte, hiute sus, morgen anders. Und alle tage erdæhtest dû gerne einer iteniuwen sünde zuo der hôhvart. Unde dâ von heizet ez ouch hôhe vart: daz dû gerne in den lüften füerest, ob dû möhtest. Sô heizet ez ouch tôrheit, wan ez vor gote und vor der werlte ein rehtiu tôrheit ist und erblendet alle dînc gewizzene. Sô heizet ez ouch îtelkeit, wan ez machet dich îtel aller der guoten gewizzene, der dû dâ gein gote unde gein der werlte bedörftest. Sô heizet ez betrogenheit, unde heizet ez ouch alsô vil rehte: wan dû bist betrogen an dir selben, daz dû dir sîn wænest, daz dû nie würde noch niemer werden maht. Alsô gar blendet dich diu hôhvart; sie machet dich halt sô gar blint, daz dû wænest, daz dir gar übel stêt daz dir daz wol stê. Unde der dirz gar wol füeget sô dû ez hœrest, als dû im danne den rücke bekêrest, sô sprichet er: ‘wie der ein·betrogener gouch unde tôr ist oder ein tœrinne!’ Unde swaz ich zuo dem manne dâ spriche, daz sprich ich ouch zuo der frouwen, unde zuo der frouwen als zuo dem manne. Und als gar erblendet dich diu hôhvart, daz dû des wilt wænen, daz schande êre sî unde daz sünde almuosen sî unde almuosen sünde und übel guot sî und guot übel sî. Seht, als gar erblendet dich diu hôhvart, daz dû des alles samt wænen wilt, unde die mit grôzer hôhvart umbe gênt. Unde daz daz wâr sî, daz erzöuget uns der almehtige got an einem unsæligen in der alten ê. Unde swaz uns guoter dinge und übeler in der niuwen ê künftic was an unsern sêlen, daz hât uns got allez erzöuget in der alten ê an der liute leben. Und alsô hât er uns erzöuget, wie gar diu hôhvart alle die gewizzenne erblende, diu an den ist die mit grôzer hôhvart umbe gênt. Daz hât uns got erzöuget an dem künige Alexander. Der was gar ein getürstic man und ein wîser man, daz er daz mêrre teil der werlte betwanc mit manneheit unde mit witzen. Unde der wart der grœsten tôren einer den diu werlt ie gewan. Sô gar blint machte in diu hôhvart, daz in diu grôze blintheit dar zuo brâhte, daz er wolte wænen, er möhte vier dinc getuon, diu alle die werlte niht getuon möhten danne got alleine. Daz êrste ist, daz der künic Alexander wolte wænen, er möhte ez getuon von hôhvart, die aller hœhsten sternen von himele her abe nemen mit der hant, die iendert an dem himel sint. Nû hœret von dem rehten tôren, wie in diu hôhvart hete erblendet! Wan daz möhte alliu diu werlt niht getuon. Daz ander ist, er wânde, er möhtez dar zuo bringen mit sîner kraft und mit sînem gewalte, daz man über mêr füere als ûf trockem lande ûf wegenen unde mit rossen unde daz man dar über rite unde gienge alse ûf dem ertrîche unde daz man über lant füere mit schiffen ûf trockem ertrîche, berc unde tal, swar man wolte. Daz dritte ist, daz er wânde, er möhtez zuo bringen, daz er die grœsten berge die iendert in der werlte sint wol gewegen möhte ûf einer wâgen, wie manige marke sie wægen oder wie manic pfunt. Nû hœret, welich ein tôrheit! Daz vierde ist, er wânde, er möhtez dar zuo bringen, swenne daz mer in ünden gêt und alsô griuwelîchen stürmet unde wüetet, und alse er spræche: 'stant stille unde swîc!' daz daz wilde mer über al danne stüende von sîn einiges worte. Nû hœret, ir hêrschaft, wie gar sîn herze an hôhvart erblindet was unde wie gar diu hôhvart einen wîsen man zer werlte machte ze einem îteln tôren. Ez ist aber ein krankez lop, sô man sprichet: 'er ist zer werlte ein biderman.' Daz ist alse vil gesprochen, als dâ man sprichet: 'dû rehter wuocherer!' Sô man danne sprichet: 'dû rehter wuocherer,' daz gelîchet sich dem lobe: 'daz ist zer werlte ein wîser man und ein biderman.' Unde daz selbe ist uns hiute in der kristenheite künftic, manic weltwîse man unde frouwen dar zuo, daz sie diu hôhvart erblendet, daz sie wænent, sie mügen getuon vier dinc, diu als unmügelich sint ze tuonne, als diu Alexander wânde tuon. Der ist manic hundert in der kristenheit, die vier semelîchiu dinc wænent tuon. Daz êrste, daz den künic Alexander blante mit hôhvart, daz er wânde die hœhsten unde die schœnsten sternen von himel nemen mit der hant die dâ wâren, seht, daz bezeichent alle, die die hôhvart alsô erblendet, daz sie sprechent: 'ich wolte niht daz mîn sêle ûz des besten menschen munde füere der hiute lebet.' Nû seht, welch ein grôziu tôrheit, daz sich die in grôzen houbetsünden sint wellent gelîchen den hœhsten heiligen, die dâ ze himel sint. Nû sprechent manige: 'ich wolte niht daz mîn sêle ûz des munde gienge,' den man danne für den besten menschen hât: 'ich enweiz niht, wie ez umbe sîn herze stêt,' unde dünket sich heilic in starken houbetsünden unde wænet daz himelrîche in der hant haben; und er kumt niemer dar. Und ich wolte mit gar guotem willen, daz ich an eins guoten menschen stat stürbe. Daz ander ist: Alexander wânde vinden und mit sînem gewalte machen wunderlîche wege über daz mer und über lant. Daz ist: manigen diu hôhvart blendet, daz er wunderlîche wege machen wil gein dem himelrîche, alsô daz er sprichet: ‘wan got der læt nieman verlorn werden: dô er den êrsten menschen geschuof, dô sach er dem jungesten under diu ougen; wænet ir, daz er die martel umbe sus lite?’ und nement eht alsô manigen valschen trôst, unde wænet alsô mit sîner valschen hôhvart wunderlîche wege ze dem himelrîche vinden. Und er mac niemer dar komen mit sô getânen wegen, alse wênic als Alexander mit sînen wegen iemer über mer oder über lant mohte komen. Daz dritte ist, daz Alexander die grœsten unde die hœhsten berge wânde wegen. Als wil maniger mit sîner hôhverte ander liute sünde gar hôhe wegen unde gar swære unde wiget die sîne gar geringe unde lîhte. Jâ er kan ander liute sünde gar hôhe unde grôz unde swære machen unde kan sîn selbes sünde gar schœne unde lîhte gemachen. Daz vierde ist, daz Alexander wânde mit sînem gewalte daz tobende mer stillen. Als wænet maniger von hôhvart daz zornige unde daz engestlîche gerihte unsers herren stillen, daz er an dem jungesten tage über alle die werlt haben wil. Dâ hât er als kleine sorge ûf und ist halt von hôhvart vil nâhe sîn gespöte. ‘Jâ zwâre,’ sprichet er, ‘ich trûwe mich dâ wol verbergen under alle die werlt.’ Alse wênic als er sich vor dem tôde mac verbergen, als wênic mac er sich verbergen an dem jungesten tage. Nû seht, wie manic tûsent menschen diu hôhvart des verirret, daz sie den wâren sunnen niemer mêr gesehen mügent!

Daz dritte ist daz uns dâ irret, daz wir den nidern sunnen ouch niht gesehen mügen, daz ist der mâne. Daz kumt etewenne, daz der mâne neben den sunnen ist, wan der sunne ist hôhe oberhalp des mânen. Wan der siben planêten ist ieglîcher hôch ob dem andern, iedoch sô ist der mâne der aller underste unde der aller niderste sterne, der an dem himel ist. Unde kumet etewenne, daz der mâne des sunnen schîn undergêt unde daz der sunne ûf daz ertrîche niht geschînen mac. Wan der mâne ist rehte alse breit: als daz ertrîche wære geteilt in ân einz drîzic teil, sô ist der mâne als breit als der teile einez. Ob daz alsô ist, daz lâzen wir hin ze den meistern, die dâ von lesent. Wie hôhe aber ie von einem sternen zuo dem andern sî unde wie breit ieglîcher sî, daz bevelhen wir gote. Wan sô verre ist uns daz wol kunt, daz etewenne der mâne dem sunnen sînen schîn undergêt, daz wir des sunnen diu zwei teil kûme gesehen, alse vernent an sant Ôswaldes tage: dô hete der mâne dez vierdige teil wol verdecket, daz man sîn niht gesehen mohte; und ouch eins andern mâles, an der mittewochen in den kriuzetagen vor den pfingesten. Und dâ vor eins, dô hete er den sunnen vil nâhe verdecket, des dâ lanc ist, unde wânden die ungelêrten liute, diu werlt wolte zergên. Daz habent die meister wol experimentet, die von den sternen dâ lesent, daz des nû nieman dâ fürhten darf. Wan als der mâne des sunnen schîn undergêt, daz wert danne niht lange, ê daz der sunne den mânen überloufet: sô schînet er danne wider, als daz geschiht. Aber etewenne bî der naht geschiht ez, daz wir sîn niemer innen werden, etewenne bî dem tage, daz wir sîn von nebel oder von wolken niemer innen werden. Und alsô ist der mâne daz dritte dinc, daz uns des nidern sunnen irret, daz wir sîn ouch under wîlen niht gesehen mügen. Manic ander dinc ist, daz uns des nidern sunnen irret: aber disiu driu dinc irrent uns des sunnen aller meiste den wir dâ sehen und aller wîtest in der werlte und aller breitest. Und alsô irrent uns driu dinc des wâren sunnen, daz wir den niemer mêr gesehen mügen. Daz aller êrste ist gîtikeit, daz ander ist hôhvart. Sô ist nû daz dritte, daz den mânen dâ bezeichent, daz heizet ungeloube. Nû seht, wie manic tûsent menschen dâ mite verirret wirt, daz sie den hôhen unde den wâren sunnen niemer mêre gesehent! Daz ist diu wîte unde diu breite unde diu grôze heidenschaft, unde dannoch jüden unde ketzer. Nû lât ez iuch erbarmen, daz sich got über iuch erbarme, daz sô manic mensche von unglouben verdampt wirt. Unde der mâne bezeichent ungelouben dâ von, daz der unglouben sô maniger leie ist. Die heiden habent sô vil unde sô maniger leie unglouben, daz des nieman an ein ende komen mac. Unde die jüden gloubent in éinem hûse, daz sie in einem andern niht engloubent; und er gloubet sô kranc dinc von gote, daz erz sînen kinden ungerne seite. Wan sie sint ze ketzern worden unde brechent ir ê an allen dingen. Ez sint ir zwelfe zuo gevarn unde habent ein buoch gemachet, daz heizet dalmut. Daz ist allez sament ketzerîe, unde dâ stêt sô verfluochtiu ketzerîe an, daz daz übel ist daz sie lebent. Ez seit unde seit sô bœsiu dinc, diu ich ungerne reden wolte. Frâget mir einen jüden, wâ got sî unde waz er tuo, sô sprichet er: ‘er sitzet ûf dem himel unde gênt im diu bein her abe ûf die erden.' Owê, lieber got, sô müestest dû zwô lange hosen hân nâch dér rede. Unde dâ von bezeichent der mâne den unglouben, wan der mâne sô gar unstæte ist in sô maniger lûne. Er ist hiute junc und elter morgen; hiute nimet er abe, morgen nimet er zuo; nû kleine, nû grôz; nû gêt er hôhe an dem himel, morgen gêt er nider; nû hin, nû her, nû sus, nû sô. Daz selbe sint ungloubige liute, sô heiden, sô jüden, sô ketzer. Die habent ouch den aller meisten unglouben, der ie gehôrt wart. Sie habent wol anderthalp hundert ketzerîe, der eine niht gloubent alse die andern. Swenne ir einer hât funden ein iteniuwe ketzerîe, unde swelhe der selbe ie nâch im hât brâht in die selben ketzerîe, diu ketzerîe heizet danne alse jener, der sie von êrste dâ vant. Ein heizent Pôverlewe und ein Ariânî unde Rünkeler unde Manachêî unde Sporer unde Sîfrider und Arnolder. Und alsô habent sie sô maniger leie namen, daz ez nieman vollenden mac. Aber swie maniger leie namen sie haben, sô heizent sie überal ketzer. Unde daz tet unser herre âne sache niht, daz er sie ketzer hiez. Nû war umbe hiez er sie niht hünder oder miuser oder vogeler oder swîner oder geizer? Er hiez in einen ketzer. Daz tet er dar umbe, daz er sich gar wol heimelîchen gemachen kan, swâ man in niht wol erkennet, als ouch diu katze: diu kan sich gar wol ouch zuolieben unde heimlîchen, und ist dehein sô getân kunder, daz heimelich ist, daz sô schiere grôzen schaden habe getân, und aber aller meiste und aller schierste in dem sumere. Sô hüete sich alliu diu werlt vor den katzen. Sô gêt sie hin unde lecket eine kroten swâ sie die vindet under einem zûne oder swâ sie sie vindet, unz daz diu krote bluotet: sô wirt diu katze von dem eiter indurstic, unde swâ sie danne zuo dem wazzer kumt daz die liute ezzen oder trinken suln, daz trinket sie unde unreinet die liute alsô, daz etelîchem menschen dâ von widervert, daz ez ein halbez jâr siechet oder ein ganzez oder unze an sînen tôt oder den tôt dâ von gâhens nimt. Etewenne trinket sie sô vaste, daz ir ein zaher ûz den ougen vellet in daz wazzer, oder daz sie drîn niuset. Swer daz iht niuzet gezzen oder getrunken, der muoz den grimmigen tôt dâ von kiesen. Oder sie niuset an eine schüzzele oder an ein ander vaz, dâ man ûz ezzen oder trinken sol, daz ein mensche grôzen schaden unde siechtuom dâ von gewinnet oder zwei oder vier, oder swie vil menschen in einem hûse sint. Unde dâ von, ir hêrschaft, trîbet sie von iu, wan ir âtem ist halt gar ungesunt und ungewerlich, der ir halt ûzer dem halse gêt. Heizet sie ûz der küchen trîben oder swâ ir sît, wan sie sint tôtunreine. Unde dâ von sô heizet der ketzer ein ketzer, daz er deheinem kunder sô wol glîchet mit sîner wîse sam der katzen. Sô gêt er alse geistlîchen zuo den liuten unde redet alse süeze rede des êrsten unde kan sich alse wol zuo getuon, rehte alse diu katze tuot, unde hât den menschen dar nâch sô schiere verunreinet an dem lîbe. Alsô tuot der ketzer: er seit dir vor alle süeze rede von gote unde von den engeln, daz dû des tûsent eide wol swüerest, er wære ein engel. Sô ist er der sihtige tiuvel. Und er giht des, er welle dich einen engel lâzen sehen unde welle dich lêren, daz dû got lîplîchen sehest, unde seit dir des sô vil vor, daz er dich schiere von dem kristenglouben hât gescheiden unde daz dîn niemer rât wirt. Unde dâ von heizet er ein ketzer, daz sîn heimelicheit als schedelich ist als einer katzen, und alse vil schedelîcher. Diu katze verunreinet dir den lîp: sô verunreinet iu der ketzer sêle unde lîp, der deweders niemer mêr rât wirt. Und er ist halt als schedelich: unde hæte ich eine swester in einem ganzen lande, dâ ein ketzer inne wære, der hæte ich angest niwan vor dem einigen ketzer: der ist halt sô schedelich. Und alsô hüete sich alliu diu werlt vor im. Ob got wil, ich hân kristenglouben alse vestecliche als von rehte ein ieglich kristenmensche haben sol: und ê daz ich niwan vierzehen tage in einem hûse wolte sîn mit wizzenne, dâ ein ketzer inne wære, ich wolte ê in einem hûse sîn, dâ fünf hundert tiuvel inne wæren, ein ganzez jâr. Wie, ketzer, bist dû iendert hie? Nû enwelle der almehtige got, daz deheiner vor mir sî! Sie gênt ouch niht ze frumen steten, wan dâ sint die liute verstendic und hœrent an dem êrsten wol daz er ein ketzer wære: sie gênt zuo den wîlern unde zuo den dorfen gerne unde halt zuo den kinden, die der gense hüetent an dem velde. Und etewenne giengen sie gar in geistlîchem gewande und swuoren niht durch dehein dinc; unde dâ bî wart man sie erkennen. Nû wandelent sie ir leben und ir ketzerîe rehte als der mâne, der sich dâ wandelet in sô manige wîse. Alsô tragent nû die ketzer swert unde mezzer, langez hâr, langez gewant, unde swerent die eide nû. Sie hæten etewenne den tôt ê geliten, wan sie sprâchen, got der hæte in eide verboten. Und ir meister habent sie in nû erloubet daz sie eide swern. Sê, unsæliger ketzer, hât dir ez got verboten, wie mac dirz danne dîn meister iemer erlouben? welch der tiuvel gap im den gewalt einem schuochsiuter oder einem weber oder einem spörer, der dîn meister ist? wie mohte dir der erlouben daz dir got verboten hât? Dâ sol er ie zwelf kristen ze ketzern machen: dâ mite sol er den eit haben gebüezet. Pfî, unsæliger ketzer! ob man dich danne ê ûf einer hürde verbrennete, ê danne dû einigen ketzer gemachest! Nû seht, wie verdampt ir gloube und ir leben ist! Sô sprechent etelîche ketzer unde gloubent sîn, daz der tiuvel den menschen geschüefe; sô geschüefe unser herre die sêle drîn. Pfî, verfluochter ketzer! wanne würden sie ie sô gemeines muotes oder wanne vereinten sie sich mit einander? Nû seht, ir sæligen gotes kinder, daz iu der ælmehtige got sêle unde lîp beschaffen hât. Unde daz hât er iu under diu ougen geschriben, an daz antlütze, daz ir nâch im gebildet sît. Dâ hât er uns rehte mit geflôrierten buochstaben an daz antlitze geschriben. Mit grôzem flîze sint sie gezieret unde geflôrieret. Daz verstêt ir gelêrten liute wol, aber die ungelêrten mügent sîn niht verstên. Diu zwei ougen daz sint zwei O. Ein H daz ist niht ein rehter buochstabe, ez hilfet niuwan den andern: als HOMO mit dem H daz sprichet mensche. Sô sint diu zwei ougen unde die brâwen dar obe gewelbet unde diu nase dâ zwischen abe her: daz ist ein M, schône mit drin stebelînen. Sô ist daz ôre ein D, schône gezirkelt unde geflôrieret. Sô sint diu naselöcher unde daz undertât schône geschaffen reht alse ein kriechsch *E*, schône gezirkelt unde geflôrieret. Sô ist der munt ein I, schône gezieret unde geflôrieret. Nû seht, ir reinen kristenliute, wie tugentlîche er iuch mit disen sehs buochstaben gezieret hât, daz ir sîn eigen sît unde daz er iuch geschaffen hât! Nû sult ir mir lesen ein O und ein M und aber ein O zesamen: sô sprichet ez HOMO. Sô leset mir ouch ein D und ein E und ein I zesamen: sô sprichet ez DEI. HOMO DEI, gotes mensche, gotes mensche! Ketzer, dû liugest! Nû sich, wie ketzerlîche dû gelogen hâst! Ez wart halt nie sô getânes niht, daz der tiuvel ie geschuof, wan sünde unde schande: die geschuof er des êrsten an im selben unde dar nâch iemer mêr, swâ er daz mohte gerâten, daz tet er. Der almehtige got geschuof alliu dinc unde geschuof diu ze nutze unde ze guote. *In principio creavit deus celum et terram* etc. Allez daz sich rüeret ûf ertrîche, ez sî sihtic oder unsihtic, daz hât got geschaffen. *Et omnia per ipsum facta sunt, et sine ipso factum est nihil.* Ez wart eht nie niht ân in geschaffen. Nû sich, dû ketzer, wie dû liugest! Sît dû gihst daz dich der tiuvel geschaffen habe, sô var ouch zuo dem tiuvel. Dû hâst aber dînen herren, den tiuvel, tiuvelîchen an gelogen: des sol er dir vil wol gelônen, im zerrinne danne alles des fiwers daz er iendert hât. Nû seht, ir kristenliute, wie schentlîchen glouben sie habent dise valschen diebe des kristenlîchen glouben, der reineclîche unde schône über alle glouben liuhtet, als diu sunne überliuhtet alliu lieht! Ir reinen kristenliute, dâ von hüetet iuch vor disen ketzern, die alsô zuo iu sliefent sam die katzen und iuch ertœten wellent mit ir krotensâmen, der unreinen ketzerlîchen lêre, die er in sich gelecket hât sam diu katze daz eiter von der kroten. Unde sâ zehant sô diu katze die kroten alsô gelecket, sô beginnet sie al zehant dorren unde gêt ir daz hâr ûz unde wirt alse widerzæme und alse ungenæme, als ir an ir wol seht, daz sie etewenne kûme die lenden nâch ir geziuhet. Unde dâ von hüetet iuch vor den katzen und ouch von den ketzern, wan sie bêde schedelich sint an lîbe und an sêle. Daz iuch die ketzer iht verunreinen, dâ beschirme uns alle samt der almehtige got vor. Wan swer ir ketzerlîche vergift in sich lecket, der muoz eht iemer mêr dorren an lîbe und an sêle und an aller der sælikeit, die er iemer mêr gewinnen solte an lîbe und an sêle. Dâ von hüetet iuch vor in mit allem flîze unde mit allen iuwern sinnen. 'Bruoder Berhtolt, wie sülle wir uns vor in behüeten, sô lange daz sie guoten liuten sô gar glîche sint?' Seht, daz wil ich iuch lêren, den worten daz ir iuch iemer mêre deste baz gehüeten künnet. Ir sult sie halt ouch an siben worten erkennen. Von swem unde swenne ir der siben worte einz erhœret, vor dem sült ir iuch hüeten, wan der ist ein rehter ketzer, und ir sült den pfarrer an sie wîsen oder ander gelêrte liute. Unde merket mir disiu wort gar eben unde behaltet sie iemer mêr unze an iuwern tôt. Ich wolte halt gerne daz man lieder dâ von sünge. Ist iht guoter meister hie, daz sie niuwen sanc dâ von singen, die merken mir disiu siben wort gar eben unde machen lieder dâ von: dâ tuot ir gar wol an; unde machet sie kurze unde ringe unde daz sie kindegelîch wol gelernen mügen; wan sô gelernent sie die liute alle gemeine diu selben dinc unde vergezzent ir deste minner. Ez was ein verworhter ketzer, der machte lieder von ketzerîe unde lêrte sie diu kint an der strâze, daz der liute deste mêr in ketzerîe vielen. Unde dar umbe sæhe ich gerne, daz man diu lieder von in sünge. Nû merket alle samt! Daz êrste: swer dâ sprichet, ez müge dehein êman bî sîner hûsfrouwen geligen âne houbetsünde, der ist reht ein arger ketzer. Sê, unsæliger ketzer, nû satzte doch got die heilige ê in der heiligen stat, in dem paradîse, daz diu zal der engelkœre erfüllet würde. Daz ander ist: swer dâ sprichet, ez müge dehein rihter nieman ertœten âne houbetsünde. Sê, unsæliger ketzer, sô möhte nieman genesen, solte man schedelîche liute niht von der werlte nemen. Ir rihter, swen ir mir mit rehtem gerihte von der werlt nemet, ich gibe iu als wênic buoze drumbe alse iuwerm swerte. Daz dritte: swer giht, daz die siben heilikeit unde der wîhebrunne niht kraft enhaben, der ist gar ein ketzer; wan dâ hât got die heiligen kristenheit mite gevestent und erlœset von dem êwigen tôde. Daz vierde: swer dâ giht, daz ein priester, der selbe in houbetsünden ist, daz der nieman von sînen sünden enbinden müge, der ist ouch ein ketzer. Daz fünfte: swer dâ sprichet, man sülle der wârheit niht swern und ez sî houbetsünde swer der rehten wârheit swer. Daz sehste: swer dâ sprichet, der die schrift nie gelêret wart unde wil doch ûz der schrift reden, alsô daz er sprichet: 'ez sprichet sant Gregorius, sant Augustînus, sant Bernhart oder ein prophête oder ein êwangeliste,' oder swaz er alsô ret ûz der heiligen schrift eigenlîche unde der schrift niht kan noch sie nie gelernte, den habet für einen ketzer, wan daz hât in gelêret sîn meister der ketzer. Daz sibende: swer dâ sprichet, swer zwêne röcke habe, der sulle durch got einen geben: swer des niht tuo sî êwiclîche verlorn. Pfî, unsæliger ketzer! sô möhte halt nieman behalten werden, weder geistlîche noch werltlîche liute: jâ ist einem etewenne nôt, daz er den dritten dar zuo habe. Seht, alse maniger leie ist ir ungloube und ir wîse. Nû bitet got alle samt mit inneclîchem herzen, daz er uns beschirme vor allem ir unglouben unde vor andern sünden, unde swer sich dâ vor niht gehüetet habe, daz die hiute wâre riuwe gewinnen und ir herze bekêren und alsô reinigen mit der wâren riuwe, daz sie den wâren sunnen êwiclîche sehende werden in den êwigen freuden. Daz uns daz allen samt widervar, mir mit iu und iu mit mir, daz verlîhe uns der vater unde der sun unde der heilige geist. Âmen.

---

# XXVI.

## VON DEN VIER STRICKEN.

'*ANima nostra sicut passer erepta est de laqueo venantium*' etc. (*Ps.* 123, 7). Alsô liset man hiute in der heiligen messe und alsô sprechent die heiligen merteler: 'unser sêlen sint enbunden von dem stricke der jagenden alse der spar ûz dem netze.' Und alsô mügent sie wol sprechen; wan die wîle und sie in der werlte wâren, dô heten sie maniger hande stricke von den jagenden, daz sint die leidigen tiuvele, die uns tac unde naht maniger hande lâge legent. Sie legent uns stricke an dem bette, dâ wir an ruowen solten; sie legent uns stricke in dem slâfe, sie legent uns stricke sô wir wachen; sie legent uns stricke in der kirchen, in der riuwe, in unserr bîhte, in unserr buoze, in unsern gedanken, in unsern worten, in unsern werken: sie legent stricke unsern ougen, unsern ôren, unsern henden, unsern füezen, unserm ezzen, unserm trinken und allen unsern werken. Unde dâ von sprichet ein heilige: 'owê, herre, mac ieman vor disen stricken genesen?' Wan er sach daz wol daz die werlt vol stricke was. Unde dâ von mügent die marteler wol frô sîn, daz von disen stricken ir sêle alle sint enbunden. Unde daz ist sie ouch vil harte an komen. Iedoch sô fürhtent sie die jeger nû niht mêr noch dehein ir stricke, wan ir martel hât nû ein ende und ir freude gewinnet niemer ende. Unde dâ von singet man hiute: 'unser sêlen sint enbunden' etc. Wan alle die wîle unde sie in dirre werlte wâren, dô vorhten sie in vil sêre, wan eht der selben stricke sô vil ist, daz ir nieman zal weiz. Wan alse die tiuvel heizent tûsentlisteler, alse vil ist ir stricke sam ir liste unde mêr; und alse sie den menschen mit éinem liste niht gewinnen mügent, sô kêrent sie einen andern dar, und alse sie in mit éinem stricke niht gevâhen mügent, sô legent sie im aber einen andern dar. Dô in der heilige man her Dâvît ûz einem stricke entran, dannoch liezen sie ez dar umbe niht, sie leiten im einen andern strik: dar inne heten sie in nâhen hin. Den guoten sant Pêter heten sie nâhen hin; dô in der entran, dô viengen sie Judam. Der was alse heilic, daz got durch in zeichen tet; man müeste sînen tac vîgern alse sant Pêters tac, hæten in die jeger in ir strik niht gevangen. Dô in der heilige Dâvît entran, dô fuorten sie aber sîner süne etelîchen hin. Und alsô habent sie manic tûsent gevangen mit ir stricken unde vâhent alle tage noch hiute manic tûsent, der niemer rât wirt. Owê des! unde dâ von mügent sie frô sîn unde frœlîchen singen in himelrîche: '*anima nostra*' etc.

Von disen worten hân ich willen ze sprechen, wie ir iuch behüeten sult von disen stricken, wan ir sach der heilige herre alse vil daz er sprach: 'owê, herre, ist aber ieman, der sich behüeten müge vor disen stricken allen?' wan er eht daz wol sach, daz alliu diu werlt vol was der stricke des tiuvels. Sie varnt des nahtes zuo den steten unde zuo den dorfen mit grôzen scharn unde mit grôzer menige unde legent ir stricke und ir lâge maniger hande; unde des nahtes trûwent sie aber mêr ze schaffen danne des tages. Sô legent sie maniger leie liste unde stricke, dâ sie manic tûsent sêle mite vâhent, unde dâ von legent sie ir stricke für lîthiuser durch überigez trinken, durch spil, durch morden; sô hie' der trunkenheit, daz einer an sînem eigen wîbe schuldic werde oder einer sîne hûsfrouwen sus slahe, daz er an sînem ungebornen kinde schuldic werde. Sô legent sie hie stricke der diupstâl unde der unkiusche; oder manigem, sô der allen den tac gevastet hât, sô leget er im dar einen strik mit der frâzheit, daz er die vasten brichet; daz diu frouwe ir kint erlige ze tôde; sô danne daz ein hûs enbrinne, dâ von etelîchez sînen lîp verliese, oder daz ein stat gar oder halber verbrinne. Der stricke ist sô vil daz es nieman ze ende komen kan, wan die tiuvel hânt niht sô vil ze schaffen, wan daz sie ir alle tage ie mêr unde mêr machent. Und alsô sô hânt sie ir von anegenge der werlt alse vil gemachet daz sich nieman drûz verrihten kan. 'Bruoder Berhtolt, dû geseist uns gar vil von disen tiuveln unde von ir maniger hande listen, unde wir sehen ir einigen niemer noch hœren ir niemer noch engriffen ir niht noch enpfinden ir niht.' Nû sich, daz ist ouch der grœste schade den dû dâ von gehaben maht! wan gesæhest dû niwan ze einem mâle einigen tiuvel alse er dâ ist, sô wære ich des sicher, daz dû niemer deheine sünde mêr begiengest. Daz ist ir stricke ouch einer, der aller schedelîchste den sie iendert hânt, daz sie alsô dieplîche mit uns umbe gênt. Wan swie wir ir einen gesæhen alse sie dâ sint, dâ hülfen sie danne alle die stricke niht die sie ie gewunnen oder iemer mêr gewinnen mügent. Nû seht, wie stille sie swîgent! und ir ist doch manic tûsent hie. Ir tiuvel, ir hœret mich vil wol hie predigen: ir næmet niht allez daz under dem himel ist, âne menschen sêle, daz ir niwan eines iuwer einen liezet sehen: wan sô hülfen iuch für baz alle iuwer liste niht unde stricke. Hæte iuch her Herôdes gesehen, er hæte wol gehüetet, daz er sô manigez unschuldigez bluot iht vergozzen hæte. Hæte iuch her Absalôn gesehen etc. Wande ich ir stricke niht aller mac ze ende komen, sô wil ich iu doch vier sagen der aller gemeinsten unde der aller schedelîchesten, die sie uns kristenliuten legent. Ich wil hiute mit kristenliuten reden. Ir wizzet wol daz die jeger unde die weideliute vil maniger hande stricke müezent haben unde maniger hande stricke sunder müezent haben. Mit einer hande stricke vâhent sie die bern unde wolve unde die hirze unde diu grôzen tier. Sô vâhent sie die hasen und ouch die fühse aber in andern stricken, unde diu hermelîn unde diu künigelîn unde sô getâniu tierlîn væhet man aber mit ander leie stricken. Unde mit ander leie stricken væhet man die vische anders danne diu andern tier, unde danne die grôzen hûsen unde salmen unde störn ouch mit ander leie. Danne aber ander vische die kleiner sint unde danne die vogel aber mit ander leie, die grœsten sus, die kleinen sô, die mitteln aber anders. Alse maniger leie stricke habent ouch die tiuvel uns kristenliuten geleit. Jüden, heiden, ketzern leit er sô vil stricke niht sô uns kristenliuten, wan sie sint doch vor sîn. Niwan uns kristenliuten sint sie gevære, dar umbe daz wir die freude besitzen süln, die sie verworht hânt. Den worten daz ir iuch deste baz wellet hüeten vor allen ir stricken, sô wil ich iu die vier stricke sagen, ûf die grôzen gnâde unsers herren und iuwer bescheidenheit, daz ir iuwer frîe willekür dar zuo twinget unde kêret, daz sîn der almehtige got gelobet werde unde geêret und ir gesæliget an lîbe und an der sêle unde der tiuvel gelestert an allen sînen stricken, die er uns sô manicvalte geleit hât und gestreuwet allen unsern sachen. Unde dâ von sô mügent sie frôlîchen singen alle, die von dirre werlte alsô gescheiden sîn, daz sie die êwigen freude besezzen hânt. Des helfe uns der almehtige got allen samt, daz wir die besitzen.

Nû seht! ich wil ein grôz dinc reden. Swie vil ir stricke und ir liste noch sî, wellet ir iuch genzlîche vor disen vier stricken hüeten unz an iuwern tôt, sô ist niendert dehein mensche vor mînen ougen daz kristennamen habe, daz ez iemer verlorn werde, ist daz ir iuch niwan vor disen vier stricken behüeten wellet. Der habent sie einen sunderlîchen jungen liuten geleit, unde den andern den frouwen, und den dritten alten liuten; den vierden unde den schedelîchsten habent sie gemeinlîche oben über die andern alle samt geleit, unde der selbe ist ouch der aller schedelîchste unde der wirste under allen den stricken, die sie von anegenge der werlte ie funden unde den sie mit allen ir listen ie ertrahten, und ist halt schedelîcher unde wirser danne die andern alle samt.

Den êrsten den habent sie sunderlîchen geleit den jungen gemeinlîchen. Sie habent aber aller der werlte gemeinlîchen maniger hande stricke geleit, aber disen strik habent sie den jungen gar besunder geleit, dar umbe, daz sie der jungen liute aller meiste vâhent mit dem selben stricke, wan ir kæme anders gar vil zem himelrîche, unde hæten sie in disen strik niht funden. Der selbe heizet unkiusche. Wâ von habent sie den selben strik jungen liuten geleit besunder? Dâ ist er ir nâtûre aller gelîcheste unde hânt ze deheiner sünde sô grôze liebe; unde sie sint dannoch reine vor grôzen sünden unde sie sint lindes herzen unde sie wæren guoter dinge guot an ze wîsen unde sie sint unverbeinet und einvaltic unde sie tæten mit vasten unde mit beten swaz man sie hieze und underwîsete, unde hât der tiuvel dannoch niht gewaltes an in unde sint in halt ander sünde vil unkunt, daz sie dar umbe niht enwizzent. Sie ahtent ûf gîtekeit niht, wan sie wizzent halt noch vil lützel, waz grôziu sorge ist umbe guot, noch ûf wolgezzen noch trinken (ez ensî danne selten), noch ûf turnei noch ûf grôze hôhvart. Unde dar umbe möhten sie der jungen liute mit deheinem stricke sô vil gevâhen alse mit dem selben stricke der unkiusche. Dâ treit sie ir herze und ir sin aller meiste nâch. Pfî, ir verfluochten tiuvel! wie manige reine sêle unde wie manic reinez herze ir mit disem stricke gevangen habet! Alse her Salomôn dâ sprichet: 'sie werdent umbevangen mit der unkiusche als daz fiwer daz dürre holz umbegrîfet, unde werdent gefüeret als der ohse zuo der fleischbanc, den man dâ nider slahen wil.' Unde von deheiner sünde, die diu werlt ie gewan, hât der tiuvel sô grôzen gewalt über den menschen danne von der unkiusche. Unde dar umbe, ir jungen liute, hüetet iuch durch den lebendigen got, daz ir mit der reinikeit die ir von iuwer muoter lîbe enpfienget und alsô bezîte niht vallet in den strik des tiuvels und ûz dem friden unsers herren in den gewalt des tiuvels; unde behaltet die wîzen wât, dâ von der guote sant Paulus sprichet. Unde wellet irs niht enbern, sô kêret balde zuo der ê unde lât iuch den tiuvel als gezîte niht vâhen in sînem stricke der unkiusche. Wan als er iuch in den selben strik der unkiusche bringet, sô mac er iuch iemer deste baz in andere sîne stricke bringen. Unde dar umbe sô leget er den jungen liuten des êrsten den strik der unkiusche, daz sie im von deheinen andern stricken sô gar gehôrsam werdent noch sînen willen sô gar volleclîche unde willeclîchen vollebringent, und ouch dar umbe, daz er iemer deste sanfter mit in ringe, alsô daz er sie deste baz in sîne stricke bringe und daz er sie halt in dem selben stricke der unkiusche verleite für baz unde verleite von den êwigen freuden, von den ledigen an die êliute, von den friunden an die gevatern unde zuo den mâgen ouch verleite. Absalôn, der bî sînes vater wîbe lac diu sîn stiefmuoter was, dem leiten ouch die unsæligen tiuvel den selben strik des êrsten unde brâhten in in den strik der hôhvart, daz er sich des künicrîches annam wider sînes vater willen, unde danne in den strik hazzes unde nîdes, daz er sînem vater ze leide slief bî sîns vater wîbe unde daz er sîns eigen vater vârende was mit urliuge unde mit strîten unde mit tœtlîchem hazze. Nû seht, ir jungen liute, welch ein schedelîcher strik daz ist unde wie schedelîche sie iu disen strik legent, daz man ir niemer gewar mac werden! Nû seht, wie stille sie swîgent, swie vil ir doch hie ist! wan gesæhet ir sie niwan ze einem mâle, ir getætet niemer sünde; wan sie sint sô griulîche gestalt, unde daz man ir einen sæhe als er dâ ist, ez stürbe allez menschlich künne vor vorhten. Als wênic man den almehtigen got mit fleischlîchen ougen iemer gesehen mac vor freuden, alse wênic mac man den tiuvel iemer gesehen vor vorhten. Wan obe daz wære, daz wir got mit fleischlîchen ougen sehen solten als er in himelrîche ist in sînen freuden und in sînen êren, sô stürbe eht allez menschlîche künne vor freuden: alsô stürbe ouch allez menschlîche künne, ob man den tiuvel sæhe als er dâ ist. Unde wære ez alsô, daz man in möhte gesehen mit fleischlîchen ougen, daz man vor sînem grûwen niht stürbe, unde daz er iezuo dort her gienge vor dem walde (wan daz disiu stat hie vor uns ein glüender oven wære alle samt, der durchglüewete), ez würde daz aller grœste dringen in den glüenden oven, daz diu werlt ie gewan oder iemer mêr gewinnen sol. Unde dar über sint einer hande tiuvel vil griulîcher an ze sehenne wan die andern; wan ez râtent einer hande tiuvel hôhvart, einer hande manslaht, einer hande gîtikeit, einer hande dise sünde, einer hande jene sünde. Nû seht, wie schœne diu liehte sunne sî wider der unreinsten kroten die ir ie gesâhet, noch schœner ist ein krote wider dem unflâte der an dem tiuvel ist. Unde dannoch swie unflætic alle die tiuvel sint, sô sint díe tiuvel zehenstunt unflætiger danne ander tiuvel, die dâ unkiusche râtent. Die sint unflætiger vil wan die dâ mort râtent oder hôhvart oder dehein ander sünde. Als unreine ist diu unkiusche und als vînt ist ir der almehtige got, daz er halt diu kint diu von der unêlîchen unkiusche koment niemer an die êre ze rehte læt komen, dâ die êlîchen an sint. Sie sülnt ze rehte niemer prêlaten werden in deheinen konvente noch werltlîche rihter noch geistlîche rihter noch pfarrer. Von des bâbstes wegen unde von sînem gewalte hân ich niht ze reden. Dû muost ein basthart sîn êlôs und erbelôs. Daz hât dîn vater unde dîn muoter geschaft, dô sie in den strik des tiuvels gerieten. Ez verdienet vil maniger mit sîner untugende, diu dâ heizet unkiusche, daz er leidiu mære ouch hœren muoz oder bœse gebærde von wîben oder von kinden oder von den die im ouch liep sint. Nû seht, welch ein schelklich strik unde schedelich er iu jungen liuten ist! wan er ist sunderlîche der jungen liute. Ist nû iendert dekein alter schedel, der sich in den selben strik bestrûchet hât mit altmüeden beinen, der ist sô gar der tiuvel gespöte und wirt sô gar ze laster unde ze schanden, nû des êrsten an der sêle und an dem jungesten suontage an lîbe und an sêle.

Den andern strik den der tiuvel als schedelîchen uns kristenliuten leit, den legent sie sunderlîchen den frouwen, wan die sint als wol zuo dem himelrîche geschaffen als die man und in ist ouch als nôt himelrîches als den mannen. Und ir kæme ouch halt vil mêre zuo dem himelrîche danne der manne, wan der selbe strik. Pfî, ir unsæligen tiuvele! wie manic tûsent reiner frouwen sêle zem himelrîche wære iezuo, wan der einige strik, den ir den frouwen sô listeclîche habet geleit. Ir frouwen, ir sît barmherzic unde gêt gerner zuo der kirchen danne die man unde sprechet iuwer gebet gerner danne die man unde gêt zer predige gerner danne die man und zuo dem aplâz, und iuwer würde gar vil behalten, wan der einige strik. Unde den worten, daz ir iuch dâ vor behüeten wellet, sô wil ich iuch vor dem selben stricke warnen. Unde behüetet ir iuch dâ vor, sô wirt iuwer gar vil rât unde behalten, ob ir mir volgen woltet. Ez heizet hôhvart und îtel êre, wan ez niwan ein hôhvertelîn ist und ein îtelkeit, dâ mit ir frouwen umbe gêt, daz eht irz dar zuo bringet, daz man iuch lobe. Dâ kêret ir allen iuwern flîz an, mit gewande, mit iuwern sleigern, mit röckelînen. Dâ gît ir etelîchiu alse vil umbe, als sie daz tuoch kostet, der nüewerin: sô schilte ûf die ahseln, sô geriselt, sô gerickelt al umbe den soum. Iuch genüeget der hôhvart umbe diu houbetlöcher niht, ir müezet ouch die füeze sunderlîche martel dâ ze helle lân bekorn. Sô hie ein strâze, sô dort ein ander strâze mit iuwern wæhen næten, unde machet sîn alse nœtlich, daz sîn nieman ze ende komen mac. Mit nihte machet ir frouwen iuwer geverte nœtlich, ez ist reht ein niht, dâ mit ir umbe gêt, wan ein gespöte. 'Wie, bruoder Berhtolt! nû tuon wirz niht danne durch unser wirte willen, daz sie ein ander ansehen deste minner.' Nû gloube dû mir, und ist dîn wirt ein frumer man, er gan dir vil baz, daz dû dich in einer durnehtigen wîse ziuhest danne in einer hôhvertigen wîse, daz man ûf dich vingerzeige und ankapfe: 'seht, wer ist diu? oder waz frouwen ist daz?' Ist aber er ein nascher, sô hilfet ez niht allez dîn krenzelkrispen und allez dîn krespelkrispen niht und allez dîn gilwen niht, daz dû iemer maht getuon, unde hilfet dich ze nihte wan zuo der êwigen helle: dâ bringet ez dich hin, nû des êrsten an der sêle und an dem jungesten suntage an lîbe und an sêle. Riuwe unde buoze nim ich alle zît ûz. Sie habent alle meistic ze worte: 'jâ tuon ichz durch keine hôhvart, ich tuon ez niwan durch mînen wirt.' Und ez ist ir etelîchen halt vil leit, unde meistic in allen, wan ir lât iuwer wirte niemer geruowen. Nû wil sie diz, nû wil sie daz, unde swenne ir etewaz anderz soltet tuon in iuwerm hûse, daz iuwerm wirte nôt wære oder iu selben oder iuwern kinden oder iuwerm gaste, sô gêt ir mit iuwerm hâr umbe oder mit eim geizvelline, wie die ermel wol gestênt oder der sleiger oder daz gebende, unde dâ mite traget ir die wîle ûz unde den tac unde die wochen unde daz lange jâr. Nû seht, ir frouwen, wie unnützelîche ir himelrîche verlieset! Nû gloube dû mir, swie dû im nû tuost in aller der werlte, sô ist ez doch nihtes niht wan ein gestüppe und ein tüechelîn. Daz krenzel hin unde krenzel her unde gilwez hin unde gilwez her, sô ist ez anders niht wan ein tüechelîn. Ez solten ouch niwan die jüdinne unde die pfeffinne unde die bœsen hiute tragen, die ûf dem graben dâ gênt: die süln gelwez gebende dâ tragen, daz man sie erkenne. Wan swelhiu frouwe anders ein gilwerinne ist, daz sult ir mir alle merken, daz sich daz niemer vervælet, ez sî der vier tætelîn einz an ir: als wærlîche wolte ich ein guoter mensche sîn, als wâr daz ist, daz der vier tætelîn einz an ir ist oder zwei oder driu. Sie ist eht eintweder unstæte an dem herzen mit bœsen gedenken, oder sie ist bœse mit den werken. Ist der dewederz dâ, sô ist aber daz dritte dâ: daz sie ein tætelîn an dem lîbe hât, eintweder die gelsuht oder ein anderz daz im glîche ist: dû weist wol waz ich dâ meine. Ez ist ein mâlflecke, den sie mit dem gelwen gebende vertiligen wil: man muoz éinen unflât mit dem andern verdecken. Ist aber der drîer deheinez dâ, sô ist âne zwîvel daz vierde an ir: daz sie ein tœrin ist ze allen nützen dingen und in dem hûse ze nihtiu guot ist, ze êren noch ze gefuore als ander hûsfrouwen, wande sie niht tuot wan daz sie die wîle ûz treit mit ir gebende unde mit ir hâre als ein tœrin von rehte sol. Ir man möhtet ez eht wol understên unde möhtet ez in wol frümeclîche wern, des êrsten mit guoter rede; wolten sie ez dar umbe niht lân, sô soltet irz in frumeclîchen wern. 'Owê, bruoder Berhtolt! joch ist der vînt gar schedelich den der man alle zît in dem hûse haben muoz. Ich hân sîn die mînen gar dicke gebeten güetlîche und übellîche, sie woltez nie gelâzen. Nû fürhte ich des unde zerte ich ir einz, daz sie mir hin nâch niwan deste grœzern schaden tuo und ein zwirunt als guot gebende koufe.' Sich, dâ solt dû reht ein herze gevâhen. Nû bist doch ein man unde treist ein swert: dich überwünde aber einer mit eime stabe lîhte wol. Gevâhe einen muot und ein herze unde zerre irz abe dem houbte! unde kleben vier hâr oder zeheniu dran, sô wirf ez allez in daz fiwer. Daz tuost dû niendert drîstunt oder vierstunt ê danne sie sich sîn geloube. Der man sol der frouwen meister sîn und ir hêrscher. Mit sô getâner îtelkeit gênt frouwen umbe. Unde alse sie als alt werdent, daz sie niht mêr gehôhverten mügent, dannoch sint sie sô sêre verworren in den strik der hôhverte, daz sie sich dannoch niht drûz gerihten mügent; unde swaz sie mit in selber tâten, daz tuont sie danne ir töhterlînen und ir diehterîden. Die zepfelnt sie unde swenzelnt sie ûf, sô sie dannoch kûme vier jâr alt sint, unde hebent sie danne mit in an unde trîbent daz unz daz ez sich verstêt übels unde guotes. Und ob ez halt sleht wolte sîn, sô hât ez sîn ane unde sîn muoter bêde lîhte in der hôhvart gewonheit brâht mit swenzeln, mit ermelehen unde mit scheppelehen, daz ez ûz der gewonheit niht enkumt unde sîn danne an im selber zwirunt alse vil machet, sô mit fürspangen, sô mit vingerlînen, mit spæher rede unde mit spæhen gengen. Mit maniger leie hôhvart sît ir frouwen gevangen in dem stricke, der ist iuwer gar eigenlich. Wan diu tiuvel wisten daz wol vor, daz sie iuch mit deheinen stricken in dirre werlte eht niemer sô wol gevâhen möhten. Mit roube möhten sie iuch niht hân gevangen noch mit manslaht, wan ir habet des herzen niht, noch mit luoder, noch mit spile, wan eht niwan mit hôhvart. Wellet ir nû dar umbe himelrîche geben, sô habt ir weder hie noch dort niht. Wellet aber ir iuch vor disem stricke hüeten, sô wirt iuwer gar vil behalten.

Den dritten strik habent sie geleit alten liuten, ouch sunderlîche, wan der trûwent sie nû mit unkiusche niht gevâhen, ez sî danne ein alter stecke, ein alter schedel. Sie trûwent ouch ir mit hôhvart niht gevâhen, wan sie mügent ze dem turnei niht guot gesîn noch zem strîte noch zem tanze noch ze dem springen. Ir altez gebeine hât verspranget unde denkent nû hinnen für waz sie in der tumpheit hânt getân, unde gewinnent ofte und dicke einen vil grôzen riuwen, als billich unde zimlich wære. Seht, unde dar umbe hât in der tiuvel einen strik funden, der ir nâtûre glîch ist, dâ sie, ouch ir gelust und ir nâtûre aller meiste nâch trîbet, unde sie möhten iuch alten liute mit deheinem stricke alse wol hân gevangen. Der heizet gîtekeit nâch guote mit unrehten gewinnen. Wan irdenisch guot nâch dem ertrîche genâtûret ist unde die alten liute kalter nâtûre nâch dem ertrîche sint, unde dâ von ist diu gîtekeit nâch dem ertrîche unde dâ von ist die gîtekeit der alten liute nâtûre aller glîchest und hanget in ouch aller meiste an: sie klebet halt sam daz bech. Wâ von? Seht, dâ mügent sie nû niht gearbeiten umbe daz guot als die jungen liute; sô habent sie gerne warm unde ligent gerne sanfte unde gezzent unde getrinkent wol unde müezent alle zît warm haben. Wer frôwer danne der tiuvel, swenne erz dar zuo bringet, daz die liute in dem stricke der gîtekeit in daz alter kument? sô weiz er wol daz sie im danne niemer mêr engên mügen, wan altiu gurre bedarf wol fuoters. Pfî, ir unsæligen tiuvele, welich einen strik ir an disem stricke habet gesmidet! der ist vester danne stahel oder glockspîse oder iht daz ûf erden ist. Ich enweiz ouch niht daz in zerbrechen müge wan eht der almehtige got mit sîner grôzen erbermede. Der hât ez ouch an ir frîe willekür gelâzen; sô lâzent sie ez danne an den tiuvel, der kan sie danne drûz wol verrihten nâch ir unsælden. Der guote sant Johannes der sach in apokalipsî vil heweschrecken; die heten îsenîne halsberge an unde heten menschenantlitze unde frouwenhâr unde lewenzene unde heten scorpenzegele. Waz meinet daz? Seht, daz bediutet allez samt dise gîtegen liute, die dâ der tiuvel sô vaste gevezzelt hât mit dem stricke der gîtekeit. War an gelîchet der heuschrecke den gîtigen? Dâ lît der heuschrecke alle wege in dem tiefen grase, dâ grôziu rinder unde ros genuoc an hæten unde schœne unde veizt unde grôz würden, unde der heuschrecke ist gar ein kleinez würmelîn unde lît mitten in dem tiefen grase unde wirt doch niemer veizt. Alsô ist dem gîtigen. Swie vil der guotes hât in aller der werlte, sô dunket er sich dannoch arm: alse der heuschrecke, der dâ niemer veizt wil werden, alsô wil der gîtige niemer genuoc gewinnen. Daz er wîbeshâr hete der heuschrecke, daz bezeichent, daz er alse lîhte an dem gemüete ist als ein frouwe, daz er gote niht getrûwet, der im lîp unde sêle hât gegeben, daz im der ouch iht gebe mit rehten gewinnen daz er genese, er engewinne guot mit unrehten gewinnen, mit satzunge, mit wuocher, mit dingesgeben, mit fürkoufe. Ir burger in den steten, ir zelt einen man ob iuwerm tische umb einen schillinc, der umbe sehs heller tiure genuoc kæme. Daz ist allez unreht gewin. Die heuschrecken heten menschenantlütze; daz bezeichent, daz dû ein kristenmensche bist mit dem namen und ein jüde mit den werken. Sie heten ouch lewenzene; daz bediutet, daz der lewe gar vil frezzen mac, unde dâ von bezeichent daz den gîtigen, daz den nieman ersetten mac. Swie vil ein gîtiger hât unde swie lützel ein armer man hât, unde wil er mit im iht werben, der gîtige brichet dannoch dem armen abe sîn armuot, swâ er kan unde mac, unde mêret sînen grôzen rîchtuom dâ mite. Daz bediutet des lewen zene, wande im niht über wirt. Pfî, gîtiger, wie gar dû allenthalben an der unsæligen glîchnisse stêst! Sie heten ouch scorpenzegele die unsæligen heuschrecken. Der stichet gar übel des scorpen zagel. Daz bediutet, daz er alle die werlt durchstichet mit sînen unrehten gewinnen. Wir haben selten guotiu jâr von ir schulden; wan er koufet daz korn, ê danne ez etewenne gesæwet wirt. Er koufet den wîn, ê danne er ie geblüewete. Daz selbe tuont sie swes diu werlt leben sol, unde lieze ez ê erfûlen, ê danne erz umbe rehten kouf gæbe. Er durchstichet manigen armen menschen mit hunger und mit zadel, daz erz niemer überwindet an dem lîbe. Got sol aber im sîn rîche geben alse dem guoten unde dem sæligen Lazarô, unde dirre wirt begraben in der êwigen martel. Sie heten îsenîne halsberge an dise heuschrecken. Daz bezeichent ir grœsten unsælde, daz sie sô veste sint an der gîtikeit und an den unrehten gewinnen, daz man sie mit nihte gewinnen kan. Ir jungen liute, ich bræhte iuwer einen etewenne von der unkiusche ûz iuwerm stricke; ir frouwen, ich trûwete iuwer etelîche bringen ûz iuwerm: dirre gîtige ist sô gar vaste versmit in den halsberc, daz in alle die hemere niht gewinnen mügent die in der werlte sint: sie sint sô gar versteinet unde verhertet, daz weder predige niht hilfet noch bîhte noch lêre noch süeziu rede noch hartiu rede, wan sie sint verhertet noch herter danne der adamas. Der ist alse herte, der alle die hemere drûf slüege unde zerbræche mit slegen unde bôzen, man künde sîn niht gewinnen als grôz ein hirsegrûz ist. Nû sehe alliu diu werlt, ob ie iht sô hertes würde als der adamas ist! Sô ist dirre gîtige mensche noch herter. Daz wil ich iuch alle lâzen sehen unde hœren. Dû gîtiger mit dem unrehten guote, gewinne hiute riuwen unde gilt unde gip wider daz unrehte guot durch alle die slege, die man ûf unsern herren Jêsum Kristum ie getet, ûf sîn houbet getet mit einem rôre, ûf sînen reinen nacken, ûf sînen reinen lîp, ûf alliu sîniu glider an der siule. Nû seht, wie herte dise gîtigen liute sint unde verzwîveler an aller gotes erbermede! Entweder sie habent verzwîvelt an dem almehtigen gote unde sîner milten güete, oder sie sint verhertet unde versteinet als der tiuvel, wan der hât keinen muot daz er sich iemer bekêren welle. Alle die sîn ouch willen haben, die hüeten sich vor unrehtem guote. Ir sehet wol, wie kûme sie dâ von kument die alten liute. Junge liute die sîn noch niht vil hæten, die bræhte man etewie dâ von: des tuo sich alliu diu werlt abe, daz dise alten liute, die sîn dâ vil hânt, daz sie iemer dehein man iemer dâ von bringen müge; er lieze mich hundert jâr mîn houbet alsô brechen, daz er sich alse wênic dran kêrte alse der tiuvel. Ich tuonz eht niwan dar umbe, die sîn wênic haben daz die dâ von komen, unde die sîn niht enhaben daz die sich dâ vor behüeten. Ich weiz daz wol, daz ich niht schaffe an disen alten liuten: wan eht altiu gurre bedarf wol· fuoters. Nû lât hiute daz unrehte guot durch die hamerslege die man an dem heiligen kriuze ûf die nagele sluoc, die dem almehtigen gote durch hende unde durch füeze giengen, unde durch den jæmerlîchen smerzen den er von den selben nagelen enpfienc, unde durch die selben nagele die er durch sînen gebenedîten lîp slahen liez durch dînen willen an dem heiligen kriuze, unde durch alle die martel die er durch dich erliten hât, unde durch allez daz bluot daz er durch dich vergôz an dem kriuze. Pfî, verzwîveler, daz ie dehein touf ûf dich kam! wan hætest dû ein künicrîche, dû soltest ez iezuo lân, ê dû dich aller der gnâde verzigest, die uns got mit sîner martel erworben hât. Nû seht, wâ sie herter sint danne ein adamas! Wan die meister habent die liste funden, daz man den adamas mit zwein dingen wol brichet; sô kan alliu diu werlt den list niht vinden, dâ man sie mite gewinnen müge, daz sie eht durnehticlîchen gelten unde widergeben wellen.

Man gewünne in etewenne wol an daz sie ein wênic widergæben ze einer glîchsenheit unde ze einen êren. Dû muost durnehteclîchen widergeben unde gelten, schillinc für schillinc, pfunt für pfunt, marke für marke, pfenninc für pfenningeswert, als verre dû ez geleisten maht unde dû die liute weist den dû ez gelten solt, oder dîn wirt niemer als wênic rât als des tiuvels. Dar an sint sie noch herter danne der adamas, daz sie niemer genzlîchen geltent. Wer dâ frôwer danne der tiuvel, swenne erz dar zuo bringet, daz sie in dem stricke veraltent? Der habet sich nâch allem sînem willen.

Der vierde strik der ist aber noch schedelîcher und ungewerlîcher danne der êrste oder der ander oder der dritte. Dâ hüete sich alliu diu werlt vor, wan der selbe strik ist aller stricke bœste unde wirste unde schedelîchste. Unde rüefet alle samt den almehtigen got an, daz erz tuo durch alle die erbermede die er durch menschen künne ie erzöugete, daz er uns vor dem selben stricke beschirme unde behüete; wan er sô schedelich ist unde sô ungewerlich, daz alle tage manic tûsent sêle dâ von zer helle vert, der lîp mit dem selben stricke wirt gevangen, die niemer dar kæmen. Wan den selben strik hânt die unsæligen tiuvele sô gar listeclîchen geleit unde sô schedelîchen, daz er niemer schedelîcher werden möhte. Der êrste strik ist geleit den jungen liuten mit der unkiusche, der ander den frouwen mit der hôhvart, der dritte den alten mit der gîtekeit, der vierde ist geleit den jungen unde den alten, frouwen unde herren, edeln und unedeln, pfaffen unde leien, armen unde rîchen, gelêrten und ungelêrten. Pfî, ir verfluochten tiuvel, daz ir des strickes ie gedâhtet! unde hætet ir des strickes niht erdâht, niwan des einigen strickes, sô ist einiger mensche niendert vor mînen ougen, ich wolte in gote antwürten. Die eht vil unrehtes guotes habent unde die lange in ketzerîe sint gewesen, dâ ist alse vil trôstes an alse an dem tiuvel. Die gîtigen unde die ketzer unde die tiuvel daz ist éin gesellеschaft und éin gumpenîe. Swaz ander sünder hie sint (ich rede mit kristenliuten), sô ist ein sünder vor mînen ougen niendert hiute, ich wolte in gote antwürten under aller der tiuvel dank die hie sint, und ir ist doch manic tûsent hie. Unde wær ir noch zehenstunt als vil hie als ir ist, unde wær ir liste dannoch hundertstunt als vil und ir stricke alsam unde hæten iuwer ieglîchez mit drîzic stricken gevangen, iuch trûwe iuch mit der goteshilfe wol erlœsen von in allen, wan der einige strik. Nû seht, wie schedelîche unde wie listelîche uns die unsæligen tiuvel den geleit habent! Ich trûwete in halt der gîtigen etelîchen genemen. Unde den worten daz ir iuch dâ vor hüeten wellet, sô wil iu den selben strik nennen. Er heizet alsô: ûfschiube der buoze, als ein mensche in guoten willen kumet, daz ez gote bezzern unde büezen welle swaz er wider sînen hulden habe getân, und ez doch ûf schiubet von einem tage in den andern unde gedenket im alsô: ʻnû ist der vil elter danne ich (oder diu, ob ez ein frouwe ist) unde tuot tumplîchen: ich kume noch gar wol hin an, ich hân noch guoten willen, got lâze mich niemer ersterben, ê daz ich allez daz gebüeze, daz ich ie wider sînen hulden getet.ʼ Nû seht, der ist gar vil die daz sprechent, und ez ist halt lützel ieman, er enhabe guoten willen daz er sich bezzern unde buoze enpfâhen welle ûf die gnâde unsers herren, wan daz eht sie ez ûf schiebent, wan sie der tiuvel mit disem stricke irret, daz sie die buoze niht ane grîfent. Und er heizet sie ez allez ûf schieben von wîle ze wîle unde von tage ze tage, von wochen ze wochen, von jâre ze jâre, alles dar umbe daz sie der buoze niht ane grîfen unde daz eht sie der tôt irre unde sie in der wîle begrîfe âne buoze und âne riuwe. Swie guoten willen sie nû haben, sô schiebent sie ez allez ûf, unde dâ mite wirt manic tûsent menschen beswichen, die dirre selbe strik alsô gevangen hât, der dâ heizet ûfschiube der buoze. Sô schiubet ez etelîcher ûf der vil junc ist unde vil lîhte bestrûchet in dem stricke der unkiusche. Sô kumt in etewenne ein vorhte an, daz er einen guoten willen gewinnet; sô ist aber dirre unsælige strik hie, ûfschiube der buoze. ʻJâ nû bîte unze daz dû zuo der ê kumest, zuo dînem eigem brôte, sô maht dû vasten swenne dich guot dünket.ʼ Unde schiubet eht ez ûf unz der tôt kumt in vil kurzem zil unde vil kurzlîcher danne dû gedâht hâst, ê daz dû iemer zuo der ê kumest. Ist aber daz er dich zuo der ê komen lât, sô ist aber der strik hie unde die tiuvele die vâhent dich aber sâ dâ mite: ʻnû schiub ez ûf biz daz dû etewaz für die hant gewinnest unde büeze danne frümeclîche mit einer vart über mer oder wis eine vasten ze Rôme oder var gein sant Jacôbe.ʼ Und alsô habent uns die unsæligen tiuvel an sô manigen enden verworren in dem stricke ûfschiubunge der buoze, daz man lützel ieman siht der die ane grîfe, unde diu werlt ist doch gar vol grôzer sünder unde sünderinne, und ir seht lützel einigen der die buoze ane welle grîfen, unde gar vil vindet man der, die sîn guoten willen habent, wan daz eht sie ûf schiebent unde sie der tôt alsô hin nimet alsô einen nâch dem andern. Alsô vert ir manic tûsent in die helle daz ir niemer mêr rât wirt. Owê des, daz des strickes ie gedâht wart! Sê, ir verdampten! wie ist iuwer sô gar vil ze der helle bî den verfluochten tiuveln. Nû het iuch der almehtige got selber geschaffen unde nâch im selben gebildet unde nâch im selben genamet unde gap sich an den tôt dar umbe, daz ir iuwer sünde möhtet gebüezen: wie habet ir iuch geworfen in dise schande und in diz laster und in dise griulîche martele? war umbe griffet ir dise buoze niht an, die iu der almehtige got an dem hêren kriuze erkoufte? 'Owê, herre, dâ schuben wir sie alle ûf; wir heten alle guoten willen, wan daz wir den guoten willen niht vollebrâhten, unz wir uns alse verwarlôsten. Nû wolten wir gerne ûf ertrîche iemer mêr unz an den jungesten tac in krotenwîse under einem zûne büezen, den worten daz wir dirre nôt über würden.' Niht, niht, ir verdampten! daz kan iu niemer mêr widervarn. Ir hêrschaft alle samt, nû tuot ez durch got, der iuch erarnet hât mit sîme tôde an dem kriuze, unde grîfet die buoze an, daz ir alsô der verdampten genôz iht werdet dâ zer helle unde der verfluochten tiuvele. Jâ sît ir gar ze edel dar zuo, daz ir in des tiuvels stricken iemer deheine wîle geliget und in sîner gevancnisse. Und alle die wîle und ir die heiligen buoze niht ane grîfet, sô sît ir in der gevancnisse des tiuvels und in sînen stricken. Nû gewinnet hiute alle wâre riuwe unde grîfet die rehten buoze an unde schiubet ez niht ûf unde lât den strik von iu slîfen: ûfschiubunge der buoze, und lobet den almehtigen got, daz er iuch gefristet hât in iuwern sünden unz an dise wîle noch eine stunde, wande ez wirt got niemer mêr als liep an iu, wan daz ir iezuo wâren riuwen habet unde gewinnet umb iuwer sünde und umb aller iuwer schulde, sô ir beste müget, und enpfâhet buoze nâch der gnâde gotes unde nâch iuwern staten unde schiubet ez niht mêr ûf. Unde wellet irz ûf schieben unze morgen, sô wirt ez got niemer sô liep als ob irz hiute tætet; aber morgen vil lieber danne über ein halbez jâr oder über ein ganzez. Sô wil ez einer ûf schieben unz daz er baz ze guote kumt, daz er sîn kint beriete, unde dirre dinge ist sô vil, daz meistic alle die werlt in disem strike zer helle werdent gefüeret, die houbetsünde eht tuont nâch dem toufe. Nû rüefet der heilige geist alle tage: 'bekêret iuch hiute!' Sô schrîget der tiuvel: 'bîte unz morgen!' Sô danne morgen kumet, sô schrîet er aber: 'morgen!' Daz tiubelîn bediutet den heiligen geist, daz schrîet alle zît in sîner stimme: '*hodie, hodie!*' daz bediutet daz der heilige geist alle zît zuo dem menschen sprichet: 'bekêre dich hiute!' wan *hodie* daz sprichet von latîne ze tiutsche: 'hiute, hiute.' Sô bediutet der rappe den tiuvel, wan er ist swarz unde hât scharpfe stimme und sîn âtem ist gar unreine, unde dâ von bediutet er den tiuvel. Unde swie vil daz tiubelîn geschrîet mit sîner süezen stimme: '*hodie, hodie,*' sô schrîet der unsælige rappe: '*cras, cras,*' daz ist ein wort in latîne unde bediutet in tiutsche: 'morgen.' Und alsô ruofet der heilige geist: 'hiute, hiute sult ir iuch bekêren;' sô schrîet der tiuvel allez: 'morgen,' und ir ist wol drîzicstunt mêre die dem tiuvel volgent danne dem heiligen geiste. Owê des, owê des! Wie, gîtiger, ich wæne, daz dû dem rappen volgen wilt? Ir andern sünder, volget niht dem tiuvel unde schiebet ez niht ûf unz morgen, unde wol dan alle samt zem himelrîche alse die heiligen merteler, von den man hiute dâ singet in der heiligen messe: 'unser sêle sint enbunden von dem stricke der jagenden.' Unde dar umbe sô ruofet alle samt mit inneclîchem herzen den almehtigen got hiute an, swâ unser sêlen in deheinen strik sint bevallen der jagenden, daz wir den hiute enbinden mit der wâren riuwe unde mit lûterr bîhte unde mit der heiligen buoze âne ûfschiubunge, alsô daz der almehtige got dâ von gelobet werde unde wir gesæliget werden, des êrsten an der sêle und an dem jungesten tage an lîbe und an sêle. Sprechet alle samt: âmen!

---

# XXVII.

## VON FÜNF SCHEDELÎCHEN SÜNDEN.

'*STipendium peccati mors est* (*ad Rom.* 6, 23): der lôn nâch den sünden ist der tôt, aber diu gnâde gotes ist daz êwige leben.' Alsô sprichet der guote sant Paulus in der heiligen episteln. Swer den sünden dienet, dem wirt ze lône der êwige tôt; der aber dienet umbe die gotes gnâde, dem wirt ze lône daz êwige leben. Nû seht, wie gar ungelîche disen dienern wirt gelônet. Der eine lôn ist süeze, der ander bitter. Swer nû dienet umbe die gnâde gotes, des lôn kan mit süezekeit nieman durchgründen. Wande nû nieman die gnâde gotes mit süezekeit kan geloben an daz ende, alsô kan ouch die êwigen martele mit jâmer unde mit bitterkeit nieman ergründen mit sagen. Der almehtige got der helfe uns, daz wir zuo dem bezzern lône grîfen unde daz uns des lônes nâch den sünden niemer niht ze teile werde. Von disen worten hân ich willen etewaz ze sprechen. Wande wir danne âne die gnâde gotes nihtes niht getuon mügen, sô biten wir alle sament unsern herren, daz er mir gebe ze sprechenne, dâ er von gelobet werde oben ûf dem himel und ouch wir gesæliget an der sêle. Dar umbe spreche iuwer iegelîchez ein pater noster unserm herren und ein avê Marîâ unserr frouwen, der daz kan.

'*Stipendium peccati mors est*' etc. Nû hân ich iu vil geseit von sünden unde von almuosen, von helle unde von himelrîche, von riuwe, von buoze, von bîhte, von den tiuveln unde von den stricken die sie iu legent. Nû wil ich iu hiute sagen von der gnâde unsers herren, wie daz êwige leben ist, daz ir deste minre verstœret werdet. Ob ir mir volgen wellet, sô wil ich iuch hiute lêren, daz iu an lîbe und an sêle guot ist unde nütze und iuch ouch wol gefrumen mac ze dem êwigen leben.

Seht, waz ir mir geben wellet, sô wil ich iuch hiute lêren alle samt die vor mir sint, daz iu dehein diep niemer deheinen schaden mac getuon, noch rouber noch unrehter gewaltesær, noch vogt noch ritter noch übel herren, daz iu die alle niemer geschaden mügen, noch daz iu der wolf niemer geschaden mac. Seht, waz ir mir gebet, wan ich mac sîn überein umbe sus niht getuon. Unde wellet ir mir niwan éine gâbe geben, sô wil ich mit der helfe unsers herren iuch hiute lêren, daz iu diz allez niht geschaden mac, weder wolf noch der are noch der ber noch diu nater noch diu krote noch der wint noch der hagel noch der schûwer noch der dunre noch der vihesterbe noch daz bisczze. Nû seht, daz wil ich iuch alle sament lêren mit derhelfe des almehtigen gotes, unde daz ir dannoch der gnâden gotes niemer müget âne werden, diu daz êwige leben dâ ist. Unde den worten daz irz deste gerner lernet, sô wil ich deste minner von iu muoten: daz ir deste baz die selben gâbe geleisten müget, sô wil ich iu halt eine sô kleine gâbe nennen unde von iu nemen, daz nieman ist sô armez, ez müge die selbe gâbe wol geleisten, daz ich dâ muote umb eine sô nütze lêre, umb eine sô rîche lêre. Wan swer die selbe lêre hiute gelernet unde sie beheltet für baz unz an sînen tôt, dem ist sie nützer danne aller künige rîchtuom genehalp mers unde disehalben mers. Ich spriche mêr: sie ist im nützer danne alle guldîne berge und ist im nützer danne alliu disiu werlt. Umbe dise grôzen lêre muote ich einer kleinen gâbe, die mir ein ieglich mensche wol geleisten mac. Ez ist nieman sô armer, er müge sie wol geleisten, noch sô junc noch sô alt noch sô kranc, er müge sie wol geleisten. Der halt ein betterise wære alle sîne tage gewesen unde niht ein einigez ei geleisten mac, der geleistet mir doch wol dise kleinen gâbe, der ich dâ muote umbe dise grôzen lêre. Und ir sult ouch daz wizzen: swie kleine diu gâbe dâ ist, sô mac ich ir doch von iuwer deheinem niht gerâten, er sî arm oder rîch, gewaltic oder ungewaltic: swer die selben gâbe niht gît, den enkan ouch diu lêre niemer niht gehelfen. Und ich wil dise gâbe nennen, den worten daz mir got des helfe, daz ir mir alle sament dise gâbe gebet iu selben ze heile unde ze sælden unde dem almehtigen gote ze lobe unde ze êre. Nû daz ist diu gâbe: daz ir hiute alle tœtlîche sünde vermîdet unz an iuwern tôt, unde swâ ir sie niht vermiten habt, daz ir sie von iu werfet mit der wâren riuwe unde mit der lûtern bîhte unde mit buoze nâch der gnâde gotes unde nâch iuwern staten. Nû seht, die gâbe mac ein ieglich mensche wol geleisten, wan ez ist nieman in der werlte, er vermîde wol alle houbetsünde. Daz sprichet sant Augustînus. Er sprichet: 'mich möhte halt alliu disiu werlt einer houbetsünde niht benœten.' Dâ von ist nieman in der werlt, er enmüge houbetsünde wol vermîden. 'Entriuwen, bruoder Berhtolt, dannoch tæten mir rouber und ander ungelücke grôzen schaden. Ich sihe daz wol, daz vil guoten liuten ir hiuser verbrinnent unde daz in diebe unde rouber und ander ungelücke vil grôzen schaden tuont.' Nâch dér rede sô hæte ich gelogen unde nâch dér rede sô lüge der guote sant Gregorius unde der guote sant Pêter und etelîcher dannoch mêr. Unde der heilige her Jacob, dô er an sînem tôde lac, dô sprach er: 'fürhtet got unde habet allez guot;' unde daz liset man vil in der heiligen schrift, daz dem menschen niht geschaden mac in aller der werlt danne diu sünde alleine. Nimt dir der diep ein schillinges wert oder fünf schillinge wert oder eines pfundes, oder der rouber oder der hagel oder fiwer oder unrehte rihter oder swelher hande ungelücke daz sî, bist dû âne sünde daz dû dich vor allen grôzen sünden wilt hüeten, ez gît dir got tûsentvalt wider, er leget dirz allez sament ze hûfen über einander an eine stat. Ist ieman hie, der mir ein ei umb eine mark silbers welle geben? Jâ, waz ich der vor mir hân, die des koufes frô wæren! Nû sît alle sament frô! Ez sprichet der munt der nie deheine lügen getet: swaz dir ze schaden geschiht in dirre werlt, bistû eht alleine âne tœtlîche sünde, got wil dir ie für eines pfenninges wert hundert geben unde wil dirz behalten an die stat, dâ dir ein pfenninc lieber ist danne hie hundert. Lîde eht als gedulticlîche unde sprich eht als der guote Iob, der sprach: 'got der gab ez her, der nimt ez ouch hin wider,' und alse gedulteclîchen leit er grôzen schaden an lîbe, an guote, an sînen kinden, daz er deheine ungedult nie gewan, wan daz er sprach: 'herre got, dû gæbe ez und nimest ez ouch.' Seht, daz was dâ von, daz er âne houbetsünde was, wan swer âne houbetsünde ist, dem stêt diu gnâde gotes ze allen zîten offen unde daz êwige leben, unde swaz im hie widervert in dirre werlte, des ahtet er ze nihte: alse grôz ist sîn gedinge unde sîn hoffenunge, die er hât zuo dem êwigen leben, daz ez im niemer zem herzen mac gegên als nâhen als dem der in houbetsünden ist; wan dem ist daz gedinge unde der trôst tiure, der disem dâ offen ist, der dâ ein himelkint ist âne sünde. Unde swie lîhte im iht wirret der dâ in grôzen sünden ist, sô grînet er umbe sich alse ein hunt unde zürnet gein gote, gein im selber, gein sînen liuten; sô muoz sîn der engelten der sîn nie niht genôz. Daz ist dâ von, daz er nie verdienet hât die gnâde gotes unde hât im diz leben hie ûf ertrîche ze einem himelrîche genomen. Für die gnâde gotes unde für daz êwige leben dâ hât er diz irdenische leben für genomen, daz ist gîtikeit unde hôhvart unde unkiusche. Sô nimt im dér guot gemach ze einem himelrîche, dér wollust des fleisches, dér tanzen, dér diz, dér daz. Swelher leie daz ist daz houbetsünde heizet, die der mensche niht lâzen wil, diu ist sîn himelrîche. Und als im dar an iht leides geschiht, sô mac er aller zühte eine niht gehaben noch aller gedultikeit vor unzuht unde vor zorne unde vor ungebærden. Daz ist dâ von, daz er daz ober himelrîche verworht hât unde die gnâde gotes, dâ von alle tugent unde tugentlîchez leben fliuzet unde gedultikeit. Unde daz ist ouch dâ von, swenne er daz ober himelrîche verlorn hât und ez im ouch in sînem himelrîche niht gar nâch sînem willen gêt, sô hât er beidenthalp verlorn, unde sô man im niwan einigez wörtelîn sprichet, daz im niht gar wol gevellet, sô vert er rehte als man im allez sîn künne entlîbe. Ist er sô gewaltic, er brennet unde roubet umbe daz einige wörtelîn oder umb ein ander ungemechelîn, daz er vil lîhte hundert armer liute gemachet oder mê, die iemer verdorben müezent sîn, oder er sleht in ze tôde oder er machet in lidelam an sînem lîbe oder treit im iemer nît unde haz. Unde sô etelîchem niwan ein stein an dem wege lît wider sînen willen, sô schiltet er, sô hât er ungebærde und ungedult mit fluochen unde mit schelten. Wan eht im sîn himelrîche entrinnet, sô hât er ouch an dem obern himelrîche niht. Armer sünder, dû bist übele dran! dû enhâst weder sak noch korn. Geschiht aber dir ein grôz dinc, sô hâst dû sô vil mêr ungedult und unzuht. Dâ ahtent disiu himelkinder nihtes niht ûf. Sie tuont alse der sælige Iob unde sprechent: 'herre, wis dar umbe gelobet,' oder sprechent: 'herre, nû sî ez dir allez ergeben in dîne gnâde,' oder sprechent: 'dîn wille werde gnædeclîche vollebrâht,' oder sprechent: 'herre, nim ez für mîne sünde.' Wol iuch wart, ir sæligen himelkinder! ir tuot gar wol, ir dienet nâch der gnâde unsers herren: des wirt ouch iu daz êwige leben. Der almehtige got mac iuch alles des wol ergetzen, daz iu der wolf oder der are nimt, diebe oder rouber und unreht gewalt etc. Unde wie möhte anders der guote Iob iemer genesen sîn vor herzeclîchem leide, als gâhens und alse schiere er verlôs kraft von guote unde dar nâch sîniu herzelieben kint? Dâ was diu gnâde gotes vor sînen ougen ûf getân und in sînem herzen, wan er sie verdienet hete. Den trôst den er hete ûf die gnâde gotes und ûf daz êwige leben, der liez in halt niht sterben noch keine grôze ungehabe noch ungedult dar nâch haben. Unde wie möhte unser frouwe genesen sîn, dô ir ein als edel kint starp, der keiser aller künige was und an dem sie als vil übergrôzer tugent erkante, alse billich was? Und alse vil er geedelt unde gehœhet über alle menschen was, als vil gienc ir sîn manicvaltiu martel næher an daz herze danne einer andern muoter. Daz swert Simeônes daz gienc durch ir sêle; und ouch sie mêr martel und unmenschlîcher martel an im sach danne ie dekein muoter an ir kinde ie gesæhe, dâ von künde sie niemer genesen sîn, wan der trôst den sie hete zuo den êwigen freuden. Zuo dem herzen daz dâ reine ist, dâ læt der heilige geist dekein ungemach komen. Sô in ein leit beschiht den himelkinden, daz machent sie in selber ze einem liebe. Geschiht in schade an irdenischem guote, den machent sie in ze frumen unde ze nutze. Geschiht in ein ungemach an ir friunden oder an ir selbes lîbe, daz machent sie in ze einem trôste unde ze freuden. Unde dâ von ist in aller der werlte niht, daz dem menschen geschaden müge, wan diu sünde alleine. Unde woltet ir mîner lêre volgen, ich würde sîn bürge hin ze gote, daz iu weder wolf noch ar etc. niemer deheinen schaden getuot, der almehtige got der engebe iu hundertstunt alse vil wider und daz êwige leben, ob ir mir unde dem almehtigen gote die gâbe geben woltet, daz ir alle tœtlîche sünde ûz iuwerm herzen lât mit gedenken unde mit worten unde mit werken. Ich bite iuch niht wan tœtlîche sünde lân, daz dâ houbetsünde heizet. Der tegelîchen sünde hân ich keinen muot, daz ir die lât, wan der ist sô vil als stoubes in der sunnen. Unde dâ von bite ich iuch niht wan houbetsünde lâzen, wan umbe die tegelîche sünde vert nieman in die helle, ich lâze tegelîche sünde wol hie büezen und in dem vegefiure. 'Bruoder Berhtolt, welhez sint nû tegelîche sünde unde welhez sint houbetsünde?' Sich, got weiz, daz kan ich dir gâhens niht gesagen. Ich wil der tegelîchen sünde gar geswîgen, wan der ist gar unmæzlîchen vil, daz ir eht nieman ze ende komen mac; und als wênic dû dînen fuoz oder ich den mînen von der erden geheben mac âne stoup, als wênic mac sich ieman in dirre werlte gehüeten vor tegelîchen sünden, der zuo sînen tagen komen ist. Ez wart ouch nie mensche als heilic der sich dâ vor behüeten mohte, wan ein juncherre und ein juncfrouwe, die wâren ouch als gar übertugenthaft, daz ir glîche nie funden wart noch geborn wart noch niemer mê geborn wirt. Der juncherre was unser herre Jêsus Kristus; dâ was diu juncfrouwe diu hiez Marîâ, maget unde muoter unsers herren Jêsû Kristî. Die woneten alsô ûf dem ertrîche mit sô gar vollebrâhten tugenden, daz ir füeze ân allen stoup bliben frî vor allen tegelîchen sünden an gedenken, an worten und an werken. Ander heiligen die zuo ir tagen komen wâren, die mohten sich nie gar dâ vor behüeten. Unde iedoch sô kan sich behüeten verre baz éin mensche vor tegelîchen sünden danne daz ander. Der ein armez mensche vor sînem tische oder vor sînem venster ze lange læt bîten sînes brôtes, daz er im niht enzît verseit ob erz im niht geben wil, daz ist ein tegelîchiu sünde. Der ze gîteclîche an ein ezzen vellet sô in hungert, daz ist ouch ein tegelîchiu sünde. Und alsô ist ir sô vil als stoubes in der sunnen. Ich wil halt der tegelîchen sünden gar geswîgen, ich möhte die houbetsünde in fünf predigen niemer genennen, ob ich anders niht tæte wan daz ich spræche: dáz ist ein sünde, daz ist ouch ein houbetsünde, daz ist aber ein ander houbetsünde. 'Owê, bruoder Berhtolt, wie suln wir uns danne vor in allen behüeten?' Dâ sult ir iuch eht alle zît guoter dinge flîzen unde daz bœse unde daz übele mîden. Iedoch wan ich ir aller niht genennen mac noch kan, unde man ez eht allez in vier predigen noch in sehsen niht vollesagen kan, sô wil ich hiute von fünf sünden sagen, die sint ouch die schedelîchsten, die under allen houbetsünden sint. Die êrsten zwô sint an zwein dingen die aller schedelîchsten die under allen houbetsünden sint, wan sie habent die schalkeit, über daz daz sie den menschen verdamnent an der sêle, dannoch sô habent sie dar über die schalkeit, daz sie dem menschen nement der aller liebsten dinge zwei, diu der mensche an dem lîbe iendert an im hât, und ist dannoch dar umbe verdampt an der sêle. Dar umb, ir hêrschaft, sô hüetet iuch vor den zwein sünden. Ob iu diu gnâde unsers herren noch ze verre ûzerhalp des herzen sî, daz ir die selben sünde umbe die gnâde gotes und umbe daz êwige leben niht mîden wellet, sô sult ir sie doch mîden durch iuwer selbes willen, wan sie stelnt iu der aller liebesten dinge zwei, diu ir an iuwerm lîbe iendert habet, daz ist gesuntheit des lîbes unde lancleben. Nû seht, ob ir iht bezzers unde liebers an iuwerm lîbe habt danne gesuntheit unde lancleben? Ist ieman hie der gerne alle zît gesunt sî unde lange lebe, der hüete sich vor disen zwein sünden. Der heizet einiu unmâze an ezzen und an trinken; diu ander unmâze des fleisches mit unkiuschen dingen. Dâ nimt man sô maniger hande schaden von der ungesuntheit des lîbes, daz ez nieman vollesagen kan. Iedoch sô wil ich ir iu lân hœren ein teil, als vil ich dâ weiz.

Unmâze des mundes an ezzen und an trinken daz heizet frâzheit in der schrift und ist der siben tôtsünde einiu. Unde swer sich über die mâze ezzens unde trinkens nœtet unde sich setiget ze gîteclîche, der hât eine houbetsünde getân. Unde wirt er dar an funden unde hæte er nie deheine ander sünde mê getân, sîner sêle wirt niemer rât. Buoze nim ich alle zît ûz. Unde dannoch nimt dir diu sünde der aller liebesten dinge zwei, diu an dînem lîbe sint. Unde dâ von sô sprichet der wîse Salomôn, der vil mêr wîsheit hete danne der aller der werlte wîsheit in einem herzen hæte: dannoch hete Salomôn mêr witze unde wîsheit, unde der sprichet alsô von dirre selben sünde: '*propter crapulam multi perierunt*: von frâzheit ververt vil liute.' Sô sprichet aber Salomôn, dem got alle sîne wîsheit gab in einer naht. Ir armen liute, ir habet mit dér sünde niht ze schaffen, wan ir habet selten die nôtdurft; wan daz ir ze rehter nôt haben soltet, daz bringent dise fræze für mit übermâze. Der almehtige got hete sîn alles genuoc geschaffen ezzens unde trinkens, alse die vogel in den lüften alle genuoc habent; die habent weder pfluoc noch wagen und gearbeitent niemer niht unde habent alle genuoc unde sint veizt und sint schœne. Seht, daz ist dâ von: sô einer genuoc hât, sô læt er dem andern ouch. Sô füllent dise fræze in sich ir einer etewenne eins tages, daz sich drîe oder sehse schône dâ von betrüegen. Swâ der zehen bî einander sint, die vertuont in éinem tage, dâ vierzic menschen von berâten wæren schône unde wol. Die müezent daz ersparn und ermangeln an dem lîbe. Unde bitet ein armer dürftige eins munt vollen brôtes oder eins zaher wînes daz ez sîn siechez herze gelabe, sô vertrîbet er in mit unzühten unde gespötte. Unde dar umbe wirdest dû begraben in der helle, alse jener, der sich alle zît fleiz ûf frâzheit unde Lazarô verseite die brosemen, die von sînem tische vielen. Ô wol dich wart, Lazarê! Wâ sitzest dû vor mînen ougen, Lazarî geselle? Hüetet iuch niwan alleine vor houbetsünden, sô hât dîn mangel unde dîn gebreste schiere ein ende, aber dîn wirtschaft gewinnet niemer mêr kein ende, sô dise fræze ligent begraben in der helle und einen tropfen wazzers næmen für alle die frâzheit, die sie ie begiengen in dirre werlte. *'Infer digitum'* etc., seht als rüefet er an Lazarum, des armuot unde mangel iemer mêr êwiclîchen zergangen ist. Jâ ist etelîcher ein frâz der vil arm ist, sô gewinnet erz ê mit liegen unde mit triegen, mit diepheit unde mit roube und gedenket in manigen enden, daz er sîne frâzheit vollebringe; unde des sîn hûsfrouwe unde sîn kint etelîchez iemer verdorben sint, daz læt er eine durch sînen slunt gên unde læt sîne hûsfrouwen hungeric unde sîn kint frostic iemer sîn. Nû seht, wie maniger hande schade an der sünde lît, diu dâ heizet frâzheit des lîbes, der sêlen unde der êren und des guotes! Ist aber daz erz an dem guote wol erziugen mac, dannoch sô nimt ez im die êre, daz man sprichet: 'ér ist ein frâz oder ein slûch oder síe ist ein fræzin.' Daz was etewenne grôziu zuht an frouwen, daz sie mæzic an ezzen und an trinken wâren. Daz ist nû gar unde gar ein gewonheit worden: biz der man daz swert vertrinket, sô hât sie den snüerrinc unde daz houbettuoch vertrunken. Und alsô hânt sie sich wol beide, diu frouwe unde der man, der êren erwegen durch ir frâzheit unde der sêle unde des lîbes unde des lebens unde der gesuntheite unde des lanclebens. 'Wie, bruoder Berhtolt! nû wolte ich wænen, sô man ie baz gæze unde getrünke, sô man ie sterker unde gesünder wære an dem lîbe unde daz man ie lenger lebte?' Des ist niht! Unde sage iu, wâ von. Der mage ist in dem lîbe: reht enmitten in dem lîbe stêt des menschen mage. Er enpfæhet ouch des êrsten daz ezzen unde daz trinken, daz gêt des aller êrsten in den magen. Unde der mage ist rehte geschaffen als ein haven bî dem fiure, dâ man daz ezzen inne siudet. Sô seht ir daz wol, swenne man den haven bî dem fiure ze vaste gefüllet, sô man die spîse drinne sieden sol, sô mac man daz niemer behüeten, ez müeze entweder der haven übergên unde diu spîse blîbet ungesoten, oder diu spîse muoz in dem haven anbrinnen unde blîbet aber ungesoten. Der aber den haven ze rehter mâze füllet, sô mac diu spîse wol gesieden in dem haven unde mac wol durchwallen sô ez sînen rûm hât, unde wirt diu spîse rein unde guot unde gesmac unde wirt gesunt unde zimlich. Sô spîset man die liute alle ûz dem einigen haven, wirt unde hûsfrouwen, kinder und ander gesinde, unde dem dâ hin sînen teil unde dem hie hin sînen teil, unde gît ieglîchem sînen teil unde werdent alle samt deste frôwer unde deste baz gemuot, sô diu spîse guot wirt unde wolgesmac, unde werdent deste kreftiger unde deste gesunder an ir lîbe. Ist aber der haven ze vol gewesen und ist diu spîse übergangen, sô ist sie ungesmac unde ungesoten oder angebrunnen: sô blîbent die liute ungâz unde ungespîset unde sie sint allen den tac deste trûriger an kreften und an freuden. Nû seht unde merket alle sament! rehte ze glîcher wîse stêt ez umbe des menschen magen. Der stêt enmitten in dem lîbe als ein haven unde lît diu leber an dem magen und ist des magen fiwer, wan diu leber ist dér nâtûre, daz sie grôze hitze hât unde gît dem magen hitze, daz ez allez sieden muoz daz der mensche gizzet unde getrinket. Und swenne der mage ze rehter wîse vol ist mit ezzen unde mit trinken, sô wirt diu spîse wol gesoten in dem magen unde wirt zimlich unde gesunt. Sô wirt ouch daz gesinde allez samt dâ von wol gespîset, daz ez deste kreftiger unde deste sterker wirt. Welhez ist daz hûsgesinde des lîbes? Daz sint die âdern unde diu glider unde daz hirne unde daz bluot unde daz marc unde daz fleisch unde daz herze unde daz gebeine. Reht alse wirt unde hûsfrouwe und ander gesinde von der wol gesotenen spîse wol gespîset werdent, alse werdent alle die âdern des lîbes unde alliu glider:

der nimt ieglîchez sîn teil zuo im, und alsô werdent von dem magen alle die âdern und alliu diu glider, hirne unde bluot unde herze und aller der lîp wol gespîset unde gesterket. Unde swenne ouch ze lützel in dem magen ist, sô mügent die âdern unde diu glider, dâ der lîp die kraft von hât, niht gespîset werden von dem magen, unde dâ von seht ir wol, wie gar unkreftic der lîp wirt, swenne er gar ze lützel hât; und ist doch bezzer daz er ein teil ze lützel habe danne ze vil. Swenne der mage ze vol ist, swie heiz danne diu leber ist, seht, sô muoz diu spîse ungesoten blîben: eintweder der mage muoz übergên, oder diu spîse muoz anbrinnen in dem magen. Und ist daz der mage übergêt, sô geraetet der überfluz etewenne gein dem houbete, daz dem menschen etewenne diu ôren vervallent, daz er üngehœrnde wirt, oder für die gesiht, daz er erblindet oder sus bœsiu ougen gewinnet, sûröuge oder glaseöuge oder starblint. Geraetet ez zwischen hût unde fleisch, sô wirdest dû wazzersühtic oder ûzsetzic oder gelsühtic oder sus als unflaetic daz dû dír lange widerzaeme bist und andern liuten. Geraetet ez danne in daz geaeder, sô werdent dir die hende zitern. Geraet ez dir danne in diu glider, sô wirdest dû lam oder betterisic. Oder ist daz ez anbrinnet an den magen, sô muoz ez von dir siechen mit der suht oder mit dem biever oder mit dem riten; sô gewinnet der den tegelîchen, der den drîtegelîchen, der den viertegelîchen, und alse maniger hande siechtuom kümet von der frâzheit, oder der gaehe tôt oder der lancseime tôt. Unde merket mir einz! Daz der rîchen liute kinde vil minre wirt ze alten liuten unde ze gewahsenen liuten danne der armen liute kint, daz ist von der überfülle, daz man der rîchen liute kint tuot mit fülle: wan den kan man niemer sô vil în gefüllen, daz man dannoch trûwe daz ez genuoc habe. Daz ist von der zartheit die man an sie leit, und ouch dâ von, daz man der fülle guote state hât. Sô machet im diu swester ein muoselîn unde strîchet im eht în; sô ist sîn hevelîn klein, sîn megelîn, und ez ist vil schiere vol worden: sô püpelt ez im her wider ûz; sô strîchet eht sie dar. Sô kümt danne diu muome, diu tuot im daz selbe. Sô kümt danne diu amme unde sprichet: 'owê mîns kindes! daz enbeiz hiute nihtes.' Diu strîchet im danne als ie von êrste în. Sô weinet ez, sô zabelt ez. Und alsô füllet man der rîchen liute kint in widerstrît, daz ir gar lützel alt wirt. Unde dar umbe durch den got, der iuch beschaffen habe, sô hüetet iuch dâ vor alse liep iu iuwer sêle sî. Wellet irz aber durch got unde durch iuwer sêle niht tuon, sô tuot ez reht als liep iu êre unde guot sî. Wellet irz aber durch der aller dekeinez tuon, sô tuot ez reht alse liep iu lîp unde leben sî, gesuntheit iuwers lîbes und ouch lanclebcn. Nû sît ir doch alle samt gerne wol gesunt unde würdet alle gerne alt. Wellet ir nû gerne mit gesundem lîbe alt werden, sô hüetet iuch vor disen zwein sünden.

Diu ander schedelîche sünde lîbes unde sêle unde der êren unde des guotes diu heizet unkiusche. Diu ist ouch der siben houbetsünde einiu. Unde swer dran funden wirt, des wirt niemer mêr rât, unde hât ouch die schalkeit, daz sie den menschen verdampt an lîbe und an sêle. Daz erzöuget uns got in der alten ê, dô vier unde zweinzic tûsent wurden erslagen umbe die selben sünde. Von Balaâmes râte vielen die selben in unkiusche, und alsô vallent hiute manic tûsent in unkiusche daz ir niemer mêre rât wirt an lîbe unde an sêle. Und alse ofte als ein man mit einer frouwen unkiusche getuot, als ofte verliuset er sînes lebens ein teil und ist doch ie verdampt an der sêle. '*Propter speciem mulieris multi perierunt,*' sprichet Salomôn: 'von unkiusche mit wîben ververt ir gar vil.' Unde daz dû dem tôde næher bist, daz hât got an der selben sünde erzöuget: sô vîent ist er der selben sünde ie gewesen. Sie hât die verdampnisse, daz sie stinket über alle sünde. Swâ ein kiuscher mensche ist, den stinket der unkiusche sâ zehant ane. Alse er die unkiusche getân hât, sô smacket erz wol an dir, unde dû selber stinkest ez unde smackest ez wol an dir, unde stinkest halt dich selber an iemittunt. Unde dar nâch sage mir, wem ez glîche stinke. Stinket ez als ein fûlez âs? Nein ez. Stinket ez als ein fûl ei? Nein ez. Stinket ez als ein fûler mist? Nein ez. Sê, herre, wem stinket ez danne glîch? Ez tœtelt: rehte in alrihtes sô tœtelst dû. Daz ist ein zeichen daz dû dem tôde dâ mite zuo dir winkest. Unde die sich aber dran flîzent an die übermâze, die gâhent von der gesuntheit des lîbes unde von ir lanclebenne, alse sie sich versûmet habent an dem tôde des lîbes unde der sêle. 'Wie, bruoder Berhtolt! nû hât sîn der gar vil getân unde lebet noch?' Jâ er hæte sus aber vil langer gelebet unde wære vil gesunder gewesen. Jâ wurden etelîche gar alt. Ez wart Adam drîzic jâr alt unde niun hundert jâr alt; her Nôê wart zwei unde fünfzic jâr alt unde niun hundert jâr alt; her Matusalan niun unde sehzic jâr alt unde niun hundert jâr alt. Vor der sintfluot wart nie kein mensche geborn, daz under niun hundert jâren tôt gelæge wan driu, unde lesen des niht, sît diu sünde sô gemeine wart diu unkiusche, daz sît ie dehein mensche wære, daz drithalp hundert jâr alt wurde wan driuzehen menschen. Diu selbe sünde ie seltener getân ie bezzer an lîbe und an sêle unde an der gnâde gotes. Fliehet die sünde diu dâ heizet unkiusche. Wellet ir des niht tuon, vil wunderlîchen balde von der gesuntheit des lîbes unde von lanclebenne iuwers lîbes unde von der gnâde gotes in den lôn nâch den sünden zuo dem êwigen tôde, nû des êrsten an der sêle und an dem jungesten tage an lîbe und an sêle! Jâ ist ez iu niht wan ein gespöte und ein gelachter. Jâ kumt noch der tac, daz der schimpf gar ze einem ernste wirt, des niemer mêr zerrinnet. Etelîche bringent uns bluot, sô sie wazzer solten bringen. Selbe tæte, selbe habe. Sô wirt der blint, sô wirt der lam; dû maht halt ûzsetzic werden von unmâze der stinkenden sünde, diu tœtelt. Selbe tæte, selbe habe. Daz dû dir selber gebriuwen habest, daz trink ouch selber.

Die ander drîe sünde dâ beschirme uns alle samt vor der vater unde der sun unde der heilige geist. Die habent die schalkeit, daz sie den menschen îtel machent aller der andâht, die er von gote haben solte, und im ûz der sêle sûgent allen den guoten willen, des im nôt wære an der wâren riuwe umbe sîne sünde. Swer in der drîer sünden eine kumt, der gewinnet niemer mêre keinen guoten willen ze riuwe unde ze bîhte noch ze der buoze, sô wênic als der tiuvel iemer deheinen guoten willen gewinnet.

Diu êrste ist einer hande unde heizent sünde wider den heiligen geist. Die sint einer leie, sie sint aber niht an einem stücke. Etelîche meister schrîbent ir fünfe, etelîche schrîbent ir sehse, unde strîtent vier ander sünde mite, die heizent die vier ruofenden sünde, wan sie ruofent in aller stimme lûte tac unde naht vor got über sînen lîp und über sîne sêle, der in der vier sünde einer ist. Und alsô striten hie vor in der alten ê vier künige mit fünf künigen. Unde geschach der selbe strît in einem tal, dâ wâren brunnen inne von swevel. Unde die vier künige überwunden die fünfe, die wurden sigelôs. Und alsô werdent alle die sigelôs die in der sünde einer sint wider den heiligen geist. Sît nû die meister strîtent daz ir fünfe sîn, unde swer in ir einer ist, der wirt sigelôs an allem dem guoten willen, des im nôt wære umbe die gnâde gotes und umbe daz êwige leben. Swer sündet an den vater, der mac guoten willen wol gewinnen an der gnâde gotes; swer sündet an den sun, der mac ouch vil wol ze riuwe unde ze buoze komen; swer sündet an den heiligen geist, dâ mac eht selten oder iemer riuwe hin komen. Leider nû getürren wir niht dâ von sagen, wie sie sint geheizen oder wie sie sint gestalt. 'Owê, bruoder Berhtolt, wie suln wir uns danne dâ vor hüeten?' Sich, dâ solt dû alle tœtlîche sünde vermîden, als ich hiute bî dem êrsten sprach, sô kan dir in dirre werlte niht geschaden. Wan swer sich vor allen houbetsünden hüetet, der behüetet sich vor den ouch, die wider den heiligen geist dâ sint. Die tiuvel sint in ir einer, die ketzer sint ouch in den selben sünden. Judas der was in einer unde wolte ouch niht endehaften riuwen haben unde lief hin mit offener bîhte unde sprach: 'owê mir, waz hân ich getân! ich hân daz gerehte bluot verkoufet,' unde lief dâ mite hin und erhienc sich selben. Swer offene bîhte alsô tuot und ir niht heimelîche wider einen gewîhten priester wil tuon, díu bîhte ist wider got. Die sint ouch fremede geste dâ ze himelrîche. Wan alsô sprechent etelîche: 'ich bin der sündigesten menschen einer der ie wart geborn,' unde ruofet daz überlût vor allen den die bî im sint, unde wellent heimlîche nie bîhtic werden. Dâ muoz des heiligen geistes ein michel bach inne fliezen, ob der iemer rehten riuwen gewinnet. Leider wir geturren iu dâ von niht gesagen, swie ez etelîchen gar nütze wære. Wan die ir dâ unschuldic sint die hüeten sich deste baz vor, unde dar umbe durch got sô hüetet iuch deste baz, wan iu kan eht niht geschaden wan sünde alleine.

Diu ander under den drin, die allen guoten willen ûz dem herzen sûgent und ûz der sêle, diu ist einer leie ouch alse diu êrste, sie ist aber geteilet in anderthalp hundert stücke unde heizet ketzerîe. Unde gloubent alle samt unglîch und unrehte wider got. Und ez sint kristenliute gewesen, unde den glouben den sie gote gehiezen in dem heiligen toufe, des sint sie aptrünnic worden unde sint gevallen ûz dem himelrîche der heiligen kristenheit (wan diu heilige kristenheit glîchet sich dem himelrîche): dâ sint sie ûz gevallen von ir genôzen den kristenliuten, als die tiuvel ûz dem obern himelrîche aptrünnic wurden unde vielen in die verdampnisse von ir genôzen, den tugenthaften engeln. Und als wênic daz die tiuvel willen hânt daz sie iemer wider ze engeln werden, als wênic habent die ketzer willen daz sie iemer mêre kristenliute werden wider als ê. Und als der kristalle, der ist von wazzer ze einem steine worden; aber alliu diu werlt möhte in niht wider ze wazzer gemachen: er ist verhertet unde versteinet. Als ist der ketzer ouch verhertet unde versteinet, daz in alliu disiu werlt niht lûterlîche widerbringen möhte in rehten kristengelouben, als er ê was. Er tuot etewenne durch vorhte des lîbes eine glîchsenheit; dâ müeste aber des heiligen geistes ein michel bach durch fliezen, ê daz er sich lûterlîche von unglouben kêrte. Daz ist dâ von: sô ein mensche ie harter vellet, sô ez ie kûmer ûf gestêt; er mac sich sô harte ervallen, daz er niemer wider ûf komen mac. Wan ez alsô tiefe sünde sint, dâ von sô mac man sô müelîche wider drûz komen. Unde dâ von sô hüete sich alliu disiu werlt vor disen sünden, die den menschen alse gar lære machent aller gotes gnâden.

Diu dritte sünde diu ouch sô lære ist aller wâren riuwe, diu hât ouch maniger leie stricke, und ist doch éines namen von éiner materie und ist ouch der aller schedelîchsten sünde einiu, sie selbe dritte, unde heizet gîtikeit. Maniger wænet, sô man alse griulîchen von der gîtikeit redet unde prediget, ez sîn niwan wuocherer die man dâ meinet. Ez sint ouch die dâ lîhent ûf geltende guot, wan der tuot ez durch die gîtikeit. Daz er zehen pfunt umb ein guot müeste geben daz im ze jâre niwan ein pfunt widergulte, daz wære ouch mit gote unde mit rehte. Swer ein guot durnehteclîchen koufet ze eigen oder ze lîpgedinge oder swie erz koufet âne geværde, swaz im daz guot giltet daz hât er mit gote unde mit rehte. Sô wirt ofte ein man nœtic, er sî ritter oder kneht, herre oder koufman, der wirt sînes eigen unde sînes lêhens ungerne ze durnehte âne unde denket in sînem muote: 'ich wil daz guot versetzen: ez kumet noch der tac daz ich ez lîhte lœse oder mîner kinde einz.' Und er versetzet daz guot. Wolte er danne rehte varn gegen gote der drûffe lîhet, der solte alsô drûf lîhen, daz er im alliu jâr abe slüege waz daz guot gülte unz daz ez sich erlôste. Sô wil er im nû lîhen: daz im éin pfunt ze rehte gelten solte, daz muoz im nû driu gelten oder zwei zem minnesten, unde daz erz niemer dâ mite erlœse, swie vil ez im nû giltet. Unde swenne ez im zwirnt als vil vergolten hât oder drîstunt alse vil, dannoch wil er sîn niht wider lâzen. Unde swer alsô ûf pfant lîhet, daz ez sich lœse nâch herrengülte, daz erloubet man wol. Swer joch anders lîhet und anders pfantschaft hât, dâ solte der jenem gelten unde widergeben swaz ez im mêre vergiltet wan als er jenem drûf gelihen hât, alse verre und erz geleisten mac, unz an den hindersten pfenninc, oder sîner verdampten sêle wirt niemer mêre rât und er muoz alse lange mit dem tiuvel in der helle brinnen, alse lange der almehtige got ein herre in dem himelrîche ist. Sô sint etelîche gîtic mit dem fürkoufe. Der koufet korn unde wîn oder swelher leie ez ist ûf aller der erde, dâ einz sprichet: 'ich gibe iu sô vil oder sus vil wînes oder kornes oder smer oder unslit' oder swelher leie ez danne ist, daz er sprichet: 'mir ist der pfenninge nôt, die gebet mir iezuo her, sô gibe ich iu den kouf deste nâher als ich ez iu gewinne über vier wochen oder über sehse oder über zehen oder über ein halbez jâr.' Daz zil sî lanc oder kurz, swaz er dirz nâher gît danne dû ez des selben tages koufen möhtest umbe bereitez gelt, daz ist alse gar wuocher, alse daz der ergeste jüde lîhet den schillinc umbe drîzehen oder daz pfunt zer wochen umbe vier oder hœher; wan dû hâst dem almehtigen gote sîn zît verkoufet als ein jüde, als ein ander wuocherer. Dû muost gelten unde widergeben alse vil dû ez næher hâst koufet, oder dîner sêle wirt niemer rât. Sô sint einz dingesgeber inz jâr. Ûf daz tiurre gît er einen eimer wînes im umbe ein halb pfunt unde gît im die zît unsers herren dar zuo. 'Gebet mir mîne pfenninge über ein halbez jâr,' sprichet er, oder lenger oder kürzer. Den koufte er wol umbe fünf schillinge oder umbe sehse zem hôhsten in die hant des selben tages. Dû hâst halt gote sîne zît offenlîche verkoufet, diu aller der werlte gemein ist, unde wænest dich hân beschœnet, daz dû niht ein wuocherer wilt heizen. Dû bist eins hâres niht schœner unde tiwerr vor gote noch vor der werlte, wuocherer, pfander, dingesgeber, fürköufer. Ir guoten liute, ir gedenket iu allez: ‘sie werdent uns doch gelten unde widergeben von dirre predige.’ Owê, ir guoten liute! daz gedinge ist leider gar verlorn. Ez ist ein sô getâniu sünde niht diu dâ heizet gîtikeit. Nû hôrtet ir doch ieze wol, daz daz der drîer sünde einiu ist, diu allen den guoten willen ûz der sêle sûget der drinne ist. Jâ predigete der almehtige got selber, der baz predigen mohte unde kunde alse billich was danne ie mensche ûf ertrîche gerehte oder iemer getuon müge, der predigete einem gîtigen vor drittehalp jâr, daz er in nie bekêren mohte. Er tet im zeichen vor, er tet halt zeichen durch sînen willen unde hiez im sîne friunde ûf stên von dem tôde, und alsô tet er im zeichen under predigen. Daz half allez niht, unde verkoufte halt ze jungest den prediger umbe drîzic pfenninge. Wænet ir danne, ir armen liute, daz ích iu dise gîtigen bekêren müge, daz sie iu gelten unde widergeben, des dürfet ir rehte deheinen muot haben. Hüetet iuch niuwer vor houbetsünden, got der leget ez iu allez samt ze einem hûfen. Unde dâ von nam unser herre einen gîtigen ze einem jungern, daz er alle dise werlt wolte lâzen sehen, daz im nieman als herte wære als die gîtigen, wan er mêr gein im versuochte guoter dinge, dâ eht man sünder mite bekêren sol, danne eht gein ie deheinem sünder. ‘Wie, bruoder Berhtolt, nû mac dâ got alliu dinc wol getuon: mohte er dô Judam niht bekêren?’ Er liez ez an sîne frîe willekür, als er noch hiute tuot. Er vermac halt daz wol daz er jüden unde heiden unde ketzer unde die wider den heiligen geist dâ sündent unde gîtige und alle die werlt wol bekêre mit einegem worte; er hât hiute alse grôze kraft unde maht, als dô er alle werlte mit einem worte machte und alle dise werlt inner sehs tagen ûz nihte machte: der edele frîe herre hât ez an unser willekür gelâzen. Er siht ez herzeclîchen gerne daz dû dich bekêrest; des liset man vil in der heiligen schrift, wie frô got ist und allez himelische her, sô sich der sünder bekêret. Unde dâ von nam unser herre einen gîtigen ze einem jüngern, daz alliu diu werlt daz sæhe, daz nieman sô herte wære in aller der werlte an der rehten riuwe sam der gîtige ist. Etelîchen liuten ist wê nâch guote; sie wolten aber arm sîn ê danne sie ez wider got und wider daz reht gewünnen. Der aber gar ze vil zesamene leit über reht rehter gewinne mêr danne danne er bedürfe, und ez ze gîteclîchen heltet, als der dâ begraben lît zer helle, daz ist ouch gîtekeit. Unde swie der man leben hât, daz er in sîner ahte mêr bedarf danne ein ander man, hât der mit rehte mêr, daz ist niht gîtekeit. Ez bedarf ein man zehenstunt mêre danne ein anderre; hât ouch der sô vil mêre mit rehte, daz ist niht gîtekeit noch sünde. Ez wart her Dâvît heilic mit sînem künicrîche unde der andern ein michel teil. Swie sô ze unrehter wîse der mensche guot gewinnet, daz ist gîtekeit, mit diepheit oder mit roube, mit untriuwen an koufe oder mit unrehtem gerihte oder mit unrehter stiure oder mit unrehten zöllen oder ungelte oder mit unrehtem geleite oder mit unrehter bete, als dise pfennincprediger, oder ander bete, diu trügenlich ist. Daz möhte man allez sunder niht genennen; wan swie man eht guot ze unrehte gewinnet, daz ist gîtekeit, unde die sint alle in der sünde, diu dâ sô lære ist aller wâren riuwe. Wan swie sie unreht guot gewinnen, sô gewinnent sie niemer mêr den muot daz sie iht iemer genzlîchen wellen gelten unde widergeben. Wer danne frôwer wan der tiuvel, swanne erz dar zuo bringet, daz der mensche unreht guot gewinnet! Wan sô weiz er daz wol, daz er im niemer mêr entrinnen mac, ez wære anders der sünden einiu niht, sie selbe dritte, die allen guoten willen sûgent ûz dem menschen unde sîner sêle. Unde dar umbe sô tuot ez durch got unde durch alle iuwer sælikeit unde hüetet iuch vor houbetsünden, sît der lôn nâch den sünden ist der tôt, unde dienet umbe die gnâde gotes. Sô ist in dirre werlte niht mêr daz iuch geirren müge danne diu sünde alleine. Dem aber noch diu gnâde gotes sô verre sî, daz sie aller houbetsünde niht lâzen wellent, sô lât doch dise fünf houbetsünde, die dâ sô schedelich sint an aller wâren riuwe und an lîbe und an sêle: sô hân ich gedinge, daz ir dannoch kumt zuo guotem willen mit der wâren riuwe unde mit der lûtern bîhte unde mit buoze nâch gotes gnâden unde nâch iuwern staten unde für baz mêre dem lône der sünden widersaget unde dienet umbe die gnâde gotes, daz er iu ze lône gebe daz êwige leben. Daz uns daz allen widervar, mir mit iu und iu mit mir, daz verlîhe uns allen samt der vater unde der sun únde der heilige geist. Âmen.

---

# XXVIII.

## VON ZWEIN UNDE VIERZIC TUGENDEN.

MAn liset hiute in dem heiligen êwangeliô daz geslehte unser frouwen von dem sie geborn wart, wan hiute der tac ist ir gebürte. Dâ von sô liset man hiute von ir geslehte gar billîche, wan ez was daz aller hôhste geslehte von gebürte daz ie wart und iemer mêre geborn wirt. Unde wære iendert kein hœher geslehte gewesen in aller der werlte, von dem wolte ouch geborn sîn worden der almehtige got, als billich was. Und alsô hât man hiute dâ genennet daz geslehte unser frouwen die hôhsten unde die edelsten patriarchen vierzehen, unde vierzehen edeler unde hôher künige, unde dar zuo vierzehen fürsten: der sint alsô zwêne unde vierzic. Alse manige tugent hete unser frouwe, die lobelich und ûzerwelt wâren vor andern tugenden die sie hete. Der mac nieman ze ende komen, wan die sint unzellich unde die möhte ouch nieman gezeln unde geprüeven, wie gar unzellich unde wie gar maniger leie die tugende unser frouwen sint die sie hete in dirre werlte. Unde dâ von sô liset man hiute vil unde vil tugende von ir. Die edeln würze glîchet man ir lobe und ir êren und ir tugenden, und edelz gesteine ûf ertrîche. Daz gotes geschaft heizet daz hât niht alse edel kraft unde sô guote nâtûre, ân menschen und ân engel, alse edel würze und edel gestein und edel wort; unde dâ von glîchet man daz lop unser frouwen und ir manicvalten tugende allez hiute in der messe mit lesen unde mit singen disen dingen. Man glîchet sie mit lobe dem balsamen unde spica nardi unde kassen unde mandel unde dem cypressen; des möhte nieman ze ende komen, daz man allez glîchet den tugenden unser frouwen: beide hiute unde ze allen zîten sô gît man ir sô vil lobes, alles von den tugenden die sie hete.

Unde dar umbe erwelte im sie got ze einer muoter aller engele herre unde keiser aller künige. Der wart mensche von der reinen frouwen geborn, der geburt wir hiute dâ begên. Durch die manicvalten tugende die man hiute von ir liset unde ze andern zîten, sô geviel im under Adâmes künne nie kein frouwenlîp sô wol ze sîner menschlîchen gebürte. Als manige tugent hete ir reiner lîp, daz dâ von niemer dehein munt vollesagen mac. Wan die heiligen prophêten hânt wunder unde wunder von ir gesprochen. Sie heizent sie ein tor zuo dem paradîse, einen brunnen, einen saphîrus, einen klâren rubîn, sô nâch den liehten sternen, nâch den edelen steinen unde nâch den edelen wurzen. Unde wær iht bezzers in der werlte, dâ hæte man ir tugent billîche zuo gemezzen, wan nieman ir tugent volleprüeven kan noch mac. Unde daz ich mich danne annæme, daz ich ir tugent prîsen unde loben wolte, daz wære der grœsten tôrheit einiu an mir, die diu werlt ie gewan. Und âne ander tugende die sie hete, zuo den selben hete sie zwô unde vierzic tugende, die wâren ûzerwelt vor allen ir tugenden. Unde die selben zwô unde vierzic tugende muoz ein ieglich mensche haben der zuo sînen tagen komen ist, oder er kumet niemer zem himelrîche. Wan alle die heiligen die dâ sint die muosten mit den zwein unde vierzic tugenden dar zem himelrîche komen. Unde daz daz wâr sî, daz hât uns got erzöuget in der alten ê. Dô die zwelf geslehte dem künige Pharaônen entrunnen von Egipten durch die wüesten, dô muosten sie zwei unde vierzic jâr varen, ê daz sie kâmen in daz geheizen lant. Alsô müezen wir mit disen zwein unde vierzic tugenden dem tiuvel entrinnen in daz geheizen lant, dâ diu heilige frouwe gewaltige küniginne ist, dâ von wir hiute singen unde lesen unde dise aht tage. Unde daz ich ouch niht anders pflæge dise aht tage alle tage, wan daz ich seite von der manicvalten tugent unde von ir lobe, sô künde ich ez niht verenden. Ich spriche mêr: innen einem halben jâre oder in einem ganzen jâre. Unde dâ von ist mir vil bezzer geswigen danne krenclîchen gelobet. Unde dâ von wil ich uns kristenliuten sagen, wie wir ouch suln tugent gewinnen, dâ von wir zem himelrîche komen unde danne dâ gesehen die tugentrîche küniginne in ir freuden und in ir êren. Dâ von sô hân ich willen ze sprechen. Nû bitet alle unsern herren unde die tugentrîchen frouwen, mîne frouwen sancte Marîen, diu uns ze hôhen sælden geborn wart alse hiute ist, daz sie mir geben ze sprechenne, dâ von sie gelobet unde geêret werden oben ûf dem himel unde daz wir gesæliget werden an lîbe und an sêle. Unde dar umbe sô spreche iuwer ieglîchez ein pater noster unserm herren und unser frouwen ein ave Marîâ, der daz kan.

Man liset hiute in dem heiligen êwangeliô daz geslehte unser frouwen, und ir sint zwêne unde vierzic, die man dise wochen nennet mit ir eigenlîchem namen, und ir sint sumelîche dâ zer helle, ir ein guot teil, swie sie unsers herren neven sint unde sîne mâge nâch menschlîcher nâtûre. Er siht weder an nifteln noch an neven, er siht an wan tugent. Her Abraham und her Îsaac und her Jacob die wâren gar tugenthaft; des sint sie gar in hôhen êren nû oben ûf dem himel. Her Dâvît und her Josaphât die wâren ouch gar tugenthaft; des sint sie nû hôhe künige in himelrîche. Die dâ untugenthaft wâren die mohten aller mâgeschaft niht geniezen, sie müezent dort ze helle sîn die wîle got in dem himel ist. Unde dar umbe durch den almehtigen got lernet alle samt tugent, sît daz im der mâc ist als der lantman. Der niht tugenthaft ist der muoz gein helle, wan er alsô sprichet: ‘alle die mînen willen tuont die sint mîn vater unde mîn muoter unde mîne brüeder unde mîne swester.’ Swer nû tugenthaft ist der tuot gotes willen. Unde der dise zwô unde vierzic tugende heltet, der wirt gewîset in daz geheizen lant. ‘Owê, bruoder Berhtolt, nû weiz ich niht, welhez dise zwô unde vierzic tugende sint. Wie sol ich danne behalten sîn?’ Sich, sô sült ir gerne ze kirchen unde zer predigen gên, sô hœret ir eines tages vier, des andern sehse, des dritten aber lîhte vier oder sehse, unz daz ir sie alle gelernet. Unde dar umbe, daz ir deste gerner ze kirchen unde zer predige gêt, dâ ir von tugenden hœret singen, sagen unde lesen, sô wil ich iu hiute von sehs tugenden sagen unde wil iuch die lêren: die sint aller tugende beste unde hœhste. Unde swer die selben tugent gelernet unde sie beheltet wol, der gelernet die andern alle samt deste ê und deste sanfter. Wan die selben sehs tugenden die sint gote alse liep, daz im nie tugent alse liep wart sô dise sehse. Ich spriche mêre: der alle die tugent hæte die unser frouwe hete (daz wære ein grôz dinc), die wæren gote alle samt sô liep niht alse die selben tugende unde gæbe halt im niemer deheinen lôn drumbe, ob er halt alle tugent hæte, hæte eht er der sehser niht. Unde die sehs tugende daz sint sehs dinc, dâ man got aller liebest mite tuot; unde die hât im got erwelt ûf ertrîche und in himelrîche, daz man im an nihte sô liebe kan getuon, sô gar unmæzeclîchen liep sint unserm herren diu sehs dinc. Wær halt ein dinc, daz daz mügelich wære daz ein mensche ie zer wochen eine mervart möhte erziugen unde die dritten wochen gein sant Jacôbe, unde tribe daz selbe allez zweinzic jâr, vierzic jâr, fünfzic jâr, unde hæte ez der sehs tugende niht unde tæte gote an disen sehs dingen kein liep, er geseite sîn im halt niemer lôn noch danc. Man tuot unserm herren mit allen dingen liebe, man tuot im aber sunderlîchen liebe, unde vor allen dingen alse liebe niht alse an disen sehs dingen. Daz man im alle tage ein klôster stifte, des andern tages ein spitel, des dritten tages ein bistuom, unde tribe daz zehen jâr nâch einander, unde tætest dû im an disen sehs dingen niht liebe, er gæbe dir niemer weder danc noch lôn dar umbe. Und den worten daz ir dise sehs tugent hiute gelernet unde sie alsô behaltet, daz ir in daz geheizen lant dâ mite gewîset werdet durch die wüesten dirre werlte von dem leiden Pharaônen, sô wil ich iu sie nennen ûf die gnâde unsers herren. Diu müeze iuwer herze und iuwer sinne hiute alsô erliuhten, daz ir dise sehs tugende hiute alsô gelernet unde behaltet, daz ir die tugentrîchen unde die hôchgelobten küniginne sant Marîam bî ir lieben kinde sehen müezet in allen ir tugenden und in allen ir freuden und êren. Man tuot gote an allen guoten dingen liebe, aber an disen sehs dingen tuot man im aller liebeste.

Daz êrste ist, dâ man im aller liebeste an tuot an im selbe sehste, daz ist an allen heiligen zîten; daz ander an heiligem guote; daz dritte an heiligen steten; daz vierde an heiligen liuten; daz fünfte an dem heiligen kristenglouben; daz sehste an sînem heiligen lîchnamen. Nû seht, an disen sehs dingen sult ir gote liebe tuon, wan ir künnet im an nihte alse liebe getuon in dirre werlte. Unde rehte als liebe man im mac getuon an disen sehs dingen, als herzeclîchen leide tuot man im ouch an disen sehs dingen. Unde dâ hüete sich alliu disiu werlt vor, daz im ieman dehein leit an disen sehs dingen tuo, wan er sît anegenge der werlte dehein leit sô sêre nie gerach sô er disiu leit hât gerochen.

Wie man dem almehtigen gote an heiligen zîten liebe tuon sol mit der vîre, unde wie man den heiligen ruowetac heiligen sol mit allen guoten dingen, daz stêt in den zehen geboten [und alle diu wort diu dort stênt in dem gebote: dû solt die ruowetage heiligen, diu selben wort hœrent her an diz stücke]. Wan swer unserm herren eine liebe tæte an dem mântage oder an dem diensttage, daz wære im vil liep; ez wære im aber an dem frîtage oder an dem sameztage und an dem suntage vil lieber. Der ouch an dem mântage und an dem diensttage tanzet oder tornei hât oder topelt oder unkiusche tuot oder roubet oder brennet oder stilt oder eide swert meines oder swelher leie sünde man dâ tuot, diu ist unserm herren gar herzeclîchen leit. Sie ist im aber an dem suntage gar vil unde vil leider. Kümt aber eins heiligen tac ûf den suntac, sô ist ez im aber gar vil leider, und an dem ôstertage und an dem pfingesttage. Sô diu zît ie heiliger ist, sô man gote ie leider dran tuot mit süntlîchen dingen unde man im ouch ie lieber tuot mit guoten dingen.

Daz ander ist an heiligen steten. Dâ sult ir got flîzeclîchen an êren unde liebe tuon. Daz heizent allez heilige stete, die mit wîhe begriffen sint, kirchen unde kirchhove (oder frîthove heizent ez etewâ) unde grêde unde kappellen unde klœster unde kriuzegenge unde swaz eht mit wîhe umbevangen ist, mit bischoves wîhe, daz heizent allez heilige stete. Der eine sünde tuot an dem wîten velde oder in einem walde oder in einem wilden rœrach oder an der versmæhtesten stat die man iendert hât, daz ist unserm herren herzeclîchen leit. Tuot man sie aber in einem klôster oder in kriuzegengen oder in kirchhoven, die gewîhet sint, daz ist im aber zehenstunt leider. Ir jungen priester, seht, dar nâch sult ir ie buoze geben (die alten die wizzent ez selbe wol)! Und ist sie dâ geschehen diu sünde daz heilige stete dâ heizent, ir süllet buoze dar nâch geben, ob sie iu mæzic sî ze gebenne. Der aber in dem kôre sünde tuot, diu ist gote aber leider wan in der kirchen; tuot er sie aber bî dem altare, sô ist sie gote aber leider. Hie vor in der alten ê in dem tempel dâ was ein inner heilikeit, dâ giengen zwô tür în unde stuont dâ grôz heilikeit in einem eimer: dâ gienc sô edel gesmac von, daz daz nieman vollesagen mac. Unde daz bediutet unsers herren lîchnamen. Dar umbe sol man den kôr in der kirchen aber flîzeclîcher êren danne die kirchen, wan dâ wonet diu heilikeit aller heiligen inne. Der eimer bezeichent die bühsen, dâ man unsern herren inne beheltet, unde dar umbe sulnt noch hiute zwô tür in einen kôr gên, als in dem tempel in die innern heilikeit dâ gie, unde solte ze rehte nieman in den kôr stên sô man messe singet danne die an der engel stat dâ dienent, die dâ helfent singen, oder die messener, die dar bereiten müezent des der herre bedarf: die sulnt in dem heiligen kôre sîn die wîle man gote dienet swer die sîn. Wan dâ solten niwan engel dienen; der ist ouch gar vil dâ, wan daz eht wir sie vor sünden niht gesehen mügen. Ez sol ouch kein frouwe messenærinne sîn, daz sie niht sol haben ze tuonne bî dem altare die wîle man gote dienet, noch sus sol rehte kein frouwe in dem kôre sîn die wîle man gote dienet. Wie zimest dû in dem kôre? sô sich der priester umbe kêret, dû möhtest etewenne dâ verdienen daz dû niemer sælic würdest. Ez ist gar ein schedelich dinc, ir frouwen, daz ir allez hin zuo dringet dâ man gote dienet. Die frouwen stuonden halt gar sunderlîchen in der alten ê, daz sie halt ander man niemer gesæhen wanne man gote diente. Wan alsô sult ir den kôr gar flîzeclîchen êren, unde den altar aber baz danne den kôr, unde die kirchen baz danne den kirchhof. Iedoch hât der frîthof unde diu kirche glîchez reht an der buoze, sô man dar an frevelt, wan daz man der heilikeit nâher gêt und ouch diu kirche baz geêret ist unde gezieret mit türn unde mit slozzen und mit andern dingen. Und ir sult die heiligen stete êren, alsô daz ir mit andâht an die heiligen stete sult gên unde mit grôzer vorhte gein unserm herren. Ir sult iu gedenken: 'weh, herre, weder bin ich des wert oder niht, daz ich an dise heilige stat gên mit sünden?' Ir sult aber durch die vorhte niemer deste seltener dar komen, dû solt halt deste dicker dar gên. Bist dû mit grôzen sünden begriffen, sô soltû dich mit grôzen vorhten dêmüetigen die heiligen stat ze êren gote ze liebe unde dir selben ze sælden. Dû maht halt mit der vorhte dar gên unde mit der andâht dâ stên, daz dir got alle dîne sünden vergît. *Domine qui me creasti et plasmasti, miserere mei deus! propitius esto mihi peccatori.* Dû maht ouch alsô dar gên unde dâ stên, daz dir got dîne sünde niemer mêr vergeben wil, als dem pharisêô unde dem publicânô dâ geschach, ez wære anders der sehs dinge niht einez, dar an man gote aller leidest mite tuot unde getuon mac. Sô slahent sie eteswâ ir kræme an gewîhten heiligen steten, an den gewîhten kirchhoven. Ez heizet dar umbe ein frîthof, daz er geheiliget unde gefrîet sol sîn vor allen bœsen dingen. Wan swâ market ist unde veiler kouf, dâ ist liegen unde triegen unde eide swern, unde gotes name wirt dicke unnützelîchen genennet unde manige ander sünde geschiht dâ mit üppekeit unde mit andern dingen. Unde wie leide man tuot dem almehtigen gote dar an, daz man im die heiligen stete niht êret, daz hât er uns selbe erzöuget unde mit deheiner glîchnüsse. Unser herre Jêsus Kristus wonte bî uns hie ûf ertrîche mêr danne driu unde drîzic jâr, daz man des niht enliset in aller der werlte und in aller der schrift, daz er mit sîn selbes hant ie dekeine sünde mêr geræche danne die alleine, daz man eht heilige stete niht êret und ir niht schônet. Seht, daz was dô er die jüden ûz dem tempel sluoc. Er sluoc sie alsô zornlîche und er sach alse zornlîche, als im fiwer ûz den ougen gienge, schrîbet der guote sant Jeronimus, unde man hete doch niht drinne veil danne daz man ze nôt bedarf ze opfer und ze guoten dingen. Sô sprechent sie nû in der kirchen, als ez ûf einem jârmarkte sî, von einem her zuo disem, die spehter unde die mærsager, waz ieglîcher gesehen habe in andern landen, und ir einer irret etewenne sehse oder ahte oder zehen, die vil gerne swigen. Sô seit etelîcher waz er gesehen habe ûf sîner merverte oder ûf sîner Rômverte oder gein sante Jacôbe. Dû maht halt sô vil von den selben verten gesagen halt in der kirchen, daz dir got oder sant Jacob niemer dekeinen lôn drumbe gît. Und ir frouwen, ir lât iuwern munt niemer gestên mit unnützem gespræche. Sô seit diu der andern von ir dierne: sie slâfe gerne unde wirke ungerne; diu von ir manne, die von ir kinde: diz sî müelich, daz næme niht zuo. Sê, welch dem tiuvel klagest dû daz zer kirchen? Jâ solt dû dar umbe dar gên, daz dû dem almehtigen gote klagest dîn ungemach der sêle unde des lîbes. Dû solt aber iemer dîne sünde des êrsten klagen mit riuwigem herzen unde mit schœnen zühten stille swîgende wider dich selber: got der hœret ez doch wol, wie sanfte dû zuo im halt gedenkest. Er hôrte Moysen mit grôzer kraft, dô er im niwan in dem herzen gedâhte, unde machte im den tiefen wec ze einer vesten mûre unde rach in an sînen vîenden unde half im ûz allen sînen grôzen sorgen. Dû solt getriuwelîche mit grôzen zühten got an ruofen umbe daz dir dâ wirret an dîner sêle. Wan swenne dû mit rehtem riuwen dîne sêle besorgest, sô ist gotes fride an dir. Unde sult ir gote liebe tuon an heiligen steten unde niht leides, wan er richet ez gar zornlîche an iu. Ir herren, ir ritter, und iuwer knehte die heuschrecken, ir hœret daz wol, wie unser herre zornlîche mit sîn selbes hant ein kleinez leit rach, daz man im tet an einer heiligen stat: sô seht, waz got dar zuo tuo, sô ir kirchen brennet unde stœret unde brechet und etewenne liute drinne verbrinnent unde lîbelôs werdent unde drûz nemet daz arme liute zuo den heiligen hânt geflœhet. Des liset man gar vil in der künige buoche, wie zornlîche daz got hât gerochen: wie einer von gotes boten zerslagen unde zergeiselt wart unde wie einem künige geschach, der wart gesant in den tempel, daz er den solte hân beroubet, unde welich ein grôz zeichen unser herre dô tet. Den selben gewalt hât er noch hiute. Ir werdet geslagen von der gemeinde der heiligen kristenheit mit dem hôhen banne unde dar nâch zuo der êwigen martel, nû des êrsten an der sêle und an dem jungesten tage an lîbe und an sêle. Ir soltet guldîne berge drumbe niht nemen, daz ir gotes hiuser alsô grôzlîchen unêret. Nû sît ir doch getoufet für kristenliute unde tuot alse die heiden unde halt vil wirser danne die heiden; wan die teten ir betehiusern ungerne kein leit. Man liset halt von einem heidenischen künige, der hiez Tyrus, der half gotes tempel wider bûwen unde hete doch deheinen glouben an got. Des müget ir iuch wol schamen vor gote unde vor der werlte. Wê dem swerte daz iu gesegent wart! wie ir iuwern ritterlîchen namen und iuwern touf an den selben dingen schendet!

Daz dritte, dâ man dem almehtigen gote allerliebest an tuot, daz ist an der heiligen guote. Wie, ir röuber und ir heuschrecken, daz gêt eht iuch ouch an! wie vil tuot ir dem almehtigen gote dran leides? Etewenne dô stiften die herren goteshiuser unde klœster, dô wurden ouch sie heilig, als der künic Constantînus unde der keiser Heinrich unde künic Karle (des tac vîgert man in Frankrîche) unde der künic von Engelant sant Ôswalt unde künic Stephân von Ungern unde sant Wenzeslaus von Bêheim, ein herzoge sant Mauricius unde manic ander heilige, die werltlîche ritter wâren, die den heiligen ir guot mêrten und ouch alsô beschirmten, daz sie nû daz geheizene lant besezzen habent. Unser herre næme für guot, ob ir im niht liebes wöltet tuon an der heiligen guote, daz ir im ouch niht leides tætet. Dâ von wirt iuwer nû sô lützel heilic. Iezuo siht man éin klôster verderben, für baz aber einz, und alsô sint sie verderbet, daz man der klœster lützel vindet, wan diu von jâr ze jâre ie armer sint; sô die widemen, sô die zehenden: der habet ir iuch sô gar underwunden, daz man kûme ûf vier pfarren ein armez pfeffelîn vindet von iuwer symonîe unde von iuwer sacrilegje. Ir enahtet ûf den ban noch ûf die âhte niht. Und ez hât ouch unser herre gar hezzelîchen gerochen. Ein herzoge hiez her Jôsuê. Der solte strîten mit sînen vînden unde mit gotes vînden. Dô was einer under dem her, der hiez Achor, der verstal von dem heiligen guote (des lac gar vil ob einander) und er verstal dâ von daz kûme zweinzic pfenninge wert was. Und alle die wîle unde daz daz kleine guot under dem grôzen here was, dô muosten sie des einen alle samt engelten unde wurden sigelôs unde nâmen grôzen schaden, unz daz man sîn innen wart. Dô nâmen sie jenen unde versteinten in unde verbranten in. Alsô versteinet man alle die der heiligen guot ze unrehte an grîfent, die versteinet man ouch von der gemeinde der heiligen kristen unde wirfet sie danne in daz êwige fiwer. Unde jener unsælige Nabuchodonosor der hât an in beiden gesündet, an heiligem guote und an heiligen steten. Der saz eins tages in grôzer hôhvart unde hete ûz den heiligen vazzen gezzen unde getrunken, diu ze dem heiligen tempel unde ze gotes dienste gehôrten. Und er sach eine hant ob im schrîben an die want: ‘mane, thekel, phares.’ Disiu driu wort diu sult ir mir vil wol behalten. Diu wort diu kunde nieman gelesen die dâ wâren. Dô hiez der künic senden nâch Daniele; der sprach: ‘herre, dîne tage sint gezelt, daz die ein ende müezen hân. Dîn guot unde dîn übel ist gewegen, dîn hêrschaft unde dîn guot ist geteilt, daz dû des niht mêr gewaltic bist.’ Und alsô geschach ez. Des selben nahtes fuor er zer helle und ist hiute dâ unde muoz iemer dâ sîn die wîle got in dem himel ist. 'Mane, thekel, phares,' daz sprichet: ez ist gezelt unde gewegen unde geteilt. Ez wirt gezelt iuwer missetât, daz ir alse manic tûsent jâr umb einigen pfenninc müezet brinnen, den ir von der heiligen guote ze unrehte abe nemt, als tropfen in dem mere ist, unde sich iuwer martel alrêrst danne an hebet. Jâ merket mir vil eben: swenne ir umbe ieglîchen pfenninc alse lange habet gebrunnen alse tropfen in dem mere ist, alse manic tûsent jâr, sô hebet danne iuwer martel alrêrst an, diu dâ niemer ende gewinnet und ist eht niht endes an. Ez ist gewegen, daz ieglîcher pfenninc swærer ûf dich wegende wirt danne alle berge; ez ist gewegen, daz dû aller der gnâden verteilt unde verstôzen wirdest, die got ie gewan oder iemer mêr gewinnet. Ir armen liute, ir bûliute, hüetet iuch umbe den zehenden, der ist ouch heilic guot, daz irn getriuwelîchen gebet und iuch dar an iht verwirket; wan ez wil unser herre niht enbern, man müeze ime den zehenden geben. Sô gedenkent etewenne alwære liute: 'weh, die pfaffen sint doch rîch: ez ist mir nœter danne einem rîchen pfaffen.' Sô gedenkest dû unrehte, wan ez was etewenne site daz man in ûf dem velde verbrante unde man muoste in doch getriuwelîchen geben. Dô unser herre erloubete allez daz obez daz in dem paradîse was, dô wolte im got sînen teil sunder haben unde verbôt Adâme, daz er die selben boume iendert rüerte. Unde daz er niwan einigen apfel dâ von nam, seht, dâ haben wir hiute alle samt nôt unde angest von unde müezen die haben unz an unsern tôt. Nû seht, ir hêrschaft alle samt, wie grôzlîche unser herre die untugende richet, der im leide tuot an heiligem guote!

Diu vierde tugent, dâ man unserm herren gar liebe mite tuot, daz ist diu, der im liebe tuot an heiligen liuten. Der tuot im sô liebe, daz im niemer lieber mac geschehen âne zwei dinc. Wan er kam von himelrîche ûf ertrîche durch anders niht, wan daz die heiligen liute von sîner künfte heiliger würden, die sus niht heiliger möhten worden sîn. Und er leit einen bittern tôt durch die heiligen liute daz diu zal von im erfüllet würde in himelrîche. Ez ist wol wâr, er leit den tôt durch den sünder; aber dar umbe niht daz er sünde tæte: er leit in dar umbe, daz er die sünde büezen solte unde von den sünden kêrte zuo der heilikeit. Und alsô harte sint in heilige liute ankomen, und alsô ist ouch manic sünder heilic worden, unde würden noch ob sie wolten. Daz sint die heiligen priester, dâ ir gote des êrsten an liebe sult tuon. Wan die hât got über alle menschen gehœhet unde geêret, und dâ von sol in der mensche ouch êren. Dar nâch die zuo dem êwangeliô gewîhet sint unde zuo der letzen und alle die in klœstern orden hânt enpfangen, die sult ir êren unde sult sie schirmen an ir lîbe und an ir guote unde sult in iuwer almuosen geben: sô werdet ir gewîset in daz heilige lant, wan ez der hœhsten tugende einiu ist, dâ man gote aller liebeste an tuot. Und alse liebe man im dar an getuon mac, als leide tuot man im ouch dran. Dâ hüete sich alliu diu werlt vor, daz man im an den heiligen liuten iht leides tuo, wan dâ tuot man im aber vil leider an danne an den êrsten oder an den andern oder an den dritten: daz man iendert mit übel an sie rüere an ir lîbe mit slahen oder mit stôzen, weder mit gewâfenten noch mit blôzen henden, noch mit schelten noch mit fluochen noch mit deheinen übeln dingen. Sie sint iu gar ze hôch an ze grîfen. Ir sult sie ouch fliehen mit in ze sündenne, wan dâ tuont sie gote gar unmâzen leide an, swer deheine sünde mit in tuot. Swer des niht gerâten wil, er enwelle dem tiuvel dienen mit tœtlîchen sünden, der hât ein wîtiu werlt vor im. Pfî, dû schantflecke aller der werlte, die dâ bî gewîhten liuten ligent unde sich lâzent tasten mit den henden, dâ mite man der meide sun handelt! Vil wunderlîchen balde in starke buoze oder an den grunt der hellen! Aber alle die dâ sündent mit den liuten, die dâ orden in klœstern habent, die sint sâ zehant in dem hœhsten banne, ez sîn frouwen oder man. Ob man sie niemer ze banne getuot, sô sint sie doch in dem hœhsten banne, den got in himel oder ûf erden hât, und ê daz ich wizzentlîche mit dir wolte messe hœren in einer kirchen und ob diu kirche gar wît unde lanc wære, unde daz ich messe mit dir wolte hœren mit wizzende, unde dû in einem orte wærest und ich in dem andern, ê wolte ich âne gotes lîchnamen sterben. Alsô hüetet iuch heiliger liute. Unde des liset man ouch gar vil in der heiligen schrift, wie daz got gerochen hât an den, die im leide tâten an den heiligen liuten.

Daz fünfte, dâ man gote liebe an tuot, daz ist ouch der hôhesten tugende einiu, sie selbe sehste, diu ie wart und iemer mêr werden mac. Unde wære sie dannoch hœher niht, sô wære sie ouch der sehs tugende einiu niht, die gote liep vor allen dingen sint. Unde swer im dar an liebe tuot, der hât im vil unde vil lieber getân danne an der êrsten. Diu heizet eht kristenlîcher gloube. Wie man den êren unde halten sol mit worten unde mit werken, daz stêt in dem êrsten gebote der zehen gebote. Unde wie daz got gerochen hât an in, die des rehten kristen glouben sint wider gewesen, des vindet man âne mâzen vil in der alten ê und in der niuwen ê, wie got ie den sînen gestuont.

Diu sehste tugent sol alliu diu werlt liep hân, wan dâ tuot man gote gar liep an unde gar unmâzen liebe. Man tuot unserm herren mit allen guoten dingen liebe, wan ez hæte anders niht tugende geheizen, der sô getâniu dinc tuot, diu gote liep sint unde der sêle nütze. Der eine schüzzeln oder einen becher hovelîchen gebieten kan, sô sprichet einer: ‘weh, welch ein tugenthafter man der ist!’ Díu tugent ist ze nihte, díu tugent ist ein gespöte wider die zwô unde vierzic tugende unde wider die sehs tugende. Aber dise einigiu tugent ist über alle tugende grôz, die ie ze tugenden wurden: daz ist, swer gote liebe tuot an im selben, daz ist an sînem heiligen lîchnamen. Swer den wirdeklîche enpfæhet und êret, wie vil der wirde und êren unde gnâden dran enphæht (daz ist, daz sîn sêle gespîset wirt mit der wâren minne), dâ seit der guote sant Pauls von wunder unde wunder, alse man liset an dem heiligen antlâztage, unde wie man dâ von gesterket wirt wider des lîbes unde des fleisches gir unde wider der werlte süeze unde des tiuvels ræte, unde wie man sich dâ gegen rehtvertigen sol, sô man in enphâhen sol mit der wâren riuwe unde mit der lûtern bîhte unde mit der rehten buoze nâch gnâden — wan nâch rehte mac nieman gebüezen —, unde swer got reiniclîche enphæht mit lûterre gewizzen, mit der rehten erkantnisse sîner schulde, mit der bekantnisse götlîcher wirde, dar nâch und ie der mensche kan unde mac. Unde ze dem aller minnesten sol der mensche erkennen, daz er wâren menschen unde wâren got enphâhe, als die heiligen zwelfboten dâ von im haben gesprochen: *credo in deum patrem etc.* in dem heiligen glouben. Unde dâ von wære daz nôt, daz ein ieglich kristenmensche den glouben künde in tiutschen daz ungelêrt wære, daz ez got deste baz erkante unde daz er deste baz bevestent wære an sîner tugent und an sînen êren, sô er ie mêr andâht hât gein im, sô er in enphâhen sol, oder sô er im ander êre bieten sol unde dienen sol. Alle die dienste die man gote dienet ze lobe unde ze êren, die sint im alle liep. Der im aber allen dienest tæte, der wære im sô liep niht als dirre dienest, daz man im liebe tuo an im selben. Der mantel ist mir nâhe: der mir dar an leide tuot, daz ist mir vil leit, der mir dar durch slüege mit einem swerte, daz wære mir leit. Ez wære mir aber leider an dem rocke. Aber an dem lîbe wære ez mir aller leideste. Man tæte unserm herren an dem kriuze daz ûf dem velde dâ stêt leide, der im daz ze hazze unde ze leide nider bræche und ez smæhelîchen handelte. Wær ez aber in einem klôster gezieret oder aber baz geêret in sînem namen, sô tæte man im aber leider dran. Aber an dem kriuze, dâ er an gemartelt wart, dâ tæte man im leider an danne an allen kriuzen. Alsô tuot man gote an im selben aller leidest. Pfî, zouberærinne, die mit im zoubernt! Wan daz sîn güete unde sîn erbermede sô gar überflüzzeclîchen vol ist miltekeit unde gnâden, sô nimt ez mich iemer wunder, daz dich diu erde niht verslindet unde daz dich daz wilde fiwer niht verslindet unde verbrennet oder der donre niht ersleht. Jâ ist ez dir ze vil, daz dû mit andern dingen zouberst, daz halt gar lîhte unde gar bœse ist; ich wil es geswîgen daz dû mit gote selben zouberst, daz dû im sô getân leit an im selben tuost. Ez tet ein mensche eine minre sünde hie vor an gote selben: dar umbe sluoc der engel ahtzic tûsent unde hundert tûsent menschen ze tôde in einer naht, und ez ist ein lant deste unsæliger von dînen schulden. Vil wunderlîchen balde in starke buoze, ê daz dich der donre slahe oder einen andern unrehten tôt nemest. Ez getet eht nie dehein mensche sô übel, unde wil eht ez wâren riuwen gewinnen, er müge ez gebüezen: sô grôz ist diu güete unde diu erbermede unsers herren. Und alle die got niht wirdeclîche enpfâhent, daz sie niht durnehteclîchen hânt gebîhtet unde noch willen habent ze sünden, die möhten gerner alle die kroten unde natern enpfâhen, die in disem lande sint. Wie gar die verdampt sîn unde maniger leie verdampnisse dran enpfâhen, daz sprichet der guote sant Paulus ouch, an dem antlâztage liset man ez ouch in der episteln. Got der richet ez billîche mit hazze unde mit zorne, swenne wir im leide an im selben tuon. Wir tuon im anders sô vil ze leide, daz wir ín wol solten vermîden mit leide. Er wil halt daz wir im gar unde gar vil liebes tuon und im wirde und êre bieten, alse billich ist; wan daz hât er wol verdienet umb uns unde dâ von wil er deheine wîse niht gerâten, im sulle ein ieglich kristenmensche, daz ze sînen tagen komen ist, drîer leie êre bieten. Der wil er rehte von nieman gerâten, der kristennamen hât. Und die selben drîe êre hœrent halt nieman an danne in selben. Unde swer im ouch die selben drîe êre biutet, die sint im lieber danne alle die êre, die man im ie gebôt oder iemer mêre erbieten mac. Und der alliu klœster stifte und alle die spitele und alle bistüeme die in der werlte sint; ich spriche mêre: die im daz heilige grap wider gewünnen ûz der heiden gewalte in die kristenheit, daz wære im sô liep niht, sô dise drîe êre. Und ob man im dise êre alle sament büte und im der drîer êre niht enbüte, er gæbe im niemer kein himelrîche umb jene alle samt, unde wolte er im niht dise drîe êre bieten. Nû seht, ob ir dem almehtigen gote dise drîe êre bieten wellet oder niht. Wan er wil ir rehte von nieman gerâten, der kristennamen hât. Unde dâ von sint jüden unde heiden unde die ketzer verdampt êwiclîchen iemer mê, daz sie im der selben drîer êre niht enbietent. Er meinet ir ouch von in niht, sie wæren danne kristenliute, sô müesten sie sie im ouch bieten. Wan maniger hande êren unde gar vil êren ist unser herre wol wert, unde der im niht mêr êren erbieten kan, der biete im die selben. Wan der im ie mêr êren erbiutet, dem wil er ouch her wider ie mêr êren unde freuden geben und immer mêre ân ende, ob er im ouch dise drîe êre biutet. Wan swie vil man im ouch êren gebieten kan unde mac, sô muoz man im ie dise drîe dar zuo bieten, unde swer im sie niht erbieten wil, der muoz aller sîner êren in himelrîche verstôzen sîn iemer. Diu eine êre sol man im ze dem minnesten in dem jâre ze éinem mâle erbieten. Der im sie aber ie ofter erbiutet, sô im ie lieber ist. Die andern wil er daz man im ze allen zîten erbiete. Die dritte sol man im eins bieten in dem tage, der ez getuon mac vor êhafter nôt. Die zwô mac im ein ieglich mensche wol erbieten, ob ez wil. Got helf uns allen sament, daz wir von sînen êren niemer gescheiden werden. Âmen.

Diu eine êre ist die man im ze dem minnesten eins bieten sol in dem jâre, daz in ze ôstern ein ieglich kristenmensche ze rehte enpfâhen sol mit wârer riuwe sîner schulde unde mit lûterr bîhte unde mit ganzem willen, die buoze ze leisten die man im gît nâch den gnâden gotes unde nâch sînen staten reineclîche mit andâht aller guoten dinge, als ich ê sprach. Des wil got von nieman gerâten. Hie vor dô diu kristenheit nâch unsers herren ûfvart wart gestiftet des êrsten, dô wâren die êrsten liute sô reines herzen und in sô grôzer andâht, daz sie alle tage unsern herren nâmen. Unde dâ von schrîbet sant Mathêus: ez was diu kristenheit alle reines herzen; alsô gar flîzeclîche huoten sie sich vor houbetsünden, daz sie alle tage unsern herren enpfiengen. Dô sich dô diu kristenheit mêrte unde sich breitende wart, dô wart sich diu sünde ouch mêrende unde wart sich ie baz und ie baz under die liute breitende. Dô satzte man ûf, daz sie sich alle suntage dergegen bereiten, daz sie unsern herren næmen. Aber dô diu kristenheit aber mêrre wart, dô wart ouch diu sünde an in zuonemende unde man vorhte daz sich die liute dar an übersæhen, unde man satzte ûf, daz man in innen dem jâre drîstunt næme. Dô wart ez leider gar durchmischet in der kristenheit mit sünden, daz man des vorhte daz man in drîstunt niht gar gewerlîchen möhte enphâhen. Unde dô satzte man niwan eins in dem jâre ûf, daz sich die liute deste baz dar nâch gerihten möhten unde dergegen. Etelîche sint sô sælic, daz sie in noch hiute drîstunt in dem jâr enpfâhent, etelîche dannoch mêre. Ie ofter, ie bezzer mit rehte. Aber diu gemeinschaft der meisten menje ist dâ mit wol enbrosten, unde wolte got, daz sie in ze dem selben mâle ir sêle gewerlîchen enpfiengen. Unde des wil ouch unser herre niht gerâten von iu kristenliuten. Und alse ofte dû unsers herren âne bist sô diu zît kumt daz dû in enphâhen solt, unde dû der sünden niht lâzen wilt unde sîn durch der sünden willen âne muost sîn, als ofte hâst dû einer starken houbetsünden ûf dir. Wan dir diu sünde lieber ist bî dir danne got in dîner sêle, sô muost dû die helle bûwen für daz himelrîche. Enphæhest dû in aber unredelîche, sich, sô bist dû aber mêr der verdampten. Dû muost ie die sünde von dir werfen unde got zuo dir enphâhen, oder dû kumest niemer in daz himelrîche.

Diu ander êre der got von iu niht gerâten wil, die sult ir im ze allen zîten bieten. Daz ist, sô man in treit in aller der werlte, sô in der priester dâ treit zem siechen, vil wunderlîchen balde ûf beidiu knie! wan der dir lîp unde sêle geben hât, beide umbe daz sô soltû ouch ûf beidiu knie für in knien. Für die irdenischen herren kniet man niuwen mit éinem knie. Daz ist dâ von, daz er niuwen über den lîp gewaltes hât. Dehein herre ist sô hôch, man sülle niuwen mit éime knie für in knien. Unde balde für den himelischen herren an beidiu knie, der dir bêdiu stücke gap lîbes unde sêlen. Ez sî schœne oder niht, vil wunderlîchen balde an bêdiu knie unde den huot an die keln oder daz keppelîn oder swaz ir ûf dem houbte habt. Mahtû gâhens an eine schœne stat komen, daz vergît dir unser herre wol, daz dû daz wol tuon maht mit sîner hulden, daz dir dîniu kleider iht unsûber werden. Maht dû des niht, wunderlîchen balde in daz hor, ob ez dir joch über den fuoz gêt, ob dû pfeller oder baldeken oder purpur oder bunt an trüegest. Nû stêt etelîcher als im ein spiz in dem rücke stecke, unde kumt im daz keppelîn oder der huot niemer von dem houbte. Pfî, gebûrenherze, ungewizzener lîp! Dû maht gein im alsô dâ gebâren, daz dû niemer mêr sælic wirdest. Unde daz daz wâr sî, daz hât er uns erzöuget in der alten ê, als er uns alliu dinc erzöuget hât, diu guot unde nütze sint an der sêle. Dô man die arken truoc, dâ daz himelbrôt inne was daz dâ hiez manna — daz bezeichent unsern herren, den man dâ treit in der bühsen: diu arche unde daz himelbrôt bezeichent unsern herren, den man dâ in der bühsen treit —, unde dô man in die selben archen truoc in der alten ê unde dô die liute einest dâ gegen niht gebârten alse sie ze rehte solten, dô lâgen sie ûf dem flecken tôt. Seht, daz ist niwan diu lûter bediutunge, wie man nû gein im selben sülle gebâren. Unde dâ von sult ir im die selben êre tuon unde gar mit grôzer andâht erbieten unde gar wirdeclîchen, unde sult in anruofen umb allez daz iu werre an sêle und an lîbe. Unde daz ir niemer von im gescheiden werdet, daz sult ir in alle biten, sô man in für iuch hin treit, unde sult in an ruofen, daz er sich über iuch erbarme nû und an iuwerem jüngesten ende, sô iuwer sêle von iuwerm lîbe scheiden sol, unde sult im die selben êre bieten ze allen zîten: ez sî spâte oder fruo, umbe mitten tac, umbe mitte naht, sô sult ir iuch ûf rihten unde gegen im nîgen unde sult in anruofen: sô gît er iu die êwigen êre.

Die dritte êre die man im bieten sol, die sol man im bieten eins in dem tage, die ez getuon mügen vor êhafter nôt. Wan die êre mügent im alle kristenliute sô vil niht gebieten sô die êrsten unde die andern; wan der zweier êren mac den menschen nieman geirren wan sîn bœser wille: sô irret der dritten êre manige liute êhaftiu nôt. Daz ist: alle die ez getuon mügen die suln unserm herren die êre bieten, daz sie ze dem minnesten eins in dem tage eine messe hœren mit schœnen zühten unde mit guoter andâht und anruofen, daz er sich über iuch erbarme, den herren aller engel unde keiser aller künige, der sich dâ læt sehen in des priesters handen, wan er alle tage von himelrîche her abe kumet ze ieglîcher messe durch unser heil, dâ wir in dâ anruofen sîner gnâden. Unde süln im der selben gnâden dâ sunderlîchen danken und in dar umbe dâ sunderlîchen loben und êren, daz er uns sich dâ sehen lât. Unde dû maht in alsô dâ sehen und anruofen mit dînem herzen, daz er dir alle dîne sünde vergît. Swie dû anders niht dâ sehest danne ein brôt, sô wizze daz für wâr: alse wærlîchen als er in dem himelrîche ist in sînen freuden und in sînen êren, alse wærlich ist er in des priesters handen wârer got unde wârer mensche mit lîbe unde mit sêle und in sîner krefte. Gip im nû daz eine vor, daz er mit dir niht redet. Und ich wolte iu daz râten, möhtet irs niht bekomen, ê daz ir âne messe wæret unde den heilant niht ensæhet unsern herren Jêsum Kristum, daz ir über drîzic mîle füeret durch einer messe willen. Ich spriche mêre: ich wolte halt daz ir über daz wilde mer füeret, niwan durch einer messe willen. Weh! und etelîcher mîdet si, dâ er mit drîzic schriten eine messe erreichen möhte. Und irret dich êhaftiu nôt niht, sô wizze daz dich gotes êre ringe wiget unde dîn selbes sælikeit, wan dû soltest über hundert mîle gên, ê dû die messe vermitest. Wænet ir daz ez ein klein dinc sî, dâ ein herre eine messe singet oder liset unde dar der künic von himelrîche kumet? Ir wizzet wol iuwer etelîcher, swenne der künic komen sol über die berge, sô liutet man allez gein im unde tuot den liuten dâ mite kunt, daz der künic von dem lande komen sol. Sô gênt die liute ûz unde wartent sîn, wanne der herre ir künic zuo var. Und als er kumt, sô sleht man die glocken alle ze samen unde liutet die vaste an einander. Sô stênt die liute aber ûf hôhe benke unde swâ sie mügen, daz sie eht den künic gesehen. Sô gêt diu pfaffeheit gein im und enpfâhent in mit lobe unde mit gesange. Seht, alsô tuot man gein dem irdenischen künige. Die grôze êre biutet man im dar umbe daz man dâ bî wizzen sol, daz er voget und herre sî des landes unde daz nieman herre sî in dem lande danne er. Unde bezeichent ouch dâ bî, daz man dem himelischen künige êre bieten sülle. Unde dâ von liutet man zer messe gein dem künige, der dâ her kumt über die berge von dem wünneclîchen himelrîches sal unde von dem küniclîchen sal. Dâ von liutet man allez vor, daz die liute komen unde den gewaltigen künic der êren gesehen unde den starken in den urliugen, der den leiden sathân überwunden hât und uns kristenliuten den sig erstriten hât. Nû seht, ir kristenliute, ob ir gein dem niht gerne kumen soltet, sô man des êrsten gemechelîchen liutet! sô sleht man danne alle die glocken ze samen: sô sülnt die liute alle dâ sîn, wan sô ist des herren kunft nâhen, des himelischen küniges: sô enpfæhet in diu pfaffeheit mit grôzem lobe unde mit grôzen êren unz an die zît, daz er sich wandelt vor des priesters handen in eine oblât wârer got unde wârer mensche, als er von mîner frouwen sant Marîen geborn wart. Und alse wærlîche als er an daz heilige kriuze geboten wart, als wærlîche biutet in der priester ûf mit bêden henden. Sô sult ir in getriuwelîchen an ruofen und ane beten: herre, durch dîne minne, diu dich an dîne martel twanc, sô geruoche mir ze helfen, daz ich niemer ersterbe, ichn erwerbe dîne hulde, die ich mit mînen sünden verlorn hân. Dû maht etewenne mêr gnâden unde sælden dâ erwerben danne einer der ze sant Jâcobe loufet und erwider, daz er niemer sô vil gnâden dannen bringet. Ir herren, ir tuot mir gar leide dran, daz ir etewenne hinne ze sant Jâcobe loufet oder rîtet, daz ir vil lîhte niemer zehen messe gehœret oder lîhte minre inner zwelf wochen oder inner zehen. Daz rede ich dâ von niht, daz ich sant Jâcobe sîne bilgerîne enpfüeren welle, wan dâ wære er mir ze hôhe: ich redez durch die gerehtekeit. Ir loufet dâ gein sant Jâcobe unde verkoufet dâ heime daz iuwer kinder und iuwer hûsfrouwen etelîchez iemer mêr deste armer müezent sîn oder dû selber iemer mêr nôthaft unde gultehaft. Und mestet sich, daz er vil veizter kumet danne er ûz fuor, unde hât danne vil ze sagenne waz er gesehen habe, unde læt nieman hœren weder ze der kirchen oder ze der predige. Waz fünde dû ze Kumpustelle, dô dû dar kæme? ‘Sant Jâcobes houbet.’ Daz ist gar guot; daz ist ein tôtez bein und ein tôter schedel: daz bezzer teil ist dâ ze himele. Sage an, waz vindest dû hie heime an dîme hovezûne, sô ein priester messe in der kirchen singet? Dâ vindest dû wâren got unde wâren menschen mit dem gewalte unde mit der kraft als er in dem himel ist, unde des heilikeit ist über alle heiligen und über alle engele. Ich wil ein grôz wort sprechen, daz merket alle samt. Als vil der sunnen durch ein nâldenœre geschînen mac und alse unhôhe der schîn wiget der durch daz nâldenœre gêt wider allem dem schîne den diu sunne hât über alle die werlt, als unhôhe wiget und übertriffet sant Jâcobes heilikeit unde der zwelfboten samt und aller der heiligen die in dem himel sint und aller engele heilikeit unde mîner frouwen sant Marîen wider der heilikeit, die got selber hât. Nû louf ze sant Jâcobe unde lâ got selber hie heime an dînem hovezûne, daz dû dar niht gêst, dâ dû vil mêr gnâden unde sælden erwerben möhtest, woltest dû ez suochen! Nû sint etelîche liute nû leider sô nœtic, daz sie sich an ir werke niht gerne sûment. Und ist daz âne nôt: got der gæbe in niuwer deste mêr in dirre werlte und in jener. Sô mügent ez etelîche niht gesuochen vor nackettagen oder daz in die kirche ze verre ist. Die irret êhaftiu nôt. Die sulnt gote die andern êre bieten, wan der mac sie nieman geirren danne ir übel wille.

Nû lât iu dise sehs tugende bevolhen sîn, alse liep iu daz himelrîche sî, und danne dise drîe êre, daz ir die dem almehtigen got flîzeclîche erbietet. Unde wol dan alle samt zem himelrîche! Ich hân iu daz wol geseit, wie man gote liebe tuo an heiligen liuten. Sô bevilhe ich iu hiute driu menschen, wan die sint gehœhet über alle menschen. Der siht man den einen wol, man hœret sîn aber niht. Den andern den ensiht man noch enhœret in. Den dritten siht man und hœret in. Den man wol siht unde niht enhœret, daz ist unser herre Jêsus Kristus. Den lât iu gar flîzeclîche bevolhen sîn an iuwer triuwe und iuwer sêle, den ir dâ sehet in des priesters hant. Den ir dâ sehet noch enhœret, daz ist mîn frowe sant Marîâ, sîn heiligiu muoter. Die lât iu rehte alsam bevolhen sîn. Den ir dâ sehet unde hœret, daz sint die priester, die den almehtigen got handelnt unde hebent unde legent. Die lât iu bevolhen sîn vor allen liuten unde vor allen irdenischen menschen , wan sie got gehœhet hât über alle menschen. Nû bitet alle unsern herren, daz wir die sehs tugende alsô behalten und im die drîe êre alsô erbieten unde daz uns dise drîe menschen alsô bevolhen sîn, daz got dâ von gelobet werde unde sîn heiligiu muoter, diu dâ sô gar vil der ûz erwelten tugende hât, alse man dâ von ir liset, unde michels mêre, unde daz wir gesæliget werden an lîbe und an sêle, des êrsten an der sêle, und an dem jungesten suntage an lîbe und an sêle. Daz uns daz allen widervar, mir mit iu und iu mit mir, des helfe uns der vater unde der sun unde der heilige geist. Sprechet alle samt: âmen.

---

# XXIX.

## WIE MAN DIE WERLT IN ZWELFIU TEILT.

'*ANima nostra sicut passer erepta est de laqueo venantium*' etc. (*Ps.* 123, 7). [Rehte sol man diu wort hie sprechen und alle die widerrede, diu hie vor gesprochen ist von den mertelæren unde wie sie von den stricken der jagenden tiuvel sint erlôst und enbunden in dem vierden sermône vor disem]. Wan die stricke der jagenden, die eht sô maniger leie sint, daz ez nieman rehte gewizzen kan, sô wil ich iu doch zehen sagen, daz ir iuch deste baz dâ vor gehüeten künnet. Wan die selben zehen stricke sint alse gemein unde habent der werlte alse gar unmæzeclîche vil gevangen, daz in vil lützel ieman engêt. Pfî, ir unsæligen tiuvel, wie manic tûsent sêle ir dem almehtigen gote habet enpfüeret mit disen stricken daz ir niemer rât enwirt! Die habet ir sô schedelîche geflohten unde geschrenket durch die heilige kristenheit, daz manic tûsent menschen dar in bestrûchet unde vellet, daz er sich niemer ûf gerihten kan. Wan etelîchez bestrûchet an einem stricke vier stunt, etelîchez sehs stunt, etelîchez zehen stunt, etelîchez sehzehen stunt, etelîchez vierzic stunt, etelîchez hundert stunt, etelîchez vierhundert stunt; ez ist etelîchez mensche vor mir, der einer leie sünde lîhte zehen hundert stunt getân hât: als ofte ist ez in dem stricke verworren unde hât sich drinne umbe gevalt. Sich, wanne dû dich drûz verrihten wellest! Wê dir daz dich dîn muoter ie getruoc an dise werlt! Wie dich die sünde hânt umbegeben, als der wîse man dâ sprichet! Sô bist dû lîhte in einem andern stricke als ofte umbegeben oder lîhte halp als vil; sô ist der in dem, sô ist der in disem. Und alsô habent dise unsæligen jeger der werlte als vil gevangen, daz unserm herren kûme der drîzigeste wirt, als her Jeremias dâ sprichet: ‘owê, mir geschiht rehte als einem der dâ hinden nâch gêt stüpfelnde, sô der wîngarte gelesen wirt’ (*Jer.* 6, 9). Unde daz daz wâr sî, daz sich der werlte als vil vervellet in die stricke der jagenden unde daz sie ir als vil füerent gein der helle, daz hât uns got erzöuget in der alten ê; wan swaz uns êhafter dinge künftic was und ist in der niuwen ê, daz hât uns got allez erzöuget in der alten ê an der liute leben. Diu zwelf geslehte diu unsers herren volk dâ hiezen, den kam ein bœsewiht, ein schalk, ze handen, der ûzerrette in mit schedelîchen listen, daz er diu zwelf geslehte wegic machte, daz sie daz lant mit im rûmen wolten, alse sie ouch tâten. Und er hiez Jeroboam unde bezeichent den tiuvel. Dô kam ein wîssage zuo Jeroboam von einem acker vor der stat Jerusalem unde sprach alsô: ‘Jeroboam, ich sol diu zwelf geslehte mit dir teilen; mich hât got zuo dir gesant daz ich diu zwelf geslehte mit dir teile; unde wie ich sie mit dir teilen sol, daz wil ich dir an disem mantel zeigen.’ Unde der wîssage zarte einen zarr, ein stücke des mantels, her abe und er sprach alsô: ‘nû sich, nû habe dir dáz teil unde habe dir ouch dáz teil!’ Unde der wîssage zarrete den mantel in zwelf stücke unde gap der zehene Jeroboam unde sprach alsô: ‘der zweier teile gib ich dir niht: die muost dû mir unde dem almehtigen gote lâzen.’ Und alsô fuorte er diu zehen geslehte der zwelfer hin, dem wîssagen und unserm herren bliben niwan diu zwei. Waz meinet diz dinc? Dâ sint dise tiuvel hie unde habent dise liute an sich gezogen mit ir schalkeit unde mit ir striken unde sie wellent sie verfüeren, dâ ir niemer mêr rât wirt. Des wil in der almehtige got niht gestaten, daz sie dise liute gar hin füeren; unde wære iuwer stricke und iuwer liste noch alse vil, sie würden iu niht gar dise kristenliute. Er hât sie harte erarnet, ir müezet ouch im lân die selben, wan sie sint sîn volk unde sint der zwelf geslehte. Ir tiuvel, ir sît daz her Jeroboam, sô bin ich ez der wîssage unde bin her gein iu komen ûf disen acker vor dirre stat hie, und ez ist dehein rât, wir müezen dise liute mit einander teilen. Ir unsæligen tiuvele, ir hætet sie vil gerne mit einander. Ez mac niht gesîn, wir müezen sie teilen. Ir tiuvele, die liute alle samt der zwelf geslehte — daz sint dise liute alle samt, dise kristenliute hie vor mînen ougen — die teile ich rehte in zwelfiu. Ir tiuvel, der habet iu die zehen teil unde lât mir unde dem almehtigen gote niwan diu zwei. Jâ nû sitze unde mach ein kriuze für dich! Unde hætest dû ein guot herze, daz wære dir vil bezzer danne alliu kriuze, diu dû machest. Ir tiuvel, wellet ir nû hœren, welhiu teil iuch an gehœren, wer die sint die iu der almehtige got erloubet? Daz sint zehen hande liute, die erloubet iu got alle samt, und er wil ir einigen niemer an gesehen in sîns vater rîche. Buoze ist alle zît ûz genomen.

Die êrsten sint alle die mit ungelouben umbe gênt. Ir tiuvel habet iu die alle samt; wan der bedarf got ze nihte, sie sint im halt sît anegenge der werlte unmære gewesen, wan sie habent im vil ze leide getân. Daz sint jüden, heiden, ketzer. Ist der hie niht, daz wirt guot rât. Sô ist aber anderre sus gar vil hie, sô lüppelerinne, sô zouberærinne. Alle die mit lüppe unde mit zouber umbe gênt, die gênt ouch mit ungelouben umbe und ir wirt alse wênic iemer rât, als jüden unde heiden unde ketzer. Wan sie habent daz êrste gebot unsers herren zerbrochen. Daz sprichet alsô: 'dû solt deheinen fremeden got haben vor mir.' [Dâ hœret alliu rede her, diu in den zehen geboten stêt, an dem êrsten gebote.] Ir man, ez ist ein grôz wunder, daz ir niht unsinnic werdet von dem grôzen zouber unde von dem unbilde, daz die frouwen an iuch legent mit zouber. Dar umbe, ir tiuvel, ir sult iuch der selben aller samt underwinden, des wil iu got einigen niht wern, wan sie habent die fremeden gote genomen unde habent sîn verloukent.

Daz ander teil, ir tiuvel, daz iu got ouch hât erloubet, daz wirt ouch ein unmâzen grôziu schar. Daz sint alle die gotes namen üppeklîche in ir munt nement. Die habent daz ander gebot unsers herren zebrochen, unde dar umbe wil ir got einen niemer an gesehen in sînem himelrîche. [Dar ûf hœret aber diu ander rede in den zehen geboten von meineidern.]

Der dritten, ir tiuvel, sült ir iuch underwinden, die füegent gote ouch niht in sînem rîche. Daz sint alle die die nît unde haz in ir herzen tragent. Pfî, ir tiuvel, welch ein michel schar ir danne hin füeret! Wan swie lîhte einer baz mac danne dû, dar umbe sô tregest dû im iesâ haz unde nît. Unde dar umbe ist got den selben liuten als vînt, daz der einem nît unde haz treit, der im nie kein leit getete niwan daz er baz mac danne er. Sê, maht dû im des niht gunnen, daz im got von himel gan? Wan günde er ez im niht wol, er hætez im schiere genomen. Daz ist im lîhte an geborn, oder er hât ez mit sînen arbeiten gewunnen, oder daz einer von wênic arbeiten mêr hât danne dû von vil arbeiten habest, daz tuot dir got mêr ze guote danne ze übel. Woltest dû sîn im dank unde gnâde sagen, sô kunde er dich wol ergetzen, ob dir zergenclîches guotes hie gebreste. Woltest dû ez dar für haben, daz er dirz durch guot tæte, sô gæbe er dir daz êwige leben, daz dâ niemer mêr zerrinnen mac. Hâst dû niht zergenclîcher friunde, sô nim dir got ze einem friunde, der mac dir baz gehelfen danne ob alle künige und alle landeshêrren dîne mâge wæren. Hâst dû niht vil übergrôzer êren hie, diu ouch zergenclich ist, daz soltû gar kleine ahten, wan ez ist gar ein ungewerlich hort der sêlen, wan er mac vil lîhte dâ mite bestrûchen in den stric der hôhvart. Des solt dû gote danken, daz er dir niht ze vil üppiger êren gît, wan er gît dir dar für die êwigen êre. Wilt dû aber alle die nîden unde hazzen, die dirre dinge mêr haben danne dû, sich, dar umbe gît dir got niht mêre danne er dir doch geben wil, wan daz dû dar an verlorn bist an der sêle unde hâst alsô weder hie noch dort niht; unde derret dich halt an dem lîbe, swenne dû haz unde nît an dem herzen treist, und ist gar ein unnütze, der nît unde haz an dem herzen treit. Sie frument den menschen an nihte, der nît unde haz an dem herzen treit, weder an lîbe noch an guote noch an êren. Die aber tœtlîchen haz tragent, die sint manslehtic. Alse sprichet sant Johannes. Wâ bist dû, Kâîns bruoder, der sînen bruoder vor nîde unde vor hazze ze tôde sluoc? Jâ hæten wir an den tiuveln hazzes unde nîdes genuoc. Wan alliu diu unsælde die wir von den tiuveln haben unde von ir ræten, daz ist niwan von dem hazze unde von dem nîde, daz wir die êre unde die freude besitzen süln, die sie dâ verlorn hânt. Dar umbe sô legent die tiuvel den selben stric sô schedelîche unde sô manigen enden, daz ir geselleschaft deste grœzer werde. Wan dâ mag ein ieglîchez herze merken, daz die tiuwel grôzen flîz an den selben stric habent geleit. Wan ez ist ein unmenschlich sünde, der einem haz unde nît treit, der im nie dehein leit getete. Hæte er dir grôz leit getân, sô ist ez menschlich;

ist des niht, sô ist ez tiuvellich. Swie menschlich ez aber ist unde swie grôz leit er dir hât getân, unde hât er dir vater unde muoter erslagen unde dîn eigeniu kint vor dînen ougen ertœtet, dû muost sîn friunt sîn unde muost haz unde nît gein im lâzen, oder dîner sêle wirt niemer rât. Nû seht, ir hêrschaft alle samt, wie des danne rât müge werden, der einem haz unde nît treit, der im nie dehein leit getet? Nû seht, ir tiuvele, welh ein michel schar ir mir unde dem almehtigen gote dâ hin füeret in dem stricke, der dâ haz unde nît heizet! .

Die vierden, ir tiuvel, der got ouch in sînem himelrîche niht bedarf noch sehen wil, daz sint alle die, die mit zorne umbegênt, die fluochent unde scheltent vor zorne unde grînent unde grisgrament, sô sie sich anders niht gerechen mügent. Sô zerwirfet unde zersleht etelîcher allez daz umb in ist, oder zerzerret sîn eigen gewant oder sîner hûsfrouwen oder sîn selbes lîp oder herze, daz ez gihtic wirt. Selbe tæte, selbe habe. Die aber sô zornic werdent, daz sie ir ebenkristen ermordent, die sint ze handen in der ruofenden sünde einer, diu selbe vierde ûz allen sünden ruofet ze allen zîten über sînen lîp und über sîne sêle. Swer in der selben sünde einer ist, über daz er von gote verdammet wirt an der sêle, sô brechent sie im sîn leben abe. Wan sie ruofent über lîp unde sele, daz er niemer rehtez alter mac gewinnen, swer in der selben sünde einer ist. Dâ von richet sie got selber an lîbe und an sêle. Sich, zürner, morder, bluottrinker, in der sünden bist dû einer, die dâ sô ruofent über lîp und über sêle. Ir tiuvele, seht, die habet iu alle samt unde füeret sie hin abe an den grunt der hellen zuo Herôdes dem zornigen unde zuo andern sînen genôzen, die ouch mit zorne der tiuvele genôzen worden sint unde die grisgrament sam ein lewe unde sam die hunde, sô in einer ein wörtelîn sprichet oder sô im ein halm twerhes in dem wege lît.

Der fünften, ir tiuvel, der wil got ouch deheine wîse in sîn rîche niht, der sult ir iuch ouch underwinden mit rehte. Daz sint alle die dâ træge sint an gotes dienste, die ungerne betent unde die ungerne ze kirchen unde ze predige gênt und ungerne vastent und ander dienste ungerne tuont, die sie gote schuldic sint mit almuosengeben unde mit andern guoten dingen. Wan er iu lîp unde sêle geben hât und iu alle tage dar zuo dienet mit sînen elementen und allez daz ûf erden ist ze dienste unde ze nutze iu hât geschaffen, nû seht, ob ir dem niht dienen sült mit rehte snellecl̂ichen unde willecl̂ichen! Ez sitzet etelîcher vor mînen ougen, unde getorste er vor der liute rede, er wære vier wochen, daz er niemer kirche innerthalp gesæhe oder zehen oder ein halbez jâr. Sol man dich für einen kristen hân? Ich enweiz wederz dû bist. Ez solte ein ieglich kristenmensche sîne tagezît sprechen, daz dâ ze sînen tagen komen ist, sehzic oder sibenzic pater noster. Sô stêt etelich des morgens ûf, daz halt niemer dehein kriuze für sich gemachet, unde wirt vil lîhte zweinzic jâr alt, daz ez daz pater noster niemer dannoch kan gesprechen vor der trâkeit, die er ze gotes dienste hât, unde vor dem unwillen, daz im gotes dienst niht ze herzen gêt. Unde swer vierzehen jâr alt wirt unde daz pater noster niht enkan, unde stirbet der alsô, man sol in ûf daz velt legen. Ir sît des gote gebunden, daz ir im von rehte dienen sult mit triuwen unde mit willen. Sô gêt etelîcher zer kirchen unde stêt oder sitzet unde gênt im die lefsen gar gezal ûf unde nider, unde hât aller guoten andâht eine niht, und er trahtet allez die wîle, wie er dem unde dem getuo, wie er daz unde daz gewinne umbe geringez gelt oder daz tiuwerre âne werde daz er veil hât. Sô trahtet der nâch andern üppigen dingen unde der danne swâ in der muot aller meiste hin treit: wan swâ des menschen schatz ist, dâ ist ouch sîn herze, unde swâ des menschen herze diu liebe aller meiste zuo treit, dâ ist ouch sîn hort und ouch sîn schatz. Sô solte deheines menschen herze niht hân anders hordes wan got alleine, der alliu dinc beschaffen hât und ouch der beste hort ist ob allen hörden. Sô stêst dû unde luoderst unde luoderst mit dem munde und ist daz herze einigez hâr niht bî. 'Bruoder Berhtolt, sô lange daz ez unnütze ist, daz ich alsô gebeten mac mit dem herzen anderswâ unde mit den gedenken, sô wil ich als mære ungebetet sîn, danne daz ich den munt alsô ûf unde nider ber.' Niht, niht! Des soltû dar umbe niht lâzen. Dû solt doch vil genôte beten, und ich sage dir war umbe. Man muoz an bœsem werde haberstrô für guot nemen: ez ist doch bezzer etewaz danne ze mâle nihtes; und ouch durch guote gewonheit. Ze glîcher wîse als ein wildener vederspil væht, sô ist ez alsô wilde, daz ez den menschen fliuhet unde vert eht war ez mac unde swâ ez in siht. Und alse erz gevæht, sô machet erz mit guoter handelunge als zam, unde mit der guoten gewonheit, daz erz als gewonlîchen handelt, dâ wirt daz wilde vederspil als zam und als heimelîchen von, daz ez von dem hôhen boum her abe fliuget unde fliuget im in die hant. Alsô sult ir tuon, die âne andâht beten: ir sült ez dar umbe deste minre niht tuon unde halt niuwen deste mêr, unz ez iu gar heimelîchen werde daz pater noster in dem munde unde got in dem herzen. Unde dar umbe sult ir dem hôhen edeln adelar von dem hôhen himelrîche ofte gewonlîchen locken mit dem pater noster unde mit anderm gebete der daz kan, ob dû halt niht grôzer andâht hâst. 'Bruoder Berhtolt, nû hæte ich grôze andâht gerne unde grôze liebe ze gote: nû wil ez mir leider an dem herzen niht blîben als ich gerne sæhe.' Dâ solt dû an die grôze liebe und an die grôze minne gedenken, die got an dir getân hât, daz er dich geschaffen hât unde dich nâch im selben gebildet hât unde dich von dem êwigen tôde erlôst hât unde dir alliu dinc ze nutze unde ze dienste geschaffen hât. Helfe daz niht, sô gedenke an sîne manicvalten martel, die er eht durch dînen willen erliten hât, unde gedenke, wie er an dem frônen kriuze enstuont. Daz lâz alle zît einen spiegel sîn dîns herzen swâ dû bist unde gedenke an die brœdekeit dîns herzen unde dîns lîbes. Swenne dû gerne andâht haben wilt, sô gedenke rehte wannen dû komen bist unde wer dû iezuo und iemittunt bist unde war zuo dû in kurzen zîten werden muost. Mit sô getânen gedenken soltû andâht suochen. 'Bruoder Berhtolt, der nû niemer deheine sünde getæte und ouch niemer deheinen dienst gote erbüte, wie geschæhe dem?' Dâ wurde sîner sêle niemer rât. Hætest dû einen êhalten, den dû müestes besorgen alles des er bedorfte unde getæte er dir niemer dienest, dû slüegest im einz an sîn mûl unde hiezest in ûz dînem hûse strîchen. Alsô tuot ouch unser herre. Er hât uns allen fünf pfunt bevolhen, als man dâ liset in dem heiligen êwangeliô, daz sint unser fünf sinne. Die müezen wir im mit dienste widerreiten, unde dâ von wil er eht dienstes niht gerâten, und alle die an sînem dienste træge sint, der wil er einen in sîn himelrîche niht nemen.

Die sehsten, ir tiuvele, die hœrent iuch ouch ane. Daz sint alle die mit frâzheit umbegênt, die sich überezzent und übertrinkent und alle zît ûf ginent nâch der frezzerîe. Alsô ginest dû an dem jungesten tage nâch der frezzerîe vor aller der werlte. Unde dû verslûchest in dîn eines bûche, dâ zehen ze rehter wîse an genuoc hæten; unde ieglîchen trunc unde ieglîchen munt vol, den dû ze undurften hin für bringest, der wirt an dem jungesten tage über dich ruofende. Wan alse wênic des got niht gerâten wil, dû müezest im daz minneste hâr widerreiten — daz wil got von dir wizzen, wie dû ez verlorn habest —, alse wil er wizzen, wie dû den minnesten munt vol âne worden bist und ob dû in nützelîchen âne worden bist. Sô ist ez nû dar zuo komen, daz der nû gar lützel ist, die den frîtac durnehteclîchen vastent, sô gar hât nû diu frâzheit oberthant genomen und ist guot tiwerre worden von der selben sünde wegen, diu dâ heizet frâzheit. Wîp unde man, frâz und fræzinne, jung und alt sint eht ze fræzen worden. Einz daz einen becher kûme ze rehte erheben mac, daz wil nû ze dem wîne sitzen unde wil dâ schallen unde sneren unde trunken werden. Und alse vil dû hie die übermâze mit ezzen unde mit trinken hâst, alse vil muost dû dort êwigen mangel haben alles des dû gerne hætest.

Daz sibende teil, ir tiuvele, daz iuch ouch ane hœret, daz sint alle die mit hôhvart umbegênt. Sô hôhvertent die mit friunden, die mit guotes rîcheit, die von gesundem lîbe, die von schœnem lîbe, die von wol singenne, der daz im sîn gewalt eben stêt. Die jungen hôhvertent durch kurzewîle, daz in ir freude deste mæzeclîcher füege, wan sie des dünket, ez zeme diu hôhvart wol bî der kurzewîle. Sô hôhvertent die alten durch gewalt, daz man sie deste vorder habe unde man in deste mêr êren bieten müeze. Nû seht, ir tiuvel, wie vil iuwers gesindes wirt daz iuch an gehœret! wan der wil got einen niht in sîn himelrîche.

Die ahten daz sint alle die mit unkiusche umbegênt zer unê. Ir die tiuvel die nemet ouch ze iu, wan der wil got über ein niht in sîn rîche. Wê, ir tiuvele, dâ wirt iu gar ein michel her, wan der ist sô vil die mit der unê eht umbegênt unde dem fleische sînen willen lânt! Wer dâ frôwer wan der tiuvel, swenne er iuch in dem stricke gevæht der unkiusche! Wan sô hât er danne grœzern gewalt an iu wan von keiner sünde. Und ir ist alse vil worden, daz man lützel iendert dehein hûs vindet, daz vor den selben sünden gar reine sî. Unde dar umbe, ir hêrschaft, ir sult reine gesinde haben. Sîn geschiht gar unmæzeclîchen vil, dar umbe daz ir niht guote meisterschaft iuwerm gesinde an habet und iuwern kinden. Man seit mir ein ungelouplîchez mære, daz ein diernelîn mit einem sî hin wec geloufen, daz ist niuwer aht jâr alt. Ir sült iuwer kinde hüeten; alse sie ze frevelîche gebâren, sô sult ir ir war nemen unde sult iuwer töhter in flîze haben sô ir zer kirchen gêt, ir frouwen, oder an swelhen enden ir gêt. Wan diu schüelerlîn wartent vil eben wanne ir ûz gêt, daz sie iuwer kint verrâten. Seht, von einem râte der ûf unkiusche gerâten wart, dâ wurden wol vier unde zweinzic tûsent lîbe unde sêle verlorn, daz ir niemer mêre rât wirt. Von bœser gesellescbaft unde von bœser heimelicheit geschiht der selben sünde gar vil. Unde dar umbe daz sîn vil geschiht, daz ist dâ von, daz man den lîp nihtes wil lâzen gebresten haben. Ir armen liute, ich meine iuch niht, ich meine die ze allen zîten wollust wellent haben des lîbes. Swes er eins begert des muoz er iemer zwei haben, mit gewande, mit ezzen unde mit trinkenne, mit zertlîchem lebene. Nû tuot eht wol iuwerm lîbe: er lônet iu vil ungetriuwelîche, er hilfet niuwer deste baz strîten dem tiuvele ûf iuwer sêle: dar ûf sô mestest dû in vil wol, daz ér den wurmen deste lieber sî unde dem tiuvel diu sêle.

Die niunden, ir tiuvele, die wil ich iu deheine wîse niht wern. Daz sint alle die die niuwe fünde vindent ûf die sünde unde die niht genüeget an den sünden die sît anegenge der werlte funden sint, sie enwellen aber iteniuwe sünde üeben an in und ander liute ouch in die selben sünde bringen. Swenne die an den alten sünden verfürwitzet sint, sô vellet ir zehen stunt mêr in die niuwen sünde, danne ir ir in die alten bringen möhtet. Sô vindet der einen niuwen funt von einem fremeden snite eines gewandes, der eine niuwe trügenheit an koufe oder an andern dingen. Sô vindet der ein niuwez ungelt oder einen niuwen zol; sô vindet der aber etewaz anders ûf niuwe sünde. Ein schalkaft herze verstêt mich vil wol. Daz selbe ist ouch ein sünde der martel dâ ze helle. Wer danne frôwer danne der tiuvel, swenne er in dem stricke ieman gevæht! Wan den genüeget niht an allen den sünden, die alle tiuvel ie funden, die Lucifer hât funden und her Nemrôt und her Astarôth und her Belzebub unde die andern, ern habe ouch niuwe fünde funden, die iemer ûf sîne sêle gênt. Unde der ander schade der an im lît, daz ist daz er ander liute mit im zer helle bringet und in niht genüeget an sîner eigenen verdampnisse, er welle ander liute mit im verdammen. Der dritte schade der êwigen verdampnisse der an den niuwen fünden lît, daz ist, daz sîn martel iemer mêr âne ende wehset unze an den jungesten tac in der helle. Alle die sünder die ie sünde begiengen, der ist einer niht, des martel mêr zer hellen wahse danne zweier sünder. Der eine ist: alle die dâ niuwe fünde vindent ûf sünde, der martel wehset iemer dâ ze helle; wan daz er dar kumt, als manigiu sünde von sîner niuwen sünde geschiht die er dâ funden hât, und als maniger dâ von zer helle kumt, als ofte wirt ouch sîn martel ie grœzer unde wehset alsô, unz daz der jungeste zer helle kümt, der von sîner ketzerîe zer helle vert die er dâ vant.

Die zehenden die ouch des tiuvels sint, daz sint alle die unreht guot habent unde des niht wellent gelten unde widergeben. Daz sint ouch die, der martel alle tage zer hellen wehset. Pfî, gîtiger! nû stêst dû rehte allenthalben an dem blate ze dem bœsten! wan alle die von dînem unrehten guote zer helle varnt, von den wehset dîn martel ie grœzer unde ie grœzer, unz daz der jungeste zer hellen vert, der von dînem unrehten guote zer helle kümet. Sô bestêt dîn martel danne alrêrste. Sô wirt dîn eigen kint dich verfluochende, dû gîtiger, unde sprichet alsô: ‘wê, daz diu wîle unde diu stunde verfluochet sî, dô dû mîn vater wurde!’ Sô sprichet der vater her wider daz selbe zuo dem kinde unde gît im die schulde, daz er daz guot durch sînen willen gewunnen habe. Und alsô gît ietwederz dem andern die schult unde bîzent unde kratzent einander, daz in die argen tiuvel kûme alse wê tuont alse sie einander tuont. Nû sich, gîtiger, selbe tuo, selbe habe! Daz hâst dû dir an dînen eigenen kinden erkoufet mit dînem unrehten guote.

Nû seht, ir unsæligen tiuvel, daz sint iuwer zehen teil! Ir hætet ir vil gerne mêre; daz mac eht niht sîn: ir müezet mir unde dem almehtigen gote die zwei teil lâzen. Owê, herre, wie klein unser teil nû ist! Nû merket ein ieglich mensche wol daz ze sînen tagen ist komen, weder er ze der helle oder ze dem himelrîche hœret. Alse ich nû für gelege die zwei teil unsers herren, sô merket ein ieglich mensche wol, ob diu sêle iezuo ûz sînem munde gienge, sô weiz er wol, ob er ein hellekint ist oder ein himelkint. Wan der ist gar vil, die alsô sprechent: 'owê, herre, daz ich niwan wiste, ob ich ein himelkint wære oder ein hellekint!' Seht, daz beseht ir iezuo wol an dirre wîle.

Die eilften die hœrent den almehtigen got an. Ir tiuvel, der wirt iu einer niht. Daz sint alle die, die nie deheine sünde getâten sît dem mâle daz sie geborn wurden von ir muoter lîbe, ich meine houbetsünde. Die sint des almehtigen gotes erwelten, als sant Nicolaus unde sant Uolrîch unde sant Margarêtâ unde sant Katherînâ.

Die zwelften daz sint alle die ûz den zehen teilen des tiuvels wider kêrent zuo dem almehtigen gote mit wârem riuwen unde mit lûterre bîhte unde mit buoze nâch gotes gnâden unde nâch iuwern staten. Nû tuot ez hiute gote ze êren unde dem tiuvele ze laster unde kêret von dem tiuvel ze gote. Jâ sît ir ze edel dar zuo, daz ir iemer bî dem tiuvel unde mit den verdampten brinnet. Jâ hât er iuch ze harte dar zuo erarnet. Lât nît unde haz ûz iuwerm herzen unde vergebet allen den die iu ie dehein leit getâten — jâ vergap er den, die in an daz kriuze hiengen! —, unde lât alle tœtlîche sünde ûz iuwerm herzen. Unde wol dan alle samt von dem leidigen tiuvel zuo dem almehtigen gote, nû des êrsten an der sêle, und an dem jungesten tage an lîbe und an sêle. Ich fürhte aber sêre, als der heilige wîssage dâ sprichet, mir unde gote geschiht rehte als der den wîngarten dâ liset, daz ir tiuvele leset den wîngarten in der heiligen kristenheit unde füeret die grôzen trûben unde grôze fuoder hein. Sô gên ich und unser herre hinden nâch stüpfelnde, ob sich iender kein körnlîn verborgen habe under dem loube. Owê leider, uns wirt des bederben niht! Niwan daz kleine unde daz unbederbe, ein betterise unde diu kleinen kint, und ein körnlîn, daz halbes erfûlet ist in der erden: daz sint die betterisen in den spitelen, diu kleinen kint daz sint diu körnlîn. Des bederben wirt uns leider niht: daz füeret ir unsæligen tiuvel mit starken fuodern, mit grôzen trûben zuo der keltern unde martelt sie dâ unde windet in alle ir âdern ûz unde trestert sie, daz in wê wart daz sie ir muoter an dise werlt ie getruoc. Owê des! Nein durch den almehtigen got, nû kêret alle wider ze gote von den leidigen tiuveln! Gedenket an die manicvalten tugent unsers herren und an sîne reine muoter, mîne frouwen sant Marîen, die êwigen maget, unde kêret iuch von den sünden der zehen stricke, daz ir werdet gescheiden zuo den zwei geslehten, diu der almehtige got den leidigen tiuveln niht lâzen wil. Daz ir alsô werdet der ûzerwelten, des helfe mir mit iu und iu mit mir der vater unde der sun unde der heilige geist. Âmen.

# XXX.

## VON VIER STRICKEN.

'*ANima nostra sicut passer erepta est de laqueo venantium* (*Ps.* 123, 7): unser sêle sint enbunden von dem stricke der jagenden als der spar ûz dem netze.' Alsô singen wir hiute von den heiligen mertelæren. Wan diu werlt hât sô maniger leie stricke, die uns die tiuvel hânt geleit, daz die heiligen merteler wol mit freuden singen mügent: 'unser sêle sint enbunden ûz dem stricke der jagenden alse der spar ûz dem netze.' Wan die tiuvel sint iemer mêr jagende unde legent ir stricke daz sie uns gevâhen. Wande sie himelrîche verwirket habent mit sünden, sô sint sie dar nâch iemer mêre jagende unde legent uns ir stricke als maniger leie und als vil, daz ir nieman zal weiz. Unde dâ von sô sprichet ein heiliger herre: 'mac sich aber ieman behüeten vor disen stricken?' Weh! ez lît alliu diu werlt vol stricke. Wan die tiuvel sorgent niht umbe himelrîche als wir, sie habent sich der sorgen abe getân, wol vor sehs tûsent jâren habent sie sich des himelrîches verzigen. Sô heten sie gar vil liste, dô sie von dem himelrîche verstôzen wurden, unde habent sît von tage ze tage ie mêr und ie mêr liste gelernet, unde dâ von sô kunnent sie uns manigen kundigen stric gelegen. Wan swie vil ir stricke ist, sô ist ir liste dannoch mêr. Sie legent uns stricke an dem wege, dâ wir dâ hin gên, unde legent stricke unserm ezzen und unserm trinken und unserm slâfen und unserm wachen, unserm ûzgange und unserm îngange, an allen den steten dâ wir eht ze tuonne haben dâ legent sie uns stricke. Unde dâ von singen wir hiute in der heiligen messe von den heiligen mertelæren: wan der stricke sô vil ist, der diu werlt sô vol ist gestreuwet, und ouch die tiuvele sô manic tûsent sêle vâhent in den selben stricken alle tage, daz ir niemer mêre rât wirt, dâ von sô mügent sie wol singen: 'unser sêle sint enbunden.' Unde dar umbe sô mügent sie got wol êwiclîchen loben, daz sie ie deheine martel erliten umbe die hulde unsers herren. Nû hât alliu ir martel sæliclîchen ende, aber ir freude gewinnet niemer mêr ein ende. Unde dar umbe möhten wir wol lîden maniger hande martel umbe die hulde unsers herren, daz unser sêle enbunden würden ûz dem stricke der jagenden, sît ir stricke sô manicvaltic sint, dâ mite sie uns ziehent zuo der êwigen martel. 'Owê, bruoder Berhtolt, nû martelt nieman den andern umbe daz himelrîche: wie suln wir danne tuon?' Sich, dâ soltû tuon alse der guote sant Nicolaus unde der guote sant Uolrîch und als mîn frouwe Elsebêth — diu ist bî unsern zîten heilic worden —: alsô sult ir tuon. Wan der marteler wec werte niwan drithalp hundert jâr nâch unsers herren martel. Wande diu martel herte ist unde griulîche ze lîden, dâ von nam unser herre den selben wec zem himelrîche abe. Wan ez gênt zwêne wege zem himelrîche. Der gêt einer dar mit der martel: der wart abe genomen, wan unser herre wol wiste, ob ez ze lange gewert hæte, daz der kristenheit vil abtrünnic würde. Und ez wurden die ritter bî dem êrsten abtrünnic, dâ von nam in unser herre abe. Er wirt aber noch vor dem jungesten tage ûf getân, sô der endekrist kumet. Swer sich danne wil lâzen marteln, der stê vaste an dem rehten kristengelouben und enkêre sich niht an dehein sîn ungelücke noch an dehein sîn dröuwen noch an dehein sîn guot, wan iuwer ist genuoc die ez wol geleben mügen. Swer sich danne læt marteln umbe sînen rehten glouben, der wirt der heiligen marteler genôz, von den wir hiute lesen unde singen in dem heiligen amte. Aber iuwer ist vil die niht gemartelt mügen werden. Die treten ûf den andern wec zuo dem himelrîche, sô entrinnet ir ûz des tiuvels stricken, als die heiligen marteler mit ir martel sint entrunnen. Unde der selbe wec heizet der wec der barmherzikeit, daz ir iuch barmherzikeit an sult nemen, vier leie barmherzikeit. Dâ mit ist manic tûsent sêle zem himelrîche komen, die alle den stricken wol engangen sint die uns die tiuvel legent. Und ir müget in gar wol mite engên, obe ir iuch der vier tugende an nemet, die dâ hœrent in die barmherzikeit, dâ mit ir zem himelrîche komen sult ûz dem stricke der jagenden.

Diu êrste barmherzikeit daz ist kiuschekeit, daz ir kiusche sult sîn. Der aller besten liste einer für die stricke des tiuvels, den diu werlt ie gewan oder iemer mêr gewinnen mac, daz ist kiusche. Dâ mit ist manic heilige ze dem himelrîche komen, die alle den stricken engangen sint, die die tiuvel ie gewunnen. Unde die niht gar kiusche wellent sîn, daz sie ir magettuom niht wellent behalten den sie von ir muoter lîbe brâhten, sô sult ir zer ê komen. Dâ müget ir dannoch grôze kiusche erzöugen mit der heiligen ê, daz ir zuht unde mâze haltet [und dannoch alse man dâ liset in dem sermône von der ê, dâ liset man, wie man zuht unde mâze halten sol, unde dannoch dar über kiusche halten sol]. Der selben kiusche hât aber got niht geboten: er hat iu zuht unde mâze geboten unde daz dû dînen lîp nieman geben solt danne dînem gemechede, daz hât got geboten iu liuten mit der ê. Iu witewen hât der almehtige got ouch geboten daz ir kiusche sît. Swie ir den magettuom verlorn habet zer ê oder zer unê, sô müget ir daz himelrîche wol gewinnen mit der kiusche, daz ir iemer mêre kiusche blîbet mit dem leben der kiuschekeit.

Diu ander tugent heizet dêmüetikeit. Diu ist ouch ein vestiu mûre für die stricke des tiuvels. Unde wæren die merteler niht dêmüetic gewesen, sie wæren den stricken sô gar niht engangen. Dû solt dich dêmüeten, daz sprichet got selbe: 'swer sich selbe demüetet, der wirt gehœhet.' Dû solt dich niht an die hôhen stat setzen: wan kümt der wirt, man heizet dich lesterlîche dannen gên unde setzet einen andern an die stat, dâ dû woltest sîn gesezzen. Dâ ist uns bî bezeichent, swer sich selber in sô getâner hôhvart setzet hœher danne er von rehte sol, der wirt lesterlîchen geworfen an den grunt der hellen. Dar umbe sult ir tugende hant an haben, diu dâ heizet dêmüetikeit. Wan unser herre Jêsus Kristus was alsô dêmüetic daz er halt deheine hôhvart nie begie, unde mîn frouwe sant Marîâ sîn heilige trûtmuoter unde manic tûsent heilige, die alle mit der dêmüete entrunnen sint den stricken des tiuvels.

Diu dritte tugent daz ist miltekeit. Diu ist ouch gar unmâzen nütze für die stricke des tiuvels. Ir sult milte sîn mit geben, daz ir den gebet daz almuosen, die ez durch got begern, wan daz almuosen leschet die sünde unde mêret die sælikeit der sêle, wan die selben tugent wirt got vordern an dem jungesten tage mit den sehs dingen. Sô sult ir ouch milte sîn mit lîhen. Ez hilfet etewenne ein mensche verre baz, daz dû im lîhest ein wênic pfenninge, ob dû im einen schillinc lîhest, danne ob dû im eine kleine gâbe gæbest für eigen, diu vier pfenninge wert wære. Ir sult aber guotiu pfant nemen, wan ez machet armuot und unstate ofte ungewisheit an den liuten. Unde dar umbe sült ir guotiu pfant nemen, wanne ir tuot an in dannoch grôz almuosen. Die aber niht ze geben haben, die geben guoten willen, wan den nimt unser herre für guot. Wan alsô sungen die engele über der kripfen: 'dîne êre, herre, in der hœhe unde guot fride ûf der erden allen den die guotes willen sint'. Unde dar umbe sult ir guoten willen haben: ir sît arm oder rîch, sô habet eht ze allen zîten guoten willen. Die guoten willen mit den werken vollebringen mügen, die suln ez tuon; die ez niht mügen getuon, die suln guoten willen haben mit der milte.

Diu vierde tugent daz ist triuwe, wan âne triuwe ist nieman wert, weder in dirre werlte noch in jener. Ich gloube wol, ungetriuwe liute sint andern ungetriuwen liep, aber vor gote werdent sie verdampt êwiclîchen alle die mit untriuwen werbent. Wan im geschach âne mâzen wê ûf ertrîche von ungetriuwen liuten, die wîle er ûf ertrîche was. Maniger hande smæhede unde leit und angest unde nôt die leit unser herre, alles von ungetriuwen liuten ûf ertrîche. Unde dâ von ist er der untriuwe sô vîent und ist der triuwe unmâzen holt. Wan der ist im ouch etelîche kunt worden ûf ertrîche, die getriuwe wâren, als sant Marîâ Magdalênâ unde sant Marthâ, ir swester, unde her Nicodêmus unde her Joseph von Arimathîâ unde der andern ein michel teil. Unde dar umbe sult ir iuch der tugende underwinden, diu dâ heizet triuwe, sô müget ir wol enbunden werden von den stricken der jagenden.

Pfî, ir unsæligen tiuvel, wie manic tûsent sêle ich dem almehtigen gote wolte antwurten von disen vier tugenden, wan die gar grôzen liste, die ir ûf menschen künne sît anegenge der werlte habet getrahtet! Unde hæten sie wider disen vier tugenden schedelîcher liste niht funden, sô wære nieman hie vor mînen ougen, ich wolte in dem almehtigen gote antwurten. Nû habent sie mit ir verfluochten listen vier stricke funden wider disen tugenden, dâ vâhent sie rehte bescheidenlîche alle die werlt mite, die jungen und die alten, die rîchen unde die armen. Unde rehte ze glîcher wîse als ein ieglich wildener und ander weideliute, alse sie ieglîchem wilde sîne stricke sunder müezent haben, als künnent ouch die tiuvel wol ieglîcher hande liuten ir stricke legen, dar nâch alse ez sich füeget. Die jeger unde die weideliute, die dâ mit sô getânen dingen umbe gênt, die legent in ir stricke und ir lâge dar nâch ir gelegenheit wol gezimet. Den grôzen tieren in dem walde müezent sie grôze stricke legen, wan sie zerbræchen die kleinen anders ze einvalten drümern. Sô müezent sie dem vische in dem wâge aber einen andern legen, wan den füeget ouch der stric niht. Sô muoz man den vogeln ouch ander leie stricke legen. Sô muoz man den würmen in der erden aber ander stricke legen. Alsô tuont ouch die tiuvel. Die legent den alten liuten sunder stricke unde den rîchen aber sunder stricke unde den armen ouch sunder stricke unde den jungen ouch ander. Daz tuont sie dar umbe, daz sie der werlte vil deste mêre gevâhen. Sô habent sie den armen liuten einen stric funden, daz sie ir under allen stricken niemer als vil gevâhen möhten als mit dem selben stricke. Wan der ist in glîche alse ir sache lît. Ir weideliute, ir müezet die vische mit gar maniger leie stricke vâhen. Unde die vische sint bezeichent bî den armen liuten, wan ez ist ein nacket kunter, daz dâ vische heizet, daz ist gar arm. Als sint ouch die armen liute, die sint ouch unberâten. Ez friuset unde sint ze allen zîten in dem wâge und ist nacket und ist kalt und ist blôz aller gnâden. Alsô sint ouch die armen liute. Dar umbe habent in die tiuvel den stric geleit, der dâ heizet untriuwe: wan sie arm und unberâten sint. Sô möhte ir der tiuvel mit deheinem stricke sô vil hân gevangen alse mit dem selben. Wande die vische arm unde naket sint, sô ezzent sie einander die vische in dem wâge. Und alsô tuont die armen liute. Wande sie unberâten sint, sô denkent sie an manic ende und erdenkent maniger untriuwen, und in flihtet der tiuvel manigen haft in sînen stric, daz eht er sie mit manigen listen vâhe. Sô væht der den mit untriuwen der valscheit, swaz er tuot oder swaz er mit den liuten werben sol, daz daz allez valsch ist unde nihtesniht triuwen hât. Solt dû einem sîne schuohe machen, dû machest sie im ungetriuwelîche. Soltû einem sînen rok machen, dû machest in im ungetriuwelîche unde verstilst dâ von, daz er im deste unnützer wirt an der wîte und an der lenge. Soltû iht verkoufen, daz tuost dû allez ungetriuwelîche unde dû liugest unde triugest unde stilst. Aber daz nackente völkelech, daz dâ heizet diern oder knehte, daz iu dâ dienet, daz stilt iu daz salz unde daz smalz unde daz mel unde daz korn. Dû stilst daz ei unde den kæse, dû verstilst daz brôt; unde mahtû niht ganziu brôt versteln, sô verstilst dû diu stücke unde diu halben brôt unde die halben rintbrâten. Unde die sint ouch ungetriuwe, den dû ez dâ zuo-treist; wan næmen sie sîn niht, sô liezest dû ez ligen. Unde maniger leie untriuwe hât daz selbe volkelech. Swaz ez under henden hât, daz verliuset ez, daz ezzen bî dem fiure. Wê dir, ungetriuwer leckespiz, wie lützel triuwen in dir ist! Jâ, heizest dû dar umb ein êhalte, daz dû disen liuten die in der heiligen ê sint ir êre und ir guot getriuwelîche behalten solt unde behüeten unde bewarn. Wenne dû danne ungetriuwe bist, sô begêst dû ouch dîn untriuwe dar an unde wirt dîner sêle niemer rât, dû geltest ez im danne und gebest ez wider. Des hân ich aber dehein gedinge. Daz selbe spriche ich zuo den tagewürhten, die ofte sô getâniu tagewerk wirkent, dâ sie wol triuwen zuo bedürfent, die dâ korn treschent an dem tenne und ez verdiubent; unde die ez dâ snîdent ûf dem velde: sô die niht untriuwen mêr dar zuo tuon mügent, sô gêt ein altiu diubin vor unde gêt ir ein jungez diuplîn hinden nâch: dem drücket sie eine hant vol nâch der andern in die furch. Pfî, dû diubinne! wan dû eht ungetriuwe bist, sô ahtest dû drûf niht, danne ob dû sîn vil von dannen möhtest bringen. Wande dû ungetriuwe bist dîner sêle unde gein dînem schepfer unde dînem ebenkristen, dar umbe wirt ouch dîner sêle nimmer rât. Sô verrætet etelîcher dem andern von untriuwen sînen lîp oder sîn guot. Daz tuot aber nieman sô vil als die gebûres liute tuont under einander. Die sint eht als ungetriuwe, daz sie vor nîde unde vor haz niht einander an gesehen mügent. Sô trîbet einz dem andern sîn vihe ze schaden unde ze leide, unde koufet einer den andern von sînem hove, alles von untriuwen. Sô wirt der ein mörder von untriuwen, sô wirt der ein röuber von untriuwen, sô wirt der ein verræter von untriuwen, sô wirt der ein pfennincprediger von untriuwen, sô wirt der ein kegeler von untriuwen oder daz alse bœse ist. Sô wirt diu ein trüllerin, ein trîbe von untriuwen; sô wirt diu ein zouberærinne oder ein lüplerinne oder ein wârsagerinne von untriuwen. Und alsô manig unreine qwerdel bindet der tiuvel an iuwern angel, ir armez vischelech. Nû seht, wie iuch der tiuvel in sô manig wîse væht mit dem angele der untriuwe. Und anders kæme iuwer vil unde vil zuo dem himelrîche. Iuch möhte übergrôziu hôhvart niht gevellen, wanne der möhtet ir niht erziugen, noch überezzen noch übertrinken möhte iuch niht gevellen, wan des müget ir niht geleisten. Mit deheinen andern stricken möhte iuch der tiuvel sô wol gevâhen alse gar volleclîchen, alse mit dem stricke der untriuwen. Unde dar umbe hânt sie den list funden, daz sie alle die werlt meistic vâhen niwan mit disen vier stricken. Wan alliu diu werlt ist geteilt in dise vier stricke, sie ist entweder junc oder alt oder arm oder rîch. Und alsô habent sie dise vier stricke gar listeclîche geteilt in die werlt. Swie vil sie ander stricke haben, sô sint dise vier stricke die gemeinsten unde die schedelîchsten under in allen. Unde dar umbe sô hüetet iuch vor disen vier stricken mit flîze, alse liep iu himelrîche sî.

Der ander stric tuot iu ouch grôzen schaden, daz er alle tage manic tûsent sêle zer helle ziuhet, daz ir niemer mêre rât wirt. Den selben stric habent sie den jungen liuten geleit die tiuvel unde der selbe stric heizet unkiusche. Nû war umbe habet ir unsæligen tiuvel den jungen liuten den selben stric geleit der unkiusche? Seht, daz tuont sie dar umbe daz diu unkiusche ir nâtûre gelîch ist. Wan die jungen wæren gar reines herzen unde guotes willen unde wæren guot an ze wîsenne, an vasten, an beten und andern guoten dingen; und ist dannoch niht durhgræte an bœsen dingen der untriuwen unde der schalkeit noch überiger hôhvart noch anderr grôzen gîtekeit; unde dâ von habent die tiuvel den jungen liuten den stric geleit der unkiusche, wan in verlocket daz herze dar nâch und in stêt der muot nâch deheiner sünde sô sêre sô nâch der unkiusche und ouch dar nâch, daz sie von deheiner sünde sô verre in des tiuvels gewalt koment. Wir lesen niht daz under gemeinen sünden, daz der tiuvel alse grôzen gewalt an den liuten gewinne als von der unkiusche. Unde dâ von sô sint die tiuvel sô flîzic, daz sie die jungen liute des êrsten in dem stricke begrîfen, wan sô mügent sie sie iemer deste baz von dér sünde verleiten aber in ein ander sünde, wan an der unkiusche hanget manic ander sünde. Sâ zehant ist hôhvart dâ unde gîtikeit unde haz unde nît unde frâzheit unde trâkeit in gotes dienste. Unde dâ von sô leit iu jungen liuten der tiuvel den stric der unkiusche alse flîzeclîche, daz ir im deste diensthafter sît. Wan er ist uns alse vînt, daz er iemer deste grœzer martel in der hellen lîden wil, den worten daz er uns mit im dar bringe mit verschuldunge, mit verrâtnisse, wan er sich selben verrâten hât von dem himelrîche. ‘Wie, bruoder Berhtolt, wie suln wir jungen liute uns behüeten vor des tiuvels stricken, die er uns mit der unkiusche rætet?’ Dâ sült ir got vor ougen haben unde sîne heiligen muoter, die kiuschen unde die reinen, mîne frouwen sant Marîen, unde sult sie mit flîze biten, daz sie iuch beschirme an iuwer kiusche durch die reine kiusche, dâ der heilige geist mîne frouwen sant Marîen mite beschatet hete. Sô ist unser frouwe sô gnædic und ir heiligez trûtkint, daz sie iuch beschirmen alse die heiligen frouwen sant Katharînen, sant Margarêten, sant Agâthen unde den guoten sant Nicolausen unde sant Uolrîchen unde manic ander tûsent heiligen, die sie beschirmet hât an ir kiusche. Dar zuo soltû dich selber beschirmen vor üppigen gedenken unde vor üppigen werken unde vor bœser geselleschaft unde vor bœser heimelikeit unde vor allen üppigen dingen: sô mahtû dîne kiusche wol behalten. Wilt dû aber die gedenke lâzen fliegen frîlîche hin unde her, sô wirt dir der stric deste lîhter an geleit; unde wilt ouch zuo dem tanze unde zuo dem heimgarten unde wilt dâ vil gerüemen unde gelachen unde geweterblitzen unde gezwieren mit den ougen, sô mahtû wol bestrûchen in den stric des tiuvels. Die sich vor unkiusche wellent behüeten, die behüetent sich gar wol dâ vor: die sich wellent dêmüeten mit gewande, mit worten unde mit gebærden unde mit unmuoze guoter dinge, diu beidiu lîbe unde sêle nütze sint. Wan müezekeit ist aller sünden muoter. Swenne ir iuch ûf müezikeit verlât und ûf üppikeit, sô müget ir wol bestrûchen in den stric des tiuvels; ir müezet halt twingen die gedenke unde den muot. ‘Nû, bruoder Berhtolt, wie suln wir twingen den muot und die gedenke unde dervor hüeten, unde welhe gedenke sint tœtlich sünde?’ Nû seht, daz wil ich iu bescheiden. Nû merket alle samt! Ez sint etelîche gedenke die den menschen irrent an der minne gotes, unde sint doch niht tœtlîche sünde. Unde rehte ze glîcher wîse sô stêt ez umbe die gedenke der unkiusche, als der durch kræme gêt, dâ vil kræme bî einander stênt und einer schœner ist danne der ander unde ie in einem schœner krâmschatz ist danne in dem andern. Und ez gêt ein frouwe oder ein man dar (wan swaz ich zuo dem manne spriche, daz spriche ich ouch zuo der frouwen: die gedenke tuont den frouwen alse den mannen), unde dâ von spriche ich alsô: swenne ein man oder ein frouwe durch die kræme gênt unde sehent von einem zuo dem andern unde wartent ouch in ieglîchen krâm durch die gezierde unde durch die schœne, unde hât aber deheiner slahte gedank daz er iht koufen welle, unde gêt alsô hin, daz sie niht veilschent: dem ist rehte alse dâ ein frouwe vil manne siht oder dâ ein man vil frouwen siht, die liutsælic sint: der siht sie gerne an und er wolte dehein guot nemen, daz er deheine sünde mit in tæte. Daz ist dehein sünde danne zît verliesen. Die aber alsô durch die kræme gênt, daz sie vor den kræmen gestênt unde schouwent und ouch veilschent, unde sie habent deheinen muot ze koufenne weder klein noch grôz, danne daz eht sie durch kurzewîle dâ stênt unde veilschent der schœnen kleinœde, daz glîchet dem, dâ einer bî einer schœnen frouwen stêt oder sus mite redehaft wirt maniger slahte, daz er niht schelklîche mit ir rede, und er næme ouch dehein guot daz er deheine sünde mit ir tæte: daz ist dannoch niht tœtlîchiu sünde. Swenne aber er sô lange vor dem krâme stât, daz im der kouf liebende wirt, und er veilschet alse lange und alse vil daz er herzeclîchen gerne koufte, und in nihtes niht anders irret, wan daz er niht pfenninge hât: sô ist ez geschaffet umbe den stric des tiuvels. Wer dâ frôwer wanne der tiuvel, swenne er von sînen wegen dar zuo brâht ist? Reht alsô stêt ez umbe die gedenke. Swenne dû wilt wænen daz er dir niht werde, und eht allez sitzest oder stêst oder gêst oder redest eht einz nâch dem andern, sô wirt dir der kouf gevallende unde wirdest alse lange redende, unz dich nihtes niht wirt irrende wan diu stat, daz sîn niht gesîn mac: sô ist diu houbetsünde iesâ dâ. Unde dar umbe sult ir fliehen bœse heimelicheit unde bœse gesellechaft alle die dem schedelîchen stricke des tiuvels entrinnen wellent, wan er ist der schedelîchesten stricke einer, die der tiuvel iendert hât. Unde dâ von sprichet eht sant Paulus: 'fliehet die unkiusche!' Ir jungen liute, ir müget sie gerne fliehen, wan sie nimt iu der liebesten dinge zwei diu ir iendert an iuwerm lîbe habet: daz ist gesuntheit unde lancleben unde dannoch, daz ir verdampt sît an der sêle (âne buoze: die nime ich alle zît ûz) unde dannoch, daz iuch der tiuvel zuo andern sünden deste mêr verleiten mac; unde dannoch mêre lît schaden dran an der unkiusche. Wilt dû aber ein nescher sîn oder ein schalk, sô wirt dir lîhte dîn schalkeit vergolten an dem, dâ ez dir aller leidest an ist. Selbe tæte, selbe habe! Unde der selbe stric der unkiusche daz ist der stric, den die jeger den würmen legent. Die würme daz sint die jungen liute. Wan ez sliufet dieplîchen von einem winkel in den andern, als die miuse unde die würme. Pfî, dû armer loupfrosch! Einz daz kûme einen haven mac ûf geheben, daz wil uns ouch den selben unflât mêren der unkiusche. Sô etelîchez niwan âht jâr alt ist, sô nennet ez daz frouwen unde man tuont vil schalklîche. Des lachent danne vater unde muoter. Ir tuot in gar übele dran; wan swaz zem êrsten in den haven kümt, dâ smacket er iemer mêr gerne nâch. Dar umbe soltet ir iuwer kint gar gezîte ziehen an kiusche, mit worten unde mit werken, an zühten und an siten. Pfî, dû armez würmelîn, wie gezîte dû des tiuvels stric nimest an dînen hals!

Der dritte stric, der ouch manige sêle ziuhet von dem wege der barmherzikeit in die êwigen martel, der selbe stric heizet hôhvart. Den hat er den rîchen liuten geleit. Wan die möhten wol himelrîche verdienen unde gewinnen mit almuosen geben, mit beteverten unde mit gotesverten über mer unde ze sant Jâcobe oder ze Rôme oder swar sie wolten oder swes sie beginnen wolten umbe daz êwige leben, des möhte sie nieman geirren. Dâ von hât er in den stric geleit den rîchen der hôhvart. Als die weideliute müezent die vogele vâhen mit andern stricken danne die wurme oder die vische, dâ von haben wir die rîchen liute gelîchet den vogeln: wan die fliegent frîlîche hin unde her unde singent gar schône unde sint alle zît frœlîchen unde guotes muotes unde fürhtent niemanne unde sint veizt an dem lîbe unde wol bekleit unde wol varnde. Sie habent maniger hande kleit unde gar fremediu kleit, einer sus, der ander sô. Ez ist dér wîz, der swarz, etelîcher wîz unde swarz, der rôt, der grüene als ein gras als der sittekus ist; dér sus, der sô, der spiegelvar, der sprunkelcht. Unde dâ von haben wir die rîchen liute geahtet zuo den vogeln, wande die rîchen liute frî unde frô sint. Unde dâ von sô sprichet der guote sant Augustînus: 'diu hôhvart wehset in dem rîchtuome als der made in dem apfel.' Ir vogel, ir rîchen liute, schôn, herre, schône! unde verdrücket daz arme vischelech niht mit unrehtem gewalte durch iuwer hôhvart und iuwern übermuot. Sô wil der mêr eigener liute haben durch hôhvart danne der ander und urliuget iemer dar nâch, dâ manic tûsent menschen enwiht werdent. Ir vogel, daz kumet allez von iuwerre hôhvart, die ir dâ trîbet mit unrehtem gewalte. Ir valken und ir hebiche unde klâvogele, ir wellet die armen liute gar under drücken und ergrînen mit iuwerm unrehten gewalte. Sie sint iu alsô niht bevolhen, daz ir sie krimmet alse ein ar: sie sint iu bevolhen an iuwer sêle, alse ir gote dâ von antwürten sult an dem jungesten tage. Her Moyses pflac ir alsô niht, als ir armer liute nû pflegen wellet. Daz was dâ von, daz er got minnete von allem sînem herzen unde von aller sîner sêle: dâ von mohte im der tiuvel den stric der hôhvart niht an gelegen als er iu tuot. Daz selbe tet her Dâvît unde her Ezechias unde Jôsuê unde der keiser Heinrîch unde der edele künic Karle unde der guote sant Ôswalt unde dannoch der andern ein michel teil, den der almehtige got sîniu schâf bevalch, unde ir alsô hânt gepflegen, daz sie mit gote die êwigen freude hânt besezzen. Wande der almehtige got selbe in der heiligen schrift heizet ein guot hirte, sô wil er ouch, swem er sîniu schâf bevilhet daz man ir im eht gar wol pflege, wan er hât iu gar vil êren unde guotes drumbe verlihen. Her adelar, ir sult alsô niht ûf den næhsten treten, daz irn alsô zerret unde frezzet unz an daz gebeine, an dem guote noch an dem lîbe noch an den êren noch an sînen friunden; er verwirke danne sînen lîp rehte: sô gibe ich iu deheine buoze alse wênic alse iuwerm swerte. Dâ sült ir guot rihter sîn, wan dar zuo hât iuch got gesetzet ûf ertrîche. Ir hâhet aber etewenne den unschuldigen unde lât den schuldigen gên. Owê des, daz iuch iuwer muoter an dise werlt ie gebrâhte! Daz ist allez von iuwerr hôhvart, daz ir got weder minnen noch fürhten wellet, daz ir iuch über arme liute erbarmen wellet. Wan iu ist diu tugent fremede, diu dâ heizet dêmüetikeit. Lât ez iuch erbarmen, daz sich got über iuch erbarme. Jâ sint etelîche in der hôhvart sô gar vertôret, daz sie von hôhvart dâ wænent daz der starke Alexander dâ wânde, er möhte vier dinc getuon; der möhte alliu diu werlt niht getuon daz aller minnest under disen vieren. Nû seht einen rehten tôren, daz er den muot hete ze tuonne, daz alliu disiu werlt niht getuon möhte. [Diu vier dinc stênt in dem sermône, der dâ saget von den drin dingen, diu den menschen irrent daz er got niemer gesiht.] Und alsô wænet ir herren, daz ir arme liute verdrücken sült unde daz ir dar umbe got niht fürhten sult. Jâ des sît ir gar betôret alse her Alexander; der nam halt ein schemelich ende unde wart doch verdampt an der sêle. Des lesen wir gar vil in der schrift, an den sich der almehtige got hât gerochen an ir lîbe in dirre werlte, daz sie ein schemelich ende nâmen, und er wil sich êwiclîche iemer mêre rechen an der sêle. Unde dar umbe sô hüetet iuch, ir vogele! Lât iuch genüegen der êren unde des guotes, daz iu der almehtige got gefüeget hât; daz lât arme liute niht engelten, sie solten halt des iemer umb iuch geniezen, daz iuch got sô wol hât geêret. Sô wizzet ir niht wie ir sult gebâren von hôhvart mit gewande unde mit gebærden des lîbes. Ir künnet iuwer selbes lîp niendert gehaben vor hôhvart unde mit gewande. Iuch genüeget des niht, daz iu unser herre geben hât rôtez gewant, grüene unde gel unde blâ unde wîz unde swarz, ir wellet ez dannoch sprünkeleht machen alse die vogele, nû wæhe, nû fritschenbrûn. Und aber ir frouwen, ir trîbet daz wunder von hôhvart, daz ir iuch sîn iemer müezet schemen in iuwerm herzen wider got unde wider die werlt, wan ir tuot ofte selber mit iu, unde tæten ez ander liute, ir kündet ir vil wol gespotten unde vil dar zuo gereden, und ez dünket iuch an iu selben gar wol stênde. Seht, daz ist dâ von, daz iuch diu hôhvart alse gar erblendet hât, daz ir mit gesehenden ougen blint sît. Und alsô wurde iuwer rîchen liute gar vil rât, wan diu hôhvart. Iedoch ist manic rîch man zuo dem himelrîche komen, der mit grôzer rîcheit hete grôze dêmüete. Sô sprechent etelîche liute, ez sî unmügelich, daz deheines rîchen mannes sêle iemer rât werde. Daz ist niht wâr, wan ez ist wol mügelich.

Her Dâvît wart mit grôzer rîcheit behalten unde der andern ein michel teil.

Der vierde stric des tiuvels, der im manige sêle vezzelt daz ir niemer noch niemer rât wirt, den habent sie geleit den alten liuten. War umbe? Dâ möhten sie der alten liute mit deheinem stricke als vil gevâhen. Die jeger unde die weideliute die müezent die bern unde die wolve und ander grôziu tier aber in andern grôzen stricken vâhen danne die vogele unde die würme unde die vische, unde dâ von muoz man in gar starke stricke legen. Wan der einem wolve oder einem bern einen kranken stric wolte legen, den hæte er schiere zebrochen. Unde dâ von hânt die tiuvel den alten liuten stric geleit, den nieman gebrechen mac. Wan diu grôzen tier gelîchet man den alten liuten in disem stricke, wan der selbe stric ist aller stricke schedelîchste unde sterkeste, den diu werlt ie gewan oder iemer mêr gewinnen mac, und ist ouch alse veste und alse starк unde sô zæhe, daz in niemen zerbrechen mac, weder mit îsin noch mit stahel noch mit nihte. Unde der selbe stric heizet gîtekeit. Wer dâ frôwer wanne der tiuvel, wenne erz dar zuo bringet, daz sich die alten liute ervallent in den stric der gîtekeit? Wan die alten liute fürhtent den tôt ein wênic mêr danne die andern liute, die junc noch sint oder in dem mitteln alter, unde sint stæter an ir gemüete. Sie enkêrent sich an tenze noch an turnei niht mêre noch an ander üppikeit mit hôhvart noch mit unkiusche. Ist aber iendert kein alter schedel, der mit unkiusche noch wil umbe gên, der wirt sô gar der tiuvel gespötte, daz er êwigen spot unde laster iemer von in lîden muoz. Und ist der sünden niht vil mêre, dâ mite man alte liute gevâhen müge wan mit der gîtekeit. Wande diu gîtekeit ist den alten liuten glîch an der nâtûre nâch dem ertrîche; wan sie ûz erden gemachet sint. Unde dô Adam daz gebot unsers herren gebrach, dô sprach unser herre: 'dû bist von erden gemachet unde muost wider ze erden werden'. Daz nâhet nû an alten liuten, daz sie sich stellent an ir nâtûre nâch der erden. Diu erde ist kalter nâtûre unde trucken, unde dar umbe stellent sich die alten liute nâch irdenischem guote, wan sie sint trucken unde kalt; unde dâ von wære in nû gnâden nôt: in wære nôt guoter spîse unde guotes wînes unde guoter warmer kleider unde daz man in eine werme gæbe, wan sie friuset gerner danne die jungen. Unde dâ von habent sie gerner guot danne ander liute, wan altiu gurre bedarf wol fuoters. Unde daz wizzent die tiuvel gar wol unde dâ von sô râtent sie den alten liuten gar gerne die gîtikeit vor allen sünden, wan sie wizzent gar wol, daz sie in deheiner dinge alsô gerne volgent. [Und hie nâch sol man sprechen alle die rede, die man in den vier stricken sprichet ûf die gîtikeit unde danne von ûfschiebunge der buoze, wie den stric die tiuvele vor allen stricken oben über die andern alle samt legent; unde der selbe stric ûfschiebunge der buoze der ist in dem vordern sermône der vierde; sô sol er hie der fünfte sîn, unde dâ mite sol er ende nemen, alse jener ende nimt].

# XXXI.

## VON DER MESSE.

'DAz ich dâ bin daz bin ich von der gnâde gotes unde diu gnâde gotes ist niht îtel in mir gewesen' (1. *Cor.* 15, 10). Alsô sprichet der guote sant Paulus in der episteln, und er mac wol alsô sprechen. Wan wir lesen niht daz unser herre an deheinem sünder sô grôze gnâde ie begienge alse unser herre an dem guoten sant Paulô hât getân. Wan dô er ûf dem wege was unde dô er wider got grôzer dinge muot hete unde sich wider got ûz hete erhaben, dô sluoc er in nider reht in der wîse, reht alse der den andern über dank mit dem hâr ze dem himelrîche ziuhet. Unde dâ von hât er reht der guote sant Paulus, daz er alsô sprichet: 'daz ich dâ bin daz bin ich von der gnâde gotes unde diu gnâde gotes ist niht îtel in mir gewesen'. Wan er rehte ein durchæhter was der kristenheite. Unde dâ von tet unser herre grôze gnâde an im, wan er nam in eht von der porten der helle unde warf in in daz himelrîche. Wan swer in houbethaften sünden ist, der ist an der helle porten. Alsô was der guote sant Paulus an der helle porten sô vesteclîchen, daz er niemer die freude möhte hân beschouwet des himelrîches, wære diu gnâde unsers herren sô grœzlîche in im niht gewesen. Unde des ist er iemer mêre von rehte got wol lobende. Unde des hât er sich versûmet niht: alse er ein æhter was der kristenheit, und alsô was er für baz iemer mêre ein rehter kempfe der kristenheit unde hât die erliuhtet mit rehter lêre unde mit sô getâner lêre, diu die kristenheit iemer helfen muoz, unde hât den ungelouben genidert unde gedrücket unde gesmæhet unde gehazzet vor allen dingen. Unde der was im vor liep vor allen dingen; daz het sich allez schiere an im verwandelt, daz wir niht lesen, daz got an deheinem sünder ie sô grôze gnâde getæte. Und alse er ouch enpfant der gnâde gotes, daz diu sô volleclîche sîne sêle enzündet hete, dô tet er ouch al zehant daz gotes wille was unde versmæhete und hazzete allez daz wider gotes willen was. Er satzte allen sînen flîz unde sîne ahte, wie er den rehten kristenglouben möhte gehœhen unde gewirden unde geblüemen unde gekrœnen mit guoter lêre unde mit reiner lêre, und alse wir noch hiute predigen unde lêren dar ûz und alse man sîner lêre gar vil in der messe liset. Und alsô hât er die heiligen kristenheit erliuhtet unde tet ouch manige lêre die wîle er ûf ertrîche lebte. Und alse er dô gevangen wart und alse man in beslôz in einem kerker und er niht mêre mohte gepredigen unde gelêren die heiligen kristenheit, dô schreib er brieve unde lêrte in dem kerker der gevancnisse unde sante die in die kristenheit, daz man die liute dâ mite bezzerte. Nû seht, wie gar diu gnâde gotes in im wuocherhaft was worden unde wie volleclîchen er got in sînem herzen truoc unde wie volleclîchen er gote der selben gnâden gedanken kunde unde sînem süezen namen, unde dâ von wir noch hiute in sînen brieven lesen, die man in der heiligen messe liset. Iemer ze jungest meistic in allen sô lesen wir: '*domine Jesu Christe,*' iemer ze jungest sô sprach er: 'herre Jêsus Kristus'. Alsô herzeclîchen sêre minnete er den namen Jêsus Kristus. Unde swenne ir kristenliute hœret den selben namen in der messe, sô sült ir in an ruofen daz er iu sîne gnâde mite teile als dem guoten sante Paulô und alse manic tûsent heiligen, die von sînen gnâden die êwigen freude hânt besezzen. Sô ist er noch hiute als guot und alse gnædic, swer in an ruofet mit lûterm herzen, als dô er den guoten sant Paulum von der helle nam und in satzte in daz himelrîche, unde dô er dem guoten sant Pêter sîne sünde vergap, niwan umb einigen anblik: sô hât er rehte hiute ze tage alse vil gnâden. und erbermede der almehtige got, als dô er sant Marîen Magdalênen alle ir sünde vergap. Dar umbe sult ir got liep haben unde süllet in biten unde flêhen unde sult in sîner gnâden manen, die er an dem guoten sante Paulô begangen hât und an manigen andern heiligen, den der almehtige got sîne gnâde mite geteilet hât. Wan dû darft dich dar an niht lâzen, daz dich der almehtige got bekêre, als er den guoten sant Paulum tet, daz dû dir iht gedenkest: 'jâ, swie übel ich tuon, wil mich got bekêren, er bekêret mich alse wol alse sant Paulum'. Gloube mir, dû bist dar an beswichen. Wan wir lesen des niht daz got ie deheinen menschen sô gar umbe sus bekêrte, als er sant Paulum tet. Ich meine alsô umbe sus, daz er got nie nihtes gebat noch im nie nihtes drumbe gediente, wan er was halt sîn widerstrîter. Unde dar an endarf sich nieman lâzen, daz er sich alsô bekêre. Got der wil sîn nû von uns erbeten werden, wan er hât grôziu dinc durch bete getân. Unde dar umbe darft dû dar ûf niemer gesünden, daz er dich bekêre als er den guoten sant Paulum bekêrte. Sô sündet etelîcher daz in got bekêre, als er den schâcher bekêrte. Alsô gedenkent sie in ir sünden unde dar ûf sündent sie, daz in got einen riuwen gebe an dem ende, unde dar ûf sündet nû der werlte daz mêrre teil, allez ûf den riuwen an dem ende. Unde dâ mite wirt manic tûsent sêle verlorn, daz ir niemer mêr rât wirt. Unde daz daz wâr sî, daz erzöugete uns got in der alten ê. Dâ liset man des niht, daz got ie deheinen sünder bekêrte von sînen houbetsünden an sînem tôde danne den schâcher alleine an dem kriuze, unde wurden doch alle die sache an geschriben, die in sehs tûsent jâren geschâhen, die eht endehaft wâren unde nütze, unde man hât doch vil unnützer dinge und unedehafter an geschriben in den selben zîten; danne ob man daz geschriben hæte, ob ez geschehen ist oder niht, dâ enweiz ich niht umbe. Unde dâ von sol sich nieman lâzen an den jungesten riuwen, wan sie sint gar fremede geste ze himelrîche die ir riuwen sparnt biz ûf daz ende. Iedoch ist got sô guot unde sô milte, unde hæt ein mensche getân tûsent menschen sünde, unde gewinnet ez rehten wâren riuwen an sînem ende unde vor sînem ende niwan einer venje wîle, got der ist alse milte und als guot, daz dîn an dem jungesten tage rât wirt. Dû muost aber die riuwe haben, dar an gote genüeget. Unde dâ von ist ez sô mislich, dar umbe, wan der tôt sô gar bitter ist unde sô herte ist: daz ist gar ungewerlich, ob er dem menschen die gewizzenne lât unde die bescheidenheit, daz ez den riuwen gewinnet, der gote genüeget. Wan dû wilt ofte wænen daz ez grôzen riuwen habe: sô ist ez des grimmen tôdes schult. 'Owê, er hât sô grôzen riuwen gehabet, im gêt der zaher ûz den ougen'. Jâ tet im der grimmige tôt sô gar unmâzen wê, daz er im den zaher ûz den ougen gewan. Sê, wândest dû daz im unser herre sô lîhte himelrîche gebe, des er niht verdiente? Er ist lîhte vierzic jâr alt oder elter oder jünger, unde halt lîhte der vierzic jâr nie eine wochen nâch gotes willen lebte oder minre. Unde dar umbe sol dich niht ungefüege dünken, ob er niht ganzen riuwen gewinnen mac; wan bæte er got hundert jâr umbe ein guot ende, des wære genuoc ob er im ouch ein guot ende gæbe, wan sô hæte er im daz himelrîche geben; wan swem got ein guot ende gît, dem gît er die riuwe, dar an gote genüeget unde dâ von der mensche behalten wirt. Daz muoz er eteswâ mite verdienet haben der mensche, dem er ein sô getân ende gît.

'Entriuwen, bruoder Berhtolt, dû maht reden waz dû wilt, ez gît unser herre einem bî gesundem lîbe guoten riuwen, der zehen stunt grœzer sünde hât getân, unde lât einen sus, der vil minre hât getân, und alsô bekêret er manigen unde gît im daz himelrîche mit grôzen sünden, unde læt einen andern hin zer helle varn. Wâ von ist eht daz?' Ich enweiz, wannen von daz ist, wan von dînen grôzen unsælden, daz dû sîn niht tuon wilt. Er enpfæhet dich alse gerne als den edeln Dâvîden, er verwirfet dich niemer, er verwirfet dich als wênic als Marîen Magdalênen und als den guoten sant Pêtern. Wiltû aber bîten unz er dich sunder dînen dank hin ze himelrîche füere, als den guoten sant Paulum, sô maht dû dich des himelrîches wol versûmen, alse die fünf meide dâ tâten. Die wolten alrêrst oley koufen, dô der briutegam komen was unde dô sîn ein teil solte sîn verbrunnen; sô wirt diu himelporte vor dir zuo geslozzen. Des muost ouch dû danne êwiclîchen dar vor sîn. Sô predigent etelîche offenlîche, der mensche tuo übel oder wol, sülle er behalten werden, er werde doch behalten; unde swie wol der mensche tuo in aller der werlte, sülle er zer helle, er müeze dar; unde swie übel der tuo der zem himelrîche sülle, er küme doch dar. Daz ist ein lüge und ein ketzerîe. Sô wære got niht ein rehter rihter, alse der wîse man dâ sprichet, solte er den unschuldigen hâhen unde den diep lâzen genesen. Mit sîner vorbedæhtikeit süln wir niht ze schaffen hân, in der wîse daz er kristenglouben krenke, wan dâ mite wære rehte der kristengloube gekrenket, wan sô endörfte niemer dehein mensche weder wol noch rehte getuon nâch der rede. 'Jâ got der hât ez doch wol gesehen, weder ich sol behalten oder verlorn werden.' Nû hœret alle samt, wie gar daz sî ein ungeloube! Got der hât dir frîe willekür gegeben: tuost dû wol, dir geschiht âne zwîvel wol, tuost dû übel, dir geschiht ouch übel. Nû dar, nû dar! got der hât daz wol gesehen, daz weiz ich âne zwîvel wol, daz ir alle gar niemer inner sehs wochen sterben sult, iuwer lebe, âne zwîvel daz mêrre teil, swenne die sehs wochen ûz gênt. Unde swenne ez joch got gesehen hât, daz ir die sehs wochen mêr danne halbe leben sült, die iezuo vor mînen ougen sint, daz der etelîchez zehen jâr leben sülle, und ir sît niwan sehs wochen ungâz, ich wil iuch des sicher tuon, daz iuwer deheiner niemer gelebet die sehs wochen. Sô lange ez got wol gesehen hât, daz ir doch lenger leben sult, sô möhtet ir als mære ungâz sîn alse ir ezzet. Ez ist halt ein grôziu frevel swer ez rehte redet, oder swer im alsô gedenket der frevelt an gote. 'Nû wil ich als mære übel tuon alse wol: sol ich behalten werden, sô wirde ich behalten; sol aber ich verlorn werden, swie vil ich danne guotes getuon, sô wirde ich doch verlorn'. Daz ist ein ungeloube und ein frevel an gote. Ez sint vil manige sêle in der helle, die in keiser Friderîches banne dar kâmen unde niemer dar komen wæren, wan daz sie von dem banne mit im zer hellen sint und iemer mêre dâ müezent sîn. Daz ist âne zwîvel: tuot ir wol, iu geschiht ouch wol; tuot ir übel, iu geschiht ouch übel. Dû solt got versuochen unde sprinc dâ ze Regenspurg von der brücken in die Tuonouwe oder spring abe dem glockehûse ûf die herten erden: dû maht wol den lîp verliesen; unde sprich alsô: 'wil mich got nern, er mac mich wol ernern'. Sê! nû wolte er des selben niht tuon, dô in der bœse geist versuochte. Alsô hüetet iuch dâ vor alse liep iu himelrîche sî, daz der gedank iemer in iuwer herze kome, daz ir alsô gedenket unde sprechet, daz der iemer alse schiere ze dem himelrîche kome, der dâ übel tuo alse der dâ wol tuo. Dâ lât iuch niht an. Wir suln uns von der vorbedæhtikeit unsers herren keinen valschen trôst an nemen, wan daz ist sêre wider got. Tuo daz beste daz dû iemer maht, es wirt dir dannoch niht über. Der hœhste heilige der in dem himelrîche ist, den dünket niht daz er gote ze vil gedienet habe, und er wolte halt vil gerne daz sîn hundert stunt mêre wære. Daz wolte der guote sant Nicolaus daz er niwan einigez avê Marîâ mêr hæte gesprochen: daz wære im noch lieber hiute ze tage, danne alliu diu zeichen diu got durch sînen willen ie getæte. Nû sich, freveler an gote, wâ bist dû nû mit dînen sünden, die dû wilt sünden ûf gotes vorbedæhtikeit? Dû bist beswichen dar umbe. Rihtet iuch dâ nâch, daz ir daz aller beste tuot daz ir iemer müget, mit gebete, mit almuosen geben unde mit gotesverten unde mit predige hœren unde mit messe hœren, wan diu zwei dinc sint gar ein sælikeit der kristenheit. Wir haben ûf ertrîche noch in himelrîche bezzers niht danne gotes lîchnamen unde daz gotes wort, unde dar umbe sol man messe unde predige haben unde sol diu bêdiu gerne hœren. Maniger loufet hinnen gein Compustellâ ze sant Jâcobe unde loufet dar unde dannen daz er niemer messe gehœret, unde gênt danne mit gamel unde mit gelehter unde sprechent halt etelîche selten iemer dehein pater noster. Daz rede ich dar umbe niht daz ich sante Jâcobe sîne bilgerîne enpfüeren welle: dâ wær ich ze kranc zuo. Iedoch möhtest dû in einiger messe mệr gnâden erwerben, danne daz dû ze Compustelle loufest unde her wider. Nû waz vindest dû ze Compustelle? daz tuost dû sant Jâcobes houbet. Daz ist vil guot: ez ist ein tôter schedel, daz bezzer teil ist dâ ze himele. Nû waz vindest dû hie heimen an dînem hove-ziune? Swenne dû des morgens in die kirchen gêst, sô vindest dû wâren got unde wâren menschen mit lîbe unde mit sêle als wærlîche als des tages dâ er geborn wart von mîner frouwen sante Marîen, der êwigen megede, des heilikeit grœzer ist danne aller heiligen. Als vil diu sunne grœzern schîn hât über alle die werlt danne der minneste sterne der an dem himel schînet, unde reht als kleine des sternen schîn ist wider dem schîne den diu sunne hât, als grôz ist gotes heilikeit wider aller der heili-keit die dâ ze himel sint. Unde dâ von sô sult ir gerne ze messe gên. Dû maht bî einer messe mêr lônes verdienen, danne jener in sehs wochen hinnen ze sant Jâcobe unde danne inne sehs wochen her wider: daz sint zwelf wochen. Sô mahtû mit der andâht dâ zer kirchen stên, daz dû vil mêr gnâden unde lônes erwirbest: dû maht halt mit der andâht dâ stên, daz dir got alle dîne sünde vergît.

'Jâ, bruoder Berhtolt, jâ verstên wir niht der messe unde kunnen sô wol dâ niht gebiten als uns nôt wære unde mügen dâ von sô grôze andâht niht gehaben, alse ob wir die messe verstüenden. Die predige die verstên wir wol aller wortigelich: der messe verstên wir niht, wir enwizzen waz man singet oder liset: daz künnen wir niht vernemen. Unde wærez alsô, daz wir die messe verstüenden, sô künden wir got vil deste baz gebiten unde gemanen sîner gnâden unde möhten deste grœzer andâht gehaben in der messe mit gebete unde mit andern guoten dingen'. Nû wolte ich iu den worten die messe bediuten, daz ir deste gerner dar woltet gên. Ich wolte halt daz ir iuwer gesinde dar liezet gên, wan dâ lît grôziu sælikeit an, daz ir selber iemer deste sæliger wæret an lîbe und an sêle, ob ir iuwer gesinde dar hiezet gên: die würden iu deste getriuwer unde wârhafter an allen dingen. Und ich wil halt ein grôz dinc sprechen: ê daz wir âne messe wæren unde daz wir niht anders messe möhten gehœren unde gesehen, ich wolte daz wir über mer füeren den worten daz wir dâ messe hôrten, ê daz wir âne messe wæren. Nû seht, ir hêrschaft alle sament, welich kristenmensche die grôze sælikeit versitzen sülle oder træclîchen verslâfen oder verligen oder sus verunruochen, daz er dar ûf niht enahte. Wê dir, daz dich dîn muoter ie getruoc, welich mensche in der trâkeit an gotes dienste sô verhertet unde sich alsô slæflîche verlît in der unruoche! wan der ist vil die in aller der werlte niht irret wan ir trâkeit und ir bœser muotwille, daz sie in selber der sælden niht engünnen noch dem almehtigen gote der êren, daz sie alle tage niht eine messe hœren. Dar umb ensol in got ouch niemer dekeine êre getuon. Man sol dem almehtigen gote drîer hande êre bieten, wan er uns grôze êre hât erboten unde gnâde, als der guote sant Paulus dâ sprichet: 'daz ich dâ bin daz bin ich von der gnâde gotes, unde diu gnâde gotes ist niht îtel in mir gewesen.' Und alsô mügen wir kristenliute alle wol sprechen mit dem guoten sant Paulô: wan diu gnâde diu vil manigem heiligen patriarchen tiure was unde manigem heiligen prophêten, diu gnâde ist uns kristenliuten widervarn, wan wir von Adâmes schulden alsô vervallen wâren, daz wir des himelrîches iemer verstôzen wæren gewesen, ob uns got niht wider geholfen hæte. Unde daz wisten sie wol die heiligen liute, daz er uns erlœsen wolte, unde des warten sie allez wol fünf tûsent jâr; wan alle die in den fünf tûsent jâren geborn wurden, die muosten alle zer helle varn, daz nie dehein mensche ze dem himelrîche quam. Die in tœtlîchen sünden verfuoren, die fuoren alle hin zer helle unde müezent iemer dâ sîn. Unde dâ von wünscheten sie alle daz unser herre sîn geheize vollebræhte, unde dâ von mügen wir wol sprechen: ‘diu gnade gotes ist niht îtel in uns gewesen.’ Wan swie vil sie got an ruoften, sô half ez sie niht, ê daz ez in zît dûhte. Unde daz ist uns kristenliuten mit sînen grôzen gnâden widervarn, unde dar umbe solten wir gote die êre bieten mit der messe, wan dar inne begên wir gotes martel, wie er uns erlôste als er uns geheizen hete vor manigen jâren, des die heiligen veter vil kûme erbiten. Unde dar umbe sô merket alle samt waz diu messe bediute.

Des aller êrsten sô heben wir ein gesang an, daz ist geheizen ein înganc der heiligen messe. Sô sült ir an iuwer knie vallen unde sult got an ruofen unde mit inneclîchem herzen biten, daz er iu ze disem heiligen ampte die riuwe unde die andâht gebe, dâ got von gelobet werde und ir gesæliget an lîbe und an sêle. Unde daz selbe gesanc ist niht glîch ze allen messen. Wenne wir daz ampt von dem heiligen geiste wellen begên, sô heben wirz ie dar nâch an als ez danne gehœret; wellen wirz von unser frouwen begên, sô heben wirz aber anders an; unde wellen wirz von den mertelæren, sô heben wirz aber anders an; ze den sêlemessen aber anders. Swie wirz an heben, sô singen wirz iemer zwirunt. Unde swâ klœster sint oder bistüeme oder probestîe oder sus ein stat ist, dâ vil schüeler unde pfaffen sint, sô hebent sie daz selbe gesanc an ûf dem kôre daz dâ heizet înganc der messe: sô leit sich der priester an dort in der sacristîen. Unde die ûf dem kôre die sint in zwei geteilt: sie sint halbe an einer sîten des kôres alse ir wol seht unde stênt halbe an der andern sîten unde singent allez gein einander. Daz ist âne sache niht. Sich, der priester bediutet unsern herren, des wartent die dâ singent, unze er her für gêt. Unde daz sie alsô an zwein enden singent ûf dem kôre, daz bediutet daz sie in in der alten ê mit grôzem flîze an ruoften, alles dar umbe daz er kæme unde sie erlœste ûz dem gewalte des tiuvels, dâ sie inne wâren von Adâmes schulden. Unde daz sie in zwei geteilt sint ûf deme kôre, daz bediutet daz sie in zwein enden an ruoften, die lebenden ûf der erden einhalp, und anderhalp die in der vordern helle; die wâren in der stat diu heizet limbus, die ruoften in ouch gar jæmerlîchen an, wan sie verlangete sîner künfte wol sêre, wan ir hete etelîcher mêre danne vier tûsent jâr an geruofet got. Nû gloubet mir, den mohte wol belangen. Her Abel der was der aller êrste, der in an ruofende wart von dem nidern lande, daz dâ heizet limbus. Unde dâ von singet man ouch den introitum zwirnt, daz sie an zwein enden an ruoften got: von dem nidern lande unde von dem obern lande.

Sô singen wir danne daz kyrie eleyson dar nâch des êrsten. Daz solten die leien singen, daz wære iuwer reht daz ir daz kyrie eleyson singen soltet, und ir muostet ez hie vor singen; dô sunget irz niht glîch unde kundet ez niht wol klenken mit dem dône, unde dô muosten wirz dô singen. Sô sult ir an iuwer knie vallen unde sult got an ruofen, unsern herren, mit inneclîchem herzen, daz er sich über uns erbarme; wan alsô sprichet daz kyrie eleyson ze tiutsche: 'herre, erbarme dich über uns.' Daz ist ein kriechisch wort, unde wir singen ez drîstunt. Wir singenz durch drîe sache drîstunt. Daz ist einiu daz wir die heiligen drîvaltikeit an ruofen dâ mite, wan wir alsô sprechen: 'herre, erbarme dich über uns, Krist, erbarme dich über uns.' Daz ander, dar umbe wir daz kyrie eleyson ouch drîstunt singen, daz tuon wir dar umbe, daz diu heilige messe von drin sprâchen ist; unde die selben drîe sprâchen sint die aller edelsten under den zwein unde sibenzic sprâchen. Daz ist hebrêisch, kriechisch unde latîn. Hebrêisch ist dâ von diu edelste, daz sie diu êrste ist under allen sprâchen. Sô ist kriechisch dâ von der edelsten einiu, sie selbe dritte, daz sie tief ist an dem sinne. Sô ist latîn diu edelste dâ von, daz sie diu schœnste ist. Ze dem dritten mâle sô singen wir daz kyrie eleyson ouch drîstunt, daz man den almehtigen got ze drin mâlen an geruofet hât. Vor der sintfluot ruoften sie in an; ze dem andern mâle sît der sintfluot ruoften in die altveter an unde die prophêten; zem dritten mâle ruoften in die zwelfboten an unde die merteler und ander kristenliute. Unde dar umbe singen wir daz kyrie eleyson drîstunt unde ieglîchez stücke drîstunt, daz ist alsô niunstunt. Und alsô sult ir got an ruofen, daz er sich über iuch erbarme. Nû seht, wie gar sleht unde wie gar wîslîche diu heilige messe geordent ist! Und alsô sult irz iemer mêr in iuwerm herzen wol behalten, sô verstêt ir die messe wol alse wir pfaffen, als verre ez iu nütze ist an der sêle. Und alsô ist diu messe von drin sprâchen.

Daz wort daz man dâ singet, *osanna* und *amen*, diu zwei wort sint hebrêisch; sô ist kyrie eleyson kriechisch; sô sprichet man in latîne ander wort. Und alsô ist diu messe von drin sprâchen, unde singet man daz kyrie eleyson von drin sachen drîstunt unde durch ieglîche sache drîstunt, unde dâ von singen wir daz kyrie eleyson niunstunt.

Dar nâch sô heben wir danne an daz *gloria in excelsis*, unde daz hebet der priester alleine an unde singent danne die andern alle samt nâch. Daz ist dar umbe: dô unser herre geborn wart, dô sungen die engele *gloria in excelsis*; daz huob ein engel an unde sungen dô die andern alle nâch: 'dîn êre, herre, in der hœhe unde guot fride ûf der erden allen den die guotes willen sint! wir loben dich, wir êren dich'. Und alsô ist ez allez samt ein lop und ein êre dem almehtigen gote. Und dâ von sült ir dem almehtigen gote gnâde, lop und êre sagen, daz er uns ie geruochte, daz er uns ze sælde unde ze heile geborn wart von mîner frouwen sant Marîen; wan des künnen wir im niemer vollen danken.

Unde dar nâch sô sprichet der priester: *oremus*. Daz ist alse vil gesprochen: 'wir suln beten', daz er für alle kristenheit dâ stêt, die hinder im in der kirchen stênt, und ouch über alle die kristenheit, und ouch daz wir mit im biten suln unde got an ruofen süln, swes er dâ uns kristenliuten gewünsche unde bite, daz er des uns kristenliute gewere und in erhœre den priester, der uns sîn dâ wünschet unde bitet umb unser sælde und umb unser heil. Und als er ie sprichet: *per dominum nostrum Jesum Christum filium tuum* etc., sô sult ir gar flîzeclîchen êren den namen unsers herren Jêsû Kristî. Swenne ir den namen hœret nennen in der heiligen messe, sô sult ir an iuwer knie vallen unde sult in an ruofen, daz er sich über iuch erbarme.

Nâch der collecten lesen wir die episteln, daz ist der heiligen lêre, als uns der guote sant Paulus lêret hiute in der heiligen episteln: 'daz ich dâ bin daz bin ich von der gnâden gotes, unde diu gnâde gotes ist niht îtel in mir gewesen'. Unde dâ mite hât uns der guote sant Paulus gelêret unde gemanet, wie wir unserm herren danken suln der gnâden, die er an uns begangen hât. Unde dar umbe sult ir mir flîzeclîchen merken die bediutunge der heiligen messe, wan niemer mügen wir in baz geloben unde geêren wan in der messe. Und alsô suln wir den guoten sant Paulum an ruofen, swenne man die letze liset, und alle die heiligen die uns ir lêre geschriben hânt, die suln wir an ruofen, daz sie got für uns biten daz er uns der gnâden helfe, daz ir lêre alsô an uns nütze werde, daz er dâ von gelobet werde unde geêret und allez himelische her unde wir gesæliget werden an lîbe und an sêle.

Dar nâch singen wir ein gesanc, daz heizen wir daz gradual. Daz heizet daz loufende gesanc unde daz bediutet: dô unser herre hie ûf ertrîche lêrte mit sîner lêre unde mit sîner predige, dô liefen im vil liute nâch, als dô er ze éinem mâle fünf tûsent spîsete mit lützeler kost.

Dar nâch singen wir etewenne ze hôchgezîten ein gesanc, daz heizet ein sequentie, daz ist ie nâch dem ampte: von swelhem heiligen daz ampt ist, von dem singet man die sequentie ze lobe unde ze êren.

Sô lesen wir danne nâch der sequentien daz êwangelium, daz ist diu predige unsers herren, die er predigete die wîle er ûf ertrîche bî uns was. Unde swenne man daz êwangelium an hebet, sô gesegenen wir uns unde machen kriuze für uns. Daz bediutet daz unser herre hie en erden als gar unmæzlîchen wol predigete, daz nie mensche sô wol gepredigete, alse billich was, noch niemer mêr getuot. Dar umbe segenen wir uns rehte alsam wir spræchen: '*in nomine patris et filii et spiritus sancti*, wie wol er predigete!' Und in dér wîse segenen wir uns. Sô mañ daz êwangelium liset, sô suln wir got biten daz er uns der gnâden helfe, daz sîn lêre an uns alsô wuocherhaft werde, daz wir niemer von im gescheiden werden.

Daz danne dar nâch gêt daz heizet der *credo in unum*, daz ist der gloube. Sô hebet ir an unde singet mit gemeinem ruofe: ich gloube an den vater, ich gloube an den sun mîner frouwen sant Marîen und an den heiligen geist, kyrieleys'. Swâ daz gewonheit ist, daz ist ein guotiu gewonheit. Sô sult ir got biten, daz ir an dem rehten glouben werdet funden unde daz ir den rehten kristenglouben an iuwerm herzen alse vesteclîche müezet behalten, daz ir an dem jungesten tage frôlîche müezet erstên ze der zeswen unsers herren. Und in dem *credo in unum* sô singen wir ein wort, daz êret iuwer genuoc mit grôzem flîze, alse billich ist, wan ez ist grôzer êren wert. Sô wir dô sprechen: *ex Maria virgine*, sô sülnt alle kristenliute nider an ir knie vallen und unser frouwen an ruofen mit inneclîchem herzen. Wan sô singen wir daz unser herre von mîner frouwen sante Marîen geborn wart, unde dâ von sô sult ir sie flîzeclîchen an ruofen, daz sie iuwer êrenbote sî an unsern herren, daz er iu gnædic sî, daz er sich über iuch erbarme, alsô daz uns sîn geburt erlœse von dem êwigen tôde. Wan wir nîgen ouch zuo dem selben worte, sô wir singen: *ex Maria virgine*; wir nîgen aber zuo dem worte wol drîstunt sô tiefe, sô wir singen oder sprechen: *et homo factus est*: sô nîgen wir gar tiefe; wan wir tuon daz billîchen, wan ez ist der grœsten wunder einz daz ie geschach oder iemer mac geschehen, wan ez der güete unsers herren wol gezam, daz er sich sô verre über uns erbarmte. Unde dar umbe süllet ir zuo dem selben worte gar tiefe nîgen, sô wir dô sprechen: *et homo factus est*, wan des haben wir gote immer ze dankenne und in ze lobene.

Unde dar nâch sô singen wir daz opfersanc. Sô sült ir opfern die sîn state haben, und ir sült got biten, daz ir alsô hie gewerbet, daz ir im ein reinez opfer sît unde werdet in dem rîche sînes vater. Und in der alten ê dô was der site daz man fünfzehen leie opfer brâhte, und alsô wolte sîn got niht enbern, man bræhte im opfer. Und alsô sol man dem almehtigen gote opfern, ie dar nâch sîn der mensche state hât. Etelîche brâhten golt ze opfer die sîn state heten. Sô brâhte etelîcher silber, sô brâhte etelîcher pfeller, sô brâhte etelîcher rôtez lösch, sô brâhte etelîcher niwan ein geizhâr. Unde daz ist alsô gesprochen und ist dâ bî uns daz bediutet, daz wir uns selber dâ gote ze einem opfer bringen süln. Swâ wir gotes hulde verliesen, dâ suln wir uns schuldic geben mit lûterre bîhte unde mit buoze nâch gotes gnâden unde nâch unsern staten. Unde daz ist ouch diu sache, diu dâ bediutet buoze nâch unsern staten, unde dâ von brâhten etelîche niwan ein geizhâr, die niht baz mohten. Dar umbe sult ir opfern. Etelîche die sprechent: 'der pfaffe ist doch rîche genuoc: war zuo solten wir im opfern?' Got der wil sîn niht enbern, unde dâ von sprichet der wîse man: *sacrificate sacrificium* etc., wan ẹz eht sô grôz dinc und sô guotiu dinc bediutet.

Dar nâch sô hebet der priester daz êrste geriume an. Daz bediutet daz die juden ungetriuwelîche ze râte giengen, wie sie unsern herren vâhen wolten, und alsô giengen sie heimelîche ze râte ûf unsern herren. Daz bediutet diu êrste stille. Sô sult ir got an ruofen, daz er iuch beschirme vor des leidigen tiuvels ræten, daz uns der niemer verrâten müge noch betriegen an unsern fünf sinnen und an den zehen geboten, daz wir von gote niemer gescheiden mügen werden. Sprechet: âmen.

Unde dar nâch kêret er sich umbe der priester unde sprichet: *Dominus vobiscum.* Daz ist ein gruoz, alse unser herre ûf ertrîche alle zît die liute gruozte, und ez sprichet: 'unser herre sî mit iu'. Unde sô suln wir sprechen: unde mit dîme heiligen geiste.' Und er sprichet danne die præfationem und er ledet die niun kœre der heiligen engele alle samt von den niun kœren zuo dem heiligen ampte. Unde dâ von sult ir mit grôzen zühten dâ stên — unde niht spehen unnütze spahte — unde gar dêmüeteclîchen âne hôhvart; wan dâ ist manic hundert engel mit grôzen êren: die sult ir an ruofen unde den almehtigen got, daz er iu die andâht verlîhe, die ir nôtdürftic sît an dem lîbe und ouch an der sêle und ouch gote wol wert sî.

Unde dar nâch sô singent sie: *sanctus sanctus sanctus dominus deus Sabaoth* etc.: drîstunt heiliger herre Sabaôth, dîner êren ist himel und erde vol; herre, behalt uns in dîner hœhe, gesegent sint alle die in dînem namen koment'. Und alsô sult ir got an ruofen.

Unde dar nâch sô hebet er die stille an. Dar an lît danne alliu unser sælikeit. Sô sult ir in danne alrêrst an ruofen. [Wie man nû hie sprechen sol, daz stêt allez samt in dem sermône von den siben sacramenten, von den drin materien, unde wie der priester andâht haben sol, wie sich got dâ wandelt, ob diu vier dinc dâ ze rehte sint: daz ein, daz diu materie ganz ist; unde daz ander: ein gewîhter priester; daz dritte: diu wort diu der priester sprechen sol; daz vierde: des priesters andâht].

Unde dar nâch sô sprechen wir daz pater noster, unde nâch dem pater noster ein stille. Sô sult ir driu pater noster sprechen, sô weiz ich niht daz ir den pater noster baz bewenden möhtet. Sô brichet der priester die oblâten, unsern herren, in driu, wan dâ enist oblâten, wan dâ enist niht anders danne wârer got unde wârer mensche. Etelîche heizent ez unsers herren trôst; daz müget ir wol lâzen, wan er ist ez got selber und er ist aller kristenliute trôst. Sô sprechent etelîche: unsers herren bluot; daz sult ir ouch lâzen, wan er ist ez selber alse lîphaftiger unde lebendiger mit lîbe unde mit sêle. Unser herre ist ez selber, als sult ir sprechen: gotes lîchname oder unsers herren lîchname, alsô müget ir wol sprechen. Und alsô brichet der priester unsern herren in driu, und alsô sult ir driu pater noster sprechen, wan daz bediutet daz diu messe in driu geteilt ist. Von swem diu messe des êrsten an gehaben ist, ez sî von der drivaltikeit, ez sî von dem heiligen geiste, ez sî von den bîhtigæren, ez sî von unser frouwen, ez sî von den mertelæren oder von den juncfrouwen oder von den sêlen oder von swem sie ist, sô ist doch diu stillemesse glîche und ist doch in driu geteilt. Unde dâ von sô merken alle einveltige liute, die uns ofte einvelteclîchen frâgent, ob man den jungen kinden iht vil messe dürfe frumen, diu noch deheine sünde getâten, unde sie sprechent alsô: 'wan ez nie sünde getet, sô getet ez ouch nie dehein guot,' unde dâ von sô frâgent sie, ob man kinden dürfe messe frumen. Jâ, dehein messe wirt niemer verlorn. Unde hœre: wâ dîn kint in der messe ist, ist ez niuwan eins tages alt und ist eht ez rehte getoufet, sô gît im got daz himelrîche von gnâden, und alzehant sô im daz himelrîche wirt, sô ist ez ouch heilic. Sô ist diu messe in driu geteilt. Unde daz ein teil ist des almehtigen gotes, im ze lobe unde ze êren unde sîner heiligen muoter mîner frouwen sante Marîen und aller gotes heiligen oben ûf dem himel ze lobe unde ze êren. Daz ander teil dar inne gedenket man aller kristenliute die lebent ûf der erden ze sælden unde ze heile. Unde daz dritte teil allen glöubigen sêlen ze trôste in dem vegefiure; wan in der helle getar man niemannes gedenken. Nû sich, liebiu frouwe, wâ dîn kint in der drîer teile einem sî! Ez vert weder in die helle noch in daz vegefiwer, ob got im der gnâden hilfet, daz ez ze rehte getoufet ist unde ze priesters handen komen ist; unde dâ von sô darft dû ez niendert suochen danne in dem himelrîche. Unde dâ von weiz ich niht, ob iemer dehein mensche driu pater noster baz bewenden möhte danne diu driu pater noster in der stille nâch dem pater noster. Und ez sol daz êrste sprechen dem almehtigen gote ze lobe unde ze êren unde sîner heiligen muoter mîner frouwen sant Marîen und allem himelischen here; unde daz ander pater noster sult ir sprechen in êre des almehtigen gotes allen kristenliuten ûf der erden ze sælden unde ze heile, unde daz dritte pater noster sult ir sprechen allen glöubigen sêlen ze trôste unde ze helfe in dem vegefiure.

Unde dar nâch sô sprichet der priester: *pax domini sit semper vobiscum*, sô sprichet er: 'der fride unsers herren sî ze aller zît mit iu. Sô sprechen wir: 'unde mit dîme heiligen geiste.' Er kêret sich fünfstunt in der messe umbe der priester. Daz bediutet daz unser herre sînen jüngern fünfstunt erschein an dem ôstertage, des einigen tages, dô unser herre erstuont von dem grabe. Daz bediutet daz sich der herre fünfstunt umbe kêret in der messe unde sprichet ie: 'unser herre sî mit iu,' unde grüezet iuch alse ofte, daz got mit iu sî. Und alsô gruozte er die jüngern des einigen tages fünfstunt und erschein vor in. Und alsô sult ir got an ruofen, daz er iu der gnâden helfe, daz er iu an dem jungesten tage gnædiclîche erschîne unde daz ir vor im frôlîche erstên müezet an dem jungesten tage.

Unde dar nâch sô gît man daz petze. Daz bediutet die urstende: dô er erstanden was dô seite ez einz dem andern. Daz bediutet daz ie einz dem andern daz petze gît, unz daz sie ez alle enpfâhen. Unde dar nâch sô singen wir: *agnus dei*. Sô sult ir sprechen: 'herre, vergip uns alle unser schulde und erbarme dich über uns; herre, vergip uns alle unser sünde unde gib uns dînen friden.' Unde dar nâch enpfæhet der priester unsern herren unde spîset sich an der sêle und uns alle: und alle kristenliute, die hinder im stênt in der kirchen mit rehtem glouben unde mit rehter andâht, die werdent alle samt gespîset an der sêle. Wan diu sêle edeler ist danne der lîp, sô sol diu sêle mit allem rehten des êrsten gespîset werden. Wan sie von gote geformet unde geschaffen ist unde von drin kreften unde sie got selber gebildet hât, sô mac sie ouch von nihte gespîset werden danne mit gote.

Unde dâ von sult ir mit grôzer andâht bî der messe blîben, unz daz man sie vollen ûz gesinget oder gesprichet. Etelîche îlent von dannen alse man daz êwangelium liset. Die tuont rehte als der zuo einer wirtschaft geladen wirt und er dâ hin gêt. Und als er siht daz man den tisch gerihtet, sô gêt er von dannen, oder als man geopfert hât, sô gêt er von dannen. Alse tuot der selbe, der von der messe gêt, sô man daz êwangelium geliset oder geopfert. Wie stêt, daz der von einer wirtschaft gêt, sô man den tisch gerihtet oder geopfert von der messe? Der wirt der wirtschaft wênic gefröuwet. Ez nimt halt der wirt für guot niht, der in dar zuo geladen hât. Sô loufet etelîcher von der messe, sô man daz pater noster geliset. Die tuont rehte alse die von der wirtschaft gênt, wanne sie die hende getwahent. Wan diu stillemesse, diu die martel unsers herren bezeichent, dâ mite habet ir alrêrst iuwer herze gereiniget unde getwagen mit der wâren riuwe unde mit der grôzen andâht. Wan die sol ein ieglich mensche haben in der stillemesse. Unde möhtet ir bluotige zeher gewinnen umbe die grôzen martel die got durch unser sunde leit, ez würde uns niht über; unde die mit den ougen niht geweinen mügen, die weinen mit dem herzen, den worten daz ir iht ungetwagen ze der hôhen wirtschaft gêt, dâ der almehtige got die sêle spîsen wil mit im selber. Unde swer ouch âne riuwen und âne andâht dâ stêt, der mac niht ungetwagen die hôhen wirtschaft enpfâhen, dâ mite diu edele sêle gelabet unde gespîset wirt. Unde dar umbe sult ir mit grôzer andâht dâ stên unde sult ouch von dannen niht gên oder loufen, ê daz ir die wirtschaft enpfâhet oder daz ein messe gar gesungen oder gesprochen wirt. Ez hât ouch ein ieglich mensche an einer messe genuoc zem tage einist; der mêr wil daz ist ouch vil guot, oder mêr mac gehœren; unde dû maht ze einigem mâle stên mit solicher andâht, daz dû alsô gespîset wirst an dîner sêle, dû möhtest über mer drumbe varn, daz ez dir widerfüere. Unde dar umb ensol ez iuch dehein unmuoze wenden, ir sult messe hœren swâ ir iemer künnet oder müget. Die aber sô getâne unmuoze habent, diu êhafte nôt heizet, alse ackerliute oder ander liute die ze velde oder ze walde oder anderswâ sint, swâ der rehte mensche ist an sîner rehten arbeit, der vor êhafter nôt die messe niht gehœren enmac, der wirt ouch dâ von gesæliget an lîbe und an sêle unde der hât an allen den messen teil, die man über alle die kristenheit singet oder sprichet, und an anderr guottæte, die man in der kristenheit begêt.

Unde danne ze jungeste sô liset der priester eine collecten unde sprichet: *oremus*, daz sprichet: ‘wir süln beten.’ Sô sült ir an iuwern knien got anbeten und anruofen, daz er uns des gewere, daz ez wâr werde swes der priester bitet.

Unde danne ze aller jungest sô sprichet er: *ite missa est!* daz ist alse vil gesprochen: ‘gêt, diu botschaft ist vollebrâht.’ Unde daz ist alse vil gesprochen, daz wir an dem almehtigen gote haben geworben — wan der priester ist ein bote für alle kristenliute umb ir sælde und umb ir heil hin ze dem almehtigen gote — und allen gloubigen sêlen ze trôste unde ze helfe. Unde wir suln got biten daz disiu botschaft alsô geworben sî, daz got dar umbe gelobet werde und allez himelische her und alle kristenliute gesæliget an lîbe und an sêle, unde daz sîn alle gloubige sêle getrœstet werden und erfreuwet. Unde daz diu gnâde unsers herren niemer îtel in uns werde, als in dem guoten sante Paulô, unde wir von sînen gnâden die êwige freude besitzen, daz verlîhe uns allen samt der vater unde der sun unde der heilige geist. Sprechet alle sament: âmen.

---

# XXXII.

## VON DES LÎBES SIECHTUOM UNDE DER SÊLE TÔDE.

'ET *fuit illis in velamento diei'* etc. (*Sap.* 10, 17). Diu wort lesen wir in der alten ê. Dô daz israhelsche volk fuor durch die wüesten, dô was in der almehtige got des tages mit huote bî unde des nahtes gap er in lieht der sternen. Er bewarte sie beide tac unde naht vor allem übel unde vor unfride unde vor hunger unde vor durste unde vor manigem ungelücke, daz sie durch daz flüzzige wazzer eht fuoren oben drûf hin, als ob ez ein starkiu mûre wære — unde möhte alliu disiu werlt einen stein der als ein nuz wære als grôz niht gewerfen in daz mer, er müeste ze bodem vallen, er gelæge danne ûf eteweme —, unde daz sie danne unser herre ûf dem wilden wâge fuorte hin wol zwelfstunt zwelftûsent volkes. Was daz niht ein grôziu kraft von gote und ein grôz zeichen? Und alsô besorgte sie unser herre beide tac unde naht mit sîner huote unde mit sînem schirme unde bewarte sie an manigen dingen. Er gap in gewant, er regente in daz brôt von himel her abe. Unde dâ bî hât uns der almehtige got erzöuget, wie wir zuo dem himelrîche komen süln in daz geheizen lant. Wan alliu diu dinc diu uns künftic wâren in der niuwen ê an unsern sêlen, diu hât uns got alliu erzöuget in der alten ê an der liute lebene. Und alsô hât er uns daz erzöuget, wie wir in daz himelrîche komen süln, in daz geheizen lant, daz uns der almehtige got von anegenge der werlte bereit hât. Und alse sie der almehtige got in der alten ê wîsete unde beleitete unz in daz geheizen lant zuo Jerusalem tac unde naht, alsô hât er uns ouch zweiger leie wîsunge gegeben hie ûf ertrîche unser herre uns kristenliuten. Er hât uns zwei grôziu buoch gegeben, diu uns wîsunge unde lêre geben suln in daz himelrîche. Uns pfaffen hât er zwei geben: einz von der alten ê und einz von der niuwen ê. Daz von der alten ê daz ist von der naht; daz von der niuwen ê daz ist von dem tage, und an disen zweien buochen dar an lernen wir naht unde tac alle die sache der wir bedürfen ze lîbe unde ze der sêle. Unde dâ von sô lesen wir die alten ê bî der naht ze mettîn; sô lesen wir die niuwen ê bî dem tage. Alsô hât uns got alse wol behüetet als jene in der alten ê. Wan iu leien des himelrîches als nôt ist als uns pfaffen, sô hât iu der almehtige got alse wol zwei buoch geben als uns pfaffen, unde dar an müget ir als wol lernen unde lesen als wir pfaffen an unsern buochen. Wan iu hât der almehtige got wunder unde wunder dran geschriben. Daz eht ir sie kündet lesen, sô möhtet ir dran lesen alle die sache unde lernen daz iu nôt ist ze lîbe unde ze sêle. Daz eine ist der himel; dar an sult ir lernen bî der naht. Sô ist diu erde daz ander; dar an sult ir lernen unde lesen bî dem tage, ob ir kundet lesen. Wan iu hât der almehtige got sô vil wunders an diu buoch geschriben, daz ez nieman ertrahten kan; wan allez daz got in himelrîche und in ertrîche hât geschaffen, daz hât er allez dem menschen ze dienste unde ze nutze geschaffen, iemer einhalp zuo dem lîbe und anderhalp zuo der sêle. Unde der ist gar vil die des niht wizzent noch kunnent, wan daz sie des wænent, got der habe uns sô manigiu dinc niwan zuo dem lîbe alleine geben. Des enist niht. Wan ez erkante der guote sant Bernhart vil wol, der lernte gar vil wîser lêre an den sternen und an den boumen. Und alsô süln wir lernen an dem himel des nahtes, an den sternen. Wande den hât unser herre kraft gegeben über alliu dinc, wan über éin dinc. Sie habent sô grôze kraft über alliu dinc, daz dehein sterne ist an dem himel, er bringe etewaz ûz der erden, daz der ander niht enbringet. Und alsô bringet einer korn, der ander weizen, der der dritte habern, der vierde gerste, der fünfte wîn, der sehste birnen, der sibende epfel; dér gelwe bluomen, dér rôte bluomen, dér muscât, dér pfeffer, dér kardemumen, dér kubeben, der diz, der jenz. Und alsô habent kraft die sternen über allez daz dâ wehset ûf der erden, unde sie habent dannoch kraft die sternen über allez daz dâ wehset unde lebet in der werlte: sie habent kraft über die vogel in den lüften, über die vische in dem wâge, über die würme in der erden, über diu tier in dem walde, über allez edel gesteine, über wetter und über wazzer und über alliu dinc, wan über éin dinc. Dâ enhât nieman kraft über danne got alleine. Unde daz selbe dinc, dâ nieman gewalt über hât danne got alleine, daz ist frîiu willekür: dâ hat nieman deheinen gewalt über wan der mensche alleine unde der almehtige got. Der hât ez aber an den menschen gelân: der tuo übel oder wol, daz hât got an iuch verlâzen. Got der gebe iu durch sîne güete daz ir daz wæger tuot. Ich gibe iu den wunsch unde daz gebet, got der gebe iu den willen unde den muot, daz ir daz guote müezet tuon unde daz übel lâzen. Nû vindet ir manige künstenrîche letze an der erden, als der guote sant Bernhart unde der andern ein michel teil, die an der erden und an dem himel hânt gelesen, daz sie zem himelrîche sint komen. Und alsô wil ich iu leien, ungelêrten liuten, eine letzen lesen, den worten daz ir die wîsheit hiute gelernet, dâ von got gelobet werde und ir gesæliget werdet an der sêle.

Ir sult hiute an iu selben lernen. Wan alliu dinc diu wir von gote an unserm eigenen lîbe haben, diu hât uns got ze guote unde ze nutze geschaffen, iemer einhalp zuo dem lîbe und anderhalp an der sêle. Ein ieglich glit daz an uns ist, daz hât er uns iemer gegeben ze dienste unde ze nutze einhalp zuo dem lîbe und anderhalp zuo der sêle. Gesuntheit unde siechtuom daz hât er uns iemer gegeben einhalp zuo des lîbes und anderhalp zuo der sêle nutze. Wan dô Adam die gehôrsam gebrach und Êvâ, dô sie daz obez gâzen durch des slangen rât, dar über sprichet der guote sant Anshelm von Cantelberg ein guot wort. Er sprichet alsô: ‘mit dem selben daz Adam daz obz gaz, dâ mite slickete Adam und Êvâ daz obz in sich unde slicketen die vergift und allez daz eiter in sich mit dem obze, daz in dem slangen was: dâ von wart uns aller siechtuom kunt den wir hiute haben, wan wir siechlich wurden an dem lîbe und an der sêle unde wurden ouch tôtlich an dem lîbe und an der sêle.‘ Wande sich doch got über uns erbarmen wolte und uns widerkomen wolte unde wolte uns niht gar verdammen als er tet den aptrünnigen engeln, unde dô gap er uns erzenîe für allen den siechtuom der uns an der sêle wirret. Wan als maniger leie siechtuom uns künftic wart in der vergift Adâmes die er von dem slangen enpfienc an dem lîbe, als maniger leie siechtuom wart uns künftic an der sêle mit sünden. Unde dar umbe gap uns got zweier hande erzenîe, einhalp zuo dem lîbe und anderhalp zuo der sêle. Unde disen schaden bekennen wir beidenhalp wol an dem lîbe und an der sêle, unde dar umbe hât uns got [der frîe herre frîe willekür gegeben, daz wir tuon übel oder wol; unde dannoch sô wir übel getuon, sô læt er uns dannoch widerkomen unde hât uns die erzenîe bereitet, wie er uns gesunt sol machen; wan daz weiz nieman alse wol als er selber, wan er hât uns die selben erzenîe gar harte erarnet mit sînem tôde unde mit sîner martel. Des lîbes erzenîe koste in nihtes niht wider der selben erzenîe: wan der lîp sol niwan einigen tac leben unde denselben niht wider der sêle êwigem leben. Iedoch nâch dem jüngesten tage sô muoz der lîp mit der sêle êwiclîchen leben, unde swâ diu sele mite geniset, dâ ist ouch der lîp mite genesen nâch dem jungesten tage, ich meine des lîbes siecheit, die er hie ûf ertrîche haben muoz die wîle er hie ûf erden mit der sêle wonen sol. Diu selbe erzenîe kam unsern herren niht harte an diu den lîp gesunt machen sol und in eine wîle fristen sol: daz sint wurze unde krût unde sâme und etelîchiu ander dinc, diu die meister wol erkennent. Swie in doch umbe den lîp niht hôhe wiget dâ gegen, alse liep und als wert er die sêle hât, sô hât er uns doch des lîbes erzenîe alse wol geben unde geschaffen als der sêle. Unde durch die liebe daz wir [im die sêle dâ mite suln antwurten, dar umbe wil ouch er dem lîbe ein sô wünneclîchez kleit geben nâch der urstende, daz nie künic sô wol bekleit wart in dirre werlte. Nû seht, wie iuch der almehtige got geminnet hât! Durch den almehtigen got sô habet got ouch liep; wan er hât iuch âne mâzen liep gehabt, unde dar umbe sô erleit er sô maniger hande swære unde smæhe unde hunger unde durst unde frost unde hitze. Aber die erzenîe die er iuwer sêle hât bereit unde gemachet, die kam in harter an danne allez silber und allez golt und edel gesteine. Ich spriche mêr: sie kam in harter an danne himel und erde; wan der machte er ietwederz niwan mit einigem worte: dâ saz er driu unde drîzic jâr ob dirre erzenîe unz daz er eins bittern tôdes dar umb erstarp. Dar umbe hât uns got die erzenîe als tiure erkoufet, daz wir sie deste lieber haben und ir deste flîzeclîcher gern. Und er hât sie uns umbe sus gegeben, alles dar umbe daz ir die edele sêle deste minner lât verderben.

Wan diu erzenîe hât sô guote kraft: daz aller der siechtuom ûf einer sêle geligen möhte (ich meine alsô, daz ein mensche alle die sünde möhte hân getân, die alle menschen ie getâten sît Adâmes gezîten), und enphæhet ez die erzenîe ze rehte, sie wirt gesunt. Des lîbes erzenîe hât sô grôze kraft niht; wan swaz man dem lîbe erzenîe mac gegeben, sô muoz er doch ze jungest sterben. Iedoch sô mac ein guot meister wol mit künsten einen siechtuom vertrîben, den sus ein mensche lange tragen muoz, ob der siechtuom alsô ist daz man in vertrîben mac, wan ez ist etelich siechtuom, den alle meister niht vertrîben möhten; sie machent aber wol daz man den siechtuom deste sanfter treit. Und alsô hât uns der almehtige got an lîbe und an sêle erzenîe gegeben. Wan uns got alliu dinc ze nutze hât geschaffen, sô hât er uns den siechtoum ze nutze geschaffen, einhalp zem lîbe und anderhalp zer sele. 'Wie, bruoder Berhtolt, wie mac er uns zem lîbe nütze gewerden? Er mac uns wol zer sêle nütze sîn.' Sê, daz wil ich dir sagen. Dâ hâst dû lîhte verdienet umb unsern herren, daz dû ein bein abe soltest brechen oder eine hant oder lîhte ein unrehtez ende soltest nemen, als Pilâtus und alse Nêrô, die unser herre hie gepîniget hât, und ouch etelîche ander, unde doch verlorn wâren an der sêle.' Als gît er dir ofte hie einen siechtuom, der dir ze grôzem schaden gienge, unde dû büezest doch die sünde dâ mite. Sô sprechent sumelîche: der den riten habe der büeze deheine sünde dâ mite. Daz ist ein lügen. Ez enist dehein siechtuom, dû büezest wol sünde dâ mite. Und ist ein ieglich siechtuom, dâ dir ein meister an erzenîen wil, er siht, ob dû genislich bist oder niht; und ist er ein guot meister, er nimt wol war, ob diu zeichen an dir sint des tôdes oder niht. Swenne der sieche an an dem siechbette lît unde der arzât zuo gêt unde besehen wil wie der sieche müge, und ist danne daz der sieche sich gein der wende kêret unde die liute ungerne an siht, daz ist ein zeichen daz er sterben wil. Und ist daz im diu ougen in dem houbete gespitzet sint, daz ist ein zeichen daz er sterben wil, unde des nimt alles ein guot meister war an dem siechen. Swelhez er der einz siht, sô siht er wol daz ez des tôdes zeichen einz ist, unde dar nâch kan er sich gerihten. Und ist daz dem siechen diu ôren kalt sint unde val unde sie im vaste dôsent, daz ist des tôdes zeichen. Und ist daz im der übermunt kurz worden ist und im hin ûf gekrümbet ist, daz ist ein zeichen daz er sterben wil. Und ist im diu zunge zervarn in dem munde, daz ist ein zeichen daz er sterben wil. Unde sint im die zene vergilwet in dem munde, daz ist ein zeichen daz er sterben wil, unde wagent im in dem fleische. Und ist daz im der âtem übele smecket, daz ist ein zeichen daz er sterben wil. Und ist daz im die vinger unde die negel vornen erswarzet sint, daz ist ein zeichen daz er sterben wil. Und ist daz er die arme niendert læt geligen unde sie hin unde her wirfet, daz ist ein zeichen daz er sterben wil. Und ist daz der sieche, er sî man oder frouwe, diu bein zuo im oder von im ziuhet, daz ist ein zeichen daz er sterben wil. Und ist daz im die füeze erkaltet sint, daz ist ein zeichen daz er sterben wil. Und ist daz er die füeze unde daz houbet verkêret, alsô daz er daz houbet hin abe leit dâ im die füeze solten ligen, unde die füeze leget dâ im daz houbet solte ligen, daz ist ein zeichen daz er sterben wil.

Nû seht, daz ist âne sache niht, ir hêrschaft alle samt, wie glîche ez uns der almehtige geordent hât, iemer einhalp zuo dem lîbe und anderhalp zuo der sêle! Rehte ze glîcher wîse, alse des lîbes arzât diu zeichen sol versuochen an dem siechen, ob er lebelich oder tœtlich sî, alsô sol der sêle arzât ouch daz selbe tuon, swenne der sieche für in kümet, der an der sêle siech ist. Der sêle arzât daz ist ein ieglich priester, dem der almehtige got daz amt verlihen hât, daz er messe singen unde lesen sol unde bîhte hœren sol: der sol dirre zeichen aller war nemen. Unde ir siechen, die noch an der sêle siech sint, ir sult hie bî merken unde lernen. Swâ ir dirre zeichen deheinz an iu verstêt, daz sult ir dem arzât, dem priester, allez in der bîhte rüegen, wan er mac der zeichen an iu niht gesehen noch gegrîfen, als der arzât des lîbes. Wan alliu diu zeichen des tôdes zem lîbe, diu sint alle samt bezeichent ze dem tôde der sêle. Unde der sêle arzât mac ir niht gesehen: ir sült sie an iu selben üeben. Unde swenne ir der selben zeichen an iu selben niwan einigez verstêt, sô îlet vil wunderbalde gein dem arzâte unde leget im den siechtuom für den ir an der sêle habet unde heizet iu erzenîe geben. Unde begrîfet iuch der tôt âne die erzenîe, sô sît ir êwiclîchen tôt an der sêle. Des lîbes tôt wære ein niht wider dem tôde der iemer wert; wan des lîbes tôt ist eht kürzlîche ergangen, des mac nieman über werden, er sî übel oder guot. Sô mügen wir der sêle tôt wol über werden, ob wir wellen fliehen niwan tœtlîche sünde, die von Adâme an uns geerbet sint. Wan sie heizent dâ von tœtlîche sünde, daz sie alliu guotiu werk ertœtent diu wir iemer getuon mügen, daz uns daz niemer gehilfet. Nû seht, nû hât ez got an unser frîe willekür gelâzen, unde dâ von ist unsern herren diu erzenîe sô gar harte an komen wider des lîbes erzenîe, wan der sêle tôt sô gar griulich ist wider des lîbes tôt, wan der sêle tôt niemer mê ende genimt und ist aller tœde wirste: *mors pessima.* Unde dâ von sprichet unser herre aber mê: 'ich wil niht des sünders tôt, ich wil daz er sich bekêre.' Unde dâ von sult ir den tôt der sêle wol hundert stunt harter fürhten danne des lîbes. Wan swie tiure diu erzenîe ist der sêle unde swie tiure sie den almehtigen got an kam, unde versûmest dû dich an der selben erzenîe, daz dû ir bî dînem leben niht enpfæhest und alsô âne die selben erzenîe stirbest, sô bist dû an lîbe und an sêle tôt. Swie dû dich versûmest, daz dû in houbetsünden stirbest âne die heiligen erzenîe, daz ist diu heilige buoze, sô mac dir alliu diu erzenîe niht gehelfen die got ie gemachete und alle die heiligen die got ie geheiligete und allez daz bluot daz got ie vergôz, daz mac dich eht niemer mêr von dem êwigen tôde erlœsen. Unde dâ von sô sprichet der guote sant Johannes in apokalipsî; der sach siben engele mit ampoln unde dar inne was gotes zorn unde den hiez er giezen ûf den sünder: 'giuz ûz mînen zorn ûf den sünder unde giuz in daz mer, daz der sünder alse maniges tôdes müeze ersterben an lîbe und an sêle alse tropfen in dem mer ist,' unde swenne er alse manigen tôt erliten habe als tropfen in dèm mer ist, daz danne sîn martel alrêrst an hebe. Und alsô hiez unser herre die ampoln alle siben ûz giezen ûf den sünder. Nû hœret, ir hêrschaft alle samt, wer dise tœde erschrîben möhte oder betrahten, wie schedelich der sêle tôt ist! Unde dâ von sult ir vil wunderlîchen balde, als ir iuch verstêt daz ir an der sêle siech sît mit tœtlîchen sünden, îlen unde gâhen zuo der sêle arzâte, zuo dem priester, unde sult im klagen waz iuwer sêle iu wirret unde sult dar über die heilige erzenîe enphâhen, die heilige buoze. Wan sô iu an dem lîbe iht wirret, sô îlet ir gar balde zuo einem arzâte unde zuo andern witzigen liuten unde frâget die unde bitet die, daz sie iu râten unde helfen, unde waz iuch daz kosten mac daz dünket iuch gar ringe. Sô soltet ir noch tûsent stunt harter gâhen, swenne ir an iuwer sêle siech werdet mit tœtlîchen sünden, die uns ûf geerbet sint von Adâme. Nû seht, durch den almehtigen got der iuch beschaffen hât, wie gar schedelich der siechtuom der sêle ist! Unde dâ von sült ir balde zuo dem arzâte gâhen, dem der almehtige got die erzenîe bevolhen hât, daz man sie iu umbe sus geben sol, den worten daz ir deste gerner die erzenîe enphâhet: wan soltet ir sie koufen alse des lîbes erzenîe, sô enpfienget ir sie gar selten: ir kumt sus sô kûme zuo der bîhte unde zer buoze. Etewie bræhte wir iuch zer bîhte, aber an die erzenîe der heiligen buoze kümt ir gar kûme. Und ir sult den rehten arzât frâgen, den got dar zuo gesetzet hât. Swenne ir siech sît an iuwer sêle, sô sult ir niwan zuo dem gewîhten priester gên, niht zuo ketzern noch zuo juden noch zuo andern unglöubigen liuten, noch zuo zouberærinnen noch zuo wârsagerinnen noch zuo nieman anders danne zuo den gewîhten priestern. Unde daz daz wâr sî, daz hât uns got erzöuget in der alten ê. Dâ was ein künic, der hiez Ochozias, der was siech unde sante zuo einem wârsagen, ob er gesunt solte werden an dem siechtuome oder ob er des selben legers sterben solte, daz er im daz kunt tæte. Dô enbôt im der almehtige got, er solte sterben des legers, wan er zuo dem wârsagen gesant hæte für got selber. Dô verbrante Helyas anderthalp hundert man, alles umbe den selben unglouben. Drîstunt fünfzic man sante der selbe künic zuo Helyas, und er stuont ûf einem berge unde sie riefen ûf den berc: 'hœrest duz, gotes man?' Er sprach: 'sît ich bin gotes man, sô kome ein fiwer unde verbrenne iuch alle sament.' Und alsô sante er drîstunt ie fünfzic man zuo im, die verbrante er eht alle samt mit disem worte. Unde wir habenz dâ für, daz unser herre ie sô sêre an im daz geræche, daz er sibenzic priester von dem lîbe tet, daz daz got ie sô sêre an im geræche, sô daz er an wârsagen und an zouber gloubte: daz rach got noch mêr an im, daz er ein sô jæmerlich ende nam und noch hiute verloren ist. Unde dar umbe sult ir deheiner slahte unglouben in iuwer sêle haben unde sult âne valsch und âne hinderliste zuo den priestern gên: daz sint die rehten meister, die wîsheit unde kunst von dem almehtigen gote habent. Die aber sô grôzen siechtuom habent, den ist ouch guoter meister nôt. Und alsô rehte ze glîcher wîse, als des lîp der arzât besiht, wanne der sieche des tôdes zeichen hât, alsô sol der sêle arzât, der priester, sehen, ob der mensche tœtlich an der sêle ist oder genislich. Und ir jungen priester, ir sült iuch hüeten, swer tœtlîchen siechtuom an der sêle habe, daz ir im die hôhen erzenîe iemer erloubet, diu den almehtigen got sô tiure an kam, sînen heiligen lîchnamen, er gelobe iu danne daz er nimmer mêr tœtlîchen siechtuom welle gewinnen an der sêle unde daz er iu gelobe daz er die erzenîe der heiligen buoze durnehticlîchen welle an grîfen. Unde sô ir sô getânen siechtuom an iu verstêt, sô sult ir eht balde zuo dem arzâte komen, wan ir wizzet daz ir in dem êwigen tôde liget: '*media vita in morte sumus.*' Wan ez ist hiute in dem êwigen tôde manic tûsent sêle, die sîn alse wênic heten gedâht als iuwer iendert deheinez, unde versûmte sie anders niht wan der gedanc, swenne sie tôtsiech an der sêle wâren, daz sie in danne gedâhten: 'nû bîte unz an dise wîhenaht, sô muost dû doch bîhten, sô sage danne einz mit dem andern, oder unz an die vasten: sô kumest dû sîn mit einander abe.' Unde læst ez alsô hin slîfen. Daz ist daz aller bœste daz ir getuon müget, die in bœsiu dinc für setzent, wan dû weist niht ob dich got unz morgen læt leben oder zem hôhesten eine wochen. Jâ sult ir alle zît in grôzen vorhten sîn, als ir die sünde getuot, daz iu got günne ze leben unz ir die sünde gebüezet. Wie getarst dû danne den tac iemer geleben daz dû übeler dinge willen habest ze tuonne?. Sê, dir geschiht vil lîhte alse Holofernî. Der hete übeler dinge muot und hâte manic tûsent strîtbæres volkes bî im, unde bî dem her allem samt sluoc im ein krankez wîp sîn houbet abe, und alle die mit im dâ wâren und übeler dinge muot heten, die wurden alle samt flühtic unde wurden erslagen ir ein michel teil. Jâ gedenkest dû dir iezuo: 'ich bin sîn doch vil dicke alsô hin komen.' Gloube mir, alsô trîbest dû ez doch unz an eine wîle. Alsô was jener ouch hin komen, er hete manic tûsent mensche verderbet. Als man den metzen danne gefüllet, sô wirt er abe rîsende.

Nû merket alle samt, obe ieman hie sî, der deheinen tœtlîchen siechtuom an sîner sêle habe. Swenne der arzât zuo dem siechen gêt und er besehen wil, ob er des tôdes zeichen iendert an im habe, kêret sich danne der sieche gein der want unde siht die liute ungerne an, daz ist ein zeichen des tôdes an dem lîbe, unde bezeichent den tôt an der sêle. Alle die sô nîdic unde sô hezzic sint, daz sie eht einz niht mügent an gesehen vor nîde unde vor hazze unde diu ougen ab im werfent vil nîtlîche unde vil hezzelîchen: dû bist tôtsiech an der sêle, unde wirdest dû dâ mite begriffen âne die heilige erzenîe, dû muost alse lange in der helle sîn, als got eīn herre in himel ist. Wan riuwe bîhte unde buoze nemen wir alle zît ûz.

Sint dem siechen diu ougen gespitzet in dem houbte, daz ist ein zeichen des tôdes an dem lîbe, unde bezeichent den tôt an der sêle. Alle die velschlîche die andern an sehent in unkiuscher begirde, die versnîdent maniges reinen herzen gemüete. Die man hin zuo den frouwen unde die frouwen hin zuo den mannen, jâ spitzent sie diu ougen dar rehte sam sie solichez ie mêr gesæhen. Swenne ein man eine frouwen an siht in dem willen und in der andâht, daz er gerne sünde mit ir tæte, der hât diu werk vor gote vollebrâht. Hüetet der ougen unde lât iuwer spæhez öugeln sîn; wan dâ kumet manigiu tœtlîchiu sünde von, dâ manige tûsent sêle mite ertœtet werdent, daz ir niemer mêr rât wirt, daz niemer geschæhe, ob ir diu ougen für iuch hebtet.

Dem diu ôren kalt unde gel sint, daz ist ein zeichen des tôdes an dem lîbe, unde bezeichent ouch den tôt an der sêle. Daz ist daz dû gar ungerne predige unde messe hœrest unde lügenspil unde valscheit gar gerne hœrest, unde daz dû dînem ebenkristen michel gerner hœrest übel sprechen und arc danne wol, von nîde unde von hazze. Unde dû bist herzeclîchen frô swenne dû ein übel mære von im hœrest sagen oder von dînen nâchgebûren oder von andern dînen ebenkristen. Daz hœrest dû gerne, sô man seit, im sî sîn guot ûf der strâzen genomen oder ein ander schade oder daz im ein bein abe sî oder swaz dû von im hœrest daz im schade ist an lîbe oder an guote, unde hœrest gar gerne daz man von dir wol rede. Jâ sprichet unser herre: ‘dû solt dînem ebenkristen des günnen des dû dir selber ganst’. Seht, dâ mite begêt ir daz gebot unsers herren!

Swenne der sieche die ahseln ûf unde nider ziuhet mit dem âtem, daz ist ein zeichen des tôdes zem lîbe, und ez bezeichent den tôt an der sêle. Daz dû die ahseln unde den lîp allen samt eht dicke hôhverteclîchen hâst gefüeret unde gebranget anders danne dû soltest. Sô mit dem lîbe hôhverteclîche gebâren unde wenken, sô mit ahseln, sô mit houbete, sô mit gange: daz ist allez üppikeit unde hôhvart. Mit tanzen unde mit treten hâst dû dînen lîp dicke hin unde her gewunden unde gebrochen üppiclîche unde betrügenlîche. Dû bist tôt an der sêle. Vil wunderlîchen balde für den arzât der sêle!

Dem der munt kurz ist und ûf gekrümbet, daz ist ein zeichen des tôdes an dem lîbe, unde bezeichent den tôt an der sêle. Daz dir der munt gar ze kurz wirt, swenne dû daz pater noster sprechen solt unde daz ave Marîâ unde den gelouben, oder swenne ir den salter lesen sult, ir frouwen, und iuwer tagezît. Ir sît gelêret oder ungelêret, sô soltet ir iuwer tagezît sprechen. Nû sehet ir wol daz die stinkenden jüden ir tagezît sô gar mit flîze begênt âbendes unde morgens; unde swâ ir des niht tuot unde got niht anruofet alse ir ze rehte soltet, dâ ist iu der munt gar ze kurz zuo, unde bezeichent den tôt der sêle.

Sô dem siechen diu zunge zervarn ist, daz bezeichent, daz dîn zunge sô manige unnütze vart tuot in dînem munde ungetriuwelîche ûf dînen ebenkristen mit liegen unde mit triegen unde mit nâchreden unde mit spote unde mit schelten unde mit fluochen unde mit meineiden, mit mortbeten unde mit rüemen unde mit giuden unde mit smeichenne ungetriuwelîche unde mit ungetriuwen ræten: daz ist aller sünde wirstiu. Judas, wâ sitzest dû vor mir?

Swem die zene dâ wagent in dem munde und im gel sint worden, daz ist ein zeichen des tôdes an dem lîbe, unde bezeichent den tôt der sêle: swenne dir die zene ofte gênt wagende ze unrehter zît mit überezzenne und übertrinkenne, sô dû billîchen vasten soltest; wan dû ein frâz bist oder eine fræzin, sô trîbet dich dîn frâzheit dar zuo, daz dû gote unde werlte unmære wirdest. Wan frâzheit ist der sünden houbetlaster einz, dâ manic tûsent sêle mite verdampt werdent, daz ir niemer mêr rât wirt; unde sie tœtent dich an lîbe und an sêle und an êren und an guote.

Sô der sieche die arme niemer lât geligen unde sie hin unde her wirfet, daz ist ein zeichen des tôdes an dem lîbe, unde bezeichent den tôt an der sêle: swenne dû die arme nâch der unkiusche geworfen hâst unde hôhverteclîche geswungen unde gestellet hâst zuo tanzen unde zuo helsen unde zuo brîsen, und etelîche zuo steln unde zuo rouben unde zuo manslaht unde zuo wunden unde zuo slahen unde zuo roufen unde zuo andern übeln dingen.

Daz dem siechen die hende erswarzet sint unde die nagel, daz ist ein zeichen des tôdes an dem lîbe, unde bezeichent den tôt an der sêle: swenne dir die hende unde die nagel erswarzet sint unde gestarret sint, daz dû gar ungerne almuosen gîst unde gar ungerne mit den nagelen an daz herze klopfest unde gar ungerne die hende gein den gnâden unsers herren ûf biutest unde got an ruofest unde daz dû michels gerner unreht guot enpfæhest mit dînen henden danne daz dû almuosen gebest mit dînen henden unde gar ungerne messe frumest dînen vordern. Wan dû solt vater unde muoter êren alse wol nâch dem tôde als bî dem lebenden lîbe, obe dû sîn state habest; unde hâst dû sîn niht state an dem guote mit almuosen geben unde mit messen frumen, sô gedenke ir getriuwelîche in dînem gebete, wan daz habent sie gar wol umbe dich verdienet; unde habent sie sîn niht umbe dich verdienet, dannoch sô bist dû sîn in schuldic. Unde wir lesen niht daz dehein almuosen der sêle nützer sî danne messe frumen, âne gelten unde wider geben, sint sie ieman iht schuldic worden; swer daz für sie giltet unde widergît, daz ist vor allen dingen daz beste, unde dar nâch under zwelf leie almuosen ist messe frumen daz beste. Unde swâ ir daz niht tuot, daz ir almuosen gebet ob ir des state habet, daz ist ein zeichen des tôdes an der sêle, als got selber sprichet in dem heiligen êwangeliô von einem rîchen manne. Der hete rehte gewunnen guot unde der ist hiute begraben in der helle, daz er daz rehte gewunnen guot ze gîteclîchen hielt. Daz ist iu ofte vor geseit unde kêret iuch doch dran niht.

Sô der sieche diu bein von im unde zuo im ziuhet vaste unde niemer ruowe dâ mite gehaben mac, daz ist ein zeichen des tôdes an dem lîbe, unde bezeichent den tôt an der sêle: swenne dû gar ungerne ze kirchen gêst unde ze predige unde ze messe unde zen aplâzen unde zen siechen, daz dû die gesehest unde sie trœstest, alse got dâ vordert an dem jungesten tage, unde daz dû gar ungerne venjen vellest ûf diu knie und an die lenge.

Unde sint dem siechen die füeze kalt, daz ist ein zeichen des tôdes an dem lîbe, unde bezeichent den tôt an der sêle: swenne dir die füeze kalt sint, die dich solten tragen zuo gotes dienste unde zuo allen guoten dingen, daz bezeichent ouch vil rehte daz dû erkaltet bist an der minne gotes und an gotes liebe. Daz ist diu trâcheit an gotes dienste und ist der siben houbetlaster einz. Und obe dû dâ mite begriffen wirst, sô wirt dîner sêle niemer mêr rât unde muost als lange dâ ze helle sîn, als got ein herre in dem himel ist.

Nû seht, wie an manigen enden iu ungelêrten liuten unser herre geschriben hât an den himel und an die erde alle die sache, der uns nôt ist zem lîbe und ze der sêle, iemer einhalp zem lîbe und anderhalp zer sêle. Und alsô hât er uns dise letzen an unser selbes lîp geschriben, wie wir suln komen in daz heilige lant, daz er uns dâ geheizen hât. Wan alse ir der siechtüeme einen an iu verstêt, sô sült ir zuo dem arzâte komen, daz er iuch gesunt mache. Daz hât got an iuwer frîe willekür gelâzen, ob ir daz tuon wellet oder niht. Er hât iu die erzenîe umbe sus gegeben: dar umb ir sie deste gerner enpfâhet, sô hât er dem arzâte daz geboten, daz er sie uns umbe sus geben sol, ir gebet im danne von iu selben etewaz dem priester; ân für sêle, daz sît ir in schuldic. Swaz ir in dar über gebet mit willen von iu selben, daz habent sie mit rehte.

Noch sint etelîche siechtüeme die der sieche hât. Sumelîche liute hânt den siechtuom, den alle meister niht vertrîben künnent; unde giengen alle meister zuo, die von erzenîe ie gelâsen, die künden etelîchen siechtuom niemer vertrîben noch gebüezen. Unde lebete meister Ypocras noch hiute, der meister was über alle meister die von erzenîe ie gelâsen, er kündez niemer gebüezen; unde lebte noch her Galiênus unde her Constantînus unde her Avicennâ unde her Macer unde her Barthomêus, — die wâren die aller hôhesten meister die von erzenîe ie gelâsen, unde habent alle künste erfunden und erdâht, diu von erzenîe ie wart erdâht —, unde lebten die alle noch, sie möhten etelîchen siechtuom niemer gebüezen. Daz ist ûzsetzikeit und ist diu vallende suht. Swer die vallende suht hât über vier unde zweinzic jâr, dâ gên alle die zuo die dâ hiute leben, die künden den siechtuom niemer gebüezen. Unde swenne er alsô hin vellet unde lît unde schûmet, sô hüetet iuch vor im als liep iu lîp sî, daz sich ieman nâhen zuo im habe, wan im gêt ein sô griulich âtem ûz dem munde, daz er vil lîhte den selben siechtuom gewünne, swem der âtem in den munt kæme. Unde dâ von sô hüetet iuch daz ir im iht nâhen komet innen des, daz in der siechtuom an gêt. Sô ist ein siechtuom, der heizet der tôtslâf. Den künnent alle meister niht gebüezen. Waz meinet daz? Dâ ist uns bî bezeichent, daz der lîp hât sô getânen siechtuom, den nieman kan gebüezen. Alsô sint etelîche siechheit der sêle, die nieman kan gebüezen. Daz sint etelîche kalte geistlîche liute. Der gesach ich nie dekeinen, der ie genzlîche bekêret würde, und ich hân doch vil mit sündern gewandelt unde hân ez ofte an die liute gesuochet: ich gesach ir nie dekeinen, der endehaft ie bekêret würde. Daz selbe sint die wider den heiligen geist dâ sündent; dâ geturren wir niht wol von gereden, wan ez uns verboten ist. Ez was Judas der selben sünder einer, wan ir sint fünf oder sehse der selben sünden. Und etelîche ketzer sint in der einen unde die tiuvel sint in einer. Unde swer in der selben sünden einer ist, der kam mir nie deheiner zuo der ie bekêret würde. Des tuon sich eht alle die abe die ie gepredigeten oder bîhte ie gehôrten, daz ir iemer deheiner bekêret werde. Daz selbe spriche ich zuo den ketzern. Dâ müeste des heiligen geistes eht ein michel teil hin fliezen, ê daz er iemer bekêret würde, der lange in der ketzerîe gewesen ist. Der niuwelîche drîn kümt, den bringet man wol der von: die aber lange drinne beligent, des tuo sich alliu diu werlt abe, daz die iemer mêre bekêret werden. Als wênic man den kristallen iemer ze wazzer wider mac gemachen, als wênic mac man den ketzer iemer wider ze einem kristenmenschen gemachen, der in ketzerîe lange gewesen ist; wan er ist von wazzer kumen der kristalle, unde alliu disiu werlt möhte in niemer wider ze wazzer gemachen. Und alsô ist dem ketzer: der ist von kristenliuten, und alliu diu werlt möhte in niht wider ze einem kristenmenschen gemachen und in sol ouch nieman vil versuochen; wan sô man in ie mê versuochet, sô er ie bœser wirt. Pfî, gîtiger, dû stêst allenthalben an dem blate! Dû bist ouch der siechen einer, den alliu diu werlt und alle meister niht ernern künnen; des tuon sich alle die abe die ie buoch gelâsen oder ie kunst gesâhen oder gehôrten: dîn suht ist ein suht ob allen sühten. Unde daz daz wâr sî, daz dû der sünder einer sîst, den nieman mac bekêren unde niemer bekêret wirt, der eht sîn vil hât des unrehten guotes.... Der sîn ein wênic hât des unrehten guotes, den bræhte man wol der von; der sîn aber vil hât, des tuo sich alliu diu werlt abe, daz den iemer dekein man durnehteclîchen müge bekêren. Man bræhte ir etelîchen dran wol, daz er ein wênic widergæbe, aber genzlîche nâch rehte, der hân ich nie deheinen gesehen, weder verre noch nâhe, und ich bin doch vil mit in umbe gangen. Sehen ander prediger unde priester unde bîhtiger, waz in widervarn sî: ich enhân ir nie deheinen gesehen, der pfenninc für pfenninc, schillinc für schillinc widergæbe unz an den jungesten helbelinc; der gesach ich nie deheinen. Seht ir, waz ir geschen habt! Unde daz daz wâr sî, daz man ir niemer deheinen genzlîche bekêren mac, daz hât uns got erzöuget mit im selber. Wan er predigete einem gîtigen selber ûz sînem gotelîchen munde drittehalp jâr und predigete baz danne mensche ie getete, alse billich was, und er mohte in nie bekêren, unz er in selben verkoufte umbe drîzic pfenninge. Und alsô hât uns got erzöuget, daz im nieman sô herte ist als der gîtige. Und alsô sint etelîche siech an dem lîbe, die alliu diu werlt niht gesunt kan gemachen, und alsô sint ouch etelîche siech an der sêle, die niemer mêr gesunt künnen werden. Nû sult ir got anruofen mit inneclîchem herzen, daz er sich über uns erbarme, swie ez umbe den siechtuom ergê an dem lîbe, daz wir an unser sêle gesunt werden vor unserm ende, daz wir die heiligen erzenîe alsô enpfâhen an der sêle, daz wir mit dem almehtigen gote frœlîche an dem jungesten tage erstên müezen mit lîbe unde mit sêle. Daz verlîhe uns allen samt unser herre Jêsus Kristus, der mit dem vater unde mit dem heiligen geiste lebet unde rîchset ân ende und ie ân anegenge. Âmen.

# XXXIII.

## VON ZWELF JUNCHERREN DES TIUVELS.

'DEr lôn nâch den sünden ist der tôt, aber diu gnâde gotes ist daz êwige leben.' Alsô sprichet der guote sant Pauls in der heiligen episteln (*ad Rom.* 6, 23). Unde daz wort daz dâ sprichet *stipendia*, daz ist reht als vil gesprochen, reht alse dâ ein ritter rehte wol gestriten hât, dem gît man daz lôn. Wan wir haben vil wort in der latîne, diu wir in tiutsche niemer ûz künnen gelegen wan mit gar vil umberede: wir sîn in latînischer sprâche gar rîche unde haben vil rede mit kurzen worten begriffen, dâ man in tiutscher sprâche vil muoz gereden. Und alsô ist daz wort *stipendia*. Alsô welich ritter wol gestriten hât, dem gît man daz lôn; hât er aber zegelîchen gestriten, sô gît man im ouch daz lôn, daz dar umbe gebürt. Der dâ wol gestriten hât, dem gît man daz lôn, daz man sprichet: 'weh, wie gar ein biderber ritter daz ist!' unde lobet in unde biutet im gar grôze êre unde man sprichet im wol unde man sprichet: 'eyâ, man sol im lîhen unde geben unde man sol im grôze êre bieten.' Sô sprichet man disem niht wol, der dâ zegelîche gestriten hât, unde biutet im unwirde unde smâcheit. Ze glîcher wîse hât unser herre ouch in der werlte sîne soltritter, die sînen strît strîtent; den gît er ouch daz lôn, daz ist daz êwige leben, als der guote sant Paulus dâ sprichet. Sô hât der tiuvel ouch sîne soltritter, die in sînem dienste strîtent; den gît er den êwigen tôt: daz ist ir lôn nâch den sünden. Er gît in daz er dâ hât. Er hât anders niht danne daz êwige fiwer unde die êwigen martel, wan er ist griulich unde kan sich über nieman erbarmen. Nû seht, ir hêrschaft, wedern dienest ir verdienen wellet: der gnâde gotes umbe daz êwige leben, oder den sünden umbe den êwigen tôt. Wan der lôn nâch den sünden daz ist diu êwige martel.

Wande danne der nû vil mêr ist die den sünden dienent, wan der die dâ dienent umbe die gnâde gotes und umbe daz êwige leben, sô wil ich von den des êrsten sagen, die dâ den sünden dienent. Wan der tiuvel rætet sînen soltrittern drîe ræte ze allen zîten, dâ mite er eht manic tûsent sêle hât verrâten, daz ir niemer mêr rât enwirt. Ez wære sîner schar doch minner wan dise drîe ræte: wan dar an ist leider deheiner slahte zwîvel, ez ensîn dér mêre die verlorn werdent under gewahsenen liuten; âne diu kleinen kint, diu niht getouft werdent, âne jüden unde heiden unde ketzer (die sint vor verlorn), sô wirt daz mêrre teil an kristenliuten verlorn. Daz sprichet got selber, des munt deheine lügen nie getet: ‘der geladenen ist vil, der erwelten ist wênic.’ Unde dâ von wil ich iu des êrsten sagen von den, die des tiuvels soltritter sint, den worten daz ir iuch deste gerner vor sînem solde hüetet. Wan sîn solt ist gar ein griulich solt und er wil iemer deste gerner grôz martel lîden dâ ze helle, daz wir mit im dar komen. Dâ beschirme uns vor der almehtige got. Aber hie vor in der alten ê, dô dannoch unser herre niht was gemartelt, dô hete der tiuvel noch mêr gewaltes danne er sît hæte. Wan ez was eht nieman dô sô heiliger daz er zem himelrîche mohte komen, unde sie wâren doch dar umbe niht in der rehten helle, si wâren in limbô die guoten unde die gerehten; die übeln wâren in der bittern helle: die sint ouch hiute dâ unde müezent ouch iemer dâ sîn. Die guoten wâren in der vorhelle, wan eht nieman ze himelrîche mohte komen vor Adâmes schulde, die in des tiuvels gewalte wâren. Dô wart der gewalt des tiuvels zerbrochen: dô unser herre an dem kriuze eht starp, dô starp der tiuvel und unser herre Jêsus Kristus an éinem bette. Unde daz daz wâr sî, daz erzöugete uns got in der alten ê an einem wîssagen, der sprach alsô: ‘ez kumt ein starker ûf den andern starken unde koment bêde ûf einander gestôzen, daz sie bêde sterbent.’ Und alsô wîssagete ez der wîssage lange vor, und ez wart vollebrâht. Dô unser herre an dem kriuze erstarp, dô was eht der tiuvel ûf daz kriuze komen zuo im unde sie sturben bêde an dem bette, daz ist daz hêre kriuze: dâ sturben sie bêde an dem bette, an dem frônen kriuze. Dâ kâmen sie sô vesteclîche ûf einander stôzen, daz der tiuvel rehte erstarp an sînem gewalte; dô erstarp unser herre an sîner menscheit, wan unser herre fuor al zehant nider unde brach die helle mit sînem gewalte unde nam alle die ûz des tiuvels gewalte, die gotes willen heten getân, und er bant den tiuvel an sînem gewalte, daz er niemer den gewalt hân mohte, den er vor hete. Unde dô der tiuvel sach daz er alsô erstorben was an sînem gewalte unde daz er den gewalt niht mêr gehân mohte den er vor gehabt hete, dô hete er zwelf juncherren, den bevalch er sînen gewalt, unde die sint sît alle gewaltic gewesen unde werdent von tage ze tage gewaltiger, wan sie habent manic tûsent sêle zer helle brâht, daz ir niemer mêr rât wirt. Unde daz daz wâr sî, daz hât uns got erzöuget an hern Alexander. Der was ein gewaltic künic unde der betwanc daz ober teil gein der sunnen: daz mêrre teil der werlte daz betwanc der künic Alexander allez samt under sich verre unde nâhen und ersluoc alsô alle die er an kam unde rîchsete alsô über daz mêrre teil der werlte unde betwanc daz allez samt under sich. Alse er dô an sînem tôde lac, dô hete er zwelf juncherren, den gebôt er allen für und er enpfalch den zwelf juncherren allen sînen gewalt. Wan alle die sache die uns kristenliuten nütze wâren an der sêle, die erzöugete uns got alle samt an der liute leben in der alten ê, swaz uns künftic was, ez wære nütze oder unnütze. Und alsô erzöugete uns got ouch daz. Alexander der bezeichent den tiuvel. Wan rehte ze glîcher wîse als Alexander an dem tôde lac (dô stank er, daz eht nieman genesen kunde) unde er des wol enpfant daz er niht mêr leben solte noch mohte, dô bevalch er sînen gewalt sînen zwelf juncherren. Alsô tet ouch der tiuvel. Dô er starp an sîme gewalte von dem tôde, den unser herre für unser schulde an dem kriuze leit (dâ mite erstarp der tiuvel dô an sîme gewalte, den er mê danne fünf tûsent jâr getriben hete), dô bevalch er sînen gewalt zwelf juncherren, alse der starke Alexander.

Der êrste juncherre dem der tiuvel sînen gewalt bevalch, der heizet nît unde haz. Unde der ist ouch nû sô gewaltic worden, daz im vil lützel ieman engêt. Er betwinget im die man unde die frouwen, den jungen unde den alten, den herren unde den kneht, den pfaffen unde den leien, den rîchen unde den armen, den geistlîchen unde den werltlîchen. *Mali laici*, *mali religiosi.* Daz ist aber gar der sihtige tiuvel. Unde dar umbe, ir hêrschaft, durch den got der durch iuch an dem kriuze erstarp, sô behüetet iuch vor disem juncherren des tiuvels unde bringet in ze schanden unde ze laster, wan er der siben houbetlaster einz ist unde bræhtez dar zuo vil gerne, daz wir bî sînem herren dem tiuvel lesterlîche brinnende würden, nû des êrsten an der sêle und danne an dem jungesten tage an lîbe und an sêle, als sîn herre der tiuvel, der lesterlîche starp an sînem gewalte. ‘Owê, bruoder Berhtolt, wie mügen wir uns vor disem lasterbæren juncherren behüeten?’ Seht, dâ sult ir eine juncfrouwen liep haben unde sült umbe die werben; unde swie ir die erwerbet, diu ist sô reine unde sô tugenthaft, swer sie liep hât dem kan kein lasterbærre juncherre niemer niht geschaden weder kleine noch grôz, und er muoz rehte vor der abe schaben unde der sunnen haz gewinnen. Alse gar gewaltic und alse gar aller tugende vol ist diu selbe juncfrouwe, daz sich der almehtige got durch die selben juncfrouwen an daz kriuze gap. Unde den worten wil ich iu sagen wie diu heizet, daz ir sie deste lieber habet. Sie heizet diu wâre minne. Diu twanc den almehtigen got, daz er uns erlôste von dem êwigen tôde mit sînem tode. Wâ wart ie minne alse grôz und als griulich? Unde dâ von wil er daz wir die wâren minne liep haben, als vil manige heiligen die im der selben minne gedanket habent unde sich ouch an den tôt gâben durch die liebe unsers herren. Nû seht danne, wie grôzen gewalt des tiuvels kneht an iuwer etelîchem habe gewunnen, daz ir einen ungenæmen haz unde nît niht gelâzen müget durch die liebe unsers herren, wie lützel ir danne den lîp an die martel gæbet, die niht ein kleinez dinc mügen getuon! Daz ist dâ von daz ir die juncfrouwen niht liep habet, diu dâ heizet diu wâre minne, wan diu vertrîbet allen haz und allen nît unde halt anderre untugende ein michel teil. Und alsô sult ir minne haben gein dem almehtigen gote. Den sult ir zem êrsten minnen von allem iuwern herzen, von aller iuwer sêle unde von aller iuwer maht und iuwern ebenkristen als iuch selber. Seht, sô tuon ich iuch des sicher, daz iu der tiuvel selbe noch dehein sîner diener niemer deheinen schaden getuon mac an iuwer sêle.

Der ander juncherre, dem ouch der tiuvel sînen gewalt hât bevolhen, der betwinget im ouch manic tûsent menschen in sînen dienest, wan er ist ouch gar lasterbære und êre lôs und er schemt sich halt nihtes niht und er ist ouch ursache aller untugende, wan er der siben houbetlaster einz ist. Sô ist er ouch gar lasterbære und er suochet und üebet manigem menschen grôz laster swer in sô nâhen zuo im lât, daz er sîn gewaltic wirt. Unde daz ir iuch vor im hüeten wellet, sô wil ich iu den selben juncherren nennen, daz irn fliehet iemer mêr unze an iuwern tôt, wan er tuot unmâzen grôzen schaden und er tuot iu niht éinen schaden, er tuot iu manigen schaden. Und er heizet der zorn. Nû seht, wie gar er manigem alle sîn êre nimt! Wan er wirt sô gewaltic über manige liute, daz sie in den gewissen tôt gênt vor zorne. Unde daz er wol weiz daz er lîp unde sêle verlorn hât, sô loufet er hin unde sleht oder stichet einen ze tôde. Unde daz man im ein künicrîche drumbe gæbe, swanne er zornic wirt, ern læt sîn niht; unde der im halt himelrîche drumbe gehieze, ern tæte sîn niht. Daz ist dâ von daz der tiuvel unde sîn kneht an dir sô grôzen gewalt gewunnen hânt. Wan dû tuost durch den selben tiuvelsboten daz dû unde dîn kint iemer deste bœser sît an êren und an guote, unde wirt etelîchez als lasterbære niwan mit worten vor zorne, daz im allez daz vînt wirt daz ez von im hœret; wan dû aller der êren vergizzest vor zorne, die dû ze gote unde ze der werlte haben soltest, unde gebârest sam dû mit dem tiuvel sîst beheftet. Daz ist dâ von daz des tiuvels bote sô gewaltic an dir ist worden; wan er bevalch im sînen gewalt, dô er von gotes tôde an sîme gewalte erstarb, und er ist ouch dem tiuvel der nützest juncherre den er iendert hât, er selbe zwelfte. Unde swer im widerstên welle, der habe eine juncfrouwen liep, diu heizet gedultikeit, wan sie ist sô gar tugenthaft, daz sie manic tûsent sêle zem himelrîche brâht hât. Wie gar unschuldic der almehtige got was aller sache daz übel heizet, dar umbe wart er nie deste zorniger umb ein einigez hâr noch ungedultic, wan was als ein lembelîn. Und alsô sult ir die edelen juncfrouwen liep haben, sô mac der lasterbære zorn niemer deheinen gewalt an iu gewinnen.

Der dritte juncherre des tiuvels, dem er ouch sînen gewalt bevolhen hât, der ist ouch gar geweltic des tiuvels unde betwinget der werlte daz mêrre teil. Seht, waz die andern danne tuon! Der ist geheizen trâkeit an gotes dieneste. Und er betwinget die jungen unde die alten, die armen unde die rîchen. Wan dû bist sô træge, daz duz niht durch der liute rede liezest, dû kæmest niemer oder selten in daz næhste gotes hûs. Wande dir got mit grôzen triuwen gedienet hât, dâ von wil er ouch daz dû im dienest. Er muotet dir aber sô grôzer dienste nû niht alse er etewenne tet, dô der wec offen was der martel. Wan er wirt aber noch offen vor dem jungesten tage, wenne der endekrist nû kumet: sô soltû dich nû ê lâzen marteln, ê danne daz dû von dem rehten kristengelouben kumest. Swenne aber iuch des niht nôt an gêt, sô sît barmherzic mit almuosen geben, wan daz ist der jungfrouwen einiu, dâ mite man dem juncherren widerstên sol, der dâ heizet trâkeit an gotes dienste. Unde dâ wider sult ir liep haben die juncfrouwen, diu heizet snellekeit an gotes dienste, daz ir gar snelleclîche unde willeclîche gote dienen sült. Diu ist aller tugende muoter diu selbe juncfrouwe, wan swer gote willeclîchen dienet dem sint alle sünde unmære. Wan aller der dienest den man gote iemer gedienen mac, der ist gote sô liep niht als daz ir die sünde hazzet.

Der vierde juncherre, dem der tiuvel ouch sînen gewalt bevolhen hât, der ist ouch der siben houbetlaster einz und ist ouch gar lesterlich. Er bringet manic menschen ze laster an êren und an guote und an lîbe und an sêle, und an allen sælden tuot dir der selbe juncherre schaden, der dâ heizet frâzheit, überezzen und übertrinken unde heizet unmâze des mundes. Unde hât ouch nû grôzen gewalt gewunnen an disen trenkern, die halt dem selben tiuvelsknehte sô gar undertænic sint, daz sie ûf gotes hulde niht ahtent noch ûf werltlîche êre unde einen frîtac niht wellent vasten unde verschement sich des, waz die liute dar zuo redent. Sô verschament sich etelîche niht daz sie in die lachen vallent unde ligent leitlîchen. Und alse maniger leie gewalt hât iu der tiuvel zuo geschaffen mit sînen zwelf jüngern. Unde wellet ir dirre untugende abe komen, diu dâ heizet frâzheit, sô habet eine juncfrouwen liep, diu dâ heizet mâze. Diu ist ouch gar grôzer tugende vol: daz ir mæzic sît an ezzenne und an trinkenne. Unde dâ mite ist manic heilige zem himelrîche komen. Pfî, ir fræze, ir luoderer, wie gar tiure unde fremde ist iu diu selbe juncfrouwe! Ez enwirt ouch iuwer niemer rât, ir sît ze verre komen in den gewalt des tiuvels.

Der fünfte juncherre der heizet unkiusche, unde diu hât sô vil werlte under sich gewunnen daz ez âne mâze ist. Des gewalt ist sô wît und alse breit, daz im lützel ieman mac engên. Er twinget den rîchen unde den armen etc. Dâ wider ist diu kiusche alse tugenthaft, daz sie in himelrîche sunder gekrœnet ist über alle juncfrouwen. Pfî, nescher unde nescherin, wie tiure iu disiu tugent ist! und ir êbrecher und eht alle die mit unkiusche umbe gênt! An den hât der tiuvel noch mêre gewaltes danne an andern sündern, wan ez der siben houbetlaster einz ist. Sô wirt er ouch in anegenge ze laster unde ze schanden dâ von, und an der sêle aller meiste, nû des êrsten an der sêle und an dem jungesten tage an lîbe und an sêle.

Der sehste juncherre der ist ouch der aller gewaltigesten einer unde dem tiuvel der aller liebesten einer und ist im ouch der glîchesten einer; wan er nam in ze einem gesellen unde ze einem friunde für alle die freude die die engel hiute mit gote in dem himelrîche habent, und er ist dem tiuvel sô gar liep, seht, der selbe juncherre, daz er in ze einem gesellen nam für got selber unde für alle die freude, die er iemer mêr mit gote haben solte. Unde der selbe juncherre unde geselle des tiuvels der heizet hôhvart, und er viel mit im von dem himelrîche her abe in daz apgründe der hellen, daz sîn niemer mêr rât wirt. Unde dar umbe hât er im sînen gewalt gar volleclîchen bevolhen und er ist nû gar gewaltic worden in der heiligen kristenheit. Er betwinget pfaffen unde leien unde die rîchen unde die armen. Doch mügent die armen niht grôze hôhvart vollebringen, wan daz sie dem tiuvel ir guoten willen erzeigent. Ez heizet aber ein übel wille: wande sie der sünden willen tragent, sô heizet ez ein übel wille. Pfî, wie manic arm menschel in der werlte ist, daz gerne dem tiuvel gehôrsam wære ob ez möhte! Unde wirdestû alsô funden, sô hâstû beidenthalp verlorn; wan dû maht sîn niht vollebringen mit den werken unde hâst niht wan den willen. Sô mac etelîchez niht mêre wan daz ez hôhvertic mit rüemen unde mit giuden unde mit andern lügen ist unde sich rüemet friunde die ez nie niht bestuonden unde seit von grôzer üppikeit unde von hôhvart die ez getriben habe, unde rüemet sich der hôhvart unde ziuhet sich daz an, des ez nie schuldic wart. Sê, sô ist der tiuvel gnuoc gewaltic an dir worden, daz dû unschuldic bist, daz dû die sünde ûf dich ziuhest mit lügen. Wan mit dem daz dû liugest, sô tuost dû éine sünde; daz ander ist daz dû die sünde ûf dich ziuhest unde dich ir rüemest unde wænest daz dû deste tiwerre sîst. Dû soltest dich ê der sünden helen danne dû dich ir rüemtest; unde möhtez ein hant vor der andern verbergen, daz soltest dû ê tuon, ê daz ieman von dir gebœsert würde. Wan swer sînen brunnen niht decket, dem geschiht des vihes âne mâzen vil ze gelten daz sich dar în ervellet. Sô danne etelîchez niht mêr hôhvart mac getrîben, sô rücket ez die gürteln hôher; sô hôhvertet einz von sînem wolsingen, einz von sîner schœne, einz von sînem gewande, einz von nihte. Sô hôhvertent etelîche mit wæhem gewande. Daz ein houbettüechelîn hât, daz kûme zweier pfenninge wert ist, daz gilwest dû unde machest ez mit krenzelînen unde mit îtelkeit und eht mit nihte. Ir herren einhalp mit versnitem gewande, und ir frouwen anderhalp mit gilwen unde mit zwacken unde mit næwen. Und alse manigen gewalt hât des tiuvels juncherre an iuch geleit mit iuwer hôhvart, und ir ist leider gar lützel, die sînem gewalte widerstên wellent unde die dâ wellent werben umbe die selben juncfrouwen, diu den selben juncherren gar vertrîbet unde sînen gewalt. Wan diu selbe juncfrouwe ist sô tugenthaft, daz sie dem almehtigen gote wol gevellet. Wan er unde sîn heiligiu muoter heten bêde die selben juncfrouwen alse gar liep, dô sie hie ûf ertrîche wâren, daz sie die selben juncfrouwen einen tac von in nie geliezen unde halt eine wîle als lange als ein brâwe die andern möhte gerüeren. Unde sie heizet dêmuot. Unde swer die selben juncfrouwen hât, der mac aller hôhvart an gestrîten. Unde hæte her Absalôn die selben juncfrouwen geminnet, sô wær er sô schentlîchen niht erstorben, hæte er getân als her Dâvît. Dô der eine hôhvart begie, daz er sîne liute zeln hiez, dô gewan er grôze dêmuot dâ wider unde daz er nider viel an sîne venje unde bat des unsern herren, daz er die râche über in selben lieze gên, die er mit der hôhvart verdienet hæte. Und alsô sult ir die hôvart vertrîben mit dêmüete. Unde lât ir die hôhvart obernthant an gewinnen mit ir gewalte an iu, sô müezet ir eht ir iemer mêr brinnen mit dem tiuvel in der helle, der mit hôhvart von himelrîche muoste varn in daz apgründe. Unde dar umbe sult ir den juncherren des tiuvels hazzen unde fliehen unde sult die juncfrouwen liep haben, diu dâ heizet dêmuot. Sô trîbet ir allen gewalt des tiuvels von iu, den er iemer gein iu getrîben möhte.

Der sibende juncherre, dem der tiuvel ouch sînen hôhsten gewalt bevolhen hât, im selbe zwelfte, der ist noch der gewaltigeste unde der schedelîcheste den der tiuvel iendert hât. Er ist sô gar gewaltic daz im lützel ieman engên mac der rîchen noch der armen. Er ist halt sô gewaltic daz er dem rœmischen keiser sînen keiserlîchen gewalt benimt unde den herzogen unde den andern herren unde daz er starke bürge unde türne gewinnet. Er ist gar kreftic an dem mêrren teil der werlte. Daz ober teil gein der sunnen daz twinget der tiuvel gar in sîne gewalt mit sînen zwelf juncherren. Daz ober teil gein der werlte daz sint alle kristenliute: die sint alle erwelt gein dem obern teil, gein der sunnen. Daz ober teil der werlte daz ist daz frône himelrîche, dâ wir kristenliute zuo erwelt sîn, unde der sunne ist der heilige wâre sunne, daz ist der almehtige got. Wan der sprichet alsô: ‘der geladenen ist vil unde der erwelten wênic.’ Dâ von betwinget er die werlt nâhen gar. Und aber alle die juncherren, die der tiuvel iendert hât, die sint alle sô gewaltic niht, sô der selbe juncherre. Er betwinget den vater daz er sîn eigen kint in den gewalt des tiuvels willeclîchen gît und in den êwigen tôt; und er næme alle die werlt dar umbe niht, daz er sîn kint an dem lîbe tœten hieze oder lieze, unde dirre juncherre ist sô gar gewaltic, daz er den vater twinget mit dem gewalte den er von dem tiuvel hât, daz er sîn eigen kint willeclîche in den tôt gît und in halt gît in zwêne tœde: in den tôt des lîbes und in den tôt der sêle, und an dem jungesten tage an lîbe und an sêle. Unde der selbe juncherre heizet gîtekeit. Der betwinget den geistlîchen unde den werltlîchen. Pfî, symonitaria, proprietaria, wâ sitzest dû dâ vor mînen ougen? *Mali laici, mali religiosi.* Daz ist aber gar der sihtige tiuvel. Die künige unde die keiser betwinget er, daz sie ir keiserlich reht müezent brechen, wan sie durch unrehte miete unde durch unreht guot unde durch gîtekeit des guotes dicke und ofte ir reht zebrechent und anders rihtent danne sie süln; unde daz man bürge unde türne brichet, daz vertragent sie wider daz reht unde wider got von der gîtekeit. Unde twinget den vater daz er daz kint in den êwigen tôt gît, wan er læt im daz unrehte guot und er weiz daz wol daz er des êwigen tôdes dâ von sterben muoz, nû des êrsten an der sêle und an dem jungesten tage an lîbe und an sêle. Und er hât dannoch mêre gewaltes. Er gît halt sich selben in den êwigen tôt durch des unrehten guotes willen. Unde swer des juncherren abe komen wil, der muoz zwô juncfrouwen liep haben, der einiu wider einen ieglîchen juncherren wol gestrîtet. Sô ist dirre juncherre sô gewaltic, daz er der werlte daz mêrre teil twinget. Unde wan er die werlt sô krefteclîche twinget, sô muoz man in mit zwein juncfrouwen überstrîten. Der heizet einiu diu miltekeit. Wan swâ diu miltekeit ist, diu vertrîbet alle gîtekeit. Diu miltekeit diu mac aber niemer guot gesîn wan an der stat, dâ nie gîtekeit hin kam. Alle die niht unrehtes guotes habent, die sint eht milte, alse verre alse sie mügent; die niht haben ze geben, die geben alse verre sie mügen und ir guoten willen: dâ genüeget unsern herren wol mite. Swer aber sigelôs ist worden an dem juncherren, der dâ heizet gîtikeit, der muoz die juncfrouwen haben, diu dâ heizet gerehtikeit, daz er ze rehte giltet unde widergît. Wan wær er alse milte alse der guote sant Ôswalt, ez hulfe in niht hâres grôz zem himelrîche, ern gülte und gebe danne ze rehte wider den er gelten sol unde widergeben, pfenninc für pfenninc, schillinc für schillinc, pfunt für pfunt unz an den jungesten helbelinc. Wande er sô grôzen gewalt hât der gîtsak, sô ist er ouch der siben houbetlaster einz. Unde dâ von sô müezet ir zwô juncfrouwen haben, die dem juncherren widerstrîtent: die miltekeit unde die gerehtikeit, gelten unde widergeben, die unrehtez guot haben. Unde habent sie niht unrehtes guotes, sô müezet ir milte sîn, wan jener lît vergraben in der helle, der niht milte was sîns rehte gewunnenen guotes. Pfî gîtiger, dû bist rehte allenthalben an dem jungesten und an dem unwægern teil! Nû muost dû ouch zwô juncfrouwen haben, unde sô man allen sündern buoze gît nâch gnâden, sô gît man dir dekeine gnâde zuo dîner buoze, niwan gelten unde widergeben nâch rehte. Dâ von sô hüetet iuch vor disem juncherren: die noch dehein unreht guot habent, die hüeten sich dâ vor, oder sie koment von der gîtekeit sô verre in des tiuvels gewalt, daz sie niemer mêre drûz mügent komen.

Der ahte juncherre der ist ouch gar ein untugentlîcher kneht des tiuvels, der heizet ungloube der heiden. Der enhaben wir hie niht; sô ist ir aber manic tûsent anderswâ jenhalp mers gein der sunnen. Daz ober teil der werlte, die her Alexander betwanc, die solten alle samt billîche kristen sîn. Dô betwanc sie der juncherre des tiuvels, der dâ heizet ungloube. Der hât sich nû gebreitet under jüden, heiden unde ketzer unde sus maniger leie. Der gloubet an hantgift, der an anegane unde der an zouber, und ir frouwen an lüppe und an zouber und an des tiuvels gespenste. Nû seht, wie gar unmâzen vil der werlt ist diu mit unglouben umbe gêt! wie der juncherre des tiuvels rîchset sô gewalteclîche, unde sô frevelîche der ungloube über alle die werlt ist rîchsende worden! Dar umbe durch den got der iuch beschaffen hât, sô hüetet iuch vor unglouben, vor ketzerîe unde vor der jüden glouben unde vor anderm unglouben. Dir mac ein jüde eine rede vor getuon, daz dû iemer deste swacher bist an dîme glouben. Dâ vor sult ir iuch hüeten, ir einvaltigen liute. Ir wellet allez mit den jüden einen kriec haben; sô sît ir ungelêret, sô sint sie wol gelêret der schrift, und er hât alle zît wol bedâht, wie er dich überrede, daz dû iemer deste mêr swacher bist. Unde von den selben sachen ist ez verboten von der geschrift unde von dem bâbeste, daz dehein ungelêrt man mit den jüden reden sol, wan die gar ûz erwelten meister, die redent mit den jüden wol. Ez ist ouch verboten von gehôrsam, daz ir niemer mit jüden geredet. Unde swanne ir hœret daz iuch dünket daz wider kristenglouben sî, daz sult ir gelêrten liuten künden, wan ez ist gar vil ketzer, die nû zuo den liuten gênt, unde sie jehent sie wellen iuch guotiu dinc lêren, unde lêrent iuch ketzerîe. Unde dâ von sult ir kristenglouben minnen unde halten: der widerstrîtet und überliuhtet allen unglouben wol mit wârheit unde mit rehte.

Der niunde juncherre daz ist gar ein ungewerlich juncherre und er ist niht gar gewaltic über vil werlte, ob got wil. Swer aber in sînen gewalt kümt, der ist gar in ungewerlîcher gevencnisse. Unde heizet der ban. Alle die in dem banne sint, die sint in dem gewalte des tiuvels. Wan man nimt in ûz der gemeinde der heiligen kristenheit unde kündet in ze banne. Alle die pfaffen slahent oder stôzent oder swâ man sie angrîfet ze gevencnisse oder ze andern übeln dingen, swer daz tuot, der ist sâ zehant ze banne: ob man in niemer drîn getuot, der ist in dem hôhen banne. Oder swer mit den liuten sündet die orden in klœstern habent, er sî man oder frouwe, münich oder nunne, swer mit den unkiusche trîbet, die sint sâ zehant in dem hôhen banne. Und ê daz ich eine messe mit ir eime hôrte, ich wolte ê zehen jâr âne messe sîn und ich wolte âne gotes lîchnamen ê sterben. Unde dâ von hüete sich alliu diu werlt, daz er in keinen ban iht kome, wan er ist der êwige tôt: der selbe tôt ist ob allen tôden, der in dem selben banne funden wirt. Und alle, die kirchen brennent oder brechent oder klœster oder swaz mit wîhe wirt begriffen, swer dar inne stilt oder roubet oder frevelt dran, die sint alle samt ze banne, obe man sie niemer ze banne getuot. Unde dannoch, swâ man den ban verdienet mit ungehôrsame, daz ist allez der niunde juncherre. Unde dâ wider sült ir minnen eine juncfrouwen, diu heizet gehôrsame. Diu ist alse tugenthaft, daz vil manic tûsent sêle mit der gehôrsame sint behalten. Man sol fliehen ungehôrsame mit allen dingen.

Der zehende juncherre der heizet gotes schelter. Der tuot unmâzen grôzen schaden an manic tûsent sêlen, die er mit sînem gewalte hin ziuhet in sîns herren dienest des tiuvels. Wan er ist alse gar selbherre, daz er den menschen machet, daz er sîn selbes niht bekennet, und an im erblendet alle die bescheidenheit, der im nôt unde durft wære an sîner sele. Unde daz sint alle die, die alse herten sin habent und alsô einkriege sint, daz sie die heiligen schrift widerkriegent beide heimlîche in ir muote und ouch offenlîche mit worten und jehent alsô: 'dô got den êrsten menschen geschüefe, dô sach er dem jungesten under diu ougen, dô wiste er wol wie ie dem menschen geschehen solte. Wan wære sünde als grôz alse die pfaffen machent, sô gehuoten sie des wol daz sie iemer sô grôze sünde getæten. Nû siht man halt nieman sô übel tuon alse die pfaffen und alse unreht, die ez alle tage vor in sehent. Dû solt dich dar an niht kêren daz dir die pfaffen dâ sagent.' Unde von dem selben juncherren ist meistic aller ungloube entsprungen und alliu ketzerîe, und ez gloubet halt einer niht alse der ander under den ketzeren. Daz ist allez von dem selbherren gemüete unde von dem selbherren willen, den in die einkriege liute genomen hânt. Und alsô ist gar vil herter liute in ir muote, die sich einkriegen muotes an nement unde doch niht ketzer wellent sîn, unde sie sint ofte unde dicke alse schedelich als die ketzer unde schedelîcher, unde swaz man in ze kirchen dâ vor prediget von dem almehtigen gote, von sünden oder von almuosen oder von tugenden oder von untugenden oder von unrehtem guote, sô krieget er allez wider unde widerprediget er mit allem flîze unde mit allem sînem sinne unde machet, daz manic mensche vellet ûz dem wege der rehten werke und ouch eteswenne des rehten glouben. Wan einvaltige liute die sehent als schiere der lügen in den munt alse der wârheit, wande sie dünkent eht diu gebot unsers herren ze swære unde ze stark, unde dar umbe widerkriegent ez allez die selbherren liute unde sprechent: ‘weh! wære got sô zornic daz er umb ein sô lîhtez dinc ein mensche lieze verlorn werden, daz möhte halt niemer gesîn, daz sich unser herre dar umbe hæte gelân marteln, daz ein mensche umb aht pfenninge iemer und iemer verlorn sî, als bruoder Berhtolt dâ prediget.’ ‘Waz gloubest dû,’ sprichet vil manic mensche, beide frouwen unde man, ‘daz ein sêle iemer verlorn sî niuwer von einer sünde?’ Alsô nement sie in manigen valschen trôst unde trœstent sich selben und ander liute wider got unde die heiligen schrift. Und alsô hüete sich alliu diu werlt vor unrehten kriegen, daz sie iht sô getâne kriege in ir herzen nement wider got unde die heiligen schrift. Und alle die sich den tiuvel lâzent alsô verirren an aller ir gewizzene und erblenden, die sint in des selben juncherren gewalte unde sîns herren des tiuvels. Sô gît er etelîchen liuten der tiuvel grôze vorhte unde ze grôzen zwîvel, daz eht sie dâ mite in sînen gewalt komen, von swelhen dingen daz geschehe, ez sî von überigem trôste oder von überiger vorhte. Und ir ist gar vil die der kneht des tiuvels alsô betwinget mit sînem gewalte, der dâ heizet schelter. Alsô sprichet etelîcher, alse er niht wil vor trâkeit ze predigen gên, sô sprichet er: ‘war zuo sol ich zer predigen gên? ich weiz alse wol waz ich tuon unde lâzen sol, als ob ich dar gienge, und ich weiz alse wol waz er predigen wil, alse ob ich dâ wære. Sô er vil umberede geseit, sô ist ez anders niht wan “tuo daz guote unde lâz daz bœse.“’ Nû gloube mir, dû maht wol dannoch irre werden. Ez ist wol wâr, ez ist der rehte wec; dû maht aber dannoch vil irre werden. Rehte als ob einer dâ spræche: ‘zeiget mir den rehten wec gein Regenspurc,’ sô spræche ich: ‘ir sult alle die wege gên, die dâ rehte gegen Regenspurc gênt, unde sult alle die mîden, die dâ unrehte dar gênt': nû gloube mir, er möhte dannoch wol irre werden, der in anders niht wîsete. Alsô ist den die alsô sprechent: 'tuo daz guote unde lâz daz übel.' Und alsô manicvalten gewalt hât der juncherre des tiuvels, der dâ heizet schelter gotes. Unde dâ wider hât der almehtige got eine juncfrouwen, diu dâ heizet *bona cognitio,* sie heizet diu guote erkantnisse. Diu ist ouch der aller hôhsten tugende einiu, die got iendert hât under allen tugenden. Wan swer die selben juncfrouwen liep hât, der erkennet sich selber unde den almehtigen got unde bekennet alliu diu dinc, dâ mite man gotes hulde mac erwerben, unde kan diu wol liep haben unde minnen unde kan ouch alliu dinc wol gehazzen, diu gotes hulde dem menschen verliesent, unde bekennet gotes wort unde gotes lêre. Wan daz gotes wort ist got selber, unde swer daz gotes wort smæhet, der smæhet got selben.

Der eilfte juncherre der heizet gotes trügener, dem ouch der tiuvel grôzen gewalt hât verlihen unde bevolhen. Daz sint alle die sich guot vor den liuten erzeigent und innen in dem herzen got triegent unde sich selben. Wan got den kan nieman betriegen. Sie zeigent sich aber daz sie gar mit triuwen gotes diener sîn unde sint des tiuvels diener. Unde dâ von sô heizent sie gotes trieger unde glîchsener unde glîchsenærinne. Der sint under geistlîchen liuten gar vil und under den werltlîchen liuten ouch gar vil und under den almuosenæren etelîcher und under den bilgerînen ouch gar vil. Ir loufet gein Rôme oder ze sant Jâcobe oder über mer oder gein Âchen, und als er her wider hein kümt, sô ist er ein wuocherer als vor oder ein fürköufer und ein dingesgeber inz jâr oder ein trügener an sînem koufe oder ein trügener an sînem antwerke oder ein toppeler. Gloube mir, unde wærest dû hie heime unde gültest unde gæbest dâ mite wider daz dû gein Rôme füerest, dû tætest vil michels baz. Sô vert ir maniger dar umbe ûz, daz man spreche: 'weh, wel ein guot man!' Unde durch die glîchsenheit wirt manige vart getân unde wirt vil almuosens geben unde venjen gevallen in der kirchen, unde wirt gar vil valscher pfenninge durch den selben juncherren gegeben. Des gelônet dir sîn meister vil wol, im zerrinne danne alles des fiures daz er iendert hât. Die aller schedelîchesten sint die selben ir eigen sêle, wan sie stelent sich dieplîche ze der helle unde sie erkennet doch got vil wol. Dâ von sô sprichet ein wîssage in der alten ê: 'dû küniginne, ganc her în, ich erkenne dich vil wol, dû bist her komen in fremedem gewande und ich erkenne dich doch vil wol daz duz diu küniginne bist Jeroboâmes hûsfrouwe.' Unde dâ von bekennet iuch der almehtige got herzeclîchen wol, swelher leie wât ir an iu traget oder swelher leie gebærde dû hâst. Wande got daz herze dâ geschuof, sô weiz er ouch wol, wie ez drumbe stêt und allez dîn gemüete. Unde dâ von envolget dem juncherren niht, der dâ heizet gotes trügener. Unde wider den hât der almehtige got eine juncfrouwen, diu heizet diu gotes wârheit. Die minnent alle die got dâ minnent, unde diu selbe juncfrouwe ist vor allen den juncfrouwen, die got iendert hât; wan swer gotes wârheit minnet, der fliuhet alle sünde und alle untugende unde habet sich an alle die tugende die gote liep sint; wan got ist selber diu warheit, unde dar umbe sult ir got niht triegen unde sult mit der wârheit umbe gên, sô gît er iu die wârheit, daz ist er selber.

Der zwelfte juncherre daz ist gar ein hôher und ein gewaltiger, dem hât ouch der tiuvel grôzen gewalt gegeben, unde der heizet zerrer gotes rok. Daz sint alle die gotes dienest drückent unde nidernt alsô daz sie den gotes hiusern ir guot nement unde den heiligen, die man hie vor ûfende unde rîchesende was. Unde die selben hânt gemachet, daz nû vil lützel ieman einen pfaffen gehaben mac ûf einer pfarre; dâ vil billîchen zwêne pfarrer oder drî wæren, dâ ist kûme einer und ist lîhte der selbe niht ze wol gelêret. Wande sie den hôhen dienst drückent und irrent unde zerrent, unde dâ von sô heizent sie zerrer des almehtigen gotes rok. Hie zerrent sie die bistüeme, dort die aptîen, hie diu klœster, dort die pfarre, hie die witewen, dort die weisen. Und alle die des gestatent unde daz solten rihten unde von gote dar zuo sint erwelt daz sie ez rihten solten und ez niht enrihtent unde gotes hiuser niht beschirment unde witewen unde weisen die in bevolhen sint ûf ir triuwe und ûf ir sêle, die sint alle in der selben schulde. Wan sie sint der hôhste juncherre, alse Antyochus: der was der hôhste under den zwelf juncherren, den her Alexander sînen gewalt bevalch, dô er an dem tôde lac: dô was der selbe Antyochus der hôhste unde was ein wurzel der sünden. Alsô ist dirre juncherre, ein zerrer gotes rok. Wan alliu sünde wurzelt von den selben ûf; wan wæren si gereht unde gewære an ir lebene, sô getorste nieman ungereht sîn. Unde dâ von sprichet unser herre zuo Jeremias: ‘ich hân dich erwelt ze rihter über alle diet’. Unde der almehtige got der hât iu êre unde guot drumbe geben, daz ir witewen unde weisen schirmen soltet unde gotes hiuser unde sie niht drücken sült mit unrehtem gewalte. Wan swer den andern drücket mit unrehtem gewalte, der ist in der ruofenden sünden einer, der aller wirsten sünde einer, sie selbe vierde. Unde dâ von hüetet iuch vor disem juncherren, der dâ heizet ein zerrer gotes rok. Unde dâ wider sult ir eine juncfrouwen minnen, die hât iu der almehtige got selber gemachet unde ze rihter gegeben unde bevolhen, ob ir genesen wellet von dem gewalte des zwelften juncherren. Unde swer sie niht ze rehte stæte hât, des mac niemer rât werden. Buoze nim ich alle zît ûz. Unde diu selbe juncfrouwe diu treip den almehtigen got von himelrîche her abe, und er starp des bittern tôdes durch ir willen, unde sie heizet erbarmherzikeit. Wan in des menschen künne sô sêre erbarmete, daz er sich der menscheit sô sere annam, daz er durch uns erstarp an dem kriuze, unde dâ von wil er, daz wir erbarmic sîn. Aber den hôhen unde den gewaltigen ist barmherzikeit vil mêr gesetzet danne den armen, wan unser herre sprichet in dem heiligen êwangeliô: ‘sælic sint die erbarmherzigen, wan man sol sich über sie erbarmen.’ Unde swâ ir iuch arme liute lât erbarmen, dâ erbarmet sich got über iuch; wan er sich selber erbarmet hât über die armen und über die rîchen, daz er sich tœten liez, dâ von wil er des deheine wîse niht gerâten, wir sîn erbermic, und aber die hôhen aller meiste. Unde swâ sie des niht tuont, sô erbarmet sich got niemer über sie an dem jüngesten tage, dâ got vordern wil diu sehs werk der barmherzikeit; unde habet ir der niht vollebrâht alse ir ze rehte sült, sô wil er sich niht über iuch erbarmen unde sprichet: ‘gêt, ir verdampten, in daz fiwer, daz iu von anegenge der werlte bereit ist mit dem tiuvel.’ Unde dar umbe durch den almehtigen got, sô sît erbarmherzic unde habt dise juncfrouwen liep alle samt unde fliehet dise zwelf juncherren, den der tiuvel sô grôzen gewalt hât verlihen; unde swâ ir iuch dran übersehen habt mit disen sünden, sô rüefet den almehtigen got an unde sîne muoter und allez himelische her, daz sie got für iuch biten, daz erz tuo durch sîne grôze erbarmherzikeit, durch dér willen er von himelrîche ûf daz ertrîche quam, daz er sich über iuch erbarme unde daz er iu der gnâden verlîhe, dâ der guote sant Paulus hiute von sprichet, unde daz ir die riuwe gewinnet daz ir gebüezet nâch der gnâde gotes, daz er iu sîne götelîche gnâde ze lône gebe unde daz êwige leben. Unde daz uns daz allen widervar, mir mit iu und iu mit mir, daz verlîhe uns allen samt unser herre Jêsus Kristus, der sun mîner frouwen sante Marîen. Sprechet alle: âmen.

---

# XXXIV.

## VON DEM HÊREN KRIUZE.

'WEr vindet eine frume frouwen und eine biderbe frouwen? unde vindet man sie, ir wirt wol gelônet: man lônet ir von dem aller verresten lande.' Und alsô liset man in der minne buoche (*Prov.* 31, 10). 'Wer vindet eine frume frouwen?' Der dürfen wir niht verre suochen, wan die biderben frouwen unde die frumen frouwen die haben wir rehte hiute funden. Ez ist mîn frouwe sant Marîâ Magdalênâ, der hôchgezît wir hiute begên über alle die heiligen kristenheit. Der heiligen ist vil, der hôchgezît man niht begêt über alle die kristenheit. Und ez ist gar billich, daz man sie hôhe êre, wan der almehtige got hât sie gar hôhe geêret, wan sie ist wol der aller hôhsten einer, der iendert in dem himelrîche ist. Und ist sie niht der aller hôhsten unde der aller obersten heiligen einer, âne got selbe unde sîne heilige muoter, sô ist sie doch wol bî den hôhsten, die iendert dâ ze himel sint. Wan ez kriegent die meister von Parîs etewenne, welich heilige der hôhste in dem himelrîche sî unde von welhen tugenden einer hœher sî danne der ander; unde der selbe kriec ist ein nützer kriec und ein guoter kriec und ein liutsæliger kriec. Ez hât einer etelîche tugent lieber danne der ander. Der hât der wâren minne mêr, sô hât der erbarmherzikeit mêr, sô hât der mêre dêmüete; sô hât der mêr gedultikeit, sô hât der mêr miltekeit, sô hât der kiuschekeit vor in allen, sô hât der die bekantnisse, sô hât der des glouben mêr. Unde iedoch sô habent sie dise tugent alle gehabt, wan nieman mac zem himelrîche kumen, er enhabe danne dise tugende alle gehabt unde habe sie noch, âne diu kleinen kint. Wan swie dêmüetic ein mensche wære, unde wær ez nîdic unde hezzic, sô möhtez niemer heilic werden. Und alsô spriche ich zuo den andern tugenden: swelhe tugent dû hâst, hâst dû der andern niht, sô ist ez ein niht ze loben; wan alsô würde alliu diu werlt behalten, solte man niwan von einer tugent behalten werden. Wan ez sprichet ein heilige, ez ensî nieman sô arger, ern habe etelîche tugent, die zem himelrîche gehœre. Dâ von sô sult ir iuch tugende flîzen daz ir zem himelrîche komet. Unde trœstet iuch des niht, ob ir eine tugent oder zwô habet oder drîe oder mêr. Hâst dû danne niwan einige untugent, diu dâ heizet houbethafte sünde, sô wirt dîn niemer rât, ob dû dar an funden wirst. Unde dâ von sô lobet man die heiligen ie nâch den tugenden die sie gehabt hânt. Unde dar umbe sô kriegent die meister ze Parîs. Ez kriegeten zwêne meister mit einander. Dâ kriegete einer, sant Johannes baptiste wære hœher dâ ze himel. Dâ kriegete einer, sant Johannes êwangeliste der wære hœher, unde sie erzalten ietweders liebe unde minne, die got an ir ietwederm hete begangen. Der eine der jach, daz sant Johannes baptiste dâ von billîche ze himelrîche hœher solte sîn, daz er heilic wære in sîner muoter lîbe. Dô sprach der ander: ‘dâ entslief aber dirre ûf unsers herren brüsten und unser herre liez in trinken den brunnen der wîsheit sîner gotlîchen süezekeit.’ Und alsô kriegeten sie mit einander, unde was der kriec doch liutsælic. Und als ie der eine von disem eine tugent vant, sô vant der ander ein ander tugent von dem den er dâ lobte. Und alsô sint sie âne mâze hôch in himelrîche. Wan als wênic als ich iu des mers griez gezeln möhte, als wênic möhte ich iu iemer die kleinsten freude, die der minneste heilige hât der iendert dâ ze himel ist; ich wil der aller hôhesten fürsten geswîgen, wan ez hât ein heilige wol tûsent stunt als vil êren als der ander, und in ist doch allen wol. Sô lange ich nû den minnesten heiligen niht geloben mac, sô wære daz diu grœste tôrheit an mir die diu werlt ie gewan, ob ich die hôhsten fürsten wolte loben die in dem himelrîche sint, als den guoten sant Johannen unde die heiligen zwelfboten. Und alsô ist diu heilige frouwe sant Marîâ Magdalênâ wol der aller hôhsten heiligen einer, der iendert in dem himelrîche ist; dâ von ist mir michels bezzer geswigen danne krenclîche geredet oder gelobet, wan ich noch alliu diu werlt möhten die heiligen frouwen vollen loben, der hôchgezît wir hiute begên. Unde daz die liute dâ von ir sagent sumelîche, sie wære ein gemeiniu frouwe, des ist niht: sie was ein edel frouwe unde was ein rîchiu frouwe unde was in houbetsünden; unde dô gewan sie als grôzen riuwen daz ir got alle ir sünde vergap; wan sie hete sô gar übergrôzen riuwen, swer noch hiute alse grôzen riuwen hât, dem vergît got alle sîne sünde als gar, als er tet mîner frouwen sant Marîen Magdalênen. Wan sie hete sô starke riuwe, daz sie unmügelîche vil geweinde unde daz sie unserm herren sîne füeze twuoc mit dem wazzer daz ûz ir ougen flôz. Unde dar umbe vergap er ir unser herre ir sünde lûterlîche unde genzlîche, unde tet daz allen sündern ze einem trôste, daz alle sünder trôst von ir nemen süln, swie grôz ir sünde sî, daz sie dannoch niht verzwîvelen, unde süln eht niht verzagen an der güete unsers herren, wan sie der almehtige got allen sündern ze einem liehte unde ze einem trôste geben hât. Und er het sie vor manic hundert jâren erwelt, daz sie allen sündern lieht unde trôst geben solte, dô unser herre alliu dinc geschuof unde geschaffen wolte: '*faciamus duo luminaria,* wir suln zwei lieht machen an dem himel, diu tac unde naht liuhten.' Daz eine bî dem tage unde daz ander bî der naht. Daz eine was diu sunne unde daz ander der mâne. Unde diu zwei lieht bezeichent uns die zwô frouwen, von den diu heilige kristenheit erliuhtet ist. Als himel und erde von den zwein liehten erliuhtet werdent tac unde naht, als werdent von den zwein frouwen erliuhtet tac unde naht himel und erde. Unde diu sunne bediutet alles unser frouwen Marîam, gotes muoter. Und ir seht daz wol, wie gar lûter unde glanz diu sunne ist âne alle trüebeheit unde daz nieman niht dar inne erkiesen mac, wan daz sie lûtern liehten brehen hât; unde halt zuo der lûterkeit unde zuo der schônheit noch zuo der gelpfe die diu sunne hât, dâ kan sich niht zuo genôzen hie in dirre werlte. In himelrîche ist manic heilige, unde halt niendert in dem himelrîche, er sî halt vil liehter unde schœner danne diu sunne. Aber hie bî uns ûf ertrîche dâ enist dehein dinc, daz nie sô schœne wart. Lâzet golt zehenstunt geliutert sîn oder edel gesteine, sô wart eht nie niht mit fleischlîchen ougen gesehen, daz sô gar lûter lieht wære alse diu sunne. Daz bediutet ouch die gerehtikeit unde die reinekeit unde die lûterkeit, diu an unser frouwen von kintheit ist gewesen; daz sie aller menschen brœdekeit sô lützel ie betruobte mit deheiner slahte meil, daz menschlich künne ie betruobte, dâ von sô was sie lûter, als diu sunne ist, vor aller trüebeheit an gedenken und an worten und an werken. Des ist sie eht nû sô lieht in himelrîche, daz dâ von unmügelich ze sagen wære. Unde sie hât ouch die werlt erliuhtet, wan sie brâhte uns den in dise werlt mit sîner menschheit, der daz wâre lieht dâ ist, als sant Johannes dâ sprichet, unde der uns ûz der vinsternisse in daz wâre lieht hât geholfen.

Sô bediutet der mâne die heiligen frouwen, der hôchgezît wir hiute begên in der heiligen kristenheit. Wan der mâne erliuhtet uns die naht. Dâ ist uns bî bezeichent: die wîle die liute in houbetsünden sint, sô sint sie in der naht und in der vinsternisse, unde daz bezeichent ouch die sünde, daz sie die erlûhte mit dem trôste unde mit der gnâde die got an ir begienc, daz sich der selben gnâden unde des selben trôstes alle sünder hin ze gote versehen süllen, ob sie riuwen haben wellen umb ir missetât. Unde dâ mite erlûhte sie die naht, daz manic tûsent sêle von ir sint erliuhtet, die iemer mê in der êwigen vinsternisse müesten sîn. Ob sie die riuwe an sich nemen wellen, sô wirt noch hiute manic tûsent sünder von der êwigen vinsternisse erlôst. Unde sant Marîâ Magdalênâ, daz diu sô gar vil geweinde, daz bezeichent ein dinc, daz sehet ir in dem mânen. Daz ist gar dunkel unde gar trüebe: daz bezeichent daz sie gar vil geweinde. Unde daz doch bî der dunkele der mâne alse gar grôz lieht gît, daz man dâ bî gar wol gesiht, unde dâ bî ist uns bezeichent, swer sîne sünde mit trûrikeit unde mit riuwen bekennet unde beweinet, daz des sêle gar lieht von der riuwe unde von der betrüebnisse wirt. Unde swenne sie bî dem liehte der naht erliuhtet werdent, daz sie von tœtlîchen sünden in die heiligen buoze kument unde dar inne stæte blîbent unz an ir ende, sô kument sie zuo der liutern bîhte, daz ist zuo dem lûtern liehte unde zuo dem klâren liehte, dâ sie nû selber ist, mîn frouwe sant Marîâ Magdalênâ. Wan die hât nû daz wâre lieht erliuhtet, wande sie hete alse gar grôze riuwe unde die grôze liebe unde die minne die nieman vollesagen kan. Unde dar umbe het ouch got übergrôze liebe zuo ir. Unde dar umbe begêt man daz ampt hiute reht alse an dem ôstertage durch die grôzen liebe die unser herre zuo ir hete, unde daz er ir erschein nâch ir urstende. Wie grôz ir liebe und ir begirde was des selben daz sie kam unde wolte in gesalbet hân, daz ist iu gar ofte geseit; dâ von endarf ich iu niht vil sagen, wan von sîner urstende alse verre als uns daz ane gêt. Daz er ir erschein, daz bediutet uns daz er allen sündern mit sînen gnâden erschînen wil, ob sie von ir sünden erstên wellen. Wan alle die von ir sünden hie erstênt mit wârer riuwe unde mit lûterre bîhte, mit buoze eht ouch nâch gotes gnâden, die werdent alle an dem jungesten tage frœlîche erstênde mit dem almehtigen gote, wan diu selbe urstende ist uns bewæret bî der urstende unsers herren. Und als er erstuont von dem tôde sîner menscheit, alsô süln wir in an ruofen, daz wir alsô müezen erstên von unsern sünden, unde danne an dem jungesten tage mit im vor sînem antlitze unde vor sînem zornlîchen gerihte mit freuden müezen erstên. Wan dâ wirt angest unde nôt unde dar kümt alliu diet und allez himelische her, engele unde heiligen und allez daz ze himel unde ze helle ist, unde daz kriuze, dar an unser herre die martel leit umb uns alle samt. Und er uns daz bilde vor getragen hât, sô wil er des niht enbern, ez müeze ein ieglich mensche sîn kriuze dâ zeigen als er daz sîne zeiget. Man zeiget ez dâ hôhe ûf, die engele tragent ez dâ hôhe enbor unde zeigent ez aller der werlte, dar umbe daz sie erkennen, waz got durch uns erliten habe. Unde swer ouch niht ein semelich kriuze hât, der wirt jæmerlîche von gote gescheiden unde muoz iemer êwiclîche verlorn sîn. Dar bringet sant Pêter sîn kriuze; sô bringet einer sîn houbet, daz im ist abe geslagen in dem dieneste unsers herren; sô bringet der guote sant Andrês sîn kriuze; sô bringet der guote sant Bartholomêus sîne hût ûf im; sô bringet der guote sant Laurencius sînen rôst; sô bringet der diz, sô bringet der daz. Alse sie eht die martel erliten hânt, sô habent sie ir kriuze volleistet. 'Owê, bruoder Berhtolt, wie geschiht danne den die keine martel liten?' Die müezent ouch ir kriuze tragen, oder sie enkoment niemer in die freude unser herren mê, dâ sie daz wâre lieht solten sehen. Unde rehte alse daz kriuze unsers herren vier ort hât, als muoz eins ieglîchen menschen kriuze vier ort haben. Unde hâst dû der orte zwei oder driu unde gebrichet dir des vierden, dû kumest niemer in daz rîche unsers herren, wan ez muoz ie vier ort haben. Wan ez ist manic tûsent heilige in dem himelrîche die nie deheine martel erliten, unde dar umbe suln wir niht verzwîveln, ob wir niht gemartelt werden. Ez wart mîn frouwe sant Marîâ Magdalênâ niht gemartelt, unde sie muoz doch ir kriuze bringen. Unde diu vier ort des heiligen kriuzes daz sint vier tugende, die ein ieglich mensche haben muoz, oder er wirt niemer behalten; unde die selben vier tugende die sint sô gar tugenthaft, daz alle die tugent die ein mensche heimelîche bedarf, die sint alle in disen vier tugenden beslozzen, unde dâ mac ir nieman gerâten.

Diu êrste daz ist ouch daz êrste ort des kriuzes. Daz ist daz ober ort, daz aller hôhste daz dâ oben über sich gêt. Daz bezeichent ouch die hôhsten tugent die under allen tugende nist. Diu heizet der hôhe geloube unde der schœne unde der liehte kristengloube. Wan alse diu liehte sunne alle lieht überliuhtet, alsô liuhtet der kristengloube über alle glouben; wan ander gloube liuhtet niht danne als ein fûlez holz, daz an der vinstere schînet unde stinket an dem liehte als von rehte ein fûler mist. [Und aller der rede, der man hie bedarf ûf kristenglouben, die sol man in dem sermône suochen von den siben planêten.] Unde die selben tugent hete sant Marîâ Magdalênâ als liep daz sie veste kristenglouben minnete, daz sie zwei unde drîzic jâr in einem walde was. Als genzlîche und als stark hete er in ir herzen gewurzelet daz sie halt aller zwîvel deheinen nie gewan und erwac sich alles, des frouwen herze doch lîhte sint ze erschrecken, wan ez ist vil manic man, der niemer getörste erbalden unde gewâgen in einem wilden walde ze sînne. Dâ getrûwete sie kristenglouben als wol, daz ez ir halt gar ringe was. Unde dô sie sich als vesteclîche an den reinen kristenglouben liez, dô kam ir got ze helfe in allen ir nœten. Und alle die den kristenglouben lûterlîche an ir kriuze oben habent, die habent daz eine ort. Dannoch müezent sie driu haben.

Daz ander ort des heiligen kriuzes daz ist der arm ze der rehten hant, dâ unserm herren sîn rehter arm wart an genagelt. Unde daz selbe ort bezeichent ein gar gerehte tugent; unde wære sie dannoch niht gerehter unde tugenthafter, sô wære sie ouch der vier tugende einiu niht, dar inne ouch alle tugende beslozzen sint. Unde sie heizet diu wâre minne. Dû solt got minnen von allem dînem herzen unde von aller dîner sêle unde von aller dîner maht. Wan ez tuont manige liute dem glîche, daz sie got minnen, unde minnent in doch alsô niht als er geboten hât. Ez ist lützel ieman, er minne got mit etewem, mit einem pater noster unde mit einem almuosen oder mit einem kirchgange oder mit einer venje oder mit einem nîgen gein dem altare oder gein sînem bilde. Sô minnet in daz mit einer guoten rede, daz ez wol von gotes martel gereden kan oder von sînen êren oder von sîner barmherzikeit oder von sîner minne, wie er uns geminnet habe. Als die pfennincprediger, die dâ sô wol von gote redent vor den liuten, dâ mite sie in alle ir sælde an gewinnent. Wan sie wellent für baz niht büezen unde trœstent sich sîns antlâzes. Daz er sô rehte wol von gote reden kan, sô wænent sie er sî heilic. Sô ist er des tiuvels, als er dâ stêt, unde betriuget die kristenheit. Alsô ist er des tiuvels noch baz danne ein schæcher in einem walde. Unde hæte ich die wal, sô wære mir lieber unde soltes dehein rât sîn, daz mîn sêle ûz eins schæchers munde gienge danne ûz eines pfennincpredigers munde; wan der verdampt doch niwan sîn einiges sêle, sô verdampt der pfennincprediger manic tûsent sêle. Wan alle die von sînem valschen antlâze verlorn werdent, die wirfet man alles an den grunt der helle, und er muoz ir aller martel lîden zuo der sînen. Wê, daz dehein touf ie ûf dich kam! wie dû got minnest! Als Judas der in verkoufte, alsô verkoufest dû im manic tûsent sêle, der niemer rât wirt, dû und ander dîn genôzen. Unde swer mit trügenheit unde mit glîchsenheit umbe gêt, die minnent got ouch velschlîche und ungetriuwelîche. Owê, wie ungetriuwelîche unde wie velschlîche er dicke enpfangen wirt durch glîchsenheit! Owê des unde wê dir daz dich dîn muoter ie getruoc! Swer den almehtigen got alsô enphæht mit houbethaften sünden oder mit unrehtem willen, den dû zuo den sünden dannoch hâst, sô möhtest dû alle die natern gerner enpfâhen und alle die kroten und alle die spinnen die in der werlte sint, unde dû möhtest lieber hundert tiuvel gerner in dîme lîbe hân. Wir lesen von einem, dâ wâren sehs tûsent tiuvel in im, der was gote als unmære niht alse dû, wan dû got als unwirdeclîchen enpfæhest. Wan die tiuvel marteln dich niwan in dirre werlte; unde wirdest dû danne dâ mite funden, daz dû got unwirdeclîche enpfangen hâst, sô wære dir bezzer, daz dû beheftet wærest als jener: dâ was grex. Vil wunderlîchen balde in starke buoze oder an den grunt der helle, nû des êrsten an der sêle und an dem jungesten suontage an lîbe und an sêle! Wan dû hâst des stückes niht an dem kriuze. Jâ solt dû got minnen von aller dîner sêle unde von allem dînem herzen unde von aller dîner maht, unde den næhsten alse dich selben. Nû seht, waz diu eine tugent in ir beslozzen hât! Wan swer got minnet alse er dâ hât geboten, der minnet got mit allen den tugenden die zem himelrîche gehœrent, der minnet in mit dem rehten glouben, mit dêmüete, mit gedultikeit, mit miltekeit, mit kiuschekeit, mit erbarmherzikeit; alse diu heilige frouwe, der hôchzît wir hiute begên: die minnete got als ernstlîchen mit allen tugenden dâ mite man got minnen sol. Und ob aller der minne die ir iemer geleisten müget, sô sult ir dar zuo kêren, daz ir in doch einest in dem jâre ze hûse reineclîchen ladet, alsô daz irn reineclîche enphâhet; wan dâ lît alliu iuwer sælde an. Wan unde nemet ir unsern herren unwirdeclîche, daz ist iu ein verdampnisse an der sêle; sît ir sîn danne mit unwerde âne, sô sît ir aber verlorn. Dâ von setzet iuwer dinc alsô, daz ir in ze rehte enpfâhet nâch sînen gnâden. — Sô sult ir iuwern ebenkristen minnen alse iuch selben, daz ir im weder nît noch haz sult tragen und im günnet daz ir iu selben günnet, unde daz ir im vergünnet daz ir iu selben vergünnet. ‘Owê, bruoder Berhtolt, des tuost dû doch selber niht. Dû hâst guoter röcke zwêne unde sitzet manigez hie daz niwan einen hât, und ist der selbe vil bœse, unde gizzest dir vil genuoc, unde gizze ich vil übel.’ Daz ist vil wâr. Ich hân zwêne röcke an, ich gibe aber dir des einen niht: ich wolte aber gar gerne daz dû einen semelîchen hætest unde daz dû alse wol gæzest unde getrünkest alse ich. Unde dar an lît ouch diu wâre minne, daz dû dînem næhsten ganst daz dû dir selber ganst, und im vergünnen solt daz dû dir selber verganst. Unde solte ein ieglîcher dem andern geben, ob er mê hæte danne der ander, sô würde nieman behalten; unde solte ieglîchez dem andern in die hânt alsô ginen, ob ez mêr hæte daz ez dar gæbe, wer arbeitte danne daz die werlt hine kæme? Ich hân zwêne röcke, gæbe ich dir der einen, sô hæte ich ze wênic. Dû solt im des wol günnen, waz er êren unde guotes mêr hât danne dû, von friunden oder swâ von ez in ist an kumen. Wil ez aber dich stechen in dînem herzen als ein dorn oder brennen alse ein gluot, swenne im sîn dinc baz gêt an êren oder an guote danne dir, sich, sô hât dich nît unde haz bestanden, wan dû hâst der wâren minne einigen tropfen niht. Dâ von wirt dîn kriuze niemer für brâht an dem jungesten tage, unde dâ von wirt ouch dîner sêle niemer rât unde dû muost jæmerlîchen des tages von gote scheiden. Dû solt dînen næhsten liep haben in gote. Wan wir alle sprechen: 'vater unser' in dem pater noster, wan dâ bî sô hât uns got erzöuget, daz wir alle geswistrîde sîn, unde süln daz tuon in gote unde süln alle einander liep haben alse diu geswistrîde unde süln danne einander liep haben durch got. Daz ist alsô gesprochen: ob dir dîn næhster iht ze leide hât getân an dînem lîbe mit worten, mit schelten oder mit fluochen oder mit spoten oder an dînen friunden, daz soltû im vergeben durch got unde solt eht sîn friunt sîn. Wan er vergap den die in an daz kriuze hiengen, dâ von wil er des niht enbern, ern welle daz ein ieglich mensche dem andern vergebe allez daz ez im ie ze leide hât getân, âne éin leit: ob ez dir an dîme guote iht leides hât getân: daz solt dû im niht gar vergeben. Dû solt im daz vergeben ob ez dich betrüebet oder beswæret hât: daz solt im vergeben durch got, daz dû im iht weder haz noch nît tragen solt. Dû solt aber vil gerne nemen daz er dir gelte unde widergebe; wan des ist er dir schuldic, ob erz gehaben mac. Unde mac er sîn niht gehaben, sô soltû imz durch got vergeben. Mac aber erz geleisten her nâch über zehen jâr oder über minre oder über mêr, unde gît dir ez wider, dû solt ez nemen; wan er ist dir sîn schuldic, daz er dirz geben sol. Unde wil ab er dirz gerne geben unde leit dirz für unde læt ez an dîne gnâde daz duz gar nemest oder halbes, swaz dû im danne âne getwancsal und âne ander geværde varn lâst von dînem guoten willen, daz hât er iemer mêr mit rehte vor gote âne sünde. Er sol dich aber biten daz dû im vergebest swaz er dich dâ mite wider dînen willen gesûmet habe. — Unde tuot ez durch den almehtigen got unde lât haz unde nît ûz iuwerm herzen unde habet die wâren minne. Wan diu minne ist rehte alse daz fiwer: swaz man in daz fiwer legt daz wirt ouch fiwer. Leit man îsin in daz fiwer, ez wirt ouch fiwer. Alsô wirt allez daz fiwer daz man in daz fiwer leit. Alsô ist diu minne. Allez daz dem menschen iemer geschehen mac, daz die wâren minne hât, daz ist im allez ein minne. Hât ez grôz arbeit, daz ist im ouch ein minne; hât ez grôze armuot, ez ist im ein minne. In der liebe unsers herren lîdet er smæhe und alle die armuot diu ez ane gêt. Als mîn frouwe sant Mârîâ Magdalênâ: diu minnete unsern herren als ernstlîche, dô er ir erschein unde sie wolte wænen ez wære ein gartenær, dô sprach sie: ‘herre, hâst dû mir in genomen? zeige mir in, ich wil in hin tragen.’ Hœret ir niht, welch ein wunderlich rede? Seht, als heiz und als ernst was ir zuo unserm herren von rehter liebe, daz sie wolte wænen, ez westen alle liute, wie ez umbe die liebe stüende die sie gein unserm herren truoc. Und alsô was sie enzündet mit der wâren minne unde liebe, daz sie als wunderlîchen sprach unde daz sie nihtes bevilte, waz sie durch gotes liebe tet. Nû hât ir arbeit alle ein ende, daz sie in der wâren minne leit, aber ir freude gewinnet niemer mêre ende.

Der dritte arm des kriuzes, daz ist der ander arm zer linken hant unde bezeichent ouch eine hôhe tugent. Âne die selben tugent kan nieman behalten werden, unde heizet gedinge eteswâ und eteswâ heizet ez hoffenunge, eteswâ heizet ez zuoversiht; ez heizet in latîne *spes*. Unde swer ir niht enhât, der ist in der aller wirsten sünde einer, die diu werlt ie gewan oder iemer gewinnen mac; wan diu selbe sünde heizet der zwîvel und ist ein sünde ob aller sünde. Unde dâ vor beschirme uns der almehtige got daz wir iemer verzwîveln an der veterlîchen gnâde unsers herren und an sînem gewalte und an der wîsheit des sunes unsers herren Jêsû Kristî und an der güete des heiligen geistes und an der kiusche und an der erbarmherzikeit mîner frouwen sante Marîen und an allem kristenglouben, den der almehtige got gevestent unde geordent hât. Dâ von sô habet veste gedinge, daz ir iht verzwîvelt, wan der tiuvel wirfet iuch vil unmâzen gerne in den zwîvel. Pfî, gîtiger, dû bist gar ein zwîveler! dû soltest alle die werlt niht nemen, daz dû in unrehtem guote wærest. Wan got der beschirme mich vor allen sünden! ich wolte niht daz ich über naht in einer tôtsünde wizzentlîche solte sîn: dâ næme ich allez daz guot niht umbe daz diu werlt hât. Waz wiste ich, ob ich hin ze morgen lebte, an die wâge wolte ich ez ungerne lâzen. Nû woltest dû einen tac brinnen in einem glüenden oven unde daz dû hinze naht lebtest alse ê: waz næmest dû dar umbe? dû næmest alle die werlt niht. Nû sich! der danne iemer und iemer leben sol, unde der danne iemer und iemer brinnen muoz, daz ist allen den künftic und offen, die niwan in éiner tœtlîchen sünde werdent begriffen âne riuwen und âne bîhte. Nû sich, wie gar gewerlîche dû dich des nahtes danne nider legest in tœtlîchen sünden unde weist niht ob dû unze morgen gelebest, halt biz mitte naht, ich wil geswîgen biz ze tage. Unde dâ von wolte ich alle dise werlt niht nemen, daz ich mich in einer tœtlîchen sünde wolte nider legen wizzentlîche âne riuwen und âne bîhte. Unde wizzet, wer als frevelîche und alse lîhteclîchen in tœtlîchen sünden lît und ir alle tage ie mêr tuot unde niht minre machet, daz er âne zwîvel niemer mac behalten werden. Wes trœstet sich ouch der selbe, wan daz er ein zwîveler ist? Pfî, daz ie dehein touf ûf dich kam! wes trœstest dû dich? Vil wunderlîchen balde in starke buoze, oder an den grunt der helle! Gîtiger, dû hâst aber gar verzwîvelt an aller gotes erbermde, unde die dâ den tiuvel ane betent unde die mit gotes lîchnamen dâ zoubernt unde mortbetent, die habent alle verzwîvelt an gote. Des werdent sie ouch jæmerlîchen von gote scheiden an dem jungesten tage. Ir himelkinder, minnet den almehtigen got, der iuch dâ hôhe geminnet hât, daz ir mit iuwerm kriuze frœlîche erstêt an dem urteilîchen tage.

Daz vierde ort gêt unden ze tal, dâ der almehtige got den rücke hete ane gekêret unde daz dâ vesteclîche was gestôzen in einen stein under sich. Daz bezeichent eine tugent, daz ist ouch der aller besten tugent einiu, diu gote gevellet vor allen tugenden. Diu heizet stætikeit: daz ir mit disen drin tugenden stæte sult sîn. Unde wære der künic Saul stæte gewesen, sô wær er niht von sînem künicrîche entsetzet. Und er was sô gar gereht unde guot gein gote unde sô dêmüetic gein sînen liuten, daz er des sînen liuten niht gestaten wolte, daz sie im küniclîche êre büten. Unde dô man in sô êrlîche êrende wart unde die fürsten für in nider kniende wurden, dô wart er abtrünnic an sîner guoten tugent unde wart hôhvertic und ungehôrsam; unde dar umbe verwarf in got von sînem künicrîche, dô er niht stæte was an gote. Unde wær er stæte gewesen, sô wær er hiute in dem himelrîche als der heilige man her Dâvît. Der wart etewenne abtrünnic an gote, daz er niht stæte an gote bleip, unde viel von hôhen tugenden in houbethaftige sünde. Sô stuont er aber wider ûf. Alsô sült ir tuon.

Sî ez daz ir bestrûchet in houbethaftige sünde, daz ir der minne unsers herren vergezzet, sô sült ir wider ûf stên unde sult aber got minnen für alliu dinc, für hôhvart unde für unkiusche unde für zergenclich guot, daz dâ ist mit unrehte gewunnen, unde sult dar an stæte blîben unz an iuwern tôt, als der guote Dâvît und als der guote sant Pêter und alse diu heilige frouwe, der hôchgezît man hiute begêt. Diu bleip stæte an gote, des hât ouch sie die freude besezzen, die dehein menschlich sin nie betrahten künde noch ôre nie gehôrte noch herze nie betrahte, als der guote sant Paulus dâ sprichet. Und alsô sült ir stæte sîn unze an iuwern tôt. Unde wol dan alle zem himelrîche, des êrsten mit der sêle und an dem jungesten suontage mit lîbe unde sêle! Daz uns daz allen widervar, mir mit iu und iu mit mir, daz verlîhe uns der vater unde der sun unde der heilige geist. Sprechet alle: âmen.

# XXXV.

## VON VIER DINGEN.

'MAríâ diu hât den besten teil erwelt unde der wirt ir niemer benomen.' (*Luc.* 10, 42). Von disen worten hân ich willen ze sprechen. Unde spræche ich vier tage von disen worten, dannoch möhte ich ez niht vollenden. Ich spriche mêr: ich spræche von disen worten wol siben tage daz ich ez dannoch niht vollenden möhte. Ich spriche mêr: spræche ich von disen worten ein halbez jâr, ich möhtez dannoch niht volle enden. Unde dâ von lesen wir sie dise wochen unde dise aht tage in dem heiligen êwangeliô: 'Marîâ hât den besten teil erwelt, der wirt ir niemer benomen,' wan sie ze disen zîten ze himelrîche gefüeret wart zuo alse grôzen freuden, diu ir niemer benomen werden mac. Und an wie manigen sachen Marîâ den besten teil erwelt hât unde genomen hât, daz möhte ich vil lîhte in einem ganzen jâre nimmer ganz volle enden. Sie hât den besten teil erwelt under den engeln; sie hât den besten teil erwelt under den liuten; sie hât den besten teil erwelt under allen crêatûren und under allem dem daz got ie geschuof und under allem dem daz ûf dem himel und ûf der erden ist; und an allen den tugenden die got ie geschuof, dâ hât unser frouwe den besten teil erwelt; an allen den dingen diu guot sint, dâ hât unser frouwe den besten teil an erwelt. Unde daz ich mich des an næme daz ich unser frouwen wolte loben, daz wære der grœsten tôrheit einiu, die diu werlt ie gewan oder iemer mêr gewinnen mac. Sie sach der guote sant Johannes mit der sunnen bekleit unde sie hete ûf dem houbte eine krône mit zwelf sternen unde sie hete den mânen under den füezen. Sô sach sie der edel Dâvît mit guldîner wæte ze der zeswen des küniges. Und alsô sô gebent sie ir sô vil lobes, daz ez alliu diu werlt niht volle ahten möhte. [Und an wie manigen dingen unser frouwe den besten teil erwelt hât, daz stêt an dem kleinen büechelîn an dem fünften sermône, der sich ouch alsô an hebet: ‘Marîâ hât den besten teil erwelt, der wirt ir niemer benomen’: dâ vindet man wol an, an wie manigem unser frouwe den besten teil hât erwelt.] Iedoch möhtez alliu diu werlt niht vollenden, an wie manigen enden und an wie manigen sachen sie den besten teil hât erwelt.

‘Owê, bruoder Berhtolt, sô möhtest dû uns sagen, wie man ze dem aller minnesten lône komen möhte. Jâ gerten wir der gar übergrôzen freuden niht, die man ze himelrîche hât; unde dâ von lêre uns den minnesten lôn verdienen unde lêre uns, wie wir gemechelîchen in daz himelrîche komen: wir enruochen swâ dû uns in daz himelrîche bringest, under einen bank oder hinder die türe oder swâ wir dâ blîben mügen.’ Nû dar in gotes namen! Sô lange und ir niht begert ze grôzem lône, sô wil ich iuch bewîsen des nidersten lônes, der iendert in dem himelrîche ist. Sô lange und ir des minnesten lônes wellet warten, sô müezet ir iuch gelîchen den aller minnesten ûf ertrîche, daz aller minneste wirde hât ûf ertrîche. Sô lange und ir ze hôhen êren niht wellet, sô sult ir iuch den aller minnesten gelîchen, die ûf ertrîche sint. Und alsô sprichet der wîse Salomôn: ‘ez sint vier dinc der minnesten diu ûf ertrîche sint, unde sint sie niht diu aller minnesten, sô sint sie doch bî den aller minnesten.’ Nû seht, ob ir iuch dar zuo gelîchen wellet, oder ob ir hœher wellet in den himel, sô müezet ir iuch hœhern dingen gelîchen. Pfî, gîtiger! joch næme ich daz dû dich den nidersten dingen woltest gelîchen, daz ich dich etewâ in den himel möhte bringen. Dû bist aber immer ein fremder gast in dem himel, dû engeltest danne unde gebest wider. Daz getuost dû niemer durnehteclîchen, unde dâ von kumest dû ouch niemer in den himel noch alle die in tœtlîchen sünden sint unde dâ von niht wellent kêren mit wârem riuwen unde mit lûterre bîhte noch ze rehter buoze komen. Unde [dar umbe wil ich iu disiu vier dinc nennen unde wîsen, wie ir iuch disen vier dingen gelîchen sült. Wan swie sie diu minnesten viere sint, sô sint sie doch gar nütze, alsô daz sie doch gar guotiu dinc unde nütziu dinc bediutent. Wan allez daz got ie geschuof, daz hât got dem menschen ze nutze und ouch ze dienste geschaffen, iemer einhalp zem lîbe und anderhalp zer sêle. Daz iuch gar unnütze dünket unde gar ungenæme, daz ist iu gar nütze unde guot. Iuch dünket diu helle gar unde gar unnütze. Seht, diu ist iu gar nütze unde guot. Sie richet alle die sæligen unde die guoten an ir vîenden; unde daz man manic mensche bî lîbe unde bî guote læt, daz tuot man ofte mêr durch die vorhte der helle danne durch gote, unde durch die vorhte des tiuvels læt man manic dinc daz man sus niemer gelieze. Aber dem almehtigen gote ist sie ze vorderst nütze, wan sie richet in an sînen vîenden. Und allez daz ist nütze unde guot, daz got ie geschuof, wan der übel engel unde der übel mensche, und ez dienet eht allez dem almehtigen gote, wan der übel tiuvel unde der übel mensche. Und ez ist allez dem menschen ze dienste geschaffen. Der flôch ist gar nütze der ez wiste. Her Adam wiste ez gar wol, der ieglîchem dinge namen gap. Nû sîn wir leider als tœreht, daz wir sîn niht erkennen. Diu kröte ist gar nütze, diu nater ist gar nütze, wan er sprach dô er ieglîchez geschuof: ‘ez ist guot:’ *et vidit deus quod essent bona*: got sach daz ez guot was. Und alsô ist ouch allez guot. Der hunt ist guot unde nütze, unde sprechent manige liute: ‘dû lebest als ein hunt.’ Alsô sprichet manic mensche zuo dem andern, swenne ez dünket daz ez unordenlîchen lebet. Owê, wie wol ez danne lebte, swelch mensche als gar nâch gotes ordenunge lebte als ein hunt! Wan der hunt lebet anders niht danne als in got geordent hât. Der hüetet sînes meisters gar wol mit guoten triuwen den tag unde die naht. Ir seht wol, swenne der herre loufet, sô loufet er iemer vor im oder nâch im, er geloufet niemer neben im. Daz tuot er allez dar umbe, daz er sînes herren getriuwelîchen hüete. Unde die wîle er vor sînes herren tische stêt sô er izzet, sô stêt im allez ein ouge gein der türe, ob er iht sehe daz sînem herren geschaden müge; sô stêt im daz ander ouge gein sîns herren milten hant, obe er im iht biete. Sô hüetet etelîcher des vihes vor den wolven; sô væhet etelîcher hasen, der daz rêch, der den hirz; sô ist der ein vogelhunt. Und alsô lebet der hunt, unde dâ mite dienet er gote. Wande er in dem menschen ze guote unde ze nutze hât geschaffen, sô lebet er ouch dem menschen ze dienste unde ze nutze. Wan eht allez daz got ie geschuof dienet gote, wan der übel engel unde der übel mensche: die lebent wider gotes willen. Unde dâ von sô wære daz wol, daz etelîchez mensche nâch gotes willen lebte als vil der hunt tuot; wan dem muotet got niht für baz an denne er dâ lebet. Sô hât er den menschen nâch im selben gebildet unde geordent unde zuo den êwigen freuden erwelt, dâ er selbe ist. Und er danne alle die freude und alle die êre versmæhet, dâ in got zuo geschaffen hât, unde er danne dem tiuvel dienet, unde dar lebet er ungerehter danne ein hunt unde diu krote unde diu nater unde diu spinne unde danne alliu crêatûre unde der wolf. Wan der wolf ist wol nütze: die liute slüegen alle ir vihe ûf der andern schaden, daz ez daz korn abe gæze, wan der wolve huote. Und alsô eht allez daz got ie geschuof daz dienet gote, wan der übel mensche unde der übel engel. Der tôt der dünket eht iuch gar griulich und ein übel dinc, und ist gar ein nütze dinc. Unde wære allez daz lebende daz sît Adâmes zîten ie wart, wie wære im danne in der werlte? Ez möhte deheine wîse niht gesîn lîpnar ze habenne. Und als ein mensche sô alt wirt unde sô kranc an den ougen und an dem houbete, an swelhem glide daz ist, unde dar an lebet mit nœten unde mit engesten und im des dehein arzât abe mac gehelfen, sô kumt der tôt unde lœset in von den nœten unde von den engesten allen samt. Der tôt ist der aller beste arzât den ie dehein man gesach. Er büezet den swern, den ougeswern, den stumben und eht allen den siechtuom den ie dehein mensche ie gewan. Wan als der tôt kumt, sô swirt dir niemer ouge mêr noch dehein zan noch hant noch fuoz noch nie dehein siechtuom, der ie sô griulich wart, daz der dich iemer mêr berüere. Er büezet halt die ûzsetzikeit der tôt. Wande nie dehein arzât sô wîse wart, der die ûzsetzikeit künde gebüezen, sô ist der tôt gar ein guot arzât. Iedoch sô sint sô guote meister etewâ in der werlte, die einen ûzsetzigen menschen an dem lîbe wol machent mit wîser kunst, daz er wol deste langer bî den liuten blîbet. Er lebet aber vil deste unlanger. Als ist der erzenîe, daz sie die kraft mit dem andern hin füeret. Nû seht, ir hêrschaft alle samt, wie gar nütze der tôt ist! Unde solte ein beterise oder ein ander kranker mensche iemer mit sîner krankeit leben, sô wære im bezzer daz er drîstunt solte ersterben, âne daz man himelrîche mite koufen solte, des möhte niht ze vil sîn: swaz man umbe daz himelrîche iemer getuon möhte, daz wære allez guot unde des möhte niht ze vil gesîn. Iedoch sô möhte in nieman kein guot getuon unde sie möhte nieman gerâten, daz noch alle die menschen lebten, die geborn sint sît Adâmes gezîten. Unde dar an lît alles mîn materje, daz got niht eht geschaffen hât wan daz nütze unde guot ist, wan den übeln menschen unde den übeln engel. Unde des möhten sich alle die wol schemen, die man heizet übel liute, unde daz man die muoz gelîchen ze dem tiuvel. Wan daz ist ouch wâr: allez daz got ie geschuof, daz ist gote allez undertân unde gehôrsam, wan der übel engel unde der übel mensche: die sint aller crêatûre wirste die got ie geschuof. Nû seht ir wol, daz diu sunne des nahtes under gêt unde des tages ûf gêt unde niemer gestêt weder tac noch naht, wan sie got alsô geordent hât, daz sie uns den tac bringet und uns die naht ouch bringet. Wan swenne diu sunne ûf gêt, sô bringet sie uns den tac, unde swenne sie under gêt, sô bringet sie uns die naht. Unde dâ von seht, sô sprichet her Salomôn: '*orietur sol*: diu sunne gêt hînte under unde sie kumt morgen aber wider.' Sô sint die sternen als sie got hât geordent. Sô ist der mâne als in got hât geordent: der nimet abe unde nimet danne aber wider zuo, und alsô gêt er nû hôhe unde danne aber nider. Sô wirt er nû trüebe unde wirt aber wider lieht. Und alsô hât unser herre dehein dinc geschaffen wan daz im dienet unde danne daz nütze unde guot ist, âne der übel engel unde der übel mensche. Unde dâ von sô wil ich iu sagen, wie ir gote gehôrsam sült sîn, daz ir dem tiuvel iht genôzsam werdet als die jüden unde die heiden unde die ketzer und ander ungeloubige liute. Jâ sît ir kristenliute unde möhtet iuch des iemer schemen, daz man iuch zuo den tiuveln genôzen sol. Ir sult iuch genôzen zuo den guoten engeln unde niht zuo den übeln, als die heiligen veter in der alten ê und als die heiligen prophêten und als ander heiligen, die heiligen merteler unde die heiligen bîhter unde die heiligen megede und ander heiligen, die mit der barmherzikeit ze himel komen sint. Nû danket ez iuwer etelîcher gote gar lützel, daz ir ze grôze arbeit müezet lîden, ob ir der hôhen heiligen genôze in dem himelrîche soltet werden, und ir getürret sîn niht bestên der arbeit, dâ mite man den hôhen lôn verdienet, und ir hætet gerne einen gemechelîchen wec ze dem himelrîche. Unde dâ von daz iuwer sumelîche an dem minnesten lône wol begnüeget, sô müezet ir iuch den minnesten vieren gelîchen diu ûf ertrîche sint.

Daz êrste dem ir iuch gelîchen müezet under disen vieren crêatûren, daz ist der hase. Der ist ze allen zîten in flühten und ist der minnesten einz. Unde dar umbe heizet in her Salomôn der minnesten einz, daz eht er gar ein krankez tierlîn ist unde deheine were hât unde krank unde toup ist unde gar senfte als ein schâf. Und ir seht, wie der flôch gar klein ist unde tuot den liuten daz sie müewet. Daz selbe tuont diu mückelîn unde natern unde kröten; daz selbe tuont die spinnen, daz selbe tuont vil maniger hande crêatûre, daz bitter unde übel ist. Daz ist der hase niht, unde dâ von hât in her Salomôn dem aller minnesten gelîchet. Unde swie klein er ist der hase an sîner kraft, sô getar er doch gar unmâzen wol fliehen, und er ist ouch alle zît in schricken und in den flühten: sô er iemer baldest gefliehen mac, sô fliuhet er doch ze jungest ze einem steine. Unde rehte alsô müezet ir tuon: ir müezet iuch dem hasen gelîchen mit disen dingen. Ob ir niwan den nidersten lôn erwerben wellet der iendert in dem himel ist, sô sült ir ze allen zîten in flühten sîn, daz ir die tôtsünde fliehet. Rehte ze gelîcher wîse alse der hase ze allen zîten in flühten ist, alsô sol der mensche ze allen zîten in flühten sîn, daz er alle tôtsünde fliehen sol tac unde naht. Mit drin dingen sol ein ieglich mensche sich dem hasen gelîchen. Des êrsten sol er die sünde fliehen ze allen zîten alse der hase. Aber alle tœtlîche sünde sült ir fliehen, wan die verlâzenlîche sünde mac nieman gefliehen gar, ich meine die dâ heizent tegelîche sünde, wan der ist alse vil alse stoubes in der sunnen, wan dâ von sô mac sich nieman behüeten vor tegelîchen sünden wol. Vor tœtlîchen sünden sol sich alliu disiu werlt gerne hüeten, wan dâ von sprichet sant Gregorius: ‘iu mac nihtes mêr geschaden in aller der werlte wan diu sünde.’ Unde dâ von sült ir die sünde gerne fliehen. Und ist daz dir diu sünde ane klebet unz dich der tôt begrîfet mit tœtlîchen sünden, die maht dû niemer mêre überwinden. Und ist daz dir dîn hûs abe brinnet, daz maht dû gar wol überwinden âne gar grôzen gebresten und âne gar grôze arbeit; und ist aber ein dinc daz dû tœtlîche sünde niht fliehen wilt unde dich der tôt dran begrîfet, sô möhte dir lieber sîn, daz dich alle wolve zerzarreten die in der werlte sint unde daz dû allen den schaden næmest an lîbe und an guote den diu werlt ie gewan, daz wære dir allez sô schedelîchen niht, alse dir ein tœtlîchiu sünde wære, ob dû dar inne funden würdest. Unde dar umbe sô mag alliu diu werlt gerne die sünde fliehen. Wan sleht dir der hagel, daz maht dû überwinden; roup unde brant daz maht dû überwinden; friunde verlust unde dîn selbes lîbes verlust maht dû allez überwinden: dû maht den schaden der sünden niemer überwinden. Riuwe unde buoze versage ich nieman. Pfî, gîtiger, wie fliuhest dû die sünde! Dû fliuhest sie rehte als ein hornsnecke. Weh! wolte got, daz dû sie als sêre flühest als der hornsnecke! wan der gêt doch etewie vil des tages, swie lützel im linget. Sô nimest dû ê ûf an dîner sünde danne abe. Dû bist iemer ein fremeder gast in dem himelrîche, wan dû wilt weder an den obersten lôn noch an den nidersten noch an den mittelen, wan dû wilt eht der sünde niht lâzen, diu dâ heizet unreht unde gîtikeit des guotes, dar umbe wirt ouch dîner sêle niemer rât. Ir andern sünder, wellet ir fliehen oder wellet ir iuch lâzen vâhen in dem stricke des tiuvels? Ir nescher und ir nescherinne, iuwer etelîche fliehent dem tiuvel in den hals; wan der selben sünde ist alse vil worden daz man ez für sünde niht haben wil. 'Wê!' sprechent etelîche, 'unde wærez alse sünde als ez die pfaffen machent, sô möhte nieman genesen, sô gehuotten sie wol daz sie ez selbe iht tæten.' Unde die selben gedenke die man alsô hât umbe sünde, daz sint des tiuvels ræte unde sîne stricke, dâ er manic tûsent sêle mit væht, und ez sint sîner niuwen stricke; und iz ist ouch sîner niuwen stricke einer der alsô gedenket: 'dû solt die sünde noch niht fliehen, dû bist noch junc, dû maht noch manigen tac geleben unde manic jâr.' Daz ist ein strik, dâ der tiuvel manige sêle mite væht. Wan swenne dû dir selber den trôst gîst, dâ mite maht dû wol beswichen werden, wan dû enweist rehte niht, ob dû hînte lebest oder morgen den tac oder dû weist halt niht, ob dû ietze von disem flecken lebendic scheidest. Unde dar umbe sult ir iuch vor disen stricken hüeten, wan der ist sô vil, dâ mite iuch der tiuvel væht, als der weideman den hasen tuot. Swie wol er fliehen kan der hase unde swie wol er fliehen getar, sô hât im der weideman sîne stricke geleit mit listen: swenne er wil wænen daz er wol geflohen habe, sô gêt er im in die hant unde würget in unde schindet in unde brætet in unde siudet in. Und alsô geschiht dir. Swenne dû dir selber disen trôst geheizest unde dar ûf sünden wilt, sô tuost dû tûsent stunt tœrlîcher danne der hase. Wan wiste der hase wâ man im den strik leite, er gehuotte vil wol, daz er in deheinen strik niemer kæme, er liefe vil verre hin umbe. Sô leist dû den strik des tiuvels gar gerne unde gar willeclîche an den hals; wan swenne dû die sünde tuost, die dâ tœtlîche sünde heizent, sô hâst dû den strik des tiuvels selber geleit an dînen hals, reht alse ein diep, der für den rihter unde für den scherjen gienge unde die diupstâl ûf den rücke næme unde die wit an den hals, unde daz niwan an der gnâde des rihters stêt, weder er in hâhen welle. Sô læt erz allez ûf bezzerunge stên. Etelîchen den hæhet er gar balde an den hellischen galgen. Dar umbe sullet ir fliehen, sô ir iemer meiste müget, alse der hase, wan diu sünde ist iemer bezzer ze lâzen danne ze büezen. Ob dir halt got der buoze gestate unde dir die wîle gan ze leben, in dirre werlte ist dir sô guotes niht, sô daz dû fliehest alse der hase. Swenne dû unrehtez guot wilt gewinnen, sô mit wuocher oder mit fürkoufe oder mit satzunge oder mit dingesgeben in daz jâr oder mit untriuwen an koufe oder mit dînem hantwerke oder mit roube oder mit diupstâl, swenne dû der deheines willen gewinnest, sich, sô solt dû eht enwec fliehen. Sô dû den muot gewinnest daz dû steln wellest unde rouben wellest, sô sich unde fliuch eht hinder dich. Daz selbe spriche ich ouch zuo einer ieglîchen sünde: swelher sünde dû ouch muot unde gedank gewinnest ze tuonne, sô fliuch eht von der sünde, ob dû zem himelrîche kumen wilt. Unde dâ von ist halt manic grôzer heilige gar hôch in dem himelrîche, daz sie die sünde fluhen. Sie tâten aber vil grôzer dinge unde guoter dinge dannoch mêr, danne daz sie die sünde fluhen, als sant Katherîne unde sant Margarêtâ unde der guote sant Niclaus unde sant Uolrîch unde der andern ein michel teil.

Sô lange und ir der grôzen niht werden wellet und iuch dar an versûmet habet, alsô daz ir die sünde niht geflohen habt unde daz ir in sünde gevallen sît, ich meine tœtlîche sünde, sô sult ir iuch zem andern mâle ouch dem hasen gelîchen. Wan der hase erschricket gerne unde hât alle zît vorhte unde schrecken an sînem herzen. Alsô sült ouch ir tuon,

Ir sult ouch alle zît in vorhten sîn, swenne ir iuch selbe in tœtlîchen sünden wizzet daz ir sült gedenken: 'herre, gnâde! nû lâz mich dîne hulde erwerben.' Und ir sült sînen zorn fürhten unde sînen slac, und ir sült daz noch mêre tuon durch die liebe unsers herren danne durch den grûsen unde durch die vorhte der helle. Wan rehte ze glîcher wîse, alse ob dû gerne einem sîn guot versteln wellest, unde dû liezest ez durch anders niht in dirre werlte, wan daz dû des vörhtest daz man dich dâ mite begriffe unde dich hin ûz an den galgen hienge, unde dû liezest ez durch got niht, wan niwan durch die vorhte des galgen: nû sich, des lônet dir ouch anders nieman wan der galge. Wie gar nû der galge ein tôtez holz ist unde vil ungenæmer unde widerzæmer danne ein ander holz, sich, sô læt er dir doch ungelônet niht, wan er læt dich vil schône ûf unde nider gân, daz er dir niemer dehein leit getuot. Unde der sîn durch des galgen willen niht lâzen wil, der wirt gar vil dran erhangen, unde sie müezent einen schentlîchen tôt an dem galgen nemen. Nû sich, wie rehte wol dir der galge hât gelônet, daz er dich des schentlîchen tôdes überhebt! Nû sich, ob dû ez durch den almehtigen got liezest, waz er dir danne grôzes lônes möhte gegeben dar umbe! Wan er dar umbe almehtic heizet, daz er alliu dinc wol getuon mac, sô mac er dir sô rîchen lôn dar umbe geben, der aller der werlt unmæzlich wære ze sagen und unmügelich. Daz selbe spriche ich zuo den, dâ einer gerne sünde tæte mit eins andern mannes êwîbe unde læt ez durch got niht noch durch anders niemanne, wan daz er fürhtet, werde ez ir wirt innen daz er in ze tôde erstæche: dem lônet sîn ouch nieman danne daz mezzer. Oder ob ez ouch ein frouwe durch anders niht lât, wan durch villen unde durch schern, daz sie einer andern ir êman niht ennimt: der lônet ouch anders nieman wan der besem unde diu schære. Und alsô stêt ez ouch umb ander sünde. Swer die sünde umb anders niht enlæt danne durch vorhte der helle, dem sol diu helle ouch den lôn geben. Ez ist aber tûsent stunt bezzer, daz man vorhte habe gein gote unde man sînen almehtigen gewalt dâ mit êre, danne daz der tiuvel unde diu helle iemer sô vil êren sülle gewinnen, daz man die sünde durch ir beider willen iemer gelâze oder gefliehe oder daz man iemer wâren riuwen durch ir willen gewinnen sulle. Iedoch sô muoz man an bœsem werde haberstrô für guot nemen ze gelte. Ê daz man gar âne angest und âne vorhte lebte unde ie ein bœserz danne daz ander tæte, sô ist ez dannoch wæger danne gar verborn. Dir gelônet aber diu helle alsô niemer als der galge. Ob dû steln vermîdest durch den galgen, sô lônet er dir dâ mite daz dû dran niht erhangen wirst: alsô lônet dir diu helle unde der tiuvel niht. Ob dû die sünde durch anders niht enlæst wan durch die vorhte der helle unde des tiuvels, sô lônet sie dir dâ mite, daz dû der helle dâ mite niht überic werdest. Wan der niemer deheine sünde getæte und oûch durch got niemer dehein guot getæte, des würde niemer rât. Unde dâ von sô lônet diu helle und ouch der tiuvel niht als der galge, und ist doch wæger, durch ir vorhte ir sünde gelâzen danne gar vermiten; wan alle die sünde die dû durch die vorhte der helle unde durch die vorhte des tiuvels lâst, sich! dâ wirt dîn martel deste ringer unde deste senfter umbe. Alle die dâ ze helle sint, den ist allen wê; in ist aber niht glîche wê. Ez ist einem wol tûsent stunt wirs danne dem andern. Unde dâ von solt dû dich dem hasen gelîchen: ob dû zem himelrîche wilt, zuo dem nidersten lône, sô gelîche dîne vorhte dem hasen, der dâ fliuhet ze jungest ie ze einem steine; alsô soltû fliehen ze einem eksteine, daz ist der almehtige got. Daz ist der edelste stein, dâ alliu dinc ir edelkeit und ir kraft von nement. Zuo dem sült ir fliehen unde sült in fürhten unde minnen, wan er mac iuch beschirmen wol vor allem dem leide unde von allen den stricken der jagenden. Und alsô sült ir iuch dem hasen gelîchen ze dem andern mâle, der im dâ sêre fürhtet: daz ir got fürhten sult, swenne ir got erzürnet mit tœtlîchen sünden. Wan daz sie tœtlîche sünde heizent, daz ist dâ von, daz sie den menschen in den êwigen tôt wîsent; und ouch dar umbe heizent ez tœtlîche sünde, daz sie alliu guotiu werk an dem menschen ertœtent, diu er iemer getuot ze guote unde ze almuosen: diu sint alle gar unde gar tôt, die wîle der mensche in tœtlîchen sünden lît, daz dir got dehein himelrîche drumbe gît. Dû solt aber doch dar umbe deste wirs niht tuon, wan dû solt daz aller beste tuon daz dû maht: ob dû halt niht tœtlîcher sünden lâzen wilt, sô tuo dannoch daz beste daz dû maht. Daz ist dir zuo vier grôzen dingen guot. Daz ein ist dâ ez dir guot zuo ist, ob dû der liute bist die bekêret süln werden, sô wirdest dû deste sicherre bekêret von dînen sünden. Daz ander ist, daz dich der tiuvel deste minner ze den sünden geziehen mac. Daz dritte ist, daz dir dîn dinc deste baz gêt hie in dirre werlte: sô einem sîn hûs lîhte verbrinnet, sô bestêt daz dîne ganz; oder einem ein stein ûf daz houbet vellet, sô wirret dir niht. Alsô ist maniger leie sælde die dû ûf ertrîche hâst umbe die sache, obe dû daz beste tuost in tœtlîchen sünden. Daz vierde, daz dîn pîn unde dîn martel deste ringer unde deste minre wirt in der helle, ob dû niht bekêret werden solt. Dâ vor beschirme uns der almehtige got vor dém lône! dâ sol nieman ûf dienen. Und alsô sult ir die sünde fürhten unde mit der vorhte zuo dem almehtigen gote fliehen.

Ze dem dritten mâle sult ir iuch gelîchen dem hasen, der getar wol fliehen. Swie kranc er an der nâtûre ist alles dinges oder swie gar sîn herze erschrecket sî unde swie vorhtsam er sî, sô getar er doch ûzer mâzen wol fliehen. Alsô sult ir mit iuwer flühte getürstic sîn, daz ir weder durch des tiuvels ræte noch durch die werlt noch durch des fleisches gir noch brœdekeit niemer verzagen sult. Ir sult die sünde fliehen unde büezen mit dem lîbe dazir dâ getân habet, mit riuwe unde mit bîhte unde mit buoze nâch gotes gnâden unde nâch iuwern staten. Unde gelîchet ir dem hasen an disen drin dingen, sô habet ir daz êrste an disen vieren; sô müezet ir iuch noch drin gelîchen.

Daz ander ist der heuschrecke. Dem sult ir iuch gelîchen an drin dingen. Daz ein ist: der heuschrecke ist snel unde resche, er springet rehte dort hin alse er fliege. Sô ist er zem andern mâle grüene an sîner varwe. Sô ist er mager unde dürre an dem lîbe, swie er doch ze allen zîten in dem grase lît. Daz êrste dar an ir iuch dem heuschrecken sult gelîchen, daz ist daz ir resche sült sîn unde niht træge an gotes dienste. Wan daz ist der siben houbetlaster einz, unde swer dran funden wirt, daz er træge ist an gotes dienste, des wirt niemer rât. Buoze lâz ich alle zît vor ûz. Wande dem almehtigen gote die engele dienent willeclîche unde snelleclîche unde doch got nie deheine martel durch den engel geleit, wan niwan durch den menschen, sô ist im ouch der mensche wol tûsentstunt mêr dienstes schuldic danne der engel; unde hânt im die engel wol sehs tûsent jâr gedienet unde dienent im noch hiute als willeclîchen und als snelleclîchen als des êrsten tages. Unde dâ von sol im der mensche willeclîche unde snelleclîche dienen, unde niht slæferlîche noch lazlîche, als uns des lebens betrâge oder als wir slæfric sîn. Wan er hât uns die gar edeln engel ze dienste gegeben, die an etelîchen dingen vil edeler sint danne wir, und uns dar zuo den himel unde die erde ze dienste unde ze nutze geschaffen hât und allez daz dar zuo, daz beide in himel und ûf erden ist.

Zem andern mâle sult ir iuch dem heuschrecken ouch gelîchen. Daz ist, daz der heuschrecke grüene ist. Dâ bî ist iu bezeichent, daz ir grüenen sult an dem dienste unsers herren unde daz ir zuo nemen sült unde niht abe. Wan der hundert jâr in rehtem lebene ist gewesen, in guotem lebene, unde gît er im ein bœse ende, sô ist ez allez samt verlorn. Unde dâ von sprichet got selber: 'alse ich dich vinde, als lône ich dir.' Unde dâ von sult ir grüenen, daz ist, daz ir ê zuo nemet danne ir abe nemet, oder ob ir niht zuo nemet, daz ir ouch niht abe nemet. Daz ist alsô gesprochen, daz ir an gotes dienste funden werdet unde niht in des tiuvels dienste der tœtlîchen sünden, wan unser herre alsô sprichet: 'als ich dich vinde, als lône ich dir.'

Zem dritten mâle sült ir iuch dem heuschrecken gelîchen. Daz ist alsô gesprochen: ir sült iuch an dem lîbe enthaben als der heuschrecke; wan der ist dürre unde swankel an dem lîbe. Alsô sult ir ouch dorren an dem lîbe an dem dienste unsers herren. Swenne sich der heuschrecke derret bî allen den bluomen unde bî allem dem grase daz in der wîten werlte ist und er in aller der wunne die der sumer hât und aller der gezierde, des er sich alles nietet, daz er sîn krankez lîbelîn vollen niht gesettiget, ern sî mager unde smal, alsô süln wir ouch tuon. Wir süln unserm lîbe entziehen. Swie vil er êren unde guotes hât, sô sult ir doch dem lîbe allen sînen wollust niht lâzen, ir sult im abe ziehen. Wan ein tugent heizet *abstinentia*, diu ist aller tugende beste, der sich enthaben mac an ezzenne und an trinkenne und an gewande und an aller volleist und an allen dingen. Pfî, ir frâz, ir trenker und ir slûch! wie enthabet ir iuch an ezzen und an trinken, daz ir halt einigen tac niht vastet ze rehte als ir soltet? Daz sol iu der tiuvel wol gelônen, im zerrinne danne alles des fiures daz er iendert hât; und alle die mit grôzer hôhvart umbe gênt unde dem lîbe volleist gebent alles sînes willen. Jâ wis eht dû im guot, dû hôhvertiger unde dû frâz! er hilfet dem tiuvel vil deste baz strîten ûf dîne sêle, und anders niht treit ez dich eht für, wan daz dû dîn selbes vînt mestest unde sterkest ûf dîner sêle schaden. Sô dû gerne hôhvertic wellest sîn mit rîchem gewande, des solt dû dich entziehen in der liebe unsers herren; unde-sô dû die nôtdurft wol habest gezzen unde getrunken, sô lâz daz überige sîn, wan daz ist ouch der siben houbetlaster einz, unde swer an der übermâze funden wirt, der ist êwiclîche verlorn. Unde dâ von sult ir die tugent haben diu dâ heizet *abstinentia,* ob ir zuo dem himelrîche komen wellet, zuo dem nidersten lône. Wan die zuo dem hôhen lône dâ wellent, die müezent dannoch für baz gote dienen danne daz sie die übermâze mîden: sie müezent halt der rehten mâze abe brechen unde der rehten nôtdurft, alse der guote sant Bernhart, der alse vil gevastete, daz im der mage gar enwiht wart von wazzer unde von brôte; und ander heiligen âne mâzen vil, die sich mêr entzugen an der rehten nôtdurft danne ir rehte mâze solte sîn. Und alsô sult ir iuch dem heuschrecken gelîchen mit disen dingen.

Daz dritte dem ir iuch gelîchen sult, daz ist der âmeize. Dem âmeizen sult ir iuch gelîchen an drin dingen. Daz ein ist, der âmeize der gedenket alliu jâr für, ie wes er den winter sülle leben. Daz ander, daz er alle zît arbeitet. Daz dritte ist, daz sîn arbeit nützelich wirt im selben unde schîmbær wirt, wan er machet ie daz man ez sehen muoz und ansihtic wirt, wan ir sehet wol daz sie immer einen hûfen machent. Und alsô sült ir iuch dem âmeizen gelîchen, ob ir zuo dem minnesten lône des himelrîches wellet komen. Wellet aber ir den hœhern lôn, sô müezet ouch ir für baz grîfen mit den hœhern tugenden. Ir sult für gedenken als der âmeize, der dâ für gedenket: alsô sult ir iuch üeben an reinen gedenken, an guotem willen und an reinen tugenden und an dem heiligen kristenglouben, unde daz ir guoten willen haben sült ze allen guoten dingen.

Daz ander, daz ir arbeiten sult, alsô daz ez iu nütze sî. Ez arbeitet manic mensche, daz ez sînen lîp gar sûr an kümt, daz ez weder ze gote noch zer werlte nütze wirt noch weder im noch anders ieman. Als dise röuber unde turneier unde tenzer unde swelher leie arbeit ez ist, diu unnützbær ist, die sol man fliehen unde sol die arbeit üeben diu nütze ist. Unde swelher leie arbeit dû üebest, diu sol eintweder nütze sîn ze gote oder zer werlte, wan unser herre alliu dinc dem menschen ze dienste unde ze nutze hât geschaffen, einhalp ze dem lîbe und anderhalp ze der sêle. Swâ ir danne die arbeit an grîfet, diu der werlte nütze ist und êrlich ist, diu ist ouch gote lobelich, wan er gap Adâme daz er arbeite: daz gap er im ze einer buoze, wan er alsô sprach: 'nû müezest dû dîn lîpnar iemer mêr mit arbeit gewinnen.' Unde dâ von sült ir an der rehten arbeit funden werden, der bûman an sînem bûwe, der koufman an sînem koufe (der sol sich aber mit triuwen halten), der hantwerkman an sînem hantwerke, der ritter an sîner ritterschaft, der geistlîche mensche an sîner arbeit, die im unser herre geordent hât. Sô sint etelîche hantwerkliute die mit ir hantwerke niemer mügent behalten werden: die sint aller der werlte unnütze, unde dâ von wirt ir ouch niemer rât mit ir arbeit mitalle. Als dise würfeler und die dâ diu spitzigen mezzer slahent unde diu schapel machent unde die dâ armbrüste machent unde swaz sô getâner hantwerke sint, diu der werlte mêr schade sint danne guot. Alliu diu antwerk oder ander arbeit, sie sîn geistlich oder werltlich, die eht der werlte nützelich und êrlich sint, die sint gote löbelich, die sol man arbeiten mit der triuwe unde mit der gerehtikeit, daz ez iu nütze werde an lîbe und an sêle.

Daz dritte ist dar an ir iuch der âmeizen gelîchen sült: diu âmeize treit guot dinc und edelez ze hûfen; daz ist wol gesmak und edel. Alsô sült ir tuon, ein ieglich mensche nâch sînen staten. Der âmeize mac einen slegel niht getragen, er mac halt ein gansei niht getragen: er treit daz er mac. Und alsô sült ir tuon. Wan ez edel ist unde wol smecket daz der âmeize ze hûfen treit, sô bezeichent ez geistlîchiu dinc, gebet und almuosen, dâ mite wir dâ snelle süllen sîn an dem dienste unsers herren: dâ mite sülle wir hûfen machen. Ein pater noster ûf daz ander und ein avê Marîâ ûf daz ander und ein almuosen ûf daz ander; nû eine venje, nû einen kirchganc, nû einen aplâz, nû einen mettînganc, nû ein siuftzen hinze gote, nû eine barmherzikeit über einen nôtdürftigen, nû einen ellenden herbergen, nû diz, nû daz. Seht, des sult ir einen hûfen machen von tage ze tage, von jâr ze jâre, mit vasten, mit messe frumen und alliu jâr unsern herren enpfâhen mit andâht unde mit grôzer riuwe unde mit lûterre bîhte; unde man sol daz alsô tuon alse kristen rehte sint, unde des wirt allez von jâr ze jâre ein wolgetân hûfe. Swenne ez danne kümt, daz ir niht mêr leben müget, sô seht ir vil frôlîche, sô der guote sant Michel ûf die wâge legende wirt iuwer guoten werk. Wan der sûmet sich dran niht, er lege iu alliu diu guoten werk ûf die wâge ze einem hûfen diu ir ie begienget. Daz aller minneste wort daz ir an iuwerm gebete ie gesprâchet unde die aller minneste venje læt er under wegen niht noch den aller minnesten fuoztrit, den ir zer kirchen ie getrâtet in dem dienste unsers herren unde ze der predige unde ze den antlâzen unde ze gotesverten verre oder nâhe. Daz süllen aber niwan man tuon: die süln verre über lant varn, ze sant Jâcobe unde gein Rôme und über mer und gein Âche. Keiner frouwen ist daz niht gesetzet, daz sie verrer var in gotesverten wan als vil daz sie über naht niht ûze sî unde daz sie des selben tages wider heim kome, ez sî danne daz sie über naht ûz sî, dâ sie als sicher sî als dâ heim an ir kamer. Man die süln ûz varn, frouwen die suln dâ heime sitzen spinnen. Die dâ gesündet haben die büezen dâ heime, oder sie füerten lîhte mêr sünden heim danne sie ûz fuorten. Sie süln dâ heimen büezen mit vasten, mit gebete unde mit andern guoten dingen nâch ir pfarrers râte. Und alsô sult ir iuch dem âmeizen gelîchen mit disen drin dingen, ob ir zem nidersten lône wellet. Wellet ir aber hôher komen, sô müezet ir iuch hœhern dingen gelîchen.

Daz vierde dem ir iuch gelîchen sült, als her Salomôn dâ sprichet, daz heizet der molle. Daz ist klein unde gêt in den welden und ez ist niht der mûlwelpfe, daz die erden dâ hület und ûf wirft: ez ist niht vil grœzer danne ein vinger. Und ir sult iuch ouch dem selben an drin dingen gelîchen. Ez hât maniger leie varwe. Ze dem andern mâle sô ist ez gar eiterhaft und ez sol nieman an grîfen, wan ez ist gar ein vergift, unde swer ez mit blôzer hant an grîfet, der mac sîn in arbeit komen. Zem dritten mâle ist ez der nâtûre daz ez niemer gelît, ez enkrieche eht allez für baz ie baz unde baz, unde kumt ez in eines küniges hûs, dâ blîbet ez. Unde rehte alsô sült ir tuon, ob ir ze dem himelrîche wellet zuo dem minnesten lône.

Des êrsten sult ir iuch dem mollen gelîchen an der varwe, daz er sô manige varwe hât. Dâ bî ist iu bezeichent daz ir manige tugent haben sült unde mêr danne eine müezet haben. Wan daz tierlîn, daz würmelîn, ist niht einer varwe, ez hât maniger leie varwe, und alsô müget ir niht mit einer tugent zem himelrîche komen: ir bedürfet mêr tugent danne einer tugent, wan ir iuch disen vier dingen müezet gelîchen unde iegelîchem besunder an drin dingen. Unde dâ gehœret vil tugent în. Der kristengloube, dêmuot, miltekeit, gedultikeit, barmherzikeit und ouch ander tugende: die müezet ir alle haben an dem teile, daz der molle maniger hande varwe hât. Und alsô sult ir maniger hande tugent haben.

Ze dem andern mâle sult ir iuch dem mollen gelîchen, daz er vergiftic ist und arbeitsam an ze grîfen ist. Dâ bî ist iu bezeichent, daz iuch des dehein arbeit noch dehein übel dinc noch deheiner slahte kumber erwenden sol noch dehein eiter (vergift) der werltsüeze (wan diu ist gar eiterhaft unde vergiftic) noch dehein begirde des fleisches, daz allez samt sol iuch niemer erwenden, daz ir von disen tugenden iemer gescheidet, die iuch in daz himelrîche süln wîsen. Swenne iu der tiuvel sîn vergift an wirfet mit sînen bœsen ræten, sô sît eht ir stæte an iuwern tugenden, daz ir iht in tœtlîche sünde vallet. Sô iu der werlt süeze den muot welle verkêren ze üppeclîchen dingen, sô sît eht stæte an dem almehtigen gote und an iuwern tugenden. Ich meine dér tugende niht, daz etelîche liute untugent heizent, daz ir dâ mite daz himelrîche verlieset, des ist niht. Ob ein mensche einvalteclîche izzet oder trinket, daz ez sô hövelich niht kan gesîn mit aller sîner wîse, daz heizent etelîche liute untugent; man verliuset aber gotes hulde niht dâ mite, man verliuset niwan mit den untugenden gotes hulde die dâ heizent tœtlîche sünde. Daz sint diu siben houbetlaster und ander untugent: bœsiu wort, vil schelten unde fluochen unde spoten unde liegen; sô getâne lügen, die dem menschen schedelich sint an dem guote oder an den êren oder an dem lîbe, oder wider den glouben, die lügen sint alle tœtlîche sünde. Vor sô getânen untugenden sult ir iuch hüeten, daz ir dâ von iuwern tugenden iht kumet, die iuch dâ ze himel wîsen süln.

Zem dritten mâle sult ir iuch dem mollen gelîchen, der dâ ze allen zîten für sich kriechen muoz, unz er in des küniges hûs kumt. Alsô sult ir tuon: ir sult stæte blîben mit disen guoten tugenden unz an iuwern tôt: sô kumet ir in des küniges hûs. Unde dar umbe sult ir ân underlâz niemer geruowen unz ir kumet in des küniges hûs, dés küniges, der dâ keiser aller künige ist, in daz himelrîche. Kriechet eht ir für iuch, sô mit liebe, sô mit leide, eht alle tage ein wênic für baz ie nâch iuwern staten, als ir danne state habet an dem lîbe und an dem guote, sô kriechet eht dar, wan iuwer arbeit hât schiere ein ende, aber iuwer freude diu gewinnet niemer mêr ein ende. Unde ruofet die heiligen frouwen an, der hôchzît wir dâ begên in dirre wochen unde dise aht tage, daz sie unser bote sî an ir heiligez trûtkint, daz er uns helfe durch alle sîne güete, daz wir uns bekennen in allen den sachen, die uns got ze dienste unde ze nutze hât geschaffen, einhalp ze dem lîbe und anderhalp zer sêle, daz wir im des alsô gedanken mit tugentlîchem leben, daz er dâ von êwiclîche gelobet sî unde wir gesæliget an lîbe und an sêle. Âmen.

# XXXVI.

## VON DEN SIBEN INSIGELN DER BÎHTE.

DAz ist ein predige, wie man sich bereiten sol mit der wâren riuwe unde mit der lûtern bîhte unde mit der gnædigen buoze, wan daz gar unmâzen nôt ist, swie wol man sich bereiten kan, daz man unsern herren wirdeclîche enpfâhe. Sô lange und er aller engel herre ist und aller der werlte herre ist, sô ist daz mügelich und ouch billich, daz der tempel gar reine unde schœne sî, dar der herre aller der werlte komen sol. Wan der mensche ist des almehtigen gotes tempel, und er wil dâ inne wonen unde hât im den menschen ze einem tempel gemachet, dar umbe daz er dar inne wonen wil, und er wil des niht gerâten, ern welle dar inne wonunge haben, und er wil ouch in deheines menschen herze noch in sîne sêle niemer komen, wan daz sich gereinet hât vor allen sünden. Unde swer des niht tuot, daz im die stinkenden sünde unde die unreinen sünde lieber sint danne der almehtige got der daz êwige leben ist, der ist êwiclîche verlorn iemer mêr, als der guote sant Paulus dâ sprichet. Und alsô gebiutet der almehtige got mit grôzer drouwe, daz wir die sünde ûz unserm herzen schieben und im sînen tempel schône und reine machen von den sünden, daz er dar inne wonunge haben müge. Daz gebiutet er uns mit grôzer drouwe einhalp, und anderhalp sô ladet er uns dar zuo mit lieplîchem zarte, als man dâ liset in der minne buoche. Dâ sprichet unser herre: ‘kum her zuo mir, *columba mea, formosa mea*, mîn tûbe, mîn schœne!’ unde ladet uns mit dem zarte, daz nie vater sînem kinde sô mit minneclîchem zarte gebôt. Unde dar an gedâhte her Simeôn gar wol, daz der almehtige got grôzer reinikeit wol bedarf und er ir wol wert ist, und ouch wol bedarf daz man sich wol dar zuo bereite swer den almehtigen got reiniclîche enpfâhen sol; wan her Simeôn hete sich dar zuo sibenzic jâr bereitet, daz er niwan den almehtigen got an sîne arme solte enphâhen. Owê, vil lieber herre! nû haben wir niwan drî wochen dâ hin, daz wir den almehtigen got süln enphâhen in unser herze, in unsern lîp, in unser sêle, unde sich Simeôn sô lange daz zuo bereite, daz er in ûzwendic an sînen arm solte nemen. Nû fürhte ich vil harte daz manigez vor mir sî, daz sich niht gar wol bereitet habe, swie grôzlîche der almehtige got uns daz gebôt mit drouwe unde mit vorhten, den mit siechtuom, den mit arbeit, den mit arbeitenden gebresten, den mit armuot, den mit ungelücke, den sus, den sô, unde danne anderhalp mit zarte unde liebe, unde daz allez samt niht hilfet, ez ensî manic mensche daz ez dem almehtigen gote sînen tempel iemer ze rehte entslieze an im selben mit der wâren riuwe unde mit der lûtern bîhte unde mit der stæten buoze. Nû, wannen ist daz? Ir seht, daz der guote sant Johannes wol in apokalipsî dô sach: dô in unser herre sîne tougen der wîsheit sehen liez, dô sach er ein buoch daz was beslozzen mit siben insigeln, mit siben slozzen, daz künde nieman ûf gesliezen, weder die hœhsten engel von den hœhsten kœren noch die nidern engel noch die heiligen noch die patriarchen noch die prophêten noch merterer noch bîhtiger noch meide noch nieman in himelrîche noch in ertrîche, der daz selbe ie ûf gesliezen künde. Unde dô wart er weinende der guote sant Johannes und er gehabete sich übel. Dô sprach der engel: 'Johannes, gehabe dich wol! daz lamp daz sich dâ marteln liez unde die martel leit durch allez menschlich künne, daz sol daz buoch ûf sliezen.' Unde rehte ze glîcher wîse hât der tiuvel des menschen herze beslozzen mit den slozzen, daz er in (den tempel) dem almehtigen gote niemer entsliezen mac âne daz lamp, daz die martel leit durch den menschen; wan sie sint sô veste und alse stark unde sô irre disiu siben sloz, daz sie nieman entsliezen mac âne daz lamp, daz die martele durch uns hât erliten. Und ich wil iu sagen von disen siben slozzen, den worten daz ir daz heilige lamp bitet unsern herren Jêsum Kristum, daz er unser sinne und unser herze von disen siben slozzen entslieze, wande der tiuvel manic tûsent mit disen slozzen besliuzet daz der sêle niemer rât wirt.

Daz êrste sloz heizet lîhtunge der sünden, daz dû dir selber dîne sünde gar geringe machen kanst unde gar lîhte. Mit dem slozze verirret der tiuvel manic tûsent herze, daz dû gedenkest: ‘weh, nû ist ez sô griulich unde sô grôz umbe die sünde niht sam ez die pfaffen machent; unde wær ez alse grôz sam sie dâ sagent, sie gehuotten ez selber gar wol daz sie ez iemer getæten, wan sie ez doch vor in sehent an den buochen. Wie möhte halt unser herre iemer dehein mensche lâzen verlorn werden umbe sô getâne sünde, als sie dâ sagent. Ez sint niwan drîe sünde, dar umbe man verlorn wirt: der im selber den tôt tuot unde der sîn gemechede ertœtet unde sînen herren verrætet.’ Jâ lîdet ez got niht alsô. Ez heizet einz ein gemein unkiusche, daz ist der minnesten sünde einiu under den gemeinen; da bî merket, wie ez umbe die grôzen und umbe die swæren sünde stê. Swâ ein ledic man und ein ledic wîp, die beide ledic sîn, daz sie mit der ê niht ze tuonne habent unde sich mit êlîchen dingen niht bekümbert hânt, unde diu zwei unkiusche mit einander tuont, daz wellent manige liute daz daz niht ein houbetsünde sî. Nû sich, diu sünde dünket dich gar ringe unde dû wilt ir halt niht ahten. Nû wil ich dich lân hœren, wie grôz diu selbe sünde ist. Ez ist ein sô getâniu sünde, swenne niwan ein ledic man und ein ledic wîp eine einige sünde mit einander tuont, unde wærest dû vor als heilic gewesen als der guote sant Johannes ist unde begrîfet dich der tôt âne riuwe und âne bîhte (ich spriche âne riuwe alleine, wan ez möhte ein mensche alsô bestricket werden an der stat oder in sô kurzer zît, daz ez ze bîhte niht komen möhte: gewinnet ez danne wâre riuwe, sô mac ez wol behalten werden; unde dâ von sô spriche ich:) wirdest dû mit der einen sünde funden âne riuwe unde bist dû vor als heilic gewesen als sant Johannes, dû muost gein helle varn umbe die selben sünde unde muost êwiclîchen iemer dâ sîn. Unde betten alle pfaffen iemer umbe dich und alle die müniche und alle die nunnen und alle die sît anegenge der werlte ie geborn wurden und alle die heiligen und alle engele, sie möhten dich niemer mêr von dannen bringen mit ir gebete. Nû sich, daz ist der minnesten sünde einiu. Sich, waz dir danne umbe der grœsten sünden eine geschehe, mit êbrechen, mit morden, mit rouben unde mit andern grôzen sünden! Und alsô verirret der tiuvel vil manic mensche mit disem slozze, daz sie die sünde ringe dünket unde daz dû dir selber den trôst gibest.

Daz ander sloz heizet *peccata proximi*: sünde dîns næhsten, daz dû allez trahtest ûf den næhsten, wie vil der sünde ûf im habe. 'Nû hât der zehenstunt mêr sünden ûf im danne ich: der wil dar umbe niht verlorn werden und er trûwet halt wol genesen; ich sihe daz wol, er hât zehenstunt mêr unrehtes guotes danne ich unde gît als wênic wider unde giltet als lützel als ich; und er hœret die predige als wol als ich: war umbe gæbe ich danne ûz der hant, des ich unde mîniu kint süln leben? solte ich nû nâch dem almuosen gên unde mîniu kint, sô tæte ich wunderlîchen, die wîle ein anderre niht giltet unde wider gît, der sîn vierstunt mêr hât danne ich. Nû hete Zachêus wol hunderstunt als vil unrehtes guotes, unde liez in got niht verlorn werden. Alsô was sant Paulus gar ein æhter und ein morder unde liez in got dar umbe niht verlorn werden. Daz selbe tuot er mich alse billich. Unde sant Pêter verloukente sîn drîstunt, unde liez in doch wider komen, unde sant Marîâ Magdalênâ diu was ein offen sünderin: die sînt nû alle grôze heiligen in dem himelrîche. Wes zige er mich danne unser herre? er bekêrte mich alse wol als sie, swenne ez in nû zît dünket, wan er hât mich alse wol geschaffen alse sie.' Unde dâ mite verirret ouch der tiuvel vil liute, daz ir sêle niemer rât wirt von disem slozze, daz dû dem almehtigen gote dînen tempel niemer ûf getuost, als dû ze rehte soltest, unde trœstest dich des, daz ein anderz mêr sünden hât danne dû. Des möhtest dû dich vil baz untrœsten danne trœsten, wan swenne ie mêr sêle ze helle ist, sô ie mêr martel dâ ist ze helle; wan sô ie maniger schît an dem fiwer lît, sô daz fiwer ie grœzer wirt. Alsô stêt ez ouch dâ ze helle: sô iuwer ie mêr dar kumet, sô diu martel unde diu nôt ie grœzer wirt.

Daz dritte sloz ist hoffenunge lanclebens. Sich, dâ mite verirret der tiuvel manigem menschen sîne sinne, daz ez sich eht trœstet langer ze leben und alsô gedenket: 'wie solte ich mich alse früeje von sô getânen freuden ziehen, von tanzen oder von unkiusche unde von gezierde mîns lîbes oder von unrehtem guote?' Und als gedenket im vil manic hundert menschen unde schiebent die bîhte unde buoze ûf, hiuwer biz fürwerter; und als danne fürwerter kumt, sô ist der sünden aber mêr worden und im ist danne aber zwirnt als swære dar zuo als im hiute ist. Und also schiubest dû ez ie von jâr ze jâre ûf, unz daz dich der tôt begrîfet unde der tiuvel füeret dich gein der hellen daz dîn niemer rât wirt. Sô gedenkent die alten liute — wan die gar wol zuo ir tagen komen sint, die habent dannoch irresal mit disem slozze — : 'jâ', gedenket er, 'ich wil rehte ê eine vart über mer tuon oder ze sant Jâcobe oder ich wil ê mîniu kint bestaten, ê daz ich mich der werlte als gar entziehe.' Unde sie setzent in sô manigez für daz eht sie ez ûf schieben, unz daz sie der tôt begrîfet mit sünden mitalle, daz sie ze der helle varnt daz ir niemer rât wirt.

Daz vierde sloz, dâ mite der tiuvel dich ouch irret, daz dîn tempel dem almehtigen got iemer beslozzen ist daz er niht dar în kumet zuo dîner sêle, daz ist hoffenunge ûf gotes erbermede, daz dû dir gedenkest: 'jâ, got der ist sô guot, er læt nieman verlorn werden.' Unde dar über sprichet Jeremias: 'verfluochet sî der sündet ûf gotes barmherzikeit.' Ez ist wol wâr daz got barmherzic ist unde gnædic unde milte unde guot: er læt nieman verlorn werden. Er sprichet aber: 'als ich dich vinde als lône ich dir. Vinde ich dich in guotem lebene, sô lône ich dir dar nâch; vinde ich dich in übelm lebene, sô lône ich dir ouch dar nâch.' Wilt dû danne alsô drûf eht sünden daz got sô barmherzic ist, dar nâch maht dû wol vervælen.

Daz fünfte sloz daz ist gar ein schedelich sloz, dâ irret der tiuvel vil manigen menschen mite daz er sich gein dem almehtigen gote niemer bereiten mac als er ze rehte solte. Unde daz selbe sloz heizet scham in der bîhte. Owê daz sô manigem menschen sîne guoten sinne mit disem slozze beslozzen werden! 'Jâ unde solte ich alle mîne heimelicheit einem fremeden herren sagen, wie möhte ich daz laster unde die schande iemer überwinden?' Pfî, sô gedenkest dû dir unrehte! joch endarft dû dich niht schamen; wan des dû dich sô gar grôzlîchen schamest, daz hân ich lîhte selber getân oder ein bœserz. Wænest dû daz ez nie mensche getæte? daz ist umbe sus. Wan wære halt ein dinc daz ich nie sünde getân hæte, sô wæren mir doch alle die sünde offen, mir und andern bîhtern, die mensche ie getete: die sint alle von der schrifte kunt, unde die uns niht kunt sint, die werdent uns von gote von tage ze tage kunt ie mêr und ie mêr; dâ von sô darft dû dich niht schemen. Ez wær ein grôzez wunder, daz dû dich niht schemest ze tuonne, daz dû dich des schemes ze sagene. Nû wære dir lieber daz dû niwan vor einem menschen ze schanden würdest danne vor allen den die in dirre stat hie sint; ez wære verre bezzer daz dû vor dem einen priester ze schanden würdest danne vor aller der stat, wan er geseit ez doch niemer deheinem menschen weder kleine noch grôz. Würde dû aber ze schanden vor allem dem lantvolke daz hie ze Franken in dem lande ist, sô möhte dir aber tûsentstunt leider sîn, daz dû an dem jungesten tage ze schanden soltest werden, wan daz heizet ouch ein werltlîchiu schande. Wan dâ segenst dû dich des morgens vor, sô dû ûf stêst: 'herre, nû beschirme mich hiute vor houbetsünden unde vor werltlîchen schanden,' unde daz ist ouch diu schande diu dâ heizet wertlîchiu schande, dâ sult ir iuch gar flîzeclîchen vor segenen, daz ir der selben schanden über werdet. Wan daz ein mensche hie ze schanden würde vor allen den die in disem lande sint, daz wære niht ein werltlîchiu schande, daz heizet niwan ein lantschande. Daz heizet ein werltlîchiu schande, der an dem jungesten tage ze schanden wirt vor aller der werlte; wan alliu diu sünde der dû dich schamest ze bîhten unde sie alsô verswîgest in der bîhte, dar umbe muost dû ze werltlîchen schanden werden an dem jungesten tage vor aller der werlte, dâ jüden unde heiden unde ketzer unde kristenliute und engel unde heiligen unde tiuvel und eht alliu diu werlt ist. Und alle die sünde die ie dehein mensche getete, die kleinen unde die grôzen der man niht ze bîhte komen ist unde niht buoze drumbe enphangen hât unde der niht geleistet hât, die stênt alle des tages offen vor aller der werlte mit allem dem laster unde mit aller der schande, rehte als dû sie getân hâst. Dâ wirdest dû alrêrst ze werltlîchen schanden, und als gar, daz dû ez niemer mêre überwindest, daz dû iemer ze laster unde ze schanden worden bist. Nû sich, ob dû danne niht gerner vor einem menschen verschamest danne an dem jungesten tage vor aller der werlte? Dâ von enscheme dich niht, wan dû enkanst sô schemelîcher sünde niht gesagen, sie haben ê liute vor dir getân, daz dû iht ze laster unde ze schanden werdest vor aller der werlte. Wan daz heizet werltlîchiu schande. Dâ vor sult ir iuch mit flîze segenen.

Daz sehste sloz daz ist vorhte der buoze. Daz selb sloz verirret manic tûsent menschen an ir sinne. ‘Weh, s ich nû bîhten, sô muoz ich allez daz verloben: tanzen und unkiusche unde hôhvart und unreht guot und ander dinc und gar vil dinges, dâ mir wol mite ist; unde daz wil ich rehte d keine wîse niht tuon; und er gæbe mir ze buoze, daz ich ni vollenden möhte, mit vasten, mit karrinen unde mit Rômverte oder mit andern verten. Unde swie ez sô gê, sô kum ich a dekeine bîhte niht, daz ich nû hinnen für müeste allez da verloben daz ich gerne tæte, und ich müeste alsô ein gevange sîn unde betwungenlîchen leben. Daz tuon ich deheine wî niht: ich wil âne bîhte sîn, wan ich kum noch wol.’ Und als fürhtet manic mensche die buoze daz sîn niemer rât wirt. Und dâ von wil ich iu ein mærlîn sagen, daz behaltet ir vil lîh baz danne die predige alle samt. Ez was grâwes ordens v zîten ein bischof, gar ein heilic man, gereht unde gewære m predigen unde mit der bîhte, unde dem kam ze einem mâl gar ein rîcher man ze handen, der bat in daz er sîne bîh hôrte und er sprach zuo im, daz er gar vil unrehtes guot hæte. Unde dô der bischof, der heilige man, daz hôrte da er vil unrehtes guotes hæte, dô sprach der bischof zuo de rîchen manne: ‘nû ganc hin unde gip einer armen witewe dînes kornes zwei malter durch got.’ Er sprach: ‘jâ, gerne unde tet alsô, unde kam hin wider unde seite dem heilige herren: ‘ich hân alsô getân, herre, alse ir mich hiezet’, un er wolte wænen daz er aller sîner sünden dâ mite abe kome wære. Dô sprach der guote herre: ‘nû ganc unde koufe di zwei malter wider von der frouwen umbe dîne pfenninge.’ E tet alsô. Er kam aber unde sprach: ‘herre, ich hân ouch da getân.’ ‘Nû daz ist guot! sô tuo noch einez: sô lege diu zw malter in einen sunderlîchen kasten, dâ eht nihtes niht wede ûz noch în müge komen, unde sliuz dû vaste zuo.’ Er tet da ouch unde kam hin wider unde sprach: ‘herre, ich hân da ouch getân.’ ‘Nû daz ist guot! nû hin balde unde sich, wi ez gerâten habe dîn almuosen.’ Und er gêt dar unde tuot de kasten ûf. Dâ was ein korn niendert sô kleinez ez wære ei nater oder ein kröte, unde fuoren die natern unde die kröte als griulîche under einander, daz der freise nie niht gelîc wart, unde sie fuoren gein im alse sie in hin wolten zücken

Dô sluoc er den kasten zuo unde seite ez dem herren, wie griulîchen sie füeren unde wie im was geschehen. ‘Nû sich,’ sprach der herre, ‘daz ist dîn almuosen! Wie wænest dû danne daz dir geschehe mit dem guote daz dû mit unrehte gewunnen hâst?’ ‘Herre’, sprach er, ‘gnâde! wie sol ich danne tuon?’ Dô sprach der herre: ‘wilt dû mir volgen, ich tuon dir einen rât, daz dû vor morgen aller dîner sünden ledic wirst.’ ‘Jâ, herre, gerne!’ ‘Sô lege dich in den kasten zuo den natern allen unde zuo den würmen, und ich wil des bürge sîn, daz dû alse gesunt her wider ûz scheidest als dû iezuo bist.’ ‘Nein, herre! dû sæhe niht, wie sie zabelten unde wie sie wispelten! ich wolte ê iemer in der hellen sîn.’ ‘Nû sich,’ sprach der guote herre, ‘ob danne die würme alle glüeweten sam ein zunder in dem fiure unde dû daz êwiclîchen dulden müestest, sô wære dir wæger eine einige naht ze lîden danne iemer und iemer.’ ‘Nû dest al ein! ich wil ê lîden waz ich gelîden mac,’ und er bleip âne buoze von dirre vorhte und er fuor in die helle, dar inne er iemer muoz sîn. Nû seht, als lît ez umbe die vorhte der buoze.

Daz sibende sloz daz heizet der zwîvel, swenne der mensche alsô veraltet in den sünden, daz er im gedenket: ‘wie möhte mîn iemer rât werden? ich hân ze vil getân unde sô gar maniger leie getân, daz mîn niemer rât möhte werden.’ Daz ist vil bœser daz selbe sloz danne jeniu alle samt. Wan swer verzwîvelt, daz ist der sünden einiu wider den heiligen geist, der aller wirsten sünden einiu die diu werlt ie gewan und iemer mêr gewinnen mac. Als einer der sprach: ‘mîner sünden ist mêr danne gotes erbermede.’ Unde hæte er gesprochen: ‘dîner erbermede ist mêr danne mîner missetât,’ sô hæte im got vergeben alle sîne sünde. Ir sult niht verzwîveln. Unde hæte ein mensche alle die sünde getân, die alle die menschen sît Adâmes gezîten ie begiengen, wil ez wâren riuwen gewinnen unde wil im von herzen leit sîn daz ez sie ie begie unde hât ganzen willen daz ez sie niemer mêre getuon welle, ez wirt an dem jungesten tage behalten oder ê. Unde swaz ir in aller der werlte tuot, sô verzwîvelt eht niht.

Und alsô verirret der tiuvel des menschen sinne mit disen slozzen, daz der tempel unsers herren im leider niht wirt ûf geslozzen. Unde rehte alse sant Johannes weinte, daz was dar umbe unde bezeichent daz, wan ir alse vil ist der sünder den der tiuvel der sinne hât verirret mit disen siben slozzen, daz sie sich niemer bereiten dar zuo daz sie unserm herren den tempel ûf gesliezen, daz er deheine wonunge drinne gehaben müge. Iedoch daz lamp daz die martel hât erliten durch den menschen, daz sol iuwer sinne alsô erliuhten mit dem heiligen geiste, daz iuch der tiuvel niemer nihtes verirren mac mit disen siben dingen. Unde wenne daz lamp unser herre Jêsus Kristus diu sloz alliu ûf gesliuzet, daz der tiuvel den sünder mit disen slozzen niht verirren kan, dannoch begît er sich des sünders niht, als man dâ liset in dem êwangeliô, daz der tiuvel den menschen besezzen hete. Unde daz daz lamp die martel erleit durch menschen künne, daz trîbet den tiuvel ûz. Swenne er den tempel ûf gesliuzet mit disen siben slozzen, sô sprichet der tiuvel: 'ich rûme sîn noch niht, ich trûwe den sünder mit rehter urteile wol behaben.' 'Nû, wie wilt dû in behaben?' sô sprichet unser herre. Dô sprichet der tiuvel: 'herre, dû weist wol, swer ein guot in gewalt und in gewerde hât âne widersprâche vierzic jâr oder fünfzic oder hundert, daz ez der mit rehte iemer mêre haben sol.' Die urteile behabte der tiuvel. Dô sprichet der tiuvel aber sô: 'herre, sô weist dû wol, daz ich den sünder wol fünf tûsent jâr hân gehabet.' Dô sprach unser herre: 'niht! ich wil dir daz erziugen, daz ich den sünder sît alliu jâr versprochen hân unde gevordert hân als ich von rehte solte mit patriarchen unde mit prophêten unde mit andern mînen boten unde mînen engeln die ich zuo im sante mit heiliger lêre, unde hân in mit mîner lere und in mîner pflege alsô her gefristet.' Die urteil behabte dâ unser herre. Dô sprach er zuo dem tiuvel: 'var ûz! der sünder ist mit rehte mîn.' 'Nein!' sprach der tiuvel, 'ich hân noch mêr ûf in ze sprechen. Herre,' sprach der tiuvel, 'dû weist wol daz ich eine hantveste hân, daz der sünder mîn ist, swenne er dîn gebot zerbræche daz er mit rehte mîn wære.' Dô sprach unser herre: 'nein! dîn hantveste ist valsch unde gelogen, wan ich die hantveste alsô hete geschriben, swenne der sünder mîn gebot zerbræche daz er müeste sterben; dô gehieze dû dem sünder, er erstürbe niht: dâ mite ist sie valsch unde gelogen.' Die urteile muoste ouch der tiuvel dô verlorn hân. Dô sprach unser herre: 'nû wol ûz her! wan der sünder ist mit rehte mîn.' 'Nein!' sô sprach der tiuvel, 'ich hân noch mêr ûf in ze sprechen.' 'Waz wilt dû nû ûf in sprechen?' 'Dâ weist dû wol, swenne der sünder die sünde getuot, sô ist ez ein sô grôz dinc umbe die sünde daz er sie niemer mêr gebüezen kan noch gebüezen mac'. 'Hæte ich für den menschen niht gebüezet, sô möhtez wol sîn. Nû lege aller menschen sünde ûf eine wâge, alle die sünde die alle menschen getâten von Adâmes gezîten, unde lege mîns bluotes einigen tropfen gein den sünden allen ûf eine wâge daz ich durch den sünder vergozzen hân: unde wegen die sünde für, sô lâz mich den sünder verlorn han, unde wege mîn bluot für, sô laz mich gewunnen hân.' Die urteil behabte unser herre ouch dô, wan sînes bluotes einiger tropfe wac für alle die sünde die allez menschlich künne ie getet. Dô muoste der tiuvel im den sünder dô lâzen. Unde dâ von sült ir niht verzwîveln; wan der almehtige got, daz lamp daz die martel dâ leit umbe des menschen sünde, der hât uns eine hantveste gemachet, daz er unser niemer mêr vergezzen mac. Ir wizzet daz wol daz man eine iegliche hantveste schrîbet ûf kalpvel oder ûf schâfvel. Dâ schreib der almehtige got sîne hantvesten ûf sîn selbes hût, dâ manic bitterlich slac ûf geschach. Und alsô wart mit geiseln unde mit slegen ûf sîne hût geslagen unde geschriben, daz er für den sünder gebüezet hât unde daz der sünder wol sîne sünde gebüezen mac ob er wil. Unde dô sîn zartiu hût alsô überschriben wart daz er des menschen sünde gebüezet hæte, dô liez er sich dô hôhe ûf an daz kriuze henken, daz wir sie iemer mêr an sehen und aller der werlte an ze schouwen und an ze sehen unde hienc dô fünf insigel dran, daz sint sîne heiligen fünf wunden. Diu hantveste muoz nû iemer mêre stæte sîn. Unde dâ von sprach Jeremias: 'ez wirt ein hantveste ûf gehenket mit fünf insigeln.' Daz was daz lamp daz die martel dâ leit umbe den sünder, unde dâ von mac er des sünders niemer mêr vergezzen unde wir süln ouch der selben hantveste niemer mêr vergezzen.

Wien Druck von Jacob & Holzhausen.

---

Wien. Druck von Jacob & Holzhausen.

Printed in Poland
by Amazon Fulfillment
Poland Sp. z o.o., Wrocław